U0216125

吉林人民出版社

简体字本二十六史

新唐书

卷一——卷四〇

（一）

〔宋〕 欧阳修 宋 祁 撰

王小甫等 标点

目 录

唐书卷八〇　列传第五

唐书卷一
本纪第一

高祖皇帝

　　高祖神尧大圣大光孝皇帝讳渊，字叔德，姓李氏，陇西成纪人也。其七世祖暠，当晋末，据秦、凉以自王，是为凉武昭王。暠生歆，歆为沮渠蒙逊所灭。歆生重耳，魏弘农太守。重耳生熙，金门镇将，戍于武川，因留家焉。熙生天赐，为幢主。天赐生虎，西魏时，赐姓大野氏，官至太尉，与李弼等八人佐周代魏有功，皆为柱国，号"八柱国家"。周闵帝受魏禅，虎已卒，乃追录其功，封唐国公，谥曰襄。襄公生昞，袭封唐公，隋安州总管、柱国大将军，卒，谥曰仁。

　　仁公生高祖于长安，体有三乳，性宽仁，袭封唐公。隋文帝独孤皇后，高祖之从母也，以故文帝与高祖相亲爱。文帝相周，复高祖姓李氏，以为千牛备身，事隋谯、陇二州刺史。

　　大业中，历岐州刺史、荥阳楼烦二郡太守，召为殿内少监、卫尉少卿。炀帝征辽东，遣高祖督运粮于怀远镇。杨玄感将反，其兄弟从征辽者皆逃归，高祖先觉以闻，炀帝遽班师，以高祖为弘化留守以御玄感，诏关右诸郡兵皆受高祖节度。是时，隋政荒，天下大乱，炀帝多以猜忌杀戮大臣。尝以事召高祖，高祖遇疾，不时谒。高祖有甥王氏在后宫，炀帝问之，王氏对以疾，炀帝曰："可得死否？"高祖闻之益惧，因纵酒纳赂以自晦。

　　十一年，拜山西河东慰抚大使，击龙门贼母端儿，射七十发皆中，贼败去，而敛其尸以筑京观，尽得其箭于其尸。又击绛州贼柴保昌,降其众数万人。突厥犯塞,高祖与马邑太守王仁恭击之。隋兵少,不敌。高祖选精骑二千为游军,居处、饮食随水草如突厥,而射猎驰骋示以闲暇,别选善射者伏为奇兵。虏见高祖,疑不敢战。高祖乘而击之,突厥败走。

十三年,拜太原留守,击高阳历山飞贼甄翟儿于西河,破之。是时,炀帝南游江都,天下盗起。高祖子世民知隋必亡,阴结豪杰,招纳亡命,与晋阳令刘文静谋举大事。计已决而高祖未之知,欲以情告,惧不见听。高祖留守太原,领晋阳宫监,而所善客裴寂为副监。世民阴与寂谋,寂因选晋阳宫人私侍高祖。高祖过寂饮酒,酒酣从容,寂具以大事告之,高祖大惊。寂曰:"正为宫人奉公,事发当诛,为此尔。"世民因亦入白其事。高祖初阳不许,欲执世民送官,已而许之,曰:"吾爱汝,岂忍告汝邪?"然未有以发,而所在盗贼益多,突厥数犯边。高祖兵出无功,炀帝遣使者执高祖诣江都,高祖大惧。世民曰:"事急矣,可举事!"已而炀帝复驰使者赦止高祖,其事遂已。

是时,刘武周起马邑,林士弘起豫章,刘元进起晋安,皆称皇帝。朱粲起南阳,号楚帝。李子通起海陵,号楚王。邵江海据岐州,号新平王。薛举起金城,号西秦霸王。郭子和起榆林,号永乐王。窦建德起河间,号长乐王。王须拔起恒、定,号漫天王。汪华起新安,杜伏威起淮南,皆号吴王。李密起巩,号魏公。王德仁起邺,号太公。左才相起齐郡,号博山公。罗艺据幽州,左难当据泾,冯盎据高、罗,皆号总管。梁师都据朔方,号大丞相。孟海公据曹州,号录事。周文举据淮阳,号柳叶军。高开道据北平,张长逊据五原,周洮据上洛,杨士林据山南,徐圆朗据兖州,杨仲达据豫州,张善相据伊、汝,王要汉据汴州,时德睿据尉氏,李义满据平陵,綦公顺据青、莱,淳于难据文登,徐师顺据任城,蒋弘度据东海,王薄据齐郡,蒋善合据郓州,田留安据章丘,张青特据济北,臧君相据海州,殷恭邃据舒州,周法明据永安,苗海潮据永嘉,梅知岩据宣城,邓文进据广州,俚酋杨世略据循、潮,冉安昌据巴东,宁长真据郁林。其别号诸盗往往屯聚山泽。

　　而刘武周攻汾阳宫，高祖乃集将吏告曰："今吾为留守，而贼据离宫。纵贼不诛，罪当死。然出兵必待报。今江都隔远，后期奈何？"将吏皆曰："国家之利可专者，公也。"高祖曰："善。"乃募兵，旬日间得众一万。副留守虎贲郎将王威、虎牙郎将高君雅见兵大集，疑有变，谋因祷雨晋祠以图高祖。高祖觉之，乃阴为备。五月甲子，高祖及威、君雅视事。开阳府司马刘政会告威、君雅反，即坐上执之。丙寅，突厥犯边，高祖令军中曰："人告威、君雅召突厥，今其果然。"遂杀之以起兵。遣刘文静使突厥，约连和。

　　六月己卯，传檄诸郡，称义兵，开大将军府，置三军。以子建成为陇西公、左领军大都督，左军隶焉；世民为燉煌公、右领军大都督，右军隶焉；元吉为姑臧公，中军隶焉。裴寂为长史，刘文静为司马，石艾县长殷开山为掾，刘政会为属，长孙顺德、王长谐、刘弘基、窦琮为统军。开仓库赈穷乏。七月壬子，高祖杖白旗，誓众于野，有兵三万，以元吉为太原留守。癸丑，发太原。甲寅，遣将张纶徇下离石、龙泉、文城三郡。丙辰，次灵石，营于贾胡堡。隋虎牙郎将宋老生屯于霍邑，以拒义师。丙寅，隋鹰扬府司马李轨起武威，号大凉王。八月辛巳，败宋老生于霍邑。丙戌，下临汾郡。辛卯，克绛郡。癸巳，次龙门，突厥来助。隋骁卫大将军屈突通守河东，绝津梁。壬寅，冯翊贼孙华、土门贼白玄度皆具舟以来逆。九月戊午，高祖领太尉，加置僚佐。以少牢祀河，乃济。甲子，次长春宫。丙寅，陇西公建成、刘文静屯永丰仓，守潼关。燉煌公世民自渭北徇三辅。从父弟神通起兵于鄠；柴氏妇，高祖女也，亦起兵于司竹，皆与世民会。鄜贼丘师利、李仲文，蓍屋贼何潘仁、向善思，宜君贼刘旻等皆来降，因略定鄠、杜。壬申，高祖次冯翊。乙亥，燉煌公世民屯阿城，陇西公建成自新丰趋霸上。丙子，高祖自下邽以西，所经隋行宫、苑籞悉罢之，出宫女还其家。十月辛巳，次长乐宫，有众二十万。隋留守卫文升等奉代王侑守京城，高祖遣使谕之，不报。乃围城，下令曰："犯隋七庙及宗室者，罪三族。"丙申，隋罗山令萧铣自号梁公。十一月丙辰，克京城。命主符郎宋公弼收图籍。约法十二条，杀人、劫盗、背军、叛者死。癸亥，遥尊隋帝为太上皇，立代王为皇帝。大赦，改元义宁。甲子，高祖入京师，至朝堂，望阙而拜。隋帝授高祖假黄钺、使持节大都督内外诸军事、大丞相、录尚书事，进封唐王。以武德殿为丞相府，下教曰令，视事于虔化门。十二月癸未，隋帝赠唐襄公为景王，仁公为元王，夫人窦氏为唐国妃，谥曰穆。以建成为唐国世子，世民为唐国内史，徙封秦国公，元吉为齐国公。丞相府置长史、司录以下官。赵郡公孝恭徇山南。甲辰，云阳令詹俊徇巴、蜀。

二年正月丁未，隋帝诏唐王剑履上殿，入朝不趋，赞拜不名，加前后羽葆、鼓吹。戊午，周洮降。戊辰，世子建成为左元帅，秦国公世民为右元帅，徇地东都。二月己卯，太常卿郑元璹定樊、邓，使者马元规徇荆、襄。三月己酉，齐国公元吉为太原道行军元帅。乙卯，世民徙封赵国公。丙辰，隋右屯卫将军宇文化及弑太上皇于江都，立秦王浩为皇帝。吴兴郡守沈法兴据丹阳，自称江南道总管。乐安人卢祖尚据光州，自称刺史。戊辰，隋帝进唐王位相国，总百揆，备九锡，唐国置丞相等官，立四庙。四月己卯，张长逊降。辛巳，停竹使符，班银菟符。五月乙巳，隋帝命唐王冕十有二旒，建天子旌旗，出警入跸。甲寅，王德仁降。戊午，隋帝逊于位，以刑部尚书萧造、司农少卿裴之隐奉皇帝玺绂于唐王，三让乃受。

武德元年五月甲子，即皇帝位于太极殿。命萧造兼太尉，告于南郊，大赦，改元。赐百官、庶人爵一级。义师所过给复三年，其余给复一年。改郡为州，太守为刺史。庚午，太白昼见。隋东都留守元文都及左武卫大将军王世充立越王侗为皇帝。六月甲戌，赵国公世民为尚书令，裴寂为尚书右仆射、知政事，刘文静为纳言，隋民部尚书萧瑀、丞相府司录参军窦威为内史令。丙子，太白昼见。己卯，追谥皇高祖曰宣简公；皇曾祖曰懿王；皇祖曰景皇帝，庙号太祖，祖妣梁氏曰景烈皇后；皇考曰元皇帝，庙号世祖，妣独孤氏曰元贞皇后；妃窦氏曰穆皇后。庚辰，立世子建成为皇太子，封世民为秦王，元吉齐王。癸未，薛举寇泾州，秦王世民为西讨元帅，刘文静为司马。太仆卿宇文明达招慰山东。乙酉,奉隋帝为酅国公,诏曰:"近世时运迁革,前代亲族,莫不夷绝。历数有归,实惟天命;兴亡之效,岂伊人力。前隋蔡王智积等子孙,皆选用之。"癸巳,禁言符瑞者。辛丑,窦威薨。黄门侍郎陈叔达判纳言,将作大匠窦抗兼纳言。七月壬子,刘文静及薛举战于泾州,败绩。乙卯,郭子和降。庚申,废隋离宫。八月壬申,刘文静除名。戊寅,约功臣恕死罪。辛巳,薛举卒。壬午,李轨降。甲申,岩州刺史王德仁杀招慰使宇文明达以反。己丑,秦王世民为西讨元帅以讨薛仁杲。庚子,赠隋太常卿高颎上柱国、郯国公,上柱国贺若弼杞国公,司隶大夫薛道衡上开府、临河县公,刑部尚书宇文弼上开府、平昌县公,左翊卫将军董纯、柱国狄道公,右骁卫将军李金才上柱国、申国公,左光禄大夫李敏柱国、观国公。诸遭隋枉杀而子孙被流者,皆还之。九月乙巳,虑囚。始置军府。癸丑,改银菟符为铜鱼符。甲寅,秦州总管窦轨及薛仁杲战,败绩。辛未,宇文化及杀秦王浩,自称皇帝。

十月壬申朔,日有食之。己卯,李密降。壬午,朱粲陷邓州,刺史吕子臧死之。乙酉,邵江海降。己亥,盗杀商州刺史泉彦宗。辛丑,大阅。是月,窦抗罢。十一月,窦建德败王须拔于幽州,须拔亡,入于突厥。乙巳,凉王李轨反。戊申,禁献侏儒短节、小马庳牛、异兽奇禽者。己酉,秦王世民败薛仁杲,执之。癸丑,行军总管赵慈景攻蒲州,隋刺史尧君素拒战,执慈景。癸亥,秦王世民俘薛仁杲以献。十二月壬申,世民为太尉。丙子,蒲州人杀尧君素,立其将王行本。辛巳,郑元璹及朱粲战于商州,败之。乙酉,如周氏陂。丁亥,至自周氏陂。庚子,光禄卿李密反,伏诛。

是岁,高开道陷渔阳,号燕王。

二年正月甲子,陈叔达兼纳言。诏自今正月、五月、九月不行死刑,禁屠杀。丙寅,张善相降。己巳,杨士林降。二月乙酉,初定租、庸、调法。令文武官终丧。丙戌,州置宗师一人。甲午,赦并、浩、介、石四州贾胡堡以北系囚。闰月,窦建德陷邢州,执总管陈君宾。辛丑,窦建德杀宇文化及于聊城。朱粲降。壬寅,皇太子及秦王世民、裴寂巡于畿县。乙巳,御史大夫段确劳朱粲于菊潭。庚戌,微行察风俗。乙卯,以谷贵禁关内屠酤。左屯卫将军何潘仁及山贼张子惠战于司竹,死之。丁巳,虑囚。庚申,骁骑将军赵钦、王娑罗及山贼战于盩厔,死之。丁卯,王世充陷殷州,陕州刺史李育德死之。三月甲戌,王薄降。庚辰,蒋弘度、徐师顺降。丁亥,窦建德陷赵州。丁酉,李义满降。

四月,綦公顺降。庚子,并州总管齐王元吉及刘武周战于榆次,败绩。辛丑,朱粲杀段确以反。乙巳,王世充废越王侗,自称皇帝。癸亥,陷伊州,执总管张善相。五月庚辰,凉州将安修仁执李轨以降。癸未,曲赦凉、甘、瓜、鄯、肃、会、兰、河、廓九州。六月,王世充杀越王侗。戊戌,立周公、孔子庙于国子监。庚子,窦建德陷沧州。丁未,刘武周陷介州。癸亥,裴寂为晋州道行军总管。离石胡刘季真叛,陷石州,刺史王俭死之。

七月壬申,徐圆朗降。八月丁酉,郧国公薨。甲子,窦建德陷洺州,执总管袁子干。九月辛未,杀户部尚书刘文静。李子通自称皇帝。沈法兴自称梁王。丁丑,杜伏威降。裴寂及刘武周战于介州,败绩,右武卫大将军姜宝谊死之。庚辰,窦建德陷相州,总管吕珉死之。辛巳,刘武周陷并州。庚寅,太白昼见。窦建德陷赵州,执总管张志昂。乙未,京师地震。梁师都寇延州,鄜州刺史梁礼死之。

十月己亥,罗艺降。乙卯,如华阴,赦募士背军者。壬戌,刘武周寇晋州,永安王孝基及工部尚书独孤怀恩、陕州总管于筠、内史侍郎唐俭讨之。甲子,祠华山。是月,夏县人吕崇茂反。秦王世民讨刘武周。十一月丙子,窦建德陷黎州,执淮安王神通、总管李世勣。十二月丙申,猎于华山。永安王孝基及刘武周战于夏县,败绩。壬子,大风拔木。

三年正月己巳,猎于渭滨。戊寅,王行本降。辛巳,如蒲州。癸巳,至自蒲州。二月丁酉,京师西南地有声。庚子,如华阴。甲寅,独孤怀恩谋反,伏诛。辛酉,检校隰州总管刘师善谋反,伏诛。三月庚午,改纳言为侍中,内史令为中书令。甲戌,中书侍郎封德彝兼中书令。乙酉,刘季真降。

四月丙申,祠华山。壬寅,至自华阴。癸卯,禁关内诸州屠。甲寅,秦王世民及宋金刚战于雀鼠谷,败之。辛酉,王世充陷邓州,总管雷四郎死之。壬戌,秦王世民及刘武周战于洺州,败之。武周亡,入于突厥。克并州。五月壬午,秦王世民屠夏县。六月丙申,赦晋、隰、潞、并四州。癸卯,诏隋帝及其宗室柩在江都者,为营窆,置陵庙,以故宫人守之。丙午,虑囚。封子元景为赵王,元昌鲁王,元亨丰王。己酉,出宫女五百人,赐东征将士有功者。甲寅,显州长史田瓒杀行台尚书令杨士林叛,附于王世充。乙卯,瘗州县暴骨。

七月壬戌,秦王世民讨王世充。甲戌,皇太子 屯于蒲州,以备突厥。丙戌,梁师都导突厥、稽胡寇边,行军总管段德操败之。八月庚子,虑囚。甲辰,时德睿降。九月癸酉,田瓒降。己丑,给复陕、鼎、熊、谷四州二年。十月戊申,高开道降。己酉,杨仲达降。己未,有星陨于东都。十二月己酉,瓜州刺史贺拔行威反。

四年正月辛巳,皇太子伐稽胡。二月,窦建德陷曹州,执孟海公。己丑,车骑将军董阿兴反于陇州,伏诛。乙巳,太常少卿李仲文谋反,伏诛。丙午,虑囚。丁巳,赦代州总管府石岭之北。三月,进封宜都郡王泰为卫王。庚申,虑囚。乙酉,窦建德陷管州,刺史郭志安死之。

四月壬寅,齐王元吉及王世充战于东都,败绩,行军总管卢君谔死之。戊申,突厥寇并州,执汉阳郡王瓌、太常卿郑元璹、左骁骑卫大将军长孙顺德。甲寅,封子元方为周王,元礼郑王,元嘉宋王,元则荆王,元茂越王。丁巳,左武卫将军王君廓败张青特,执之。五月壬戌,秦王世民败窦建德于虎牢,执之。乙丑,赦山东为建德所诖误者。戊辰,王世充降。庚午,周法明降。六月庚寅,赦河南为王世充所诖误者。戊戌,蒋善合降。庚子,营州人石世则执其总管晋文衍叛，附于靺鞨。乙卯，臧君相降。

七月甲子，秦王世民俘王世充以献。丙寅，窦建德伏诛。丁卯，大赦，给复天下一年，陕、鼎、函、虢、虞、芮、幽七州二年。甲戌，刘黑闼反于贝州。辛巳，戴州刺史孟啖鬼反，伏诛。八月丙戌朔，日有食之。丁亥，皇太子安抚北境。丁酉，刘黑闼陷鄃县，魏州刺史权威、贝州刺史戴元祥死之。癸卯，突厥寇代州，执行军总管王孝基。丁未，刘黑闼陷历亭，屯卫将军王行敏死之。辛亥，深州人崔元逊杀其刺史裴晞叛，附于刘黑闼。兖州总管徐圆朗反。九月，卢祖尚降。乙卯，淳于难降。甲子，汪华降。是秋，夔州总管赵郡王孝恭率十二总管兵以讨萧铣。

十月己丑，秦王世民为天策上将领司徒，齐王元吉为司空。庚寅，刘黑闼陷瀛州，执刺史卢士睿，又陷观州。癸卯，毛州人董灯明杀其刺史赵元恺。乙巳，赵郡王孝恭败萧铣于荆州，执之。闰月乙卯，如稷州。己未，幸旧墅。壬戌，猎于好畤。乙丑，猎于九嵕。丁卯，猎于仲山。戊辰，猎于清水谷，遂幸三原。辛未，如周氏陂。壬申，至自周氏陂。十一月甲申，有事于南郊。庚寅，李子通降。丙申，子通谋反，伏诛。壬寅，刘黑闼陷定州，总管李玄通死之。庚戌，杞州人周文举杀其刺史王孝矩叛，附于黑闼。十二月乙卯，黑闼陷冀州，总管麹稜死之。甲子，左武候将军李世勣及黑闼战于宋州，败绩。丁卯，秦王世民、齐王元吉讨黑闼。己巳，黑闼陷邢州。庚午，陷魏州，总管潘道毅死之。辛未，陷业州。壬申，徙封元嘉为徐王。

五年正月乙酉，刘黑闼陷相州，刺史房晃死之。丙戌，殷恭邃降。丁亥，济州别驾刘伯通执其刺史窦务本叛，附于徐圆朗。庚寅，东盐州治中王才艺杀其刺史田华叛，附于刘黑闼。丙申，相州人杀其刺史独孤彻，以其州叛附于黑闼。己酉，杨世略、刘元进降。二月，王要汉降。己巳，秦王世民克邢州。丁丑，刘黑闼陷洺水，总管罗士信死之。戊寅，汴州总管王要汉败徐圆朗于杞州，执周文举。三月戊戌，谭州刺史李义满杀齐州都督王薄。丁未，秦王世民及刘黑闼战于洺水,败之。黑闼亡,入于突厥。蔚州总管高开道反,寇易州,刺史慕容孝干死之。

四月,梁州野蚕成茧。冉安昌降。己未,宁长真降。戊辰,释流罪以下获麦。壬申,代州总管李大恩及突厥战,死之。戊寅,邓文进降。五月,田留安降。庚寅,瓜州人王干杀贺拔行威以降。乙巳,赐荆州今岁田租。六月辛亥,刘黑闼与突厥寇山东。车骑将军元韶为瓜州道行军总管以备突厥。癸丑,吐谷浑寇洮、旭、叠三州,岷州总管李长卿败之。乙卯,淮安郡王神通讨徐圆朗。

七月甲申,作弘义宫。甲午,淮阳郡王道玄为河北道行军总管讨刘黑闼。贝州人董该以定州叛,附于黑闼。丙申,突厥杀刘武周于白道。迁州人邓士政反,执其刺史李敬昂。丁酉,冯盎降。八月辛亥,葬隋炀帝。甲寅,吐谷浑寇岷州,益州道行台左仆射窦轨败之。乙卯,突厥寇边。庚申,皇太子出幽州道,秦王世民出秦州道,以御突厥。己巳,吐谷浑陷洮州。并州总管襄邑郡王神符及突厥战于汾东,败之。戊寅,突厥陷大震关。九月癸巳,灵州总管杨师道败之于三观山。丙申,洪州总管宇文歆又败之于崇冈。壬寅,定州总管双士洛、骠骑将军魏道仁又败之于恒山之阳。丙午,领军将军安兴贵又败之于甘州。刘黑闼陷瀛州,刺史马匡武死之。东盐州人马君德以其州叛,附于黑闼。

十月己酉,齐王元吉讨黑闼。癸丑,贝州刺史许善护及黑闼战于鄃县,死之。甲寅,观州刺史刘君会叛,附于黑闼。乙丑,淮阳郡王道玄及黑闼战于下博,死之。己巳,林士弘降。十一月庚辰,刘黑闼陷沧州。甲申,皇太子讨黑闼。丙申,如宜州。癸卯,猎于富平北原。十二月丙辰,猎于万寿原。戊午,刘黑闼陷恒州,刺史王公政死之。庚申,至自万寿原。壬申,皇太子及刘黑闼战于魏州,败之。甲戌,又败之于毛州。

六年正月己卯,黑闼将葛德威执黑闼以降。壬午,巂州人王摩娑反,骠骑将军卫彦讨之。庚寅,徐圆朗陷泗州。二月,刘黑闼伏诛。

庚戌,幸温汤。壬子,猎于骊山。甲寅,至自温汤。丙寅,行军总管李世勣败徐圆朗,执之。三月,苗海潮、梅知岩、左难当降。乙巳,洪州总管张善安反。

四月己酉,吐蕃陷芳州。己未,以故第为通义宫,祭元皇帝、元贞皇后于旧寝。赦京城,赐从官帛。辛酉,张善安陷孙州,执总管王戎。丁卯,南州刺史庞孝泰反,陷南越州。壬申,封子元璹为蜀王,元庆汉王。癸酉,裴寂为尚书左仆射,萧瑀为右仆射,封德彝为中书令,吏部尚书杨恭仁兼中书令、检校凉州诸军事。五月庚寅,吐谷浑、党项寇河州,刺史卢士良败之。癸卯,高开道以奚寇幽州,长史王说败之。六月丁卯,突厥寇朔州,总管高满政败之。曲赦朔州。

七月丙子,沙州别驾窦伏明反,杀其总管贺若怀廓。己亥,皇太子屯于北边,秦王世民屯于并州,以备突厥。八月壬子,淮南道行台左仆射辅公祏反。乙丑,赵郡王孝恭讨之。九月壬辰,秦王世民为江州道行军元帅。丙申,渝州人张大智反。

十月丙午,杀广州都督刘世让。戊申,降死罪,流以下原之。己未,如华阴。张大智降。庚申,猎于白鹿原。壬戌,右虞候率杜士远杀高满政,以朔州反。丁卯,突厥请和。十一月壬午,张善安袭杀黄州总管周法明。丁亥,如华阴。辛卯,猎于沙苑。丁酉,猎于伏龙原。十二月壬寅朔,日有食之。癸卯,张善安降。庚戌,以奉义监为龙跃宫,武功宅为庆善宫。甲寅,至自华阴。

七年正月庚寅,邹州人邓同颖杀其刺史李士衡。二月丁巳,释奠于国学。己未,渔阳部将张金树杀高开道以降。三月戊戌,赵郡王孝恭败辅公祏,执之。己亥,孝恭杀越州都督阚稜。

四月庚子,大赦。班新律令。给复江州道二年,扬越一年。五月丙戌,作仁智宫。六月辛丑,如仁智宫。壬戌,庆州都督杨文干反。

七月己巳,突厥寇朔州,总管秦武通败之。癸酉,庆州人杀杨文干以降。甲午,至自仁智宫。巂州地震山崩,遏江水。闰月己未,秦王世民、齐王元吉屯于豳州以备突厥。八月己巳,吐谷浑寇鄯州,骠骑将军彭武杰死之。戊寅，突厥寇绥州，刺史刘大俱败之。壬辰，突厥请和。丁酉，裴寂使于突厥。

十月丁卯，如庆善宫。辛未，猎于鄠南。癸酉，幸终南山。丙子，谒楼观老子祠。庚寅，猎于围川。十二月丁卯，如龙跃宫。戊辰，猎于高陵。庚午，至自高陵。太子詹事裴矩检校侍中。

八年二月癸未，虑囚。四月甲申，如鄠，猎于甘谷。作太和宫。丙戌，至自鄠。六月甲子，如太和宫。七月丙午，至自太和宫。丁巳，秦王世民屯于蒲州以备突厥。八月壬申，并州行军总管张瑾及突厥战于太谷，败绩，郓州都督张德政死之，执行军长史温彦博。甲申，任城郡王道宗及突厥战于灵州，败之。丁亥，突厥请和。十月辛巳，如周氏陂，猎于北原。壬午，如龙跃宫。十一月辛卯，如宜州，猎于西原。裴矩罢。庚子，讲武于同官。天策府司马宇文士及权检校侍中。辛丑，徙封元瑃为吴王，元庆陈王。癸卯，秦王世民为中书令，齐王元吉为侍中。癸丑，猎于华池北原。十二月辛酉，至自华池。庚辰，猎于鸣犊泉。辛己，至自鸣犊泉。

九年正月甲寅，裴寂为司空。二月庚申，齐王元吉为司徒。壬午，有星勃于胃、昴。丁亥，孛于卷舌。三月庚寅，幸昆明池，习水战。壬辰，至自昆明池。丙午，如周氏陂。乙卯，至自周氏陂。丁己，突厥寇凉州，都督长乐郡王幼良败之。四月辛巳，废浮屠、老子法。六月丁巳，太白经天。庚申，秦王世民杀皇太子建成、齐王元吉。大赦。复浮屠、老子法。癸亥，立秦王世民为皇太子，听政。赐为父后者袭勋、爵，赤牒官得为真，免民逋租宿赋。己卯，太白昼见。庚辰，幽州都督庐江郡王瑗反，伏诛。癸未，赦幽州管内为瑗所诖误者。七月辛卯，杨恭仁罢。太子右庶子高士廉为侍中，左庶子房玄龄为中书令，萧瑀为尚书左仆射。癸巳，宇文士及为中书令，封德彝为尚书左仆射。辛亥，太白昼见。甲寅，太白昼见。八月丙辰，突厥请和。丁巳，太白昼见。壬戌，吐谷浑请和。甲子，皇太子即帝位。

贞观三年，太上皇徙居大安宫。九年五月，崩于垂拱前殿，年七十一。谥曰太武，庙号高祖。上元元年，改谥神尧皇帝。天宝八载，谥神尧大圣皇帝。十三载，增谥神尧大圣大光孝皇帝。

赞曰：自古受命之君，非有德不王。自夏后氏以来始传以世，而有贤有不肖，故其为世，数亦或短或长。论者乃谓周自后稷至于文、武，积功累仁，其来也远，故其为世尤长。然考于《世本》，夏、商、周皆出于黄帝。夏自鲧以前，商自契至于成汤，其间寂寥无闻，与周之兴异矣。而汉亦起于亭长叛亡之徒。及其兴也，有天下皆数百年而后已。由是言之，天命岂易知哉！然考其终始治乱，顾其功德有厚薄，与其制度纪纲所以维持者如何。而其后世，或浸以隆昌，或遽以坏乱，或渐以陵迟，或能振而复起，或遂至于不可支持，虽各因其势，然有德则兴，无德则绝。岂非所谓天命者常不显其符，而俾有国者兢兢以自勉耶？唐在周、隋之际，世虽贵矣，然乌有所谓积功累仁之渐。而高祖之兴，亦何异因时而特起者欤？虽其有治有乱，或绝或微，然其有天下年几三百，可谓盛哉！岂非人厌隋乱而蒙德泽，继以太宗之治，制度纪纲之法，后世有以凭藉扶持，而能永其天命欤？

唐书卷二
本纪第二

太宗皇帝

太宗文武大圣大广孝皇帝讳世民，高祖次子也。母曰太穆皇后窦氏。生而不惊。方四岁，有书生谒高祖曰："公在相法，贵人也，然必有贵子。"及见太宗，曰："龙凤之姿，天日之表，其年几冠，必能济世安民。"书生已辞去，高祖惧其语泄，使人追杀之，而不知其所往，因以为神。乃采其语，名之曰世民。

大业中，突厥围炀帝雁门，炀帝从围中以木系诏书投汾水而下，募兵赴援。太宗时年十六，往应募，隶将军云定兴，谓定兴曰："虏敢围吾天子者，以为无援故也。今宜先后吾军为数十里，使其昼见旌旗，夜闻钲鼓，以为大至，则可不击而走之。不然，知我虚实，则胜败未可知也。"定兴从之。军至崞县，突厥候骑见其军来不绝，果驰告始毕可汗曰："救兵大至矣！"遂引去。高祖击历山飞，陷其围中，太宗驰轻骑取之而出，遂奋击，大破之。

太宗为人聪明英武，有大志，而能屈节下士。时天下已乱，盗贼起，知隋必亡，乃推财养士，结纳豪杰。长孙顺德、刘弘基等皆因事亡命，匿之。又与晋阳令刘文静尤善。文静坐李密事系狱，太宗夜就狱中见之，与图大事。时百姓避贼多入城，城中几万人。文静为令久，知其豪杰，因共部署。计已定，乃因裴寂告高祖。高祖初不许，已而许之。

高祖已起兵，建大将军府。太宗率兵徇西河，斩其郡丞高德儒。

拜右领军大都督，封燉煌郡公。唐兵西，将至霍邑，会天久雨，粮且尽，高祖谋欲还兵太原。太宗谏曰："义师为天下起也，宜直入咸阳，号令天下。今还守一城，是为贼尔。"高祖不纳。太宗哭于军门，高祖惊，召问之，对曰："还则众散于前，而敌乘于后，死亡须臾，所以悲尔。"高祖寤，曰："起事者汝也，成败惟汝。"时左军已先返，即与陇西公建成分追之。夜半，太宗失道入山谷，弃其马，步而及其兵，与俱还。高祖乃将而前，迟明至霍邑。宋老生不出，太宗从数骑傅其城，举鞭指麾，若将围之者。老生怒，出，背城阵。高祖率建成居其东，太宗及柴绍居其南。老生兵薄东阵，建成坠马，老生乘之，高祖军却。太宗自南原驰下坂，分兵断其军为二，而出其阵后，老生兵败走，遂斩之。进次泾阳，击胡贼刘鹞子，破之。唐兵攻长安，太宗屯金城坊攻其西北，遂克之。

义宁元年，为光禄大夫、唐国内史，徙封秦国公，食邑万户。薛举攻扶风，太宗击败之，斩首万余级，遂略地至陇右。

二年，为右元帅，徙封赵国公，率兵十万攻东都，不克而还，设三伏于三王陵，败隋将段达兵万人。

武德元年，为尚书令、右翊卫大将军，进封秦王。薛举寇泾州，太宗为西讨元帅，进位雍州牧。七月，太宗有疾，诸将为举所败。八月，太宗疾闲，复屯于高墌城，相持六十余日。已而举死，其子仁杲率其众求战，太宗按军不动。久之，仁杲粮尽，众稍离叛，太宗曰："可矣！"乃遣行军总管梁实栅浅水原。仁杲将宗罗睺击实。太宗遣将军庞玉救实，玉军几败，太宗率兵出其后，罗睺败走，太宗追之，至其城下，仁杲乃出降。师还，高祖遣李密驰传劳之于豳州。密见太宗，不敢仰视，退而叹曰："真英主也！"献捷太庙，拜右武候大将军、太尉、使持节陕东道大行台尚书令，诏蒲、陕、河北诸总管兵皆受其节度。

二年正月，镇长春宫，进拜左武候大将军、凉州总管。是时，刘武周据并州，宋金刚陷沧州，王行本据蒲州，而夏县人吕崇茂杀县令以应武周。高祖惧，诏诸将弃河东以守关中。太宗以为不可弃，愿得兵三万可以破贼。高祖于是悉发关中兵益之。十一月,出龙门关,屯于柏壁。

三年四月,击败宋金刚于柏壁。金刚走介州,太宗追之,一日夜驰二百里,宿于雀鼠谷之西原。军士皆饥,太宗不食者二日,行至浩州乃得食,而金刚将尉迟敬德、寻相等皆来降。刘武周惧,奔于突厥,其将杨伏念举并州降。高祖遣萧瑀即军中拜太宗益州道行台尚书令。七月,讨王世充,败之于北邙。

四年二月,窦建德率兵十万以援世充,太宗败建德于虎牢,执之,世充乃降。六月,凯旋,太宗被金甲,陈铁骑一万、介士三万,前后鼓吹,献俘于太庙。高祖以谓太宗功高,古官号不足以称,乃加号天策上将,领司徒、陕东道大行台尚书令,位在王公上,增邑户至三万,赐衮冕、金辂、双璧、黄金六千斤,前后鼓吹九部之乐,班剑四十人。

五年正月,讨刘黑闼于洺州,败之。黑闼既降,已而复反。高祖怒,命太子建成取山东男子十五以上悉坑之,驱其小弱妇女以实关中。太宗切谏,以为不可,遂已。加拜左右十二卫大将军。

七年,突厥寇边,太宗与遇于豳州,从百骑与其可汗语,乃盟而去。

八年,进位中书令。初,高祖起太原非其本意,而事出太宗。及取天下,破宋金刚、王世充、窦建德等,太宗功益高,而高祖屡许以为太子。太子建成惧废,与齐王元吉谋害太宗,未发。

九年六月,太宗以兵入玄武门,杀太子建成及齐王元吉。高祖大惊,乃以太宗为皇太子。八月甲子,即皇帝位于东宫显德殿。遣裴寂告于南郊。大赦,武德流人还之。赐文武官勋、爵。免关内及蒲、芮、虞、泰、陕、鼎六州二岁租,给复天下一年。民八十以上赐粟帛,百岁加版授。废潼关以东濒河诸关。癸酉,放宫女三千余人。丙子,立妃长孙氏为皇后。癸未,突厥寇便桥。乙酉,及突厥颉利盟于便桥。九月壬子,禁私家妖神淫祀,占卜非龟易五兆者。十月丙辰朔,日有食之。癸亥,立中山郡王承乾为皇太子。庚辰,萧瑀、陈叔达罢。十一月庚寅,降宗室郡王非有功者爵为县公。十二月癸酉,虑囚。

是岁,进封子长沙郡王恪为汉王,宜阳郡王祐楚王。

贞观元年正月乙酉,改元。辛丑,燕郡王李艺反于泾州,伏诛。二月丁巳,诏民男二十、女十五以上无夫家者,州县以礼聘娶;贫不能自行者,乡里富人及亲戚资送之;鳏夫六十、寡妇五十、妇人有子若守节者勿强。三月癸巳,皇后亲蚕。丙午,诏:“齐仆射崔季舒、黄门侍郎郭遵、尚书右丞封孝琰以极言蒙难,季舒子刚、遵子云、孝琰子君遵并及淫刑,宜免内侍,褒叙以官。”闰月癸丑朔,日有食之。四月癸巳,凉州都督长乐郡王幼良有罪伏诛。五月癸丑,敕中书令、侍中朝堂受讼辞,有陈事者悉上封。六月辛丑,封德彝薨。甲辰,太子少师萧瑀为尚书左仆射。是夏,山东旱,免今岁租。七月壬子,吏部尚书长孙无忌为尚书右仆射。八月,河南、陇右边州霜。宇文士及检校凉州都督。戊戌,贬高士廉为安州大都督。九月庚戌朔,日有食之。辛酉,遣使诸州行损田,赈问下户。御史大夫杜淹检校吏部尚书,参议朝政。宇文士及罢。辛未,幽州都督王君廓奔于突厥。十月丁酉,以岁饥减膳。十一月己未,许子弟年十九以下随父兄之官所。十二月壬午,萧瑀罢。戊申,利州都督李孝常、右武卫将军刘德裕谋反伏诛。

二年正月辛亥,长孙无忌罢。兵部尚书杜如晦检校侍中,总监东宫兵马事。癸丑,吐谷浑寇岷州,都督李道彦败之。丁巳,徙封恪为蜀王,泰越王,祐燕王。庚午,刑部尚书李靖检校中书令。二月戊戌,外官上考者给禄。三月戊申朔,日有食之。壬子,命中书门下五品以上及尚书议决死罪。壬戌,李靖为关内道行军大总管,以备薛延陀。己巳,遣使巡关内,出金宝赎饥民鬻子者还之。庚午,以旱蝗责躬,大赦。癸酉,雨。四月己卯,瘗隋人暴骸。壬寅,朔方人梁洛仁杀梁师都以降。六月甲申,诏出使官禀食其家。庚寅,以子治生,赐是日生子者粟。辛卯,辰州刺史裴虔通以弑隋炀帝削爵,流欢州。七月戊申,莱州刺史牛方裕、绛州刺史薛世良、广州长史唐奉义、虎牙郎将高元礼以宇文化及之党,皆除名,徙于边。八月甲戌,省冤狱于朝堂。辛丑,立二王后庙,置国官。九月壬子,以有年,赐酺三日。十月庚辰,杜淹薨。戊子,杀瀛州刺史卢祖尚。十一月辛酉,有事于南郊。十二月壬辰,黄门侍郎王珪守侍中。癸巳,禁五品以上过市。

三年正月丙午,以旱避正殿。癸丑,官得上下考者,给禄一年。戊午,享于太庙。癸亥,耕藉田。辛未,裴寂罢。二月戊寅,房玄龄为尚书左仆射,杜如晦为右仆射,尚书右丞魏徵为秘书监,参预朝政。三月己酉,虑囚。四月乙亥,太上皇徙居于大安宫。甲午,始御太极殿。戊戌,赐孝义之家粟五斛,八十以上二斛,九十以上三斛,百岁加绢二匹,妇人正月以来产子者粟一斛。五月乙丑,周王元方薨。六月戊寅,以旱虑囚。己卯,大风拔木。壬午,诏文武官言事。八月己巳朔,日有食之。丁亥,李靖为定襄道行军大总管以伐突厥。九月丁巳,华州刺史柴绍为胜州道行军总管以伐突厥。十一月庚申,并州都督李世勣为通漠道行军总管,华州刺史柴绍为金河道行军总管,任城郡王道宗为大同道行军总管,幽州都督卫孝节为恒安道行军总管,营州都督薛万淑为畅武道行军总管,以伐突厥。十二月癸未,杜如晦罢。闰月癸丑,为死兵者立浮屠祠。辛酉,虑囚。

是岁,中国人归自塞外及开四夷为州县者百二十余万人。

四年正月丁卯朔,日有食之。癸巳,武德殿北院火。二月己亥,幸温汤。甲辰,李靖及突厥战于阴山,败之。丙午,至自温汤。甲寅,大赦,赐酺五日。御史大夫温彦博为中书令,王珪为侍中。民部尚书戴胄检校吏部尚书,参豫朝政。太常卿萧瑀为御史大夫,与宰臣参议朝政。丁巳,以旱诏公卿言事。三月甲午,李靖俘突厥颉利可汗以献。四月戊戌,西北君长请上号为天"可汗"。六月乙卯,发卒治洛阳宫。七月甲子朔,日有食之。癸酉,萧瑀罢。甲戌,太上皇不豫,废朝。辛卯,疾愈,赐都督刺史文武官及民年八十以上、孝子表门闾者有差。八月甲寅,李靖为尚书右仆射。九月庚午,瘗长城南隋人暴骨。己卯,如陇州。壬午,禁刍牧于古明君、贤臣、烈士之墓者。十月壬辰,赦岐、陇二州免今岁租赋,降咸阳、始平、武功死罪以下。辛丑,猎于贵泉谷。甲辰,猎于鱼龙川,献获于大安宫。乙卯,免武功今岁租赋。十一月壬戌,右卫大将军侯君集为兵部尚书参议朝政。甲子,至自陇州。戊寅,除鞭背刑。十二月甲辰,猎于鹿苑。乙巳,至自鹿苑。

是岁,天下断死罪者二十九人。

五年正月癸酉,猎于昆明池。丙子,至自昆明池,献获于大安宫。二月己酉,封弟元裕为郐王,元名谯王,灵夔魏王,元祥许王,元晓密王。庚戌,封子愔为梁王,贞汉王,恽郯王,治晋王,慎申王,嚣江王,简代王。四月壬辰,代王简薨。五月乙丑,以金帛购隋人没于突厥者以还其家。八月甲辰,遣使高丽祭隋人战亡者。戊申,杀大理丞张蕴古。十一月丙子,有事于南郊。十二月丁亥,诏:“决死刑,京师五复奏,诸州三复奏,其日尚食毋进酒肉。”壬寅,幸温汤。癸卯,猎于骊山,赐新丰高年帛。戊申,至自温汤。癸丑,赦关内。

六年正月乙卯朔,日有食之。癸酉,静州山獠反,右武卫将军李子和败之。三月,侯君集罢。戊辰,如九成宫。丁丑,降雍、岐、豳三州死罪以下,赐民八十以上粟帛。五月,魏徵检校侍中。六月己亥,丰王元亨薨。辛亥,江王嚣薨。七月己巳,诏天下行乡饮酒。九月己酉,幸庆善宫。十月,侯君集起复。乙卯,至自庆善宫。十二月辛未,虑囚,纵死罪者归其家。

是岁,诸羌内属者三十万人。

七年正月戊子,斥宇文化及党人之子孙勿齿。辛丑,赐京城酺三日。二月丁卯,雨土。三月戊子,王珪罢。庚寅,魏徵为侍中。五月癸未,如九成宫。六月辛亥,戴胄薨。八月辛未,东、西洞獠寇边,右屯卫大将军张士贵为龚州道行军总管以讨之。九月,纵囚来归,皆赦之。十月庚申,至自九成宫。乙丑,京师地震。十一月壬辰,开府仪同三司长孙无忌为司空。十二月甲寅,幸芙蓉园。丙辰,猎于少陵原。戊午,至自少陵原。

八年正月辛丑,张士贵及獠战,败之。壬寅,遣使循省天下。二月乙巳,皇太子加元服。丙午,降死罪以下,赐五品以上子为父后者爵一级,民酺三日。三月庚辰,如九成宫。五月辛未朔,日有食之。是夏,吐谷浑寇凉州,左骁卫大将军段志玄为西海道行军总管,左骁卫将军樊兴为赤水道行军总管,以伐之。七月,陇右山崩。八月甲子,有星孛于虚、危。十月,作永安宫。甲子,至自九成宫。十一月辛未,李靖罢。己丑,吐谷浑寇凉州,执行人鸿胪丞赵德楷。十二月辛丑,特进李靖为西海道行军大总管,侯君集为积石道行军总管,任城郡王道宗为鄯善道行军总管,胶东郡公道彦为赤水道行军总管,凉州都督李大亮为且末道行军总管,利州刺史高甑生为盐泽道行军总管,以伐吐谷浑。丁卯,从太上皇阅武于城西。

九年正月,党项羌叛。二月,长孙无忌罢。三月庚辰,洮州羌杀刺史孔长秀附于吐谷浑。壬午,大赦。乙酉,高甑生及羌人战,败之。闰四月丙寅朔,日有食之。五月,长孙无忌起复。庚子,太上皇崩,皇太子听政。壬子,李靖及吐谷浑战,败之。七月庚子,盐泽道行军副总管刘德敏及羌人战,败之。十月庚寅,葬太武皇帝于献陵。十一月壬戌,特进萧瑀参豫朝政。

十年正月甲午,复听政。癸丑,徙封元景为荆王,元昌汉王,元礼徐王,元嘉韩王,元则彭王,元懿郑王,元轨霍王,元凤虢王,元庆道王,灵夔燕王,恪吴王,泰魏王,祐齐王,愔蜀王,恽蒋王,贞越王,慎纪王。三月癸丑,出诸王为都督。六月壬申,温彦博为尚书右仆射,太常卿杨师道为侍中;魏徵罢为特进、知门下省事,参议朝章国典。己卯,皇后崩。十一月庚寅,葬文德皇后于昭陵。十二月,萧瑀罢。庚辰,虑囚。

十一年正月丁亥,徙封元裕为邓王,元名舒王。庚子,作飞山宫。乙卯,免雍州今岁租赋。二月丁巳,营九嶕山为陵,赐功臣、密戚陪茔地及秘器。甲子,如洛阳宫。乙丑,给民百岁以上侍五人。壬午,猎于鹿台岭。三月丙戌朔,日有食之。癸卯,降洛州囚见徒,免一岁租、调。辛亥,猎于广成泽。癸丑,如洛阳宫。六月甲寅,温彦博薨。丁巳,幸明德宫。己未,以诸王为世封刺史。戊辰,以功臣为世封刺史。己巳,徙封元祥为江王。七月癸未,大雨,水,谷、洛溢。乙未,诏百官言事。壬寅,废明德宫之玄圃院,赐遭水家。丙午,给亳州老子庙、兖州孔子庙户各二十以奉享,复凉武昭王近墓户二十以守卫。九月丁亥,河溢,坏陕州河北县,毁河阳中潬,幸白司马坂观之,赐濒河遭水家粟帛。十月癸丑,赐先朝谋臣武将及亲戚亡者茔陪献陵。十一月辛卯,如怀州。乙未,猎于济源麦山。丙午,如洛阳宫。

十二年正月乙未,丛州地震。癸卯,松州地震。二月癸亥,如河北县观砥柱。甲子,巫州獠反,龚州都督齐善行败之。乙丑,如陕州。丁卯,观盐池。庚午,如蒲州。甲戌,如长春宫。免朝邑今岁租赋,降囚罪。乙亥,猎于河滨。闰月庚辰朔,日有食之。丙戌,至自长春宫。七月癸酉,吏部尚书高士廉为尚书右仆射。八月壬寅,吐蕃寇松州,侯君集为当弥道行军大总管率三总管兵以伐之。九月辛亥,阔水道行军总管牛进达及吐蕃战于松州,败之。十月己卯,猎于始平,赐高年粟帛。乙未,至自始平。钧州山獠反,桂州都督张宝德败之。十一月己巳,明州山獠反,交州都督李道彦败之。十二月辛巳,壁州山獠反,右武候将军上官怀仁讨之。

是岁,滁、豪二州野蚕成茧。

十三年正月乙巳,拜献陵,赦三原及行从,免县人今岁租赋,赐宿卫陵邑郎将、三原令爵一级。丁未,至自献陵。二月庚子,停世封刺史。三月乙丑,有星孛于毕、昴。四月戊寅,如九成宫。甲申,中郎将阿史那结社率反,伏诛。壬寅,云阳石然。五月甲寅,以旱避正殿,诏五品以上言事,减膳,罢役,理囚,赈乏,乃雨。六月丙申,封弟元婴为滕王。八月辛未朔,日有食之。十月甲申,至自九成宫。十一月辛亥,杨师道为中书令。戊辰,尚书左丞刘洎为黄门侍郎参知政事。十二月壬申,侯君集为交河道行军大总管以伐高昌。乙亥,封子福为赵王。壬辰,猎于咸阳。癸巳,至自咸阳。

是岁,滁州野蚕成茧。

十四年正月庚子,有司读时令。甲寅,幸魏王泰第。赦雍州长安县,免延康里今岁租赋。二月丁丑,观释奠于国学,赦大理、万年县,赐学官、高第生帛。壬午,幸温汤。辛卯,至自温汤。乙未,求梁皇侃褚仲都、周熊安生沈重、陈沈文阿周弘正张讥、隋何妥刘焯刘炫之后。三月,罗、窦二州獠反,广州总管党仁弘败之。五月壬寅,徙封灵夔为鲁王。六月,滁州野蚕成茧。乙酉,大风拔木。八月庚午,作襄城宫。癸酉,侯君集克高昌。九月癸卯,赦高昌部及士卒父子犯死、期犯流、大功犯徒、小功缌麻犯杖皆原之。闰十月乙未,如同州。甲辰,猎于尧山。庚戌,至自同州。十一月甲子,有事于南郊。十二月丁酉,侯君集俘高昌王以献,赐酺三日。癸卯,猎于樊川。乙巳,至自樊川。

十五年正月辛巳,如洛阳宫,次温汤。卫士崔卿、刁文懿谋反,伏诛。三月戊辰,如襄城宫。四月辛卯,诏以来岁二月有事于泰山。乙未,免洛州今岁租,迁户故给复者加给一年,赐民八十以上物,茕独鳏寡疾病不能自存者米二斛。虑囚。六月己酉,有星孛于太微。丙辰,停封泰山,避正殿,减膳。七月丙寅,宥周、隋名臣及忠烈子孙贞观以后流配者。十月辛卯,猎于伊阙。壬辰,如洛阳宫。十一月癸酉,薛延陀寇边,兵部尚书李世勣为朔州道行军总管,右卫大将军李大亮为灵州道行军总管,凉州都督李袭誉为凉州道行军总管,以伐之。十二月戊子,至自洛阳宫。庚子,命三品以上嫡子事东宫。辛丑,虑囚。甲辰,李世勣及薛延陀战于诺真水,败之。乙巳,赠战亡将士官三转。

十六年正月乙丑,遣使安抚西州。戊辰,募戍西州者,前犯流、死亡匿,听自首以应募。辛未,徙天下死罪囚实西州。中书舍人岑文本为中书侍郎专典机密。六月戊戌,太白昼见。七月戊午,长孙无忌为司徒,房玄龄为司空。十一月丙辰,猎于武功。壬戌,猎于岐山之阳。甲子,赐所过六县高年孤疾毡衾粟帛,遂幸庆善宫。庚午,至自庆善宫。十二月癸卯,幸温汤。甲辰,猎于骊山。乙巳,至自温汤。

十七年正月戊辰,魏徵薨。代州都督刘兰谋反,伏诛。二月己亥,虑囚。戊申,图功臣于凌烟阁。三月壬子,禁送终违令式者。丙辰,齐王祐反,李世勣讨之。甲子,以旱遣使复囚决狱。乙丑,齐王祐伏诛,给复齐州一年。四月乙酉,废皇太子为庶人,汉王元昌、侯君集等伏诛。丙戌,立晋王治为皇太子,大赦,赐文武官及五品以上子为父后者爵一级,民八十以上粟帛,酺三日。丁亥,杨师道罢。己丑,特进萧瑀为太子太保;李世勣为太子詹事,同中书门下三品。庚寅,谢承乾之过于太庙。癸巳,降封魏王泰为东莱郡王。六月己卯朔,日有食之。壬辰,葬隋恭帝。甲午,以旱避正殿,减膳,诏京官五品以上言事。丁酉,高士廉同中书门下三品平章政事。闰月丁巳,诏皇太子典左右屯营兵。丙子,徙封泰为顺阳郡王。七月丁酉,房玄龄罢。八月庚戌,工部尚书张亮为刑部尚书参豫朝政。十月丁未,建诸州邸于京城。丁巳,房玄龄起复。十一月己卯,有事于南郊。壬午,赐酺三日。以凉州获瑞石,赦凉州。十二月庚申,幸温汤。庚午,至自温汤。

　　十八年正月乙未，如钟官城。庚子，如鄠。壬寅，幸温汤。二月己酉，如零口。乙卯，至自零口。丁巳，给复突厥、高昌部人隶诸州者二年。四月辛亥，如九成宫。七月甲午，营州都督张俭率幽、营兵及契丹、奚以伐高丽。八月壬子，安西都护郭孝恪为西州道行军总管以伐焉耆。甲子，至自九成宫。丁卯，刘洎为侍中，岑文本为中书令，中书侍郎马周守中书令。九月，黄门侍郎褚遂良参豫朝政。辛卯，郭孝恪及焉耆战，败之。十月辛丑朔，日有食之。癸卯，宴雍州父老于上林苑，赐粟帛。甲寅，如洛阳宫。己巳，猎于天池。十一月戊寅，虑囚。庚辰，遣使巡问郑、汝、怀、泽四州高年，宴赐之。甲午，张亮为平壤道行军大总管，李世勣、马周为辽东道行军大总管，率十六总管兵以伐高丽。十二月壬寅，庶人承乾卒。戊午，李思摩部落叛。

　　十九年二月庚戌，如洛阳宫以伐高丽。癸丑，射虎于武德北山。乙卯，皇太子监国于定州。丁巳，赐所过高年鳏寡粟帛，赠比干太师，谥忠烈。三月壬辰，长孙无忌摄侍中，吏部尚书杨师道摄中书令。四月癸卯，誓师于幽州，大飨军。丁未，岑文本薨。癸亥，李世勣克盖牟城。五月己巳，平壤道行军总管程名振克沙卑城。庚午，次辽泽，瘗隋人战亡者。乙亥，辽东道行军总管张君乂有罪伏诛。丁丑，军于马首山。甲申，克辽东城。六月丁酉，克白岩城。己未，大败高丽于安市城东南山，左武卫将军王君愕死之。辛酉，赐酺三日。七月壬申，葬死事官，加爵四级，以一子袭。九月癸未，班师。十月丙午，次营州，以太牢祭死事者。丙辰，皇太子迎谒于临渝关。戊午，次汉武台，刻石纪功。十一月癸酉，大飨军于幽州。庚辰，次易州。癸未，平壤道行军总管张文干有罪伏诛。丙戌，次定州。丁亥，贬杨师道为工部尚书。十二月戊申，次并州。己未，薛延陀寇夏州，左领军大将军执失思力败之。庚申，杀刘洎。

二十年正月辛未，夏州都督乔师望及薛延陀战，败之。丁丑，遣使二十二人以六条黜陟于天下。庚辰，赦并州，起义时编户给复三年，后附者一年。二月甲午，从伐高丽无功者皆赐勋一转。庚申，赐所过高年鳏寡粟。三月己巳，至自高丽。庚午，不豫，皇太子听政。己丑，张亮谋反，伏诛。闰月癸巳朔，日有食之。六月乙亥，江夏郡王道宗、李世勣伐薛延陀。七月辛亥，疾愈。李世勣及薛延陀战，败之。八月甲子，封孙忠为陈王。己巳，如灵州。庚辰，次泾州，赐高年鳏寡粟帛。丙戌，逾陇山关，次瓦亭观马牧。丁亥，许陪陵者子孙从葬。九月辛卯，遣使巡察岭南。甲辰，铁勒诸部请上号为"可汗"。辛亥，灵州地震。十月，贬萧瑀为商州刺史。丙戌，至自灵州。十一月己丑，诏："祭祀、表疏、藩客、兵马、宿卫行鱼契给驿。授五品以上官及除解、决死罪皆以闻，余委皇太子。"

二十一年正月壬辰，高士廉薨。丁酉，诏以来岁二月有事于泰山。甲寅，以铁勒诸部为州县，赐京师酺三日。虑囚，降死罪以下。二月丁丑，皇太子释菜于太学。三月戊子，左武卫大将军牛进达为青丘道行军大总管，李世勣为辽东道行军大总管，率三总管兵以伐高丽。四月乙丑，作翠微宫。五月戊子，幸翠微宫。壬辰，命百司决事于皇太子。庚戌，李世勣克南苏、木底城。六月丁丑，遣使铁勒诸部购中国人陷没者。七月乙未，牛进达克石城。丙申，作玉华宫。庚戌，至自翠微宫。八月，泉州海溢。壬戌，停封泰山。九月丁酉，封子明为曹王。十月癸丑，褚遂良罢。十一月癸卯，进封泰为濮王。十二月戊寅，左骁卫大将军契苾何力为昆丘道行军大总管率三总管兵以伐龟兹。

二十二年正月庚寅，马周薨。戊戌，幸温汤。己亥，中书舍人崔仁师为中书侍郎参知机务。丙午，左武卫大将军薛万彻为青丘道行军大总管以伐高丽。长孙无忌检校中书令知尚书、门下省事。戊申，至自温汤。二月,褚遂良起复。乙卯,见京城父老,劳之,蠲今岁半租,畿县三之一。丁卯,诏度辽水有功未酬勋而犯罪者与成官同。乙亥,幸玉华宫。己卯,猎于华原。流崔仁师于连州。三月丁亥,赦宜君,给复县人自玉华宫苑中迁者三年。四月丁巳,松州蛮叛,右武候将军梁建方败之。六月丙寅,张行成存问河北从军者家,令州县为营农。丙子,薛万彻及高丽战于泊灼城,败之。七月甲申,太白昼见。壬辰,杀华州刺史李君羡。癸卯,房玄龄薨。八月己酉朔,日有食之。辛未,执失思力伐薛延陀余部于金山。九月庚辰,昆丘道行军总管阿史那社尔及薛延陀余部处月、处蜜战,败之。己亥,褚遂良为中书令。壬寅,眉、邛、雅三州獠反,茂州都督张士贵讨之。十月癸丑,至自玉华宫。己巳,阿史那社尔及龟兹战,败之。十二月辛未,降长安、万年徒罪以下。闰月癸巳,虑囚。

二十三年正月辛亥,阿史那社尔俘龟兹王以献。三月己未,自冬旱,至是雨。辛酉,大赦。丁卯,不豫,命皇太子听政于金液门。四月己亥,幸翠微宫。五月戊午,贬李世勣为叠州都督。己巳,皇帝崩于含风殿,年五十三。庚午,奉大行御马舆还京师。礼部尚书于志宁为侍中,太子少詹事张行成兼侍中,高季辅兼中书令。壬申,发丧,谥曰文。上元元年,改谥文武圣皇帝。天宝八载,谥文武大圣皇帝。十三载增谥文武大圣大广孝皇帝。

赞曰:甚矣,至治之君不世出也!禹有天下传十有六王,而少康有中兴之业。汤有天下,传二十八王,而其甚盛者,号称三宗。武王有天下,传三十六王,而成、康之治与宣之功,其余无所称焉。虽《诗》、《书》所载,时有阙略,然三代千有七百余年,传七十余君,其卓然著见于后世者,此六、七君而已。呜呼,可谓难得也!唐有天下,传世二十,其可称者三君:玄宗、宪宗皆不克其终,盛哉,太宗之烈也!其除隋之乱,比迹汤、武;致治之美,庶几成、康。自古功德兼隆,由汉以来未之有也。至其牵于多爱,复立浮图,好大喜功,勤兵于远，此中材庸主之所常为。然《春秋》之法，常责备于贤者，是以后世君子之欲成人之美者，莫不叹息于斯焉。

唐书卷三
本纪第三

高宗皇帝

　　高宗天皇大圣大弘孝皇帝讳治，字为善，太宗第九子也。母曰文德皇后长孙氏。始封晋王，贞观七年，遥领并州都督。十七年，太子承乾废，则魏王泰次当立，亦以罪黜，乃立子治为皇太子。太宗尝命皇太子游观习射，太子辞以非所好，愿得奉至尊，居膝下。太宗大喜，乃营寝殿侧为别院，使太子居之。皇太宗每视朝，太子常侍，观决庶政。

　　二十三年，太宗有疾，诏皇太子听政于金液门。四月，从幸翠微宫。太宗崩，以羽檄发六府甲士四千，卫皇太子入于京师。六月甲戌，即皇帝位于枢前。大赦，赐文武官勋一转，民八十以上粟帛，给复雍州及比岁供军所一年。癸未，长孙无忌为太尉。癸巳，检校洛州刺史李勣为开府仪同三司，参掌机密。八月癸酉，河东地震。乙亥，又震。庚辰，遣使存问河东，给复二年，赐压死者人绢三匹。庚寅，葬文皇帝于昭陵。九月甲寅，荆王元景为司徒，吴王恪为司空。乙卯，李勣为尚书左仆射、同中书门下三品。十一月乙丑，晋州地震。左翊卫郎将高侃伐突厥。是冬，无雪。

　　永徽元年正月辛丑，改元。丙午，立妃王氏为皇后。张行成为侍中。二月辛卯，封子孝为许王，上金杞王，素节雍王。四月己巳，晋州地震。五月己未，太白昼见。六月，高侃及突厥战于金山，败之。

庚辰,晋州地震,诏五品以上言事。七月辛酉,以旱虑囚。八月戊辰,给五品以上解官充侍者半禄,加赐帛。庚午,降死罪以下。九月癸卯,高侃俘突厥车鼻可汗以献。十月戊辰,李勣罢左仆射。十一月己未,贬褚遂良为同州刺史。十二月庚午,琰州獠寇边,梓州都督谢万岁死之。

二年正月戊戌,开义仓以赈民。乙巳,黄门侍郎宇文节、中书侍郎柳奭同中书门下三品。乙卯,瑶池都督阿史那贺鲁叛。四月乙丑,命有司毋进肉食,讫于五月。七月丁未,贺鲁寇庭州,左武卫大将军梁建方、右骁卫大将军契苾何力为弓月道行军总管以伐之。八月己巳,高季辅为侍中;于志宁为尚书左仆射,张行成为右仆射,同中书门下三品。己卯,白水蛮寇边,左领军将军赵孝祖为郎州道行军总管以伐之。九月癸卯,以同州苦泉牧地赐贫民。十月辛卯,晋州地震。十一月辛酉,有事于南郊。癸酉,禁进犬马鹰鹘。戊寅,忻州地震。甲申,雨木冰。是月,窦州、义州蛮寇边,桂州都督刘伯英败之。赵孝祖及白水蛮战于罗伜候山,败之。十二月乙未,太白昼见。壬子,处月朱邪孤注杀招慰使单道惠叛,附于贺鲁。是冬,无雪。

三年正月癸亥,梁建方及处月战于牢山,败之。甲子,以旱避正殿,减膳,降囚罪,徒以下原之。己巳,褚遂良为吏部尚书、同中书门下三品。丙子,享于太庙。丁亥,耕藉田。三月辛巳,雨土。宇文节为侍中,柳奭守中书令。四月庚寅,赵孝祖及白水蛮战,败之。甲午,彭王元则薨。是月,兵部侍郎韩瑗为黄门侍郎、同中书门下三品。五月庚申,求齐侍中崔季舒、给事黄门侍郎裴泽、隋仪同三司豆卢毓、御史中丞游楚客子孙官之。七月丁巳,立陈王忠为皇太子,大赦,赐五品以上子为父后者勋一转,民酺三日。九月丙辰,求周司沐大夫裴融、尚书左丞封孝琰子孙官之。是月,中书侍郎来济同中书门下三品。十二月癸巳,濮王泰薨。

四年二月甲申,驸马都尉房遗爱薛万彻柴令武、高阳巴陵公主谋反,伏诛;杀荆王元景、吴王恪。乙酉,流宇文节于桂州。戊子,废蜀王愔为庶人。己亥,徐王元礼为司徒,李勣为司空。四月壬寅,以旱虑囚,遣使决天下狱,减殿中、太仆马粟,诏文武官言事。甲辰,避正殿,减膳。六月己丑,太白昼见。八月己亥,陨石于冯翊十有八。九月壬戌,张行成薨。甲戌,褚遂良为尚书右仆射。十月庚子,幸温汤。甲辰,赦新丰。乙巳,至自温汤。戊申,睦州女子陈硕真反,婺州刺史崔义玄讨之。十一月庚戌,陈硕真伏诛。癸丑,兵部尚书崔敦礼为侍中。丁巳,柳奭为中书令。十二月庚子,高季辅薨。

五年正月丙寅,以旱诏文武官、朝集使言事。三月戊午,如万年宫。乙丑,次凤泉汤。辛未,赦岐州及所过徒罪以下。六月癸亥,柳奭罢。丙寅,河北大水,遣使虑囚。八月己未,诏免麟游、岐阳今岁课役,岐州及供顿县半岁。九月丁酉,至自万年宫。十月癸卯,筑京师罗郭,起观于九门。

六年正月壬申,拜昭陵,赦醴泉及行从,免县今岁租、调,陵所宿卫进爵一级,令、丞加一阶。癸酉,以少牢祭陪葬者。甲戌,至自昭陵。庚寅,封子弘为代王,贤潞王。二月乙巳,皇太子加元服,降死罪以下,赐酺三日,五品以上为父后者勋一转。乙丑,营州都督程名振、左卫中郎将苏定方伐高丽。五月壬午,及高丽战于贵端水,败之。癸未,左屯卫大将军程知节为葱山道行军大总管以伐贺鲁。壬辰,韩瑗为侍中,来济为中书令。七月乙酉,崔敦礼为中书令。是月,中书舍人李义府为中书侍郎参知政事。九月庚午,贬褚遂良为潭州都督。乙酉,洛水溢。十月,齐州黄河溢。己酉,废皇后为庶人。乙卯,立宸妃武氏为皇后。丁巳,大赦,赐民八十以上粟帛。十一月己巳,皇后见于太庙。戊子,停诸州贡珠。癸巳,诏禁吏酷法及为隐名书者。是冬,皇后杀王庶人。

显庆元年正月辛未,废皇太子为梁王,立代王弘为皇太子。壬申,大赦,改元,赐五品以上子为父后者勋一转,民酺三日,八十以上粟帛。丙戌,禁胡人为幻戏者。甲午,放宫人。三月辛巳,皇后亲蚕。丙戌,户部侍郎杜正伦为黄门侍郎、同中书门下三品。四月壬寅,诏五品以上老疾不以罪者同致仕。壬子,矩州人谢无零反,伏诛。七月癸未,崔敦礼为太子少师、同中书门下三品。八月丙申,崔敦礼薨。辛丑,程知节及贺鲁部歌逻禄、处月战于榆慕谷,败之。九月庚辰,括州海溢。癸未,程知节及贺鲁战于怛笃城,败之。十一月乙丑,以子显生,赐京官、朝集使勋一转。自八月霜且雨,至于是月。是岁,龟兹大将羯猎颠附于贺鲁,左屯卫大将军杨胄伐之。

二年闰正月壬寅,如洛阳宫。庚戌,右屯卫将军苏定方为伊丽道行军总管,以伐贺鲁。二月癸亥,降洛州囚罪,徒以下原之,免民一岁租、调,赐百岁以上毡衾、粟帛。庚午,封子显为周王。壬申,徙封素节为郇王。三月戊申,禁舅姑拜公主,父母拜王妃。癸丑,李义府兼中书令。五月丙申,幸明德宫。七月丁亥,如洛阳宫。八月丁卯,贬韩瑗为振州刺史,来济为台州刺史。辛未,卫尉卿许敬宗为侍中。九月庚寅,杜正伦兼中书令。十一月戊戌,如许州。甲辰,遣使虑所过州县囚。乙巳,猎于滍南。壬子,讲武于新郑,赦郑州,免一岁租赋,赐八十以上粟帛,其尝事高祖任佐史者以名闻。十二月乙卯,如洛阳宫。丁巳,苏定方败贺鲁于金牙山,执之。丁卯,以洛阳宫为东都。

三年正月戊申,杨胄及龟兹羯猎颠战于泥师城,败之。二月甲戌,至自东都。戊寅,虑囚。六月壬子,程名振及高丽战于赤烽镇,败之。十一月乙酉,贬杜正伦为横州刺史,李义府普州刺史。戊子,许敬宗权检校中书令。甲午,苏定方俘贺鲁以献。戊戌,许敬宗为中书令,大理卿辛茂将兼侍中。

四年三月壬午,昆陵都护阿史那弥射及西突厥真珠叶护战于双河,败之。四月丙辰,于志宁为太子太师、同中书门下三品。乙丑,黄门侍郎许圉师同中书门下三品。戊辰,流长孙无忌于黔州。于志宁罢。五月己卯,许圉师为中书侍郎、同中书门下三品。丙申,兵部尚书任雅相、度支尚书卢承庆参知政事。戊戌,杀凉州都督长史赵持满。七月己丑,以旱避正殿。壬辰,虑囚。八月壬子,李义府为吏部尚书、同中书门下三品。十月丙午,皇太子加元服,大赦,赐五品以上子孙为父祖后者勋一转,民酺三日。闰月戊寅,如东都,皇太子监国。辛巳,诏所过供顿免今岁租赋之半,赐民八十以上毡衾、粟帛。十一月丙午,许圉师为左散骑常侍、检校侍中。戊午,辛茂将薨。癸亥,贺鲁部悉结阙俟斤都曼寇边,左骁卫大将军苏定方为安抚大使以伐之。卢承庆同中书门下三品。

五年正月癸卯,苏定方俘都曼以献。甲子,如并州。己巳,次长平,赐父老布帛。二月丙戌,赦并州及所过州县,义旗初尝任五品以上葬并州者祭之,加佐命功臣食别封者子孙二阶,大将军府僚佐存者一阶,民年八十以上版授刺史、县令,赐酺三日。甲午,祠旧宅。三月丙午,皇后宴亲族邻里于朝堂,会命妇于内殿。赐从官五品以上、并州长史司马勋一转。妇人八十以上版授郡君,赐毡衾、粟帛。己酉,讲武于城西。辛亥,左武卫大将军苏定方为神兵道行军大总管,新罗王金春秋为嵎夷道行军总管,率三将军及新罗兵以伐百济。四月癸巳,如东都。五月辛丑,作八关宫。戊辰,定襄都督阿史德枢宾为沙砖道行军总管以伐契丹。六月庚午朔,日有食之。七月乙巳,废梁王忠为庶人。丁卯,卢承庆罢。八月庚辰,苏定方及百济战,败之。壬午,左武卫大将军郑仁泰及悉结、拔也固、仆骨、同罗战,败之。癸未,赦神兵道大总管以下军士及其家,赐民酺三日。十一月戊戌,苏定方俘百济王以献。甲寅,如许州。十二月辛未,猎于安乐川。己卯,如东都。壬午,左骁卫大将军契苾何力为浿江道行军大总管,苏定方为辽东道行军大总管,左骁卫将军刘伯英为平壤道行军大总管,以伐高丽。阿史德枢宾及奚、契丹战,败之。

龙朔元年正月戊午,鸿胪卿萧嗣业为扶余道行军总管以伐高丽。二月乙未,改元,赦洛州。四月庚辰,任雅相为浿江道行军总管,契苾何力为辽东道行军总管,苏定方为平壤道行军总管,萧嗣业为扶余道行军总管,右骁卫将军程名振为镂方道行军总管,左骁卫将军庞孝泰为沃沮道行军总管,率三十五军以伐高丽。甲午晦,日有食之。六月辛巳,太白经天。八月甲戌,苏定方及高丽战于浿江,败之。九月癸卯,及皇后幸李勣、许圉师第。壬子,徙封贤为沛王。十月丁卯,猎于陆浑。戊辰,猎于非山。癸酉,如东都。郑仁泰为铁勒道行军大总管,萧嗣业为仙萼道行军大总管,左骁卫大将军阿史那忠为长岑道行军大总管,以伐铁勒。

二年二月甲子,大易官名。甲戌,任雅相薨。戊寅,庞孝泰及高丽战于蛇水,死之。三月庚寅,郑仁泰及铁勒战于天山,败之。乙巳,如河北县。辛亥,如蒲州。癸丑,如同州。四月庚申,至自同州。辛巳,作蓬莱宫。六月癸亥,禁宗戚献纂组雕镂。七月戊子,以子旭轮生满月,大赦,赐酺三日。右威卫将军孙仁师为熊津道行军总管以伐百济。戊戌,李义府罢。八月壬寅,许敬宗为太子少师、同东西台三品。九月丁丑,李义府起复。十月丁酉,幸温汤,皇太子监国。丁未,至自温汤。庚戌,西台侍郎上官仪同东西台三品。十一月辛未,贬许圉师为虔州刺史。癸酉,封子旭轮为殷王。是岁,右卫将军苏海政为飒海道行军总管以伐龟兹。海政杀昆陵都督阿史那弥射。

三年正月乙丑,李义府为右相。二月,减百官一月俸,赋雍、同等十五州民钱以作蓬莱宫。己亥,杀驸马都尉韦正矩。庚戌,虑囚。四月戊子,流李义府于巂州。五月壬午,柳州蛮叛,冀州都督长史刘伯英以岭南兵伐之。六月,吐蕃攻吐谷浑,凉州都督郑仁泰为青海道行军大总管以救之。八月癸卯,有彗星出于左摄提。戊申,诏百寮言事。遣按察大使于十道。九月戊午,孙仁师及百济战于白江,败之。十月辛巳,诏皇太子五日一至光顺门监诸司奏事,小事决之。十一月甲戌,雨木冰。十二月庚子,改明年为麟德元年,降京师、雍州诸县死罪以下。壬寅,安西都护高贤为行军总管以伐弓月。

麟德元年二月戊子,如福昌宫。癸卯,如万年宫。四月壬午,道王元庆薨。五月戊申,许王孝薨。丙寅,以旱,避正殿。七月丁未,诏以三年正月有事于泰山。八月己卯,幸旧第,降万年县死罪以下。壬午,至自万年宫。丁亥,司列太常伯刘祥道兼右相,大司宪窦德玄为司元太常伯、检校左相。十二月丙戌,杀上官仪。戊子,杀庶人忠。刘祥道罢。太子右中护乐彦玮、西台侍郎孙处约同知军国政事。是冬,无雪。

二年二月壬午,如东都。三月甲寅,司戎太常伯姜恪同东西台三品。戊午,遣使虑京都诸司及雍、洛二州囚。闰月癸酉,日有食之。是春,疏勒、弓月、吐蕃攻于阗,西州都督崔智辩、左武卫将军曹继叔救之。四月丙午,赦桂、广、黔三都督府。丙寅,讲武于邙山之阳。戊辰,左侍极陆敦信检校右相,孙处约、乐彦玮罢。七月己丑,邓王元裕薨。十月壬戌,带方州刺史刘仁轨为大司宪兼知政事。丁卯,如泰山。大有年。

乾封元年正月戊辰,封于泰山。庚午,禅于社首,以皇后为亚献。壬申,大赦,改元,赐文武官阶、勋、爵。民年八十以上版授下州刺史、司马、县令,妇人郡、县君;二十以上至八十,赐古爵一级。民酺七日,女子百户牛酒。免所过今年租赋。给复齐州一年半、兖州二年。辛卯,幸曲阜,祠孔子,赠太师。二月己未,如亳州,祠老子,追号太上玄元皇帝,县人宗姓给复一年。四月甲辰,至自亳州。庚戌,陆敦信罢。六月壬寅,高丽泉男生请内附,右骁卫大将军契苾何力为辽东安抚大使率兵援之。左金吾卫将军庞同善、营州都督高侃为辽东道行军总管,左武卫将军薛仁贵、左监门卫将军李谨行为后援。七月乙丑,徙封旭轮为豫王。庚午,刘仁轨兼右相。八月辛丑,窦德玄薨。丁未,杀始州刺史武惟良、淄州刺史武怀运。九月,庞同善及高丽战,败之。十二月己酉,李勣为辽东道行台大总管,率六总管兵以伐高丽。

二年正月丁丑,以旱,避正殿,减膳,虑囚。二月丁酉,涪陵郡王愔薨。辛丑,禁工商乘马。六月乙卯,西台侍郎杨武戴至德、东台侍郎李安期、司列少常伯赵仁本同东西台三品。东台舍人张文瓘参知政事。七月己卯,以旱,避正殿,减膳,遣使虑囚。八月己丑朔,日有食之。辛亥,李安期罢。九月庚申,以饵药,皇太子监国。辛未,李勣及高丽战于新城,败之。是岁,岭南洞獠陷琼州。

总章元年正月壬子,刘仁轨为辽东道副大总管兼安抚大使、浿江道行军总管。二月丁巳,皇太子释奠于国学。戊寅,如九成宫。壬午,李勣败高丽,克扶余、南苏、木底、苍岩城。三月庚寅,大赦,改元。四月乙卯,赠颜回太子少师,曾参太子少保。丙辰,有彗星出于五车,避正殿,减膳,撤乐,诏内外官言事。庚申,以太原元从西府功臣为二等:第一功后官无五品者,授其子若孙一人,有至四品五品者加二阶,有三品以上加爵三等;第二功后官无五品者,授其子若孙从六品一人,有至五品者加一阶,六品者二阶,三品以上爵一等。辛巳,杨武薨。八月癸酉,至自九成宫。九月癸巳,李勣败高丽王高藏,执之。十二月丁巳,俘高藏以献。丁卯,有事于南郊。甲戌,姜恪检校左相,司平太常伯阎立本守右相。

二年二月辛酉,右肃机李敬玄为西台侍郎,张文瓘为东台侍郎,同东西台三品。三月丙戌,东台侍郎郝处俊同东西台三品。癸巳,皇后亲蚕。四月己酉,如九成宫。六月戊申朔,日有食之。七月癸巳,左卫大将军契苾何力为乌海道行军大总管以援吐谷浑。九月庚寅，括州海溢。壬寅，如岐州。乙巳，赦岐州，赐高年粟帛。十月丁巳，至自岐州。十一月丁亥，徙封旭轮为冀王，改名轮。十二月戊申，李勣薨。是冬，无雪。

　　咸亨元年正月丁丑，刘仁轨罢。二月戊申，虑囚。丁巳，东南有声若雷。三月甲戌，大赦，改元。壬辰，许敬宗罢。四月癸卯，吐蕃陷龟兹拨换城，废安西四镇。己酉，李敬玄罢。辛亥，右威卫大将军薛仁贵为逻娑道行军大总管以伐吐蕃。庚午，如九成宫。雍州大雨雹。高丽酋长钳牟岑叛，寇边，左监门卫大将军高侃为东州道行军总管，右领军卫大将军李谨行为燕山道行军总管，以伐之。六月壬寅朔，日有食之。七月甲戌，以雍、华、蒲、同四州旱，遣使虑囚，减中御诸厩马。戊子，李敬玄起复。薛仁贵及吐蕃战于大非川，败绩。八月庚戌，以谷贵禁酒。丁巳，至自九成宫。甲子，赵王福薨。丙寅，以旱，避正殿，减膳。九月丁丑，给复雍、华、同、岐、邠、陇六州一年。闰月癸卯，皇后以旱请避位。甲寅，姜恪为凉州道行军大总管以伐吐蕃。十月庚辰，诏文武官言事。乙未，赵仁本罢。十二月庚寅，复官名。是岁，大饥。

　　二年正月乙巳，如东都，皇太子监国。二月辛未，遣使存问诸州。四月戊子，大风，雨雹。六月癸巳，以旱虑囚。九月，地震。丙申，徐王元礼薨。十月丙子，求明礼乐之士。十一月甲午朔，日有食之。庚戌，如许州，遣使存问所过疾老鳏寡，虑囚。十二月癸酉，猎于昆阳。丙戌，如东都。是岁，姜恪为侍中，阎立本为中书令。

　　三年正月辛丑，姚州蛮寇边，太子右卫副率梁积寿为姚州道行军总管以伐之。二月己卯，姜恪薨。四月壬申，校旗于洛水之阴。九月癸卯，徙封贤为雍王。十月己未，皇太子监国。十一月戊子朔，日有食之。甲辰，至自东都。十二月，金紫光禄大夫致仕刘仁轨为太子左庶子、同中书门下三品。

四年正月丙辰，郑王元懿薨。四月丙子，如九成宫。闰五月丁卯，禁作篿捕鱼、营圈取兽者。八月辛丑，以不豫诏皇太子听诸司启事。己酉，大风落太庙鸱尾。十月壬午，阎立本薨。乙未，以皇太子纳妃，赦岐州，赐酺三日。乙巳，至自九成宫。

上元元年二月壬午，刘仁轨为鸡林道行军大总管以伐新罗。三月辛亥朔，日有食之。己巳，皇后亲蚕。八月壬辰，皇帝称天皇，皇后称天后。追尊六代祖宣简公为宣皇帝，妣张氏曰宣庄皇后；五代祖懿王为光皇帝，妣贾氏曰光懿皇后。增高祖、太宗及后谥。大赦，改元，赐酺三日。十一月丙午，如东都。己酉，猎于华山曲武原。十二月癸未，蒋王恽自杀。

二年正月己未，给复雍、同、华、岐、陇五州一年。辛未，吐蕃请和。二月，刘仁轨及新罗战于七重城，败之。三月丁巳，天后亲蚕。四月辛巳，天后杀周王显妃赵氏。丙戌，以旱，避正殿，减膳，撤乐，诏百官言事。己亥，天后杀皇太子。五月戊申，追号皇太子为孝敬皇帝。六月戊寅，立雍王贤为皇太子，大赦。七月辛亥，杞王上金免官削封邑。八月庚寅，葬孝敬皇帝于恭陵。丁酉，诏妇人为宫官者岁一见其亲。庚子，张文瓘为侍中，郝处俊为中书令，刘仁轨为尚书左仆射，戴至德为右仆射。十月庚辰，雍州雨雹。壬午，有彗星出于角、亢。

仪凤元年正月壬戌，徙封轮为相王。丁卯，纳州獠寇边。二月丁亥，如汝州温汤，遣使虑免汝州轻系。三月癸卯，黄门侍郎来恒、中书侍郎薛元超同中书门下三品。甲辰，如东都，免汝州今岁半租，赐民八十以上帛。闰月己巳，吐蕃寇鄯、廓、河、芳四州，左监门卫中郎将令狐智通伐之。乙酉，周王显为洮河道行军元帅领左卫大将军刘审礼等十二总管，相王轮为凉州道行军元帅领契苾何力等军，以

伐吐蕃。四月戊申，至自东都。甲寅，中书侍郎李义琰同中书门下
三品。戊午，如九成宫。六月癸亥，黄门侍郎高智周同中书门下三
品。七月丁亥，有彗星出于东井。乙未，吐蕃寇叠州。八月庚子，避
正殿，减膳，撤乐，损食粟马，虑囚，诏文武官言事。甲子，停南北中
尚、梨园、作坊，减少府杂匠。是月，青州海溢。十月乙未，至自九成
宫。丙午，降封郇王素节鄱阳郡王。十一月壬申，大赦，改元。庚寅，
李敬玄为中书令。十二月戊午，来恒、薛元超为河南、河北道大使。

二年正月乙亥，耕藉田。庚辰，京师地震。四月，太子左庶子张
大安同中书门下三品。五月，吐蕃寇扶州。八月辛亥，刘仁轨为洮
河军镇守使。十月壬辰，徙封显为英王，更名哲。十二月乙卯，募关
内、河东猛士以伐吐蕃。是岁，西突厥及吐蕃寇安西。冬，无雪。

三年正月丙子，李敬玄为洮河道行军大总管以伐吐蕃。癸未，
遣使募河南、河北猛士以伐吐蕃。四月丁亥，以旱，避正殿，虑囚。戊
申，大赦，改明年为通乾元年。癸丑，泾州民生子异体连心。五月壬
戌，如九成宫。大雨霖。九月辛酉，至自九成宫。癸亥，张文瓘薨。
丙寅，李敬玄、刘审礼及吐蕃战于青海，败绩，审礼死之。十月丙申，
停剑南、陇右岁贡。丙午，密王元晓薨。闰十一月丙申，雨木冰。壬
子，来恒薨。十二月癸丑，罢通乾号。

调露元年正月戊子，如东都。庚戌，戴至德薨。四月辛酉，郝处
俊为侍中。五月丙戌，皇太子监国。戊戌，作紫桂宫。六月辛亥，大
赦，改元。吏部侍郎裴行俭伐西突厥。九月壬午，行俭败西突厥，执
其可汗都支。十月，突厥温傅、奉职二部寇边，单于大都护府长史萧
嗣业伐之。十一月戊寅，高智周罢。甲辰，礼部尚书裴行俭为定襄
道行军大总管以伐突厥。

永隆元年二月癸丑，如汝州温汤。丁巳，如少室山。乙丑，如东

都。三月，裴行俭及突厥战于黑山，败之。四月乙丑，如紫桂宫。戊辰，黄门侍郎裴炎、崔知温、中书侍郎王德真同中书门下三品。五月丁酉，太白经天。七月己卯，吐蕃寇河源。辛巳，李敬玄及吐蕃战于湟川，败绩。左武卫将军黑齿常之为河源军经略大使。丙申，江王元祥薨。突厥寇云州，都督窦怀哲败之。八月丁未，如东都。丁巳，贬李敬玄为衡州刺史。甲子，废皇太子为庶人。乙丑，立英王哲为皇太子，大赦，改元，赐酺三日。己巳，贬张大安为普州刺史。九月甲申，王德真罢。十月壬寅，降封曹王明为零陵郡王。戊辰，至自东都。十一月壬申朔，日有食之。

开耀元年正月乙亥，突厥寇原、庆二州。辛巳，赐京官九品以上酺三日。癸巳，裴行俭为定襄道行军大总管以伐突厥。己亥，减殿中、太仆马，省诸方贡献，免雍、岐、华、同四州二岁税，河南、河北一年调。二月丙午，皇太子释奠于国学。三月辛卯，郝处俊罢。五月乙酉，常州人刘龙子谋反，伏诛。丙戌，定襄道副总管曹怀舜及突厥战于横水，败绩。己丑，黑齿常之及吐蕃战于良非川，败之。六月壬子，永嘉郡王晫有罪，伏诛。七月己丑，以太平公主下嫁，赦京师。甲午，刘仁轨罢左仆射。闰月丁未，裴炎为侍中，崔知温、薛元超守中书令。庚戌，以饵药，皇太子监国。庚申，裴行俭及突厥战，败之。八月丁卯，以河南、河北大水，遣使赈乏绝，室庐坏者给复一年，溺死者赠物，人三段。九月丙申，有彗星出于天市。壬戌，裴行俭俘突厥温傅可汗、阿史那伏念以献。乙丑，改元，赦定襄军及诸道缘征官吏兵募。十月丙寅朔，日有食之。十一月癸卯，徙庶人贤于巴州。

永淳元年二月癸未，以孙重照生满月，大赦，改元，赐酺三日。是月，突厥车薄、咽面寇边。三月戊午，立重照为皇太孙。四月甲子朔，日有食之。丙寅，如东都，皇太子监国。辛未，裴行俭为金牙道行军大总管率三总管兵以伐突厥。安西副都护王方翼及车薄、咽面战于热海，败之。丁亥，黄门侍郎郭待举、兵部侍郎岑长倩、秘书员外少监郭正一、吏部侍郎魏玄同与中书门下同承受进止平章事。五月乙卯，洛水溢。六月甲子，突厥骨咄禄寇边，岚州刺史王德茂死之。是月，大蝗，人相食。七月，作万泉宫。己亥，作奉天宫。庚申，零陵郡王明自杀。九月，吐蕃寇柘州，骁卫郎将李孝逸伐之。十月甲子，京师地震。丙寅，黄门侍郎刘齐贤同中书门下平章事。

弘道元年正月甲午，幸奉天宫。二月庚午，突厥寇定州，刺史霍王元轨败之。三月庚寅，突厥寇单于都护府，司马张行师死之。庚子，李义琰罢。丙午，有彗星出于五车。癸丑，崔知温薨。四月己未，如东都。壬申，郭待举、郭正一同中书门下平章事。甲申，绥州部落稽白铁余寇边，右武卫将军程务挺败之。五月乙巳，突厥寇蔚州，刺史李思俭死之。七月甲辰，徙封轮为豫王，改名旦。薛元超罢。八月乙丑，皇太子朝于东都，皇太孙留守京师。丁卯，滹沱溢。己巳，河溢，坏河阳城。九月己丑，以太平公主子生，赦东都。十月癸亥，幸奉天宫。十一月戊戌，右武卫将军程务挺为单于道安抚大使以伐突厥。辛丑，皇太子监国。丁未，如东都。戊申，裴炎、刘齐贤、郭正一兼于东宫平章事。十二月丁巳，改元，大赦。是夕，皇帝崩于贞观殿，年五十六。谥曰天皇大帝。天宝八载，改谥天皇大圣皇帝。十三载，增谥天皇大圣大弘孝皇帝。

赞曰：《小雅》曰："赫赫宗周，褒姒灭之。"此周幽王之诗也。是时，幽王虽亡，而太子宜臼立，是为平王。而诗人乃言灭之者，以为文、武之业于是荡尽，东周虽在，不能复兴矣。其曰灭者，甚疾之之辞也。武氏之乱，唐之宗室戕杀殆尽，其贤士大夫不免者十八九。以太宗之治，其遗德余烈在人者未远，而几于遂绝，其为恶岂一褒姒之比邪？以太宗之明，昧于知子，废立之际，不能自决，卒用昏童。高宗溺爱衽席，不戒履霜之渐，而毒流天下，贻祸邦家。呜呼，父子夫妇之间，可谓难哉！可不慎哉？

唐书卷四
本纪第四

则天顺圣武皇后　　中宗皇帝

　　则天顺圣皇后武氏讳曌,并州文水人也。父士彟,官至工部尚书、荆州都督,封应国公。

　　后年十四,太宗闻其有色,选为才人。太宗崩,后削发为比丘尼,居于感业寺。高宗幸感业寺见而悦之,复召入宫。久之,立为昭仪,进号宸妃。永徽六年,高宗废皇后王氏,立宸妃为皇后。

　　高宗自显庆后,多苦风疾,百司奏事,时时令后决之,常称旨,由是参豫国政。后既专宠与政,乃数上书言天下利害,务收人心。而高宗春秋高,苦疾,后益用事,遂不能制。高宗悔,阴欲废之,而谋泄不果。上元元年,高宗号天皇,皇后亦号天后,天下之人谓之"二圣。"

　　弘道元年十二月,高宗崩,遗诏皇太子即皇帝位,军国大务不决者,兼取天后进止。甲子,皇太子即皇帝位,尊后为皇太后,临朝称制。大赦,赐九品以下勋官一级。庚午,韩王元嘉为太尉,霍王元轨为司徒,舒王元名为司空。甲戌,刘仁轨为尚书左仆射,裴炎为中书令,刘齐贤为侍中,同中书门下三品。戊寅,郭待举、魏玄同、岑长倩同中书门下三品。癸未,郭正一罢。

　　光宅元年正月癸未,改元嗣圣。癸巳,左散骑常侍韦弘敏为太府卿、同中书门下三品。二月戊午,废皇帝为庐陵王,幽之。己未,立豫王旦为皇帝,妃刘氏为皇后,立永平郡王成器为皇太子。大赦,改元为文明。赐文武官五品以上爵一等，九品以上勋两转。老人版授官，赐粟帛。职官五品以上举所知一人。皇太后仍临朝称制。庚申，废皇太孙重照为庶人，杀庶人贤于巴州。甲子，皇帝率群臣上尊号于武成殿。丁卯，册皇帝。丁丑，太常卿王德真为侍中，中书侍郎刘祎之同中书门下三品。庚辰，赠玉清观道士太中大夫王远知金紫光禄大夫。三月丁亥，徙封上金为毕王，素节葛王。

四月丁巳，滕王元婴薨。辛酉，徙封上金为泽王，素节许王。癸酉，迁庐陵王于房州。丁丑，又迁于均州。五月癸巳，以大丧禁射猎。闰月甲子，礼部尚书武承嗣为太常卿、同中书门下三品。

七月戊午，广州昆仑杀其都督路元睿。乙丑，突厥寇朔州，左武卫大将军程务挺败之。辛未，有彗星出于西方。八月庚寅，葬天皇大帝于乾陵。丙午，武承嗣罢。九月甲寅，大赦，改元。旗帜尚白，易内外官服青者以碧。大易官名，改东都为神都。追尊老子母为先天太后。丙辰，左威卫大将军程务挺为单于道安抚大使，以备突厥。己巳，追尊武氏五代祖克己为鲁国公，妣裴氏为鲁国夫人；高祖居常为太尉、北平郡王，妣刘氏为王妃；曾祖俭为太尉、金城郡王，妣宋氏为王妃；祖华为太尉、太原郡王，妣赵氏为王妃；考士彟为太师、魏王，妣杨氏为王妃。丁丑，柳州司马李敬业举兵于扬州以讨乱。贬韦弘敏为汾州刺史。

十月癸未，楚州司马李崇福以山阳、安宜、盐城三县归于敬业。甲申，左玉钤卫大将军梁郡公孝逸为扬州道行军大总管，左金吾卫大将军李知十为副，率兵三十万以拒李敬业。丁亥，左肃政台御史大夫骞味道检校内史、同凤阁鸾台三品，凤阁舍人李景谌同凤阁鸾台平章事。壬辰，李敬业克润州。丙申，杀裴炎。追谥五代祖鲁国公曰靖，高祖北平郡王曰恭肃，曾祖金城郡王曰义康，祖太原郡王曰安成，考魏王曰忠孝。丁酉，曲赦扬、楚二州。复敬业姓徐氏。贬刘齐贤为辰州刺史。李景谌罢。右史沈君谅、著作郎崔詧为正谏大夫、同凤阁鸾台平章事。十一月辛亥，左鹰扬卫大将军黑齿常之为江南道行军大总管。庚申，右监门卫将军苏孝祥及徐敬业战于阿

溪,死之。乙丑,徐敬业将王那相杀敬业降。丁卯,郭待举罢。鸾台
侍郎韦方质为凤阁侍郎、同凤阁鸾台平章事。十二月戊子,遣御史
察风俗。癸卯,杀程务挺。

垂拱元年正月丁未,大赦,改元。庚戌,骞味道守内史。戊辰,
刘仁轨薨。二月乙巳,春官尚书武承嗣、秋官尚书裴居道、右肃政台
御史大夫韦思谦同凤阁鸾台三品。突厥寇边,左玉钤卫中郎将淳于
处平为阳曲道行军总管以击之。沈君谅罢。三月,崔詧罢。丙辰,
迁庐陵王于房州。辛酉,武承嗣罢。辛未,颁《垂拱格》。四月丙子,
贬骞味道为青州刺史。癸未,淳于处平及突厥战于忻州,败绩。五
月丙午,裴居道为纳言。丁未,流王德真于象州。己酉,冬官尚书苏
良嗣守纳言。封皇帝子成义为恒王。壬戌,以旱虑囚。壬申,韦方
质同凤阁鸾台三品。六月,天官尚书韦待价同凤阁鸾台三品。九月
丁卯,扬州地生毛。十一月癸卯,韦待价为燕然道行军大总管以击
突厥。

二年正月辛酉,大赦,赐酺三日,内外官勋一转。二月辛未朔,
日有食之。三月戊申,作铜匦。四月庚辰,岑长倩为内史。五月丙
午,裴居道为内史。六月辛未,苏良嗣同凤阁鸾台三品。己卯,韦思
谦守纳言。十月己巳,有山出于新丰县,改新丰为庆山,赦囚,给复
一年,赐酺三日。十二月,免并州百姓庸、调,终其身。是冬,无雪。

三年闰正月丁卯,封皇帝子隆基为楚王,隆范卫王,隆业赵王。
二月己亥,以旱,避正殿,减膳。丙辰,突厥寇昌平,黑齿常之击之。
三月乙丑,韦思谦罢。四月辛丑,追号孝敬皇帝妃裴氏曰哀皇后,葬
于恭陵。癸丑,以旱虑囚,命京官九品以上言事。壬戌,裴居道为纳
言。五月丙寅,夏官侍郎张光辅为凤阁侍郎、同凤阁鸾台平章事。庚
午,杀刘祎之。七月丁卯,冀州雌鸡化为雄。乙亥,京师地震,雨金
于广州。八月壬子,魏玄同兼检校纳言。交趾人李嗣仙杀安南都护

刘延祐据交州，桂州司马曹玄静败之。是月，突厥寇朔州，燕然道行军大总管黑齿常之败之。九月己卯，虢州人杨初成自称郎将，募州人迎庐陵王于房州，不果，见杀。十月庚子，右监门卫中郎将爨宝璧及突厥战，败绩。十二月壬辰，韦待价为安息道行军大总管，安西大都护阎温古副之，以击吐蕃。是岁，大饥。

四年正月甲子，增七庙，立高祖、太宗、高宗庙于神都。庚午，毁乾元殿作明堂。三月壬戌，杀麟台少监周思茂。四月戊戌，杀太子通事舍人郝象贤。五月庚申，得"宝图"于洛水。乙亥，加尊号为圣母神皇。六月丁亥朔，日有食之。得瑞石于汜水。七月丁巳，大赦，改"宝图"为"天授圣图"，洛水为永昌洛水，封其神为显圣侯，加特进，禁渔钓。改嵩山为神岳，封其神为天中王、太师、使持节大都督。赐酺五日。戊午，京师地震。八月戊戌，神都地震。丙午，博州刺史琅邪郡王冲举兵以讨乱，遣左金吾卫大将军丘神勣拒之。戊申，冲死之。庚戌，越王贞举兵于豫州以讨乱。辛亥，曲赦博州。九月丙辰，左豹韬卫大将军麹崇裕为中军大总管、岑长倩为后军大总管以拒越王贞，张光辅为诸军节度。削越王贞及琅邪郡王冲属籍，改其姓为虺氏。贞死之。丙寅，赦豫州。杀韩王元嘉、鲁王灵夔、范阳郡王霭、黄国公譔、东莞郡公融及常乐公主，皆改其姓为虺氏。丁卯，左肃政台御史大夫骞味道、夏官侍郎王本立同凤阁鸾台平章事。十月辛亥，大风拔木。十一月辛酉，杀济州刺史薛顗及其弟驸马都尉绍。十二月乙酉，杀霍王元轨、江都郡王绪及殿中监裴承光。大杀唐宗室，流其幼者于岭南。己亥，杀骞味道。己酉，拜洛受图。辛亥，改明堂为万象神宫，大赦。

永昌元年正月乙卯，享于万象神宫，大赦，改元，赐酺七日。丁巳，舒王元名为司徒。戊午，布政于万象神宫，颁九条以训百官。己未，朗州雌鸡化为雄。二月丁酉，尊考太师魏忠孝王曰周忠孝太皇。置崇先府官。戊戌，追谥妣杨氏曰周忠孝太后；太原郡王曰周安成王,妃赵氏为王妃;金城郡王曰魏义康王,妃宋氏为王妃;北平郡王曰赵肃恭王,妃刘氏为王妃;五代祖鲁国公曰太原靖王,夫人裴氏为王妃。三月甲子,张光辅守纳言。癸酉,天官尚书武承嗣为纳言,张光辅守内史。四月甲辰,杀汝南郡王玮、鄱阳郡公諲、广汉郡公谧、汶山郡公蓁、零陵郡王俊、广都郡公璹,徙其家于巂州。己酉,杀天官侍郎邓玄挺。五月丙辰,韦待价及吐蕃战于寅识迦河,败绩。己巳,白马寺僧薛怀义为新平道行军大总管以击突厥。七月丁巳,流纪王慎于巴州,改其姓为虺氏。丙子,流韦待价于绣州,杀阎温古。戊寅,王本立同凤阁鸾台三品。八月癸未,薛怀义为新平道中军大总管以击突厥。甲申,杀张光辅、洛州司马弓嗣业、洛阳令弓嗣明、陕州参军弓嗣古、流人徐敬真。乙未,松州雌鸡化为雄。辛丑,杀陕州刺史郭正一。丁未,杀相州刺史弓志元、蒲州刺史弓彭祖、尚方监王令基。九月庚戌,杀恒山郡王承乾之子厥。闰月甲午,杀魏玄同、夏官侍郎崔詧。戊申,杀彭州长史刘易从。十月癸丑,杀凉州都督李光谊。丁巳,杀陕州刺史刘延景。戊午,杀右武威卫大将军黑齿常之、右鹰扬卫将军赵怀节。己未,杀嗣郑王璥。丁卯,春官尚书范履冰、凤阁侍郎邢文伟同凤阁鸾台平章事。

天授元年正月庚辰,大赦,改元曰载初,以十一月为正月,十二月为腊月,来岁正月为一月。以周、汉之后为二王后,封舜、禹、汤之裔为三恪,周、隋同列国,封其嗣。乙未,除唐宗室属籍。腊月丙寅,杀刘齐贤。一月戊子,王本立罢。邢文伟为内史,岑长倩、武承嗣同凤阁鸾台三品,凤阁侍郎武攸宁为纳言。甲午,流韦方质于儋州。二月丁卯,杀地官尚书王本立。三月乙酉,以旱减膳。丁亥,苏良嗣薨。五月戊子,杀范履冰。己亥,杀梁郡公孝逸。六月戊申,杀汴州刺史柳明肃。七月辛巳,流舒王元名于和州。颁《大云经》于天下。壬午,杀豫章郡王亶。丁亥,杀泽王上金、许王素节。甲午,赦永昌县。癸卯,杀太常丞苏践言。八月辛亥,杀许王素节之子璟、曾江县令白令言。甲寅,杀裴居道。壬戌,杀将军阿史那惠、右司郎中乔知之。癸亥,杀尚书右丞张行廉、太州刺史杜儒童。甲子,杀流人张楚金。戊辰,杀流人元万顷、苗神客。辛未,杀南安郡王颖、郾国公昭及诸宗室李直、李敞、李然、李勋、李策、李越、李黯、李玄、李英、李志业、李知言、李玄贞。九月乙亥,杀钜鹿郡公晃、麟台郎裴望及其弟司膳丞琎。壬午,改国号周。大赦,改元,赐酺七日。乙酉,加尊号曰圣神皇帝,降皇帝为皇嗣,赐姓武氏,皇太子为皇孙。丙戌,立武氏七庙于神都。追尊周文王曰始祖文皇帝,妣姒氏曰文定皇后;四十代祖平王少子武曰睿祖康皇帝,妣姜氏曰康惠皇后;太原靖王曰严祖成皇帝,妣曰成庄皇后;赵肃恭王曰肃祖章敬皇帝,妣曰章敬皇后;魏义康王曰烈祖昭安皇帝,妣曰昭安皇后;周安成王曰显祖文穆皇帝,妣曰文穆皇后;忠孝太皇曰太祖孝明高皇帝,妣曰孝明高皇后。追封伯父及兄弟之子为王,堂兄为郡王,诸姑姊为长公主,堂姊妹为郡主。司宾卿史务滋守纳言,凤阁侍郎宗秦客检校内史,给事中傅游艺为鸾台侍郎、同凤阁鸾台平章事。十月丁巳,给复并州武兴县百姓,子孙相承如汉丰、沛。甲子,贬宗秦客为遵化尉。丁卯,杀流人韦方质。己巳,杀许王素节之子瑛、琪、琬、瓒、玚、瑗、琛、唐臣。辛未,贬邢文伟主珍州刺史。置大云寺。封周公为褒德王,孔子为隆道公。改唐太庙为享德庙,以武氏七庙为太庙。

二年正月甲戌,改置社稷,旗帜尚赤。戊寅,杀雅州刺史刘行实及其弟渠州刺史行瑜、尚衣奉御行感、兄子左鹰扬卫将军虔通。戊子,武承嗣为文昌左相。庚寅,赐酺。乙未,杀丘神勣、左豹韬卫将军卫蒲山。庚子,杀史务滋。腊月己未,始用周腊。四月壬寅朔,日有食之。丙午,大赦。五月丁亥,大风折木。岑长倩为武威道行军大总管以击吐蕃。六月庚戌,左肃政台御史大夫格辅元为地官尚书,鸾台侍郎乐思晦、凤阁侍郎任知古同凤阁鸾台平章事。七月庚午,徙关内七州户以实神都。八月戊申,武攸宁罢。夏官尚书欧阳通为司礼卿兼判纳言事。庚申,杀右玉钤卫大将军张虔勖。九月乙亥,杀岐州刺史云弘嗣。壬辰,杀傅游艺。癸巳,左羽林卫大将军武攸宁守纳言,冬官侍郎裴行本,洛州司马狄仁杰为地官侍郎:同凤阁鸾台平章事。十月己酉,杀岑长倩、欧阳通、格辅元。壬戌,杀乐思晦、左卫将军李安静。

长寿元年一月戊辰,夏官尚书杨执柔同凤阁鸾台平章事。庚午,贬任知古为江夏令,狄仁杰彭泽令。流裴行本于岭南。乙亥,杀右卫大将军泉献诚。庚辰,司刑卿李游道为冬官尚书、同凤阁鸾台平章事。二月戊午,秋官尚书袁智弘同凤阁鸾台平章事。四月丙申朔,日有蚀之。大赦,改元如意。五月,洛水溢。七月,又溢。八月甲戌,河溢,坏河阳县。戊寅,武承嗣、武攸宁、杨执柔罢。秋官侍郎崔元综为鸾台侍郎,夏官侍郎李昭德为凤阁侍郎,权检校天官侍郎姚璹为文昌左丞,检校地官侍郎李元素为文昌右丞,营缮大匠王璿为夏官尚书,司宾卿崔神基同凤阁鸾台平章事。九月戊戌,大雾。庚子,大赦,改元。改用九月社,赐酺七日。癸卯,以并州为北都。癸丑,流李游道、袁智弘、王璿、崔神基、李元素于岭南。十月丙戌,武威道行军总管王孝杰败吐蕃,克四镇。

二年腊月癸亥,杀皇嗣妃刘氏、德妃窦氏。丁卯,降封皇孙成器为寿春郡王,恒王成义衡阳郡王,楚王隆基临淄郡王,卫王隆范巴陵郡王,赵王隆业彭城郡王。一月庚子,夏官侍郎娄师德同凤阁鸾台平章事。甲寅,杀尚方监裴匪躬、内常侍范云仙。三月己卯,杀左卫员外大将军阿史那元庆、白润府果毅薛大信。五月乙未,杀冬官尚书苏干、相州刺史来同敏。癸丑,河溢棣州。九月丁亥朔,日有蚀之。乙未,加号金轮圣神皇帝,大赦,赐酺七日,作七宝。庚子,追尊烈祖昭安皇帝曰浑元昭安皇帝,显祖文穆皇帝曰立极文穆皇帝,太祖孝明高皇帝曰无上孝明高皇帝。辛丑,姚璹罢。文昌右丞韦巨源同凤阁鸾台平章事,秋官侍郎陆元方为鸾台侍郎、同凤阁鸾台平章事,司宾卿豆卢钦望守内史。

延载元年腊月甲戌，突厥默啜寇灵州，右鹰扬卫大将军李多祚败之。一月甲午，娄师德为河源、积石、怀远等军营田大使。二月庚午，薛怀义为伐逆道行军大总管，领十八将军以击默啜。乙亥，以旱虑囚。己卯，武威道大总管王孝杰及吐蕃战于冷泉，败之。三月甲申，凤阁舍人苏味道为凤阁侍郎、同凤阁鸾台平章事，李昭德检校内史。薛怀义为朔方道行军大总管击默啜。昭德为朔方道行军长史，味道为司马。四月壬戌，常州地震。五月甲午，加号越古金轮圣神皇帝，大赦，改元，赐酺七日。七月癸未，嵩岳山人武什方为正谏大夫、同凤阁鸾台平章事。八月，什方罢。戊辰，王孝杰为瀚海道行军总管。己巳，司宾少卿姚璹守纳言。左肃政台御史大夫杨再思为鸾台侍郎，洛州司马杜景佺检校凤阁侍郎：同凤阁鸾台平章事。戊寅，流崔元综于振州。九月壬午朔，日有蚀之。壬寅，贬李昭德为南宾尉。十月壬申，文昌右丞李元素为凤阁侍郎，右肃政台御史中丞周允元检校凤阁侍郎：同凤阁鸾台平章事。岭南獠寇边，容州都督张玄遇为桂、永等州经略大使。癸酉，雨木冰。

天册万岁元年正月辛巳，加号慈氏越古金轮圣神皇帝，改元证圣。大赦，赐酺三日。戊子，贬豆卢钦望为赵州刺史，韦世源郮州刺史，杜景佺溱州刺史，苏味道集州刺史，陆元方绥州刺史。丙申，万象神宫火。丙午，王孝杰为朔方行军总管以击突厥。二月己酉朔，日有蚀之。壬子，杀薛怀义。甲子，罢"慈氏越古"号。三月丙辰，周允元薨。四月戊寅，建大周万国颂德天枢。七月辛酉，吐蕃寇临洮，王孝杰为肃边道行军大总管以击之。九月甲寅，祀南郊。加号天册金轮大圣皇帝。大赦，改元，赐酺九日。以崇先庙为崇尊庙。

万岁通天元年腊月甲戌，如神岳。甲申，封于神岳。改元曰万岁登封。大赦，免今岁租税，赐酺十日。丁亥，禅于少室山。己丑，给复洛州二年，登封、告成县三年。癸巳，复于神都。一月甲寅，娄师德为肃边道行军副总管以击吐蕃。己巳，改崇尊庙为太庙。二月辛巳，尊神岳天中王为神岳天中黄帝，天灵妃为天中黄后。三月壬寅，王孝杰、娄师德及吐蕃战于素罗汗山，败绩。丁巳，复作明堂，改曰通天宫。大赦，改元，赐酺七日。四月癸酉，检校夏官侍郎孙元亨同凤阁鸾台平章事。庚子，贬娄师德为原州都督府司马。五月壬子，契丹首领松漠都督李尽忠、归诚州刺史孙万荣陷营州，杀都督赵文翙。乙丑，左鹰扬卫将军曹仁师、右金吾卫大将军张玄遇、左威卫大将军李多祚、司农少卿麻仁节等击之。七月辛亥，春官尚书武三思为榆关道安抚大使，纳言姚璹为副，以备契丹。八月丁酉，张玄遇、曹仁师、麻仁节等及契丹战于黄獐谷，败绩，执玄遇、仁节。九月庚子，同州刺史武攸宜为清边道行军大总管以击契丹。丁巳，吐蕃寇凉州，都督许钦明死之。庚申，并州长史王方庆为鸾台侍郎，殿中监李道广:同凤阁鸾台平章事。十月辛卯，契丹寇冀州，刺史陆宝积死之。甲午，虑囚。

神功元年正月壬戌，杀李元素、孙元亨、洛州录事参军綦连耀、箕州刺史刘思礼、知天官侍郎事石抱忠、刘奇、给事中周潘、凤阁舍人王勮、前泾州刺史王勔、太子司议郎路敬淳、司门员外郎刘顺之、右司员外郎宇文全志、来庭县主簿柳璆。癸亥，突厥默啜寇胜州，平狄军副使安道买败之。甲子，娄师德守凤阁侍郎、同凤阁鸾台平章事。一月乙巳，虑囚。三月庚子，王孝杰及孙万斩战于东硖石谷，败绩，孝杰死之。戊申，赦河南、北。四月戊辰，置九鼎于通天宫。癸酉，前益州大都督府长史王及善为内史。癸未，右金吾卫大将军武懿宗为神兵道行军大总管，及右豹韬卫将军何迦密以击契丹。五月癸卯，娄师德为清边道行军副大总管，右武卫将军沙吒忠义为清边中道前军总管，以击契丹。六月丁卯，杀监察御史李昭德、司仆少卿来俊臣。己卯，尚方少监宗楚客同凤阁鸾台平章事。戊子，特进武承嗣、春官尚书武三思同凤阁鸾台三品。辛卯，娄师德安抚河北。七月丁酉，武三思罢。八月丙戌，姚璹罢。九月壬寅，大赦，改元，赐酺七日。庚戌，娄师德守纳言。十月甲子，给复徇忠、立节二县一年。

闰月甲寅,检校司刑卿、幽州都督狄仁杰为鸾台侍郎,司刑卿杜景佺为凤阁侍郎:同凤阁鸾台平章事。

　　圣历元年正月甲子,大赦,改元,赐酺九日。丙寅,宗楚客罢。丁亥,李道广罢。三月己巳,召庐陵王于房州。戊子,庐陵王至自房州。四月庚寅,赦神都及河北。辛丑,娄师德为陇右诸军大使检校河西营田事。五月庚午,禁屠。六月乙卯,大风拔木。七月辛未,杜景佺罢。八月,突厥寇边。戊子,左豹韬卫将军阎知微降于突厥,寇边。甲午,王方庆罢。庚子,春官尚书武三思、检校内史狄仁杰兼纳言。司属卿武重规为天兵中道大总管,沙吒忠义为天兵西道前军总管,幽州都督张仁亶为天兵东道总管,左羽林卫大将军李多祚、右羽林卫大将军阎敬容为天兵西道后军总管,以击突厥。癸丑,突厥寇蔚州。乙卯,寇定州,刺史孙彦高死之。九月甲子,夏官尚书武攸宁同凤阁鸾台三品。戊辰,突厥寇赵州,长史唐波若降于突厥,刺史高睿死之。突厥寇相州,沙吒忠义为河北道前军总管,将军阳基副之,李多祚为后军总管,大将军富福信为奇兵总管,以御之。壬申,立庐陵王显为皇太子,大赦,赐酺五日。甲戌,皇太子为河北道行军元帅以击突厥。戊寅,狄仁杰为河北道行军副元帅、检校纳言。辛巳,试天官侍郎苏味道为凤阁侍郎、同凤阁鸾台平章事。十月癸卯,狄仁杰为河北道安抚大使。夏官侍郎姚元崇、麟台少监李峤同凤阁鸾台平章事。族阎知微。

　　二年正月壬戌,封皇嗣旦为相王。腊月戊子,左肃政台御史中丞吉顼为天官侍郎,检校右肃政台御史中丞魏元忠为凤阁侍郎、同凤阁鸾台平章事。辛亥,赐皇太子姓武氏,大赦。一月庚申,武攸宁罢。二月己丑,如缑氏。辛卯,如嵩阳。丁酉,复于神都。三月甲戌,以隋、唐为二王后。娄师德为纳言。四月壬辰,魏元忠检校并州大都督府长史,天兵军大总管娄师德副之,以备突厥。辛丑,娄师德为陇右诸军大使。甲辰,虑囚。七月丙辰,神都大雨,洛水溢。八月庚子,王及善为文昌左相、同凤阁鸾台平章事,太子宫尹豆卢钦望为文昌右相、同凤阁鸾台三品。杨再思罢。丁未,试天官侍郎陆元方为鸾台侍郎、同凤阁鸾台平章事。娄师德薨。戊申,武三思为内史。九月乙亥,如福昌县,曲赦。戊寅,复于神都。庚辰,王及善薨。是秋,黄河溢。十月丁亥,吐蕃首领赞婆来。

久视元年正月戊午,贬吉顼为琰川尉。壬申,武三思罢。腊月辛巳,封皇太子之子重润为邵王。庚寅,陆元方罢司礼卿。阿史那斛瑟罗为平西军大总管。丁酉,狄仁杰为内史。庚子,文昌左相韦巨源为纳言。乙巳,如嵩山。一月丁卯,如汝州温汤。戊寅,复于神都。作三阳宫。二月乙未,豆卢钦望罢。三月癸丑,夏官尚书唐奉一为天兵中军大总管以备突厥。四月戊申,如三阳宫。五月己酉朔,日有蚀之。癸丑,大赦,改元,罢"天册金轮大圣"号,赐酺五日,给复告成县一年。闰七月戊寅,复于神都。己丑,天官侍郎张锡为凤阁侍郎、同凤阁鸾台平章事。李峤罢。丁酉,吐蕃寇凉州,陇右诸军州大使唐休璟败之于洪源谷。八月庚戌,魏元忠为陇右诸军州大总管以击吐蕃。庚申,敛天下僧钱作大像。九月辛丑,狄仁杰薨。十月辛亥,魏元忠为萧关道行军大总管以备突厥。甲寅,复唐正月,大赦。丁巳,韦巨源罢。文昌右丞韦安石为鸾台侍郎、同凤阁鸾台平章事。丁卯,如新安陇涧山,曲赦。壬申,复于神都。十二月甲寅,突厥寇陇右。

长安元年正月丁丑,改元大足。二月己酉,鸾台侍郎李怀远同凤阁鸾台平章事。三月丙申,流张锡于循州。四月丙午,大赦。癸丑,姚元崇检校并州以北诸军州兵马。五月乙亥,如三阳宫。丁丑,魏元忠为灵武道行军大总管以备突厥。丙申,天官侍郎顾琮同凤阁鸾台平章事。六月庚申,夏官侍郎李迥秀同凤阁鸾台平章事。辛未,赦告成县。七月甲戌,复于神都,乙亥,扬、楚、常、润、苏五州地震。壬午,苏味道按察幽、平等州兵马。甲申,李怀远罢。九月壬申,杀邵王重润及永泰郡主、主婿武延基。十月壬寅,如京师。辛酉,大赦,改元。给复关内三年,赐酺三日。丙寅,魏元忠同凤阁鸾台三品。十一月壬申,武三思罢。戊寅,改含元宫为大明宫。

二年正月,突厥寇盐州。三月丙戌,李迥秀安置山东军马,检校武骑兵。庚寅,突厥寇并州,雍州长史薛季昶持节山东防御大使以备之。七月甲午,突厥寇代州。八月辛亥,剑南六州地震。九月乙丑朔,日有蚀之。壬申,突厥寇忻州。己卯,吐蕃请和。十月甲辰,顾琮薨。戊申,吐蕃寇悉州,茂州都督陈大慈败之。甲寅,姚元崇同凤阁鸾台平章事,苏味道、韦安石、李迥秀同凤阁鸾台三品。十一月甲子,相王旦为司徒。戊子,祀南郊,大赦,赐酺三日。十二月甲午,魏元忠为安东道安抚使。

三年三月壬戌朔,日有蚀之。四月庚子,相王旦罢。吐蕃来求婚。乙巳,以旱,避正殿。闰月庚午,成均祭酒李峤同凤阁鸾台平章事。己卯,李峤知纳言事。七月壬寅,正谏大夫朱敬则同凤阁鸾台平章事。庚戌,检校凉州都督唐休璟为夏官尚书、同凤阁鸾台平章事。八月乙酉,京师大雨雹。九月庚寅朔,日有蚀之。丁酉,贬魏元忠为高要尉。十月丙寅,如神都。十二月丙戌,天下置关三十。

四年正月丁未,作兴泰宫。壬子,天官侍郎韦嗣立为凤阁侍郎、同凤阁鸾台三品。二月癸亥,贬李迥秀为庐州刺史。壬申,朱敬则罢。三月丁亥,进封皇孙平恩郡王重福为谯王。己亥,夏官侍郎宗楚客同凤阁鸾台平章事。贬苏味道为坊州刺史。四月壬戌,韦安石知纳言事,李峤知内史事。丙子,如兴泰宫,赦寿安县,给复一年。五月丁亥,大风拔木。六月辛酉,姚元之罢。乙丑,天官侍郎崔玄暐为鸾台侍郎、同凤阁鸾台平章事。丁丑,李峤同凤阁鸾台三品。壬午,相王府长史姚元之兼知夏官尚书、同凤阁鸾台三品。七月丙戌,左肃政台御史大夫杨再思守内史。甲午,复于神都。贬宗楚客为原州都督。八月庚申，唐休璟兼幽、营二州都督安东都护。九月壬子，姚元之为灵武道行军大总管。十月辛酉，元之为灵武道安抚大使。甲戌，判秋官侍郎张柬之同凤阁鸾台平章事。壬午，怀州长史房融为正谏大夫、同凤阁鸾台平章事。十一月丁亥，天官侍郎韦承庆行凤阁侍郎、同凤阁鸾台平章事。李峤罢。十二月丙辰，韦嗣立罢。

五年正月壬午，大赦。庚寅，禁屠。癸卯，张柬之、崔玄暐及左羽林卫将军敬晖、检校左羽林卫将军桓彦范、司刑少卿袁恕己、左羽林卫将军李湛、薛思行、赵承恩、右羽林卫将军杨元琰、左羽林卫大将军李多祚、职方郎中崔泰之、库部员外郎朱敬则、司刑评事冀仲甫、检校司农少卿兼知总监翟世言、内直郎王同皎率左右羽林兵以讨乱，麟台监张易之、春官侍郎张昌宗、汴州刺史张昌期、司礼少卿张同休、通事舍人张景雄伏诛。丙午，皇帝复于位。丁未，徙后于上阳宫。戊申，上后号曰则天大圣皇帝。十一月，崩，谥曰大圣则天皇后。唐隆元年，改为天后。景云元年，改为大圣天后。延和元年，改为天后圣帝，未几，改为圣后。开元四年，改为则天皇后。天宝八载，加谥则天顺圣皇后。

中宗大和大圣大昭孝皇帝讳显，高宗第七子也。母曰则天顺圣皇后武氏。高宗崩，以皇太子即皇帝位，而皇太后临朝称制。嗣圣元年正月，废居于均州，又迁于房州。圣历二年，复为皇太子。太后老且病。

神龙元年正月，张柬之等以羽林兵讨乱。甲辰，皇太子监国，大赦，改元。丙午，复于位，大赦。赐文武官阶、爵，民酺五日。免今岁租赋，给复房州三年。放宫女三千人。相王旦为安国相王、太尉、同凤阁鸾台三品。庚戌，张柬之、袁恕己同凤阁鸾台三品，崔玄暐守内史，敬晖为纳言，桓彦范守纳言。二月甲寅，复国号唐。贬韦承庆为高要尉，流房融于高州。杨再思同中书门下三品。姚元之罢。甲子，皇后韦氏复于位,大赦,赐酺三日,复宗室死于周者官爵。丙寅,太子宾客武三思为司空、同中书门下三品。贬谯王重福为濮州刺史。丁卯,右散骑常侍、驸马都尉武攸暨为司徒。辛未,安国相王旦罢。甲戌,太子少詹事祝钦明同中书门下三品。韦安石罢。进封子义兴郡王重俊为卫王,北海郡王重茂温王。丁丑,武三思、武攸暨罢。三月甲申,诏文明后破家者昭洗之,还其子孙荫。己丑,袁恕己守中书令。

四月辛亥,桓彦范为侍中,袁恕己为中书令。丁卯,高要尉魏元忠为卫尉卿、同中书门下平章事。辛未,敬晖为侍中。甲戌,魏元忠、崔玄晖,刑部尚书韦安石为吏部尚书,太子右庶子李怀远为左散骑常侍,凉州都督唐休璟为辅国大将军;同中书门下三品。乙亥,张柬之为中书令。五月壬午,迁武氏神主于崇恩庙。乙酉,立太庙、社稷于东都。戊子,复周、隋二王后。壬辰,进封兄成纪郡王千里为成王。甲午,敬晖、桓彦范、张柬之、袁恕己、崔玄晖罢。韦安石兼检校中书令,魏元忠兼侍中。甲辰,唐休璟为尚书左仆射,特进豆卢钦望为尚书右仆射:同中书门下三品。六月壬子,左骁卫大将军裴思谅为灵武道行军大总管以备突厥。癸亥,韦安石为中书令,魏元忠为侍中,杨再思检校中书令,豆卢钦望平章军国重事。

七月辛巳,太子宾客韦巨源同中书门下三品。甲辰,洛水溢。八月戊申,给复河南、洛阳二县一年。壬戌,追册妃赵氏为皇后。乙亥,祔孝敬皇帝于东都太庙。皇后见于庙。丁丑,幸洛城南门观斗象。九月壬午,祀天地于明堂。大赦,赐文武官勋、爵,民为父后者古爵一级,酺三日。癸巳,韦巨源罢。

十月癸亥,幸龙门。乙丑,猎于新安。辛未,魏元忠为中书令,杨再思为侍中。十一月戊寅,上尊号曰应天皇帝,皇后曰顺天皇后。壬午,及皇后享于太庙,大赦,赐文武官阶、勋、爵,民酺三日。己丑,幸洛城南门,观泼寒胡戏。壬寅,皇太后崩,废崇恩庙。

二年正月戊戌,吏部尚书李峤同中书门下三品,中书侍郎于惟谦同中书门下平章事。闰月丙午，公主开府置官属。二月乙未，礼部尚书韦巨源为刑部尚书、同中书门下三品。丙申，遣十道巡察使。三月甲辰，韦安石罢。户部尚书苏瓌守侍中。戊申，唐休璟罢。庚戌，杀光禄卿、驸马都尉王同皎。是月，置员外官。四月己丑，李怀远罢。己亥，雨毛于郪县。辛丑，洛水溢。五月庚申，葬则天大圣皇后。六月戊寅，贬敬晖为崖州司马，桓彦范泷州司马，袁恕己窦州司马，崔玄暐白州司马，张柬之新州司马。

七月戊申，立卫王重俊为皇太子。丙寅，魏元忠为尚书右仆射、兼中书令，李峤守中书令。辛未，左散骑常侍致仕李怀远同中书门下三品。流敬晖于嘉州，桓彦范于瀼州，袁恕己于环州，崔玄暐于古州，张柬之于泷州。八月丙子，贬祝钦明为申州刺史。九月戊午，李怀远薨。十月癸巳，苏瓌为侍中。戊戌，至自东都。十一月乙巳，大赦，赐行从官勋一转。十二月己卯，灵武军大总管沙吒忠义及突厥战于鸣沙，败绩。丙戌，以突厥寇边、京师旱、河北水，减膳，罢土木工。苏瓌存抚河北。丙申，魏元忠为尚书左仆射。

景龙元年正月丙辰，以旱虑囚。二月丙戌，复武氏庙、陵，置令、丞、守户如昭陵。甲午，褒德庙、荣先陵置令、丞。四月庚寅，赦雍州。五月戊戌，右屯卫大将军张仁亶为朔方道行军大总管以备突厥。丙午，假鸿胪卿臧思言使于突厥，死之。以旱，避正殿，减膳。六月丁卯朔，日有蚀之。庚午，雨土于陕州。戊子，吐蕃及姚州蛮寇边，姚巂道讨击使唐九征败之。七月辛丑，皇太子以羽林千骑兵诛武三思不克，死之。癸卯，大赦。壬戌，李峤为中书令。八月丙戌，上尊号曰应天神龙皇帝，皇后曰顺天翊圣皇后。魏元忠罢。九月丁酉，吏部侍郎萧至忠为黄门侍郎。兵部尚书宗楚客、左卫将军兼太府卿纪处讷同中书门下三品，于惟谦罢。庚子，大赦，改元。赐文武官阶、勋、爵。辛亥，杨再思为中书令，韦巨源、纪处讷为侍中。苏瓌罢。十月戊寅，杀习艺馆内教苏安恒。壬午，有彗星出于西方。十二月乙丑朔，日有蚀之。丁丑，雨土。

二年二月癸未。有星陨于西南。庚寅，大赦，进五品以上母、妻封号一等，无妻者授其女。妇人八十以上版授郡、县、乡君。七月癸巳，朔方道行军大总管张仁亶同中书门下三品。丁酉，有星孛于胃、昴。十一月庚申，西突厥寇边，御史中丞冯嘉宾使于突厥，死之。己卯，大赦，赐酺三日。癸未，安西都护牛师奖及西突厥战于火烧城，死之。是岁，皇后、妃、主、昭容卖官，行墨敕斜封。

三年二月己丑，及皇后幸玄武门，观宫女拔河，为宫市以嬉。壬寅，韦巨源为尚书左仆射，杨再思为右仆射：同中书门下三品。壬子，及皇后幸太常寺。三月戊午，宗楚客为中书令，萧至忠守侍中，太府卿韦嗣立守兵部尚书、同中书门下三品。中书侍郎兼检校吏部侍郎崔湜，守兵部侍郎赵彦昭为中书侍郎：同中书门下平章事。戊寅，礼部尚书韦温为太子少保、同中书门下三品。太常少卿郑愔守吏部侍郎、同中书门下平章事。五月丙戌，贬崔湜为襄州刺史，郑愔江州司马。六月癸巳，太白昼见。庚子，以旱，避正殿，减膳，撤乐。诏括天下图籍。壬寅，虑囚。癸卯，杨再思薨。七月丙辰，西突厥娑葛降。辛酉，许妇人非缘夫、子封者荫其子孙。癸亥，虑囚。庚辰，澧水溢。八月乙酉，李峤同中书门下三品，特进韦安石为侍中。壬辰，有星孛于紫宫。九月戊辰，吏部尚书苏瓌为尚书左仆射、同中书门下三品。十一月乙丑，有事于南郊，以皇后为亚献，大赦，赐文武官阶、爵，入品者减考，免关内今岁赋，赐酺三日。甲戌，豆卢钦望薨。十二月壬辰，前宋国公致仕唐休璟为太子少师、同中书门下三品。甲午，如新丰温汤。甲辰，赦新丰，给复一年，赐从官勋一转。乙巳，至自新丰。

四年正月丙寅，及皇后微行以观灯，遂幸萧至忠第。丁卯，微行以观灯，幸韦安石、长宁公主第。己卯，如始平。二月壬午，赦咸阳、始平，给复一年。癸未，至自始平。庚戌，及后、妃、公主观三品以上

拔河。三月,以河源九曲予吐蕃。庚申,雨木冰,井溢。五月辛酉,
封嗣虢王邕为汴王。丁卯,杀许州司兵参军燕钦融。丁丑,剡县地
震。六月,皇后及安乐公主、散骑常侍马秦客反。壬午,皇帝崩,年
五十五,谥曰孝和皇帝。天宝十三载,加谥大和大圣大昭孝皇帝。

　　赞曰:昔者孔子作《春秋》而乱臣贼子惧,其于杀弑篡国之主,
皆不黜绝之,岂以其盗而有之者,莫大之罪也,不没其实,所以著其
大恶而不隐歟?自司马迁、班固皆作《高后纪》,吕氏虽非篡汉,而盗
执其国政,遂不敢没其实,岂其得圣人之意歟?抑亦偶合于《春秋》
之法也。唐之旧史因之列武后于本纪,盖其所从来远矣。夫吉凶之
于人,犹影响也。而为善者行吉常多,其不幸而罹于凶者有矣。为
恶者未始不及于凶,其幸而免者亦时有焉。而小人之虑。遂以为天
道难知,为善未必福,而为恶未必祸也。武后之恶,不及于大戮,所
谓幸免者也。至中宗韦氏,则祸不旋踵矣。然其亲遭母后之难,而
躬自蹈之,所谓下愚之不移者歟!

唐书卷五
本纪第五

睿宗皇帝　玄宗皇帝

　　睿宗玄真大圣大兴孝皇帝讳旦,高宗第八子也。始封殷王,领冀州大都督、单于大都护。长而温恭好学,通诂训,工草隶书。徙封豫王,又封冀王,累迁右金吾卫大将军、洛州牧。徙封相王,复封豫王。武后废中宗,立为皇帝,其改国号周,以为皇嗣,居于东宫。中宗自房州还,复为皇太子。武后封皇嗣为相王,授太子右卫率。累迁右羽林卫大将军、并州牧、安北大都护、诸道元帅。中宗复位,进号安国相王。

　　景云元年六月壬午,韦皇后弑中宗,矫诏立温王重茂为皇太子。以刑部尚书裴谈、工部尚书张锡同中书门下三品,吏部尚书张嘉福、中书侍郎岑羲、吏部侍郎崔湜同中书门下平章事。发诸府兵五万屯京师,以韦温总知内外兵马。甲申,乃发丧。又矫遗诏,自立为皇太后。皇太子即皇帝位,以睿宗参谋政事,大赦,改元曰唐隆。太后临朝摄政,罢睿宗参谋政事,以为太尉。封嗣雍王守礼为邠王,寿春郡王成器宋王。丁亥,温王妃陆氏为皇后。壬辰,纪处讷、张嘉福、岑羲持节巡抚关内、河南北。庚子,临淄郡王隆基率万骑兵入北军讨乱,诛韦氏、安乐公主及韦巨源、马秦客、驸马都尉武延秀、光禄少卿杨均。辛丑,睿宗奉皇帝御安福门,大赦。赐文武官阶、勋、爵,免天下岁租之半。进封隆基为平王。朝邑尉刘幽求为中书舍人,苑总监钟绍京为中书侍郎:参知机务。壬寅,绍京及黄门侍郎李日知同中书门下三品。纪处讷、韦温、宗楚客、将作大匠宗晋卿、司农卿赵履温伏诛。贬汴王邕为沁州刺史,萧至忠许州刺史,韦嗣立宋州刺史,赵彦昭绛州刺史,崔湜华州刺史。癸卯,太白昼见。平王隆基同中书门下三品,钟绍京行中书令。张嘉福伏诛。甲辰,安国相王即皇帝位于承天门,大赦,长流、长任及流人未达者还之。赐内外官阶、爵。复重茂为温王。乙巳,钟绍京罢。丙午,太常少卿薛稷为黄门侍郎参豫机务。丁未,立平王隆基为皇太子。复则天大圣皇后号曰天后。戊申,许州刺史姚元之为兵部尚书、同中书门下三品。韦嗣立、萧至忠为中书令,赵彦昭为中书侍郎,崔湜为吏部侍郎:同中书门下平章事。

七月庚戌,进封衡阳郡王成义为申王,巴陵郡王隆范岐王,彭城郡王隆业薛王。癸丑,兵部尚书崔日用为黄门侍郎,参豫机务。丁巳,洛州长史宋璟检校吏部尚书、同中书门下三品。岑羲罢。壬戌,贬萧至忠为晋州刺史,韦嗣立许州刺史,赵彦昭宋州刺史,张锡绛州刺史。崔湜罢。丙寅,贬李峤为怀州刺史。姚元之兼中书令,苏瓌为尚书左仆射。丁卯,唐休璟、张仁亶罢。己巳,大赦,改元,赐内外官及子为父后者勋一转。崔日用、薛稷罢。乙亥,废崇恩庙、昊陵、顺陵。追废皇后韦氏为庶人,安乐公主为勃逆庶人。八月庚寅,谯王重福及汴州刺史郑愔反,伏诛。癸巳,罢墨敕斜封官。贬裴谈为蒲州刺史。九月辛未,太子少师致仕唐休璟为朔方道行军大总管,以备突厥。十月乙未,追号天后曰大圣天后。癸卯,出义宗于太庙。十一月戊申,姚元之为中书令。己酉,葬孝和皇帝于定陵。壬子,苏瓌、韦安石罢。宋王成器为尚书左仆射。丁卯,赦灵驾所过。己巳,宋王成器为司徒。

二年正月己未,太仆卿郭元振、中书侍郎张说同中书门下平章事。甲子,徙封重茂为襄王。乙丑,追册妃刘氏、窦氏为皇后。二月丁丑,皇太子监国。甲申,贬姚元之为申州刺史,宋璟楚州刺史。丙戌,太子少保韦安石为侍中。刘幽求罢。复墨敕斜封官。辛卯,禁屠。三月癸丑，作金仙、玉真观。四月甲申，韦安石为中书令。宋王成器罢。辛卯，李日知为侍中。壬寅，大赦，赐文武官阶、勋、爵，民酺三日。甲辰，作玄元皇帝庙。五月庚戌，复昊陵、顺陵，置官属。壬戌，殿中监窦怀贞为左御史台大夫、同中书门下平章事。八月乙卯，大赦，赐酺三日。丁巳，皇太子释奠于国学。庚午，韦安石为尚书左仆射、同中书门下三品。九月乙亥，窦怀贞为侍中。十月甲辰，吏部尚书刘幽求为侍中。右散骑常侍魏知古，太子詹事崔湜为中书侍郎：同中书门下三品。中书侍郎陆象先同中书门下平章事。韦安石、李日知、郭元振、窦怀贞、张说罢。十二月丁未，作泼寒胡戏。

　　先天元年正月辛未，享于太庙。甲戌，并、汾、绛三州地震。辛巳，有事于南郊。戊子，耕籍田。己丑，大赦，改元曰太极。赐内外官阶、爵，民酺五日。版授九十以上下州刺史，八十以上上州司马。辛卯，幸安福门，观酺三日夜。壬辰，陆象先同中书门下三品。乙未，户部尚书岑羲、左御史台大夫窦怀贞同中书门下三品。二月丁巳，皇太子释奠于国学。是春，旱。五月戊寅，有事于北郊。辛巳，大赦，改元曰延和。赐内外官陪礼者勋一转，民酺五日。六月癸丑，岑羲为侍中。乙卯，追号大圣天后为天后圣帝。辛酉，刑部尚书郭元振为朔方道行军大总管以伐突厥。甲子，幽州都督孙佺、左骁卫将军李楷洛、左威卫将军周以悌及奚战于冷陉山，败绩。

　　七月辛未，有彗星入于太微。兵部尚书李迥秀为朔方道后军大总管。乙亥，窦怀贞为尚书右仆射、平章军国重事。己卯，幸安福门观乐，三日而止。丙戌，以旱减膳。八月庚子，立皇太子为皇帝以听小事，自尊为太上皇以听大事。壬寅，追号天后圣帝为圣后。甲辰，大赦，改元，赐内外官及五品以上子为父后者勋、爵，民酺五日。丁未，立皇太子妃王氏为皇后。戊申，封皇帝子嗣直为郯王，嗣谦郢王。己酉，宋王成器为司徒。庚戌，窦怀贞为尚书左仆射，刘幽求守尚书右仆射：同中书门下三品。魏知古为侍中，崔湜检校中书令。戊午，流刘幽求于封州。九月丁卯朔，日有食之。甲午，封皇帝子嗣升为陕王。十月辛卯，猎于骊山。十一月丁亥，诰遣皇帝巡边。甲午，幽州都督宋璟为左军大总管，并州长史薛讷为中军大总管，兵部尚书郭元振为右军大总管。

二年正月乙亥，吏部尚书萧至忠为中书令。二月，追作先天元年酺。六月辛丑，以雨霖避正殿，减膳。丙辰，郭元振同中书门下三品。七月甲子，大赦。乙丑，诰归政于皇帝。

开元四年六月，崩于百福殿，年五十五，谥曰大圣真皇帝。天宝十三载，增谥玄真大圣大兴孝皇帝。

玄宗至道大圣大明孝皇帝讳隆基，睿宗第三子也。母曰昭成皇后窦氏。性英武，善骑射，通音律、历象之学。始封楚王，后为临淄郡王。累迁卫尉少卿、潞州别驾。

景龙四年，朝于京师，遂留不遣。庶人韦氏已弑中宗，矫诏称制。玄宗乃与太平公主子薛崇简、尚衣奉御王崇晔、公主府典签王师虔、朝邑尉刘幽求、苑总监钟绍京、长上折冲麻嗣宗、押万骑果毅葛福顺李仙凫、道士冯处澄、僧普润定策讨乱。或请先启相王，玄宗曰："请而从，是王与危事；不从，则吾计失矣。"乃夜率幽求等入苑中。福顺、仙凫以万骑兵攻玄武门，斩左羽林将军韦播、中郎将高嵩以徇。左万骑由左入，右万骑由右入，玄宗率总监羽林兵会两仪殿，梓宫宿卫兵皆起应之，遂诛韦氏。黎明，驰谒相王，谢不先启。相王泣曰："赖汝以免。不然，吾且及难。"乃拜玄宗殿中监，兼知内外闲厩、检校陇右群牧大使，押左右万骑，进封平王同中书门下三品。

睿宗即位，立为皇太子。景云二年，监国，听除六品以下官。延和元年，星官言："帝坐前星有变。"睿宗曰："传德避灾，吾意决矣。"七月壬辰，制皇太子宜即皇帝位。太子惶惧入请，睿宗曰："此吾所以答天戒也。"皇太子乃御武德殿，除三品以下官。八月庚子，即皇帝位。先天元年十月庚子，享于太庙，大赦。

开元元年正月辛巳，皇后亲蚕。七月甲子，太平公主及岑羲、萧至忠、窦怀贞谋反，伏诛。乙丑，始听政。丁卯，大赦，赐文武官阶、爵。庚午，流崔湜于窦州。甲戌，毁天枢。乙亥，尚书右丞张说检校中书令。庚辰，陆象先罢。八月癸巳，刘幽求为尚书右仆射知军国大事。壬寅，宋王成器为太尉，申王成义为司徒，邠王守礼为司空。九月丙寅，宋王成器罢。庚午，刘幽求同中书门下三品，张说为中书令。十月，姚巂蛮寇姚州，都督李蒙死之。己亥，幸温汤。癸卯，讲武于骊山。流郭元振于新州，给事中唐绍伏诛。免新丰来岁税，赐从官帛。甲辰，猎于渭川。同州刺史姚元之为兵部尚书、同中书门下三品。乙巳，至自渭川。十一月乙丑，刘幽求兼侍中。戊子，群臣上尊号曰开元神武皇帝。十二月庚寅，大赦，改元，赐内外官勋。改中书省为紫微省，门下省为黄门省，侍中为监。甲午，吐蕃请和。己亥，禁泼寒胡戏。壬寅，姚崇兼紫微令。癸丑，刘幽求罢。贬张说为相州刺史。甲寅，黄门侍郎卢怀慎同紫微黄门平章事。

二年正月壬午，以关内旱，求直谏，停不急之务，宽系囚，祠名山大川，葬暴骸。甲申，并州节度大使薛讷同紫微黄门三品以伐契丹。二月壬辰，避正殿，减膳，撤乐。突厥寇北庭，都护郭虔瓘败之。己酉，虑囚。三月己亥，碛西节度使阿史那献执西突厥都担。四月辛未，停诸陵供奉鹰犬。五月辛亥，魏知古罢。六月，京师大风拔木。甲子，以太上皇避暑，徙御大明宫。七月乙未，焚锦锈珠玉于前殿。戊戌，禁采珠玉及为刻镂器玩、珠绳帖绦服者，废织锦坊。庚子，薛讷及奚、契丹战于滦河，败绩。丁未，襄王重茂薨，追册为皇帝。八月壬戌，禁女乐。乙亥，吐蕃寇边，薛讷摄左羽林军将军为陇右防御大使，右骁卫将军郭知运为副以伐之。九月庚寅，作兴庆宫。丁酉，宴京师侍老于含元殿庭，赐九十以上几、杖，八十以上鸠杖，妇人亦如之，赐于其家。戊申，幸温汤。十月戊午，至自温汤。甲子，薛讷及吐蕃战于武阶，败之。十二月乙丑，封子嗣真为鄫王，嗣初鄂王，嗣玄鄄王。

三年正月丁亥,立郢王嗣谦为皇太子。降死罪,流以下原之。赐酺三日。癸卯,卢怀慎检校黄门监。二月辛酉,赦囚非恶逆、造伪者。四月庚申,突厥部三姓葛逻禄来附。右羽林军大将军薛讷为源川镇军大总管,凉州都督杨执一副之,右卫大将军郭虔瓘为朔川镇军大总管,并州长史王晙副之,以备突厥。五月丁未,以旱,录京师囚。戊申,避正殿,减膳。七月庚辰朔,日有食之。十月辛酉,巂州蛮寇边,右骁卫将军李玄道伐之。壬戌,薛讷为朔方道行军大总管,太仆卿吕延祚、灵州刺史杜宾客副之。癸亥,如郿,赦所过徒罪以下,赐侍老九十以上及笃疾者物。甲子,如凤泉汤。戊辰,降大理系囚罪。十一月己卯,至自凤泉汤。乙酉,幸温汤。丁亥,相州人崔子岩反,伏诛。甲午,至自温汤。乙未,禁白衣长发会。十二月乙丑,降凤泉汤所过死罪以下。

四年正月戊寅,朝太上皇于西宫。二月丙辰,幸温汤。辛酉,吐蕃寇松州,廓州刺史盖思贵伐之。丁卯,至自温汤。癸酉,松州都督孙仁献及吐蕃战,败之。六月甲子,太上皇崩。辛未,京师、华、陕二州大风拔木。癸酉,大武军子将郝灵佺杀突厥默啜。七月丁丑,吐蕃请和。丁酉,洛水溢。八月辛未,奚、契丹降。十月庚午,葬大圣真皇帝于桥陵。十一月己卯,卢怀慎罢。丁亥,迁中宗于西庙。丙申,尚书左丞源乾曜为黄门侍郎、同紫微黄门平章事。十二月乙卯,定陵寝殿火。丙辰,幸温汤。乙丑,至自温汤。闰月己亥,姚崇、源乾曜罢。刑部尚书宋璟为吏部尚书兼黄门监,紫微侍郎苏颋同紫微黄门平章事。

五年正月癸卯,太庙四室坏,迁神主于太极殿,素服避正殿,辍视朝五日。己酉,享于太极殿。辛亥,如东都。戊辰,大雾。二月甲戌,大赦,赐从官帛,给复河南一年,免河南、北蝗水州今岁租。三月丙寅,吐蕃请和。四月甲申,毁拜洛受图坛。己丑,子嗣一卒。五月丙辰,诏公侯子孙袭封。七月壬寅,陇右节度使郭知运及吐蕃战,败之。九月壬寅，复紫微省为中书省，黄门省为门下省，监为侍中。十月戊寅，祔神主于太庙。甲申，命史官月奏所行事。

六年正月辛丑，突厥请和。二月壬辰，朔方道行军大总管王晙伐突厥。六月甲申，瀍水溢。八月庚辰，以旱虑囚。十月癸亥，赐河南府、怀汝郑三州父老帛。十一月辛卯，至自东都。丙申，享于太庙，元皇帝以上三祖枝孙失官者授五品京官，皇祖妣家子孙在选者甄择之。免知顿及旁州供承者一岁租税。乙巳，改传国玺曰"宝"。是月，突厥执单于副都护张知运。

七年五月己丑朔，日有食之，素服，撤乐，减膳，中书门下虑囚。六月戊辰，吐蕃请和。闰七月辛巳，以旱，避正殿，撤乐，减膳。甲申，虑囚。八月丙戌，虑囚。九月甲戌，徙封宋王宪为宁王。十月，作义宗庙于东都。辛卯，幸温汤。癸卯，至自温汤。十一月乙亥，皇太子入学齿胄，赐陪位官及学生帛。

八年正月辛巳，宋璟、苏颋罢。京兆尹源乾曜为黄门侍郎，并州大都督府长史张嘉贞为中书侍郎：同中书门下平章事。二月戊戌，子敏卒。三月甲子，免水旱州逋负，给复四镇行人家一年。五月丁卯，源乾曜为侍中，张嘉贞为中书令。六月庚寅，洛、瀍、谷水溢。九月，突厥寇甘、源，凉州都督杨敬述及突厥战，败绩。丙寅，降京城囚罪，杖以下原之。壬申，契丹寇边，王晙检校幽州都督、节度河北诸军大使，黄门侍郎韦抗为朔方道行军大总管，以伐之。甲戌，中书门下虑囚。十月辛巳，如长春宫。壬午，猎于下邽。庚寅，幸温汤。十一月乙卯，至自温汤。

九月正月，括田。丙寅，幸温汤。乙亥，至自温汤。二月丙戌，突厥请和。丁亥，免天下七年以前逋负。四月庚寅，兰池胡康待宾寇边。五月庚午，原见囚死流罪随军效力、徒以下未发者。七月己酉，王晙执康待宾。八月，兰池胡康愿子寇边。九月乙巳朔，日有食之。癸亥，天兵军节度大使张说为兵部尚书、同中书门下三品。十一月庚午，大赦，赐文武官阶、爵，唐隆、先天实封功臣坐事免若死者加赠，赐民酺三日。十二月乙酉，幸温汤。壬辰，至自温汤。是冬，无雪。

　　十年正月丁巳，如东都。二月丁丑，次望春顿，赐从官帛。四月己亥，张说持节朔方军节度大使。五月戊午，突厥请和。辛酉，伊、汝水溢。闰月壬申，张说巡边。六月丁巳，河决博、棣二州。七月庚辰，给复遭水州。丙戌，安南人梅叔鸾反，伏诛。九月，张说败康愿子于木盘山，执之。己卯，京兆人权梁山反，伏诛。癸未，吐蕃攻小勃律，北庭节度使张孝嵩败之。十月甲寅，如兴泰宫，猎于上宜川。庚申，如东都。十二月，突厥请和。

　　十一年正月丁卯，降东都囚罪，杖以下原之。己巳，如并州，降囚罪，徙以下原之。赐侍老物。庚辰，次潞州，赦囚，给复五年，以故第为飞龙宫。辛卯，次并州，改并州为北都。癸巳，赦太原府，给复一年，下户三年，元从家五年。版授侍老八十以上上县令，妇人县君；九十以上上州长史，妇人郡君；百岁以上上州刺史，妇人郡夫人。二月己酉，贬张嘉贞为幽州刺史。壬子，如汾阴，祠后土，赐文武官阶、勋、爵、帛。癸亥，张说兼中书令。三月辛未，至自汾阴，免所过今岁税，赦京城。四月甲子，张说为中书令。吏部尚书王晙为兵部尚书、同中书门下三品。五月乙丑，复中宗于太庙。己丑，王晙持节朔方军节度大使。辛卯，遣使分巡天下。六月，王晙巡边。八月戊申，追号宣皇帝曰献祖，光皇帝曰懿祖。十月丁酉，幸温汤，作温泉宫。甲寅，至自温汤。十一月戊寅，有事于南郊，大赦。赐奉祠官阶、勋、爵，亲王公主一子官，高年粟帛，孝子顺孙终身勿事。天下酺三日，京城五日。十二月甲午，如凤泉汤。戊申，至自凤泉汤。庚申，贬王晙为蕲州刺史。

十二年四月壬寅，诏：傍继国王礼当废，而属近者封郡王。七月己卯，废皇后王氏为庶人。十月，庶人王氏卒。十一月庚午，如东都。庚辰，溪州首领覃行章反，伏诛。辛巳，申王㧑薨。闰十二月丙辰朔，日有食之。

十三年正月戊子，降死罪，流以下原之。遣使宣慰天下。壬子，葬朔方、陇右、河西战亡者。三月甲午，徙封郯王潭为庆王，陕王浚忠王，鄫王洽棣王，鄂王涓荣王。封子滉为光王，潍仪王，沄颍王，泽永王，清寿王，泂延王，沐盛王，溢济王。九月丙戌，罢奏祥瑞。十月辛酉，如兖州。庚午，次濮州，赐河南、北五百里内父老帛。十一月庚寅，封于泰山。辛卯，禅于社首。壬辰，大赦。赐文武官阶、勋、爵，致仕官一季禄，公主、嗣王、郡县主一子官，诸蕃酋长来会者一官。免所过一岁，兖州二岁租。赐天下酺七日。丙申，幸孔子宅，遣使以太牢祭其墓，给复近墓五户。丁酉，赐徐、曹、亳、许、仙、豫六州父老帛。十二月己巳，如东都。

十四年二月，邕州獠梁大海反，伏诛。四月丁巳，户部侍郎李元纮为中书侍郎、同中书门下平章事。庚申，张说罢。丁卯，岐王范薨。六月戊午，东都大风拔木。壬戌，诏州县长官言事。七月癸未，瀍水溢。八月丙午，河决魏州。九月己丑，碛西节度使杜暹检校黄门侍郎、同中书门下章事。十月甲寅，太白昼见。庚申，如广成汤。己巳，如东都。十二月丁巳，猎于方秀川。

十五年正月辛丑，河西、陇右节度使王君㚟及吐蕃战于青海，败之。七月甲戌，震，兴教门观灾。庚寅，洛水溢。己亥，降都城囚罪，徙以下原之。八月，涧、谷溢，毁渑池县。己巳，降天下死罪、岭南边州流人，徙以下原之。九月丙子，吐蕃寇瓜州，执刺史田元献。闰月庚子，寇安西，副大都护赵颐贞败之。庚申，回纥袭甘州，王君枭死之。十月己卯,至自东都。十一月丁卯,猎于城南。十二月乙亥,幸温泉宫。丙戌,至自温泉宫。

十六年正月壬寅,赵颐贞及吐蕃战于曲子城,败之。乙卯,泷州首领陈行范反,伏诛。庚申,许徒以下囚保任营农。三月辛丑,免营农囚罪。七月,吐蕃寇瓜州,刺史张守珪败之。乙巳,陇右节度使张志亮、河西节度使萧嵩克吐蕃大莫门城。八月辛卯,及吐蕃战于祁连城,败之。九月丙午,以久雨降囚罪,徒以下原之。十月己卯,幸温泉宫。己丑,至自温泉宫。十一月癸巳,萧嵩为兵部尚书、同中书门下平章事。甲辰,弛陂泽禁。戊申,幸宁王宪第。庚戌,至自宁王宪第。十二月丁卯,幸温泉宫。丁丑,至自温泉宫。

十七年二月丁卯,巂州都督张审素克云南昆明城、盐城。三月戊戌,张守珪及吐蕃战于大同军,败之。四月癸亥,降死罪,流以下原之。乙亥,大风,震,蓝田山崩。六月甲戌,源乾曜、杜暹、李元纮罢。萧嵩兼中书令。户部侍郎宇文融为黄门侍郎,兵部侍郎裴光庭为中书侍郎:同中书门下平章事。九月壬子,贬宇文融为汝州刺史。十月戊午朔,日有食之。十一月庚寅,享于太庙。丙申,拜桥陵,赦奉先县。戊戌,拜定陵。己亥,拜献陵。壬寅,拜昭陵。乙巳,拜乾陵。戊申,至自乾陵,大赦。免今岁税之半。赐文武官阶、爵,侍老帛。旌表孝子顺孙、义夫节妇终身勿事。唐隆两营立功三品以上予一子官。免供顿县今岁税。赐诸军行人勋两转。十二月辛酉,幸温泉宫。壬申,至自温泉宫。是冬,无雪。

十八年正月辛卯,裴光庭为侍中。二月丙寅,大雨,雷震,左飞龙厩灾。辛未,免囚罪杖以下。四月乙卯,筑京师外郭。五月己酉,奚、契丹附于突厥。六月甲子,有彗星出于五车。癸酉,有星孛于毕、昴。乙亥,滻水溢。丙子,忠王浚为河北道行军元帅。壬午,洛水溢。九月丁巳,忠王浚兼河东道诸军元帅。十月戊子,吐蕃请和。庚寅,如凤泉汤。癸卯,至自凤泉汤。十一月丁卯,幸温泉宫。丁丑,至自温泉宫。

十九年正月,杀瀼州别驾王毛仲。丙子,耕于兴庆宫。己卯,禁捕鲤鱼。四月壬午,降死罪以下。丙申,立太公庙。六月乙酉,大风拔木。七月癸丑,吐蕃请和。八月辛巳,以千秋节降死罪,流以下原之。十月丙申,如东都。十一月乙卯,次洛城南,赐从官帛。是岁,扬州秬稻生。

二十年正月乙卯,信安郡王祎为河东、河北道行军副元帅以伐奚、契丹。二月甲戌朔,日有食之。壬午,降囚罪,徒以下原之。三月己巳,信安郡王祎及奚、契丹战于蓟州,败之。五月戊申,忠王浚俘奚、契丹以献。六月丁丑,浚为司徒。八月辛未朔,日有食之。九月乙巳,渤海靺鞨寇登州,刺史韦俊死之,左领军卫将军盖福慎伐之。戊辰,以宋、滑、兖、郓四州水,免今岁税。十月壬午,如潞州。丙戌,中书门下虑巡幸所过囚。辛卯,赦潞州,给复三年,赐高年粟帛。十一月辛丑,如北都。癸丑,赦北都,给复三年。庚申,如汾阴,祠后土,大赦。免供顿州今岁税。赐文武官阶、勋、爵,诸州侍老帛,武德以来功臣后及唐隆功臣三品以上一子官。民酺三日。十二月辛未,至自汾阴。

二十一年正月丁巳,幸温泉宫。二月丁亥,至自温泉宫。三月乙巳,裴光庭薨。甲寅,尚书右丞韩休为黄门侍郎、同中书门下平章事。闰月癸酉,幽州副总管郭英杰及契丹战于都山,英杰死之。四月乙卯,遣宣慰使黜陟官吏,决系囚。丁巳,宁王宪为太尉,薛王业为司徒。五月戊子,以皇太子纳妃,降死罪,流以下原之。七月乙丑朔,日有食之。九月壬午,封子沔为信王,泚义王,潍陈王,澄丰王,潓恒王,漩凉王,滔深王。十月庚戌,幸温泉宫。己未,至自温泉宫。十二月丁巳,萧嵩、韩休罢。京兆尹裴耀卿为黄门侍郎,中书侍郎张九龄：同中书门下平章事。

二十二年正月己巳，如东都。二月壬寅，秦州地震，给复压死者家一年，三人者三年。四月甲辰，降死罪以下。甲寅，北庭都护刘涣谋反，伏诛。五月戊子，裴耀卿为侍中，张九龄为中书令，黄门侍郎李林甫为礼部尚书、同中书门下三品。是日，大风拔木。六月壬辰，幽州节度使张守珪俘奚、契丹以献。七月己巳，薛王业薨。十一月甲戌，免关内、河南八等以下户田不百亩者今岁租。十二月戊子朔，日有食之。乙巳，张守珪及契丹战，败之，杀其王屈烈。

二十三年正月乙亥，耕藉田。大赦。侍老百岁以上版授上州刺史，九十以上中州刺史，八十以上上州司马。赐陪位官勋、爵。征防兵父母年七十者遣还。民酺三日。八月戊子，免鳏寡茕独今岁税米。十月戊申，突骑施寇边。闰十一月壬午朔，日有食之。是冬，东都人刘普会反，伏诛。

二十四年正月丙午，北庭都护盖嘉运及突骑施战，败之。四月丁丑，降死罪以下。五月丙午，醴泉人刘志诚反，伏诛。八月甲寅，突骑施请和。乙亥，汴王璥薨。十月戊申，京师地震。甲子，次华州，免供顿州今岁税，赐刺史、县令中上考。降两京死罪，流以下原之。丁卯，至自东都。十一月辛丑，东都地震。壬寅，裴耀卿、张九龄罢。李林甫兼中书令。朔方军节度副大使牛仙客为工部尚书、同中书门下三品。十二月戊申，庆王琮为司徒。

二十五年三月乙酉，张守珪及契丹战于捺禄山，败之。辛卯，河西节度副大使崔希逸及吐蕃战于青海，败之。四月辛酉，杀监察御史周子谅。乙丑，废皇太子瑛及鄂王瑶、光王琚为庶人，皆杀之。十一月壬申，幸温泉宫。乙酉，至自温泉宫。十二月丙午，惠妃武氏薨。丁巳，追册为皇后。

二十六年正月甲戌，潮州刺史陈思挺谋反，伏诛。乙亥，牛仙客为侍中。丁丑，迎气于东郊。降死罪，流以下原之，以京兆稻田给贫民，禁王公献珍物，赐文武官帛。壬辰，李林甫兼陇右节度副大使。二月乙卯，牛仙客兼河东节度副大使。三月丙子，有星孛于紫微。癸巳，京师地震。吐蕃寇河西，崔希逸败之，鄯州都督杜希望克其新城。四月己亥，有司读时令。降死罪，流以下原之。五月乙酉，李林甫兼河西节度副大使。六月庚子，立忠王玙为皇太子。七月己巳，大赦。赐文武九品以上及五品以上子为父后者勋一转、侍老粟帛，加版授。免京畿下户今岁租之半。赐民酺三日。九月丙申朔，日有食之。庚子，益州长史王昱及吐蕃战于安戎城，败绩。十月戊寅，幸温泉宫。壬辰，至自温泉宫。

二十七年正月壬寅，荣王琬巡按陇右。二月己巳，群臣上尊号曰开元圣文神武皇帝，大赦。免今岁税。赐文武官阶、爵。版授侍老百岁以上下州刺史，妇人郡君；九十以上上州司马，妇人县君；八十以上县令，妇人乡君。赐民酺五日。八月乙亥，碛西节度使盖嘉运败突骑施于贺逻岭，执其可汗吐火仙。壬午，吐蕃寇边，河西、陇右节度使萧炅败之。十月丙戌，幸温泉宫。十一月辛丑，至自温泉宫。

二十八年正月癸巳，幸温泉宫。庚子，至自温泉宫。三月丁亥朔，日有食之。壬子，益州司马章仇兼琼败吐蕃，克安戎城。五月癸卯，吐蕃寇安戎城，兼琼又败之。十月甲子，幸温泉宫。以寿王妃杨氏为道士，号太真。戊辰，以徐、泗二州无蚕，免今岁税。辛巳，至自温泉宫。十一月，牛仙客罢朔方、河东节度副大使。

二十九年正月癸巳，幸温泉宫。丁酉，立玄元皇帝庙，禁厚葬。庚子，至自温泉宫。五月庚戌，求明《道德经》及《庄》、《列》、《文子》

者。降死罪，流以下原之。七月乙亥，伊、洛溢。九月丁卯，大雨雪。十月丙申，幸温泉宫。戊戌，遣使黜陟官吏。十一月庚戌，邠王守礼薨。辛酉，至自温泉宫。己巳，雨木冰。辛未，宁王宪薨，追册为皇帝，及其妃元氏为皇后。十二月癸未，吐蕃陷石堡城。

　天宝元年正月丁未，大赦，改元。诏京文武官材堪刺史者自举。赐侍老八十以上粟帛，九品以上勋两转。甲寅，陈王府参军田同秀言："玄元皇帝降于丹凤门通衢。"二月丁亥，群臣上尊号曰开元天宝圣文神武皇帝。辛卯，享玄元皇帝于新庙。甲午，享于太庙。丙申，合祭天地于南郊，大赦。侍老加版授，赐文武官阶、爵。改侍中为左相，中书令为右相，东都为东京，北都为北京，州为郡，刺史为太守。七月癸卯朔，日有食之。辛未，牛仙客薨。八月丁丑，刑部尚书李适之为左相。十月丁酉，幸温泉宫。十一月己巳，至自温泉宫。十二月戊戌，陇右节度使皇甫惟明及吐蕃战于青海，败之。庚子，河西节度使王倕克吐蕃渔海、游弈军。朔方军节度使王忠嗣及奚战于紫乾河，败之，遂伐突厥。是冬，无冰。

　二年正月乙卯，作升仙宫。丙辰，加号玄元皇帝曰大圣祖。三月壬子，享于玄元宫，追号大圣祖父周上御大夫敬曰先天太皇，妣鬷曰德明皇帝，凉武昭王曰兴圣皇帝。改西京玄元宫曰太清宫，东京曰太微宫。四月己卯，皇甫惟明克吐蕃洪济城。六月甲戌，震，东京应天门观灾。十月戊寅，幸温泉宫。十一月乙卯，至自温泉宫。十二月壬午，海贼吴令光寇永嘉郡。是冬，无雪。

　三载正月丙申，改年为载。降死罪，流以下原之。辛丑，幸温泉宫。辛亥，有星陨于东南。二月庚午，至自温泉宫。丁丑，河南尹裴敦复、晋陵郡太守刘同升、南海郡太守刘巨鳞讨吴令光。闰月，令光伏诛。三月壬申，降死罪，流以下原之。八月丙午，拔悉蜜攻突厥，杀乌苏米施可汗，来献其首。十月甲午，幸温泉宫。十一月丁卯，至自温泉宫。十二月癸丑,祠九宫贵神于东郊,大赦。诏天下家藏《孝经》。赐文武官阶、爵,侍老粟帛,民酺三日。

四载正月丙戌,王忠嗣及突厥战于萨河内山,败之。三月壬申,以外孙独孤氏女为静乐公主嫁于契丹松漠都督李怀节,杨氏女为宜芳公主嫁于奚饶乐都督李延宠。八月壬寅,立太真为贵妃。九月,契丹、奚皆杀其公主以叛。甲申,皇甫惟明及吐蕃战于石堡城,副将褚诩死之。十月戊戌,幸温泉宫。十二月戊戌,至自温泉宫。

五载正月乙亥,停六品以下员外官。三月丙子,遣使黜陟官吏。四月庚寅,李适之罢。丁酉,门下侍郎陈希烈同中书门下平章事。五月壬子朔,日有食之。七月,杀括苍郡太守韦坚、播川郡太守皇甫惟明。十月戊戌,幸温泉宫。十一月乙巳,至自温泉宫。十二月甲戌,杀赞善大夫杜有邻、著作郎王曾、左骁卫兵曹参军柳勣、左司御率府仓曹参军王修己、右武卫司戈卢宁、左威卫参军徐征。

六载正月辛巳,杀北海郡太守李邕、淄川郡太守裴敦复。丁亥,享于太庙。戊子,有事于南郊,大赦,流人老者许致仕,停立仗锭。赐文武官阶、爵,侍老粟帛,民酺三日。三月甲辰,陈希烈为左相。七月乙酉,以旱降死罪,流以下原之。十月戊申,幸华清宫。十一月丁酉,杀户部侍郎杨慎矜及其弟少府少监慎余、洛阳令慎名。十二月癸丑,至自华清宫。是岁,安西副都护高仙芝及小勃律国战,败之。

七载五月壬午,群臣上尊号曰开元天宝圣文神武应道皇帝,大赦,免来载租、庸。以魏、周、隋为三恪。赐京城父老物,人十段。七十以上版授本县令,妇人县君;六十以上县丞。天下侍老百岁以上上郡太守,妇人郡君;九十以上上郡司马,妇人县君;八十以上县令,妇人乡君。赐文武官勋两转,民酺三日。十月庚戌,幸华清宫。十二月辛酉,至自华清宫。

八载四月,杀咸宁郡太守赵奉璋。六月乙卯,陇右节度使哥舒翰及吐蕃战于石堡城,败之。闰月丙寅,谒太清宫,加上玄元皇帝号曰圣祖大道玄元皇帝,增祖宗帝、后谥。群臣上尊号曰开元天地大宝圣文神武应道皇帝,大赦,男子七十、妇人七十五以上皆给一子侍,赐文武官阶、爵,民为户者古爵,酺三日。十月乙丑,幸华清宫。是月,特进何履光率十道兵以伐云南。十一月丁巳,幸御史中丞杨钊庄。

九载正月己亥,至自华清宫。丁巳,诏以十一月封华岳。三月辛亥,华岳庙灾,关内旱,乃停封。五月庚寅,虑囚。九月辛卯,以商、周、汉为三恪。十月庚申,幸华清宫。太白山人王玄翼言:"玄元皇帝降于宝仙洞。"十二月乙亥,至自华清宫。是岁,云南蛮陷云南郡,都督张虔陀死之。

十载正月壬辰,朝献于太清宫。癸巳,朝享于太庙。甲午,有事于南郊,大赦,赐侍老粟帛,酺三日。丁酉,李林甫兼朔方军节度副大使、安北副大都护。己亥,改传国宝为"承天大宝"。戊申,安西四镇节度使高仙芝执突骑施可汗及石国王。四月壬午,剑南节度使鲜于仲通及云南蛮战于西洱河,大败绩,大将王天运死之,陷云南都护府。七月,高仙芝及大食战于怛逻斯城,败绩。八月,范阳节度副大使安禄山及契丹战于吐护真河,败绩。乙卯,广陵海溢。丙辰,武库灾。十月壬子,幸华清宫。十一月乙未,幸杨国忠第。

十一载正月丁亥,至自华清宫。二月庚午,突厥部落阿布思寇边。三月乙巳,改尚书省八部名。四月乙酉,户部郎中王焊、京兆人邢绰谋反,伏诛。丙戌,杀御史大夫王铣。李林甫罢安北副大都护。五月戊申,庆王琮薨。甲子,东京大风拔木。六月壬午,御史大夫兼剑南节度使杨国忠败吐蕃于云南,克故洪城。十月戊寅,幸华清宫。

十一月乙卯,李林甫薨。庚申,杨国忠为右相。十二月丁亥,至自华清宫。

十二载五月己酉,复魏、周、隋为三恪。六月,阿布思部落降。八月,中书门下虑囚。九月甲寅,葛逻禄叶护执阿布思。十月戊寅,幸华清宫。

十三载正月丙午,至自华清宫。二月壬申,朝献于太清宫,加上玄元皇帝号曰大圣祖高上大道金阙玄元天皇大帝。癸酉,朝享于太庙,增祖宗谥。甲戌,群臣上尊号曰开元天地大宝圣文神武证道孝德皇帝,大赦,左降官遭父母丧者听归。赐孝义旌表者勋两转。侍老百岁以上版授本郡太守,妇人郡夫人;九十以上郡长史,妇人郡君;八十以上县令,妇人县君。太守加赐爵一级,县令勋两转,民酺三日。丁丑,杨国忠为司空。是日,雨土。三月,陇右、河西节度使哥舒翰败吐蕃,复河源九曲。辛酉,大风拔木。五月壬戌,观酺于勤政楼,北庭都护程千里俘阿布思以献。六月乙丑朔,日有食之。剑南节度留后李宓及云南蛮战于西洱河,死之。八月丙戌,陈希烈罢。文部侍郎韦见素为武部尚书、同中书门下平章事。是秋,灉、洛水溢。十月乙酉,幸华清宫。十二月戊午,至自华清宫。

十四载三月壬午,安禄山及契丹战于潢水,败之。五月,天有声于浙西。八月辛卯,降死罪,流以下原之。免今载租、庸半。赐侍老米。十月庚寅,幸华清宫。十一月,安禄山反,陷河北诸郡。范阳将何千年杀河东节度使杨光翙。壬申,伊西节度使封常清为范阳、平卢节度使,以讨安禄山。丙子,至自华清宫。九原郡太守郭子仪为朔方军节度副大使,右羽林军大将军王承业为太原尹,卫尉卿张介然为河南节度采访使,右金吾大将军程千里为上党郡长史,以讨安禄山。丁丑,荣王琬为东讨元帅,高仙芝副之。十二月丁亥,安禄山陷灵昌郡。辛卯,陷陈留郡执太守郭纳,张介然死之。癸巳,安禄山陷荥阳郡,太守崔无诐死之。丙申,封常清及安禄山战于罂子谷,败绩。丁酉,陷东京,留守李憕、御史中丞卢弈、判官蒋清死之。河南尹达奚珣叛,降于安禄山。己亥,恒山郡太守颜杲卿败何千年,执之,克赵、钜鹿、广平、清河、河间、景城、乐安、博平、博陵、上谷、文安、信都、魏、邺十四郡。癸卯,封常清、高仙芝伏诛。哥舒翰持节统领处置太子先锋兵马副元帅守潼关。甲辰,郭子仪及安禄山将高秀岩战于河曲,败之。戊申,荣王琬薨。壬子,济南郡太守李随、单父尉贾贲、濮阳人尚衡以兵讨安禄山。是月,平原郡太守颜真卿、饶阳郡太守卢全诚、司马李正以兵讨安禄山。

十五载正月乙卯,东平郡太守嗣吴王祗以兵讨安禄山。丙辰,李随为河南节度使,以讨禄山。壬戌,禄山陷恒山郡执颜杲卿、袁履谦,陷邺、广平、钜鹿、赵、上谷、博陵、文安、魏、信都九郡。癸亥,朔方军节度副使李光弼为河东节度副大使以讨禄山。甲子,南阳郡太守鲁炅为南阳节度使,率岭南、黔中、山南东道兵屯于叶县。乙丑,安庆绪寇潼关,哥舒翰败之。丁丑,真源令张巡以兵讨安禄山。二月己亥,嗣吴王祗及禄山将谢元同战于陈留,败之。李光弼克恒山郡,郭子仪出井陉会光弼,及安禄山将史思明战,败之。庚子,贾贲战于雍丘,死之。三月,颜真卿克魏郡。史思明寇饶阳、平原。乙卯,张巡及安禄山将令狐潮战于雍丘,败之。丙辰,杀户部尚书安思顺、太仆卿安元贞。乙丑,李光弼克赵郡。

四月乙酉,北海郡太守贺兰进明以兵救平原。丙午,太子左赞善大夫来瑱为颍川郡太守兼招讨使。五月丁巳,鲁炅及安禄山战于滍水,败绩,奔于南阳。戊辰,嗣虢王巨为河南节度使。六月癸未,颜真卿及安禄山将袁知泰战于堂邑,败之。贺兰进明克信都。丙戌,哥舒翰及安禄山战于灵宝西原,败绩。是日,郭子仪、李光弼及史思明战于嘉山,败之。辛卯,蕃将火拔归仁执哥舒翰叛,降于安禄山,遂陷潼关、上洛郡。甲午,诏亲征。京兆尹崔光远为西京留守、招讨处置使。丙申,行在望贤宫。丁酉,次马嵬,左龙武大将军陈玄礼杀杨国忠及御史大夫魏方进、太常卿杨暄。赐贵妃杨氏死。是日,张巡及安禄山将翟伯玉战于白沙埚,败之。己亥,禄山陷京师。辛丑,次陈仓。闲厩使任沙门叛,降于禄山。丙午,次河池郡。剑南节度使崔圆为中书侍郎、同中书门下平章事。

七月甲子,次普安郡。宪部侍郎房琯为文部尚书、同中书门下平章事。丁卯,皇太子为天下兵马元帅,都统朔方、河东、河北、平卢节度使,御史中丞裴冕、陇西郡司马刘秩副之。江陵大都督永王璘为山南东路、黔中、江南西路节度使,盛王琦为广陵郡都督、江南东路淮南道节度使,丰王珙为武威郡都督、河西陇右安西北庭节度使。庚午,次巴西郡。以太守崔涣为门下侍郎、同中书门下平章事,韦见素为左相。庚辰,次蜀郡。八月壬午,大赦,赐文武官阶、爵,为安禄山胁从能自归者原之。癸巳,皇太子即皇帝位于灵武以闻。庚子,上皇天帝诰遣韦见素、房琯、崔涣奉皇帝册于灵武。

十一月甲寅,宪部尚书李麟同中书门下平章事。十二月甲辰,永王璘反,废为庶人。

至德二载正月庚戌,诰求天下孝悌可旌者。甲子,剑南健儿贾秀反,伏诛。三月庚午,通化郡言玄元皇帝降。五月庚申,诰追册贵嫔杨氏为皇后。七月庚戌,行营健儿李季反,伏诛。庚午,剑南健儿郭千仞反,伏诛。十月丁巳,皇帝复京师,以闻。诰降剑南囚罪,流以下原之。十二月丁未,至自蜀郡,居于兴庆宫。

三载,上号曰太上至道圣皇天帝。上元元年,徙居于西内甘露殿。元年建巳月,崩于神龙殿,年七十八。

赞曰:睿宗因其子之功,而在位不久,固无可称者。呜呼,女子之祸于人者甚矣!自高祖至于中宗,数十年间再罹女祸,唐祚既绝而复续,中宗不免其身,韦氏遂以灭族。玄宗亲平其乱,可以鉴矣,而又败以女子。方其励精政事,开元之际,几致太平,何其盛也!及侈心一动,穷天下之欲不足为其乐,而溺其所甚爱,忘其所可戒,至于窜身失国而不悔。考其始终之异,其性习之相远也至于如此。可不慎哉！可不慎哉！

唐书卷六
本纪第六

肃宗皇帝　　代宗皇帝

　　肃宗文明武德大圣大宣孝皇帝讳亨，玄宗第三子也。母曰元献皇后杨氏。初名嗣升，封陕王。开元四年，为安西大都护。性仁孝，好学，玄宗尤爱之，遣贺知章、潘肃、吕向、皇甫彬、邢珪等侍读左右。十五年，更名浚，徙封忠王，为朔方节度大使、单于大都护。十八年，奚、契丹寇边，乃以肃宗为河北道行军元帅，遣御史大夫李朝隐等八总管兵十万以伐之。居二岁，朝隐等败奚、契丹于范阳北，肃宗以统帅功迁司徒。二十三年，又更名玙。二十五年，皇太子瑛废死。明年，立为皇太子。有司行册礼，其仪有中严、外办，其服绛纱，太子曰："此天子礼也。"乃下公卿议。太师萧嵩、左丞相裴耀卿请改"外办"为"外备"，绛纱衣为朱明服，乃从之。二十八年，又更名绍。天宝三载，又更名亨。安禄山来朝，太子识其有反相，请以罪诛之，玄宗不听。禄山反。

　　十五载，玄宗避贼，行至马嵬，父老遮道请留太子讨贼，玄宗许之，遣寿王瑁及内侍高力士谕太子，太子乃还。六月丁酉，至渭北便桥，桥绝，募水滨居民得三千余人，涉而济。遇潼关散卒，以为贼，与战，多伤。既而觉之，收其余以涉，后军多没者。夕次永寿县，吏民稍持牛酒来献。新平郡太守薛羽、保定郡太守徐珏闻贼且至，皆弃城走。己亥，太子次保定，捕得羽、珏，斩之。辛丑，次平凉郡，得牧马牛羊，兵始振。朔方留后支度副使杜鸿渐、六城水陆运使魏少游、节度判官崔漪、支度判官崔简金、关内盐池判官李涵、河西行军司马裴冕迎太子,治兵于朔方。庚戌,次丰宁,见大河之险,将保之,会天大风,回趋灵武。

七月辛酉,至于灵武。壬戌,裴冕等请皇太子即皇帝位。甲子,即皇帝位于灵武,尊皇帝曰上皇天帝,大赦,改元至德。赐文武官阶、勋、爵,版授侍老太守、县令。裴冕为中书侍郎、同中书门下平章事。甲戌,安禄山寇扶风,太守薛景仙败之。八月辛卯,张巡及安禄山将李廷望战于雍丘,败之。十月辛巳朔,日有食之。癸未,次彭原郡。诏御史谏官论事勿先白大夫及宰相。始鬻爵、度僧尼。房琯为招讨西京防御蒲、潼两关兵马元帅,兵部尚书王思礼副之。南军入于宜寿,中军入于武功,北军入于奉天。辛卯,河南节度副使张巡及令狐潮战于雍丘,败之。辛丑,房琯以中军、北军及安禄山之众战于陈涛斜,败绩。癸卯,琯又以南军战,败绩。是月,遣永王璘朝上皇天帝于蜀郡。璘反,丹徒郡太守阎敬之及璘战于伊娄埭,死之。十一月辛亥,河西地震。戊午,崔涣为江南宣慰使。郭子仪率回纥及安禄山战于河上,败之。史思明寇太原。十二月,安禄山陷鲁、东平、济阴三郡。戊子,给复彭原郡二载。安禄山陷颍川,执太守薛愿及长史庞坚。

是岁,吐蕃陷巂州,岭南溪獠梁崇牵陷容州。

二载正月,永王璘陷鄱阳郡。乙卯,安庆绪弑其父禄山。丙寅,河西兵马使孟庭伦杀其节度使周佖以武威郡反。乙亥,安庆绪将尹子奇寇睢阳郡,张巡败之。二月戊子,次于凤翔。李光弼及安庆绪之众战于太原,败之。丁酉,关西节度兵马使郭英义及安庆绪战于武功,败绩。庆绪陷冯翊郡,太守萧贲死之。庆绪将蔡希德寇太原。戊戌,庶人璘伏诛。庚子,郭子仪及安庆绪战于潼关,败之。壬寅,河西判官崔偁克武威郡,孟庭伦伏诛。甲辰,郭子仪及安庆绪战于永丰仓,败之,大将李韶光、王祚死之。三月辛酉,韦见素、裴冕罢。宪部尚书致仕苗晋卿为左相。

　　四月戊寅，郭子仪为关内、河东副元帅。壬午，瘗阵亡者。庚寅，郭子仪及安庆绪将李归仁战于刘运桥，败之。五月癸丑，子仪及庆绪将安守忠战于清渠，败绩。丁巳，房琯罢，谏议大夫张镐为中书侍郎、同中书门下平章事。六月癸未，尹子奇寇睢阳。丁酉，南充郡民何滔执其太守杨齐曾以反，剑南节度使卢元裕败之。

　　七月己酉，太白经天。丁巳，安庆绪将安武臣陷陕郡。八月丁丑，焚长春宫。甲申，崔涣罢。张镐兼河南节度使，都统淮南诸军事。灵昌郡太守许叔冀奔于彭城。癸巳，大阅。闰月甲寅，安庆绪寇好畤，渭北节度使李光进败之。丁卯，广平郡王俶为天下兵马元帅，郭子仪副之，以朔方、安西、回纥、南蛮、大食兵讨安庆绪。辛未，京畿采访宣慰使崔光远及庆绪战于骆谷，败之。行军司马王伯伦战于苑北，死之。九月丁丑，庆绪陷上党郡，执节度使程千里。壬寅，广平郡王俶及庆绪战于沣水，败之。癸卯，复京师。庆绪奔于陕郡。尚书左仆射裴冕告太清宫、郊庙、社稷、五陵，宣慰百姓。

　　十月戊申，广平郡王俶及安庆绪战于新店，败之，克陕郡。壬子，复东京，庆绪奔于河北。兴平军兵马使李奂及庆绪之众战于武关，败之，克上洛郡。吐蕃陷西平郡。癸丑，安庆绪陷睢阳，太守许远及张巡、郓州刺史姚𫍽、左金吾卫将军南霁云皆死之。癸亥，给复凤翔五载，版授父老官。遣太子太师韦见素迎上皇天帝于蜀郡。丁卯，至自灵武，飨于太庙，哭三日。己巳，关内节度使王思礼及安庆绪战于绛郡，败之。十一月丙子，张镐率四镇伊西北庭行营兵马使李嗣业、陕西节度使来瑱、河南都知兵马使嗣吴王祗克河南郡县。庚子，作九庙神主，告享于长乐殿。十二月丙午，上皇天帝至自蜀郡。甲寅，苗晋卿为中书侍郎、同中书门下平章事。戊午，大赦。灵武元从、蜀郡扈从官三品以上予一子官，四品以下一子出身。瘗阵亡者，致祭之，给复其家二载。免天下租、庸来岁三之一。禁珠玉、宝钿、平脱、金泥、刺绣。复诸州及官名。以蜀郡为南京，凤翔郡为西京，西京为中京。给复潞州五载，并邓许滑宋五州、雍丘好畤奉先县二载，益州三载。赐文武官阶、勋、爵，父老八十以上版授，加绯衣、银鱼，民酺五日。广平郡王俶为太尉，进封楚王。苗晋卿为侍中，崔圆为中书令，李麟同中书门下三品。进封子南阳郡王系为赵王，新城郡王仅彭王，颍川郡王侗兖王，东阳郡王僙泾王。封子僴为襄王，倕杞王，偲召王，佋兴王，侗定王。乙丑，史思明降。壬申，达奚珣等伏诛。

乾元元年正月戊寅，上皇天帝御宣政殿，授皇帝传国、受命宝符，册号曰光天文武大圣孝感皇帝。乙酉，出宫女三千人。庚寅，大阅。二月癸卯，安庆绪将能元皓以淄、青降，以元皓为河北招讨使。乙巳，上上皇天帝册号曰圣皇天帝。丁未，大赦，改元。赠死事及拒伪命者官。成都、灵州扈从三品以上予一子官，五品以上一子出身，六品以下叙进之。免陷贼州三岁税。赐文武官阶、爵。三月甲戌，徙封俶为成王。戊寅，立淑妃张氏为皇后。四月辛亥，祔神主于太庙。甲寅，朝享于太庙，有事于南郊。乙卯，大赦，赐文武官阶、勋、爵。天下非租、庸毋辄役使，有能赈贫穷宠以官爵。京官九品以上言事。二王、三恪予一子官。史思明杀范阳节度副使乌承恩以反。五月戊子，张镐罢。乙未，崔圆、李麟罢。太常少卿王玙为中书侍郎、同中书门下平章事。七月，党项羌寇边。九月丙子，招讨党项使王仲升杀拓拔戎德。庚寅，郭子仪率李光弼、李嗣业、王思礼、淮西节度使鲁炅、兴平军节度使李奂、滑濮节度使许叔冀、平卢兵马使董秦、郑蔡节度使季广琛以讨安庆绪。癸巳，大食、波斯寇广州。十月甲辰，立成王俶为皇太子。大赦。赐文武官阶、爵，五品以上子为父后者勋两转。举忠正孝友堪东宫者。十一月壬申，王思礼及安庆绪战于相州，败之。十二月庚戌，户部尚书李峘都统淮南、江东、江西节度使。丁卯，史思明陷魏州。

二年正月己巳，群臣上尊号曰乾元大圣光天文武孝感皇帝。郭子仪及安庆绪战于愁思冈，败之。丁丑，祠九宫贵神。戊寅，耕籍田。二月壬戌，中书门下虑囚。三月己巳，皇后亲蚕。壬申，九节度之师溃于滏水。史思明杀安庆绪。东京留守崔圆、河南尹苏震、汝州刺史贾至奔于襄、邓。郭子仪屯于东京。丁亥，以旱，降死罪，流以下原之；流民还者给复三年。甲午，兵部侍郎吕𬤇同中书门下平章事。乙未，苗晋卿、王玙罢。京兆尹李岘为吏部尚书，中书舍人李揆为中书侍郎，户部侍郎第五琦：同中书门下平章事。丙申，郭子仪为东畿、山南东、河南等道诸节度防御兵马元帅。四月庚子，王思礼及史思明战于直千岭，败之。壬寅，诏减常膳服御，武德中尚作坊非赐蕃客、戎祀所须者皆罢之。五月辛巳，贬李岘为蜀州刺史。七月辛巳，赵王系为天下兵马元帅，李光弼副之。辛卯，吕𬤇罢。八月乙巳，襄州防御将康楚元、张嘉延反，逐其刺史王政。九月甲子，张嘉延陷荆州。丁亥，太子少保崔光远为荆襄招讨、山南东道处置兵马使。庚寅，史思明陷东京及齐、汝、郑、滑四州。十月乙巳，李光弼及史思明战于河阳，败之。壬戌，吕𬤇起复。十一月庚午，贬第五琦为忠州刺史。十二月乙巳，康楚元伏诛。史思明寇陕州，神策军将卫伯玉败之。

上元元年三月丙子，降死罪，流以下原之。四月戊申，山南东道将张维瑾反，杀其节度使史翔。丁巳，有彗星出于娄、胃。己未，来瑱为山南东道节度使以讨张维瑾。闰月辛酉，有彗星出于西方。甲戌，徙封系为越王。己卯，大赦，改元，赐文武官爵。追封太公望为武成王。复死刑三复奏。是月，大饥。张维瑾降。五月丙午，太子太傅苗晋卿为侍中。壬子，吕𬤇罢。六月乙丑，凤翔节度使崔光远及羌、浑、党项战于泾、陇，败之。乙酉，又败之于普润。李光弼及史思明战于怀州，败之。七月丁未，圣皇天帝迁于西内。十一月甲午，扬州长史刘展反，陷润州。丙申，陷升州。壬子，李峘、淮南节度使邓景山及刘展战于淮上，败绩。

是岁，吐蕃陷廓州。西原蛮寇边，桂州经略使邢济败之。

二年正月甲寅，降死罪，流以下原之。乙卯，刘展伏诛。二月己未,奴剌、党项羌寇宝鸡,焚大散关,寇凤州,刺史萧愧死之,凤翔尹李鼎败之。戊寅,李光弼及史思明战于北邙,败绩。思明陷河阳。癸未,贬李揆为袁州长史。河中节度使萧华为中书侍郎、同中书门下平章事。乙酉,来瑱及史思明战于鲁山,败之。三月甲午,史朝义寇陕州,神策军节度使卫伯玉败之。戊戌,史朝义弑其父思明。李光弼罢副元帅。四月己未,吏部侍郎裴遵庆为黄门侍郎、同中书门下平章事。乙亥,青密节度使尚衡及史朝义战,败之。丁丑,兖郓节度使能元皓又败之。壬午,剑南东川节度兵马使段子璋反,陷绵州,遂州刺史嗣虢王巨死之,节度使李奂奔于成都。五月甲午,史朝义将令狐彰以滑州降。戊戌,平卢军节度使侯希逸及史朝义战于幽州,败之。庚子,李光弼为河南道副元帅。剑南节度使崔光远克东川,段子璋伏诛。七月癸未朔,日有食之。八月辛巳,殿中监李国贞都统朔方、镇西、北庭、兴平、陈郑、河中节度使。九月壬寅,大赦,去“乾元大圣光天文武孝感”号,去“上元”号,称元年,以十一月为岁首,月以斗所建辰为名。赐文武官阶、勋、爵,版授侍老官,先授者叙进之。停四京号。

元年建子月癸巳,曹州刺史常休明及史朝义将薛崿战,败之。己亥,朝圣皇天帝于西内。丙午,卫伯玉及史朝义战于永宁,败之。己酉,朝献于太清宫。庚戌,朝享于太庙及元献皇后庙。建丑月辛亥,有事于南郊。己未,来瑱及史朝义战于汝州,败之。乙亥,侯希逸及朝义将李怀仙战于范阳,败之。

宝应元年建寅月甲申,追册靖德太子琮为皇帝,妃窦氏为皇后。乙酉,葬王公妃主遇害者。丙戌,盗发敬陵、惠陵。甲辰,李光弼克许州。吐蕃请和。戊申,史朝义陷营州。建卯月辛亥,大赦。赐文武官阶、爵。五品以上清望及郎官、御史荐流人有行业情可矜者。停贡鹰、鹘、狗、豹。以京兆府为上都,河南府为东都,凤翔府为西都,江陵府为南都,太原府为北都。壬子,羌、浑、奴剌寇梁州。癸丑,河东军乱,杀其节度使邓景山,都知兵马使辛云京自称节度使。乙丑,河中军乱,杀李国贞及其节度使荔非元礼。戊辰,淮西节度使王仲升及史朝义将谢钦让战于申州,败绩。庚午,郭子仪知朔方、河中、北庭、潞、仪、泽、沁节度行营,兴平、定国军兵马副元帅。壬申,鄜州刺史成公意及党项战,败之。建辰月壬午,大赦,官吏听纳赃免罪,左降官及流人罚镇效力者还之。甲午,奴刺寇梁州。戊申,萧华罢。户部侍郎元载同中书门下平章事。建巳月庚戌,史朝义寇泽州,刺史李抱玉败之。壬子,楚州献定国宝玉十有三。甲寅,圣皇天帝崩。乙丑,皇太子监国,大赦,改元年为宝应元年,复以正月为岁首,建巳月为四月。丙寅,闲厩使李辅国、飞龙厩副使程元振迁皇后于别殿,杀越王系、兖王僴。是夜,皇帝崩于长生殿,年五十二。

代宗睿文孝武皇帝讳豫,肃宗长子也。母曰章敬皇后吴氏。玄宗诸孙百余人,代宗最长,为嫡皇孙。聪明宽厚,喜愠不形于色,而好学强记,通《易》象。初名俶,封广平郡王。安禄山反,玄宗幸蜀,肃宗留讨贼,代宗常从于兵间。

肃宗已即位,郭子仪等兵讨安庆绪未克。肃宗在歧,至德二载九月,以广平郡王为天下兵马元帅,率朔方、安西、回纥、南蛮、大食等兵二十万以进讨。百官送于朝堂,过阙而下,步出木马门然后复骑。以安西、北庭行营节度使李嗣业为前军,朔方、河西、陇右节度使郭子仪为中军,关内行营节度使王思礼为后军,屯于香积寺。败贼将安守忠,斩首六万级。贼将张通儒守长安,闻守忠败,弃城走,遂克京城,乃留思礼屯于苑中,代宗率大军以东。安庆绪遣其将严庄拒于陕州,代宗及子仪、嗣业战陕西,大败之,庆绪奔于河北,遂克东都。肃宗还京师。十二月,进封楚王。

乾元元年三月,徙封成王。四月,立为皇太子。初,太子生之岁豫州献嘉禾,于是以为祥,乃更名豫。

肃宗去上元三年号,止称元年,月以斗所建辰为名。元年建巳月,肃宗寝疾,乃诏皇太子监国,而楚州献定国宝十有三,因曰:“楚者,太子之所封,今天降宝于楚,宜以建元。”乃以元年为宝应元年。

肃宗张皇后恶李辅国,欲图之,召问太子,太子不许,乃与越王系谋之。肃宗疾革。四月丁卯,皇后与系将召太子入宫,飞龙副使程元振得其谋以告辅国。辅国止太子无入,率兵入,杀系及兖王侗,幽皇后于别殿。是夕,肃宗崩,乃迎太子见群臣于九仙门。明日,发丧。己巳,即皇帝位于枢前。癸酉,始听政。甲戌,奉节郡王适为天下兵马元帅,郭子仪罢副元帅。乙亥,进封适为鲁王。五月壬午,李辅国为司空。庚寅,追尊母为皇太后。丙申,李光弼及史朝义战于宋州,败之。丁酉,大赦,刺史予一子官,赐文武官阶、爵,子为父后者勋一转。免民逋租宿负。进封子益昌郡王邈为郑王,延庆郡王迥韩王。追复庶人王氏为皇后,瑛、瑶、琚皆复其封号。六月辛亥,追废皇后张氏、越王系、兖王侗皆为庶人。

七月乙酉,杀山南东道节度使裴茙。癸巳,剑南西川兵马使徐知道反。八月己未,知道伏诛。辛未,台州人袁晁反。乙亥,徙封适为雍王。九月戊子,凤州刺史吕日将及党项羌战于三嗟谷,败之。丙申,回纥请助战。壬寅,大阅。癸卯,袁晁陷信州。

十月乙卯,陷温、明二州。诏浙江水旱,百姓重困,州县勿辄科率,民疫死不能葬者为瘗之。辛酉,雍王适讨史朝义。壬戌,盗杀李辅国。癸酉,雍王适克怀州。甲戌,败史朝义于横水,克河阳、东都,史朝义将张献诚以汴州降。十一月丁亥,朝义将薛嵩以相、卫、洺、邢四州降。丁酉,朝义将张忠志以赵、定、深、恒、易五州降。己亥,朔方行营节度使仆固怀恩为朔方、河北副元帅。十二月己酉,太府左藏库火。戊辰,瘗京城内外暴骨。甲戌,李光弼及袁晁战于衢州,败之。

是岁,舒州人杨昭反,杀其刺史刘秋子。西原蛮叛。吐蕃寇秦、成、渭三州。

广德元年正月癸未,京兆尹刘晏为吏部尚书、同中书门下平章事。甲申,史朝义自杀,其将李怀仙以幽州降,田承嗣以魏州降。壬寅,山陵使、山南东道节度使来瑱有罪伏诛。三月甲辰,山南东道兵马使梁崇义自南阳入于襄州。丁未，李光弼及袁晁战，败之。辛酉，葬至道大圣大明孝皇帝于泰陵。甲子，党项羌寇同州，郭子仪败之于黄堆山。庚午，葬文明武德大圣大宣孝皇帝于建陵。六月，同华节度使李怀让自杀。七月壬寅，群臣上尊号曰宝应元圣文武孝皇帝。壬子，大赦，改元。免民逋负，户三丁免其一庸、调。给复河北三年。回纥行营所经，免今岁租。赐内外官阶、勋、爵。给功臣铁券，藏名于太庙，图形于凌烟阁。吐蕃陷陇右诸州。八月，仆固怀恩反。九月壬寅，裴遵庆宣慰仆固怀恩于汾州。乙丑，泾州刺史高晖叛，附于吐蕃。十月庚午，吐蕃陷邠州。辛未，寇奉天、武功，京师戒严。壬申，雍王适为关内兵马元帅，郭子仪副之。癸酉，渭北行营兵马使吕日将及吐蕃战于盩屋，败之。乙亥，又战于盩屋，败绩。丙子，如陕州。丁丑，次华阴。丰王珙有罪伏诛。戊寅，吐蕃陷京师，立广武郡王承宏为皇帝。辛巳，次陕州。癸巳，吐蕃溃，郭子仪复京师。南山五谷人高玉反。十一月壬寅，广州市舶使吕太一反，逐其节度使张休。十二月辛未，刘晏宣慰上都。甲午，至自陕州。乙未，苗晋卿、裴遵庆罢。检校礼部尚书李岘为黄门侍郎、同中书门下平章事。丙申，放承宏于华州。吐蕃陷松、维二州。西原蛮陷道州。

二年正月丙午，诏举堪御史、谏官、刺史、县令者。乙卯，立雍王适为皇太子。癸亥，刘晏、李岘罢。右散骑常侍王缙为黄门侍郎，太常卿杜鸿渐为兵部侍郎：同中书门下平章事。郭子仪兼河东副元帅。二月辛未，仆固怀恩杀朔方军节度留后浑释之。癸酉，朝献于太清宫。甲戌，朝享于太庙。乙亥，有事于南郊。己丑，大赦。赐内外官阶、爵。武德功臣子孙予一人官。成都、灵武元从三品以上加赐爵一级，余加一阶。宝应功臣三品以上官一子，仍赐爵一级，余加阶、勋两转，五品以上为父后者勋两转。三月辛丑，给复河南府二年。甲子，盛王琦薨。四月甲午，禁钿作珠翠。五月，洛水溢。六月丁卯，有星陨于汾州。七月庚子，初税青苗。己酉，李光弼薨。八月丙寅，王缙为侍中，都统河南、淮南、山南东道节度行营事。壬申，王缙罢侍中。癸巳,吐蕃寇邠州,邠宁节度使白孝德败之于宜禄。九月己未,剑南节度使严武及吐蕃战于当狗城,败之。是秋,有蝗。十月丙寅,吐蕃寇邠州。丁卯,寇奉天,京师戒严。庚午,严武克吐蕃盐川城。辛未,朔方兵马使郭晞及吐蕃战于邠西,败之。是月,突厥寇丰州,守将马望死之。十一月乙未,吐蕃军溃,京师解严。河西节度使杨志烈及仆固怀恩战于灵州,败绩。癸丑,袁晁伏诛。免越州今岁田租之半,给复温、台、明三州一年。十二月乙丑,高玉伏诛。丙寅,众星陨。是岁,西原蛮陷邕州。

永泰元年正月癸巳,大赦,改元。是月,歙州人杀其刺史庞濬。二月戊寅,党项羌寇富平。庚辰,仪王璲薨。三月庚子,雨木冰。庚戌,吐蕃请和。辛亥,大风拔木。四月己巳,自春不雨,至于是而雨。是夏,盩厔稆麦生。七月辛卯,平卢、淄青兵马使李怀玉逐其节度使侯希逸。八月庚辰,王缙为河南副元帅。仆固怀恩及吐蕃、回纥、党项羌、浑、奴剌寇边。九月庚寅,命百官观浮屠像于光顺门。辛卯,太白经天。甲辰,吐蕃寇醴泉、奉天,党项羌寇同州,浑、奴剌寇盩厔,京师戒严。己酉,屯于苑,郭子仪屯于泾阳。丁巳,同华节度使周智光及吐蕃战于澄城,败之。智光入于鄜州,杀其刺史张麟,遂焚坊州。十月,沙陀杀杨志烈。己未,吐蕃至邠州,与回纥寇边。辛酉,寇奉天。癸亥,寇同州。乙丑,寇兴平。丁卯,回纥、党项羌请降。癸酉,郭子仪及吐蕃战于灵台,败之。京师解严。闰月辛卯,朔方副将李怀光克灵州。辛亥,剑南西山兵马使崔旰反,寇成都,节度使郭英乂奔于灵池,普州刺史韩澄杀之。癸丑,敛民赀作浮屠供。

大历元年二月,吐蕃遣使来朝。壬子,杜鸿渐为山南西道、剑南东西川、邛南、西山等道副元帅。三月癸未,剑南东川节度使张献诚及崔旰战于梓州,败绩。七月癸酉,洛水溢。九月辛巳,吐蕃陷原州。十一月甲子,大赦,改元,给复流民归业者三年。十二月己亥,有彗星出于匏瓜。癸卯,周智光反,杀虢州刺史庞充。是冬,无雪。郑王邈为天下兵马元帅。

二年正月丁巳,郭子仪讨周智光。己未,同华将李汉惠以同州降。甲子,周智光伏诛。淮西节度使李忠臣入于华州。戊寅,给复同、华二州二年。八月壬寅,杀驸马都尉姜庆初。九月甲寅,吐蕃寇灵州。乙卯,寇邠州。郭子仪屯于泾阳,京师戒严。乙丑,昼有星流于南方。是秋,桂州山獠反。十月戊寅,朔方军节度使路嗣恭及吐蕃战于灵州,败之。京师解严。十一月辛未,雨木冰。壬申,京师地震。

三年二月癸巳,商州兵马使刘洽杀其刺史殷仲卿。三月乙巳朔,日有食之。五月乙卯,追号齐王俶为皇帝,兴信公主女张氏为皇后。癸亥,地震。六月壬寅,幽州兵马使朱希彩杀其节度使李怀仙自称留后。闰月庚午,王缙兼幽州卢龙军节度使。七月壬申,泸州刺史杨子琳反,陷成都,剑南节度留后崔宽败之,克成都。子琳杀夔州别驾张忠。戊寅,吐蕃遣使来朝。八月己酉,吐蕃寇灵州。丁卯,寇邠州,京师戒严。戊辰,邠宁节度使马璘及吐蕃战,败之。庚午,王缙兼河东节度使。九月丁丑,济王环薨。壬午,吐蕃寇灵州,朔方将白元光败之。壬辰,又败之于灵武。戊戌,京师解严。十二月辛酉,泾原兵马使王童之谋反,伏诛。

四年正月甲戌,杀颍州刺史李岵。二月乙卯,杜鸿渐罢副元帅。丙辰,京师地震。三月,遣御史税商钱。甲戌,免京兆今岁税。五月丙戌,京师地震。六月戊申,王缙罢副元帅、都统。七月癸未,降死罪,流以下原之。十月丁巳,大雾。十一月辛未,禁畿内弋猎。壬申,杜鸿渐罢。癸酉,元载权知门下省事。甲戌,吐蕃寇灵州,朔方军节度留后常谦光败之。丙子,左仆射裴冕同中书门下平章事。癸巳,裴冕兼河南、淮西、山南东道副元帅。十二月戊戌,裴冕薨。是岁,广州人冯崇道、桂州人朱济时反,容管经略使王翃败之。

五年正月辛卯,凤翔节度使李抱玉为河西、陇右、山南西道副元帅。三月癸酉,内侍监鱼朝恩有罪自杀。丙戌,以昭陵皇堂有光,赦京兆、关辅。四月庚子,湖南兵马使臧玠杀其团练使崔灌。己未,有彗星出于五车。五月己卯,有彗星出于北方。六月己未,以彗星灭,降死罪,流以下原之。录魏徵、王珪、李靖、李勣、房玄龄、杜如晦之后。是岁,湖南将王国良反,及西原蛮寇州县。

六年二月壬寅,李抱玉罢山南西道副元帅。三月,王翃败梁崇牵,克容州。四月戊寅,蓝田西原地陷。禁大绸、竭凿六破锦及文纱、吴绫为龙、凤、麒麟、天马、辟邪者。五月戊申,杀殿中侍御史陆珽、成都府司录参军事李少良、大理评事韦颂。

七年二月庚午,江州江溢。五月乙酉,大雨雹,大风拔木。乙未,以旱,大赦,减膳,撤乐。是秋,幽州卢龙将李怀瑗杀其节度使朱希彩,经略军副使朱泚自称留后。十月乙亥,以淮南旱,免租、庸三之二。十一月庚辰,免巴、蓬、渠、集、壁、充、通、开八州二岁租、庸。十二月丙寅,雨土,有长星出于参。

八年正月甲辰,诏京官三品以上及郎官、御史岁举刺史、县令一人。五月辛卯,郑王邈薨。壬辰,赦京师。癸卯,降死罪,流以下原之。八月己未,吐蕃寇灵州,郭子仪败之于七级渠。甲子,废华州屯田给贫民。九月壬午,循州刺史哥舒晃反,杀岭南节度使吕崇贲。戊子,诏京官五品以上、两省供奉官、郎官、御史言事。十月庚申,吐蕃寇泾、邠。丙寅,朔方兵马使浑瑊及吐蕃战于宜禄,败绩。泾原节度使马璘及吐蕃战于潘原,败之。

九年二月辛未,徐州兵乱,逐其刺史梁乘。四月壬辰,大赦。十月壬申,信王瑝薨。乙亥,凉王璿薨。壬辰,降京师死罪,流以下原之。

十年正月丁酉，昭义军兵马使裴志清逐其节度使薛嵩叛，附于田承嗣。壬寅，寿王瑁薨。戊申，田承嗣反。癸丑，承嗣陷洺州。乙卯，剑南西川节度使崔宁及吐蕃战于西山，败之。二月乙丑，田承嗣陷卫州，刺史薛雄死之。辛未，封子述为睦王，逾郴王，连恩王，遘郯王，造忻王，暹韶王，运嘉王，遇端王，遹循王，通恭王，遂原王，逸雅王。丙子，河阳军乱，逐三城使常休明。三月甲午，陕州军乱，逐其观察使李国清。四月癸未，河东节度使薛兼训等讨田承嗣。给复昭义五州二年。甲申，大雨雹，大风拔木。五月乙未，魏博将霍荣国以磁州降。甲寅，大雨雹，大风拔木，震阙门。六月甲戌，成德军节度使李宝臣及田承嗣战于冀州，败之。七月己未，杭州海溢。八月己丑，田承嗣寇磁州。九月壬寅，降京师死罪，流以下原之。壬子，吐蕃寇临泾。癸丑，寇陇州。丙辰，李抱玉败之于义宁。丁巳，马璘又败之于百里城。十月辛酉朔，日有食之。甲子，昭义军节度使李承昭及田承嗣战于清水，败之。丙寅，贵妃独孤氏薨，丁卯，追册为皇后。十一月丁酉，魏博将吴希光以瀛州降。丁未，岭南节度使路嗣恭克广州，哥舒晃伏诛。

十一年正月庚寅，田承嗣降。辛亥，崔宁及吐蕃战，败之。五月，汴宋都虞侯李灵耀反，杀濮州刺史孟鉴。七月庚寅，田承嗣寇滑州，永平军节度使李勉败绩。八月甲申，淮西节度使李忠臣、河阳三城使马燧及李勉讨李灵耀。闰月丁酉，太白昼见。九月乙丑，李忠臣、马燧及李灵耀战于郑州，败绩。十月乙酉，战于中牟，败之。壬辰，忠臣又败之于西梁固。壬寅，淮南节度使陈少游及李灵耀战于汴州，败之。丙午，田承嗣以兵援灵耀。李忠臣败之于匡城。甲寅，灵耀伏诛。

十二年三月庚午，赦田承嗣。辛巳，元载有罪伏诛。贬王缙为括州刺史。四月壬午,太常卿杨绾为中书侍郎,礼部侍郎常衮为门下侍郎:同中书门下平章事。癸巳,诏谏官献封事勿限时,侧门论事者随状面奏,六品以上官言事投匦者无勒副章。丁酉,吐蕃寇黎、雅二州,崔宁败之。是月,金州人卓英璘反。六月乙巳,英璘伏诛。给复金州二年。丁未,以旱,降京师死罪,流以下原之。七月己巳,杨绾薨。丙子,诏尚书、御史大夫、左右丞、侍郎举任刺史者。九月庚午,吐蕃寇坊州。是秋,河溢。十一月壬子,山南西道节度使张献恭及吐蕃战于岷州,败之。十二月丁亥,崔宁及吐蕃战于西山,败之。是岁,恒、定、赵三州地震。冬无雪。

十三年正月戊辰,回纥寇并州。癸酉,河东节度留后鲍防及回纥战于阳曲,败绩。二月庚辰,代州刺史张光晟及回纥战于羊虎谷,败之。四月甲辰,吐蕃寇灵州,常谦光败之。十月己丑,禁京畿持兵器捕猎。是岁,郴州黄芩山崩。

十四年二月癸未,魏博节度使田承嗣卒,其兄子悦自称留后。三月丁未,汴宋将李希烈逐其节度使李忠臣,自称留后。五月辛酉,不豫,诏皇太子监国。是夕,皇帝崩于紫宸内殿,年五十三。

赞曰:天宝之乱,大盗遽起,天子出奔。方是时,肃宗以皇太子治兵讨贼,真得其职矣!然以僖宗之时,唐之威德在人,纪纲未坏,孰与天宝之际?而僖宗在蜀,诸镇之兵纠合戮力,遂破黄巢而复京师。由是言之,肃宗虽不即尊位,亦可以破贼矣。盖自高祖以来,三逊于位以授其子,而独睿宗上畏天戒,发于诚心。若高祖、玄宗,岂其志哉!代宗之时,余孽犹在,平乱守成,盖亦中材之主也!

唐书卷七
本纪第七

德宗皇帝　顺宗皇帝
宪宗皇帝

　　德宗神武圣文皇帝讳适,代宗长子也。母曰睿真皇太后沈氏。初,沈氏以开元末选入代宗宫。安禄山之乱,玄宗避贼于蜀,诸王妃妾不及从者,皆为贼所得,拘之东都之掖廷。代宗克东都得沈氏,留之宫中,史思明再陷东都,遂失所在。

　　肃宗元年建丑月,封德宗奉节郡王。代宗即位,史朝义据东都,乃以德宗为天下兵马元帅,进封鲁王。八月,徙封雍王。宝应元年十月,屯于陕州。诸将进击史朝义,败之,朝义走河北,遂克东都。十一月,史朝义死幽州,守将李怀仙斩其首来献,河北平。以功兼尚书令,与功臣郭子仪、李光弼等皆赐铁券,图形凌烟阁。广德二年二月,立为皇太子。

　　大历十四年五月辛酉,代宗崩。癸亥,即皇帝位于太极殿。闰月甲戌,贬常衮为河南少尹,以河南少尹崔祐甫为门下侍郎、同中书门下平章事。丙子,罢诸州府及新罗、渤海贡鹰鹞。戊寅,罢山南贡枇杷、江南甘橘非供宗庙者。辛巳,罢邕府岁贡奴婢。癸未,罢梨园乐工三百人、剑南贡生春酒。甲申,郭子仪为尚父兼太尉、中书令。丙戌,罢献祥瑞,贡器以金银饰者还之。丁亥,出宫人,放舞象三十有二于荆山之阳。六月己亥,大赦。赐文武官阶、爵,民为户者古爵一级。减乘舆服御。士庶田宅、车服逾制者,有司为立法度。禁百官置邸贩鬻。武德、至德将相有功者子孙予官。庚子，进封子宣城郡王诵为宣王，封子谟为舒王，谌通王，谅虔王，详肃王，谦资王。乙巳，封弟遄为益王，迅隋王，遂蜀王。丙午，诏六品以上清望官日二人待制。癸丑，命皇族五等以上居四方者，家一人赴山陵。己未，罢扬州贡镜、幽州贡麝。癸亥，举可刺史、京令者。

七月戊辰朔，日有食之。庚午，弛邕州金坑禁。辛卯，罢榷酤。八月甲辰，道州司马杨炎为门下侍郎，怀州刺史乔琳为御史大夫：同中书门下平章事。乙巳，还吐蕃俘。十月丁酉，吐蕃、云南蛮寇黎、茂、文、扶四州，凤翔节度使朱泚、金吾卫大将军曲环败之于七盘城。己酉，葬睿文孝武皇帝于元陵。戊午，罢九成宫贡立兽炭、襄州蔗蒻工。辛酉，以沙苑豢豕三千给贫民。十一月壬午，乔琳罢。十二月乙卯，立宣王诵为皇太子。丙寅晦，日有食之。

建中元年正月丁卯，改元。群臣上尊号曰圣神文武皇帝。己巳，朝献于太清宫。庚午，朝享于太庙。辛未，有事于南郊，大赦。赐文武官阶、勋、爵，遣黜陟使于天下，赐子为父后者勋两转。二月丙申，初定两税。四月乙未，四镇、北庭行军别驾刘文喜反于泾州，伏诛。己亥，地震。六月甲午，崔祐甫薨。七月丙寅，王国良降。己丑，杀忠州刺史刘晏。八月丁巳，遥尊母沈氏为皇太后。九月己卯，雷。庚寅，睦王述为奉迎皇太后使。是冬，无雪。黄河、滹沱、易水溢。

二年正月戊辰，成德军节度使李宝臣卒，其子惟岳自称留后，幽州卢龙军节度使朱滔讨之。魏博节度使田悦反，神策都虞侯李晟、河东节度使马燧、昭义军节度使李抱真、河阳节度副使李芃讨之。永平军节度使李勉为汴、滑、陈、怀、郑、汝、陕、河阳三城、宋、亳、颍节度都统。二月乙巳，御史大夫卢杞为门下侍郎、同中书门下平章事。乙卯，振武军乱，杀其使彭令芳及监军刘惠光。丁巳，发兵屯关东，誓师于望春楼。山南东道节度使梁崇义反。五月，京师雨雹。庚申，置待诏官三十人。六月，荧惑、太白斗于东井。癸巳，淮

宁军节度使李希烈为汉南、汉北兵马招讨使以讨梁崇义。辛丑,郭
子仪薨。

七月庚申,杨炎罢。检校尚书右仆射侯希逸为司空。前永平军
节度使张镒为中书侍郎、同中书门下平章事。侯希逸薨。癸未,马
燧、李抱真及田悦战于临洺,败之。八月,剑南西川节度使张延赏、
东川节度使王叔邕、山南东道节度使贾耽、荆南节度使李昌夔、陈
少游讨梁崇义,以李希烈为诸军都统。辛卯,平卢军节度使李正己
卒,其子纳自称留后。壬子,梁崇义伏诛。九月,李纳陷宋州。李惟
岳将张孝忠以易、定二州降。壬戌,赐立功士卒帛,禀死事家三岁。
十月戊申,李纳将李洧以徐州降。十一月辛酉,纳寇徐州,宣武军节
度使刘洽败之于七里沟。丁丑,马燧及田悦战于双冈,败之。甲申,
李纳将王涉以海州降。十二月丁酉,马万通以密州降。马燧为魏博
招讨使。

是岁,杀崖州司马杨炎。

三年正月丙寅,朱滔、成德军节度使张孝忠及李惟岳战于束
鹿,败之。辛未,减常膳及太子诸王食物。复榷酤。癸未,李纳陷海、
密二州。闰月乙未,李惟岳将康日知以赵州降。甲辰,惟岳伏诛,其
将杨荣国以深州降。庚戌,马燧及田悦战于洹水,败之。是月,悦将
李再春以博州降,田昂以洺州降。二月戊午,李惟岳将杨政义以定
州降。甲戌,给复易、定、深、赵、恒、冀六州三年,赦吏民为李惟岳迫
胁者。己卯,震通化门。四月戊午,李纳将李士真以德、棣二州降。
甲子,借商钱。甲戌,昭义军节度副使卢玄卿为魏博、澶相招讨使。
戊寅,张镒罢。壬午,杀殿中侍御史郑詹。是月,朱滔反,陷德、棣二
州。五月辛卯,朔方军节度使李怀光讨田悦。六月甲子,京师地震。
恒冀观察使王武俊反。辛巳,李怀光、马燧、李芃、李抱真及朱滔、王
武俊、田悦战于连篦山,败绩。七月壬辰,殿中丞李云端谋反伏诛。
癸巳,停借商钱令。八月癸丑,演州司马李孟秋、峰州刺史皮岸反,
伏诛。九月丁亥,初税商钱、茶、漆、竹、木。十月丙辰,吏部侍郎关

播为中书侍郎、同中书门下平章事。李希烈反。丙子,肃王详薨。

四年正月丁亥,凤翔节度使张镒及吐蕃尚结赞盟于清水。庚寅,李希烈陷汝州,执刺史李元平。戊戌,东都、汝行营节度使哥舒曜讨李希烈。二月丁卯,克汝州。三月辛卯,李希烈寇鄂州,刺史李兼败之。丁酉,荆南节度使张伯仪及李希烈战于安州,败绩。四月庚申,李勉为淮西招讨处置使,哥舒曜副之。张伯仪为淮西应援招讨使,贾耽、江南西道节度使嗣曹王皋副之。甲子,京师地震,生毛。丙子,哥舒曜及李希烈战于颍桥,败之。五月辛巳,京师地震。乙酉,颍王璬薨。乙未,刘洽为淄青、兖郓招讨制置使。六月庚戌,税屋间架,算除陌钱。丁卯,徙封逾为丹王,遘简王。

七月,马燧为魏博、澶相节度招讨使。壬辰,卢杞、关播、李忠臣及吐蕃区颊赞盟于京师。八月丁未,李希烈寇襄城。乙卯,希烈将曹季昌以隋州降。庚申,有星陨于京师。九月丙戌,神策军行营兵马使刘德信及李希烈战于扈涧,败绩。庚子,舒王谟为荆襄、江西、沔鄂节度诸军行营兵马都元帅,徙封普王。十月,泾原节度使姚令言反,犯京师。戊申,如奉天。朱泚反。庚戌,泚杀司农卿段秀实及左骁卫将军刘海宾。凤翔后营将李楚琳杀其节度使张镒自称留后。癸丑,李希烈陷襄城,宣武军兵马使高翼死之。甲寅,朱泚杀泾原节度都虞候何明礼。乙卯,杀尚书右仆射崔宁。丁巳,户部尚书萧复为吏部尚书,吏部郎中刘从一为刑部侍郎,京兆府户曹参军、翰林学士姜公辅为谏议大夫:同中书门下平章事。朱泚犯奉天,禁军败绩于城东。辛酉,灵盐节度留后杜希全、鄜坊节度使李建徽及朱泚战于漠谷,败绩。癸亥,刘德信及泚战于思子陵,败之。甲子,行在都虞候浑瑊及泚战于城下,败之,左龙武军大将军吕希倩死之。乙丑,将军高重杰死之。是月,商州军乱,杀其刺史谢良辅。十一月,剑南西山兵马使张朏逐其节度使张延赏,朏伏诛。癸巳,李怀光及朱泚战于鲁店,败之。怀光为中书令、朔方邠宁同华陕虢河中晋绛慈隰行营兵马副元帅。十二月,朱泚陷华州。壬戌,贬卢杞为新州司马。庚午，李希烈陷汴、郑二州。

兴元元年正月癸酉，大赦，改元。去"圣神文武"号。复李希烈、田悦、王武俊、李纳官爵。赴奉天收京城将士有罪减三等，子孙减二等，在行营者赐勋五转。赐文武官阶、勋、爵。罢间架竹木茶漆税及除陌钱。给复奉天五年，城中十年。关播罢。丙戌，吏部侍郎卢翰为兵部侍郎、同中书门下平章事。戊子，萧复为山南东西、荆湖、淮南、江西、鄂岳、浙江东西、福建、岭南宣慰安抚使。戊戌，刘洽为汴滑宋亳都统副使。二月甲子，李怀光为太尉，怀光反。丁卯，如梁州。怀光将孟庭保以兵来追，左卫大将军侯仲庄败之于驿店。三月，李怀光夺鄜坊京畿金商节度使李建徽、神策军兵马使阳惠元兵，惠元死之。癸酉，魏博兵马使田绪杀其节度使田悦，自称留后。甲戌，李怀光杀左厢兵马使张名振、右武锋兵马使石演芬。丁亥，李晟为京畿、渭北、鄜坊、丹延节度招讨使，神策行营兵马使尚可孤为神策、京畿、渭南、商州节度招讨使。壬辰，次梁州。丁酉，刘洽权知汴滑宋亳都统兵马事。己亥，浑瑊为朔方、邠宁、振武、永平、奉天行营兵马副元帅。

四月，李怀光陷坊州。甲辰，李晟为京畿、渭北、商华兵马副元帅。甲寅，姜公辅罢。泾原兵马使田希鉴杀其节度使冯河清自称留后。乙丑，浑瑊及朱泚战于武亭川，败之。丁卯，义王玭薨。是月，坊州刺史窦觎克坊州。五月癸酉，泾王侹薨。丙子，李抱真、王武俊及朱滔战于经城，败之。壬辰，尚可孤及朱泚战于蓝田之西，败之。乙未，李晟又败之于苑北。戊戌，又败之于白华，复京师。六月癸卯，姚令言伏诛。甲辰，朱泚伏诛。己酉，李晟为司徒、中书令。癸丑，以梁州为兴元府，给复一年，耆老加版授。甲寅，浑瑊为侍中。己巳，给复洋州一年，加给兴元一年，免凤州今岁税，父老加版授。

七月丙子，次凤翔，免今岁秋税，八十以上版授刺史，余授上佐。丁丑，葬宗室遇害者。壬午，至自兴元。丁亥，李怀光杀宣慰使孔巢父。辛卯，大赦。赐百官将士阶、勋、爵，收京城者升八资。给复京兆府一年。是月,嗣曹王皋及李希烈战于应山,败之。八月癸卯,李晟为凤翔陇右诸军、泾原四镇北庭行营兵马副元帅,马燧为晋、慈、隰诸军行营兵马副元帅,浑瑊为河中、同绛、陕虢诸军行营兵马副元帅。丙午,浑瑊兼朔方行营兵马副元帅。己酉,延王玢、隋王迅薨。

十月辛丑,李勉检校司徒、同中书门下平章事。闰月戊子,李希烈将李澄以滑州降。十一月癸卯,刘洽、邠陇行营节度使曲环及李希烈战于陈州,败之。戊午,克汴州。乙丑,萧复罢。十二月乙酉,浑瑊及李怀光战于乾坑,败绩。

是岁,陈王珪薨。

贞元元年正月丁酉,大赦,改元。罢榷税。三月,李怀光杀步军兵马使田仙浩、都虞候吕鸣岳。丁未,李希烈陷邓州,杀唐邓隋招讨使黄金岳。是春,旱。四月乙丑,徙封谊为舒王。壬午,浑瑊及李怀光战于长春宫,败之。丙戌,马燧、浑瑊为河中招抚使。六月己丑,幽州卢龙军节度使朱滔卒,涿州刺史刘怦自称留后。辛卯,剑南西川节度使张延赏为中书侍郎、同中书门下平章事。戊子,马燧及李怀光战于陶城,败之。七月,灞、浐竭。庚子,大风拔木。八月,袭封配飨功臣子孙。甲子,以旱,避正殿,减膳。甲戌,李怀光伏诛。己卯,给复河中、同绛二州一年。马燧为侍中,张延赏罢。丙戌,李希烈杀宣慰使颜真卿。九月辛亥,刘从一罢。庚申,幽州卢龙军节度使刘怦卒,其子济自称留后。是秋,雨木冰。十一月癸卯,有事于南郊,大赦。赐奉天、兴元扈从百官、收京将士阶、勋、爵。

二年正月丙申,诏减御膳之半,赒贫乏者授以官。壬寅,卢翰罢。吏部侍郎刘滋为左散骑常侍,给事中崔造,中书舍人齐映:同中书门下平章事。二月癸亥,山南东道节度使樊泽及李希烈战于泌河,败之。四月丙寅,希烈伏诛。甲戌,雨土。甲申,给复淮西二年。五月,李希烈将李惠登以隋州降。己酉,地震。六月癸未,沧州刺史程日华卒,其子怀直自称观察留后。是月,淮西兵马使吴少诚杀其节度使陈仙奇自称留后。七月,李希烈将薛翼以唐州降,侯召以光州降。八月丙子,大雨雹。丙戌,吐蕃寇邠、宁、泾、陇四州。九月乙巳,寇好畤,李晟败之于汧阳。十月癸酉,邠宁节度使韩游瓌又败之于平川。十一月甲午,立淑妃王氏为皇后。丁酉,皇后崩。辛丑,吐蕃陷盐州。十二月丁巳,陷夏州。马燧为绥、银、麟、胜招讨使。庚申,崔造罢。甲戌,以吐蕃寇边,避正殿。

三年正月壬寅,尚书左仆射张延赏同中书门下平章事。壬子,刘滋罢。贬齐映为夔州刺史。兵部侍郎柳浑同中书门下平章事。二月己卯,华州潼关节度使骆元光克盐、夏二州。甲申,葬昭德皇后于靖陵。三月丁未,李晟为太尉。辛亥,马燧罢副元帅。五月,扬州江溢。吴少诚杀申州刺史张伯元、殿中侍御史郑常。闰月辛未,浑瑊及吐蕃盟于平凉,吐蕃执会盟副使、兵部尚书崔汉衡,杀判官、殿中侍御史韩弇。戊寅,太白昼见。六月,吐蕃寇盐、夏二州。丙戌,马燧为司徒,前陕虢观察使李泌为中书侍郎、同中书门下平章事。七月甲子,朔方节度使杜希全为朔方、灵盐、丰夏绥银节度都统。壬申,张延赏薨。八月辛巳朔,日有食之。己丑,柳浑罢。戊申,吐蕃寇青石岭,陇州刺史苏清沔败之。庚戌,禁大马出蒲、潼、武关。九月丁巳,吐蕃寇汧阳。丙寅,陷华亭及连云堡。十月甲申,寇丰义,韩游瓌败之。乙酉,寇长武城,城使韩全义败之。壬辰,射生将韩钦绪谋反,伏诛。十一月己卯,京师、东都、河中地震。十二月庚辰,猎于新店。

四年正月庚戌朔,京师地震。大赦,刺史予一子官,增户垦田者加阶,县令减选,九品以上官言事。壬申,刘玄佐为四镇北庭行营、泾原节度副元帅。是月,金、房二州地震,江溢山裂。雨木冰于陈留。四月,河南、淮海地生毛。己亥,福建军乱,逐其观察使吴诜,大将郝诚溢自称留后。五月,吐蕃寇泾、邠、宁、庆、鄜五州。六月己亥,封子源为邕王。七月庚戌，浑瑊为邠、宁、庆副元帅。癸丑，宁州军乱，邠宁都虞候杨朝晟败之。己未，奚、室韦寇振武。是月，河水黑。八月瀍水溢。九月庚申，吐蕃寇宁州，邠宁节度使张献甫败之。冬，筑夹城。是岁，京师地震二十。

五年正月甲辰朔，日有食之。二月庚子，大理卿董晋为门下侍郎，御史大夫窦参为中书侍郎：同中书门下平章事。三月甲辰，李泌薨。夏，吐蕃寇长武城，韩全义败之于佛堂原。九月丙午，剑南西川节度使韦皋败吐蕃于台登北谷，克巂州。十月，岭南节度使李复克琼州。

六年春，旱。闰四月乙卯，诏常参官、畿县令言事。免京兆府夏税。八月辛丑，杀皇太子妃萧氏。十一月戊辰，朝献于太清宫。己巳，朝享于太庙。庚午，有事于南郊。赐文武官阶、爵。降囚罪，徒以下原之。葬战亡暴骨者。是岁，吐蕃陷北庭都护府，节度使杨袭古奔于西州。

七年正月己巳，襄王僙薨。四月，安南首领杜英翰反，伏诛。五月甲申，端王遇薨。九月，回鹘杀杨袭古。十二月戊戌，睦王述薨。是冬，无雪。

八年二月庚子，雨土。三月甲申，宣武军节度使刘玄佐卒，其子士宁自称留后。四月，吐蕃寇灵州。丁亥，杀左谏议大夫知制诰吴通玄。乙未，贬窦参为郴州别驾。尚书左丞赵憬、兵部侍郎陆贽为中书侍郎，同中书门下平章事。五月己未，大风发太庙屋瓦。癸酉，平卢军节度使李纳卒，其子师古自称留后。六月，淮水溢。吐蕃寇连云堡，大将王进用死之。九月丁巳，韦皋及吐蕃战于维州，败之。十一月壬子朔，日有食之。庚午，山南西道节度使严震及吐蕃战于黑水堡，败之。是月，幽州卢龙军节度使刘济及其弟瀛州刺史澭战于瀛州,潍败,奔于京师。十二月甲辰,猎于城东。

九年正月癸卯,复税茶。四月辛酉,关辅、河中地震。五月甲辰,义成军节度使贾耽为尚书右仆射,尚书右丞卢迈:同中书门下平章事。丙午,董晋罢。八月庚戌,李晟薨。十一月癸未,朝献于太清宫。甲申,朝享于太庙。乙酉,有事于南郊,大赦。十二月丙辰,宣武军将李万荣逐其节度使刘士宁自称留后。

十年正月壬辰,南诏蛮败吐蕃于神川,来献捷。四月癸卯朔,赦京城。戊申,地震。癸丑,又震。是月,太白昼见。六月丙寅,韦皋败吐蕃,克峨和城。自春不雨至于是月。辛未,雨,大风拔木。七月,西原蛮叛。八月,陷钦、横、浔、贵四州。十月,昭义军节度留后王虔休及摄洺州刺史元谊战于鸡泽,败之。十二月丙辰,猎于城南。壬戌,贬陆贽为太子宾客。

十一年四月丙寅,奚寇平州,刘济败之于青都山。五月庚午,中书门下虑囚。八月辛亥,马燧薨。九月,横海军兵马使程怀信逐其兄节度使怀直自称留后。十月,朗、蜀二州江溢。十二月戊辰,猎于苑中。

十二年二月己卯,吐蕃寇巂州,刺史曹高仕败之。三月丙辰,诏王逷薨。四月庚午,魏博节度使田绪卒,其子季安自称留后。六月己丑,宣武军节度使李万荣卒,其子迺自称兵马使,伏诛。七月戊戌,韩王迥薨。八月己未朔,日有食之。丙戌,赵憬薨。九月,吐蕃寇庆州。十月甲戌,右谏议大夫崔损、给事中赵宗儒同中书门下平章事。

十三年正月壬寅,吐蕃请和。四月辛酉,以旱虑囚。壬戌,雩于兴庆宫。五月壬寅,吐蕃寇巂州,曹高仕败之。庚戌,义宁军乱,杀其将常楚客。七月乙未,京师地震。九月己丑,卢迈罢。

十四年三月丙申,凤翔监军使西门去奢杀其将夏侯衍。五月己酉,始雷。闰月辛亥,有星陨于西北。辛酉,长武城军乱,逐其使韩全义。六月丙申,归化堡军乱,逐其将张国诚,泾原节度使刘昌败之。七月壬申,赵宗儒罢。工部侍郎郑余庆为中书侍郎、同中书门下平章事。九月丁卯,杞王倕薨。十二月壬寅,明州将栗锽杀其刺史卢云以反。是冬,无雪,京师饥。

十五年正月甲寅,雅王逸薨。壬戌,郴州蓝山崩。二月乙酉,宣武军乱,杀节度行军司马陆长源,宋州刺史刘逸淮自称留后。三月甲寅,彰义军节度使吴少诚反,陷唐州,守将张嘉瑜死之。四月乙未,栗锽伏诛。九月乙巳,陈许节度留后上官涚及吴少诚战于临颍,败绩。丙午,少诚寇许州。庚戌,宣武军节度使刘全谅卒,都知兵马使韩弘自称留后。丙辰,宣武、河阳、郑滑、东都汝、成德、幽州、淄青、魏博、易定、泽潞、河东、淮南、徐泗、山南东西、鄂岳军讨吴少诚。十月己丑,邕王谅薨。十一月丁未,山南东道节度使于頔及吴少诚战于吴房,败之。陈许节度使上官涚又败之于柴篱。辛亥,安黄节度使伊慎又败之于钟山。十二月庚午,寿州刺史王宗又败之于秋栅。辛未,浑瑊薨。乙未,诸道兵溃于小溵河。

十六年正月乙巳,易定兵及吴少诚战,败绩。二月乙酉,盐夏绥银节度使韩全义为蔡州行营招讨处置使,上官涚副之。四月丁亥,黔中宴设将傅近逐其观察使吴士宗。五月庚戌,韩全义及吴少诚战于广利城,败绩。壬子,徐泗濠节度使张建封卒,其子愔自称知军事。七月丁巳,伊慎及吴少诚战于申州,败之。己未,韦皋克吐蕃颙末城。丙寅,韩全义及吴少诚战于五楼,败绩。八月,刘济及其弟涿州刺史源战于涿州,源败,执之。己丑,杀遂州别驾崔位。韦皋克吐蕃颙城。九月庚戌,贬郑余庆为郴州司马。庚申,太常卿齐抗为中书侍郎、同中书门下平章事。十月辛未,杀通州别驾崔河图。是岁,京师饥。

十七年二月丁酉,大雨雹。己亥,霜。乙巳,韦皋及吐蕃战于鹿危山,败之。戊申,大雨雹,震、电。庚戌,大雪,雨雹。五月壬戌朔,日有食之。六月丙申,宁州军乱,杀其刺史刘南金。己亥,浙西观察使李锜杀上封事人崔善贞。丁巳,成德军节度使王武俊卒,其子士真自称留后。七月,陨霜杀菽。戊寅,吐蕃寇盐州。己丑,陷麟州,刺史郭锋死之。九月乙亥,韦皋败吐蕃于雅州,克木波城。是岁,嘉王运薨。

十八年七月乙亥,罢正衙奏事。十二月,环王陷欢、爱二州。

十九年二月己亥,安南将王季元逐其经略使裴泰,兵马使赵均败之。三月壬子,淮南节度使杜佑检校司空、同中书门下平章事。七月己未,齐抗罢。自正月不雨至于是月,甲戌,雨。闰十月庚戌,盐州将李庭俊反,伏诛。丁巳,崔损薨。十二月庚申,太常卿高郢为中书侍郎,吏部侍郎郑珣瑜为门下侍郎:同中书门下平章事。

二十年二月庚戌,大雨雹。七月癸酉,大雨雹。冬,雨木冰。

二十一年正月癸巳,皇帝崩于会宁殿,年六十四。

顺宗至德弘道大圣大安孝皇帝讳诵,德宗长子也。母曰昭德皇后王氏。始封宣城郡王。大历十四年六月,进封宣王。十二月乙卯,立为皇太子。

为人宽仁,喜学艺,善隶书,礼重师傅,见辄先拜。从德宗幸奉天,常执弓矢居左右。郜国公主以蛊事得罪,太子妃,其女也,德宗疑之,几废者屡矣,赖李泌保护,乃免。后侍宴鱼藻宫,张水嬉彩舰,宫人为棹歌,众乐间发,德宗欢甚,顾太子曰:"今日何如?"太子诵《诗》"好乐无荒"以为对。及裴延龄、韦渠牟用事,世皆畏其为相,太子每候颜色陈其不可,故二人者卒不得用。

贞元二十年,太子病风且喑。

二十一年正月,不能朝。是时,德宗不豫,诸王皆侍左右,惟太子卧病不能见,德宗悲伤涕泣,疾有加。癸巳,德宗崩。丙申,即皇帝位于太极殿。二月癸卯,朝群臣于紫宸门。辛亥,吏部侍郎韦执谊为尚书左丞、同中书门下平章事。甲子,大赦。罢宫市。民百岁版授下州刺史,妇人郡君;九十以上上佐,妇人县君。乙丑,罢盐铁使月进。三月庚午,放后宫三百人。癸酉,放后宫及教坊女妓六百人。癸巳,立广陵郡王纯为皇太子。四月壬寅,封弟谔为钦王,诫珍王。进封子建康郡王经郯王、洋川郡王纬均王、临淮郡王纵潊王、弘农郡王纾莒王、汉东郡王纲密王、晋陵郡王緫郇王、高平郡王约为邵王、云安郡王结宋王、宣城郡王缃集王、德阳郡王绿冀王、河东郡王绮和王。封子绚为衡王,繻会王,绾福王,纮抚王,绲岳王,绅衮王,纶桂王,繟翼王。戊申,以册皇太子,降死罪以下,赐文武官子为父后者勋两转。七月辛卯,横海军节度使程怀信卒,其子执恭自称留后。乙未,皇太子权句当军国政事。太常卿杜黄裳为门下侍郎,左金吾卫大将军袁滋为中书侍郎:同中书门下平章事。郑珣瑜、高郢罢。

永贞元年八月庚子,立皇太子为皇帝,自称曰太上皇。辛丑,改元,降死罪以下。立良娣王氏为太上皇后。

元和元年正月,皇帝率群臣上尊号曰应乾圣寿太上皇。是月,崩于咸宁殿,年四十六,谥曰至德大圣大安孝皇帝。大中三年,增谥至德弘道大圣大安孝皇帝。

宪宗昭文章武大圣至神孝皇帝讳纯,顺宗长子也。母曰庄宪皇太后王氏。贞元四年六月己亥,封广陵郡王。二十一年三月,立为皇太子。

永贞元年八月，顺宗诏立为皇帝。乙巳，即皇帝位于太极殿。丁未，始听政。庚戌，罢献祥瑞。癸丑，剑南西川节度使韦皋卒，行军司马刘辟自称留后。戊午，天有声于西北。己未，袁滋为剑南西川、山南西道安抚大使。癸亥，尚书左丞郑余庆同中书门下平章事。九月己巳，罢教坊乐工正员官。十月丁酉，为曾太皇太后举哀。贾耽薨。戊戌，舒王谊薨。袁滋罢。己酉，葬神武圣文皇帝于崇陵。十一月己巳，祔睿真皇后于元陵寝宫。壬申，贬韦执谊为崖州司马。夏绥银节度留后杨惠琳反。十二月壬戌，中书舍人郑絪为中书侍郎、同中书门下平章事。

元和元年正月丁卯，大赦，改元。赐文武官阶、勋、爵，民高年者米帛羊酒。癸未，长武城使高崇文为左神策行营节度使，率左右神策京西行营兵马使李元奕、山南西道节度使严砺、剑南东川节度使李康以讨刘辟。甲申，太上皇崩。刘辟陷梓州，执李康。三月丙子，高崇文克梓州。辛巳，杨惠琳伏诛。四月丁未，杜佑为司徒。壬戌，邵王约薨。初令尚书省六品、诸司四品以上职事官，太子师傅、宾客、詹事，王府傅，日二人待制。五月辛卯，尊母为皇太后。六月癸巳，降死罪以下。赐百姓有父母、祖父母八十以上者粟二斛、物二段，九十以上粟三斛、物三段。丙申，大风拔木。丁酉，高崇文及刘辟战于鹿头栅，败之。癸卯，严砺又败之于石碑谷。闰月壬戌，平卢军节度使李师古卒，其弟师道自称留后。

七月壬寅，葬至德大圣大安孝皇帝于丰陵。癸丑，高崇文及刘辟战于玄武，败之。八月丁卯，进封子平原郡王宁为邓王，同安郡王宽沣王，延安郡王宥遂王，彭城郡王察深王，高密郡王寰洋王，文安郡王寮绛王。封子审为建王。九月丙午，严砺及刘辟战于神泉，败之。辛亥，高崇文克成都。十月甲子，减剑南东西川、山南西道今岁赋。释胁从将吏。葬阵亡者，禀其家五岁。戊子，刘辟伏诛。十一月庚戌，郑余庆罢。是岁，召王偲薨。

　　二年正月己丑，朝献于太清宫。庚寅，朝享于太庙。辛卯，有事于南郊，大赦。赐文武官勋、爵，文宣公、二王后、三恪、公主、诸王一子官，高年米帛羊酒加版授。乙巳，杜黄裳罢。己酉，御史中丞武元衡为门下侍郎，中书舍人李吉甫为中书侍郎：同中书门下平章事。二月己巳，罢两省官次对。癸酉，邕管经略使路恕败黄洞蛮，执其首领黄承庆。九月乙酉，密王绸薨。十月，镇海军节度使李锜反，杀留后王澹。乙丑，淮南节度使王锷为诸道行营兵马招讨使以讨之。丁卯，武元衡罢。癸酉，镇海军兵马使张子良执李锜。己卯，免润州今岁税。十一月甲申，李锜伏诛。十二月丙寅，剑南西川节度使高崇文为邠宁节度、京西诸军都统。

　　三年正月癸巳，群臣上尊号曰睿圣文武皇帝，大赦。罢诸道受代进奉钱。三月癸巳，郇王緫薨。四月壬申，大风坏含元殿西阙槛。六月，西原蛮首领黄少卿降。七月辛巳朔，日有食之。九月庚寅，山南东道节度使于頔为司空、同中书门下平章事。丙申，户部侍郎裴垍为中书侍郎、同中书门下平章事。戊戌，李吉甫罢。

　　四年正月壬午，免山南东道、淮南、江西、浙东、湖南、荆南今岁税。戊子，简王遘薨。二月丁卯，郑絪罢。给事中李藩为门下侍郎、同中书门下平章事。三月乙酉，成德军节度使王士真卒，其子承宗自称留后。闰月己酉，以旱，降京师死罪非杀人者，禁刺史境内榷率、诸道旨条外进献、岭南黔中福建掠良民为奴婢者，省飞龙厩马。己未，雨。丁卯，立邓王宁为皇太子。七月癸亥，吐蕃请和。八月丙申，环王寇安南，都护张舟败之。十月辛巳，成德军节度使王承宗反，执保信军节度使薛昌朝。癸未，左神策军护军中尉吐突承璀为左右神策、河阳、浙西、宣歙、镇州行营兵马招讨处置使以讨之。戊子，承璀为镇州招讨宣慰使。癸巳，降死罪以下，赐文武官子为父后者勋两转。十一月己巳，彰义军节度使吴少诚卒，其弟少阳自称留后。

五年正月己巳，左神策军大将军郦定进及王承宗战，死之。三月甲子，大风拔木。四月丁亥，河东节度使范希朝、义武军节度使张茂昭及王承宗战于木刀沟，败之。七月丁未，赦王承宗。乙卯，幽州卢龙军节度使刘济卒，其子总自称留后。九月丙寅，太常卿权德舆为礼部尚书、同中书门下平章事。十月，张茂昭以易、定二州归于有司。辛巳，义武军都虞候杨伯玉反，伏诛。是月，义武军兵马使张佐元反，伏诛。十一月甲辰，会王缮薨。庚申，裴垍罢。

六年正月庚申，淮南节度使李吉甫为中书侍郎、同中书门下平章事。二月壬申，李藩罢。己丑，忻王造薨。三月戊戌，有星陨于郓州。十二月己丑，户部侍郎李绛为中书侍郎、同中书门下平章事。闰月辛卯辰，溆州首领张伯靖反，寇播、费二州。辛亥，皇太子薨。

七年正月癸酉，振武河溢，毁东受降城。四月癸巳，诏民田亩树桑二。六月癸巳，杜佑罢。七月乙亥，立遂王宥为皇太子。八月戊戌，魏博节度使田季安卒，其子怀谏自称知军府事。九月，京师地震。十月乙未，魏博军以田季安之将田兴知军事。庚戌，降死罪以下。赐文武官子为父后者勋两转。是月，魏博节度使田兴以六州归于有司。十一月辛酉，赦魏、博、贝、卫、澶、相六州，给复一年，赐高年、孤独、废疾粟帛，赏军士。

八年正月辛未，权德舆罢。二月丁酉，贬于𫫇为恩王傅。三月甲子，剑南西川节度使武元衡为门下侍郎、同中书门下平章事。四月己亥，黔中经略使崔能讨张伯靖。五月癸亥，荆南节度使严绶讨伯靖。丁丑，大隗山崩。六月辛卯，渭水溢。辛丑，出宫人。七月己巳，剑南东川节度使潘孟阳讨张伯靖。八月辛巳，湖南观察使柳公绰讨伯靖。丁未，伯靖降。十二月庚寅，振武将杨遵宪反，逐其节度使李进贤。

九年二月癸卯,李绛罢。三月丙辰,巂州地震。丁卯,陨霜杀桑。五月乙丑,桂王纶薨。癸酉,以旱,免京畿夏税。六月壬寅,河中节度使张弘靖为刑部尚书、同中书门下平章事。闰八月丙辰,彰义军节度使吴少阳卒,其子元济自称知军事。九月丁亥,山南东道节度使严绶、忠武军都知兵马使李光颜、寿州团练使李文通、河阳节度使乌重胤讨之。十月,太白昼见。丙午,李吉甫薨。甲子,严绶为申、光、蔡招抚使。十一月戊子,罢京兆府腊献狐兔。十二月,诏刑部大理官朔望入对。戊辰,尚书右丞韦贯之同中书门下平章事。

十年正月乙酉,宣武军节度使韩弘为司徒。二月甲辰,严绶及吴元济战于磁丘,败绩。自冬不雨至于是月,丙午,雪。壬戌,河东戍将刘辅杀丰州刺史燕重旰,伏诛。三月庚子,忠武军节度使李光颜及吴元济战于临颍,败之。四月甲辰,又败之于南顿。五月丙申,又败之于时曲。六月癸卯,盗杀武元衡。戊申,京师大索。乙丑,御史中丞裴度为中书侍郎、同中书门下平章事。七月甲戌,王承宗有罪,绝其朝贡。八月己亥朔,日有食之。丁未,李师道将訾嘉珍反于东都,留守吕元膺败之。乙丑,李光颜及吴元济战于时曲,败绩。九月癸酉,韩弘为淮西行营兵马都统。十月,地震。十一月壬申,李光颜、乌重胤及吴元济战于小溵河,败之。丁丑,李文通又败之于固始。戊寅,盗焚献陵寝宫。十二月甲辰,武宁军都押衙王智兴及李师道战于平阴,败之。是岁,丹王逾薨。

十一年正月己巳,张弘靖罢。乙亥,幽州卢龙军节度使刘总及王承宗战于武强,败之。癸未,免邻贼州二岁税。甲申,盗断建陵门戟。二月庚子,王承宗焚蔚州。乙巳,中书舍人李逢吉为门下侍郎、同中书门下平章事。乙丑,地震。三月庚午,皇太后崩。四月庚子,李光颜、乌重胤及吴元济战于凌云栅,败之。乙卯,刘总及王承宗战于深州,败之。己未,免京畿二岁逋税。五月丁卯,宥州军乱,逐其刺史骆怡,夏绥银节度使田缙败之。丁亥,云南蛮寇安南。六月,密州海溢。甲辰,唐邓节度使高霞寓及吴元济战于铁城,败绩。七月壬午,韩弘及元济战于郾城,败之。丙戌,免淮西邻贼州夏税。八月甲午,渭水溢。壬寅,韦贯之罢。戊申,西原蛮陷宾、峦二州。己未,昭义军节度使郗士美及王承宗战于柏乡,败之。庚申,葬庄宪皇太后于丰陵。十一月乙丑,邕管经略使韦悦克宾、峦二州。甲戌,元陵火。十二月丁未,翰林学士工部侍郎王涯为中书侍郎、同中书门下平章事。己未,西原蛮陷岩州。是冬,桃李华。

十二年正月丁丑,地震。戊子,有彗星出于毕。四月辛卯,唐邓隋节度使李愬及吴元济战于嵖岈山,败之。乙未,李光颜又败之于郾城。五月辛酉,李愬又败之于张柴。七月丙辰,裴度为淮西宣慰处置使,户部侍郎崔群为中书侍郎:同中书门下平章事。八月癸亥,乌重胤及吴元济战于贾店,败绩。九月丁未,李逢吉罢。甲寅,李愬及吴元济战于吴房,败之。十月癸酉,克蔡州。甲戌,淮南节度使李鄘为门下侍郎、同中书门下平章事。甲申,给复淮西二年,免旁州来岁夏税。葬战士,禀其家五年。十一月丙戌,吴元济伏诛。甲午,恩王连薨。是岁,容管经略使阳旻克钦、横、浔、贵四州。

十三年正月乙酉,大赦。免元和二年以前逋负,赐高年米帛羊酒。三月戊戌,御史大夫李夷简为门下侍郎、同中书门下平章事。李鄘罢。己酉,横海军节度使程权以沧、景二州归于有司,权朝于京师。四月甲寅,王承宗献德、棣二州。庚辰,赦承宗。六月癸丑朔,日有食之。癸亥,给复德、棣、沧、景四州一年。辛未,淮水溢。七月乙酉,宣武、魏博、义成、横海军讨李师道。辛丑,李夷简罢。八月壬子,王涯罢。九月甲辰,户部侍郎皇甫镈,诸道盐铁转运使程异为工部侍郎:同中书门下平章事。十月壬戌,吐蕃寇宥州,灵武节度使杜叔良败之于定远城。十一月丁亥,命山人柳泌为台州刺史以求药。

十二月庚戌,迎佛骨于凤翔。

十四年正月丙午,田弘正及李师道战于阳谷,败之。二月戊午,师道伏诛。四月辛未,程异薨。丙子,裴度罢。七月戊寅,韩弘以汴、宋、亳、颍四州归于有司,弘朝于京师。己丑,群臣上尊号曰元和圣文神武法天应道皇帝。大赦,赐文武官阶、勋、爵。遣黜陟使于天下。辛卯,沂海将王弁杀其观察使王遂自称留后。丁酉,河阳节度使令狐楚为中书侍郎、同中书门下平章事。八月己酉,韩弘为中书令。九月戊寅,王弁伏诛。十月壬戌,安南将杨清杀其都护李象古以反。癸酉,吐蕃寇盐州。十一月辛卯,朔方将史敬奉及吐蕃战于瓠芦河,败之。十二月乙卯,崔群罢。

十五年正月,宦者陈弘志等反。庚子,皇帝崩,年四十三,谥曰圣神章武孝皇帝。大中三年,加谥昭文章武大圣至神孝皇帝。

赞曰:德宗猜忌刻薄,以强明自任,耻见屈于正论,而忘受欺于奸谀。故其疑萧复之轻己,谓姜公辅为买直而不能容。用卢杞、赵赞,则至于败乱而终不悔。及奉天之难,深自惩艾,遂行姑息之政。由是朝廷益弱,而方镇愈强,至于唐亡,其患以此。宪宗刚明果断,自初即位,慨然发愤,志平僭叛,能用忠谋,不惑群议,卒收成功。自吴元济诛,强藩悍将皆欲悔过而效顺。当此之时,唐之威令几于复振,则其为优劣,不待较而可知也。及其晚节,信用非人,不终其业,而身罹不测之祸,则尤甚于德宗。呜呼!小人之能败国也,不必愚君暗主,虽聪明圣智,苟有惑焉,未有不为患者也。昔韩愈言,顺宗在东宫二十年,天下阴受其赐。然享国日浅,不幸疾病,莫克有为,亦可以悲夫!

唐书卷八
本纪第八

穆宗皇帝　敬宗皇帝
文宗皇帝　武宗皇帝
宣宗皇帝

　　穆宗睿圣文惠孝皇帝讳恒，宪宗第三子也。母曰懿安皇太后郭
氏。始封建安郡王。进封遂王，遥领彰义军节度使。元和七年，惠
昭太子薨，左神策军中尉吐突承璀欲立沣王恽，而恽母贱不当立，
乃立遂王为皇太子。

　　十五年正月庚子，宪宗崩，陈弘志杀吐突承璀及沣王。辛丑，遗
诏皇太子即皇帝位于柩前，司空兼中书令韩弘摄冢宰。闰月丙午，
皇太子即皇帝位于太极殿。丁未，贬皇甫镈为崖州司户参军。戊申，
始听政。辛亥，御史中丞萧俛、中书舍人翰林学士段文昌为中书侍
郎、同中书门下平章事。乙卯，尊母为皇太后。戊辰，京师地震。二
月丁丑，大赦。赐文武官阶、爵，高年粟帛。二王后、三恪、文宣公、
嗣王、公主、县主、武德配飨及第一等功臣家予一子官。放没掖庭
者。幸丹凤门观俳优。丁亥，幸左神策军观角抵、倡戏。乙未，吐蕃
寇灵州。丙申，丹王逾薨。三月乙巳，杜叔良及吐蕃战，败之。戊辰，
大风，雨雹。辛未，杨清伏诛。五月庚申，葬圣神章武孝皇帝于景陵。
六月丁丑，韩弘罢。

　　七月丁卯，令狐楚罢。八月乙酉，容管经略留后严公素及黄洞

蛮战于神步,败之。戊戌,御史中丞崔植为中书侍郎、同中书门下平
章事。九月辛丑,观竞渡、角抵于鱼藻宫,用乐。十月庚辰,王承宗
卒。辛巳,成德军观察支使王承元以镇、赵、深、冀四州归于有司。癸
未,吐蕃寇泾州,右神策军中尉梁守谦为左右神策、京西、京北行营
都监以御之。丙戌,吐蕃遁。十一月癸卯,赦镇、赵、深、冀四州死罪
以下,赐成德军将士钱。十二月庚辰,猎于城南。壬午,击鞠于右神
策军,遂猎于城西。甲申,猎于苑北。

　　长庆元年正月己亥,朝献于太清宫。庚子,朝享于太庙。辛丑,
有事于南郊。大赦,改元,赐文武官阶、勋、爵。己未,有星孛于翼。
壬戌,萧俛罢。丁卯,有星孛于太微。二月乙亥,观乐于麟德殿。丙
子,观神策诸军杂伎。己卯,刘总以卢龙军八州归于有司。壬午,段
文昌罢。翰林学士户部侍郎杜元颖同中书门下平章事。辛卯,击鞠
于麟德殿。三月庚戌,太白昼见。丁巳,赦幽、涿、檀、顺、瀛、莫、营、
平八州死罪以下,给复一年。赐卢龙军士钱。戊午,封弟憬为郿王,
悦琼王,恂沔王,怿婺王,愔茂王,怡光王,协淄王,憺衢王,忱澶王。
子湛为鄂王,涵江王,凑漳王,溶安王,瀍颍王。是月,徙封湛为景
王。

　　五月丙辰,建王审薨。六月,有彗星出于昴。辛未,吐蕃寇青塞
烽,盐州刺史李文悦败之。

　　七月甲辰,幽州卢龙军都知兵马使朱克融囚其节度使张弘靖
以反。壬子,群臣上尊号曰文武孝德皇帝。大赦,赐文武官阶、勋、
爵。壬戌,成德军大将王廷凑杀其节度使田弘正以反。八月壬申,
朱克融陷莫州。癸酉,王廷凑陷冀州,刺史王进岌死之。丙子,瀛州
军乱,执其观察使卢士玫叛,附于朱克融。王廷凑寇深州。丁丑,魏
博、横海、昭义、河东、义武兵讨王廷凑。己丑,裴度为幽、镇招抚使。
九月乙巳,相州军乱,杀其刺史邢濋。

　　十月丙寅,诸道盐铁转运使、刑部尚书王播为中书侍郎、同中
书门下平章事。裴度为镇州西面行营都招讨使,左领军卫大将军杜

叔良为深州诸道行营节度使。戊寅,王廷凑陷贝州。己卯,易州刺史柳公济及朱克融战于白石,败之。庚辰,横海军节度使乌重胤及王廷凑战于饶阳,败之。辛卯,灵武节度使李进诚及吐蕃战于大石山,败之。十一月甲午,裴度及王廷凑战于会星,败之。丙申,朱克融寇定州,义武军节度使陈楚败之。十二月庚午,杜叔良及王廷凑战于博野,败绩。丁丑,陈楚及朱克融战于望都,败之。乙酉,赦朱克融。己丑,陈楚及克融战于清源,败之。

二年正月庚子,魏博军溃于南宫。癸卯,魏博节度使田布自杀,兵马使史宪诚自称留后。海州海冰。二月甲子,赦王廷凑。辛巳,崔植罢。工部侍郎元稹同中书门下平章事。戊子,昭义军节度使刘悟囚其监军使刘承偕。三月乙巳,武宁军节度副使王智兴逐其节度崔群。戊午,守司徒、淮南节度使裴度同中书门下平章事。王播罢。

四月辛酉朔,日有食之。壬戌,成德军节度使牛元翼奔于京师,王廷凑陷深州。五月壬寅,邕州刺史李元宗叛,奔于黄洞蛮。六月癸亥,宣武军宿直将李臣则逐其节度使李愿,衙门都将李齐反。甲子,裴度、元稹罢。兵部尚书李逢吉为门下侍郎、同中书门下平章事。乙丑,大风落太庙鸱尾。癸酉,吐蕃寇灵州,盐州刺史赵旰败之。

七月丙申,宋王结薨。戊申,李齐陷宋州。丙辰,兖郓节度使曹华及李齐战于宋州,败之。丁巳,忠武军节度使李光颜又败之于尉氏。八月壬申,宣武军节度使韩充又败之于郭桥。丙子,李齐伏诛。癸未,诏瘗汴、宋、郑三州战亡者,禀其家三岁。九月戊子,镇海军将王国清谋反,伏诛。丙申,德州军乱,杀其刺史王稷。

十月己卯,猎于咸阳。十一月庚午,皇太后幸华清宫。癸酉,迎皇太后,遂猎于骊山。丙子,集王缃薨。十二月丁亥,不豫,放五坊鹰隼及供猎狐兔。癸巳,立景王湛为皇太子。癸丑,降死罪以下,赐文武常参及州府长官子为父后者勋两转,宗子诸亲一转。是冬,无冰,草木萌。

三年三月壬戌,御史中丞牛僧孺为户部侍郎、同中书门下平章事。癸亥,淮南、浙东西、江南、宣歙旱,遣使宣抚,理系囚,察官吏。四月甲午,陆州獠反。五月壬申,京师雨雹。七月丙寅,黄洞蛮陷钦州。九月壬子朔,日有食之。十月己丑,杜元颖罢。辛卯,黄洞蛮寇安南。

四年正月辛亥,降死罪以下,减流人一岁。赐文武官及宗子、贺正使阶、勋、爵。诏百官言事。辛未,以皇太子权句当军国政事。壬申,皇帝崩于清思殿,年三十。

敬宗睿武昭愍孝皇帝讳湛,穆宗长子也。母曰恭僖皇太后王氏。始封鄂王,徙封景王。

长庆二年十二月,穆宗因击球暴得疾,不见群臣者三日。左仆射裴度三上疏,请立皇太子,而翰林学士、两省官相次皆以为言。居数日,穆宗疾少间,宰相李逢吉请立景王为皇太子。

四年正月,穆宗崩。癸酉,门下侍郎平章事李逢吉摄冢宰。丙子,皇太子即皇帝位于太极殿。二月辛巳,始听政。癸未,尊母为皇太后,皇太后为太皇太后。辛卯,放掖庭内园没入者。丁未,击鞠于中和殿。戊申,击鞠于飞龙院。黄洞蛮降。己酉,击鞠,用乐。三月壬子,大赦。免京畿、河南青苗税,减宫禁经费、乘舆服膳,罢贡鹰犬。元和以来,两河藩镇归地者予一子官。庚午,太白经天。四月丙申,击鞠于清思殿。染坊匠张韶反。幸左神策军,韶伏诛。丁酉,还宫。五月乙卯,吏部侍郎李程、户部侍郎判度支窦易直同中书门下平章事。六月庚辰,大风坏延喜、景风门。是夏,汉水溢。八月丁亥,太白昼见。丁酉,中官季文德谋反伏诛。黄洞蛮寇安南。十一月戊午,环王及黄洞蛮陷陆州,刺史葛维死之。庚申,葬睿圣文惠孝皇帝于光陵。

宝历元年正月己酉,朝献于太清宫。庚戌,朝享于太庙。辛亥,有事于南郊。大赦,改元。乙卯,牛僧孺罢。四月癸巳,群臣上尊号曰文武大圣广孝皇帝。大赦。赐文武官阶、爵。五月庚戌,观竞渡于鱼藻宫。九月壬午,昭义军节度使刘悟卒,其子从谏自称留后。十一月丙申,封子普为晋王。

二年正月甲戌,发神策六军穿池于禁中。二月丁未,山南西道节度使裴度守司空、同中书门下平章事。三月戊寅,观竞渡于鱼藻宫。四月戊戌,横海军节度使李全略卒,其子同捷反。五月戊寅,观竞渡于鱼藻宫。庚辰,幽州卢龙军乱,杀其节度使朱克融,其子延嗣自称节度使。六月辛酉,观渔于临碧池。甲子,观驴鞠、角抵于三殿。七月癸未,衡王绚薨。以渼陂隶尚食,禁民渔。八月丙午,观竞渡于新池。九月甲戌,观百戏于宣和殿,三日而罢。戊寅,幽州卢龙军兵马使李载义杀朱延嗣,自称留后。壬午,李程罢。十一月甲申,李逢吉罢。己丑,禁朝官、方镇置私白身。十二月,中官刘克明反。辛丑,皇帝崩,年十八。

文宗元圣昭献孝皇帝讳昂,穆宗第二子也。母曰贞献皇太后萧氏。始封江王。宝历二年十二月,敬宗崩,刘克明等矫诏以绛王悟句当军国事。壬寅,内枢密使王守澄杨承和、神策护军中尉魏从简梁守谦奉江王而立之,率神策六军、飞龙兵诛克明,杀绛王。乙巳,江王即皇帝位于宣政殿。戊申,始听政。尊母为皇太后。庚戌,兵部侍郎、翰林学士韦处厚为中书侍郎、同中书门下平章事。庚申,出宫人三千,省教坊乐工、翰林伎术冗员千二百七十人,纵五坊鹰犬,停贡纂组雕镂、金筐宝饰床榻。

大和元年二月乙巳,大赦,改元。免京兆今岁夏税半。赐九庙陪位者子孙二阶,立功将士阶、爵。始封诸王后予一子出身。五月戊辰,罢宰臣奏事监搜。丙子,横海军节度使乌重胤讨李同捷。六月癸巳,淮南节度副大使王播为尚书左仆射、同中书门下平章事。

乙卯,以旱,降京畿死罪以下。七月癸酉,葬睿武昭愍孝皇帝于庄陵。十一月庚辰,横海军节度使李寰讨李同捷。十二月庚戌,王智兴为沧州行营招抚使。

二年正月壬申,地震。六月乙卯,晋王普薨。己巳,大风拔木。乙亥,峰州刺史王升朝反,伏诛。是夏,河溢,坏棣州城。越州海溢。七月辛丑,魏博节度使史宪诚及同捷战于平原,败之。甲辰,有彗星出于右摄提。八月己巳,王廷凑反。壬申,义武军节度使柳公济及廷凑战于新乐,败之。己卯,刘从谏又败之于临城。辛巳,史宪诚及李同捷战于平原,败之。癸未,刘从谏及王廷凑战于昭庆,败之。九月癸卯,柳公济又败之于博野。丁未,岳王绲薨。庚戌,安南军乱,逐其都护韩约。十月庚申,史宪诚及李同捷战于平原,败之。丁卯,洋王忻薨。癸酉,窦易直罢。戊寅,史宪诚及李同捷战于平原,败之。壬午,幽州卢龙军节度使李载义又败之于长芦。十一月壬辰,给复棣州一年,禀战士创废者终身。甲辰,昭德寺火。十二月乙丑,魏博行营兵马使亓志沼反。壬申,韦处厚薨。戊寅,兵部侍郎、翰林学士路隋为中书侍郎、同中书门下平章事。

三年正月丁亥,宣武、河阳兵讨亓志沼。庚子,志沼奔于镇州。三月乙酉,罢教坊日直乐工。乙巳,以太原兵马使傅毅为义武军节度使,义武军不受命,都知兵马使张璠自称节度使。戊申,以璠为义武军节度使。四月戊辰,沧景节度使李祐克德州,李同捷降。乙亥,沧德宣慰使柏耆以同捷归于京师,杀之于将陵。五月辛卯,给复沧、景、德、棣四州一年。六月甲戌,魏博军乱,杀其节度使史宪诚,都知兵马使何进滔自称留后。八月辛亥,以相、卫、澶三州隶相卫节度使,进滔不受命。辛酉,以旱,免京畿九县今岁租。壬申,赦王廷凑。甲戌,吏部侍郎李宗闵同中书门下平章事。十月癸丑,仗内火。十一月壬辰,朝献于太清宫。癸巳,朝享于太庙。甲午,有事于南郊。大赦。诏毋献难成非常之物,焚丝布撩绫机杼。是月,云南蛮陷嶲、邛二州。十二月丁未,鄂岳、襄邓、忠武军伐云南蛮。庚戌,云南蛮寇成都,右领军卫大将军董重质为左右神策及诸道行营、西川都知兵马使以伐之。己未,云南蛮寇梓州。壬戌,寇蜀州。

四年正月戊子,封子永为鲁王。辛卯,武昌军节度使牛僧孺为兵部尚书、同中书门下平章事。甲午,王播薨。二月乙卯,兴元军乱,杀其节度使李绛。三月癸卯,禁京畿弋猎。四月丁未,奚寇边,李载义败之。六月丁未,裴度平章军国重事。是夏,舒州江溢。七月癸未,尚书右丞宋申锡同中书门下平章事。九月壬午,裴度罢。

五年正月庚申,幽州卢龙军乱,逐其节度使李载义,杀莫州刺史张庆初,兵马使杨志诚自称留后。三月庚子,贬宋申锡为太子右庶子。癸卯,降封漳王凑为巢县公。六月甲午,梓州玄武江溢。

六年正月壬子,降死罪以下。二月,苏州地震,生白毛。五月庚申,给民疫死者棺,十岁以下不能自存者二月粮。七月戊申,原王逵薨。十一月甲子,立鲁王永为皇太子。十二月乙丑,牛僧孺罢。己巳,珍王诚薨。

七年正月壬辰,罢吴、蜀冬贡茶。二月丙戌,兵部尚书李德裕同中书门下平章事。三月辛卯,幽州卢龙军节度使杨志诚执春衣使边奉鸾,送奚契丹使尹士恭。辛丑,和王绮薨。六月甲戌,地震。乙亥,李宗闵罢。七月壬寅,尚书右仆射、诸道盐铁转运使王涯同中书门下平章事。闰月乙卯,以旱,避正殿,减膳,撤乐,出宫女千人,纵五坊鹰犬。八月庚寅,降死罪以下。赐文武及州府长官子为父后者勋两转。十二月庚子,不豫。

八年二月壬午朔,日有食之。庚寅,以疾愈,降死罪以下。四月丙戌,诏笞罪毋鞭背。五月己巳,飞龙、神驹中厩火。六月丙戌,莒王纾薨。七月辛酉，震定陵寝宫。癸亥，郓王经薨。九月辛亥，有彗星出于太微。十月辛巳，幽州卢龙军大将史元忠逐其节度使杨志诚，自称权句当节度兵马。庚寅，山南西道节度使李宗闵为中书侍郎、同中书门下平章事。甲午，李德裕罢。十一月癸丑，成德军节度使王廷凑卒，其子元逵自称权句当节度事。丙子，莫州军乱，逐其刺史张惟泛。十二月己卯，降京畿死罪以下。

九年正月癸亥，巢县公凑薨。二月辛亥，冀王绿薨。乙卯，京师地震。四月丙申，路隋罢。戊戌，浙江东道观察使贾𫠐为中书侍郎、同中书门下平章事。辛丑，大风拔木，落含元殿鸱尾，坏门观。五月辛未，王涯为司空。六月壬寅，贬李宗闵为明州刺史。七月辛亥，御史大夫李固言为门下侍郎、同中书门下平章事。九月癸亥，杀陈弘志。丁卯，李固言罢。己巳，御史中丞舒元舆为刑部侍郎，翰林学士兵部郎中李训为礼部侍郎：同中书门下平章事。十月辛巳，杀观军容使王守澄。十一月乙巳，杀武宁军监军使王守涓。壬戌，李训及河东节度使王璠、邠宁节度使郭行余、御史中丞李孝本、京兆少尹罗立言谋诛中官不克，训奔于凤翔。甲子，尚书右仆射郑覃同中书门下平章事。乙丑，权知户部侍郎李石同中书门下平章事。左神策军中尉仇士良杀王涯、贾𫠐、舒元舆、李孝本、罗立言、王璠、郭行余、凤翔少尹魏逢。戊辰，昼晦。凤翔监军使张仲清杀其节度使郑注。己巳，仇士良杀右金吾卫大将军韩约。十二月壬申，杀左金吾卫将军李贞素、翰林学士顾师邕。丁亥，降京师死罪以下。

开成元年正月辛丑朔，日有食之。大赦，改元。免大和五年以前逋负、京畿今岁税，赐文武官阶、爵。二月乙亥，停献鹭鸟、畋犬。三月，京师地震。四月辛卯，淄王协薨。甲午，山南西道节度使李固言为门下侍郎、同中书门下平章事。七月，滹沱溢。乙亥，雨土。十二月己未，溆王纵薨。

二年二月丙午，有彗星出于东方。己未，均王纬薨。三月丙寅，以彗见减膳。壬申，素服避正殿，撤乐。降死罪，流以下原之。纵五坊鹰隼，禁京畿采捕。四月戊戌，工部侍郎陈夷行同中书门下平章事。乙卯，以旱避正殿。六月丙午，河阳军乱，逐其节度使李泳。己未，绵州獠反。七月癸亥，党项羌寇振武。八月庚戌，封兄子休复为梁王，执中襄王，言扬杞王，成美陈王。癸丑，封子宗俭为蒋王。十月戊申，李固言罢。十一月乙丑，京师地震。丁丑，有星陨于兴元。

三年正月甲子，盗伤李石。戊申，大风拔木。诸道盐铁转运使户部尚书杨嗣复、户部侍郎李珏同中书门下平章事。丙子，李石罢。夏，汉水溢。八月己亥，嘉王运薨。十月乙酉，义武军节度使张璠卒，其子元益自称留后。庚子，皇太子薨。乙巳，有彗星出于轸。十一月壬戌，降死罪以下。

四年正月癸酉，有彗星出于羽林。闰月丙午，出于卷舌。五月丙申，郑覃、陈夷行罢。七月甲辰，太常卿崔郸同中书门下平章事。八月辛亥，鄜王憬薨。十月丙寅，立陈王成美为皇太子。甲戌，地震。十一月己亥，降京畿死罪以下。十二月乙卯，乾陵寝宫火。

五年正月戊寅，不豫。己卯，左右神策军护军中尉鱼弘志、仇士良立颍王瀍为皇太弟，权句当军国事。废皇太子成美为陈王。庚辰，仇士良杀仙韶院副使尉迟璋。辛巳，皇帝崩于太和殿，年三十三。

武宗至道昭肃孝皇帝讳炎，穆宗第五子也。母曰宣懿皇太后韦氏。始封颍王，累加开府仪同三司、检校吏部尚书。

开成五年正月，文宗疾大渐，神策军护军中尉仇士良、鱼弘志矫诏废皇太子成美复为陈王，立颍王为皇太弟。辛巳，即皇帝位于柩前。辛卯，杀陈王成美及安王溶、贤妃杨氏。甲午，始听政。追尊母为皇太后。二月乙卯，大赦。庚申，有彗星出于室、壁。四月甲子，大风拔木。五月己卯，杨嗣复罢。诸道盐铁转运使、刑部尚书崔珙同中书门下平章事。壬寅，大风拔木。六月丙寅，以旱，避正殿，理囚。河北、河南、淮南、浙东、福建蝗疫州除其徭。七月戊寅，大风拔木。八月甲寅，雨。壬戌，葬元圣昭献孝皇帝于章陵。内枢密使刘弘逸、薛季稜以兵杀仇士良，不克，伏诛。庚午，李珏罢。九月丁丑，淮南节度副大使李德裕为门下侍郎、同中书门下平章事。十月癸卯，回鹘寇天德军。十一月戊寅，有彗星出于东方。魏博节度使何进滔卒，其子重霸自称留后。十二月，封子峻为杞王。

会昌元年正月己卯，朝献于太清宫。庚辰，朝享于太庙。辛巳，有事于南郊。大赦，改元。三月，御史大夫陈夷行为门下侍郎、同中书门下平章事。七月，有彗星出于羽林。壬辰，汉水溢。九月癸巳，幽州卢龙军将陈行泰杀其节度使史元忠自称知留务。闰月，幽州卢龙军将张绛杀行泰自称主军务。十月，幽州卢龙军逐绛，雄武军使张仲武入于幽州。十一月壬寅，有彗星出于营室。辛亥，避正殿，减膳，理囚，罢兴作。癸亥，崔郸罢。

二年正月，宋、亳二州地震。己亥，李德裕为司空。回鹘寇横水栅，略天德、振武军。二月丁丑，淮南节度副大使李绅为中书侍郎、同中书门下平章事。三月，回鹘寇云、朔。四月丁亥，群臣上尊号曰仁圣文武至神大孝皇帝。大赦，赐文武官阶、勋、爵。五月丙申，回鹘嗢没斯降。六月，陈夷行罢。河东节度使刘沔及回鹘战于云州，败绩。七月，幸左神策军阅武。尚书右丞兼御史中丞李让夷为中书侍郎、同中书门下平章事。岚州民田满川反，伏诛。回鹘可汗寇大同川。九月，刘沔为回鹘南面招抚使，幽州卢龙军节度使张仲武为东面招抚使，右金吾卫大将军李思忠为河西党项都将西南面招讨使。十月丁卯，封子岷为益王，岐充王。十一月，猎于白鹿原。十二月，封子峄为德王，嵯昌王。癸未，京师地震。

　　三年正月庚子，天德军行营副使石雄及回鹘战于杀胡山，败之。二月庚申朔，日有食之。辛未，崔珙罢。是春，大雨雪。四月乙丑，昭义军节度使刘从谏卒，其子稹自称留后。五月甲午，震，东都广运楼灾。辛丑，成德军节度使王元逵为北面招讨泽潞使，魏博节度使何弘敬为东面招讨泽潞使，及河中节度使陈夷行、河阳节度使王茂元、刘沔以讨刘稹。戊申，翰林学士承旨中书舍人崔铉为中书侍郎、同中书门下平章事。武宁军节度使李彦佐为晋绛行营诸军节度招讨使。六月，西内神龙寺火。辛酉，李德裕为司徒。是夏，作望仙观于禁中。七月庚子，免河东今岁秋税。九月辛卯，忠武军节度使王宰兼河阳行营攻讨使。丁未，以雨霖，理囚，免京兆府秋税。十月己巳，晋绛行营节度使石雄及刘稹战于乌岭，败之。壬午，日中月食太白。是月，党项羌寇盐州。十一月，寇邠、宁。兗王岐为灵夏六道元帅、安抚党项大使，御史中丞李回副之。安南军乱，逐其经略使武浑。十二月丁巳，王宰克天井关。

　　四年正月乙酉，河东将杨弁逐其节度使李石。二月甲寅朔，日有食之。辛酉，杨弁伏诛。三月，石雄兼冀氏行营攻讨使，晋州刺史李丕副之。六月己未，中书门下、御史台虑囚。闰七月壬戌，李绅罢。淮南节度副大使杜悰为尚书右仆射兼中书侍郎、同中书门下平章事。丙子，昭义军将裴问及邢州刺史崔嘏以城降。是月，洺州刺史王钊、磁州刺史安玉以城降。八月乙未，昭义军将郭谊杀刘稹以降。戊戌，给复泽、潞、邢、洺、磁五州一岁，免太原、河阳及怀、陕、晋、绛四州秋税。戊申，李德裕为太尉。十月，猎于鄠县。十二月，猎于云阳。

　　五年正月己酉，群臣上尊号曰仁圣文武章天成功神德明道大孝皇帝。是日，朝献于太清宫。庚戌，朝享于太庙。辛亥，有事于南郊。大赦，赐文武官阶、勋、爵。文宣公、二王、三恪予一子出身。作仙台于南郊。庚申，皇太后崩。三月，旱。五月壬子，葬恭僖皇太后于光陵。壬戌,杜悰、崔铉罢。乙丑,户部侍郎李回为中书侍郎、同中书门下平章事。六月甲申,作望仙楼于神策军。七月丙午朔,日有食之。是月,山南东道节度使郑肃检校尚书右仆射、同中书门下平章事。八月壬午,大毁佛寺,复僧尼为民。十月,作昭武庙于虎牢关。

六年二月癸酉,以旱,降死罪以下,免今岁夏税。庚辰,夏绥银节度使米暨为东北道招讨党项使。三月壬戌,不豫。左神策军护军中尉马元贽立光王怡为皇太叔,权句当军国政事。甲子,皇帝崩于大明宫,年三十三。

宣宗元圣至明成武献文睿智章仁神聪懿道大孝皇帝讳忱,宪宗第十三子也。母曰孝明皇太后郑氏。始封光王。性严重寡言,宫中或以为不惠。

会昌六年,武宗疾大渐,左神策军护军中尉马元贽立光王为皇太叔。三月甲子,即皇帝位于枢前。四月乙亥,始听政。尊母为皇太后。丙子,李德裕罢。辛卯,李让夷为司空。五月乙巳,大赦。翰林学士承旨兵部侍郎白敏中同中书门下平章事。辛酉,封子温为郓王,渼雍王,泾雅王,滋夔王,沂庆王。七月,李让夷罢。八月辛未,大行宫火。壬申,葬至道昭肃孝皇帝于端陵。九月,郑肃罢。兵部侍郎、判度支卢商为中书侍郎、同中书门下平章事。云南蛮寇安南,经略使裴元裕败之。十二月戊辰朔,日有食之。

大中元年正月壬子,朝献于太清宫。癸丑,朝享于太庙。甲寅,有事于南郊。大赦,改元。复左降官死者官爵。赐文武官阶、勋,父老帛。文宣王后及二王后、三恪予一子官。二月癸未,以旱,避正殿,减膳,理京师囚,罢太常教坊习乐,损百官食,出宫女五百人,放五坊鹰犬,停飞龙马□。卢商罢。刑部尚书、判度支崔元式为门下侍郎,翰林学士承旨、户部侍郎韦琮为中书侍郎:同中书门下平章事。

闰月,大复佛寺。四月己酉,皇太后崩。五月,张仲武及奚北部落战,败之。吐蕃、回鹘寇河西,河东节度使王宰伐之。八月丙申,李回罢。庚子,葬贞献皇太后于光陵。十二月戊午,贬太子少保李德裕为潮州司马。

二年正月甲子,群臣上尊号曰圣敬文思和武光孝皇帝,大赦。宗子房未仕者予一人出身。赐文武官阶、勋、爵。三月,封子泽为濮王。五月己未朔,日有食之。崔元式罢。兵部侍郎、判度支周墀,刑部侍郎、诸道盐铁转运使马植:同中书门下平章事。己卯,太皇太后崩。七月己巳,续图功臣于凌烟阁。十一月壬午,葬懿安太皇太后于景陵。贬韦琮为太子宾客,分司东都。

三年二月,吐蕃以秦、原、安乐三州,石门、驿藏、木峡、制胜、六盘、石峡、萧七关归于有司。三月,诏待制官与刑法官、谏官次对。马植罢。是春,陨霜杀桑。四月乙酉,周墀罢。御史大夫崔铉为中书侍郎,兵部侍郎、判户部事魏扶:同中书门下平章事。癸巳,幽州卢龙军节度使张仲武卒,其子直方自称留后。五月,武宁军乱,逐其节度使李廓。十月辛巳,京师地震。是月,振武及天德、灵武、盐夏二州地震。吐蕃以维州归于有司。十一月己卯,封弟惕为彭王。十二月,吐蕃以扶州归于有司。

四年正月庚辰,大赦。四月壬申,以雨霖,诏京师、关辅理囚,蠲度支、盐铁、户部逋负。六月戊申,魏扶薨。户部尚书判度支崔龟从同中书门下平章事。八月,幽州卢龙军乱,逐其节度使张直方,衙将张允伸自称留后。十月辛未,翰林学士承旨、兵部侍郎令狐绹同中书门下平章事。十一月,党项羌寇邠、宁。十二月,凤翔节度使李安业、河东节度使李拭为招讨党项使。

五年三月,白敏中为司空,招讨南山、平夏党项行营兵马都统。

四月,赦平夏党项羌。辛未,给复灵盐夏三州、邠宁鄜坊等道三岁。六月,封子润为鄂王。八月乙巳,赦南山党项羌。十月,沙州人张义潮以瓜、沙、伊、肃、鄯、甘、河、西、兰、岷、廓十一州归于有司。白敏中罢。戊辰,户部侍郎、判户部魏谟同中书门下平章事。十一月,崔龟从罢。十二月,盗斫景陵门戟。是岁湖南饥。

六年三月,有彗星出于觜、参。七月,雍王渼薨。八月,礼部尚书、诸道盐铁转运使裴休同中书门下平章事。九月,獠寇昌、资二州。十一月,封弟惴为棣王。是岁淮南饥。

七年正月丙午,朝献于太清宫。丁未,朝享于太庙。戊申,有事于南郊,大赦。

八年正月丙戌朔,日有食之。三月,以旱理囚。九月,封子洽为怀王,汭昭王,汶康王。

九年正月甲申,成德军节度使王元逵卒,其子绍鼎自称留后。闰四月辛丑,禁岭外民鬻男女者。七月,以旱,遣使巡抚淮南,减上供馈运,蠲逋租,发粟赈民。丙辰,崔铉罢。庚申,罢淮南宣歙浙西冬至、元日常贡,以代下户租税。是月,浙江东道军乱,逐其观察使李讷。

十年正月丁巳,御史大夫郑朗为工部尚书、同中书门下平章事。九月,封子灌为卫王。十月戊子,裴休罢。十二月壬辰,户部侍郎判户部崔慎由为工部尚书、同中书门下平章事。

十一年二月辛巳,魏谟罢。五月,容管军乱,逐其经略使王球。七月庚子,兵部侍郎判度支萧邺同中书门下平章事。成德军节度副大使王绍鼎卒,其弟绍懿自称留后。八月,封子滍为广王。九月乙未,有彗星出于房。十月壬申,郑朗罢。

　　十二年正月戊戌,户部侍郎、判度支刘瑑同中书门下平章事。二月,废穆宗忌日,停光陵朝拜及守陵宫人。壬申,崔慎由罢。闰月,自十月不雨至于是月,雨。三月,盐州监军使杨玄价杀其刺史刘皋。四月庚子,岭南军乱,逐其节度使杨发。戊申,兵部侍郎、诸道盐铁转运使夏侯孜同中书门下平章事。五月丙寅,刘瑑薨。庚辰,湖南军乱,逐其观察使韩琮。六月丙申,江西都将毛鹤逐其观察使郑宪。辛亥,南蛮寇边。七月,容州将来正反,伏诛。八月,宣歙将康全泰逐其观察使郑薰,淮南节度使崔铉兼宣歙池观察处置使以讨之。丁巳,太原地震。十月,康全泰伏诛。十二月,毛鹤伏诛。甲寅,兵部侍郎判户部蒋伸同中书门下平章事。

　　十三年正月戊午,大赦,蠲度支、户部逋负,放宫人。八月壬辰,左神策军护军中尉王宗实立郓王温为皇太子,权句当军国政事。癸巳,皇帝崩于咸宁殿,年五十。谥曰圣武献文孝皇帝。咸通十三年,加谥元圣至明成武献文睿智章仁神聪懿道大孝皇帝。

　　赞曰:《春秋》之法,君弑而贼不讨,则深责其国,以为无臣子也。宪宗之弑,历三世而贼犹在。至于文宗,不能明弘志等罪恶,以正国之典刑,仅能杀之而已,是可叹也。穆、敬昏童失德,以其在位不久,故天下未至于败乱。而敬宗卒及其身,是岂有讨贼之志哉!文宗恭俭儒雅,出于天性,尝读太宗《政要》,慨然慕之。及即位,锐意于治,每延英对宰臣,率漏下十一刻。唐制,天子以只日视朝,乃命辍朝、放朝皆用双日。凡除吏必召见访问,亲察其能否。故大和之初,政事修饬,号为清明。然其仁而少断,承父兄之弊,宦官桡权,制之不得其术,故其终困以此。甘露之事,祸及忠良,不胜冤愤,饮恨而已。由是言之,其能杀弘志,亦足伸其志也。昔武丁得一傅说,为商高宗。武宗用一李德裕,遂成其功烈。然其奋然除去浮图之法甚锐，而躬受道家之箓，服药以求长年。以此见其非明智之不惑者，特好恶有不同尔。宣宗精于听断，而以察为明，无复仁恩之意。鸣呼，自是而后，唐衰矣！

唐书卷九
本纪第九

懿宗皇帝　僖宗皇帝

懿宗昭圣恭惠孝皇帝讳漼，宣宗长子也。母曰元昭皇太后晁氏。始封郓王。宣宗爱夔王滋，欲立为皇太子，而郓王长，故久不决。

大中十三年八月，宣宗疾大渐，以夔王属内枢密使王归长马公儒、宣徽南院使王居方等。而左神策护军中尉王宗实、副使丌元实矫诏立郓王为皇太子。癸巳，即皇帝位于柩前。王宗实杀王归长、马公儒、王居方。庚子，始听政。癸卯，令狐绹为司空。尊皇太后曰太皇太后。九月庚申，追尊母为皇太后。十月辛卯，大赦。赐文武官阶、勋、爵，耆老粟帛。十一月戊午，萧邺罢。十二月甲申，翰林学士承旨、兵部侍郎杜审权同中书门下平章事。丁酉，令狐绹罢。荆南节度使白敏中为司徒兼门下侍郎、同中书门下平章事。是岁，云南蛮陷播州。

咸通元年正月，浙东人仇甫反，安南经略使王式为浙江东道观察使以讨之。二月丙申，葬圣武献文孝皇帝于贞陵。五月，京师地震。袁王绅薨。七月，封叔怫为信王。八月，卫王灌薨。己卯，仇甫伏诛。九月戊申，白敏中为中书令。十月，安南都护李鄠克播州。己亥，夏侯孜罢。户部尚书判度支毕諴为礼部尚书、同中书门下平章事。闰月乙亥，朝献于太清宫。十一月丙子，朝享于太庙。丁丑，有事于南郊，大赦，改元。是月，庆王沂薨。十二月戊申，云南蛮寇安南。癸亥,福王绾为司空。

二年二月,白敏中罢。尚书左仆射、判度支杜悰兼门下侍郎、同中书门下平章事。福王绾薨。六月,盐州刺史王宽为安南经略招讨使。八月云南蛮寇邕州。九月,寇巂州。

三年正月庚午,群臣上尊号曰睿文明圣孝德皇帝。大赦。是月,蒋伸罢。二月庚子,杜悰为司空。是月,棣王惴薨。湖南观察使蔡袭为安南经略招讨使。三月戊寅,归义军节度使张义潮克凉州。七月,武宁军乱,逐其节度使温璋。剑南西川节度使夏侯孜为尚书左仆射兼门下侍郎、同中书门下平章事。九月,岭南西道军乱,逐其节度使蔡京。十月丙申,封子佾为魏王,侹凉王,佶蜀王。杜悰为司徒。十一月,封叔祖缤为蕲王,叔愤荣王。云南蛮寇安南。丙寅,降囚罪,免徐州秋税。十二月,翼王绰薨。

四年正月戊辰,朝献于太清宫。己巳,朝享于太庙。庚午,有事于南郊,大赦。云南蛮陷安南,蔡袭死之。庚辰,抚王纮为司空。二月,拜十六陵。秦州经略使高骈为安南经略招讨使。四月,毕诚罢。五月己巳,翰林学士承旨兵部侍郎杨收同中书门下平章事。戊子,杜审权罢。闰六月,杜悰罢。兵部侍郎、判度支曹确同中书门下平章事。七月辛卯朔,日有食之。免安南户税、丁钱二岁。弛廉州珠池禁。八月,夔王滋薨。十二月乙酉,昭义军乱,杀其节度使沈询。

五年正月丙午,云南蛮寇巂州。三月,寇邕州。四月,兵部侍郎、判户部萧寘同中书门下平章事。五月丁酉,瘗邕、巂州死事者。己亥,有彗星出于娄。八月丁卯,夏侯孜为司空。十月,贞陵隧陷。十一月戊戌,夏侯孜罢。壬寅,翰林学士承旨兵部侍郎路岩同中书门下平章事。

六年三月,萧寘薨。四月,剑南东川节度使高璩为兵部侍郎、同中书门下平章事。五月,高骈及云南蛮战于邕州,败之。六月,高璩薨。御史大夫徐商为兵部侍郎、同中书门下平章事。七月,封子侃为郢王。十二月,晋、绛二州地震。壬子,太皇太后崩。

七年二月戊申,免河南府、同华陕虢四州一岁税,湖南及桂邕容三管、岳州夏秋税之半。三月,成德军节度使王绍懿卒,其兄子景崇自称留后。闰月,吐蕃寇邠、宁。五月甲辰,葬孝明太皇太后于景陵之园。六月,魏博节度使何弘敬卒,其子全皞自称留后。八月辛卯,昼晦。十月壬申,杨收罢。是月,高骈克安南。十一月辛亥,大赦。免咸通三年以前逋负。赐文武官阶、勋、爵。

八年正月丁未,河中府、晋绛二州地震。五月丙辰,以不豫,降囚罪,出宫人五百,纵神策、五坊、飞龙鹰鹞,禁延庆、端午节献女口。七月,雨汤于下邳。壬寅,蕲王缉薨。乙巳,怀州民乱,逐其刺史刘仁规。甲子,兵部侍郎、诸道盐铁转运使于琮同中书门下平章事。十一月辛丑,疾愈,避正殿,赐民年七十而痼疾及军士战伤者帛。十二月,信王怃薨。

九年正月,有彗星出于娄、胃。七月,武宁军节度粮料判官庞勋反于桂州。十月庚午,陷宿州。丁丑,陷徐州,观察使崔彦曾死之。十一月,陷濠州,刺史卢望回死之。右金吾卫大将军康承训为徐泗行营兵马都招讨使,神武大将军王晏权为北面招讨使,羽林将军戴可师为南面招讨使。十二月,庞勋陷和、滁二州,滁州刺史高锡望死之。壬申,戴可师及庞勋战于都梁山,死之。是月,前天雄军节度使马举为南面招讨使,泰宁军节度使曹翔为北面招讨使。

十年二月,杀欢州流人杨收。三月,徙封侃为威王。四月,杀镇南军节度使严譔。康承训及庞勋战于柳子,败之。六月,神策军将军宋威为西北面招讨使。戊戌，以蝗、旱理囚。癸卯，徐商罢。翰林学士承旨、户部侍郎刘瞻同中书门下平章事。八月，有彗星出于大陵。九月癸酉，庞勋伏诛。十月戊戌，免徐、宿、濠、泗四州三岁税役。十二月壬子，云南蛮寇嘉州。

十一年正月甲寅，群臣上尊号曰睿文英武明德至仁大圣广孝皇帝。大赦。云南蛮寇黎、雅二州及成都。二月甲申，剑南西川节度副使王建立及云南蛮战于城北，死之。甲午，剑南东川节度使颜庆复及云南蛮战于新都，败之。三月，曹确罢。四月丙午，翰林学士承旨、兵部侍郎韦保衡同中书门下平章事。八月，杀医待诏韩宗绍。魏博军乱，杀其节度使何全皞，其将韩君雄自称留后。九月丙辰，刘瞻罢。十一月辛亥，礼部尚书判度支王铎同中书门下平章事。

十二年四月癸卯，路岩罢。五月庚申，理囚。十月，兵部侍郎、诸道盐铁转运使刘邺为礼部尚书、同中书门下平章事。

十三年二月丁巳，于琮罢。刑部侍郎、判户部赵隐为户部侍郎、同中书门下平章事。幽州卢龙军节度使张允伸卒，其子简会自称留后。三月癸酉，平州刺史张公素逐简会，自称留后。四月庚子，浙江东、西道地震。封子保为吉王，杰寿王，倚睦王。五月乙亥，杀国子司业韦殷裕。十一月，王铎为司徒，韦保衡为司空。

十四年正月，沙陀寇代北。三月，迎佛骨于凤翔。癸巳，雨土。四月，并州民产子二头四手。壬寅，大赦。六月，不豫。王铎罢。七月辛巳，皇帝崩于咸宁殿，年四十一。

僖宗惠圣恭定孝皇帝讳儇，懿宗第五子也。母曰惠安皇太后王氏。始封普王，名俨。咸通十四年七月，懿宗疾大渐，左右神策护军中尉刘行深、韩文约立普王为皇太子。辛巳，即皇帝位于柩前。八月癸巳,始听政。丁未,追尊母为皇太后。乙卯,韦保衡为司徒。九月,贬保衡为贺州刺史。十月乙未,尚书左仆射萧仿为中书侍郎、同中书门下平章事。十二月,震电。癸卯,大赦。免水旱州县租赋,罢贡鹰鹞。云南蛮寇黎州。

乾符元年二月甲午,葬昭圣恭惠孝皇帝于简陵。癸丑,降死罪以下。赵隐罢。华州刺史裴坦为中书侍郎、同中书门下平章事。四月辛卯,以旱理囚。五月乙未,裴坦薨。刑部尚书刘瞻为中书侍郎、同中书门下平章事。八月辛未,瞻薨。兵部侍郎、判度支崔彦昭为中书侍郎、同中书门下平章事。十月,刘邺罢。吏部侍郎郑畋为兵部侍郎,翰林学士承旨、户部侍郎卢携:同中书门下平章事。十一月庚寅,改元。群臣上尊号曰圣神聪睿仁哲明孝皇帝。是月,萧仿为司空。魏博节度使韩允中卒,其子简自称留后。十二月,党项、回鹘寇天德军。云南蛮寇黎、雅二州,河西、河东、山南东道、东川兵伐云南。

二年正月己丑,朝献于太清宫。庚寅,朝享于太庙。辛卯,有事于南郊,大赦。赐文武官阶、勋、爵,文宣王及二王后、三恪一子官。云南蛮请和。四月庚辰,太白昼见。浙西突阵将王郢反。五月,右龙武军大将军宋皓讨之。萧仿薨。六月,濮州贼王仙芝、尚君长陷曹、濮二州,河南诸镇兵讨之。吏部尚书李蔚为中书侍郎、同中书门下平章事。幽州将李茂勋逐其节度使张公素自称留后。七月,以蝗避正殿,减膳。十一月,震电。

三年二月丙子,以旱,降死罪以下。三月,葬暴骸。平卢军节度使宋威为指挥诸道招讨草贼使,检校左散骑常侍曾元裕副之。募能捕贼三百人者,官以将军。幽州卢龙军节度使李茂勋立其子可举为留后。五月庚子,以旱,理囚,免浙东、西一岁税。昭王汭薨。六月乙丑,雄州地震。抚王纮为太尉。七月辛巳,雄州地震。镇海军节度使裴璩及王郢战，败之。鄂王润薨。九月乙亥朔，日有食之，避正殿。丙子，王仙芝陷汝州执刺史王镣。十一月，陷郢、复二州。十二月，京师地震。王仙芝陷申、光、卢、寿、通、舒六州。忠武军节度使崔安潜为诸道行营都统，宫苑使李琢为诸军行营招讨草贼使，右威卫上将军张自勉副之。是冬，无雪。

　　四年正月丁丑，降死罪以下二等，流人死者听收葬。崔彦昭为司空。二月，王仙芝陷鄂州。闰月，崔彦昭罢。昭义军乱，逐其节度使高湜。宣武军节度使王铎检校司徒兼门下侍郎、同中书门下平章事。三月，宛句贼黄巢陷郓、沂二州，天平军节度使薛崇死之。四月壬申朔，日有食之。是月，陕州军乱，逐其观察使崔碣。江西贼柳彦璋陷江州，执其刺史陶祥。高安制置使钟传陷抚州。五月，有彗星，避正殿，减膳。六月，王铎为司徒。庚寅，雄州地震。八月，黄巢陷隋州，执刺史崔休征。九月，沙陀寇云、朔二州。盐州军乱，逐其刺史王承颜。十月，河中军乱，逐其节度使刘侔。十一月，尚君长降，宋威杀之。十二月，安南戍兵乱，逐桂管观察使李瓒。江州刺史刘秉仁及柳彦璋战，败之。

　　五年正月丁酉，王仙芝陷江陵外郭。壬寅，曾元裕及王仙芝战于申州，败之。元裕为诸道行营招讨草贼使，张自勉副之。宋威罢招讨使。二月癸酉，云中守捉使李克用杀大同军防御使段文楚。己卯，克用寇遮虏军。是月，王仙芝伏诛。其将王重隐陷饶州，刺史颜标死之。江西贼徐唐莒陷洪州。三月，黄巢陷濮州，寇河南。崔安潜罢都统。张自勉为东西面行营招讨使。湖南军乱，逐其观察使崔瑾。四月，饶州将彭令璋克饶州，自称刺史。徐唐莒伏诛。五月丁酉，郑畋、卢携罢。翰林学士承旨、户部侍郎豆卢瑑为兵部侍郎，吏部侍郎崔沆为户部侍郎：同中书门下平章事。是日，雨雹，大风拔木。

　　八月，大同军节度使李国昌陷岢岚军。黄巢陷杭州。九月，李蔚罢。吏部尚书郑从谠为中书侍郎、同中书门下平章事。黄巢陷越州,执观察使崔琢。镇海军将张潾克越州。十月,昭义军节度使李钧、幽州卢龙军节度使李可举讨李国昌。十一月丁未,河东宣慰使崔季康为河东节度、代北行营招讨使。十二月甲戌,黄巢陷福州。庚辰,崔季康、李钧及李克用战于洪谷,败绩。

是岁,天平军节度使张褐卒,衙将崔君裕自知州事。

六年正月,镇海军节度使高骈为诸道行营兵马都统。魏王佾薨。二月,京师地震,蓝田山裂,出水。河东军乱,杀其节度使崔季康。四月庚申朔,日有食之。凉王侹薨。王铎为荆南节度使、南面行营招讨都统。五月,泰宁军节度使李系为湖南观察使,副之。黄巢陷广州,执岭南东道节度使李迢,陷安南。八月甲子,东都留守李蔚为河东节度、代北行营招讨使。闰十月,黄巢陷潭、澧二州,澧州刺史李绚死之。十一月丙辰,两日并出而斗。戊午,河东节度使康传圭为代北行营招讨使。辛酉,黄巢陷江陵,杀李迢。丁丑,山南东道节度使刘巨容及黄巢战于荆门,败之。十二月壬辰,克江陵。是月,贬王铎为太子宾客,分司东都。兵部尚书卢携为门下侍郎、同中书门下平章事。

是岁,淄州刺史曹全晸克郓州,杀崔君裕。黄巢陷鄂、宣、歙、池四州。朗州贼周岳陷衡州,逐其刺史徐颢。荆南将雷满陷朗州,刺史崔翥死之。石门蛮向瓌陷澧州,权知州事吕自牧死之。桂阳贼陈彦谦陷郴州,刺史董岳死之。

广明元年正月乙卯,改元。免岭南、荆湖、河中、河东税赋十之四。戊寅,荆南监军杨复光、泰宁军将段彦谟杀其守将宋浩,以常滋为节度留后。淮南将张潾及黄巢战于大云仓,败之。二月丙戌,李国昌寇忻、代二州。戊戌,河东军乱,杀其节度使康传圭。壬子,郑从谠罢为河东节度使、代北行营招讨使。三月辛未,以旱,避正殿,减膳。四月甲申,京师、东都、汝州雨雹,大风拔木。丁酉,太府卿李琢为蔚、朔招讨都统。壬寅,张潾克饶州。五月,汝州防御使诸葛爽为蔚、朔招讨副使。泰宁军将刘汉宏反。张潾及黄巢战于信州,死之。六月,巢陷睦、婺、宣三州。江华贼蔡结陷道州。宿州贼鲁景仁陷连州。

七月,黄巢陷滁、和二州。辛酉,天平军节度使曹全晸为东面副都统。辛未,刘汉宏降。李可举及李国昌战于药儿岭,败之。八月辛卯,昭义军乱,杀其节度使李钧。癸卯,荣王愤为司空。是月,愤薨。九月,忠武军将周岌杀其节度使薛能,牙将秦宗权自称权知蔡州事。十月,黄巢陷申州。十一月,河中都虞候王重荣逐其节度使李都。黄巢陷汝州。壬戌,幸左神策军阅武。护军中尉田令孜为诸道兵马都指挥制置招讨使,忠武军监军杨复光副之。丁卯,东都留守刘允章叛,附于黄巢。壬申,巢陷虢州。田令孜为汝、洛、晋、绛、同、华都统。

十二月壬午,黄巢陷潼关。甲申,贬卢携为太子宾客,分司东都。翰林学士承旨、尚书左丞王徽为户部侍郎,翰林学士、户部侍郎裴澈为工部侍郎:同中书门下平章事。行在咸阳。丙戌,左金吾卫大将军张直方率武官叛,附于黄巢。巢陷京师。辛卯,次凤翔。丙申,河阳节度使诸葛爽叛,附于黄巢。丁酉,次兴元。庚子,广德公主、豆卢瑑、崔沆、尚书左仆射刘邺、右仆射于琮、太子少师裴谂、御史中丞赵濛、刑部侍郎李溥、京兆尹李汤死于黄巢。

是岁,雨血于靖陵。

中和元年正月壬子,如成都。壬申,兵部侍郎判度支萧遘为工部侍郎、同中书门下平章事。丁丑,次成都。二月己卯,赦剑南三川。太子少师王铎为司徒兼门下侍郎、同中书门下平章事。淮南节度使高骈为京城四面都统。邠宁节度使李存礼讨黄巢。凤翔节度使郑畋及巢战于龙尾坡,败之。邠宁将王玫陷邠州。戊戌,清平镇使陈晟执睦州刺史韦诸自称刺史。三月辛亥,黄巢陷邓州,执刺史赵戎。辛酉,郑畋为京城西面行营都统。甲子,畋及泾原节度使程宗楚、天雄军经略使仇公遇盟于凤翔。是月，王徽罢。诸葛爽以河阳降。

四月戊寅，王玫伏诛。程宗楚、朔方军节度使唐弘夫及黄巢战于咸阳，败之。壬午，巢遁于灞上。丁亥，复入于京师，弘夫、宗楚死之。是月，赦李国昌及其子克用以讨黄巢。五月丙辰，克用寇太原，振武军节度使契苾璋败之。辛酉，大风，雨土。是月，刘巨容为南面行营招讨使。杨复光克邓州。六月，鄞贼钟季文陷明州。辛卯，邠宁节度副使朱玫及黄巢战于兴平，败绩。戊戌，郑畋为司空兼门下侍郎、同中书门下平章事、京城四面行营都统。丙午，李克用陷忻、代二州。

七月丁巳，大赦，改元。庚申，翰林学士承旨兵部侍郎韦昭度同中书门下平章事。丙寅，神策军将郭琪反，伏诛。辛未，田令孜杀左拾遗孟昭图。义武军节度使王处存为东南面行营招讨使。八月，感化军将时溥逐其节度使支详自称留后。昭义军节度使高浔及黄巢战于石桥，败绩。十将成麟杀浔，入于潞州。己丑，众星陨于成都。九月丙午，鄜延节度使李孝章、夏绥银节度使拓拔思恭及黄巢战于东渭桥，败绩。临海贼杜雄陷台州。辛酉，封子震为建王。己巳，昭义军戍将孟方立杀成麟自称留后。永嘉贼朱褒陷温州。是秋，河东霜杀禾。

十月，凤翔行军司马李昌言逐其节度使郑畋。十一月，李昌言为凤翔节度行营招讨使。郑畋、裴澈罢。遂昌贼卢约陷处州。十二月，安南戍将闵顼逐湖南观察使李裕自称留后。

是岁，霍丘镇使王绪陷寿、光二州。

二年正月辛亥，王铎为诸道行营都都统，承制封拜，太子少师崔安潜副之。高骈罢都统。辛未，王处存为京城东面都统，李孝章为北面都统，拓拔思恭为南面都统。二月甲戌，黄巢陷同州。己卯，太子少傅分司东都郑畋为司空兼门下侍郎、同中书门下平章事。丙戌，李昌言为京城西面都统，邠宁节度使朱玫为河南都统、诸谷防遏使。三月，邛州蛮阡能叛，西川部将杨行迁讨之。李克用陷蔚州。

六月，朱玫为京城西北面行营都统。杨行迁及阡能战于乾溪，败绩。己亥，荆南监军朱敬玫杀其节度使段彦谟，少尹李燧自称留后。

七月，保大军节度留后东方逵为京城东面行营招讨使。抚州刺史钟传陷洪州，江西观察使高茂卿奔于江州。八月丁巳，东方逵为京城东北面行营都统，拓拔思恭为京城四面都统。魏博节度使韩简陷孟州。九月丙戌，黄巢将朱温以同州降。己亥，温为右金吾卫大将军、河中行营招讨副使。是月，太原桃李实。岭南西道军乱，逐其节度使张从训。平卢军将王敬武逐其节度使安师儒自称留后。十月，岚州刺史汤群以沙陀反。韩简寇郓州，天平军节度使曹全晸死之，部将崔用自称留后。诸葛爽陷孟州。十一月，荆南军乱，衙将陈儒自称留后。丙子，汤群伏诛。

是岁，关中大饥。南城贼危全讽陷抚州，危仔倡陷信州。庐州将杨行密逐其刺史郎幼复。和州刺史秦彦逐宣歙观察使窦潏。

三年正月，雁门节度使李克用为京城东北面行营都统。乙亥，王铎罢。二月，魏博军乱，杀其节度使韩简，其将乐彦祯自称留后。己未，建王震为太保。三月，天有声于浙西。壬申，李克用及黄巢战于零口，败之。四月甲辰，又败之于渭桥。丙午，复京师。五月，郑畋为司徒，东都留守、检校司空郑从谠为司空：同中书门下平章事。淮南将张瓌陷复州。奉国军节度使秦宗权叛，附于黄巢。七月，宣武军节度副大使朱全忠为东北面都招讨使。郑畋罢。兵部尚书、判度支裴澈同中书门下平章事。八月，黄巢、秦宗权寇陈州。淮南将韩师德陷岳州。九月，武宁军节度使时溥为东面兵马都统。是秋，晋州地震。十月，全椒贼许勍陷滁州。李克用陷潞州，刺史李殷锐死之。十一月壬申，剑南西川行军司马高仁厚及阡能战于邛州，败之。十二月，忠武军将鹿晏弘逐兴元节度使牛勖自称留后。

是岁，天平军将曹存实克郓州。石镜镇将董昌逐杭州刺史路审中。

　　四年正月,婺州将王镇执其刺史黄碣叛,附于董昌。二月,镇伏诛。浦阳将蒋瓌陷婺州。舒州贼吴迥逐其刺史高澞。三月甲子,剑南东川节度副大使杨师立反,西川节度使陈敬瑄为西川、东川、山南西道都指挥招讨使。前杭州刺史路审中陷鄂州。五月辛酉,朱全忠及黄巢战,败之。辛未,河东节度使李克用及巢战于宛句,败之。癸酉,高仁厚为剑南东川节度使以讨杨师立。壬午,福建团练副使陈岩逐其观察使郑镒自称观察使。六月乙卯,赦剑南三川。瘗京畿骸骨。七月辛酉,杨师立伏诛。壬午,黄巢伏诛。九月,山南西道节度使鹿晏弘反。十月,萧遘为司空。十一月,鹿晏弘陷许州,杀节度使周岌自称留后。十二月甲午,荆南行军司马张瓌逐其节度使陈儒自称留后。盗杀义昌军节度使王铎。

　　是岁,关中大饥。濮州刺史朱宣逐天平军节度使曹存实自称留后。武昌军将杜洪陷岳州。

　　光启元年正月庚辰,荆南军将成汭陷归州。是月,王绪陷汀、漳二州。南康贼卢光稠陷虔州。三月丁卯,至自成都。己巳,大赦,改元。时溥为蔡州四面行营兵马都统。萧遘为司徒,韦昭度为司空。四月,吴迥伏诛。秦宗权陷襄州,山南东道节度使刘巨容奔于成都。武当贼冯行袭陷均州,逐其刺史吕烨。五月,群臣上尊号曰至德光烈皇帝。六月,幽州卢龙军乱,杀其节度使李可举,其将李全忠自称留后。壬戌,秦宗权陷东都。七月,义昌军乱,逐其节度使杨全玫,衙将卢彦威自称留后。八月,光州贼王潮执王绪。甲寅,杀右补阙常濬。乐彦祯杀洺州刺史马爽。九月,河中节度使王重荣反,邠宁节度使朱玫讨之。十月癸丑,朱全忠及秦宗权战于双丘,败绩。十一月,河东节度使李克用叛,附于王重荣。重荣及克用寇同州,刺史郭璋死之。十二月癸酉,朱玫及王重荣、李克用战于沙苑,败绩。乙亥,克用犯京师。丙子,如凤翔。

　　二年正月辛巳,镇海军将张郁陷常州。戊子,如兴元。癸巳,朱玫叛，寇凤翔。二月，郑从谠为太傅。三月壬午，山南西道节度使石君涉奔于凤翔。遂州刺史郑君雄陷汉州。丙申，次兴元。戊戌，御史大夫孔纬、翰林学士承旨兵部尚书杜让能为兵部侍郎、同中书门下平章事。是春，成都地震，凤翔女子化为丈夫。

四月乙卯，朱玫以嗣襄王煴入于京师。五月丙戌，有星孛于箕、尾。武宁军将丁从实陷常州，逐其刺史张郁。六月，淮西将黄皓杀钦化军节度使闵顼。衡州刺史周岳陷潭州自称节度使。

七月，秦宗权陷许州，忠武军节度使鹿晏弘死之。八月，王潮陷泉州，刺史廖彦若死之。幽州卢龙军节度使李全忠卒，其子匡威自称留后。九月，有星陨于扬州。戊寅，静难军将王行瑜陷兴、凤二州。

十月丙午，嗣襄王煴自立为皇帝，尊皇帝为太上元皇圣帝。朱全忠陷滑州，执义成军节度使安师儒。丙辰，杭州刺史董昌攻越州，浙东观察使刘汉宏奔于台州。是月，河阳节度使诸葛爽卒，其子仲方自称留后。神策行营先锋使满存克兴、凤二州。感义军节度使杨晟陷文州。武宁军将张雄陷苏州。十一月庚子，秦宗权陷郑州。十二月，魏州地震。丙午，台州刺史杜雄执刘汉宏降于董昌。昌自称浙东观察使。丙辰，朱玫伏诛。丁巳，煴伏诛。秦宗权陷孟州，诸葛仲方奔于汴州。

是岁，天平军将朱瑾逐泰宁军节度使齐克让自称留后。湘阴贼邓进思陷岳州。杜洪陷鄂州自称武昌军节度留后。

三年三月癸未，萧遘、裴澈、兵部侍郎郑昌图有罪伏诛。壬辰，如凤翔。郑从谠罢。韦昭度为司徒。癸巳，镇海军将刘浩逐其节度使周宝，度支催勘使薛朗自称知府事。四月甲辰，六合镇遏使徐约陷苏州，逐其刺史张雄。甲子，淮南兵马使毕师铎陷扬州，执其节度使高骈。是月，维州山崩。五月甲戌，宣歙观察使秦彦入于扬州。癸未，秦宗权陷郑州。六月，陷孟州，河阳将李罕之入于孟州，张全义入于东都。己酉，凤翔节度使李昌符反。庚戌，犯大安门，不克，奔于陇州。壬子，武定军节度使李茂贞为陇州招讨使。丁巳，护国军将常行儒杀其节度使王重荣，其兄重盈自称留后。壬戌，亳州将谢殷逐其刺史宋衮。

七月丁亥，降死罪以下。贞观、开元、建中、兴元功臣后予一子九品正员官。减常膳三之一。赐民九十以上粟帛。七月，李昌符伏诛。八月，韦昭度为太保。壬寅，谢殷伏诛。朱全忠陷亳州。壬子，陷曹州，刺史丘弘礼死之。九月，户部侍郎判度支张濬为兵部侍郎、同中书门下平章事。秦彦杀高骈。十月丁未，朱全忠陷濮州。甲寅，封子升为益王。杭州刺史钱镠陷常州。丁卯，镠杀周宝。是月，秦宗权将孙儒寇扬州。十一月壬申，庐州刺史杨行密陷扬州，秦彦、毕师铎奔于孙儒。十二月癸巳，淮西将赵德𬤇陷江陵，荆南节度使张瓌死之。朱全忠为东南面招讨使。饶州刺史陈儒陷衢州。上蔡贼冯敬章陷蕲州。

文德元年正月甲寅，孙儒杀秦彦、毕师铎。癸亥，朱全忠为蔡州四面行营都统。丙寅，薛朗伏诛。钱镠陷润州。二月乙亥，不豫。己丑，至自凤翔。庚寅，谒于太庙，大赦，改元。是月，魏博军乱，杀其节度使乐彦祯，其将罗弘信自称权知留后。三月戊戌朔，日有食之，既。壬寅，疾大渐，立寿王杰为皇太弟，知军国事。癸卯，皇帝崩于武德殿，年二十七。

赞曰：唐自穆宗以来八世，而为宦官所立者七君。然则唐之衰亡，岂止方镇之患！盖朝廷天下之本也，人君者朝廷之本也，始即位者人君之本也。其本始不正，欲以正天下，其可得乎？懿、僖当唐政之始衰，而以昏庸相继；乾符之际，岁大旱蝗，民愁盗起，其乱遂不可复支，盖亦天人之会欤！

唐书卷一○
本纪第一○

昭宗皇帝　　哀皇帝

　　昭宗圣穆景文孝皇帝讳晔,懿宗第七子也。母曰恭宪皇太后王氏。始封寿王。乾符三年,领幽州卢龙军节度使。僖宗遇乱,再出奔,寿王握兵侍左右,尤见倚信。

　　文德元年三月,僖宗疾大渐。群臣以吉王长,且欲立之。观军容使杨复恭率兵迎寿王,立为皇太弟,改名敏。乙巳,即皇帝位于枢前。四月戊辰,孙儒陷扬州自称淮南节度使,杨行密奔于庐州。庚午,追尊母为皇太后。韦昭度为中书令,孔纬为司空。乙亥,张全义陷孟州,李罕之奔于河东。成汭陷江陵自称留后。辛卯,朱全忠及秦宗权战于蔡州,败之。五月壬寅,赵德諲以襄州降,以德諲为忠义军节度使、蔡州四面行营副都统。六月,阆州防御使王建陷汉州,执刺史张顼,遂寇成都。韦昭度罢为剑南西川节度副大使,兼两川招抚制置使。十月,陈敬瑄反。辛卯,葬惠圣恭定孝皇帝于靖陵。十一月丙申,秦宗权陷许州,执忠武军节度使王缊。辛酉,奉国军将申丛执秦宗权。十二月丁亥,韦昭度为行营招讨使,及永平军节度使王建讨陈敬瑄。山南西道节度使杨守厚陷夔州。

　　龙纪元年正月癸巳,大赦,改元。翰林学士承旨兵部侍郎刘崇望同中书门下平章事。壬子,宣武军将郭璠杀奉国军留后申丛自称留后。二月戊辰,朱全忠俘秦宗权以献。己丑,宗权伏诛。三月,孔纬为司徒,杜让能为司空。丙申,钱镠陷苏州,逐刺史徐约。六月,李克用寇邢州。昭义军节度使孟方立卒,其弟迁自称留后。杨行密陷宣州,宣歙观察使赵锽死之。庐州刺史蔡俦叛,附于孙儒。八月甲戌,孟迁叛,附于李克用。十月,平卢军节度使王敬武卒,其子师范自称留后,陷棣州,刺史张蟾死之。宣歙观察使杨行密陷常州,刺史杜陵死之。钱镠陷润州。十一月丁未,朝献于太清宫。戊申,朝享于太庙。己酉,有事于南郊,大赦。十二月,孙儒陷常、润二州。戊午,孔纬为太保,杜让能为司徒。壬申,眉州刺史山行章叛,附于王建。

大顺元年正月戊子,群臣上尊号曰圣文睿德光武弘孝皇帝,大赦,改元。壬寅,简州将杜有迁执其刺史员虔嵩叛,附于王建。二月己未,资州将侯元绰执其刺史杨戡叛,附于建。三月戊申,昭义军节度使李克修卒,其弟克恭自称留后。四月丙辰,宿州将张筠逐其刺史张绍光。丙寅,嘉州刺史朱实叛,附于王建。丙子,戎州将文武坚执其刺史谢承恩叛,附于建。五月,张濬为河东行营都招讨宣慰使,京兆尹孙揆副之;幽州卢龙军节度使李匡威为北面招讨使,云州防御使赫连铎副之;朱全忠为南面招讨使,王镕为东面招讨使,以讨李克用。壬寅,昭义军将安居受杀其节度使李克恭叛,附于朱全忠。癸丑,剑南东川节度使顾彦朗卒,其弟彦晖自称留后。六月辛酉,雅州将谢从本杀其刺史张承简叛,附于王建。辛未,朱全忠为河东东面行营招讨使。是月,河东将安知建以邢、洺、磁三州叛,附于全忠。

七月,杨行密陷润州。戊申,李克用执昭义军节度使孙揆。八月,钱镠杀苏州刺史杜孺休。杨行密陷苏州。淮南节度使孙儒陷润州。庚午,朱全忠为中书令。九月,李克用陷潞州。杨行密陷润、常二州。闰月,孙儒陷常州。壬戌,邛州将任可知杀其刺史毛湘。十月癸未,蜀州刺史李行周叛,附于王建。李克用陷邢、洺、磁三州。十一月丁卯,李匡威陷蔚州。是月,张濬及李克用战于阴地,败绩。孙儒陷苏州。十二月,李克用陷晋州。

　　二年正月庚申,孔纬、张濬罢。翰林学士承旨兵部侍郎崔昭纬,御史中丞徐彦若为户部侍郎:同中书门下平章事。甘露镇使陈可言陷常州。钱镠陷苏州。二月乙巳,赦陈敬瑄。丁未,诏王建罢兵,不受命。是春,淮南大饥。四月庚辰,有彗星入于太微。甲申,大赦,避正殿,减膳,撤乐。赐两军金帛,赎所略男女还其家。民年八十以上及疾不能自存者,长吏存恤。访武德功臣子孙。癸卯,王建寇成都。五月,孙儒陷和、滁二州。六月,杨行密陷和、滁二州。丙午,封子祐为德王。七月,李克用陷云州,防御使赫连铎奔于退浑。孙儒焚扬州以逃。八月庚子,王建陷成都,执剑南西川节度使陈敬瑄,自称留后。十月壬午,朱全忠陷宿州。十一月己未,曹州将郭铢杀其刺史郭词叛,附于全忠。辛未,全忠陷寿州。

　　景福元年正月己未,朱全忠陷孟州,逐河阳节度使赵克裕。丙寅,大赦,改元。二月,刘崇望罢。钱镠陷苏州。甲申,朱全忠寇郓州,天平军节度使朱宣败之。三月,户部尚书郑延昌为中书侍郎、同中书门下平章事。乙巳,杨行密陷楚州,执刺史刘瓒,又陷常州,刺史陈可言死之。丙辰,武定军节度使杨守忠、龙剑节度使杨守贞会杨守厚兵寇梓州。丙寅,福建观察使陈岩卒,护闽都将范晖自称留后。庚午,泉州刺史王潮寇福州。四月辛巳,杜让能为太尉。六月戊寅,杨行密陷扬州。己巳,凤翔陇右节度使李茂贞陷凤州,感义军节度使满存奔于兴元,遂陷兴、洋二州。八月壬申,寇兴元,杨守亮、满存奔于阆州。丙戌,降京畿、关辅囚罪,免淮南、浙西、宣州逋负。十月,蔡俦以庐州叛,附于朱全忠。河东将李存孝以邢州叛,附于全忠。十一月,有星孛于斗、牛。辛丑,武宁军将张璲、张谏以濠、泗二州叛,附于朱全忠。乙巳,朱友裕陷濮州,执刺史邵儒。孙儒将王坛陷婺州,刺史蒋瓌奔于越州。是岁,明州刺史钟文季卒,其将黄晟自称刺史。

二年正月,徐彦若罢为凤翔陇右节度使,李茂贞为山南西道节度使。茂贞不受命。二月,杨行密陷常州。三月辛酉,幽州卢龙军兵马留后李匡筹逐其兄匡威,自称节度留后。四月乙亥,王建杀陈敬瑄及剑南西川监军田令孜。乙酉,有彗星入于太微。丁亥,王镕杀李匡威。戊子,朱全忠陷徐州,武宁军节度使时溥死之。五月庚子,王潮陷福州,范晖死之,潮自称留后。

七月,杨行密陷庐州,蔡俦死之。八月丙申,嗣覃王嗣周为京西面招讨使,神策大将军李鐬副之,以讨李茂贞。庚子,升州刺史张雄卒,其将冯弘铎自称刺史。是月,杨行密陷歙州。九月壬午,嗣覃王嗣周及李茂贞战于兴平,败绩。甲申,茂贞犯京师。乙酉,茂贞杀观军容使西门重遂、内枢密使李周潼、段诩。贬杜让能为梧州刺史。壬辰,东都留守、检校司徒韦昭度为司徒,御史中丞崔胤为户部侍郎;同中书门下平章事。是月,升州刺史冯弘铎叛,附于杨行密。十月乙未,杀杜让能及户部侍郎杜弘徽。杨行密陷舒州。十二月,韦昭度为太傅。邵州刺史邓处讷陷潭州,钦化军节度使周岳死之,处讷自称留后。

是岁,建州刺史徐归范、汀州刺史钟全慕叛,附于王潮。

乾宁元年正月,有星孛于鹑首。乙丑,大赦,改元。李茂贞以兵来朝。二月,右散骑常侍郑綮为礼部侍郎、同中书门下平章事。彰义军节度使张钧卒,其兄镐自称留后。三月甲申,李克用寇邢州,执李存孝杀之。五月丙子,王建陷彭州,威戎军节度使杨晟死之。是月,郑延昌罢。孙儒将刘建锋、马殷陷潭州,武安军节度使邓处讷死之,建锋自称留后。武冈指挥使蒋勋陷邵州。六月,大同军防御使赫连铎及李克用战于云州,死之。戊午,翰林学士承旨、礼部尚书李磎同中书门下平章事。庚申,磎罢。御史大夫徐彦若为中书侍郎、同中书门下平章事。

七月,以雨霖,避正殿,减膳。郑綮罢。李茂贞陷阆州。八月,杨守亮伏诛。癸巳,减京畿、兴元、洋、金、商州赋役。九月庚申,李克用陷潞州,昭义军节度使康君立死之。十月丁酉,封子祤为棣王,禊虔王,禋沂王,祎遂王。十一月,李克用陷武州。十二月,陷新州。甲寅,幽州卢龙军节度使李匡筹奔于沧州,义昌军节度使卢彦威杀之。丙辰,李克用陷幽州。是冬,杨行密陷黄州,执刺史吴讨。

二年正月己巳,给事中陆希声为户部侍郎、同中书门下平章事。壬申,护国军节度使王重盈卒,其子珂自称留后。二月乙未,太子太傅李磎为户部侍郎、同中书门下平章事。三月,崔胤、李磎罢。户部侍郎判户部王抟为中书侍郎、同中书门下平章事。杨行密陷濠州执刺史张璲。庚午,河东地震。

四月,苏州大雨雪。陆希声、韦昭度罢。泰宁军节度使朱瑾及朱全忠战于高梧,败绩,其将安福庆死之。杨行密陷寿州,执刺史江从勖。五月甲子,静难军节度使王行瑜、镇国军节度使韩建及李茂贞犯京师,杀太保致仕韦昭度、太子少师李磎。是月,李克用陷绛州,刺史王瑶死之。六月庚寅,镇海军节度使钱镠为浙江东道招讨使。癸巳,吏部尚书孔纬为司空兼门下侍郎、同中书门下平章事。

七月丙辰,李克用以兵屯于河中。戊午,匡国军节度使王行约奔于京师。庚申,左右神策军护军中尉骆全瓘刘景宣、指挥使王行实李继鹏反。行在莎城。嗣薛王知柔权知中书事。壬戌,李克用陷同州。甲子,次石门。前护国军节度使崔胤为中书侍郎、同中书门下平章事。八月戊戌,李克用为邠宁四面行营招讨使,保大军节度使李思孝为北面招讨使,定难军节度使李思谏为东北面招讨使,彰义军节度使张𬭁为西面招讨使。辛丑,李克用为邠宁四面行营都统。李继鹏伏诛。赦李茂贞。辛亥,至自石门。壬子,崔昭纬罢。九月丙辰,徐彦若为司空。癸亥,孔纬薨。前昭义军节度使李罕之为邠宁四面行营副都统。

十月,京兆尹孙偓为户部侍郎、同中书门下平章事。丙戌,李克用及王行瑜战于梨园,败之。庚寅,王行约焚宁州以逃。义武军节度使王处存卒,其子郜自称留后。十一月丁巳,李克用及王行瑜战于龙泉,败之。辛酉,衢州刺史陈儒卒,其弟岌自称刺史。丁卯,王行瑜伏诛。壬申,齐州刺史朱琼叛,附于朱全忠。丁丑,王建陷利州,刺史李继颙死之。十二月癸未,赦京师,复大顺以来削夺官爵非其罪者。甲申,阆州防御使李继雍、蓬州刺史费存、渠州刺史陈璠叛,附于王建。丙申,建寇梓州。戊戌,通州刺史李彦昭叛,附于建。

是岁,安州防御使宣晟陷桂州,静江军节度使周元静部将刘士政死之,晟自称知军府事。

三年正月癸丑,王建陷龙州,刺史田昉死之。闰月丁亥,果州刺史周雄叛附于建。四月壬子,武安军乱,杀其节度使刘建峰,其将马殷自称留后。五月癸未,杨行密陷苏州,执刺史成及;陷光州,刺史刘存死之。庚寅,成汭陷黔州,武泰军节度使王建肇奔于成都。乙未,董昌伏诛。是月,蕲州刺史冯行章叛,附于杨行密。六月庚戌,李茂贞犯京师,嗣延王戒丕御之。丙寅,及茂贞战于娄馆,败绩。七月癸巳,行在渭北。甲午,韩建来朝,次华州。乙巳,崔胤罢。丙午,翰林学士承旨尚书左丞陆扆为户部侍郎、同中书门下平章事。八月甲寅,王抟罢。乙丑,国子《毛诗》博士朱朴为左谏议大夫、同中书门下平章事。九月乙未,武安军节度使崔胤为中书侍郎,翰林学士承旨兵部侍郎崔远:同中书门下平章事。丁酉,贬陆扆为峡州刺史。十月,李克用及罗弘信战于白龙潭,败之。壬子,孙偓持节凤翔四面行营节度、诸军都统、招讨处置使。戊午,威胜军节度使王抟为吏部尚书、同中书门下平章事。十一月戊子,忠国军节度使李师悦卒,其子继徽自称留后。

四年正月乙酉,韩建以兵围行宫,杀扈跸都将李筠。丙申,朱全忠陷郓州,天平军节度使朱宣死之。己亥,孙偓罢都统。二月,朱全忠寇兖州,泰宁军节度使朱瑾奔于淮南,其子用贞以兖州叛,附于全忠。全忠陷沂、海、密三州。保义军节度使王珙寇河中。韩建杀太子詹事马道殷、将作监许岩士。杨行密为江南诸道行营都统。癸丑，王建陷泸州，刺史马敬儒死之。己未，立德王裕为皇太子，大赦，飨于行庙。辛未，王建陷渝州。乙亥，孙偓、朱朴罢。五月壬午，朱全忠陷黄州，刺史瞿璋死之。六月，贬王建为南州刺史。以李茂贞为剑南西川节度使，嗣覃王、嗣周王为凤翔陇右节度使。茂贞不受命，嗣周及茂贞战于奉天，败绩。

八月，韩建杀通王滋、沂王禋、韶王、彭王、嗣韩王、嗣陈王、嗣覃王、嗣周、嗣延王戒丕、嗣丹王允。九月，钱镠陷湖州，忠国军节度使李继徽奔于淮南。彰义军节度使张璉为凤翔西北行营招讨使，静难军节度使李思谏为凤翔四面行营副都统，以讨李茂贞。十月壬子，遂州刺史侯绍叛，附于王建。乙卯，合州刺史王仁威叛，附于建。庚申，建陷梓州，剑南东川节度使顾彦晖死之。甲子，封子秘为景王，祚辉王，祺祁王。十一月癸酉，杨行密及朱全忠战于清口，败之。丙子，钱镠陷台州。十二月丁未，威武军节度使王潮卒，其弟审知自称留后。

光化元年正月，徐彦若为司徒。二月，赦李茂贞。三月，幽州卢龙军节度使刘仁恭之子守文陷沧州，义昌军节度使卢彦威奔于汴州。四月丙寅，立淑妃何氏为皇后。五月己巳，大赦。辛未，朱全忠陷洺州，刺史邢善益死之；又陷邢州。壬午，陷磁州，刺史袁奉韬死之。是月，马殷陷邵、衡、永三州，刺史蒋勋、杨师远、唐旻死之。七月丙申，朱全忠陷唐州。又陷隋州，执刺史赵匡璘。八月戊午，陷邓州，执刺史国湘。壬戌，至自华州。甲子，大赦，改元。九月丙子，有星陨于北方。甲申，钱镠陷苏州。十月，魏博节度使罗弘信卒，其子绍威自称留后。己亥，朱全忠陷安州，刺史武瑜死之。十一月，衢州刺史陈岌叛，附于杨行密。甲寅，封子祺为雅王，祥琼王。十二月癸未，李罕之陷潞州，自称节度留后。李克用陷泽州。

二年正月乙未，给复绵、剑二州二年。丁未，崔胤罢。兵部尚书陆扆同中书门下平章事。是月，李罕之陷沁州。刘仁恭陷贝州。二月甲子,朱全忠陷蔡州,奉国军节度使崔洪奔于淮南。三月丁巳,全忠陷泽州。六月丁丑,保义军乱,杀其节度使王珙,其将李璠叛,附于全忠。七月壬辰,海州戍将陈汉宾以其州叛,附于杨行密。马殷陷道州,刺史蔡结死之。八月,李克用陷泽、潞、怀三州。十一月,徐彦若为太保,王抟为司空。马殷陷郴、连二州,刺史陈彦谦、鲁景仁死之。辛丑,保义军将朱简杀其节度使李璠叛,附于朱全忠。

三年四月辛未,皇后及皇太子享于太庙。六月丁卯,清海军节度使崔胤为尚书左仆射兼门下侍郎、同中书门下平章事。王抟罢。己巳,杀之。七月,浙江溢。八月庚辰,李克用陷洺州,执刺史朱绍宗。九月,朱全忠陷洺州。钱镠陷婺州,刺史王坛奔于宣州。衢州刺史陈岌叛,附于钱镠。乙巳,徐彦若罢。丙午,崔远罢。戊申,刑部尚书裴贽为中书侍郎、同中书门下平章事。甲寅,朱全忠陷瀛州。十月丙辰,陷景州,执刺史刘仁霸。辛酉,陷莫州。辛巳,陷祁州,刺史杨约死之。甲申,陷定州,义武军节度使王郜奔于太原。十一月己丑,左右神策军中尉刘季述王仲先、内枢密使王彦范薛齐偓作乱,皇帝居于少阳院。辛卯,季述以皇太子裕为皇帝。丁未,太白昼见。十二月,刘季述杀睦王倚。

是岁,马殷陷桂、宜、岩、柳、象五州。睦州刺史陈晟卒,其弟询自称刺史。

天复元年正月乙酉,左神策军将孙德昭、董彦弼、周承诲以兵讨乱,皇帝复于位。刘季述、薛齐偓伏诛,降封皇太子裕为德王。戊申,朱全忠陷绛州。壬子,崔胤为司空。朱全忠陷晋州。二月甲寅,以旱,避正殿,减膳。戊辰,朱全忠陷河中,执护国军节度使王珂。辛未,封全忠为梁王。是月,翰林学士、户部侍郎王溥为中书侍郎,吏部侍郎裴枢为户部侍郎:同中书门下平章事。三月辛亥,昭义军节度使孟迁叛,附于朱全忠。四月壬子,全忠陷沁、泽二州。丁巳,仪州刺史张鄂叛,附于全忠。甲戌,享于太庙。丙子,大赦,改元。武德、贞观配飨功臣主祭子孙叙进之,介公、酅公后予一子九品正员官。免光化以来畿内逋负。五月,李茂贞来朝。六月,李克用陷隰、慈二州。十月戊戌,朱全忠犯京师。十一月己酉,陷同州。壬子,如凤翔。丁巳,朱全忠陷华州,镇国军节度使韩建叛,附于全忠。辛酉,兵部侍郎卢光启权勾当中书事。癸亥,李茂贞及朱全忠战于武功,败绩。丁卯,卢光启为右谏议大夫参知机务。戊辰,朱全忠犯凤翔。辛未,陷邠州,静难军节度使李继徽叛,附于全忠。甲戌,崔胤、裴枢罢。十二月,钟传陷吉州。

是岁,清海军节度使徐彦若卒,行军司马刘隐自称留后。武贞军节度使雷满卒,其子彦威自称留后。

二年正月丁卯,给事中韦贻范为工部侍郎、同中书门下平章事。丙子,给事中严龟为汴、岐和协使。二月己亥,盗发简陵。王建陷利州。昭武军节度使李继忠奔于凤翔。三月庚戌,昼晦。癸丑,朱全忠陷汾州。乙卯,浙西大雨雪。戊午,朱全忠陷慈、隰二州。丁卯,李克用陷汾、慈、隰三州。四月,卢光启罢。丙申,温州刺史朱褒卒,其兄敖自称刺史。杨行密陷升州。五月丙午,李茂贞及朱全忠战于武功,败绩。庚午,韦贻范罢。六月丙子,中书舍人苏检为工部侍郎、同中书门下平章事。丙戌,朱全忠陷凤州。七月甲辰,陷成州。乙巳,陷陇州。八月己亥,韦贻范起复。辛丑,王建陷兴元,山南西道节度使王万弘叛,附于建。九月戊申,李茂贞及朱全忠战于槐林,败绩。武定军节度使拓拔思恭叛,附于王建。十月癸酉,杨行密为东面诸道行营都统,及湖南节度使马殷讨朱全忠。王建陷兴州。十一月癸卯,保大军节度使李茂勋以兵援凤翔。丙辰,韦贻范薨。十二月癸巳,温州将丁章逐其刺史朱敖。己亥,朱全忠陷鄜州,保大军节度使李茂勋叛,附于全忠。

是岁,卢光稠陷韶州。岳州刺史邓进思卒,其弟进忠自称刺史。

三年正月丙午,平卢军节度使王师范取兖州。戊申,杀左右神策军护军中尉韩全诲张彦弘、内枢密使袁易简周敬容。辛亥,翰林学士姚洎为汴、岐和协使。壬子,工部尚书崔胤为司空兼门下侍郎、同中书门下平章事。甲子,幸朱全忠军。己巳,至自凤翔,哭于太庙,大赦。庚午,崔胤及朱全忠杀中官七百余人。辛未,胤判六军十二卫事。丁章伏诛。二月,雨土。甲戌,贬陆扆为沂王傅,分司东都。丙子,王溥罢。朱全忠杀苏检、吏部侍郎卢光启。戊寅,降京畿、河中凤翔兴德府、同邠鄜三州死罪以下。己卯,辉王祚为诸道兵马都元帅,庚辰,朱全忠为太尉、中书令副之。崔胤为司徒。乙未,清海军节度使裴枢为门下侍郎、同中书门下平章事。三月,朱全忠陷青州。杨行密陷密州,刺史刘康乂死之。四月己卯,朱全忠判元帅府事。五月壬子,荆南节度使成汭及杨行密战于君山,死之。武贞军节度使雷彦威之弟彦恭陷江陵。六月乙亥,朱全忠陷登州。九月,杨行密杀奉国军节度使朱延寿。辛亥,朱全忠陷棣州,刺史邵播死之。陷密州。戊午,平卢军节度使王师范叛,附于全忠。十月,忠义军将赵匡明陷江陵自称留后。王建陷忠、万、施三州。甲戌,陷夔州。丁丑,平卢军将刘鄩以兖州叛,附于朱全忠。十二月,裴贽罢。杨行密陷宣州,宁国军节度使田頵死之。辛巳,礼部尚书独孤损为兵部侍郎、同中书门下平章事。丙申,朱全忠杀尚书左仆射致仕张濬。

天祐元年正月乙巳,崔胤罢。裴枢判左三军事,独孤损判右三军事,兵部尚书崔远为中书侍郎,翰林学士右拾遗柳璨为右谏议大夫:同中书门下平章事。己酉,朱全忠杀太子少傅崔胤及京兆尹郑元规、威远军使陈班。戊午,全忠迁唐都于洛阳。二月丙寅,日中见北斗。戊寅,次陕州。朱全忠来朝。甲申,封子祯为端王,祁丰王,福和王,禧登王,祜嘉王。三月丁未,朱全忠兼判左右神策及六军诸卫事。闰四月壬寅,次谷水。朱全忠来朝。甲辰,至自西都。享于太庙。大风,雨土。乙巳,大赦,改元。六月,静难军节度使杨崇本会李克用、王建兵以讨朱全忠。七月乙丑,全忠以兵屯于河中。八月壬寅,全忠以左右龙武统军朱友恭、氏叔琮、枢密使蒋玄晖兵犯宫门,是夕,皇帝崩,年三十八。明年,起居郎苏楷请更谥"恭灵庄闵",庙号襄宗。至后唐同光初,复故号谥云。

昭宣光烈孝皇帝讳祝,昭宗第九子也。母曰皇太后何氏。始封辉王。朱全忠已弑昭宗,矫诏立为皇太子,监军国事。

天祐元年八月丙午,即皇帝位于枢前。衢州刺史陈璋、睦州刺史陈询叛,附于杨行密。九月庚午,尊皇后为皇太后。十月辛卯朔,日有食之。癸巳,朱全忠来朝。甲午,全忠杀朱友恭、氏叔琮。十一月,全忠陷光州。

是岁,虔州刺史卢光稠卒,裨将李图自称知州事。

二年正月,卢约陷温州。杨行密杀平卢军节度使安仁义。丁丑,盗焚乾陵下宫。二月,杨行密陷鄂州,武昌军节度使杜洪死之。戊戌,朱全忠杀德王裕及棣王祤、虔王禊、遂王祎、景王秘、祁王祺、琼王祥。己酉,葬圣穆景文孝皇帝于和陵。三月甲子,裴枢罢。戊寅,独孤损罢。礼部侍郎张文蔚同中书门下平章事。甲申,崔远罢。吏部侍郎杨涉同中书门下平章事。四月乙未,以旱,避正殿,减膳。庚子,有彗星出于西北,甲辰,出于北河。辛亥,降京畿死罪以下,给复山陵役者一年。五月,王建陷金州,戎昭军节度使冯行袭奔于均州。六月,行袭克金州。杨行密陷婺州,执刺史沈夏。戊子,朱全忠杀裴枢及静海军节度使独孤损、左仆射崔远、吏部尚书陆扆、工部尚书王溥、司空致仕裴贽、检校司空兼太子太保致仕赵崇、兵部侍郎王赞。

七月,卜郊。岳州刺史邓进忠叛,附于马殷。九月甲子,朱全忠陷襄州,忠义军节度使赵匡凝奔于淮南。丙寅,封弟禔为颍王,祐蔡王。朱全忠陷江陵,留后赵匡明奔于成都。乙酉,改卜郊。十月丙戌,朱全忠为诸道兵马元帅。十一月庚午,三卜郊。庚辰,淮南节度使杨行密卒,以其子渥为淮南节度副大使、东面诸道行营都统。辛巳,朱全忠为相国,总百揆,封魏王。十二月乙未,全忠为天下兵马元帅。杀蒋玄晖及丰德库使应顼、尚食使朱建武。癸卯,柳璨为司空。戊申,朱全忠弑皇太后。辛亥,罢郊。癸丑,贬柳璨为登州刺史。甲寅,杀璨及太常卿张廷范。

三年正月壬戌,淮南将王茂章以宣、歙二州叛,附于钱镠。二月,杨渥陷岳州。癸巳,王建陷归州。四月癸未朔,日有食之。镇南军节度使钟传卒,其子匡时自称留后。六月,钱镠陷衢、睦二州,刺史陈璋、陈询奔于淮南。七月,杨渥陷饶州。八月癸未,朱全忠陷相州。九月,杨渥陷洪州,执钟匡时。乙亥,匡国军节度使刘知俊陷坊州,执刺史刘彦晖。十月辛巳,杨崇本会凤翔、泾原、鄜延、秦陇兵以讨朱全忠,战于美原,败绩。十一月,忠国军节度使高彦卒,其子澧自称留后。闰十二月戊辰,李克用陷潞州。昭义军节度使丁会叛,附于克用。乙亥,震电,雨雪。

四年三月,刘守光囚其父仁恭,自称幽州卢龙军节度使。四月戊午,钱镠陷温州。甲子,皇帝逊于位,徙于曹州,号济阴王。梁开平二年二月遇弑,年十七,谥曰哀帝。后唐明宗追谥昭宣光烈孝皇帝,陵曰温陵。

赞曰:自古亡国,未必皆愚庸暴虐之君也。其祸乱之来有渐积,及其大势已去,适丁斯时。故虽有智勇,有不能为者矣,可谓真不幸也,昭宗是已。昭宗为人明隽,初亦有志于兴复,而外患已成,内无贤佐,颇亦慨然思得非常之材,而用匪其人,徒以益乱。自唐之亡也,其遗毒余酷,更五代五十余年,至于天下分裂,大坏极乱而后止。迹其祸乱,其渐积岂一朝一夕哉!

唐书卷一一
志第一

礼乐一

由三代而上，治出于一，而礼乐达于天下；由三代而下，治出于二，而礼乐为虚名。古者，宫室车舆以为居，衣裳冕并以为服，尊爵俎豆以为器，金石丝竹以为乐，以适郊朝，以临朝廷，以事神而治民。其岁时聚会以为朝觐、聘问，欢欣交接以为射乡、食飨，合众兴事以为师田、学校，下至里闾田亩，吉凶哀乐，凡民之事，莫不一出于礼。由之以教其民为孝慈、友悌、忠信、仁义者，常不出于居处、动作、衣服、饮食之间。盖其朝夕从事者，无非乎此也。此所谓治出于一，而礼乐达天下，使天下安习而行之，不知所以迁善远罪而成俗也。

及三代已亡，遭秦变古，后之有天下者，自天子百官名号位序、国家制度、宫车服器一切用秦，其间虽有欲治之主，思所改作，不能超然远复三代之上，而牵其时俗，稍即以损益，大抵安于苟简而已。其朝夕从事，则以簿书、狱讼、兵食为急，曰："此为政也，所以治民。"至于三代礼乐，具其名物而藏于有司，时出而用之郊庙、朝廷，曰："此为礼也，所以教民。"此所谓治出于二，而礼为虚名。故自汉以来，史官所记事物名数、降登揖让、拜俛伏兴之节，皆有司之事尔，所谓礼之末节也。然用之郊庙、朝廷，自搢绅、大夫从事其间者，皆莫能晓习，而天下之人至于老死未尝见也，况欲识礼乐之盛，晓然谕其意而被其教化以成俗乎？呜呼！习其器而不知其意，忘其本而存其末，又不能备具，所谓朝觐、聘问、射乡、食飨、师田、学校、冠婚、丧葬之礼在者几何？自梁以来，始以其当时所行傅于《周官》五礼之名，各立一家之学。

唐初，即用隋礼，至太宗时，中书令房玄龄、秘书监魏徵，与礼官、学士等因隋之礼，增以天子上陵、朝庙、养老、大射、讲武、读时令、纳皇后、皇太子入学、太常行陵、合朔、陈兵太社等，为《吉礼》六十一篇，《宾礼》四篇，《军礼》二十篇，《嘉礼》四十二篇，《凶礼》十一篇，是为《贞观礼》。

高宗又诏太尉长孙无忌、中书令杜正伦李义府、中书侍郎李友益、黄门侍郎刘祥道许圉师、太子宾客许敬宗、太常卿韦琨等增之为一百三十卷，是为《显庆礼》。其文杂以式令，而义府、敬宗方得幸，多希旨傅会。事既施行，议者皆以为非。上元三年，诏复用《贞观礼》。由是终高宗世，《贞观》、《显庆》二礼兼行。而有司临事，远引古义，与二礼参考增损之，无复定制。武氏、中宗继以乱败，无可言者，博士掌礼，备官而已。

玄宗开元十年，以国子司业韦绦为礼仪使，以掌五礼。十四年，通事舍人王岩上疏，请删去《礼记》旧文而益以今事，诏付集贤院议。学士张说以为《礼记》不刊之书，去圣久远，不可改易，而唐《贞观、显庆礼》，仪注前后不同，宜加折衷，以为唐礼。乃诏集贤院学士右散骑常侍徐坚、左拾遗李锐及太常博士施敬本撰述，历年未就而锐卒。萧嵩代锐为学士，奏起居舍人王仲丘撰定，为一百五十卷，是为《大唐开元礼》。由是，唐之五礼之文始备，而后世用之，虽时小有损益，不能过也。

贞元中，太常礼院修撰王泾考次历代郊庙沿革之制及其工歌祝号，而图其坛屋陟降之序，为《郊祀录》十卷。元和十一年，秘书郎、修撰韦公肃又录开元已后礼文，损益为《礼阁新仪》三十卷。十三年，太常博士王彦威为《曲台新礼》三十卷，又采元和以来王公士民昏祭丧葬之礼为《续曲台礼》三十卷。呜呼，考其文记，可谓备矣，以之施于贞观、开元之间，亦可谓盛矣，而不能至三代之隆者，具其文而意不在焉，此所谓"礼乐为虚名"也哉！

五礼

一曰吉礼。

大祀：天、地、宗庙、五帝及追尊之帝、后。中祀：社、稷、日、月、星、辰、岳、镇、海、渎、帝社、先蚕、七祀、文宣、武成王及古帝王、赠太子。小祀：司中、司命、司人、司禄、风伯、雨师、灵星、山林、川泽、司寒、马祖、先牧、马社、马步、州县之社稷、释奠。而天子亲祠者二十有四。三岁一祫，五岁一禘，当其岁则举。其余二十有二，一岁之间不能偏举，而有司摄事。其非常祀者，有时而行之。而皇后、皇太子岁行事者各一，其余皆有司行事。

凡岁之常祀二十有二：冬至、正月上辛，祈谷；孟夏，雩祀昊天上帝于圆丘；季秋，大享于明堂；腊，蜡百神于南郊；春分，朝日于东郊；秋分，夕月于东郊；夏至，祭地祇于方丘；孟冬，祭神州地祇于北郊；仲春、仲秋上戊，祭于太社；立春、立夏、季夏之土王、立秋、立冬，祀□帝于四郊；孟春、孟夏、孟秋、孟冬、腊，享于太庙；孟春吉亥，享先农，遂以耕籍。

凡祭祀之节有六：一曰卜日，二曰斋戒，三曰陈设，四曰省牲器，五曰奠玉帛、宗庙之晨裸，六曰进熟、馈食。

一曰卜日。凡大祀、中祀无常日者卜，小礼则筮，皆于太庙。

卜日，前祀四十有五日，卜于庙南门之外，布卜席阃西阈外。太常卿立门东，太卜正占者立门西，卜正奠龟于席西首，灼龟之具在龟北，乃执龟立席东，北向。太卜令进受龟，诣卿示高，卿受视已，令受龟，少退俟命。卿曰："皇帝以某日祇祀于某。"令曰："诺。"遂还席，西向坐。命龟曰："假尔太龟，有常。"兴，授卜正龟。卜正负东扉坐，作龟，兴。令进，受龟，示卿。卿受，反之。令复位，东向，占之，不释龟，进告于卿曰："某日从。"乃以龟还卜正。凡卜日必举初旬；不吉，即繇中及下，如初仪。

若筮日，则卜正启韇出策，兼执之，受命还席，以韇击策，述命曰："假尔太筮，有常。"乃释韇坐策，执卦以示，如卜仪。小祀筮日，则太卜令蒞之，曰吉乃用，遇废务皆勿避。

二曰斋戒。其别有三：曰散斋，曰致斋，曰清斋。大祀，散斋四日，致斋三日；中祀，散斋三日，致斋二日；小祀，散斋二日，致斋一日。

大祀，前期七日，太尉誓百官于尚书省曰："某日祀某神祇于某所，各扬其职，不供其事，国有常刑。"于是乃斋。皇帝散斋于别殿；致斋，其二日于太极殿，一日于行宫。前致斋一日，尚舍奉御设御幄于太极殿西序及室内，皆东向。尚舍直长张帷于前楹下。致斋之日，质明，诸卫勒所部屯门列仗。昼漏上水一刻，侍中版奏"请中严"。诸卫之属各督其队入陈于殿庭，通事舍人引文武五品已上裤褶陪位，诸侍卫之官服其器服，诸侍臣斋者结佩，诣阁奉迎。二刻，侍中版奏"外办"。三刻，皇帝服衮冕，结佩，乘舆出自西房，曲直华盖，警跸侍卫，即御座，东向，侍臣夹侍。一刻顷，侍中前跪奏称："侍中臣某言，请就斋室。"皇帝降座入室，文武侍臣还本司，陪位者以次出。

凡豫祀之官，散斋理事如旧，唯不吊丧问疾，不作乐，不判署刑杀文书，不行刑罚，不预秽恶。致斋，唯行祀事，其祀官已斋而阙者摄。其余清斋一日。

三曰陈设。其别有五：有待事之次，有即事之位，有门外之位，有牲器之位，有席神之位。

前祀三日，尚舍直长施大次于外壝东门之内道北，南向。卫尉设文武侍臣之次于其前，左右相向。设祀官次于东壝之外道南，从祀文官九品于其东，东方、南方朝集使又于其东，蕃客又于其东，重行异位，北向西上。介公、酅公于西壝之外道南，武官九品于其西，西方、北方朝集使又于其西，蕃客又于其西，东上。其襃圣侯若在朝，位于文武三品下。设陈馔幔于内壝东西门之外首北，南向；北门之外道东,西向。

明日,奉礼郎设御位于坛之东南,西向;望燎位当柴坛之北,南向;祀官公卿位于内壝东门之内道南,分献之官于公卿之南,执事者又于其后,异位重行,西向北上。御史位于坛下,一在东南,西向;一在西南,东向。奉礼郎位于乐县东北,赞者在南,差退,皆西向。又设奉礼郎、赞者位于燎坛东北,西向。皆北上。协律郎位于坛上南陛之西,东向。太乐令位于北县之间,当坛北向。从祀文官九品位于执事之南,东方、南方朝集使又于其南,蕃客又于其南,西向北上。介公、酅公位于中壝西门之内道南,武官九品又于其南,西方、北方朝集使又于其南,蕃客又于其南,东向北上。所以即而行事也。

又设祀官从祀群官位于东西壝门之外,如设次,所以省牲及祀之日将入而序立也。

设牲榜于东壝之外,当门西向。苍牲一居前,又苍牲一、又青牲一在北,少退南上。次赤牲一、次黄牲一、白牲一、玄牲一、又赤牲一、白牲一在南,少退北上。廪牺令位于牲西南,祝史陪其后,皆北向。诸太祝位于牲东,各当牲后,祝史陪其后,西向。太常卿位于牲前少北,御史位于其西,皆南向。

又设酒尊之位。上帝,太尊、著尊、牺尊、山罍各二,在坛上东南隅,北向;象尊、壶尊、山罍各二,在坛下南陛之东,北向,俱西上。配帝,著尊、牺尊、象尊、山罍各二,在坛上,于上帝酒尊之东,北向西上。五帝、日、月各太尊二,在第一等。内官每陛间各象尊二,在第二等。中官每陛间各壶尊二,在第三等。外官每道间各概尊二,于下坛下。众星每道间各散尊二,于内壝之外。凡尊,设于神座之左而右向。尊皆加勺幂,五帝、日、月以上皆有坫,以置爵也。设御洗于午陛东南,亚献、终献同洗于卯陛之南,皆北向。罍水在洗东,篚在洗西,南肆。篚,实以巾爵也。分献、罍、洗、篚、幂各于其方陛道之左,内向。执尊、罍、篚、幂者,各立于其后。玉币之篚于坛上下尊坫之所。

前祀一日,晡后,太史令、郊社令各常服,帅其属升,设昊天上帝神座于坛上北方,南向,席以稿秸。高祖神尧皇帝神座于东方,西向,席以莞。五方帝、日、月于坛第一等,青帝于东陛之北,赤帝于南陛之东,黄帝于南陛之西,白帝于西陛之南,黑帝于北陛之西,大明于东陛之南,夜明于西陛之北,席皆以槁秸。五星、十二辰、河汉及内官五十有五于第二等十有二陛之间,各依其方,席皆内向。其内官有北辰座于东陛之北,曜魄宝于北陛之西,北斗于南陛之东,天一、太一皆在北斗之东,五帝内座于曜魄宝之东,皆差在前。二十八宿及中官一百五十有九于第三等,其二十八宿及帝座、七公、日星、帝席、大角、摄提、太微、太子、明堂、轩辕、三台、五车、诸王、月星、织女、建星、天纪等一十有七皆差在前。外官一百有五于内壝之内,众星三百六十于内壝之外,各依方次十有二道之间,席皆以莞。

若在宗庙,则前享三日,尚舍直长施大次于庙东门之外道北,南向。守宫设文武侍臣次于其后,文左武右,俱南向。设诸享官、九庙子孙于斋坊内道东近南,西向北上。文官九品又于其南,东方、南方蕃客又于其南,西向北上。介公、酅公于庙西门之外,近南。武官九品于其南,西方、北方蕃客又于其南,东向北上。前享一日,奉礼郎设御位于庙东南,西向。设享官公卿位于东门之内道南,执事者位于其后,西向北上。御史位于庙堂之下,一在东南,西向;一在西南,东向。令史各陪其后。奉礼郎位于乐县东北,赞者二人,在南差退,俱西向。协律郎位于庙堂上前楹之间,近西,东向。太乐令位于北县之间,北向。设从享之官位,九庙子孙于享官公卿之南,昭、穆异位。文官九品以上,又于其南,东方、南方蕃客又于其南,西向北上。介公、酅公位于西门之内道南武官九品于其南少西,西方、北方蕃客又于其南,东向北上。设牲榜于东门之外,如郊之位。设尊彝之位于庙堂之上下,每座斝彝一,黄彝一,牺尊、象尊、著尊、山罍各二,在堂上,皆于神座之左。献祖、太祖、高祖、高宗尊彝在前楹间,北向;懿祖、代祖、太宗、中宗、睿宗尊彝在户外,南向。各有坫焉。其壶尊二、太尊二、山罍四,皆在堂下阶间,北向西上;簋、钘、笾、豆在堂上,俱东侧阶之北。每座四簋居前,四簠次之,六登次之,六钘次之,笾、豆为后,皆以南为上,屈陈而下。御洗在东阶东南,亚献又于东南，俱北向。罍水在洗东，篚在洗西，南肆。享日，未明五刻，太庙令服其服，布昭、穆之座于户外，自西序以东：献祖、太祖、高祖、高宗皆北厢南向，懿祖、代祖、太宗、中宗、睿宗南厢北向。每座黼扆，莞席纷纯，藻席画纯，次席黼纯，左右几。

四曰省牲器。省牲之日，午后十刻，去坛二百步所，禁行人。晡后二刻，郊社令、丞帅府史三人及斋郎，以尊、坫、罍、洗、篚、幂入设于位。三刻，谒者、赞引各引祀官、公卿及牲皆就位。谒者引司空，赞引引御史，入诣坛东陛，升，行扫除于上，降，行乐县于下。初，司空将升，谒者引太常卿，赞引引御史，入诣坛东陛，升，视涤濯，降，就省牲位，南向立。廪牺令少前，曰："请省牲。"太常卿省牲。廪牺令北面举手曰："腯。"诸太祝各循牲一匝。西向举手曰："充。"诸太祝与廪牺令以次牵牲诣厨，授太官。谒者引光禄卿诣厨，省鼎镬，申视濯溉。祀官御史省馔具，乃还斋所。祀日，未明十五刻，太官令帅宰人以鸾刀割牲，祝史以豆取毛血，各置于馔所，遂烹牲。其于庙亦如之。

五曰奠玉帛。祀日，未明三刻，郊社令、良酝令各帅其属入实尊、罍，太祝以玉币置于篚，太官令帅进馔者实诸笾、豆、簠、簋于馔幔。未明二刻，奉礼郎帅赞者先入就位。赞者引御史、博士、诸太祝及令史、祝史与执事者，入自东门坛南，北向西上。奉礼郎曰："再拜。"赞者承传，御史以下皆再拜。执尊、罍、篚、幂者各就位。赞者引御史、诸太祝升坛东陛，御史一人，太祝二人，行扫除于上，及第一等；御史一人，太祝七人，行扫除于下。未明一刻，谒者、赞引各引群臣就门外位，太乐令帅工人、二舞以次入，文舞陈于县内，武舞立于县南。谒者引司空入，奉礼郎曰："再拜。"司空再拜，升自东陛，行扫除于上，降，行乐县于下。谒者、赞引各引群臣入就位。初，未明三刻，诸卫列大驾仗卫。侍中版奏"请中严"。乘黄令进玉辂于行宫南门外，南向。未明一刻，侍中版奏"外办"。皇帝服衮冕，乘舆以出。

皇帝升辂，如初。黄门侍郎奏"请进发"。至大次门外，南向。侍中请降辂。皇帝降辂，乘舆之次。半刻顷，太常博士引太常卿立于大次外，当门北向。侍中版奏"外办"。质明，皇帝服大裘而冕，博士引太常卿，太常引皇帝至中壝门外。殿中监进大珪，尚衣奉御又以镇珪授殿中监以进。皇帝搢大珪，执镇珪。礼部尚书与近侍者从，皇帝至版位，西向立。太常卿前奏："请再拜。"皇帝再拜。奉礼郎曰："众官再拜。"在位者皆再拜。太常卿前曰："有司谨具，请行事。"协律郎跪，俛伏，举麾，乐舞六成。偃麾，戛敔，乐止。太常卿前奏："请再拜。"皇帝再拜。奉礼郎曰："众官再拜。"在位者皆再拜。诸太祝跪取玉币于篚，各立于尊所。皇帝升坛自南陛，北向立。太祝以玉币授侍中，东向以进。皇帝搢镇珪受之，跪奠于昊天上帝，俛伏，兴，少退，再拜，立于西方，东向。太祝以币授侍中以进，皇帝受币，跪奠于高祖神尧皇帝，俛伏，兴，拜，降自南陛，复于位。皇帝将奠配帝之币，谒者七人，分引献官奉玉币俱进，跪奠于诸神之位；祝史、斋郎助奠。初，众官再拜，祝史各奉毛血之豆入，各由其陛升，诸太祝迎取于坛上奠之，退立于尊所。

　　若宗庙，曰晨祼。享日，未明四刻，太庙令、良酝令各帅其属入实尊、罍，太官令帅进馔者实诸笾、豆、簠、簋。未明三刻，奉礼郎帅赞者先入就位。赞者引御史、博士、宫闱令、太祝及令史、祝史与执事者，入自东门，当阶间，北向西上。奉礼郎曰："再拜。"御史以下皆再拜。执尊、罍、篚、幂者各就位。赞者引御史、诸太祝升自东阶，行扫除于堂上，令史、祝史行扫除于下。太庙令帅其属陈瑞物太阶之西，上瑞为前列，次瑞次之，下瑞为后，又陈伐国宝器亦如之，皆北向西上，藉以席。未明二刻，陈腰舆于东阶之东，每室各二，皆西向北上。赞者引太庙令、太祝，宫闱令帅内外执事者，以腰舆升自东阶，入献祖室，开坎室。太祝、宫闱令奉神主各置于舆，出，置于座。次出懿祖以下神主如献祖。銮驾将至，谒者、赞者各引享官，通事舍人分引从享群官、九庙子孙、诸方客使，皆就门外位。銮驾至大次门外，回辂南向。将军降，立于辂右。侍中请降辂。皇帝降辂，乘舆之大次。通事舍人引文武五品以上从享之官皆就门外位。太乐令帅工人、二舞入。谒者引司空入，就位。奉礼郎曰："再拜。"司空再拜，升自东阶，行扫除于堂上，降，行乐县于下。初，司空行乐县，谒者、赞引各引享官，通事舍人分引九庙子孙、从享群官、诸方客使入就位。皇帝停大次半刻顷，侍中版奏"外办"。皇帝出。太常卿引皇帝至庙门外，殿中监进镇珪，皇帝执镇珪。近侍者从入，皇帝至版位，西向立。太常卿前曰："再拜。"皇帝再拜。奉礼郎曰："众官再拜。"在位者皆再拜。太常卿前曰："有司谨具，请行事。"协律郎举麾，鼓柷，乐舞九成；偃麾，戛敔，乐止。太常卿曰："再拜。"皇帝再拜。奉礼郎曰："众官再拜。"在位者皆再拜。皇帝诣罍洗，侍中跪取匜，兴，沃水；又跪取盘，兴，承水。皇帝搢珪，盥手。黄门侍郎跪取巾于篚，兴，以帨受巾，跪奠于篚。又取瓒于篚，兴，以进，皇帝受瓒。侍中酌水奉盘，皇帝洗瓒，黄门侍郎授巾如初。皇帝拭瓒，升自阼阶，就献祖尊彝所。执尊者举幂，侍中赞酌郁酒，进献祖神座前，北向跪，以鬯祼地奠之，俛伏，兴，少退，北向再拜。又就懿祖尊彝所，执尊者举幂，侍中取瓒于坫以进，皇帝受瓒。侍中赞酌郁酒，进懿祖神座前，南向跪，以鬯祼地奠之。次祼太祖以下，皆如懿祖。皇帝降自阼阶，复于版位。初，群官已再拜，祝史各奉毛、血及肝、膋之豆立于东门外，斋郎奉炉炭、萧、稷、黍各立于其后，以次入自正门，升自太阶。诸太祝各迎取毛、血、膋于阶上，进奠于神座前。祝史退立于尊所，斋郎奉炉炭置于神座之左，其萧、稷、黍各置于其下，降自阼阶以出。诸太祝取肝、膋燔于炉，还尊所。

唐书卷一二
志第二

礼乐二

六曰进熟。皇帝既升，奠玉、币。太官令帅进馔者奉馔，各陈于内壝门外。谒者引司徒出诣馔所，司徒奉昊天上帝之俎，太官令引馔入门，各至其陛。祝史俱进，跪，撤毛血之豆，降自东陛以出。诸太祝迎馔于坛上，司徒、太官令俱降自东陛以出。又进设外官、众星之馔。皇帝诣罍洗，盥手，洗爵，升坛自南陛。司徒升自东陛，立于尊所。斋郎奉俎从升，立于司徒后。皇帝诣上帝尊所，执尊者举幂，侍中赞酌泛齐，进昊天上帝前，北向跪，奠爵，兴，少退，立。太祝持版进于神右，东向跪，读祝文曰："维某年岁次月朔日，嗣天子臣某，敢昭告于昊天上帝。"皇帝再拜。诣配帝酒尊所，执尊者举幂，侍中取爵于坫以进，皇帝受爵，侍中赞酌泛齐，进高祖神尧皇帝前，东向跪，奠，兴，少退，立。太祝持版进于左，北向跪，读祝文曰："维某年岁次月朔日，曾孙开元神武皇帝臣某，敢昭告于高祖神尧皇帝。"皇帝再拜。进昊天上帝前，北向立。太祝各以爵酌上尊福酒，合置一爵，太祝持爵授侍中以进，皇帝再拜，受爵，跪，祭酒，啐酒，奠爵，俛伏，兴。太祝各帅斋郎进俎。太祝减神前胙肉，共置一俎，授司徒以进，皇帝受以授左右。皇帝跪取爵，遂饮卒爵。侍中进受虚爵，复于坫。皇帝俛伏，兴，再拜，降自南陛，复于位。文舞出，武舞入。初，皇帝将复位，谒者引太尉诣罍洗，盥手，洗匏爵，自东陛升坛，诣昊天上帝著尊所，执尊者举幂，太尉酌醴齐，进昊天上帝前，北向跪，奠爵，兴，再拜。诣配帝牺尊所，取爵于坫，酌醴齐，进高祖神尧皇帝前，东向跪，奠爵，兴，再拜。进昊天上帝前，北向立。诸太祝各以爵酌福酒，合置一爵，进于右，西向立。太尉再拜，受爵，跪祭酒，遂饮卒爵。太祝进受虚爵，复于坫。太尉再拜，降，复位。初，太尉献将毕，谒者引光禄卿诣罍洗，盥手，洗匏爵，升，酌盎齐。终献如亚献。太尉将升献，谒者七人分引五方帝及大明、夜明等献官诣罍洗，盥手，洗匏爵，各由其陛升，酌泛齐，进，跪奠于神前。初，第一等献官将升，谒者五人次引献官各诣罍洗，盥、洗，各由其陛升坛，诣第二等内官酒尊所，酌泛齐以献。赞者四人次引献官诣罍洗，盥、洗，诣外官酒尊所，酌清酒以献。赞者四人，次引献官诣罍洗，盥、洗，诣众星酒尊所，酌昔酒以献。其祝史、斋郎酌酒助奠皆如内官。上下诸祝各进，跪撤豆，还尊所。奉礼郎曰：“赐胙。”赞者曰：“众官再拜。”在位者皆再拜。太常卿前奏：“请再拜。”皇帝再拜。奉礼郎曰：“众官再拜。”在位者皆再拜。乐作一成。太常卿前奏：“请就望燎位。”皇帝就位，南向立。上下诸祝各执筐，取玉、币、祝版、礼物以上。斋郎以俎载牲体、稷、黍饭及爵酒，各由其陛降坛，诣柴坛，自南陛登，以币、祝版、馔物置于柴上。户内诸祝又以内官以下礼币皆从燎。奉礼郎曰：“可燎。”东、西面各六人，以炬燎火。半柴，太常卿前曰：“礼毕。”皇帝还大次，出中壝门，殿中监前受镇珪，以授尚衣奉御，殿中监又前受大珪。皇帝入次，谒者、赞引各引祀官，通事舍人分引从祀群官、诸方客使以次出。赞者引御史、太祝以下俱复执事位。奉礼郎曰：“再拜。”御史以下皆再拜，出。工人、二舞以次出。

　　若宗庙，曰馈食。皇帝既升，裸，太官令出，帅进馔者奉馔，陈于东门之外，西向南上。谒者引司徒出，诣馔所，司徒奉献祖之俎。太官引馔入自正门，至于□阶。祝史俱进，撤毛血之豆，降自阼阶以出。诸太祝迎馔于阶上设之，乃取萧、稷、黍擩于脂，燔于炉。太常卿引皇帝诣罍洗，盥手，洗爵，升自阼阶，诣献祖尊彝所，执尊者举幂，侍中赞酌泛齐，进献祖前，北向跪，奠爵。又诣尊所，侍中取爵于坫以进，酌泛齐，进神前，北向跪，奠爵，退立。太祝持版进于神右，东面跪,读祝文曰:"维某年岁次月朔日,孝曾孙开元神武皇帝某,敢昭告于献祖宣皇帝、祖妣宣庄皇后张氏。"皇帝再拜,又再拜。奠,诣懿祖尊彝,酌泛齐,进神前,南向跪,奠爵,少西俛伏,兴。又酌泛齐,进神前,南向跪,爵,少东退立。祝史西面跪,读祝文。皇帝再拜,又再拜。次奠太祖、代祖、高祖、太宗、高宗、中宗、睿宗,皆如懿祖。乃诣东序,西向立。司徒升自阼阶,立于前楹间,北面东上。诸太祝各以爵酌上尊福酒,合置一爵,太祝持爵授侍中以进。皇帝再拜,受爵,跪,祭酒,啐酒,奠爵,俛伏,兴。诸太祝各帅斋郎进俎,太祝减神前三牲胙肉,共置一俎上,以黍、稷饭共置一笾,授司徒以进;太祝又以胙肉授司徒以进。皇帝每受以授左右,乃跪取爵,饮,卒爵。侍中进受虚爵,以授太祝,复于坫。皇帝降自阼阶,复于版位。文舞出,武舞入。初,皇帝将复位,太尉诣罍洗,盥手,洗爵,升自阼阶,诣献祖尊彝所,酌醴齐进神前,北向跪,奠爵,少东,兴,再拜。又取爵于坫,酌醴齐进神前,北向跪,奠爵,少西,北向再拜。次奠懿祖、太祖、代祖、高祖、太宗、高宗、中宗、睿宗如献祖。乃诣东序,西向立。诸太祝各以爵酌福酒,合置一爵,太祝持爵进于左,北向立。太尉再拜受爵,跪,祭酒,遂饮,卒爵。太祝进受爵,复于坫。太尉兴,再拜,复于位。初,太尉献将毕,谒者引光禄卿诣罍洗,盥洗,升,酌盎齐。终献如亚献。诸太祝各进,撤豆,还尊所。奉礼郎曰:"赐胙。"赞者曰:"众官再拜。"在位者皆再拜。太常卿前奏:"请再拜。"皇帝再拜。奉礼郎曰:"众官再拜。"在位者皆再拜。乐一成止。太常卿前曰:"礼毕。"皇帝出门,殿中监前受镇珪。通事舍人、谒者、赞引各引享官、九庙子孙及从享群官、诸方客使以次出。赞引引御史、太祝以下俱复执事位。奉礼郎曰:"再拜。"御史以下皆再拜以出。工人、二舞以次出。太庙令与太祝、宫闱令帅腰舆升,纳神主。其祝版燔于斋坊。

　　七祀,各因其时享:司命、户以春,灶以夏,中霤以季夏土王之日,门、厉以秋,行以冬。时享之日,太庙令布神席于庙庭西门之内道南,东向北上;设酒尊于东南,罍洗又于东南。太庙令、良酝令实尊罍,太官丞引馔,光禄卿升,终献,献官乃即事,一献而止。

其配享功臣,各位于其庙室太阶之东,少南西向,以北为上。壶尊二于座左,设洗于终献洗东南,北向。以太官令奉馔,庙享已亚献,然后献官即事,而助奠者分奠,一献而止。

此冬至祀昊天上帝于圆丘、孟冬袷于太庙之礼,在乎坛墠、宗庙之间,礼盛而物备者莫过乎此也。其坛堂之上下、墙门之内外、次位之尊卑与其向立之方、出入降登之节,大抵可推而见,其盛且备者如此,则其小且略者又可推而知也。

至于坛坎、神位、尊爵、玉币、笾豆、篚簠、牲牢、册祝之数皆略依古。

四成,而成高八尺一寸,下成广二十丈,而五减之,至于五丈,而十有二陛者,圆丘也。八觚三成,成高四尺,上广十有六步,设八陛,上陛广八尺,中陛一丈,下陛丈有二尺者,方丘也。高、广皆四丈者,神州之坛也。其广皆四丈,而高八尺者青帝、七尺者赤帝、五尺者黄帝、九尺者白帝、六尺者黑帝之坛也。广四丈,高八尺者,朝日之坛也。为坎深三尺,纵广四丈,坛于其中,高一尺,方广四丈者,夕月之坛也。广五丈,以五土为之者,社稷之坛也。高尺,广丈,蜡坛也。高五尺,周四十步者,先农、先蚕之坛也。其高皆三尺,广皆丈者,小祀之坛也。岳、镇、海、渎祭于其庙,无庙则为之坛于坎,广一丈,四向为陛者,海、渎之坛也。广二丈五尺,高三尺,四出陛者,古帝王之坛也。广一丈,高一丈二尺,户方六尺者,大祀之燎坛也。广八尺,高一丈,户方三尺者,中祀之燎坛也。广五尺,户方二尺者,小祀之燎坛也。皆开上南出。瘗坎皆在内墙之外壬地,南出陛,方深足容物。此坛坎之制也。

冬至祀昊天上帝于圆丘,以高祖神尧皇帝配。东方青帝灵威仰、南方赤帝赤熛怒、中央黄帝含枢纽、西方白帝白招拒、北方黑帝汁光纪及大明、夜明在坛之第一等。天皇大帝、北辰、北斗、天一、太

一、紫微五帝座，并差在行位前。余内官诸坐及五星、十二辰、河汉四十九坐，在第二等十有二陛之间。中官、市垣、帝座、七公、日星、帝席、大角、摄提、太微、五帝、太子、明堂、轩辕、三台、五车、诸王、月星、织女、建星、天纪十七座及二十八宿，差在前列。其余中官一百四十二座皆在第三等十二陛之间。外官一百五在内壝之内，众星三百六十在内壝之外。正月上辛祈谷祀昊天上帝，以高祖神尧皇帝配，五帝在四方之陛。孟夏雩祀昊天上帝，以太嵰文武圣皇帝配，五方帝在第一等，五帝在第二等，五官在坛下之东南。季秋祀昊天上帝，以睿宗大圣真皇帝配，五方帝在五室，五帝各在其左，五官在庭，各依其方。立春祀青帝，以太嵰氏配，岁星、三辰在坛下之东北，七宿在西北，句芒在东南。立夏祀赤帝，以神农氏配，荧惑、三辰、七宿、祝融氏之位如青帝。季夏土王之日祀黄帝，以轩辕氏配，镇星、后土氏之位如赤帝。立秋祀白帝，以少昊氏配，太白、三辰、七宿、蓐收之位如赤帝。立冬祀黑帝，以颛顼氏配，辰星、三辰、七宿、玄冥氏之位如白帝。蜡祭百神，大明、夜明在坛上，神农、伊耆各在其坛上，后稷在坛东，五官、田畯各在其方，五星、十二次、二十八宿、五方之岳镇、海渎、山林、川泽、丘陵、坟衍、原隰、井泉各在其方之坛，龙、麟、朱鸟、驺虞、玄武、鳞、羽、毛、介、水墉、坊、邮表畷、於菟、猫各在其方坛之后。夏至祭皇地祇，以高祖配，五方之岳镇、海渎、原隰、丘陵、坟衍在内壝之内，各居其方，而中岳以下在西南。孟冬祭神州地祇，以太宗配。社以后土，稷以后稷配。吉亥祭神农，以后稷配，而朝日、夕月无配。席，尊者以槁秸，卑者以莞。此神位之序也。

以太尊实泛齐，著尊实醴齐，牺尊实盎齐，山罍实酒，皆二；以象尊实醍齐，壶尊实沈齐，皆二；山罍实酒四：以祀昊天上帝、皇地祇、神州地祇。以著尊实泛齐，牺尊实醴齐，象尊实盎齐，山罍实酒，皆二，以祀配帝。以著尊二实醴齐，以祀内官。以牺尊二实盎齐，以祀中官。以象尊二实醍齐，以祀外官。以壶尊二实昔酒，以祀众星、日、月。以上皆有坫。迎气，五方帝、五人帝以六尊，惟山罍皆减上帝之半。五方帝大享于明堂，太尊、著尊、牺尊、山罍各二。五方帝从祀于圆丘，以太尊实泛齐，皆二。五人帝从享于明堂，以著尊实醴齐，皆二。日、月，以太尊实醴齐，著尊实盎齐，皆二，以山罍实酒一。从祀于圆丘，以太尊二实泛齐。神州地祇从祀于方丘，以太尊二实泛齐。五官、五星、三辰、后稷，以象尊实醍齐；七宿，以壶尊实沈齐，皆二。蜡祭神农、伊耆氏，以著尊皆二实盎齐。田畯、龙、麟、朱鸟、驺虞、玄武，以壶尊实沈齐。麟、羽、蠃、毛、介、丘陵、填衍、原隰、井泉、水墉、坊、邮表畷、虎、猫、昆虫，以散尊实清酒，皆二，岳、镇、海、渎，以山尊实醍齐。山、川、林、泽，以蜃尊实沈齐，皆二。伊耆氏以上皆有坫。太社，以太罍实醍齐，著尊实盎齐，皆二；山罍一。太稷，后稷氏亦如之。其余中祀，皆以牺尊实醍齐，象尊实盎齐，山罍实酒，皆二。小祀，皆以象尊二实醍齐。宗庙祫享，室以斝彝实明水，黄彝实郁，皆一；牺尊实泛齐，象尊实醴齐，著尊实盎齐，山罍实酒，皆二；设堂上。壶尊实醍齐，大尊实沈齐，山罍实酒，皆二；设堂下。禘享，鸡彝、鸟彝一。时享，春、夏室以鸡彝、鸟彝一，秋、冬以斝彝、黄彝一，皆有坫。七祀及功臣配享，以壶尊二实醍齐。别庙之享，春、夏以鸡彝实明水，鸟彝实郁，皆一；牺尊实醴齐，象尊实盎齐，山罍实酒，皆二；秋、冬以斝彝、黄彝，皆一；著尊、壶尊、山罍皆二。太子之庙，以牺尊实醴齐，象尊实盎齐，山罍实酒，皆二。凡祀，五齐之上尊，必皆实明水；山罍之上尊，必皆实明酒；小祀之上尊，亦实明水。此尊爵之数也。

　　冬至，祀昊天上帝以苍璧。上辛，明堂以四圭有邸，与配帝之币皆以苍，内官以下币如方色。皇地祇以黄琮，与配帝之币皆以黄。青帝以青圭，赤帝以赤璋，黄帝以黄琮，白帝以白琥，黑帝以黑璜；币如其玉。日以圭、璧，币以青；月以圭、璧，币以白。神州、社、稷以两圭有邸，币以黑；岳、镇、海、渎以两圭有邸，币如其方色。神农之币以赤，伊耆以黑，五星以方色，先农之币以青，先蚕之币以黑，配坐皆如之。它祀币皆以白，其长丈八尺。此玉、币之制也。

　　冬至祀圆丘，昊天上帝、配帝，笾十二、豆十二、簠一、簋一、甒一、俎一。五方上帝、大明、夜明，笾八、豆八、簠一、簋一、甒一、俎一。五星、十二辰、河汉及内官、中官,笾二、豆二、簋一、簠一、俎一。外官众星,笾、豆、簋、簠、俎各一。正月上辛,祈谷圆丘,昊天、配帝、五方帝,如冬至。孟夏雩祀圆丘,昊天、配帝、五方帝,如冬至。五人帝,笾四、豆四、簋一、簠一、俎一。五官,笾二、豆二、簋一、簠一、俎一。季秋大享明堂,如雩祀。立春祀青帝及太昊氏,笾豆皆十二、簋一、簠一、甒一、俎一。岁星、三辰、句芒、七宿,笾二、豆二、簋一、簠一、俎一。其赤帝、黄帝、白帝、黑帝皆如之。蜡祭百神,大明、夜明,笾十、豆十、簋一、簠一、甒一、俎一。神农、伊耆,笾、豆各四,簋、簠、甒、俎各一。五星、十二辰、后稷、五方田畯、岳镇、海渎、二十八宿、五方山林川泽,笾、豆各二,簋、簠、俎各一。丘陵、坟衍、原隰、龙、麟、朱鸟、白虎、玄武、鳞、羽、毛、介、於菟等,笾、豆各一,簋、簠、俎各一。又井泉,笾、豆各一,簋、簠、俎各一。春分朝日,秋分夕月,笾十、豆十、簋一、簠一、甒一、俎一。四时祭风师、雨师、灵星、司中、司命、司人、司禄,笾八、豆八、簋一、簠一、俎一。夏至祭方丘,皇地祇及配帝,笾豆皆十二、簋一、簠一、甒一、俎一。神州,笾四、豆四、簋一、簠一、甒一、俎一。其五岳、四镇、四海、四渎及五方山川林泽,笾二、豆二、簋、簠、俎各一。孟冬祭神州及配帝,笾豆皆十二,簋一、簠一、甒一、俎一。春、秋祭太社、太稷及配坐,笾豆皆十、簋二、簠二、绿三、俎三。四时祭马祖、马社、先牧、马步,笾豆皆八、簋一、簠一、俎一。时享太庙,每室笾豆皆十二、簋二、簠二、甒三、铏三、俎三。七祀,笾二、豆二、簋二、簠二、俎一。袷享、功臣配享,如七祀。孟春祭帝社及配坐,笾豆皆十、簋二、簠二、甒三、铏三、俎三。季春祭先蚕,笾豆皆十、簋二、簠二、铏三、绿三、俎三。孟冬祭司寒,笾豆皆八、簋一、簠一、俎一。春、秋释奠于孔宣父,先圣、先师,笾十、豆十、簋二、簠二、铏三、绿三、俎三;若从祀,笾豆皆二、簋一、簠一、俎一。春、秋释奠于齐太公、留侯,笾豆皆十、簋二、簠二、铏三、铏三、俎三。仲春祭五龙,笾豆皆八、簋一、簠一、俎一。四时祭五岳、四镇、四海、四渎,各笾豆十、簋二、簠二、俎三。三年祭先代帝王及配坐,笾豆皆十、簋二、簠二、俎三。州县祭社、稷、先圣,释奠于先师,笾豆皆八、簋二、簠二、俎三。

笾以石盐、槁鱼、枣栗榛菱芡之实、鹿脯、白饼、黑饼、糗饵、粉糍。豆以韭菹醓醢、菁菹鹿醢、芹菹兔醢、笋菹鱼醢、脾析菹豚胉、饐食、糁食。中祀之笾无糗饵、粉糍，豆无饐食、糁食。小祀之笾无白饼、黑饼，豆无脾析菹豚胉。凡用皆四者，笾以石盐、枣实、栗黄、鹿脯；豆以芹菹兔醢、菁菹鹿醢。用皆二者，笾以栗黄、牛脯；豆以葵菹鹿醢。用皆一者，笾以牛脯，豆以鹿醢。用牛脯者，通以羊。凡簠、簋皆一者，簋以稷，簠以黍。用皆二者，簋以黍、稷，簠以稻、粱。实甒以大羹，铏以肉羹。此笾、豆、簠、簋、甒、铏之实也。

昊天上帝，苍犊；五方帝，方色犊；大明，青犊；夜明，白犊；神州地祇，黑犊。配帝之犊：天以苍，地以黄，神州以黑，皆一。宗庙、太社、太稷、帝社、先蚕、古帝王、岳镇、海渎，皆太牢。社、稷之牲以黑。五官、五星、三辰、七宿，皆少牢。蜡祭：神农氏、伊耆氏，少牢；后稷及五方、十二次、五官、五田畯、五岳、四镇海渎、日、月，方以犊二；星辰以降，方皆少牢五；井泉皆羊一。非顺成之方则阙。风师、雨师、灵星、司中、司命、司人、司禄、马祖、先牧、马社、马步，皆羊一。司寒，黑牲一。凡牲在涤，大祀九旬，中祀三旬，小祀一旬，养而不卜。无方色则用纯，必有副焉。省牲而犊鸣，则免之而用副。禁其棰柎，死则瘗之，创病者请代犊，告祈之牲不养。凡祀，皆以其日未明十五刻，太官令帅宰人以鸾刀割牲，祝史以豆敛毛血置馔所，祭则奉之以入，遂亨之。肉载以俎，皆升右胖体十一：前节三，肩、臂、臑；后节二，肫、胳；正脊一，脡脊一，横脊一，正胁一，短胁一，代胁一，皆并骨。别祭用太牢者，酒二斗，脯一段，醢四合；用少牢者，酒减半。此牲牢之别也。

祝版，其长一尺一分，广八寸，厚二分，其木梓、楸。凡大祀、中祀，署版必拜。皇帝亲祠，至大次，郊社令以祝版进署，受以出，奠于坫。宗庙则太庙令进之。若有司摄事，则进而御署，皇帝北向再拜，侍臣奉版，郊社令受以出。皇后亲祠，则郊社令预送内侍，享前一日进署，后北向再拜，近侍奉以出，授内侍送享所。享日之平明，女祝奠于坫。此册祝之制也。

唐书卷一三
志第三

礼乐三

　　自周衰，礼乐坏于战国而废绝于秦。汉兴，《六经》在者皆错乱、散亡、杂伪，而谶儒方共补缉，以意解诂，未得其真，而谶纬之书出以乱经矣。自郑玄之徒，号称大儒，皆主其说，学者由此牵惑没溺，而时君不能断决，以为有其举之，莫可废也。由是郊、丘、明堂之论，至于纷然而莫知所止。

　　《礼》曰："以禋祀昊天上帝。"此天也。玄以为天皇大帝者，北辰耀魄宝也。又曰："兆五帝于四郊。"此五行精气之神也。玄以为青帝灵威仰、赤帝赤熛怒、黄帝含枢纽、白帝白招拒、黑帝汁光纪者，五天也。由是有六天之说，后世莫能废焉。

　　唐初《贞观礼》，冬至祀昊天上帝于圆丘，正月辛日祀感生帝灵威仰于南郊以祈谷，而孟夏雩于南郊，季秋大享于明堂，皆祀五天帝。至高宗时，礼官以谓：太史《圆丘图》，昊天上帝在坛上，而耀魄宝在坛第一等，则昊天上帝非耀魄宝可知。而祠令及《显庆礼》犹著六天之说。显庆二年，礼部尚书许敬宗与礼官等议曰："六天出于纬书，而南郊、圆丘一也，玄以为二物；郊及明堂本以祭天，而玄皆以为祭太微五帝。《传》曰：'凡祀，启蛰而郊，郊而后耕。'故'郊祀后稷，以祈农事。'而玄谓周祭感帝灵威仰，配以后稷，因而祈谷。皆缪论也。"由是尽黜玄说，而南郊祈谷、孟夏雩、明堂大享皆祭昊天上帝。

　　乾封元年，诏祈谷复祀感帝。二年，又诏明堂兼祀昊天上帝及五帝。开元中，起居舍人王仲丘议曰："按《贞观礼》祈谷祀感帝，而《显庆礼》祀昊天上帝。《传》曰：'郊而后耕。'《诗》曰：'噫嘻春夏，祈谷于上帝。'《礼记》亦曰：'上辛祈谷于上帝。'而郑玄乃云：'天之五帝迭王，王者之兴必感其一，因别祭尊之。故夏正之月，祭其所生之帝于南郊，以其祖配之。故周祭灵威仰，以后稷配，因以祈谷。'然则祈谷非祭之本意，乃因后稷为配尔，此非祈谷之本义也。夫祈谷，本以祭天也。然五帝者五行之精，所以生九谷也，宜于祈谷祭昊天而兼祭五帝。"又曰："《月令》，大雩、大享帝，皆盛祭也。而孟夏雩、季秋大享，《贞观礼》皆祭五方帝，而《显庆礼》皆祭昊天上帝，宜兼用之以合大雩、大享之义。"既而萧嵩等撰定《开元礼》，虽未能合古，而天神之位别矣。

　　其配神之主，武德中，冬至及孟夏雩祭皇地祇于方丘、神州地祇于北郊，以景帝配；而上辛祈谷祀感帝于南郊，季秋祀五方天帝于明堂，以元帝配。贞观初，圆丘、明堂、北郊以高祖配，而元帝惟配感帝。高宗永徽二年，以太宗配祀明堂，而有司乃以高祖配五天帝，太宗配五人帝。太尉长孙无忌等与礼官议，以谓："自三代以来，历汉、魏、晋、宋，无父子同配于明堂者。《祭法》曰：'周人禘喾而郊稷，祖文王而宗武王。'郑玄以祖、宗合为一祭，谓祭五帝、五神于明堂，以文、武共配。而王肃驳曰：'古者祖功宗德，自是不毁之名，非谓配食于明堂。'《春秋传》曰：'禘、郊、祖、宗、报，五者国之典祀也。'以此知祖、宗非一祭。"于是以高祖配于圆丘，太宗配于明堂。

　　乾封二年，诏圆丘、五方、明堂、感帝、神州皆以高祖、太宗并配。则天垂拱元年，诏有司议，而成均助教孔玄义、太子右谕德沈伯仪、凤阁舍人元万顷范履冰议皆不同，而卒用万顷、履冰之说。由是郊、丘诸祠，常以高祖、太宗、高宗并配。开元十一年，亲享圆丘，中书令张说、卫尉少卿韦绦为礼仪使，乃以高祖配，而罢三祖并配。至二十年，萧嵩等定礼，而祖宗之配定矣。

　　宝应元年，太常卿杜鸿渐、礼仪使判官薛顾归崇敬等言："禘者,冬至祭天于圆丘,周人配以远祖。唐高祖非始封之君,不得为太祖以配天地。而太祖景皇帝受封于唐,即殷之契、周之后稷也,请以太祖郊配天地。"谏议大夫黎干以谓:"禘者,宗庙之事,非祭天,而太祖非受命之君,不宜作配。"为十诘十难以非之。书奏,不报。乃罢高祖,以景皇帝配。明年旱,言事者以为高祖不得配之过也。代宗疑之,诏群臣议。太常博士独孤及议曰:"受命于神宗,禹也,而夏后氏祖颛顼而郊鲧;缵禹黜夏,汤也,而殷人郊冥而祖契;革命作周,武王也,而周人郊稷而祖文王。太祖景皇帝始封于唐,天所命也。"由是配享不易。呜呼,礼之失也,岂独纬书之罪哉!在于学者好为曲说,而人君一切临时申其私意,以增多为尽礼,而不知烦数之为黩也。

古者祭天于圆丘,在国之南,祭地于泽中之方丘,在国之北,所以顺阴阳,因高下,而事天地以其类也。其方位既别,而其燎坛、瘗坎、乐舞变数亦皆不同,而后世有合祭之文。则天天册万岁元年,亲享南郊,始合祭天地。

睿宗即位,将有事于南郊,谏议大夫贾曾议曰:"《祭法》,有虞氏禘黄帝而郊喾,夏后氏禘黄帝而郊鲧。郊之与庙,皆有禘也。禘于庙,则祖宗合食于太祖;祇于郊,则地祇群望皆合于圆丘,以始祖配享。盖有事之大祭,非常祀也。《三辅故事》:'祭于圆丘,上帝、后土位皆南面。'则汉尝合祭矣。"国子祭酒褚无量、司业郭山恽等皆以曾言为然。是时睿宗将祭地于北郊,故曾之议寝。

玄宗既已定《开元礼》,天宝元年,遂合祭天地于南郊。是时,神仙道家之说兴,陈王府参军田同秀言:"玄元皇帝降丹凤门。"乃建玄元庙。二月辛卯,亲享玄元皇帝庙;甲午,亲享太庙;丙申,有事于南郊。其后遂以为故事,终唐之世,莫能改也。为礼可不慎哉!

夫男女之不相亵于内外也,况郊庙乎?中宗时,将享南郊,国子祭酒祝钦明言皇后当助祭,太常博士唐绍、蒋钦绪以为不可,左仆射韦巨源独以钦明说为是。于是以皇后为亚献,补大臣李峤等女为斋娘,以执笾豆焉。至德宗贞元六年,又以皇太子为亚献,亲王为终献。

《孝经》曰:"宗祀文王于明堂,以配上帝。"而三代有其名而无其制度,故自汉以来,诸儒之论不一,至于莫知所从,则一切临时增损,而不能合古。然推其本旨,要于布政交神于王者尊严之居而已,其制作何必与古同!然为之者至无所据依,乃引天地、四时、风气、乾坤、五行、数象之类以为仿像,而众说亦不克成。

隋无明堂,而季秋大享,常寓雩坛;唐高祖、太宗时,寓于圆丘。贞观中,礼部尚书豆卢宽、国子助教刘伯庄议:"从昆仑道上层以祭天,下层以布政。"而太子中允孔颖达以为非。侍中魏徵以谓:"五室重屋,上圆下方,上以祭天,下以布政。自前世儒者所言虽异,而以为如此者多同。至于高下广狭丈尺之制,可以因事制宜也。"秘书监颜师古曰:"《周书》叙明堂有应门、雉门之制,以此知为王者之常居尔。其青阳、总章、玄堂、太庙、左右个,皆路寝之名也。《文王居明堂》之篇,带弓韣,礼高禖,九门磔禳,国有酒以合三族,推其事皆与《月令》合,则皆在路寝也。《大戴礼》曰在近郊,又曰文王之庙也,此奚足以取信哉?且门有皋、库,岂得施于郊野,谓宜近在宫中。"徵及师古等皆当世名儒,其论止于如此。

高宗时改元总章,分万年置明堂县,示欲必立之。而议者益纷然,或以为五室,或以为九室,而高宗依两议,以帟幕为之,与公卿临观,而议益不一。乃下诏率意班其制度。至取象黄琮,上设鸱尾,其言益不经,而明堂亦不能立。

至则天始毁东都乾元殿,以其地立明堂,其制淫侈,无复可观,皆不足记。其后火焚之,既而又复立。开元五年,复以为乾元殿而不毁。初,则天以木为瓦,夹纻漆之。二十五年,玄宗遣将作大匠康𬤇素毁之。𬤇素以为劳人,乃去其上层,易以真瓦。而迄唐之世,季秋大享,皆寓圆丘。

《书》曰："七世之庙，可以观德。"而礼家之说，世数不同。然自《礼记王制》、《祭法》、《礼器》，大儒荀卿、刘歆、班固、王肃之徒，以为七庙者多。盖自汉、魏以来，创业之君特起，其上世微，又无功德以备祖宗，故其初皆不能立七庙。

唐武德元年，始立四庙，曰宣简公、懿王、景皇帝、元皇帝。贞观九年，太祖崩，太宗诏有司定议。谏议大夫朱子奢请立七庙，虚太祖之室以待。于是尚书八座议："《礼》曰：'天子，三昭三穆，与太祖之庙而七。'晋、宋、齐、梁皆立亲庙六，此故事也。"制曰："可。"于是祔弘农府君及高祖为六室。二十三年，太宗崩，弘农府君以世远毁，藏夹室，遂祔太宗；及高宗崩，宣皇帝迁于夹室，而祔高宗。皆为六室。

武氏乱败，中宗神龙元年，已复京太庙，又立太庙于东都。议立始祖为七庙，而议者欲以凉武昭王为始祖。太常博士张齐贤议以为不可，因曰："古者有天下者事七世，而始封之君谓太祖。太祖之庙，百世不迁。至祫祭，则毁庙皆以昭穆合食于太祖。商祖玄王，周祖后稷，其世数远，而迁庙之主皆出太祖后，故合食之序，尊卑不差。汉以高皇帝为太祖，而太上皇不在合食之列，为其尊于太祖也。魏以武帝为太祖，晋以宣帝为太祖，武、宣而上，庙室皆不合食于祫，至隋亦然。唐受天命，景皇帝始封之君，太祖也，以其世近，而在三昭三穆之内，而光皇帝以上，皆以属尊不列合食。今宜以景皇帝为太祖，复祔宣皇帝为七室，而太祖以上四室皆不合食于祫。"博士刘承庆、尹知章议曰："三昭三穆与太祖为七庙者，礼也。而王迹有浅深，太祖有远近，太祖以功建，昭穆以亲崇。有功者不迁，亲尽者则毁。今以太祖近而庙数不备，乃欲于昭穆之外，远立当迁之主以足七庙，而乖迭毁之义，不可。"天子下其议太臣，礼部尚书祝钦明两用其言，于是以景皇帝为始祖，而不祔宣皇帝。已而以孝敬皇帝为义宗，祔于庙，由是为七室，而京太庙亦七室。中宗崩，中书令姚元之、吏部尚书宋祔以为"义宗，追尊之帝，不宜列昭穆，而其葬在洛州，请立别庙于东都，而有司时享，其京庙神主藏于夹室"。由是祔中宗，而光皇帝不迁，遂为七室矣。

睿宗崩，博士陈贞节、苏献等议曰："古者兄弟不相为后，殷之盘庚，不序于阳甲；汉之光武，不嗣于孝成；而晋怀帝亦继世祖而不继惠帝。盖兄弟相代，昭穆位同，至其当迁，不可兼毁二庙。荀卿子曰：'有天下者事七世。'谓从祢以上也。若傍容兄弟，上毁祖考，则天子有不得事七世者矣。孝和皇帝有中兴之功而无后，宜如殷之阳甲，出为别庙，祔睿宗以继高宗。"于是立中宗庙于太庙之西。

开元十年，诏宣皇帝复祔于正室，谥为献祖，并谥光皇帝为懿祖，又以中宗还祔太庙，于是太庙为九室。将亲祔之，而遇雨不克行，乃命有司行事。宝应二年，祧献祖、懿祖，祔玄宗、肃宗。自是之后，常为九室矣。

代宗崩，礼仪使颜真卿议："太祖、高祖、太宗皆不毁，而代祖元皇帝当迁。"于是迁元皇帝而祔代宗。德宗崩，礼仪使杜黄裳议："高宗在三昭三穆外，当迁。"于是迁高宗而祔德宗，盖以中、睿为昭穆矣。顺宗崩，当迁中宗，而有司疑之，以谓则天革命，中宗中兴之主也。博士王泾、史官蒋武皆以为中宗得失在己，非汉光武、晋元帝之比，不得为中兴不迁之君。由是迁中宗而祔顺宗。

自宪宗、穆宗、敬宗、文宗四世祔庙，睿、玄、肃、代以次迁。至武宗崩，德宗以次当迁，而于世次为高祖，礼官始觉其非，以谓兄弟不相为后，不得为昭穆，乃议复祔代宗。而议者言："已祧之主不得复入太庙。"礼官曰："昔晋元、明之世，已迁豫章、颍川，后皆复祔，此故事也。"议者又言："庙室有定数，而无后之主当置别庙。"礼官曰："晋武帝时，景、文同庙，庙虽六代，其实七主。至元帝、明帝，庙皆十室，故贺循曰：'庙以容主为限，而无常数也。'"于是复祔代宗，而以敬宗、文宗、武宗同为一代。初，玄宗之复祔献祖也，诏曰："使亲而不尽，远而不祧。"盖其率意而言尔，非本于礼也。而后之为说者，乃迁就其事，以谓三昭三穆与太祖祖功宗德三庙不迁为九庙者，周制也。及敬、文、武三宗为一代，故终唐之世，常为九代十一室焉。

开元五年，太庙四室坏，奉其神主于太极殿，天子素服避正殿，辍朝三日。时将行幸东都，遂谒神主于太极殿而后行。安禄山之乱，宗庙为贼所焚,肃宗复京师,设次光顺门外,向庙而哭,辍朝三日。其后黄巢陷京师,焚毁宗庙,而僖宗出奔,神主法物从行,皆为贼所掠。巢败,复京师,素服哭于庙而后入。

初,唐建东、西二都,而东都无庙。则天皇后僭号称周,立周七庙于东都以祀武氏,改西京唐太庙为享德庙。神龙元年,中宗复位,迁武氏庙主于西京,为崇尊庙,而以东都武氏故庙为唐太庙,祔光皇帝以下七室而亲享焉。由是东西二都皆有庙,岁时并享。其后安禄山陷两京,宗庙皆焚毁。肃宗即位,西都建庙作主,而东都太庙毁为军营,九室神主亡失,至大历中,始于人间得之,寓于太微宫,不复祔享。自建中至于会昌,议者不一,或以为:"东西二京宜皆有庙,而旧主当瘗,虚其庙以俟,巡幸则载主而行。"或谓:"宜藏其神主于夹室。"或曰:"周丰、洛有庙者,因迁都乃立庙尔。今东都不因迁而立庙,非也。"又曰:"古者载主以行者,惟新迁一室之主尔,未有载群庙之主者也。"至武宗时,悉废群议,诏有司择日修东都庙。已而武宗崩,宣宗竟以太微神主祔东都庙焉。

其追赠皇后、追尊皇太后、赠皇太子往往皆立别庙。其近于礼者,后世当求诸礼。其不合于礼而出其私意者,盖其制作与其论议皆不足取焉,故不著也。

宣宗已复河、湟三州七关,归其功顺宗、宪宗而加谥号。博士李稠请改作神主,易书新谥。右司郎中杨发等议,以谓:"古者已祔之主无改作,加谥追尊,非礼也,始于则天,然犹不改主易书。宜以新谥宝册告于陵庙可也。"是时,宰相以谓士族之庙皆就易书,乃就旧主易书新谥焉。

禘、祫,大祭也。祫以昭穆合食于太祖,而禘以审谛其尊,此祫、禘之义,而为礼者失之,至于年数不同,祖宗失位,而议者莫知所从。《礼》曰:"三年一祫,五年一禘。"《传》曰:"五年再殷祭。"高宗上元三年十月当祫,而有司疑其年数。太学博士史玄璨等议,以为:"新君丧毕而祫,明年而禘。自是之后,五年而再祭。盖后禘去前禘五年,而祫常在禘后三年,禘常在祫后二年。鲁宣公八年禘僖公,盖二年丧毕而袷,明年而禘,至八年而再禘。昭公二十年禘,至二十五年又禘,此可知也。”议者以玄璟等言有经据,遂从之。睿宗崩,开元六年丧毕而袷,明年而禘。自是之后,袷、禘各自以年,不相通数。凡七袷五禘,至二十七年,禘、袷并在一岁,有司觉其非,乃议以为一禘一袷,五年再殷,宜通数。而禘后置袷,岁数远近,二说不同,郑玄用高堂隆先三而后二,徐邈先二后三。而邈以谓二禘相去为月六十,中分三十,置一袷焉。此最为得,遂用其说。由是一禘一袷,在五年之间,合于再殷之义,而置袷先后则不同焉。

礼,禘、袷,太祖位于西而东向,其子孙列为昭穆,昭南向而穆北向。虽已毁庙之主,皆出而序于昭穆。殷、周之兴,太祖世远,而群庙之主皆出其后,故其礼易明。汉、魏以来,其兴也暴,又其上世微,故创国之君为太祖而世近,毁庙之主皆在太祖之上,于是禘、袷不得如古。而汉、魏之制,太祖而上,毁庙之主皆不合食。

唐兴,以景皇帝为太祖,而世近在三昭三穆之内,至袷、禘,乃虚东向之位,而太祖与群庙列于昭穆。代宗即位,祔玄宗、肃宗,而迁献祖、懿祖于夹室。于是太祖居第一室,禘、袷得正其位而东向,而献、懿不合食。建中二年,太学博士陈京请为献祖、懿祖立别庙,至禘、袷则享。礼仪使颜真卿议曰:“太祖景皇帝居百代不迁之尊,而禘、袷之时,暂居昭穆,屈己以奉祖宗可也。”乃引晋蔡谟议,以献祖居东向,而懿祖、太祖以下左右为昭穆。由是议者纷然。

贞元十七年,太常卿裴郁议,以太祖百代不迁,献、懿二祖亲尽庙迁而居东向,非是。请下百寮议。工部郎中张荐等议与真卿同。太子左庶子李嵘等七人曰:“真卿所用,晋蔡谟之议也,谟为‘禹不先鲧’之说,虽有其言,当时不用。献、懿二祖宜藏夹室,以合《祭法》‘远庙为祧,而坛、墠有祷则祭,无祷则止’之义。”吏部郎柳冕等十二人曰:“《周礼》有先公之祧,迁祖藏于后稷之庙,其周未受命之祧乎?又有先王之祧,其迁主藏于文、武之庙,其周已受命之祧乎?今献祖、懿祖,犹周先公也,请筑别庙以居之。”司勋员外郎裴枢曰:“建石室于寝园以藏神主,至禘、袷之岁则祭之。”考功员外郎陈京、

同官县尉仲子陵皆曰:"迁神主于德明、兴圣庙。"京兆少尹韦武曰:
"祫则献祖东向,禘则太祖东向。"十一年,左司郎中陆淳曰:"议者
多矣,不过三而已。一曰复太祖之正位,二曰并列昭穆而虚东向,三
曰祫则献祖,禘则太祖,迭居东向。而复正太祖之位为是。然太祖
复位,则献、懿之主宜有所归。一曰藏诸夹室,二曰置之别庙,三曰
迁于园寝,四曰祔于兴圣。然而藏诸夹室,则无飨献之期;置之别
庙,则非《礼经》之文;迁于寝园,则乱宗庙之仪。唯祔于兴圣为是。"
至十九年,左仆射姚南仲等献议五十七封,付都省集议。户部尚书
王绍等五十五人请迁懿祖祔兴圣庙,议遂定。由是太祖始复东向之
位。

　　若诸臣之享其亲,庙室、服器之数,视其品。开元十二年著令,
一品、二品四庙,三品三庙,五品二庙,嫡士一庙,庶人祭于寝。及定
礼,二品以上四庙,三品三庙,三品以上不须爵者亦四庙,四庙有始
封为五庙,四品、五品有兼爵亦三庙,六品以下达于庶人,祭于寝。
天宝十载,京官正员四品清望及四品、五品清官,听立庙,勿限兼
爵。虽品及而建庙未逮,亦听寝祭。
　　庙之制,三品以上九架,厦两旁。三庙者五间,中为三室,左右
厦一间,前后虚之,无重栱、藻井。室皆为石室一,于西墉三之一近
南,距地四尺,容二主。庙垣周之,为南门、东门,门屋三室,而上间
以庙,增建神厨于庙东之少南,斋院于东门之外少北,制勿逾于庙。
三品以上有神主,五品以上有几筵。牲以少牢,羊、豕一,六品以下
特豚,不以祖祢贵贱,皆子孙之牲。牲阙,代以野兽。五品以上室异
牲,六品以下共牲。二品以上室以笾豆十,三品以八,四品、五品以
六。五品以上室皆簠二、簋二、甒二、钘二、俎三、尊二、罍二、勺二、
爵六、盘一、坫一、篚一、牙盘胙俎一。祭服,三品以上玄冕,五品以
上爵弁,六品以下进贤冠,各以其服。
　　凡祔皆给休五日,时享皆四日。散斋二日于正寝,致斋一日于
庙,子孙陪者斋一宿于家。始庙则署主而祔,后丧阕乃祔,丧二十八

月上旬卜而祔，始神事之矣。王公之主载以辂，夫人之主以翟车，其余皆以舆。天子以四孟、腊享太庙，诸臣避之，祭仲而不腊。三岁一祫，五岁一禘。若祔、若常享、若禘祫，卜日、斋戒、省牲、视涤、濯鼎镬、亨牲、实馔、三献、饮福、受胙进退之数，大抵如宗庙之祀。以国官亚、终献，无则以亲宾，以子弟。

其后不卜日，而筮用亥。祭寝者，春、秋以分，冬、夏以至日。若祭春分，则废元日。然元正，岁之始，冬至，阳之复，二节最重。祭不欲数，乃废春分，通为四。

祠器以乌漆，差小常制。祭服以进贤冠，主妇花钗礼衣，后或改衣冠从公服，无则常服。凡祭之在庙、在寝，既毕，皆亲宾子孙慰，主人以常服见。

若宗子有故，庶子摄祭，则祝曰："孝子某使介子某执其常事。"通祭三代，而宗子卑，则以上牲祭宗子家，祝曰："孝子某为其介子某荐其常事。"庶子官尊而立庙，其主祭则以支庶封官依大宗主祭，兄陪于位。以庙由弟立，己不得延神也。或兄弟分官，则各祭考妣于正寝。

古殇及无后皆祔食于祖，无祝而不拜，设坐祖左而西向，亚献者奠，祝乃奠之，一献而止。其后庙制设幄，当中南向，祔坐无所施，皆祭室户外之东而西向。亲伯叔之无后者祔曾祖，亲昆弟及从父昆弟祔于祖，亲子侄祔于祢。寝祭之位西上，祖东向而昭穆南北，则伯叔之祔者居祢下之穆位北向，昆弟、从父昆弟居祖下之昭位南向，子侄居伯叔之下穆位北向，以序尊卑。凡殇、无后，以周亲及大功为断。

古者庙于大门内，秦出寝于陵侧，故王公亦建庙于墓。既庙与居异，则宫中有丧而祭。三年之丧，齐衰、大功皆废祭；外丧，齐衰以下行之。

唐书卷一四
志第四

礼乐四

　　其非常祀,天子有时而行之者,曰封禅巡守、视学、耕藉、拜陵。

　　《文中子》曰:"封禅非古也,其秦、汉之侈心乎?"盖其旷世不常行,而于礼无所本,故自汉以来,儒生学官论议不同,而至于不能决,则出于时君率意而行之尔。隋文帝尝令牛弘、辛彦之等撰定仪注,为坛泰山下,设祭如南郊而已,未尝升山也。

　　唐太宗已平突厥,而年谷屡丰,群臣请封泰山。太宗初颇非之,已而遣中书侍郎杜正伦行太山上七十二君坛迹,以是岁两河大水而止。其后群臣言封禅者多,乃命秘书少监颜师古、谏议大夫朱子奢等集当时名儒博士杂议,不能决。于是左仆射房玄龄、特进魏徵、中书令杨师道博采众议奏上之,其议曰:"为坛于泰山上,祀昊天上帝。坛之广十二丈,高丈二尺。玉牒长一尺三寸,广厚五寸。玉检如之,厚减三寸。其印齿如玺,缠以金绳五周。玉策四,皆长一尺三寸,广寸五分,厚五分,每策皆五简,联以金。昊天上帝配以太祖,皇地祇配以高祖。已祀而归格于庙,盛以金匮。匮高六寸,广足容之,制如表函,缠以金绳,封以金泥,印以受命之玺。而玉牒藏于山上,以方石三枚为再累,缠以金绳,封以石泥,印以受命之玺。其山上之圆坛,土以五色,高九尺,广五丈,四面为一阶。天子升自南阶,而封玉牒。已封,而加以土,筑为封,高一丈二尺,广二丈。其禅社首亦如之。其石检封以受命玺，而玉检别制玺，方一寸二分，文如受命玺。以石距非经，不用。又为告至坛，方八十一尺，高三尺，四出陛，以燔柴告至，望秩群神。"遂著于礼，其他降禅、朝觐皆不著。至十五年，将东幸，行至洛阳，而彗星见，乃止。

高宗乾封元年，封泰山，为圆坛山南四里，如圆丘，三壝，坛上饰以青，四方如其色，号封祀坛。玉策三，以玉为简，长一尺二寸，广一寸二分，厚三分，刻而金文。玉匮一，长一尺三寸，以藏上帝之册；金匮二，以藏配帝之册。缠以金绳五周，金泥、玉玺，玺方一寸二分，文如受命玺。石礋以方石再累，皆方五尺，厚一尺，刻方其中以容玉匮。礋旁施检，刻深三寸三分，阔一尺，当绳刻深三分，阔一寸五分。石检十枚，以检石礋，皆长三尺，阔一尺，厚七分；印齿三道，皆深四寸，当玺方五寸，当绳阔一寸五分。检立于礋旁，南方、北方皆三，东方、西方皆二，去礋隅皆一尺。礋缠以金绳五周，封以石泥。距礋十二，分距礋隅，皆再累，皆阔二尺，长一丈，斜刻其首，令与礋隅相应。又为坛于山上，广五丈，高九尺，四出陛，一壝，号登封坛。玉牒、玉检、石礋、石距、玉匮、石检皆如之。为降禅坛于社首山上，八隅、一成、八陛如方丘，三壝。上饰以黄，四方如其色，其余皆如登封。其议略定，而天子诏曰："古今之制，文质不同。今封禅以玉牒、金绳，而瓦尊、匏爵、秸席，宜改从文。"于是昊天上帝褥以苍，地祇褥以黄，配褥皆以紫，而尊爵亦更焉。

是岁正月，天子祀昊天上帝于山下之封祀坛，以高祖、太宗配，如圆丘之礼。亲封玉册，置石礋，聚五色土封之，径一丈二尺，高尺。已事，升山。明日，又封玉册于登封坛。又明日，祀皇地祇于社首山之降禅坛，如方丘之礼，以太穆皇后、文德皇后配，而皇后武氏为亚献，越国太妃燕氏为终献，率六宫以登，其帷帝皆锦绣。群臣瞻望，多窃笑之。又明日，御朝觐坛以朝群臣，如元日之礼。乃诏立登封、降禅、朝觐之碑，名封祀坛曰舞鹤台，登封坛曰万岁台，降禅坛曰景云台，以纪瑞焉。其后将封嵩岳，以吐蕃、突厥寇边而止。永淳元年，又作奉天宫于嵩山南，遂幸焉。将以明年十一月封禅，诏诸儒国子司业李行伟、考功员外郎贾大隐等草具其仪,已而遇疾,不克封,至武后遂登封焉。

　　玄宗开元十二年,四方治定,岁屡丰稔,群臣多言封禅,中书令张说又固请,乃下制以十三年有事泰山。于是说与右散骑常侍徐坚、太常少卿韦绍、秘书少监康子元、国子博士侯行果刊定仪注。立圆台于山上,广五丈,高九尺,土色各依其方。又于圆台上起方坛,广一丈二尺,高九尺,其坛、台四面为一阶。又积柴为燎坛于圆台之东南,量地之宜,柴高一丈二尺,方一丈,开上,南出户六尺。又为圆坛于山下,三成、十二阶,如圆丘之制。又积柴于坛南为燎坛,如山上。又为玉册、玉匮、石礛,皆如高宗之制。玄宗初以谓升中于崇山,精享也,不可喧哗,欲使亚献已下行礼山下坛,召礼官讲议。学士贺知章等言:“昊天上帝,君也。五方精帝,臣也。陛下享君于上,群臣祀臣于下,可谓变礼之中。然礼成于三,亚、终之献,不可异也。”于是三献皆升山,而五方帝及诸神皆祭山下坛。玄宗问:“前世何为秘玉牒?”知章曰:“玉牒以通意于天,前代或祈长年,希神仙,旨尚微密,故外莫知。”帝曰:“朕今为民祈福,无一秘请,即出玉牒以示百寮。”乃祀昊天上帝于山上坛,以高祖配。祀五帝以下诸神于山下,其祀礼皆如圆丘。而卜日、告天及庙、社、大驾所经及告至、问百年、朝觐,皆如巡狩之礼。

　　其登山也。为大次于中道,止休三刻而后升。其已祭燔燎,侍中前跪称:“具官臣某言,请封玉册。”皇帝升自南陛,北向立。太尉进昊天上帝神座前,跪取玉册,置于桉以进。皇帝受玉册,跪内之玉匮,缠以金绳,封以金泥。侍中取受命宝跪以进。皇帝取宝以印玉匮,侍中受宝,以授符宝郎。太尉进,皇帝跪捧玉匮授太尉,太尉退,复位。太常卿前奏:“请再拜。”皇帝再拜,退入于次。太尉奉玉匮之桉于石礛南,北向立。执事者发石盖,太尉奉玉匮,跪藏于石礛内。执事者覆石检,检以石检,缠以金绳,封以石泥,以玉宝遍印,引降复位。帅执事者以石距封固,又以五色土环封。其配座玉牒封于金匮,皆如封玉匮。太尉奉金匮从降,俱复位。以金匮内太庙,藏于高祖神尧皇帝之石室。其禅于社首,皆如方丘之礼。

天子将巡狩,告于其方之州曰:"皇帝以某月于某巡狩,各修乃守,考乃职事,敢不敬戒,国有常刑。"将发,告于圆丘。前一日,皇帝齐,如郊祀。告昊天上帝,又告于太庙、社稷。具大驾卤簿。所过州、县,刺史、令候于境,通事舍人承制问高年,祭古帝王、名臣、烈土。既至,刺史、令皆先奉见。将作筑告至圆坛于岳下,四出陛,设昊天上帝、配帝位。

天子至,执事皆齐一日。明日,望于岳、镇、海、渎、山、川、林、泽、丘、陵、坟、衍、原、隰,所司为坛。设祭官次于东壝门外道南,北向;设馔幔内壝东门外道北,南向;设宫县、登歌;为瘗坎。祭官、执事皆齐一日。岳、镇、海、渎、山、川、林、泽、丘、陵、坟、衍、原、隰之尊,在坛上南陛之东,北向。设玉篚及洗,设神坐坛上北方。献官奠玉币及爵于岳神,祝史助奠镇、海以下。

明日,乃肆觐,将作于行宫南为壝。三分壝间之二在南,为坛于北,广九丈六尺,高九尺,四出陛。设宫县坛南,御坐坛上之北,解剑席南陛之西。文、武官次门外东、西,刺史、令次文官南,蕃客次武官南,列辇路坛南。文官九品位坛东南,武官西南,相向。刺史、令位坛南三分庭一,蕃客位于西。又设门外位,建牙旗于壝外,黄麾大仗屯门,钑戟陈壝中。吏部主客户部赞群官、客使就门外位。刺史、令赞其土之宝,锦、绮、缯、布、葛,越皆五两为束,锦以黄帊,常贡之物皆篚,其属执,列令后。文武九品先入就位。皇帝乘舆入北壝门,繇北陛升坛,即坐,南向。刺史、蕃客皆入壝门,至位,再拜,奠赞,兴,执赞。侍中降于刺史东北,皆拜。宣已,又拜。蕃客以舍人称制如之。户部导贡物入刺史前,龟首之,金次之,丹、漆、丝、纩四海九州之美物,重行陈。执者退,就东西文武前,侧立。通事舍人导刺史一人,解剑脱舄,执赞升前,北向跪奏:"官封臣姓名等敢献壤奠。"遂奠赞。舍人跪举以东授所司,刺史剑、舄复位。初,刺史升奠赞,在庭者以次奠于位前,皆再拜。户部尚书坛间北向跪,请以贡物付所司,侍中承制曰:"可。"所司受赞出东门。中书侍郎以州镇表方一桉俟于西门外,给事中以瑞桉俟于东门外,乃就侍臣位。初,刺史将入,乃各引桉分进东、西陛下。刺史将升,中书令、黄门侍郎降立,既升,乃取表升。尚书既请受赘,中书令乃前跪读,黄门侍郎、给事中进跪奏瑞,侍郎、给事中导桉退,文武、刺史、国客皆再拜。北向位者出就门外位。皇帝降北陛以入,东、西位者出。设会如正、至,刺史、蕃客入门,皆奏乐如上公。

会之明日,考制度。太常卿采诗陈之,以观风俗。命市纳贾,以观民之好恶。典礼者考时定日,同律,礼、乐、制度、衣服正之。山川神祇有不举为不恭,宗庙有不慎为不孝,皆黜爵。革制度、衣服者为叛,有讨。有功德于百姓者,爵赏之。

皇帝视学,设大次于学堂后,皇太子次于大次东。设御座堂上,讲榻北向。皇太子座御座东南,西向。文臣三品以上座太子南,少退;武臣三品以上于讲榻西向。执读座于前楹,北向;侍讲座执读者西北,武官之前;论义座于讲榻前,北向。执如意立于侍讲之东,北向。三馆学官座武官后。设堂下版位,脱履席西阶下。皇太子位于东阶东南,执经于西阶西南,文、武三品以上分位于南,执如意者一人在执经者后,学生位于文、武后。

其日,皇帝乘马,祭酒帅监官、学生迎于道左。皇帝入次,执经、侍讲、执如意者与文武、学生皆就位堂下。皇太子立于学堂门外,西向。侍中奏“外办”。皇帝升北阶,即坐。皇太子乃入就位,在位皆再拜。侍中敕皇太子、王公升,皆再拜,乃坐。执读、执经释义。执如意者以授侍讲,秉诣论义坐,问所疑,退,以如意授执者,还坐,乃皆降。若赐会,则侍中宣制,皇帝返次。群官既会,皇帝还,监官、学生辞于道左。

皇帝孟春吉亥享先农,遂以耕藉。前享一日,奉礼设御坐于坛东,西向;望瘗位于坛西南,北向;从官位于内壝东门之内道南,执事者居后;奉礼位于乐县东北,赞者在南。又设御耕藉位于外壝南门之外十步所,南向;从耕三公、诸王、尚书、卿位于御坐东南,重行西向,以其推数为列。其三公、诸王、尚书、卿等非耕者位于耕者之东,重行,西向北上;介公、鄌公于御位西南,东向北上。尚舍设御耒席于三公之北少西,南向。奉礼又设司农卿之位于南,少退;诸执耒耜者位于公卿耕者之后、非耕者之前,西向。御耒耜一具,三公耒耜三具,诸王、尚书、卿各三人合耒耜九具。以下耒耜,太常各令藉田农人执之。

皇帝已享,乃以耕根车载耒耜于御者间,皇帝乘车自行宫降大次。乘黄令以耒耜授廪牺令,横执之,左耜置于席,遂守之。皇帝将望瘗,谒者引三公及从耕侍耕者、司农卿与执耒耜者皆就位。皇帝出就耕位,南向立。廪牺令进耒席南,北向,解韬出耒,执以兴,少退,北向立。司农卿进受之,以授侍中,奉以进。皇帝受之,耕三推。侍中前受耒耜,反之司农卿,卿反之廪牺令,令复耒于韬,执以兴,复位。皇帝初耕,执耒者皆以耒耜授侍耕者。皇帝耕止,三公、诸王耕五推,尚书、卿九推。执耒者前受之。皇帝还,入自南门,出内壝东门,入大次。享官、从享者出,太常卿帅其属耕于千亩。

皇帝还宫,明日,班劳酒于太极殿,如元会,不贺,不为寿。藉田之谷,敛而钟之神仓,以拟粢盛及五齐、三酒,穰槁以食牲。

藉田祭先农,唐初为帝社,亦曰藉田坛。贞观三年,太宗将亲耕,给事中孔颖达议曰:“《礼》,天子藉田南郊,诸侯东郊。晋武帝犹东南,今帝社乃东坛,未合于古。”太宗曰:“《书》称‘平秩东作’,而青辂、黛耜,顺春气也。吾方位少阳,田宜于东郊。”乃耕于东郊。

垂拱中,武后藉田坛曰先农坛。神龙元年,礼部尚书祝钦明议曰:“《周颂·载芟》:‘春藉田而祈社稷。’《礼》:‘天子为藉千亩,诸侯百亩。’则缘田为社,曰王社、侯社。今日先农,失王社之义,宜正名为帝社。”太常少卿韦叔夏、博士张齐贤等议曰:“《祭法》,王者立太社,然后立王社,所置之地,则无传也。汉兴已有官社,未立官稷,乃立于官社之后,以夏禹配官社,以后稷配官稷。臣瓒曰:‘《高纪》,立汉社稷,所谓太社也。官社配以禹,所谓王社也。至光武乃不立官稷,相承至今。’魏以官社为帝社,故挚虞谓魏氏故事,立太社是

也。晋或废或置，皆无处所。或曰二社并处，而王社居西。崔氏、皇
甫氏皆曰王社在藉田。桉卫宏《汉仪》'春始东耕于藉田，引诗先农，
则神农也。'又《五经要义》曰：'坛于田，以祀先农如社。'魏秦静议
风伯、雨师、灵星、先农、社、稷为国六神。晋太始四年，耕于东郊，以
太牢祀先农。周、隋旧仪及国朝先农皆祭神农于帝社，配以后稷。则
王社、先农不可一也。今宜于藉田立帝社、帝稷，配以禹、弃，则先
农、帝社并祠，叶于周之《载芟》之义。"钦明又议曰："藉田之祭本王
社。古之祀先农，句龙、后稷也。烈山之子亦谓之农，而周弃继之，
皆祀为稷。共工之子曰后土，汤胜夏，欲迁而不可。故二神，社、稷
主也。黄帝以降，不以羲、农列常祀，岂社、稷而祭神农乎？社、稷之
祭，不取神农末耜大功，而专于共工、烈山，盖以三皇洪荒之迹，无
取为教。彼秦静何人，而知社稷、先农为二，而藉田有二坛乎？先农、
王社，一也，皆后稷、句龙异名而分祭，牲以四牢。"钦明又言："汉祀
禹，谬也。今欲正王社、先农之号而未决，乃更加二祀，不可。"叔夏、
齐贤等乃奏言："经无先农，《礼》曰'王自为立社，曰王社。'先儒以
为在藉田也。永徽中犹曰藉田，垂拱后乃为先农。然则先农与社一
神，今先农坛，请改曰帝社坛，以合古王社之义。其祭，准令以孟春
吉亥祠后土，以句龙氏配。"于是为帝社坛，又立帝稷坛于西，如太
社、太稷，而坛不设方色，以异于太社。

　　开元十九年，停帝稷而祀神农氏于坛上，以后稷配。二十三年，
亲祀神农于东郊，配以句芒，遂躬耕尽垅止。

　　肃宗乾元二年，诏去末耜雕刻，命有司改造之。天子出通化门，
释轼而入坛，遂祭神农氏，以后稷配。冕而朱纮，躬九推焉。

　　宪宗元和五年，诏以来岁正月藉田。太常修撰韦公肃言："藉田
礼废久矣，有司无可考。"乃据《礼经》参采开元、乾元故事，为先农
坛于藉田。皇帝夹侍二人，正衣二人，侍中一人奉末耜，中书令一
人、礼部尚书一人侍从，司农卿一人授末耜于侍中，太仆卿一人执
牛，左、右卫将军各一人侍卫。三公以宰相摄，九卿以左右仆射、尚
书、御史大夫摄，三诸侯以正员一品官及嗣王摄。推数一用古制。礼

仪使一人、太常卿一人赞礼；三公、九卿、诸侯执牛三十人，用六品以下官，皆服裤褶。御耒耜二，并韬皆以青。其制度取合农用，不雕饰，毕日收之。藉耒耜丈席二。先农坛高五尺，广五丈，四出陛，其色青。三公、九卿、诸侯耒十有五。御耒之牛四，其二，副也。并牛衣。每牛各一人，绛衣介帻，取闲农务者，礼司以人赞导之。执耒持耜，以高品中官二人，不裤褶。皇帝诣望耕位，通事舍人分导文、武就耕所。太常帅其属用庶人二十八，以郊社令一人押之。太常少卿一人，率庶人趋耕所。博士六人，分赞耕礼。司农少卿一人，督视庶人终千亩。廪牺令二人，间一人奉耒耜授司农卿，以五品、六品清官摄；一人掌耒耜，太常寺用本官。三公、九卿、诸侯耕牛四十，其十，副也，牛各一人。庶人耕牛四十，各二牛一人。庶人耒耜二十具，锸二具，木为刃。主藉田县令一人，具朝服，当耕时立田侧，毕乃退。畿甸诸县令先期集，以常服陪耕所。耆艾二十人，陪于庶人耕位南。三公从者各三人，九卿、诸侯从者各一人，以助耕。皆绛服介帻，用其本司隶。是时虽草具其仪如此，以水旱用兵而止。

皇帝谒陵，行宫距陵十里，设坐于斋室，设小次于陵所道西南，大次于寝西南。侍臣次于大次西南，陪位者次又于西南，皆东向。文官于北，武官于南，朝集使又于其南，皆相地之宜。

前行二日，遣太尉告于庙。皇帝至行宫，即斋室。陵令以玉册进署。设御位于陵东南隅，西向，有冈麓之阂，则随地之宜。又设位于寝宫之殿东陛之东南，西向。尊坫陈于堂户东南。百官、行从、宗室、客使位神道左右，寝宫则分方序立大次前。

其日，未明五刻，陈黄麾大仗于陵寝。三刻，行事官及宗室亲五等、诸亲三等以上并客使之当陪者就位。皇帝素服乘马，华盖、繖、扇，侍臣骑从，诣小次。步出次，至位，再拜，又再拜。在位皆再拜，又再拜。少选，太常卿请辞，皇帝再拜，又再拜。奉礼曰："奉辞。"在位者再拜。皇帝还小次，乘马诣大次，仗卫列立以俟行。百官、宗室、诸亲、客使序立次前。皇帝步至寝宫南门，仗卫止。乃入，繇东序进殿陛东南位,再拜;升自东阶,北向,再拜,又再拜。入省服玩,扐拭帐簀,进太牢之馔,加珍羞。皇帝出尊所,酌酒,入,三奠爵,北向立。太祝二人持玉册于户外,东向跪读。皇帝再拜,又再拜,乃出户,当前北向立。太常卿请辞,皇帝再拜,出东门,还大次,宿行宫。

若太子、诸王、公主陪葬柏城者,皆祭寝殿东庑;功臣陪葬者,祭东序。为位奠馔,以有司行事。

或皇后从谒,则设大次寝宫东,先朝妃嫔次于大次南,大长公主、诸亲命妇之次又于其南,皆东向。以行帷具障谒所,内谒者设皇后位于寝宫东,大次前,少东。先朝妃嫔位西南,各于次东,司赞位妃嫔东北,皆东向。皇帝既发行宫,皇后乘四望车之大次,改服假髻,白练单衣。内典引导妃嫔以下就位。皇后再拜,陪者皆拜。少选,遂辞,又拜,陪者皆拜。皇后还寝东大次,陪者退。皇后钿钗礼衣,乘舆诣寝宫,先朝妃嫔、大长公主以下从。至北门,降舆,入大次,诣寝殿前西阶之西,妃嫔、公主位于西,司赞位妃嫔东北,皆东向。皇后再拜,在位者皆拜。皇后繇西阶入室,诣先帝前再拜,复诣先后前再拜,进省先后服玩,退西厢东向立,进食。皇帝出,乃降西阶位。辞,再拜,妃嫔皆拜。诣大次更衣,皇帝过,乃出寝宫北门,乘车还。

天子不躬谒,则以太常卿行陵。所司撰日,车府令具辂车一马清道,青衣、团扇、曲盖繖,列俟于太常寺门。设次陵南百步道东,西向。右校令具薙器以备汛扫。太常卿公服乘车,奉礼郎以下从。至次,设卿位兆门外之左,陵官位卿东南,执事又于其南,皆西向。奉礼郎位陵官之西,赞引二人居南。太常卿以下再拜,在位皆拜。谒者导卿,赞引导众官入,奉行、复位皆拜。出,乘车之它陵。有芝治,则命之。

凡国陵之制,皇祖以上至太祖陵,皆朔、望上食,元日、冬至、寒食、伏、腊、社各一祭。皇考陵,朔、望及节祭,而日进食。又荐新于诸陵,其物五十有六品。始将进御,所司必先以送太常与尚食,滋味荐之,如宗庙。

　　贞观十三年,太宗谒献陵,帝至小次,降舆,纳履,入阙门,西向再拜,恸哭俯伏殆不能兴。礼毕,改服入寝宫,执馔以荐。阅高祖及太穆后服御,悲感左右。步出司马北门,泥行二百步。

　　永徽二年,有司言:"先帝时,献陵既三年,惟朔、望、冬至、夏伏、腊、清明、社上食,今昭陵丧期毕,请上食如献陵。"从之。六年正月朔,高宗谒昭陵,行哭就位,再拜擗踊毕,易服谒寝宫。入寝哭踊,进东阶,西向拜号,久,乃荐太牢之馔,加珍羞,拜哭奠馔。阅服御而后辞,行哭出寝北门,御小辇还。

　　显庆五年,诏岁春、秋季一巡,宜以三公行陵,太常少卿贰之,太常给卤簿,仍著于令。始,《贞观礼》岁以春、秋仲月巡陵,至武后时,乃以四季月、生日、忌日遣使诣陵起居。景龙二年,右台侍御史唐绍上书曰:"礼不祭墓,唐家之制,春、秋仲月以使具卤簿衣冠巡陵。天授之后,乃有起居,遂为故事。夫起居者,参候动止,事生之道,非陵寝法。请停四季及生日、忌日、节日起居,准式二时巡陵。"手敕曰:"乾陵岁冬至、寒食以外使,二忌以内使朝奉。它陵如绍奏。"至是又献、昭、乾陵皆日祭。太常博士彭景真上疏曰:"礼无日祭陵,惟宗庙月有祭。故王设庙、祧、坛、墠为亲疏多少之数,立七庙、一坛、一墠。曰考庙、曰王考庙、曰皇考庙、曰显考庙,皆月祭之。远朝为祧,享尝乃止。去祧为坛,去坛为墠,有祷焉祭之,无祷乃止。又谯周《祭志》:'天子始祖、高祖、曾祖、祖、考之庙,皆月朔加荐,以象平生朔食,谓之月祭,二祧之庙无月祭。'则古皆无日祭者。今诸陵朔、望食,则近于古之殷事;诸节日食,近于古之荐新。郑注《礼记》:'殷事,月朔、半荐新之奠也。'又:'既大祥即四时焉。'此其祭皆在庙。近代始以朔、望诸节祭陵寝,唯四时及腊五享庙。考经据礼,固无日祭于陵。唯汉七庙议,京师自高祖下至宣帝,与太上皇、悼皇考陵旁立庙,园各有寝、便殿,故日祭于寝,月祭于便殿。元帝时,贡禹以礼节烦数,愿罢郡国庙。丞相韦玄成等又议七庙外,寝园皆无复。议者亦以祭不欲数,宜复古四时祭于庙。后刘歆引《春秋传》'日祭,月祀,时享,岁贡。祖祢则日祭,曾高则月祀,二祧则时享、坛、堳则岁贡。'后汉陵寝之祭无传焉，魏、晋以降，皆不祭墓。国家诸陵日祭请停如礼。"疏奏，天子以语侍臣曰："礼官言诸陵不当日进食。夫礼以人情沿革，何专古为？乾陵宜朝晡进奠如故，昭、献二陵日一进。或所司苦于费，可减朕常膳为之。"

开元十五年敕："宣皇帝、光皇帝陵，以县令检校，州长官岁一巡。"又敕："岁春、秋巡，公卿具仗出城，至陵十里复。"十七年，玄宗谒桥陵，至墉垣西阙下马，望陵涕泗，行及神午门，号恸再拜。且以三府兵马供卫，遂谒定陵、献陵、昭陵、乾陵乃还。

二十三年，诏献、昭、乾、定、桥五陵，朔、望上食，岁冬至、寒食各日设一祭。若节与朔、望、忌日合，即准节祭料。桥陵日进半羊食。二十七年，敕公卿巡陵乘辂，其令太仆寺，陵给辂二乘及仗。明年，制："以宣皇帝、光皇帝、景皇帝、元皇帝追尊号谥有制，而陵寝所奉未称。建初、启运陵如兴宁、永康陵，置署官、陵户，春、秋仲月，分命公卿巡谒。二十年诏：建初、启运、兴宁、永康陵，岁四时、八节，所司与陵署具食进。"天宝二年，始以九月朔荐衣于诸陵。又常以寒食荐饧粥、鸡球、雷车，五月荐衣、扇。

陵司旧曰署，十三载改献、昭、乾、定、桥五陵署为台，令为台令，升旧一阶。是后诸陵署皆称台。

大历十四年，礼仪使颜真卿奏："今元陵请朔、望、节祭，日荐，如故事；泰陵惟朔、望、岁冬至、寒食、伏、腊、社一祭，而罢日食。"制曰："可。"贞元四年，国子祭酒包佶言："岁二月、八月，公卿朝拜诸陵，陵台所由导至陵下，礼略无以尽恭。"于是太常约旧礼草定曰："所司先撰吉日，公卿辂车、卤簿就太常寺发，抵陵南道东设次，西向北上。公卿既至次，奉礼郎设位北门外之左，陵官位其东南，执事官又于其南。谒者导公卿，典引导众官就位，皆拜。公卿、众官以次奉行，拜而还。"

故事，朝陵公卿发，天子视事不废。十六年，拜陵官发，会董晋卒，废朝。是后公卿发，乃因之不视事。

元和元年，礼仪使杜黄裳请如故事，丰陵日祭，崇陵唯祭朔、望、节日、伏、腊。二年,宰臣建言:"礼有著定,后世徇一时之慕,过于烦,并故陵庙有荐新,而节有遣使,请岁太庙以时享,朔、望上食,诸陵以朔、望奠,亲陵以朝晡奠,其余享及忌日告陵皆停。

唐书卷一五
志第五

礼乐五

皇后岁祀一,季春吉巳享先蚕,遂以亲桑。散斋三日于后殿;致斋一日于正寝,一日于正殿。前一日,尚舍设御幄于正殿西序及室中,俱东向。致斋之日,昼漏上水一刻,尚仪版奏"请中严"。尚服帅司仗布侍卫,司宾引内命妇陪位。六尚以下,各服其服,诣后殿奉迎。尚仪版奏"外办"。上水二刻,皇后服钿钗礼衣,结珮,乘舆出自西房,华盖警跸。皇后即御座,六尚以下侍卫。一刻顷,尚仪前跪奏称:"尚仪妾姓言,请降就斋室。"皇后降座,乘舆入室。散斋之日,内侍帅内命妇之吉者,使蚕于蚕室,诸预享者皆斋。

前享三日,尚舍直长设大次于外壝东门之内道北,南向;内命妇及六尚以下次于其后,俱南向。守宫设外命妇次,大长公主、长公主、公主以下于南壝之外道西,三公夫人以下在其南,重行异位,东向北上。陈馔幔于内壝东门之外道南,北向。前享二日,太乐令设宫县之乐于坛南内壝之内,诸女工各位于县后。右校为采桑坛于坛南二十步所,方三丈,高五尺,四出陛。尚舍量施帷障于外壝之外,四面开门,其东门足容厌翟车。前享一日,内谒者设御位于坛之东南,西向;望瘗位于西南,当瘗坎,西向。亚献、终献位于内壝东门之内道南,执事者位于其后,重行异位,西向北上。典正位于坛下,一位于东南,西向;一位于西南,东向。女史各陪其后。司赞位于乐县东北,掌赞二人在南,差退,西面。又设司赞、掌赞位于瘗坎西南,东面南上；典乐举麾位于坛上南陛之西，东向；司乐位于北县之间，当坛北向。内命妇位于终献之南，绝位，重行异位，西向北上；外命妇位于中壝南门之外，大长公主以下于道东，东西，当内命妇，差退；太夫人以下于道西，去道远近如公主，重行异位，相向北上。又设御采桑位于坛上，东向；内命妇采桑位于坛下，当御位东南，北向西上；执御钩、筐者位于内命妇之西少南，西上；内外命妇执钩、筐者位各于其采桑位之后。设门外位：享官于东壝之外道南，从享内命妇于享官之东，北面西上；从享外命妇于南壝之外道西，如设次。设酒尊之位于坛上东南隅，北向西上；御洗于坛南陛东南，亚献之洗又于东南，俱北向；币筐于坛上尊坫之所。晡后，内谒者帅其属以尊坫、罍洗、筐幂入，设于位。升坛者自东陛。享日，未明十五刻，太官令帅宰人以鸾刀割牲，祝史以豆取毛血置于馔所，遂烹牲。五刻，司设升，设先蚕氏神座于坛上北方，南向。

前享一日，金吾奏："请外命妇等应集坛所者听夜行，其应采者四人，各有女侍者进筐、钩载之而行。"其日未明四刻，捶一鼓为一严；二刻，捶二鼓为再严。尚仪版奏"请中严"。一刻，捶三鼓为三严。司宾引内命妇入，立于庭，重行，西面北上。六尚以下诣室奉迎。尚服负宝，内仆进厌翟车于阁外，尚仪版奏"外办"。驭者执辔，皇后服鞠衣，乘舆以出，华盖、侍卫、警跸。内命妇从出门。皇后升车，尚功进钩，司制进筐，载之。内命妇及六尚等乘车从，诸翊驾之官皆乘马。驾动，警跸，不鸣鼓角。内命妇、宫人以次从。

其日三刻，尚仪及司酝帅其属入，实尊罍及币，太官令实诸笾、豆、簠、簋、俎等，内谒者帅其属诣厨奉馔入，设于馔幔内。驾将至，女相者引享官，内典引引外命妇，俱就门外位。驾至大次门外，回车南向，尚仪进车前跪奏称："尚仪妾姓言，请降车。"皇后降车，乘舆之大次，华盖、繖、扇。尚仪以祝版进，御署，出奠于坫。尚功、司制进受钩、筐以退，典赞引亚献及从享内命妇俱就门外位。司赞帅掌赞先入就位，女相者引尚仪、典正及女史、祝史与女执尊罍筐幂者入自东门，当坛南，北向西上。司赞曰："再拜。"掌赞承传，尚仪以下皆再拜，就位。司乐帅女工人入，典赞引亚献、终献，女相者引执事者、司宾引内命妇、内典引引外命妇入，就位。皇后停大次半刻顷，司言引尚宫立于大次门外，当门北向。尚仪版奏"外办"。皇后出次，入自东门，至版位，西向立。尚宫曰："再拜。"皇后再拜。司赞曰："众官再拜。"在位者皆再拜。尚宫曰："有司谨具，请行事。"乐三成。尚宫曰："再拜。"皇后再拜。司赞曰："众官再拜。"在位者皆再拜。坛上尚仪跪取币于篚，兴，立于尊所。皇后自坛南陛升，北面立，尚仪奉币东向进，皇后受币，进，北向，跪奠于神座，少退，再拜，降自南陛，复于位。初，内外命妇拜讫，女祝史奉毛血之豆立于内壝东门之外，皇后已奠币，乃奉毛血入，升自南陛，尚仪迎引于坛上，进，跪奠于神座前。皇后既升奠币，司膳出，帅女进馔者奉馔陈于内壝东门之外。皇后既降，复位。司膳引馔入，至阶。女祝史跪撤毛血之豆，降自东陛以出。馔升自南陛，尚仪迎引于坛上，设于神座前。皇后诣罍洗，尚仪跪取匜，兴，沃水；司言跪取盘，兴，承水。皇后盥。司言跪取巾于篚，进以帨，受巾，跪奠于篚。乃取爵于篚，兴，进，受爵。尚仪酌罍水，司言奉盘，皇后洗爵，司言授巾，皆如初。皇后升自坛南陛，诣酒尊。尚仪赞酌醴齐，进先蚕氏神座前，北向跪，奠爵，兴，少退，立。尚仪持版进于神座之右，东面跪读祝文。皇后再拜，尚仪以爵酌上尊福酒，西向进，皇后再拜受爵，跪，祭酒，啐酒，奠爵，兴。尚仪帅女进馔者持笾、俎进神前，三牲胙肉各置一俎，又以笾取稷、黍饭共置一笾。尚仪以饭笾、胙俎西向以次进，皇后每受以授左右。乃跪取爵，遂饮，卒爵，兴，再拜，降自南陛，复于位。初，皇后献将毕，典赞引贵妃诣罍洗，盥手，洗爵，自东陛升坛，酌盎齐于象尊，进神座前，北向跪，奠爵，兴，少退，再拜。尚仪以爵酌福酒进，贵妃再拜受爵，跪祭，遂饮，卒爵，再拜，降自东陛，复位。昭仪终献如亚献。尚仪进神座前，跪撤豆。司赞曰："赐胙。"掌唱曰："众官再拜。"在位者皆再拜。尚宫曰："再拜。"皇后再拜。司赞曰："众官再拜。"在位者皆再拜。尚宫请就望瘗位，司赞帅掌赞就瘗坎西南位，皇后至望瘗位，西向立。尚仪执篚进神座前，取币，自北陛降坛，西行诣瘗坎，以币置于坎。司赞曰："可瘗坎。"东西各四人实土半坎。尚宫曰："礼毕,请就采桑位。"尚宫引皇后诣采桑坛,升自西陛,东向立。

初,皇后将诣望瘗位,司宾引内外命妇采桑者、执钩筐者皆就位。内外命妇一品各二人,二品、三品各一人。皇后既至,尚功奉金钩自北陛升,进。典制奉筐从升。皇后受钩,采桑,典制以筐受之。皇后采三条止,尚功前受钩,典制以筐俱退。皇后初采桑,典制等各以钩授内外命妇。皇后采桑讫,内外命妇以次采,女史执筐者受之。内外命妇一品采五条,二品采九条,止,典制等受钩,与执筐者退,复位。司宾各引内外命妇采桑者以从,至蚕室,尚功以桑授蚕母,蚕母切之以授婕妤食蚕,洒一簿止。尚仪曰:"礼毕。"尚宫引皇后还大次,内外命妇各还其次。尚仪、典正以下俱复执事位。司赞曰:"再拜。"尚仪以下皆再拜,出。女工人以次出。其祝版燔于齐所。

车驾还宫之明日,内外命妇设会于正殿,如元会之仪,命曰劳酒。

其有司岁所常祀者十有三:立春后丑日祀风师,立夏后申日祀雨师,立秋后辰日祀灵星,立冬后亥日祀司中、司命、司人、司禄,季夏土王之日祭中霤,孟冬祭司寒。皆一献。祝称:"天子谨遣。"

其中春、中秋释奠于文宣王、武成王,皆以上丁、上戊,国学以祭酒、司业、博士三献,乐以轩县。前享一日,奉礼郎设三献位于东门之内道北,执事位于道南,皆西向北上;学官、馆官位于县东,当执事西南,西向,学生位于馆官之后,皆重行北上;观者位于南门之内道之左右,重行北面,相对为首。设三献门外位于东门之外道南,执事位于其后,每等异位,北向西上;馆官、学官位于三献东南,北向西上。设先圣神座于庙室内西楹间,东向;先师于先圣东北,南向;其余弟子及二十一贤以次东陈,南向西上。其余皆如常祀。

皇子束修:束帛一筐,五匹;酒一壶,二斗;修一案,五脡。其日平明，皇子服学生之服，其服青衿。至学门外。博士公服，执事者引立学堂东阶上，西面。相者引皇子立于门东，西面。陈束帛篚、壶酒、脯案于皇子西南，当门北向，重行西上。将命者出，立门西，东面，曰："敢请就事。"皇子少进，曰："某方受业于先生，敢请见。"将命者入告。博士曰："某也不德，请皇子无辱。"若已封王，则云"请王无辱"。将命者出告，皇子固请。博士曰："某也不德，请皇子就位，某敢见。"将命者出告，皇子曰："某不敢以视宾客，请终赐见。"将命者入告，博士曰："某辞不得命，敢不从。"将命者出告，执篚者以篚东面授皇子，皇子执篚。博士降俟于东阶下，西面。相者引皇子，执事者奉壶酒、修案以从，皇子入门而左，诣西阶之南，东面。奉酒、修者立于皇子西南，东面北上。皇子跪，奠篚，再拜。博士答再拜，皇子还避，遂进，跪取篚。相者引皇子进博士前，东面授币，奉壶酒、案者从，奠于博士前，博士受币，执事者取酒、修、币以东。相者引皇子立于阶间近南，北面，奉酒、修者出。皇子拜讫，相者引皇子出。

其学生束帛、酒、修以见，如皇子。

武德二年，始诏国子学立周公、孔子庙。七年，高祖释奠焉，以周公为先圣，孔子配。九年封孔子之后为褒圣侯。贞观二年，左仆射房元龄、博士朱子奢建言："周公、尼父俱圣人，然释奠于学，以夫子也。大业以前，皆孔丘为先圣，颜回为先师。"乃罢周公，升孔子为先圣，以颜回配。四年，诏州、县学皆作孔子庙。十一年，诏尊孔子为宣父，作庙于兖州，给户二十以奉之。十四年，太宗观释奠于国子学，诏祭酒孔颖达讲《孝经》。

二十一年，诏左丘明、卜子夏、公羊高、谷梁赤、伏胜、高堂生、戴圣、毛苌、孔安国、刘向、郑众、贾逵、杜子春、马融、卢植、郑康成、服虔、何休、王肃、王弼、杜预、范宁二十二人皆以配享。而尼父庙学官自祭之，祝曰："博士某昭告于先圣。"州、县之释奠，亦以博士祭。中书侍郎许敬宗等奏："《礼》：'学官释奠于其先师。'郑氏谓：'《诗》、《书》、《礼》、《乐》之官也。'四时之学，将习其道，故释奠各以其师，而不及先圣。惟春、秋合乐，则天子视学，有司总祭先圣、先师。秦、汉释奠无文，魏则以太常行事，晋、宋以学官主祭。且国学乐以轩县，尊、俎须于官，非臣下所可专也。请国学释奠以祭酒、司业、博士为三献，辞称'皇帝谨遣'。州学以刺史、上佐、博士三献，县学以令、丞、主簿若尉三献。如社祭，给明衣。"会皇太子释奠，自为初献，以祭酒张后胤亚献，光州刺史摄司业赵弘智终献。

永徽中，复以周公为先圣，孔子为先师，颜回、左丘明以降皆从祀。显庆二年，太尉长孙无忌等言："《礼》：'释奠于其先师。'若《礼》有高堂生，《乐》有制氏，《诗》有毛公，《书》有伏生。又《礼》：'始立学，释奠于先圣。'郑氏《注》：'若周公、孔子也。'故贞观以夫子为圣，众儒为先师。且周公作礼乐，当同王者之祀。"乃以周公配武王，而孔子为先圣。

总章元年，太子弘释奠于学，赠颜回为太子少师，曾参少保。咸亨元年，诏州、县皆营孔子庙。武后天授元年，封周公为褒德王，孔子为隆道公。神龙元年，以邹、鲁百户为隆道公采邑，以奉岁祀，子孙世袭褒圣侯。睿宗太极元年，以兖州隆道公近祠户三十供洒扫，加赠颜回太子太师，曾参太子太保，皆配享。

玄宗开元七年，皇太子齿胄于学，谒先圣，诏宋璟亚献，苏颋终献。临享，天子思齿胄义，乃诏二献皆用胄子，祀先圣如释奠。右散骑常侍褚无量讲《孝经》、《礼记·文王世子篇》。

明年，司业李元瓘奏："先圣庙为十哲象，以先师颜子配，则配象当坐，今乃立侍。余弟子列象庙堂不豫享，而范宁等皆从祀。请释奠十哲享于上，而图七十子于壁。曾参以孝受经于夫子，请享之如二十二贤。"乃诏十哲为坐象，悉豫祀。曾参特为之象，坐亚之。图七十子及二十二贤于庙壁。

二十七年，诏夫子既称先圣，可谥曰文宣王，遣三公持节册命，以其嗣为文宣公，任州长史，代代勿绝。先时，孔庙以周公南面，而夫子坐西墉下。贞观中，废周公祭，而夫子位未改。至是，二京国子监、天下州县夫子始皆南向，以颜渊配。赠诸弟子爵公侯：子渊兖公,子骞费侯,伯牛郓侯,仲弓薛侯,子有徐侯,子路卫侯,子我齐侯,子贡黎侯,子游吴侯,子夏魏侯。又赠曾参以降六十七人:参成伯,颛孙师陈伯,澹台灭明江伯,宓子贱单伯,原宪原伯,公冶长莒伯,南宫适郯伯,公皙哀郳伯,曾点宿伯,颜路杞伯,商瞿蒙伯,高柴共伯,漆雕开滕伯,公伯寮任伯,司马牛向伯,樊迟樊伯,有若卞伯,公西赤邵伯,巫马期鄫伯,梁鳣梁伯,颜柳萧伯,冉孺郜伯,曹卹丰伯,伯虔邹伯,公孙龙黄伯,冉季产东平伯,秦子南少梁伯,漆雕敛武城伯,颜子骄琅邪伯,漆雕徒父须句伯,壤驷赤北征伯,商泽睢阳伯,石作蜀邱邑伯,任不齐任城伯,公夏首亢父伯,公良孺东牟伯,后处营丘伯,秦开彭衙伯,奚容箴下邳伯,公肩定新田伯,颜襄临沂伯,鄡单铜鞮伯,句井强淇阳伯,罕父黑乘丘伯,秦商上洛伯,申党召陵伯,公祖子之期思伯,荣子旗雩娄伯,县成钜野伯,左人郢临淄伯,燕伋渔阳伯,郑子徒荥阳伯,秦非汧阳伯,施常乘氏伯,颜哙朱虚伯,步叔乘淳于伯,颜之仆东武伯,原亢籍莱芜伯,乐欬昌平伯,廉絜莒父伯,颜何开阳伯,叔仲会瑕丘伯,狄黑临济伯,邽巽平陆伯,孔忠汶阳伯,公西舆如重丘伯,公西葴祝阿伯。于是二京之祭,牲太牢、乐宫县、舞六佾矣。州县之牲以少牢而无乐。

二十八年,诏春秋二仲上丁,以三公摄事,若会大祀,则用中丁,州、县之祭,上丁。上元元年,肃宗以岁旱罢中、小祀,而文宣之祭,至仲秋犹祠之于太学。永泰二年八月,修国学祠堂成,祭酒萧昕始奏释奠,宰相元载、杜鸿渐、李抱玉及常参官、六军将军就观焉。自复二京,惟正会之乐用宫县,郊庙之享,登歌而已,文、武二舞亦不能具。至是,鱼朝恩典监事,乃奏宫县于论堂,而杂以教坊工伎。贞元九年季冬,贡举人谒先师日与亲享庙同,有司言上丁释奠与大祠同,即用中丁,乃更用日谒于学。元和九年,礼部奏贡举人谒先师,自是不复行矣。

开元十九年,始置太公尚父庙,以留侯张良配。中春、中秋上戊祭之,牲、乐之制如文宣。出师命将,发日引辞于庙。仍以古名将十人为十哲配享。天宝六载,诏诸州武举人上省,先谒太公庙。乾元元年，太常少卿于休烈奏："秋享汉祖庙，旁无侍臣，而太公乃以张良配。子房生汉初，佐高祖定天下，时不与太公接。古配食庙庭，皆其佐命；太公，人臣也，谊无配享。请以张良配汉祖庙。"

上元元年，尊太公为武成王，祭典与文宣王比，以历代良将为十哲象坐侍。秦武安君白起、汉淮阴侯韩信、蜀丞相诸葛亮、唐尚书右仆射卫国公李靖、司空英国公李勣列于左，汉太子少傅张良、齐大司马田穰苴、吴将军孙武、魏西河守吴起、燕昌国君乐毅列于右，以良为配。后罢中祀，遂不祭。

建中三年，礼仪使颜真卿奏："治武成庙，请如《月令》春、秋释奠。其追封以王，宜用诸侯之数，乐奏轩县。"诏史馆考定可配享者，列古今名将凡六十四人图形焉：越相国范蠡，齐将孙膑，赵信平君廉颇，秦将王翦，汉相国平阳侯曹参、左丞相绛侯周勃、前将军北平太守李广、大司马冠军侯霍去病，后汉太傅高密侯邓禹、左将军胶东侯贾复、执金吾雍奴侯寇恂、伏波将军新息侯马援、太尉槐里侯皇甫嵩，魏征东将军晋阳侯张辽，蜀前将军汉寿亭侯关羽，吴偏将军南郡太守周瑜、丞相娄侯陆逊，晋征南大将军南城侯羊祜、抚军大将军襄阳侯王濬，东晋车骑将军康乐公谢玄，前燕太宰录尚书太原王慕容恪，宋司空武陵公檀道济，梁太尉永宁郡公王僧辩，北齐尚书右仆射燕郡公慕容绍宗，周大冢宰齐王宇文宪，隋上柱国新义公韩擒虎、柱国太平公史万岁，唐右武候大将军鄂国公尉迟敬德、右武卫大将军邢国公苏定方、右武卫大将军同中书门下平章事韩国公张仁亶、兵部尚书同中书门下三品中山公王晙、夏官尚书同中书门下三品朔方大总管王孝杰；齐相管仲、安平君田单，赵马服君赵奢、大将军武安君李牧，汉梁王彭越、太尉条侯周晋夫、大将军长平侯卫青、后将军营平侯赵充国，后汉大司马广平侯吴汉、征西大将军夏阳侯冯异、建威大将军好畤侯耿弇、太尉新丰侯段颍，魏太尉邓艾，蜀车骑将军西乡侯张飞，吴武威将军南郡太守孱陵侯吕蒙、大司马荆州牧陆抗，晋镇南大将军当阳侯杜预、太尉长沙公陶侃，前秦丞相王猛，后魏太尉北平王长孙嵩，宋征虏将军王镇恶，陈司空南平公吴明彻,北齐右丞相咸阳王斛律光,周太傅大宗伯燕国公于谨、右仆射郧国公韦孝宽,隋司空尚书令越国公杨素、右武候大将军宋国公贺若弼,唐司空河间郡王孝恭、礼部尚书闻喜公裴行俭、兵部尚书同中书门下三品代国公郭元振、朔方节度使兼御史大夫张齐丘、太尉中书令尚父汾阳郡王郭子仪。

贞元二年,刑部尚书关播奏:"太公古称大贤,下乃置亚圣,义有未安。而仲尼十哲,皆当时弟子,今以异时名将,列之弟子,非类也。请但用古今名将配享,去亚圣十哲之名。"自是,唯享武成王及留侯,而诸将不复祭矣。

四年,兵部侍郎李纾言:"开元中,太公庙以张良配,以太常卿、少卿三献,祝文曰:皇帝遣某敢昭告。'至上元元年赠太公以王爵,祭典同文宣,有司遂以太尉献,祝版亲署。夫太公周之太师,张良汉之少傅,今至尊屈礼于臣佐,神何敢歆?且文宣百世所宗,故乐以宫县,献以太尉,尊师崇道也。太公述作止《六韬》,勋业著一代,请祝辞不进署,改昭告为敬祭,留侯为致祭,献官用太常卿以下。"百官议之,多请如纾言。左司郎中严况等议曰:"按纾援典训尊卑之节,当矣,抑犹有未尽。夫大名徽号,不容虚美,而太公兵权奇计之人耳,当殷之失德,诸侯归周,遂为佐命。祀典不云乎,'法施于人则祀之'?如仲尼祖述尧舜,宪章文武,删《诗书》,定《礼乐》,使君君、臣臣、父父、子子皆宗之,法施于人矣。贞观中,以太公兵家者流,始令磻溪立庙。开元渐著上戊释奠礼,其进不薄矣。上元之际,执事者苟意于兵,遂封王爵,号拟文宣,彼于圣人非伦也。谓宜去武成王号,复为太公庙,奠享之制如纾请。"刑部员外郎陆淳等议曰:"武成王,殷臣也,纣暴不谏,而佐周倾之。夫尊道者师其人。使天下之人入是庙,登是堂,稽其人,思其道,则立节死义之士安所奋乎?圣人宗尧、舜,贤夷、齐,不法桓、文,不赞伊尹,殆谓此也。武成之名,与文宣偶,非不刊之典也。臣愚谓罢上元追封立庙,复磻溪祠,有司以时享,斯得矣。"左领军大将军令狐建等二十四人议曰:"兵革未靖,宜右武以起忠烈。今特贬损,非劝也。且追王爵,以时祠,为武教主,文、武并宗，典礼已久，改之非也。"乃诏以将军为献官，余用纾奏。自是，以上将军、大将军、将军为三献。

其五岳、四镇，岁一祭，各以五郊迎气日祭之。东岳岱山于兖州、东镇沂山于沂州，南岳衡山于衡州，南镇会稽于越州，中岳嵩高于河南，西岳华山于华州，西镇吴山于陇州，北岳常山于定州，北镇医无闾于营州，东海于莱州，淮于唐州，南海于广州，江于益州，西海及河于同州，北海及济于河南。

唐书卷一六
志第六

礼乐六

　　二曰宾礼,以待四夷之君长与其使者。

　　蕃国主来朝,遣使者迎劳。前一日,守宫设次于馆门之外道右,南向。其日,使者就次,蕃主服其国服,立于东阶下,西面。使者朝服出次,立于门西,东面;从者执束帛立于其南。有司出门,西面曰:"敢请事。"使者曰:"奉制劳某主。"称其国名。有司入告,蕃主迎于门外之东,西面再拜,俱入。使者先升,立于西阶上,执束帛者从升,立于其北,俱东向。蕃主乃升,立于东阶上,西面。使者执币曰:"有制。"蕃主将下拜,使者曰:"有后制,无下拜。"蕃主旋,北面再拜稽首。使者宣制,蕃主进受命,退复位,以币授左右,又再拜稽首。使者降,出立于门外之西,东面。蕃主送于门之外,西,止使者,揖以俱入,让升,蕃主先升阶上,西面;使者升西阶上,东面。蕃主以主物侯使者,使者再拜受。蕃主再拜送物,使者降,出,蕃主从出门外,皆如初。蕃主再拜送使者,还。蕃主入,鸿胪迎引诣朝堂,依方北面立,所司奏闻,舍人承敕出,称"有敕。"蕃主再拜。宣劳,又再拜。乃就馆。

　　皇帝遣使戒蕃主见日,如劳礼。宣制曰:"某日,某主见。"蕃主拜稽首。使者降,出,蕃主送。

　　蕃主奉见。前一日,尚舍奉御设御幄于太极殿,南向;蕃主坐于西南,东向。守宫设次,太乐令展宫县,设举麾位于上下,鼓吹令设十二柄,乘黄令陈车辂,尚辇奉御陈舆辇。典仪设蕃主立位于县南道西,北面;蕃国诸官之位于其后,重行,北面西上,典仪位于县之东北,赞者二人在南,差退,俱西面。诸卫各勒部,屯门列黄麾仗。所司迎引蕃主至承天门外,就次。本司入奏,钑戟近仗皆入。典仪帅赞者先入,就位。侍中版奏"请中严"。诸侍卫之官及符宝郎诣阁奉迎,蕃主及其属各立于阁外西厢,东面。侍中版奏"外办"。皇帝服通天冠、绛纱袍,乘舆以出。舍人引蕃主入门,《舒和》之乐作。典仪曰:"再拜。"蕃主再拜稽首。侍中承制降诣蕃主西北,东面曰:"有制。"蕃主再拜稽首。乃宣制,又再拜稽首。侍中还奏,承制降劳,敕升座。蕃主再拜稽首,升座。侍中承制劳问,蕃主俛伏避席,将下拜,侍中承制曰:"无下拜。"蕃主复位,拜而对。侍中还奏,承制劳还馆。蕃主降,复县南位,再拜稽首。其官属劳以舍人,与其主俱出。侍中奏"礼毕"。皇帝兴。

若蕃国遣使奉表币,其劳及戒见皆如蕃国主。庭实陈于客前,中书侍郎受表置于案,至西阶以表升。有司各率其属受其币焉。

其宴蕃国主及其使,皆如见礼。皇帝已即御坐,蕃主入,其有献物陈于其前。侍中承制降敕,蕃主升座。蕃主再拜奉贽,曰:"某国蕃臣某敢献壤奠。"侍中升奏,承旨曰:"朕其受之。"侍中降于蕃主东北,西面,称"有制"。蕃主再拜,乃宣制。又再拜以贽授侍中,以授有司。有司受其余币,俱以东。舍人承旨降敕就座,蕃国诸官俱再拜。应升殿者自西阶,其不升殿者分别立于廊下席后。典仪曰:"就坐。"阶下赞者承传,皆就座。太乐令引歌者及琴瑟至阶,脱履,升坐,其笙管者,就阶间北面立。尚食奉御进酒,至阶,典仪曰:"酒至,兴。"阶下赞者承传,皆俛伏,兴,立。殿中监及阶省酒,尚食奉御进酒,皇帝举酒,良酝令行酒。典仪曰:"再拜。"阶下赞者承传,皆再拜,受觯。皇帝初举酒,登歌作《昭和》三终。尚食奉御受虚觯,奠于坫。酒三行,尚食奉御进食,典仪曰:"食至,兴。"阶下赞者承传,皆兴,立。殿中监及阶省桉,尚食奉御品尝食,以次进,太官令行蕃主以下食桉。典仪曰:"就坐。"陛下赞者承传,皆就坐。皇帝乃饭,蕃

主以下皆饭。撤桉，又行酒，遂设庶羞。二舞以次入，作。食毕，蕃
主以下复位于县南，皆再拜。若有筐篚，舍人前承旨降宣敕，蕃主以
下又再拜，乃出。

其三曰军礼。

皇帝亲征。

纂严。前期一日，有司设御幄于太极殿，南向。文武群官次于
殿庭东西，每等异位，重行北向。乘黄令陈革辂以下车旗于庭。其
日未明，诸卫勒所部，列黄麾仗。平明，侍臣、将帅、从行之官皆平巾
帻、裤褶。留守之官公服，就次。上水五刻，侍中版奏“请中严”。钑
戟近仗列于庭。三刻，群官就位。诸侍臣诣阁奉迎。侍中版奏“外
办”。皇帝服武弁，御舆以出，即御座。典仪曰：“再拜。”在位者皆再
拜。中书令承旨敕百寮群官出，侍中跪奏“礼毕”。皇帝入自东房，
侍臣从至阁。

乃襏于昊天上帝。前一日，皇帝清齐于太极殿，诸豫告之官、侍
臣、军将与在位者皆清齐一日。其日，皇帝服武弁，乘革辂，备大驾，
至于坛所。其牲二及玉币皆以苍。尊以太尊、山罍各二，其献一。皇
帝已饮福，诸军将升自东阶，立于神座前，北向西上，饮福受胙。将
军之次在外壝南门之外道东，西向北上。其即事之位在县南，北面。
每等异位，重行西上。其奠玉帛、进熟、饮福、望燎，皆如南郊。

其宜于社，造于庙，皆各如其礼而一献。军将饮福于太稷，庙则
皇考之室。

其凯旋，则陈俘馘于庙南门之外，军实陈于其后。

其解严，皇帝服通天冠、绛纱袍，群臣再拜以退，而无所诏。其
余皆如纂严。

若祃于所征之地，则为壝再重，以熊席祀轩辕氏。兵部建两旗
于外，壝南门之外陈甲胄、弓矢于神位之侧，植稍于其后。尊以牺、
象、山罍各二，馔以特牲。皇帝服武弁，群臣戎服，三献。其接于神
者皆如常祀，瘗而不燎。其军将之位如襏。

其轭于国门,右校委土于国门外为轭,又为瘗埳于神位西北,太祝布神位于轭前,南向。太官令帅宰入刲羊。郊社之属设尊、罍、篚、幂于神左,俱右向;置币于尊所。皇帝将至,太祝立于罍、洗东南,西向再拜,取币进,跪奠于神。进馔者荐脯醢,加羊于轭西首。太祝盥手洗爵,酌酒进,跪奠于神,兴,少退,北向立,读祝。太祝再拜。少顷,帅斋郎奉币、爵、酒馔,宰人举羊肆解之,太祝并载,埋于埳。执尊者撤罍、篚、席,驾至,权停。太祝以爵酌酒,授太仆卿,左并辔,右受酒,祭两轵及轨前,乃饮,授爵,驾轹轭而行。

其所过山川,遣官告,以一献。若遣将出征,则皆有司行事。

贼平而宣露布。其日,守宫量设群官次。露布至,兵部侍郎奉以奏闻,承制集文武群官、客使于东朝堂,各服其服。奉礼设版位于其前,近南,文东武西,重行北向。又设客使之位。设中书令位于群官之北,南面。吏部、兵部赞群官、客使,谒者引就位。中书令受露布置于桉。令史二人绛公服,对举之以从。中书令出,就南面位,持桉者立于西南,东面。中书令取露布,称“有制”。群官、客使皆再拜。遂宣之,又再拜,舞蹈,又再拜。兵部尚书进受露布,退复位。兵部侍郎前受之。中书令入,群官、客使各还次。

仲冬之月,讲武于都外。

前期十有一日,所司奏请讲武。兵部承诏,遂命将帅简军士,除地为场,方一千二百步,四出为和门。又为步、骑六军营域,左右厢各为三军,北上。中间相去三百步,立五表,表间五十步,为二军进止之节。别埒地于北厢,南向。前三日,尚舍奉御设大次于埒。前一日,讲武将帅及士卒集于埒所,建旗为和门,如方色。都埒之中及四角皆建五采牙旗、旗鼓甲仗。大将以下,各有统帅。大将被甲乘马,教习士众。少者在前,长者在后。其还,则反之。长者持弓矢,短者持戈矛,力者持旌,勇者持钲、鼓、刀、楯为前行,持稍者次之,弓箭者为后。使其习见旌旗、金鼓之节。旗卧则跪,旗举则起。

讲武之日,未明十刻而严,五刻而甲,步军为直阵以俟,大将立旗鼓之下。六军各鼓十二、钲一、大角四。未明七刻，鼓一严，侍中奏"开宫殿门及城门"。五刻，再严，侍中版奏"请中严"。文武官应从者俱先置，文武官皆公服，所司为小驾。二刻，三严，诸卫各督其队与钑戟以次入，陈于殿庭。皇帝乘革辂至垾所，兵部尚书介胄乘马奉引，入自北门，至两步军之北，南向。黄门侍郎请降辂。乃入大次。兵部尚书停于东厢，西向。领军减小驾，骑士立于都垾之四周，侍臣左右立于大次之前，北上。九品以上皆公服，东、西在侍臣之外十步所，重行北上。诸州使人及蕃客先集于北门外，东方、南方立于道东，西方、北方立于道西，北上。驾将至，奉礼曰："再拜"。在位者皆再拜。皇帝入次，谒者引诸州使人，鸿胪引蕃客，东方、南方立于大次东北，西方、北方立于西北，观者立于都垾骑士仗外四周，然后讲武。

　　吹大角三通，中军将各以鞞令鼓，二军俱击鼓。三鼓，有司偃旗，步士皆跪。诸帅果毅以上，各集于其中军。左厢中军大将立于旗鼓之东，西面，诸军将立于其南，右厢中军大将立于旗鼓之西，东面，诸军将立于其南。北面，以听大将誓。左右三军各长史二人，振铎分徇，诸果毅各以誓词告其所部。遂声鼓，有司举旗，士众皆起行，及表，击钲，乃止。又击三鼓，有司偃旗，士众皆跪。又击鼓，有司举旗，士众皆起，骤及表，乃止。东军一鼓，举青旗为直阵；西军亦鼓，举白旗为方阵以应。次西军鼓，举赤旗为锐阵；东军亦鼓，举黑旗为曲阵以应。次东军鼓，举黄旗为圜阵；西军亦鼓，举青旗为直阵以应。次西军鼓，举白旗为方阵；东军亦鼓，举赤旗为锐阵以应。次东军鼓，举黑旗为曲阵；西军亦鼓，举黄旗为圜阵以应。凡阵，先举者为客，后举者为主。每变阵，二军各选刀、楯五十人挑战，第一、第二挑战迭为勇怯之状，第三挑战为敌均之势，第四、第五挑战为胜败之形。每将变阵，先鼓而直阵，然后变从余阵之法。既已，两军俱为直阵。又击三鼓，有司偃旗，士众皆跪。又声鼓举旗，士众皆起，骑驰、徒走，左右军俱至中表，相拟击而还。每退至一行表，跪起如前，遂复其初。侍中跪奏"请观骑军"。承制曰："可。"二军骑军皆如步军之法，每阵各八骑挑战，五阵毕，大击鼓而前，盘马相拟击而罢。遂振旅。侍中跪奏称："侍中臣某言，礼毕。"乃还。

皇帝狩田之礼，亦以仲冬。

前期，兵部集众庶修田法，虞部表所田之野，建旗于其后。前一日，诸将帅士集于旗下。质明，弊旗，后至者罚。兵部申田令，遂围田。其两翼之将皆建旗。及夜，布围，阙其南面。驾至田所，皇帝鼓行入围，鼓吹令以鼓六十陈于皇帝东南，西向；六十陈于西南，东向。皆乘马，各备箫角。诸将皆鼓行围。乃设驱逆之骑。皇帝乘马南向，有司敛大绥以从。诸公、王以下皆乘马，带弓矢，陈于前后。所司之属又敛小绥以从。乃驱兽出前。初，一驱过，有司整饬弓矢以前。再驱过，有司奉进弓矢。三驱过，皇帝乃从禽左而射之。每驱必三兽以上。皇帝发，抗大绥，然后公、王发，抗小绥。驱逆之骑止，然后百姓猎。

凡射兽，自左而射之，达于右腢为上射，达右耳本为次射，左髀达于右䯊为下射。群兽相从不尽杀，已被射者不重射。不射其面，不剪其毛。凡出表者不逐之。田将止，虞部建旗于田内，乃雷击驾鼓及诸将之鼓，士从躁呼。诸得禽献旗下，致其左耳。大兽公之，小兽私之。其上者供宗庙，次者供宾客，下者充庖厨。乃命有司馌兽于四郊，以兽告至于庙社。

射。

前一日，太乐令设宫县之乐，鼓吹令设十二桉于射殿之庭，东面县在东阶东，西面县在西阶西。南北二县及登歌广开中央，避射位。张熊侯去殿九十步，设乏于侯西十步、北十步。设五福庭前，少西。布侍射者位于西阶前，东面北上。布司马位于侍射位之南，东面。布获者位乏东，东面。布侍射者射位于殿阶下，少西。弓矢俟于西门外。陈赏物于东阶下，少东。置罚丰于西阶下，少西。设罚尊于西阶，南北以殿深。设篚于尊西，南肆，实爵加幂。

其日质明，皇帝服武弁，文武官俱公服，典谒引入见，乐作，如元会之仪。酒二遍，侍中一人奏称："有司谨具，请射。"侍中一人前承制，退称："制曰可。"王、公以下皆降。文官立于东阶下，西面北上。武官立于西阶下，于射乏后，东面北上。持钑队群立于两边，千牛备身二人奉御弓及矢立于东阶上，西面，执弓者在北。又设坫于执弓者之前，又置御决、拾笥于其上。获者持旌自乏南行，当侯东，行至侯，负侯北面立。侍射者出西门外，取弓矢，两手奉弓，揩乘矢带，入，立于殿下射位西，东面。司马奉弓自西阶升，当西楹前，南面，挥弓，命获者以旌去侯西行十步，北行至乏止。司马降自西阶，复位。千牛中郎一人奉决、拾以笥，千牛将军奉弓，千牛郎将奉矢，进，立于御榻东少南，西向。郎将跪奠笥于御榻前，少东。遂拂以巾，取决，兴。赞设决。又跪取拾，兴，赞设拾。以笥退，奠于坫。千牛将军北面张弓，以袂顺左右隈，上再下一，<small>弓左右隈，谓弓面上下。以衣袂摩拭上面再，下面一。</small>西面，左执弣、右执箫以进。千牛郎将以巾拂矢进，一一供御。欲射，协律郎举麾，先奏鼓吹，及奏乐《驺虞》五节，御及射，第一矢与第六节相应，第二矢与第七节相应，以至九节。协律郎偃麾，乐止。千牛将军以矢行奏，中曰"获"，下曰"留"，上曰"扬"，左曰"左方"，右曰"右方"。<small>留，谓矢短不及侯；扬，谓矢过侯；左、右，谓矢偏不正。</small>千牛将军于御座东，西面受弓，退，付千牛于东阶上。千牛郎将以笥受决、拾，奠于坫。

侍射者进，升射席北面立，左旋，东面张弓，南面挟矢。协律郎举麾，乃作乐，不作鼓吹。乐奏《狸首》三节，然后发矢。若侍射者多，则齐发。第一发与第四节相应，第二发与第五节相应，以至七节。协律郎偃麾，乐止。弓右旋，东西弣弓，如面立，乃退复西阶下，立。司马升自西阶，自西楹前，南面，挥弓，命取矢。取矢者以御矢付千牛于东阶下，侍射者释弓于位，庭前北面东上。有司奏请赏罚，侍中称："制曰可。"有司立楅之西，东面，监唱射矢。取矢者各唱中者姓名。中者立于东阶下，西面北上；不中者立于西阶下，东面北上。俱再拜。有司于东阶下以付赏物。酌者于罚尊西，东面，跪，奠爵于丰上。不中者进丰南,北面跪,取爵,立饮,卒爵,奠丰下。酌者北面跪,取虚爵酌奠,不中者以次继饮,皆如初。典谒引王公以下及侍射者,皆庭前北面相对为首,再拜讫,引出。持钑队复位。皇帝入,奏乐,警跸。有司以弓矢出中门外,侍射者出。

若特射无侍射之人,则不设福,不陈赏罚。若燕游小射,则常服,不陈乐县,不行会礼。

不合朔伐鼓。

其日前二刻,郊社令及门仆赤帻绛衣,守四门,令巡门监察。鼓吹令平巾帻、裤褶,帅工人以方色执麾旒,分置四门屋下,设龙蛇鼓于右。东门者立于北塾,南面;南门者立于东塾,西面;西门者立于南塾,北面;北门者立于西塾,东面。队正一人平巾帻、裤褶,执刀,帅卫士五人执五兵立于鼓外,矛在东,戟在南,斧、钺在西,稍在北。郊社令立𧞤于社坛四隅,以朱丝绳萦之。太史一人赤帻、赤衣,立于社坛北,向日观变。黄麾次之;龙鼓一次之,在北;弓一、矢四次之。诸兵鼓立候变。日有变,史官曰:“祥有变。”工人举麾,龙鼓发声如雷。史官曰:“止。”乃止。

其日,皇帝素服,避正殿,百官废务,自府史以上皆素服,各于其听事之前,重行,每等异位,向日立。明复而止。

贞元三年八月,日有食之,有司将伐鼓,德宗不许。太常卿董晋言:“伐鼓所以责阴而助阳也,请听有司依经伐鼓。”不报。由是其礼遂废。

大傩之礼。

选人年十二以上、十六以下为侲子,假面,赤布裤褶。二十四人为一队,六人为列。执事十二人,赤帻、赤衣,麻鞭。工人二十二人,其一人方相氏,假面,黄金四目,蒙熊皮,黑衣、朱裳,右执楯;其一人为唱帅,假面,皮衣,执棒;鼓、角各十,合为一队。队别鼓吹令一人,太卜令一人,各监所部;巫师二人。以逐恶鬼于禁中。有司预备每门雄鸡及酒，拟于宫城正门、皇城诸门磔攘，设祭。太祝一人，斋郎三人，右校为瘗坎，各于皇城中门外之右。前一日之夕，傩者赴集所，具其器服以待事。

其日未明，诸卫依时刻勒所部，屯门列仗，近仗入陈于阶。鼓吹令帅傩者各集宫门外。内侍诣皇帝所御殿前奏"傩子备，请逐疫"。出命寺伯六人，分引傩者于长乐门、永安门以入，至左右上阁，鼓噪以进。方相氏执戈扬楯唱，傩子和，曰："甲作食䏙，胇胃食虎，雄伯食魅，腾简食不祥，揽诸食咎，伯奇食梦，强梁、祖明共食磔死寄生，委随食观，错断食巨，穷奇、腾根共食蛊，凡使一十二神追恶凶，赫汝躯，拉汝干，节解汝肉，抽汝肺肠，汝不急去，后者为粮。"周呼讫，前后鼓噪而出，诸队各趋顺天门以出，分诣诸城门，出郭而止。

傩者将出，祝布神席，当中门南向。出讫，宰手、斋郎酾牲匈磔之神席之西，藉以席，北首。斋郎酌清酒，太祝受，奠之。祝史持版于座右，跪读祝文曰："维某年岁次月朔日，天子遣太祝臣姓名昭告于太阴之神。"兴，奠版于席，乃举牲并酒瘗于坎。

唐书卷一七

志第七

礼乐七

四曰嘉礼。

皇帝加元服。

有司卜日,告于天地宗庙。

前一日,尚舍设席于太极殿中楹之间,莞筵纷纯,加藻席缫纯,加次席黼纯。有司设次,展县,设案,陈车辇。设文官五品以上位于县东,武官于县西,六品以下皆于横街之南,北上。朝集使分方于文武官当品之下,诸亲位于四品、五品之下,皇宗亲在东,异姓亲在西。藩客分方各于朝集使六品之南,诸州使人于朝集使九品之后。又设太师、太尉位于横街之南,道东,北面西上。典仪于县东北,赞者二人在南,少退,俱西向。又设门外位于东西朝堂,如元日。

其日,侍中版奏"请中严"。太乐令、鼓吹令帅工人入就位。有司设罍洗于阼阶东南,设席于东房内,近西,张帷于东序外。殿中监陈衮服于内席,东领,缫缅、玉簪及栉三物同箱,在服南。又设莞筵一,纷纯,加藻席缫纯,加次席黼纯,在南。尚食实醴尊于东序外帷内,坫在尊北,实角、觯、柶各一。馔陈于尊西,笾、豆各十二;俎三,在笾、豆之北。设罍洗于尊东。衮冕、玉导置于箱。太常博士一人,立于西阶下,东面。诸侍卫之官俱诣阁奉迎,典仪帅赞者及群官以次入就位。太常博士引太常卿升西阶,立于西房外,当户北向。侍中版奏"外办"。皇帝服空顶黑介帻、绛纱袍,出自西房,即御座立。

太师、太尉入就位。典仪曰："再拜。"赞者承传,在位者皆再拜。太师升自西阶,立于东阶上,东面。太尉诣阼阶下罍洗,盥手,升自东阶,诣东房,取缅栉箱进,跪奠于御座西端。太师诣御座前跪奏曰:"坐。"皇帝坐。太尉当前少左,跪,脱帻置于箱,栉毕,设缅,兴,少西,东面立。太师降,盥,受冕,右执顶,左执前,升自西阶,当前少左,祝曰:"令月吉日,始加元服。寿考惟祺,以介景福。"乃跪,冠,兴,复西阶上位。太尉前,少左,跪,设簪,结缨,兴,复位。皇帝兴,适东房。殿中监撤栉缅箱以退。

皇帝衮服出,即席南向坐。太尉诣序外帷内,盥手洗觯,酌醴,加柶覆之,面叶,立于序内,南面。太师进受醴,面柄,前,北向祝曰:"甘醴唯厚,嘉荐令芳。承天之休,寿考不忘。"退,降立于西阶下,东面。将祝,殿中监率进馔者奉馔设于前,皇帝左执觯,右取脯,擩于醢,祭于笾、豆之间。太尉取肺一以进,皇帝奠觯于荐西,受肺,舒左执本,右绝末以祭,上左手哜之,授太尉。太尉加于俎,降,立于太师之南。皇帝帨手取觯,以柶祭醴,啐醴,建柶,奠觯于荐东。太师、太尉复横街南位。典仪曰:"再拜。"赞者承传。在位者皆再拜。太师、太尉出。侍中前跪奏"礼毕"。皇帝兴,入自东房,在位者以次出。

皇太子加元服。

有司豫奏司徒一人为宾,卿一人为赞冠,吏部承以戒之。前一日,尚舍设御幄于太极殿,有司设群官之次位,展县,设桉,陈车舆,皆如皇帝之冠。设宾受命位于横街南道东,赞冠位于其后,少东,皆北面。又设文武官门外位于顺天门外道东、西。其日,侍中奏"请中严"。群官有司皆就位。宾、赞入于太极门外道东,西面。黄门侍郎引主节持幡节,中书侍郎引制书桉,立于乐县东南,西面北上。侍中奏"外办"。皇帝服通天冠、绛纱袍,乘舆出自西房,即御坐。宾、赞入就位。典仪曰:"再拜。"在位皆再拜。侍中及舍人前承制,侍中降至宾前,称"有制"。公再拜。侍中曰:"将加冠于某之首,公其将事。"公少进,北面再拜稽首,辞曰:"臣不敏,恐不能供事,敢辞。"侍中升奏,又承制降,称:"制旨公其将事,无辞。"公再拜。侍中、舍人至卿前称敕旨,卿再拜。侍中曰:"将加冠于某之首,卿宜赞冠。"卿再拜。黄门侍郎执节立于宾东北,西面。宾再拜受节,付于主节,又再拜。中书侍郎取制书立宾东北,西面,宾再拜,受制书,又再拜。典仪曰:"再拜。"赞者承传,在位皆再拜。宾、赞出,皇帝降坐,入自东房,在位者以次出。初,宾、赞出门,以制书置于桉,引以幡节,威仪、铙吹及九品以上,皆诣东宫朝堂。

冠前一日,卫尉设宾次于重明门外道西,南向,赞冠于其西南。又设次于门内道西,以待宾、赞。又设皇太子位于阁外道东,西向。三师位于道西,三少位于其南少退,俱东向。又设轩县于庭,皇太子受制位于县北,解剑席于东北,皆北面。

冠日平明,宫臣皆朝服,其余公服,集于重明门外朝堂。宗正卿乘车侍从,诣左春坊劝停。左右二率各勒所部,屯门列仗。左庶子版奏"请中严"。群官有司入就位。设罍洗于东阶东南。设冠席于殿上东壁下少南,西向;宾席于西阶上,东向;主人席于皇太子席西南,西向;三师席于冠席南。张帷于东序内,设褥席于帷中。又张帷于序外,具馔。内直郎陈服于帷内,东领北上:衮冕,金饰象笏;远游冠,缁布冠,服玄衣、素裳、素韠、白纱中单、青领褾襈裾,履,袜,革带、大带,笏。缁纚、犀簪二物同箱,在服南。栉实于箱,又在南。莞筵四,藻席四,又在南。良酝令实侧尊瓸醴于序外帷内,设罍洗于尊东,实巾一,角觯、柶各一。太官令实馔豆九,笾九于尊西,俎三在豆北。衮冕,远游三梁冠、黑介帻,缁布冠青组缨属于冠,冠、冕各一箱。奉礼郎三人各执立于西阶之西,东面北上。主人、赞冠者宗正卿为主人,庶子为赞冠者。升,诣东序帷内少北,户东、西立。典谒引群官以次入就位。

初,宾赞入次,左庶子版奏"外办"。通事舍人引三师等入就阁外道西位,东面立。皇太子空顶黑介帻,双童髻、彩衣、紫裤褶、织成褾领、绿绅、乌皮履,乘舆以出。洗马迎于阁门外,左庶子请降舆,洗马引之道东位,西向立。左庶子请再拜。三师、三少答拜。乃就阶东南位。三师在前，三少在后，千牛二人夹左右，其余仗卫列于师、保之外。皇太子乃出迎宾，至阼阶东，西面立。宗正卿立于门东，西面。宾立于西，东面。宗正卿再拜，宾不答拜。宾入，主人从入，立于县东北，西面。宾入，赞冠者从，宾诣殿阶间，南面。赞冠者立于宾西南，东面。节在宾东少南，西面。制桉在赞冠西南，东面。宾执制，皇太子诣受制位，北面立。主节脱节衣，宾称"有制"。皇太子再拜。宣诏曰："有制，皇太子某，吉日元服，率由旧章，命太尉某就宫展礼。"皇太子再拜。少傅进诣宾前，受制书，以授皇太子，付于庶子。皇太子升东阶，入于东序帷内，近北，南面立。宾升西阶，及宗正卿各立席后。

初，宾升，赞冠者诣罍洗，盥手，升自东阶帷内，于主人冠赞之南，俱西面。主人赞冠者引皇太子出，立于席东，西面。宾赞冠者取缅、栉二箱，坐奠于筵。皇太子进，升筵，西面坐。宾之赞冠者东面坐，脱帻置于箱，栉毕，设缅，兴，少北，南面立。冠缁布冠升，宾降一等受之，右执顶，左执前，进，东向立，祝曰："令月吉日，始加元服。弃厥幼志，慎其成德。寿考惟祺，以介景福。"乃跪，冠，兴，复位。皇太子东面立，宾揖皇太子，赞冠者引适东序帷内，服玄衣素裳之服以出，立于席东，西面。宾揖皇太子升筵，西向坐。宾之赞冠者进，跪脱缁布冠，置于箱，兴，复位。宾降二等，受远游冠，右执顶，左执前，进，祝曰："吉月令辰，乃申嘉服。克敬威仪，式昭厥德。眉寿万岁，永寿胡福。"乃跪，冠，兴，复位。皇太子兴，宾揖皇太子，赞冠者引适东序帷内，朝服以出，立于席东，西面。宾揖皇太子升筵坐，宾之赞冠者跪脱远游冠，兴，复位。宾降三等受冕，右执顶，左执前，进，祝曰："以岁之正，以月之令。咸加其服，以成厥德。万寿无疆，承天之庆。"乃跪，冠，兴，复位。每冠，皆赞冠者跪设簪、结缨。

皇太子兴，宾揖皇太子适东序，服衮冕之服以出，立于席东，西面。赞冠者撤缅、栉箱以入，又取筵入于帷内。主人赞冠者又设醴，皇太子席于室户西，南向，下莞上藻。宾之赞冠者于东序外帷内，盥手洗觯。典膳郎酌醴，加柶覆之，面柄，授赞冠，立于序内，南面。宾揖皇太子就筵西,南面立。宾进,受醴,加柶,面柄,进,北向立,祝曰:"甘醴唯厚,嘉荐令芳。拜受祭之,以定厥祥。承天之休,寿考不忘。"皇太子拜,受觯。宾复位,东面答拜。赞冠者与进馔者奉馔设于筵前,皇太子升筵坐,左执觯,右取脯,擩于醢,祭于笾、豆之间。赞冠者取韭菹,遍擩于豆,以授皇太子,又祭于笾、豆之间。赞冠者取肺一,以授皇太子,皇太子奠觯于荐西,兴,受肺,却左手执本坐,缭右手绝末以祭。止左手啐之,兴,以授赞冠者,加于俎。皇太子坐,帨手取觯,以柶祭醴三,始扱一祭,又扱再祭,加柶于觯,面叶,兴,筵末坐,啐醴,建柶,兴,降筵西,南面坐,奠觯,再拜,执觯,兴。宾答拜。

皇太子降,立于西阶之东,南面。宾降,立于西阶之西少南,赞冠随降,立于宾西南,皆东面。宾少进,字之,祝曰:"礼仪既备,令月吉日。昭告厥字,君子攸宜。宜之于嘏,永受保之。奉敕字某。"皇太子再拜曰:"某虽不敏,敢不祗奉。"又再拜。洗马引太子降阼阶位,三师在南,北面,三少在北,南面立。皇太子西面再拜,三师等各再拜以出。典仪曰:"再拜。"赞者承传,在位者皆再拜。左庶子前称"礼毕"。皇太子乘舆以入,侍臣从至阁,宾、赞及宗正卿出就会。

皇子冠。

前三日,本司帅其属筮日、筮宾于听事。前二日,主人至宾之门外次,东面,宾立于阼阶下,西面,傧者进于左,北面,受命出,立于门东,西面,曰:"敢请事。"主人曰:"皇子某王将加冠,请某公教之。"傧者入告,宾出,立于门左,西面,再拜,主人答。主人曰:"皇子某王将加冠,愿某公教之。"宾曰:"某不敏,恐不能恭事,敢辞。"主人曰:"某犹愿某公教之。"宾曰:"王重有命,某敢不从。"主人再拜而还,宾拜送。命赞冠者亦如之。

冠之日,夙兴,设洗于阼阶东南,席于东房内西墉下。陈衣于席,东领北上:衮冕,远游冠,缁布冠。缁缅、犀簪、栉实于箱,在服南。莞筵、藻席各三,在南。设尊于房户外之西,两瓺玄酒在西,加勺幂。设坫于尊东，置二爵于坫，加幂。豆十、笾十在服北，俎三在笾、豆之北。质明，宾、赞至于主人大门外之次，远游三梁、缁布冠各一箱，各一人执之，待于西阶之西，东面北上。设主人之席于阼阶上，西面；宾席于西阶上，东面；皇子席于室户东房户西，南面。俱下莞上藻。主人立于阼阶下，当东房西面。诸亲立于罍洗东南，西面北上。俟者立于门内道东，北面。皇子双童髻、空顶帻、彩裤褶、锦绅、乌皮履，立于房内，南面。主人、赞冠者立于房内户东，西面。宾及赞冠者出，立于门西，赞冠者少退，俱东面北上。

俟者受命于主人，出立于门东，西面，曰：“敢请事。”宾曰：“皇子某王将加冠，某谨应命。”俟者入告，主人出迎宾，西面再拜，宾答拜。主人揖赞冠者，赞冠者报揖，主人又揖宾，宾报。主人入，宾、赞冠者以次入，及内门，主人揖宾，宾入，赞冠者从之。至内霤，将曲揖，宾报揖。至阶，主人立于阶东，西面；宾立于阶西，东面。主人曰：“请公升。”宾曰：“某备将事，敢辞。”主人曰：“固请公升。”宾曰：“某敢固辞。”主人曰：“终请公升。”宾曰：“某敢终辞。”主人升自阼阶，立于席东，西向；宾升自西阶，立于席西，东向。赞冠者及庭，盥于洗，升自西阶，入于东房，立于主人赞冠者之南，俱西面。

主人赞冠者引皇子出，立于房户外西，南面。宾之赞冠者取缅、栉、簪箱，跪奠于皇子筵东端，兴，席东少北，南面立。宾揖皇子，宾、主俱即座。皇子进，升席，南面坐。宾之赞冠者进筵前，北面，跪，脱双童髻置于箱，栉毕，设缅。宾降，盥，主从降。宾东面辞曰：“愿王不降。”主人曰：“公降辱，敢不从降。”宾既盥，诣西阶，宾、主一揖一让，升。主人立于席后，西面，宾立于西阶上，东。执缁布冠者升，宾降一等受之，右执顶，左执前，北面跪，冠，兴，复西阶上席后，东面立。皇子兴，宾揖皇子适房，宾、主俱坐。皇子服青衣紫裳之服，出房户西，南面立。宾揖皇子，皇子进，立于席后，南面宾降，盥，主人从降，辞对如初。宾跪取爵于篚，兴，洗，诣西阶，宾、主一揖一让，升，坐，主人立于席后，西面。宾诣酒尊所，酌酒进皇子筵前，北向立，祝曰：“旨酒既清，嘉荐亶时。始加元服，兄弟具来。孝友时格，永乃保之。"皇子筵西拜爵,宾复西阶上,东面答拜。执馔者荐笾、豆于皇子筵前。皇子升座,左执爵,右取脯,擩于醢,祭于笾、豆之间,祭酒,兴,筵末坐,啐酒,执爵,兴,降筵,奠爵,再拜,执爵兴。宾答拜。冠者升筵,跪奠爵于荐东,兴,立于筵西,南面。执馔者撤荐爵。

宾揖皇子,皇子进,升筵,南向坐。宾之赞冠者跪脱缁布冠,置于箱。宾降二等,受远游冠,冠之。皇子兴,宾揖皇子适房,宾、主俱坐。皇子服朝服,出房户西,南面立。宾、主俱兴,宾揖皇子,皇子进立于席后,南面。宾诣尊所,取爵酌酒,进皇子筵前,北向立,祝曰:"旨酒既湑,嘉荐伊脯。乃申其服,礼仪有序。祭此嘉爵,承天之祜。"皇子筵西拜,受爵,祭馔如初礼。宾揖皇子,进,升席,南面坐。宾之赞冠跪脱进贤冠,宾降三等,受冕,冠之。每冠,皆赞冠者设簪结缨。

皇子兴,宾揖皇子适房,服衮冕以出房户西,南面。宾揖皇子,进,立于席后,南面。宾诣酒尊所,取爵酌酒进皇子,祝曰:"旨酒令芳,笾豆有楚。咸加其服,肴升折俎。承天之庆,受福无疆。"皇子筵西拜,受爵。执馔者荐笾、豆,设俎于其南。皇子升筵坐,执爵,祭脯醢。赞冠者取肺一以授皇子,奠爵于荐西,兴,受,坐,祭,左手唪之,兴,加于俎。皇子坐,挩手执爵,祭酒,兴,筵末坐,啐酒,降筵西,南面坐,奠爵,再拜,执爵兴。宾答拜。

皇子升筵坐,奠爵于荐东,兴。赞冠者引皇子降,立于西阶之东,南面。初,皇子降,宾降自西阶,直西序东面立。主人降自东阶,直东序西面立。宾少进,字之曰:"礼仪既备,令月吉日。昭告其字,爰字孔嘉。君子攸宜,宜之于嘏。永受保之,曰孟某甫。"仲、叔、季唯其所当。皇子曰:"某虽不敏,夙夜祗奉。"宾出,主人送于内门外,主人西面请宾曰:"公辱执事,请礼从者。"宾曰:"某既得将事,敢辞。"主人曰:"敢固以请。"宾曰:"某辞不得命,敢不从。"宾就次,主人入。初,宾出,皇子东面见,诸亲拜之,皇子答拜。皇子入见内外诸尊于别所。

宾、主既释服,改设席,讫,宾、赞俱出次,立于门西。主人出揖宾,宾报揖。主人先入,宾、赞从之至阶,一揖一让,升坐,俱坐。会讫,宾立于西阶上,赞冠者在北,少退,俱东面。主人立于东阶上,西面。掌事者奉束帛之篚升,授主人于序端。主人执篚少进,西面立。又掌事者奉币篚升,立于主人后。币篚升,牵马者牵两马入陈于门内,三分庭一在南,北首西上。宾还西阶上,北面再拜。主人进,立于楹间,赞冠者立于宾左,少退,俱北面再拜。主人南面,宾、赞进,立于主人之右,俱南面东上。主人授币,宾受之,退,复位。于主人授币,掌事者又以币篚授赞冠者。主人还阼阶上。北面拜送,宾、赞降自西阶,从者讶受币。宾当庭实东面揖,出,牵马者从出,从者讶受马于门外。宾降,主人降,送宾于大门,西面再拜。

　　若诸臣之嫡子三加,皆祝而冠,又祝而醮,又祝而字。庶子三加,既加,然后醮而祝之,又祝而字。其始冠皆缁布;再加皆进贤;其三加,一品之子以衮冕,二品之子以鷩冕,三品之子以毳冕,四品之子以𫄨冕,五品之子以玄冕,六品至于九品之子以爵弁。其服从之。其即席而冠也,嫡子西面,庶子南面。其筮日、筮宾、赞,遂戒之,及其所以冠之礼,皆如亲王。

唐书卷一八
志第八

礼乐八

皇帝纳皇后。

制命太尉为使,宗正卿为副,吏部承以戒之。前一日,有司展县、设桉、陈车舆于太极殿廷,如元日。文武九品、朝集、蕃客之位,皆如冠礼。设使者受命位于大横街南道东,西上,副少退,北面。侍中请"中严"。群臣入就位。使、副入,立于门外道东,西面。黄门侍郎引幡、节,中书侍郎引制书桉,立于左延明门内道北,西面北上。乃奏"外办"。皇帝衮冕御舆,出自西房,即御座。使、副入,就位。典仪曰:"再拜。"在位者皆再拜。侍中前承制,降诣使者东北,西面曰:"有制。"使、副再拜。侍中宣制曰:"纳某官某氏女为皇后,命公等持节行纳采等礼。"使、副又拜。主节立于使者东北,西面,以节授黄门侍郎,侍郎以授使者,付于主节,立于后。中书侍郎引制书桉立于使者东北,以制书授使者,置于桉。典仪曰:"再拜。"在位者皆再拜。使、副出,持节者前导,持桉者次之。侍中奏"礼毕"。皇帝入,在位者以次出。初,使、副乘辂,鼓吹备而不作,从者乘车以从。其制书以油络网犊车载之。其日大昕,使、副至于次,主人受于庙若寝。布神席于室户外之西,莞筵纷纯,加藻席画纯,南向,右雕几。使、副立于门西,北上,持幡、节者立于北,少退,制桉立于南,执雁者又在其南,皆东面。主人立于大门内,西面。傧者北面,受命于左,出立于门东,西面,曰:"敢请事。"使者曰:"某奉制纳采。"傧者入告。主人曰："臣某之女若如人，既蒙制访，臣某不敢辞。"傧者出告，入引主人出，迎使者于大门外之南，北面再拜。使者不答。主人揖使、副先入，至于阶。使、副入，导以幡、节，梜、雁从之。幡、节立西阶之西，东面；使者由阶升，立于两楹间，南面；副在西南，持梜及执雁者又在西南，皆东面。主人升阼阶，当使者前，北面立。持梜者以梜进，授使者以制书，节脱衣，使者曰："有制。"主人再拜。宣制，主人降诣阶间，北面，再拜稽首，升，进，北面受制书，以授左右。使者授雁，主人再拜，进受雁，以授左右。傧者引答表梜进，立于主人后，少西，以表授主人。主人进，授使者，退复位，再拜。节加衣。谒者引使、副自西阶以出。

制文以版，长一尺二寸，博四寸，厚八分，后家答版亦如之。

问名。使者既出，遂立于内门外之西，东面；主人立于内门内东厢，西面。傧者出请事，使者曰："将加卜筮，奉制问名。"傧者入告。主人曰："臣某之子若如人，既蒙制访，臣某不敢辞。"傧者出告，入，引主人出，迎使者以入，授主人以制书，答表皆如纳采。使、副降自西阶以出，立于内门外之西，东面；主人立于东阶下，西向。傧者出请事，使者曰："礼毕。"傧者入告，主人曰："某公奉制至于某之室，某有先人之礼，请礼从者。"傧者出告，使者曰："某既得将事，敢辞。"傧者入告，主人曰："先人之礼，敢固以请。"傧者出告，使者曰："某辞不得命，敢不从。"傧者入告，遂引主人升立于序端。掌事者撤几，设二筵东上。设瓺醴于东房西牖下，加枓幂，坫在尊北；实觯二，角柶二，笾、豆各一，实以脯醢，在坫北。又设洗于东南。主人降迎使者，西面揖，先入。使、副入门而左，主人入门而右。至阶，主人曰："请某位升。"使者曰："某敢辞。"主人又曰："固请某位升。"使者曰："某敢固辞。"主人又曰："终请某位升。"使者曰："敢终辞。"主人升自阼阶，使、副升自西阶，北面立。主人阼阶上，北面再拜。受几于序端。掌事者内拂几三，奉两端西北向以进。主人东南向，外拂几三，振袂，内执之。掌事者一人又执几以从，主人进，西北向。使者序进，迎受于筵前，东南向以俟。主人还东阶上，北面再拜送。使者以几跪进，北面跪，各设于坐左，退于西阶上，北面东上，答拜，立于阶西，东面南上。赞者二人俱升，取觯降，盥手，洗觯，升，实醴，加柶于觯，覆之，面叶，出房，南面。主人受醴，面柄，进使者筵前西，北面立。又赞者执觯以从。使者西阶上，北面，各一拜，序进筵前东，南面。主人又以次授醴，使者受，俱复西阶上位。主人退，复东阶上，北面一拜送。掌事者以次荐脯醢于筵前。使者各进，升筵，皆坐，左执觯，右取脯，擩于醢，祭于笾、豆之间，各以柶兼祭醴三，始扱一祭，又扱再祭，兴；各以柶兼诸觯上，蹴降筵于西阶上，俱北面坐，啐醴，建柶，各奠觯于荐，遂拜，执觯，兴。主人答拜。使者进，升筵坐，各奠觯于荐东。降筵，序立于西阶上，东面南上。掌事者牵马入，陈于门内，三分庭一在南，北首西上。又掌事者奉币篚，升自东阶，以授主人，受于序端，进西面位。掌事者一人，又奉币篚，立于主人之后。使者西阶上，俱北面再拜。主人进诣楹间，南面立，使者序进，立于主人之西，俱南面。主人以币篚授使者，使者受，退立于西阶上，东面。执币者又以授主人，主人受以授使副，使副受之，退立于使者之北，俱东面。主人还东阶上，北面再拜送。使者降自西阶，从者讶受币篚。使者当庭实揖马以出，牵马者从出。使者出大门外之西，东面立。从者讶受马。主人出门东，西面再拜送。使者退，主人入，立于东阶下，西面。傧者告于主人曰："宾不顾矣。"主人反于寝。使者奉答表诣阙。

纳吉。使者之辞曰："加诸卜筮，占曰日从，制使某也入告。"主人之辞曰："臣某之女若如人，龟筮云吉，臣预在焉，臣某谨奉典制。"其余皆如纳采。

纳徵。其日，使者至于主人之门外，执事者入，布幕于内门之外，玄纁束陈于幕上，六马陈于幕南，北首西上。执事者奉谷珪以楪，俟于幕东，西面。谒者引使者及主人立于大门之内外。傧者进受命，出请事。使者曰："某奉制纳徵。"傧者入告，主人曰："奉制赐臣以重礼，臣某祗奉典制。"傧者出告，入，引主人出，迎使者入。执事者坐，启楪取珪，加于玄纁。牵马者从入，三分庭一在南，北首西上。执珪者在马西，俱北面。其余皆如纳采。

册后。前一日，守宫设使者次于后氏大门外之西，尚舍设尚宫以下次于后氏阁外道西，东向，障以行帷。其日，临轩命使，如纳采。奉礼设使者位于大门外之西，东向；使副及内侍位于使者之南，举册桉及宝绶者在南，差退，持节者在使者之北，少退，俱东向。设主人位于大门外之南，北面。使者以下及主人位于内门外，亦如之。设内谒者监位于内门外主人之南，西面。司赞位于东阶东南，掌赞二人在南，差退，俱西向。又置一桉于阁外。使、副乘辂，持节，备仪仗，鼓吹备而不作。内仆进重翟以下于大门之外道西，东向，以北为上。诸卫令其属布后仪仗。使者出次，就位。主人朝服立于东阶下，西面。傧者受命，出请事。使者曰："某奉制，授皇后备物典册。"傧者入告，主人出迎于大门外，北面再拜，使者不答拜。使者入门而左，持节者前导，持桉者次之。主人入门而右，至内门外位。奉册宝桉者进，授使副册宝。内侍进使者前，西面受册宝，东面授内谒者监，持入，立于阁外之西，东面跪置于桉。尚宫以下入阁，奉后首饰、袆衣，傅姆赞出，尚宫引降立于庭中，北面。尚宫跪取册，尚服跪取宝绶，立于后之右，西向。司言、司宝各一人立于后左，东向。尚宫曰："有制。"尚仪曰："再拜。"皇后再拜。宣册。尚仪曰："再拜。"皇后又再拜。尚宫授皇后以册，受以授司言。尚服又授以宝绶，受以授司宝。皇后升坐，内官以下俱降立于庭，重行相向，西上。司赞曰："再拜。"掌赞承传，皆再拜。诸应侍卫者各升，立于侍位。尚仪前跪奏曰："礼毕。"皇后降坐以入。使者复命。

其遣使者奉迎。其日，侍中版奏"请中严"。皇帝服冕出，升所御殿，文武之官五品已上立于东西朝堂。奉迎前一日，守宫设使者次于大门之外道右，设使副及内侍次于使者次西，俱南向。尚舍设宫人次于阁外道西。奉礼设使、副、持桉执雁者、持节者及奉礼、赞者位如册后。又设内侍位于大门外道左，西面。又设宫人以下位于堂前。使、副朝服，乘辂持节，至大门外次，宫人等各之次奉迎。尚仪奏"请皇后中严"。傅姆导皇后，尚宫前引，出，升堂。皇后将出，主妇出于房外之西，南向。文武奉迎者皆陪立于大门之外，文官在东，武官在西，皆北上。谒者引使者诣大门外位，主人立于内门外堂前东阶下，西面。傧者受命，出请事，使者曰："某奉制，以今吉辰，率职奉迎。"傧者入告，主人曰："臣谨奉典制。"傧者出告，入，引主人出门南，北面再拜。谒者引入至内门外堂西阶，使者先升，位于两楹间，南面；副在西，持桉、执雁者在西南，俱东面。主人升东阶，诣使者前，北面立。使、副授以制书，曰："有制。"主人再拜。使者宣制，主人降诣阶间，北面再拜稽首。升，进，北面受制书。主人再拜，北面立。使、副授以雁，主人再拜，进受，仍北面立。傧者引二人对举答表桉进，主人以表授使、副，再拜，降自西阶以出，复门外位。奉礼曰："再拜。"赞者承传，使、副俱再拜。使者曰："令月吉日，臣某等承制，率职奉迎。"内侍受以入，传于司言，司言受以奏闻。尚仪奏请皇后再拜。主人入，升自东阶，进，西面诫之曰："戒之敬之，夙夜无违命。"主人退，立于东阶上，西面。母诫于西阶上，施衿结帨，曰："勉之敬之，夙夜无违命。"皇后升舆以降，升重翟以几，姆加景，内宫侍从及内侍导引，应乘车从者如卤簿。皇后车出大门外，以次乘车马引从。

同牢之日，内侍之属设皇后大次于皇帝所御殿门外之东，南向。将夕，尚寝设皇帝御幄于室内之奥，东向。铺地席重茵，施屏障。初昏，尚食设洗于东阶，东西当东霤，南北以堂深。后洗于东房，近北。设馔于东房西墉下，豆各二十四，簋、簠各二，登各三，俎三。尊于室内北牖下，玄酒在西。又尊于房户外之东，无玄酒。坫在南，加四爵，合卺。器皆乌漆，卺以匏。皇后入大门，鸣钟鼓。从永巷至大次前，回车南向，施步障。尚仪进当车前，跪请降车。皇后降，入次。尚宫引诣殿门之外，西向立。尚仪跪奏"外办，请降坐礼迎。"皇帝降坐，尚宫前引，诣门内之西，东面揖后以入。尚食酌玄酒，三注于尊，尚寝设席于室内之西，东向。皇帝导后升自西阶，入室即席，东向立。皇后入，立于尊西，南面。皇帝盥于西洗，后盥于北洗。馔入，设酱于席前，菹醢在其北；俎三设于豆东，豕俎特在北。尚食设黍于酱东，稷、稻、粱又在东；设湆于酱南。设后对酱于东，当特俎，菹醢在其南，北上；设黍于豕俎北，其西稷、稻、粱，设湆于酱北。尚食启会郤于簠簋之南，对簠簋于北，加匕箸，尚寝设对席于馔东。尚食跪奏"馔具"。皇帝揖皇后升，对席，西面，皆坐。尚食跪取韭菹擩醢授皇帝，取菹擩醢授皇后，俱受，祭于豆间。尚食又取黍实于左手，遍取稷、稻、粱反于左手，授皇帝，又取黍、稷、稻、粱授皇后，俱受，祭于豆间。又各取肺绝末授帝、后，俱祭于豆间。尚食各以肺加于俎。司饰二人以巾授皇帝及皇后，俱帨手。尚食各跪品尝馔，移黍置于席上，以次授肺脊，帝、后皆食，三饭，卒食。尚食二人俱盥手洗爵于房，入室，酌于尊，以授帝、后，俱受，祭。尚食各以肝从，皆奠爵、振祭、哜之。尚食皆受，实于俎、豆。各取爵，皆饭。尚仪受虚爵，奠于坫。再酳如初，三酳用卺，如再酳。尚食俱降东阶，洗爵，升，酌于户外，进，北面奠爵，兴，再拜，跪取爵祭酒，遂饮卒爵，奠，遂拜，执爵兴，降，奠于篚。尚仪北面跪，奏称："礼毕，兴。"帝、后俱兴。尚宫引皇帝入东房，释冕服，御常服；尚宫引皇后入幄，脱服。尚宫引皇帝入。尚食撤馔，设于东房，如初。皇后从者馂皇帝之馔，皇帝侍者馂皇后之馔。

皇太子纳妃。

皇帝遣使者至于主人之家，不持节，无制书。其纳采、问名、纳吉、纳徵、告期，皆如后礼。

其册妃。前一日，主人设使者次大门之外道右，南向；又设宫人次于使者西南，俱东向，障以行帷。奉礼设使者位于大门外之西，副及内侍又于其南，举册桉及玺绶，命服者又南，差退，俱东向。设主人位于门南，北面。又设位于内门外，如之。设典内位于内门外主人之南，西面。宫人位于门外使者之后，重行东向，以北为上，障以行帷。设赞者二人位于东阶东南，西向。典内预置一桉于阁外。使、副朝服，乘辂持节，鼓吹备而不作。至妃氏大门外次，掌严奉褕翟衣及首饰，内厩尉进厌翟于大门之外道西，东向，以北为上。诸卫帅其属布仪仗。使者出次，持节前导，及宫人、典内皆就位。主人朝服，出迎于大门之外，北面再拜。使者入门而左，持桉从之。主人入门而右，至内门外位。奉册宝桉者进，授使副册宝，内侍西面授之，东面授典内，典内持入，跪置于阁内之桉。奉衣服及侍卫者从入，皆立于典内之南，俱东面。傅姆赞妃出，立于庭中，北面。掌书跪取玉宝，南向。掌严奉首饰、褕翟，与诸宫官侍卫者以次入。司则前赞妃再拜，北面授册宝于掌书，南向授妃，妃以授司闺。司则又赞再拜，乃请妃升坐。宫官以下皆降立于庭，重行，北面西上。赞者曰："再拜。"皆再拜。司则前启"礼毕"。妃降座，入于室。主人傧使者如礼宾之仪。

临轩醮戒。前一日，卫尉设次于东朝堂之北，西向。又设宫官次于重明门外。其日，皇太子服衮冕出，升金辂，至承天门降辂，就次。前一日，有司设御座于太极殿阼阶上，西向。设群官次于朝堂，展县，陈车辂。其日，尚舍设皇太子席位于户牖间，南向，莞席、藻席。尚食设酒尊于东序下，又陈笾脯一、豆醢一，在尊西。晡前三刻，设群官版位于内，奉礼设版位于外，如朝礼。侍中版奏"请中严"。前三刻，诸侍卫之官侍中、中书令以下俱诣阁奉迎。典仪帅赞者先入就位，吏部、兵部赞群官出次，就门外位。侍中版奏"外办"。皇帝服通天冠、绛纱袍，乘舆出自西房，即御座西向。群官入就位。典仪曰："再拜。"赞都承传，在位者皆再拜。皇太子入县南，典仪曰："再拜。"赞者承传，皇太子再拜。诣阶，脱舄，升席西，南面立。尚食酌酒于序，进诣皇太子西，东面立。皇太子再拜，受爵。尚食又荐脯醢于席前。皇太子升席坐，左执爵，右取脯，擩于醢，祭于笾、豆之间。右祭酒，兴，降席西，南面坐，啐酒，奠爵，兴，再拜，执爵兴。奉御受虚爵，直长撤荐，还于房。皇太子进，当御座前，东面立。皇帝命之曰："往迎尔相，承我宗事，勖帅以敬。"皇太子曰："臣谨奉制旨。"遂再拜，降自西阶。纳舄，出门。典仪曰："再拜。"赞者承传，在位者皆再拜，以次出。侍中前跪奏"礼毕。"皇帝入。

皇太子既受命，执烛、前马、鼓吹，至于妃氏大门外道西之次，回辂南向。左庶子跪奏,降辂之次。主人设几筵。妃服褕翟、花钗,立于东房,主妇立于房户外之西,南向。主人公服出,立于大门之内,西向。在庙则祭服。左庶子跪奏"请就位"。皇太子立于门西,东面。傧者受命出请事,左庶子承传跪奏,皇太子曰:"以兹初昏,某奉制承命。"左庶子俯伏,兴,传于傧者,入告,主人曰:"某谨敬具以须。"傧者出,传于左庶子以奏。傧者入,引主人迎于门外之东,西面再拜,皇太子答再拜。主人揖皇太子先入,掌畜者以雁授左庶子,以授皇太子,执雁入。及内门,主人让曰:"请皇太子入。"皇太子曰:"某弗敢先。"主人又固请,皇太子又曰:"某固弗敢先。"主人揖,皇太子入门而左,主人入门而右。及内门,主人揖入,及内雷,当曲揖,当阶揖,皇太子皆报揖。至于阶,主人曰:"请皇太子升。"皇太子曰:"某敢辞。"主人固请,皇太子又曰:"某敢固辞。"主人终请,皇太子又曰:"某终辞。"主人揖,皇太子报揖。主人升,立于阼阶上,西面。皇太子升,进当房户前,北面,跪奠雁,再拜,降,出。主人不降送。内厩尉进厌翟于内外,傅姆导妃,司则前引,出于母左。师姆在右,保姆在左。父少进,西面戒之曰:"必有正焉,若衣花。"命之曰:"戒之敬之,夙夜无违命。"母戒之西阶上,施衿结帨,命之曰:"勉之敬之,夙夜无违命。"庶母及门内施鞶,申之以父母之命,命之曰:"敬恭听宗父母之言,夙夜无愆。视诸衿鞶。"妃既出内门,至辂后,皇太子授绥,姆辞不受,曰:"未教,不足与为礼。"妃升辂,乘以几,姆加景。皇太子驭轮三周,驭者代之。皇太子出大门,乘辂还宫,妃次于后。主人使其属送妃,以族从。

　　同牢之日,司闺设妃次于阁内道东,南向。设皇太子御幄于内殿室内西厢,东向。设席重茵,施屏障。设同牢之席于室内,皇太子之席西厢,东向,妃席东厢,西向。席间量容牢馔。设洗于东阶东南,设妃洗于东房近北。馔于东房西墉下,豆各二十,簠、簋各二,铏各三,瓦登一,俎三。尊在室内北墉下,玄酒在西。又设尊于房户外之东,无玄酒。筐在南,实四爵,合卺。皇太子车至左阁,回辂南向,左庶子跪奏"请降辂"。入俟于内殿门外之东,西面。妃至左阁外,回

辂南向,司则请妃降辂,前后扇、烛。就次立于内殿门西,东面。皇
太子揖以入,升自西阶,妃从升。执扇、烛者陈于东、西阶内。皇太
子即席,东向立,妃西向立。司馔进诣阶间,跪奏“具牢馔”,司则承
令曰:“诺。”遂设馔如皇后同牢之礼。司馔跪奏:“馔具。”皇太子及
妃俱坐。司馔跪取脯、取韭菹,皆擩于醢,授皇太子,又取授妃,俱
受,祭于笾、豆之间。司馔跪取黍实于左手,遍取稷反于右手,授皇
太子,又授妃,各受,祭于菹醢之间。司馔各立,取肺皆绝末,跪授皇
太子及妃,俱受,又祭于菹醢之间。司馔俱以肺加于俎。掌严授皇
太子妃巾;帨手。以栖扱上钘遍擩之,祭于上豆之间。司馔品尝妃
馔,移黍置于席上,以次跪授肺脊。皇太子及妃皆食以湆酱,三饭,
卒食。司馔北面请进酒,司则承令曰:“诺。”司馔二人俱盥手洗爵于
房,入室,酌于尊,北面立。皇太子及妃俱兴,再拜。一人进授皇太
子,一人授妃,皇太子及妃俱坐,祭酒,举酒,司馔各以肝从,司则进
受虚爵,奠于篚。司馔又俱洗爵,酌酒,再酳,皇太子及妃俱受爵饮。
三酳用卺,如再酳。皇太子及妃立于席后,司则俱降东阶,洗爵,升,
酌于户外,北面,俱奠爵,兴,再拜。皇太子及妃俱答拜。司则坐,取
爵祭酒,遂饮,啐爵,奠,遂拜,执爵兴,降,奠爵于篚。司馔奏“撤
馔”。司则前跪奏称:“司则妾姓言,请殿下入。”皇太子入于东房,释
冕服,著裤褶。司则启妃入帏幄,皇太子乃入室。媵馂皇太子之馔,
御馂妃之馔。

亲王纳妃。

其纳采、问名、纳吉、纳徵、请期,使者公服,乘轺车,至于妃氏
之家,主人受于庙若寝,其宾主相见,傧赞出入升降,与其礼宾者,
大抵如皇太子之使,而无副。其聘以玄纁束、乘马,玉以璋。册命之
日,使者持节,有副。

亲迎。王衮冕辂车,至于妃氏之门外,主人布席于室户外之西,
西上,右几。又席于户内,南向。设瓵醴于东房东北隅,篚在尊南,
实觯一、角柶一,脯醢又在其南。妃于房内即席,南向立,姆立于右。

主人立于户之东,西面。内赞者以觯酌醴,加柶,覆之,面柄,进筵前,北面。妃降席西,南面再拜,受觯。内赞者荐脯醢,妃升席,跪,左执觯,右取脯,擩于醢,祭于笾、豆之间,遂以柶祭醴三,始扱一祭,又扱再祭,兴,筵末跪,啐醴,建柶,奠觯,降筵西,南面再拜,就席立。主人乃迎宾。其余皆如皇太子之迎。

初昏,设洗于东阶东南,又设妃洗于东房近北。馔于东房,障以帷。豆十六,簠、簋各二,登各二,俎三,羊豕、腊,羊豕节折,尊坫于室内北墉下,玄酒在西。又设尊于房户外之东,无玄酒,坫在南,实以四爵,合卺。王至,降车以俟;妃至,降车北面立。王南面揖妃以入,及寝门,又揖以入。赞者酌玄酒三注于尊,妃从者设席于奥,东向。王导妃升自西阶,入于室,即席东面立。妃入立于尊西,南面。王盥于南洗,妃从者沃之;妃盥于北洗,王从者沃之。俱复位,立。赞者设馔入,西面,告“馔具。”王揖妃,即对席,西面,皆坐。其先祭而后饭,乃酳祭,至于烛入,皆如太子纳妃之礼。

公主出降。礼皆如王妃,而纳采、问名、纳吉、纳徵、请期,主人皆受于寝。其宾之辞曰:“国恩贶室于某公之子,某公有先人之礼,使某也请。”主人命宾曰:“寡人有先皇之礼”云。

其诸臣之子,一品至于三品为一等,玄纁束、乘马,玉以璋。四品至于五品为一等,玄纁束、两马,无璋。六品至于九品为一等,玄纁束、俪皮二,而无马。俪皮二,内摄之,毛如内,左首,立于幕南。其余纳采、问名、纳吉、纳徵、请期,大抵皆如亲王纳妃。

其亲迎之日,大昕,婿之父、女之父告于祢庙若寝。将行,布席于东序,西向;又席于户牖之间,南向。父公服,坐于东序,西向。子服其上服:一品衮冕,二品鷩冕,三品毳冕,四品绣冕,五品玄冕,六品爵弁。庶人绛公服。升自西阶,进立于席西,南向。赞者酌酒进,北面以授子,子再拜受爵。赞者荐脯醢于席前,子升席,跪,左执爵,右取脯,擩于醢,祭于笾、豆之间。右祭酒,执爵兴,降席西,南面跪,卒爵，再拜，执爵兴。赞者受虚爵还尊所。子进立于父席前，东面。父命之曰："往迎尔相，承我宗事，勖率以敬，先妣之嗣，若则有常。"庶子但云："往迎尔相，勖率以敬。"子再拜曰："不敢忘命。"又再拜，降，出，乃迎。

初昏，设洗、陈馔皆如亲王。牲用少牢及腊，三俎、二簠、二簋，其豆数：一品十六，二品十四，三品十二。婿及妇共牢，妇之簠、簋及豆、登之数，各视其夫。尊于室中北墉下，设尊于房户外之东，加幂、勺，无玄酒。夫妇酳于内，尊四，爵两，卺凡六，夫妇各三酳，主人乘革辂，至于妇氏大门外。妇准其夫服，花钗、翟衣，入于房，以醆酳醴，如王妃。主人迎宾以入，遂同牢，皆如亲王纳妃之礼。

质明，布舅席于东序，西向；布姑席于房户外之西，南向。舅姑即席，妇执笲枣、栗入，升自西阶，东面再拜，进，跪奠于舅席前，舅抚之，妇退，复位，又再拜。降自西阶，受笲腶修，升，进，北面再拜，进，跪奠于姑席前，姑举之，妇退，复位，又再拜。妇席于姑西少北，南向。侧尊瓯醴于房内东壁下，笾、豆一，实以脯醢，在尊北。设洗于东房近北。妇立于席西，南面。内赞者盥手，洗觯，酌醴，加栖，面柄，北面立于妇前。妇进，东面拜受，复位。内赞者西阶上，北面拜送，乃荐脯醢。妇升席，坐，左执觯，右取脯，擩于醢，祭于笾、豆之间，以栖祭醴三，始扱一祭，又扱再祭，加栖于觯，面叶，兴，降席西，东面坐，啐醴，建栖，兴，拜。内赞者答拜。妇进升席，跪，奠觯于豆东，取脯，降自西阶以出，授氏从入于寝门外。

盥馈。舅、姑入于室，妇盥馈。布席于室之奥，舅、姑共席坐，俱东面南上。赞者设尊于室内北墉下，馔于房内西墉下，如同牢。牲体皆节折，右载之于舅俎，左载之于姑俎。妇入，升自西阶，入房，以酱进。其他馔，从者设之，皆加匕箸。俎入，设于豆东。赞者各授箸，舅、姑各以箸葅擩于酱，祭于笾、豆之间，又祭饭讫，乃食，三饭，卒食。妇入于房，盥手洗爵，入室，酌酒酳舅，进奠爵舅席前少东，西面再拜，舅取爵祭酒，饮之。妇受爵出户，入房，奠于右。盥手洗爵，酌酒酳姑。设妇席于室内北墉下，尊东面，妇撤馔，设于席前如初，西上。妇进，西面再拜，退，升席，南向坐。将馂，舅命易酱，内赞者易之。妇及馂姑馔，妇祭，内赞者助之。既祭，乃食，三饭，卒食。内赞者洗爵酌酒酳妇，降席，西面再拜，受爵，升席坐，祭酒，饮，执爵兴，降席东，南面立。内赞者受爵，奠于坫。妇进，西面再拜，受爵，升席坐，祭酒，饮讫，执爵兴，降席东，南面立。内赞者受奠于篚，妇进，西面再拜。舅、姑先降自西阶，妇降自阼阶。凡庶子妇，舅不降，而妇降自西阶以出。

唐书卷一九
志第九

礼乐九

皇帝元正、冬至受群臣朝贺而会。

前一日，尚舍设御幄于太极殿，有司设群官客使等次于东西朝堂，展县，置桉，陈车舆，又设解剑席于县西北横街之南。文官三品以上位于横街之南，道东；褒圣侯位于三品之下，介公、酅公位于道西；武官三品以上位于介公之西，少南；文官四品、五品位于县东，六品以下位于横街之南。又设诸州朝集使位：都督、刺史三品以上位于文、武官三品之东、西，四品以下分方位于文、武官当品之下。诸州使人又于朝集使之下，诸亲于四品、五品之南。设诸蕃方客位：三等以上，东方、南方在东方朝集使之东，西方、北方在西方朝集使之西，每国异位重行，北面；四等以下，分方位于朝集使六品之下。又设门外位：文官于东朝堂，介公、酅公在西朝堂之前，武官在介公之南，少退，每等异位重行；诸亲位于文、武官四品、五品之南；诸州朝集使，东方、南方在宗亲之南，使人分方于朝集使之下；诸方客，东方、南方在东方朝集使之南，西方、北方在西方朝集使之南，每国异位重行。

其日，将士填诸街，勒所部列黄麾大仗屯门及陈于殿庭，群官就次。侍中版奏"请中严"。诸侍卫之官诣阁奉迎，吏部兵部主客户部赞群官、客使俱出次，通事舍人各引就朝堂前位，引四品以下及诸亲、客等应先置者入就位。侍中版奏"外办"。皇帝服衮冕，冬至则服通天冠、绛纱袍，御舆出自西房，即御座南向坐。符宝郎奉宝置于前，公、王以下及诸客使等以次入就位。典仪曰："再拜。"赞者承传，在位者皆再拜。上公一人诣西阶席，脱舄，跪，解剑置于席，升，当御座前，北面跪贺，称："某官臣某言：元正首祚，景福惟新，伏惟开元神武皇帝陛下与天同休。"冬至云："天正长至，伏惟陛下如日之升。"乃降阶诣席，跪，佩剑，俛伏，兴，纳舄，复位。在位者皆再拜。侍中前承诏，降诣群官东北，西面，称"有制"。在位者皆再拜，宣制曰："履新之庆，与公等同之。"冬至云："履长。"在位者皆再拜，舞蹈，三称万岁，又再拜。

初，群官将朝，中书侍郎以诸州镇表别为一桉，俟于右延明门外，给事中以祥瑞桉俟于左延明门外，侍郎、给事中俱就侍臣班。初入，户部以诸州贡物陈于太极门东东、西厢，礼部以诸蕃贡物可执者，蕃客执入就位，其余陈于朝堂前。上公将入门，中书侍郎、给事中皆降，各引其桉入，诣东、西阶下立。上公将升贺，中书令、黄门侍郎俱降，各立，取所奏之文以次升。上公已贺，中书令前跪奏诸方表，黄门侍郎又进跪奏祥瑞，俱降，置所奏之文于桉。侍郎与给事中引桉退至东、西阶前，桉出。

初，侍中已宣制，朝集使及蕃客皆再拜。户部尚书进诣阶间，跪奏，称："户部尚书臣某言：诸州贡物请付所司。"侍中前承制，退，称："制曰可。"礼部尚书以次进诣阶间，跪奏，称："礼部尚书臣某言：诸蕃贡物请付所司。"侍中前承制，退，称："制曰可。"太府帅其属受诸州及诸蕃贡物出归仁、纳义门，执物者随之。典仪曰："再拜。"通事舍人以次引北面位者出。侍中前，跪奏称："侍中臣某言：礼毕。"皇帝降座，御舆入自东房，侍臣从至阁。引东西面位者以次出，蕃客先出。冬至，不奏祥瑞，无诸方表。

其会，则太乐令设登歌于殿上，二舞入，立于县南。尚舍设群官升殿者座：文官三品以上于御座东南，西向；介公、酅公在御座西南，东向；武官三品以上于其后；朝集使都督、刺史，蕃客三等以上，座如立位。设不升殿者座各于其位。又设群官解剑席于县之西北，横街之南。尚食设寿尊于殿上东序之端，西向；设坫于尊南，加爵一。太官令设升殿者酒尊于东、西厢，近北；设在庭群官酒尊各于其座之南。皆有坫、幂，俱障以帷。

　　吏部兵部户部主客赞群官、客使俱出次，通事舍人引就朝堂前位，又引非升殿者次入就位。侍中版奏"外办"。皇帝改服通天冠、绛纱袍，御舆出自西房，即御座。典仪一人升就东阶上，通事舍人引公、王以下及诸客使以次入就位。侍中进当御座前，北面跪奏，称："侍中臣某言：请延诸公、王等升。"又侍中称："制曰可。"侍中诣东阶上，西面，称："制延公、王等升殿上。"典仪承传，阶下赞者又承传，在位者皆再拜。应升殿者诣东、西阶，至解剑席，脱舄，解剑，升。上公一人升阶，少东，西面立于座后。光禄卿进诣阶间，跪奏称："臣某言：请赐群臣上寿。"侍中称："制曰可。"光禄卿退，升诣酒尊所，西向立。上公诣酒尊所，北面。尚食酌酒一爵授上公，上公受爵，进前，北面授殿中监，殿中监受爵，进置御前，上公退，北面跪称："某官臣某等稽首言：元正首祚，冬至云：'天正长至。'臣某等不胜大庆，谨上千秋万岁寿。"再拜，在位者皆再拜，立于席后。侍中前承制，退称："敬举公等之觞。"在位者又再拜。殿中监取爵奉进，皇帝举酒，在位者皆舞蹈，三称万岁。皇帝举酒讫，殿中监进受虚爵，以授尚食，尚食受爵于坫。

　　初，殿中监受虚爵，殿中典仪唱："再拜。"阶下赞者承传，在位者皆再拜。上公就座后立，殿上典仪唱："就座。"阶下赞者承传，俱就座。歌者琴瑟升坐，笙管立阶间。尚食进酒至阶，殿上典仪唱："酒至，兴。"阶下赞者承传，坐者皆俛伏，起，立于席后。殿中监到阶省酒，尚食奉酒进，皇帝举酒。太官令又行群官酒，酒至，殿上典仪唱："再拜。"阶下赞者承传，在位者皆再拜，搢笏受觯。殿上典仪唱："就座。"阶下赞者承传，皆就座。皇帝举酒，尚食进受虚爵，复于坫。觞行三周，尚食进御食，食至阶，殿上典仪唱："食至，兴。"阶下赞者承传，坐者皆起，立座后。殿中监到阶省桉，尚食品尝食讫，以次进置御前。太官令又行群官桉,设食讫,殿上典仪唱:"就座。"阶下赞者承传,皆就座。皇帝乃饭,上下俱饭。御食毕,仍行酒,遂设庶羞,二舞作。若赐酒,侍中承诏诣东阶上,西面称:"赐酒。"殿上典仪承传,阶下赞者又承传,坐者皆起,再拜,立,受觯,就席坐饮,立,授虚爵,又再拜,就座。酒行十二遍。

　　会毕,殿上典仪唱:"可起。"阶下赞者承传,上下皆起,降阶,佩剑,纳舄,复位。位于殿庭者,仍立于席后。典仪曰:"再拜。"赞者承传,在位者皆再拜。若有赐物,侍中前承中前,跪奏称:"侍中臣某言:礼毕。"皇帝兴,御舆入自东房,东、西面位者以次出。

　　皇帝若服翼善冠、裤褶,则京官裤褶,朝集使公服。设九部乐,则去乐县,无警跸。太乐令帅九部伎立于左右延明门外,群官初唱万岁,太乐令即引九部伎声作而入,各就座,以次作。

　　临轩册皇太子。

　　有司卜日,告于天地宗庙。

　　前一日,尚舍设御幄于太极殿,有司设太子次于东朝堂之北,西向。又设版位于大横街之南,展县,设桉,陈车舆,及文武群官、朝集、蕃客之次位,皆如加元服之日。

　　其日,前二刻,宫官服其器服,诸卫率各勒所部陈于庭。左庶子奏"请中严"。侍卫之官奉迎,仆进金路,内率一人执刀。赞善奏"发引"。令侍臣上马,庶子承令。其余略如皇帝出宫之礼。皇太子远游冠、绛纱袍,三师导,三少从,鸣铙而行。降路入次,亦如銮驾。

　　其日,列黄麾大仗,侍中请"中严"。有司与群官皆入就位。三师、三少导从,皇太子立于殿门外之东,西向。黄门侍郎以册、宝绶桉立于殿内道北,西面,中书侍郎立桉后。侍中乃奏"外办"。皇帝服衮冕,出自西房,即御座。皇太子入就位。典仪曰:"再拜。"皇太子再拜。又曰:"再拜。"在位者皆再拜。中书令降,立于皇太子东北,西向。中书侍郎一人引册、一人引宝绶桉立于其东,西面,以册授之。中书令曰:"有制。"皇太子再拜,中书令跪读册,皇太子再拜受册,左庶子受之。侍郎以玺绶授中书令,皇太子进受,以授左庶子。皇太子再拜,在位者皆再拜。侍中奏"礼毕"。皇帝入自东房,在位者以次出。

皇帝御明堂读时令。

孟春,礼部尚书先读令三日奏读月令,承以宣告。

前三日,尚舍设大次于东门外道北,南向;守宫设文、武侍臣次于其后之左、右;设群官次于璧水东之门外,文官在北,武官在南,俱西上。

前一日,设御座于青阳左个,东向。三品以上及诸司长官座于堂上:文官座于御座东北,南向;武官座于御座之东,北向。俱重行西上。设刑部郎中读令座于御座东南,北向,有桉。设文官解剑席于丑陛之左,武官于卯陛之右,皆内向。太乐令展宫县于青阳左个之庭,设举麾位于堂上寅阶之南,北向;其一位于乐县东北,南向。典仪设三品以上及应升坐者位于县东,文左武右,俱重行西向。非升坐者文官四品、五品位于县北,六品以下于其东,绝位,俱南向;武官四品、五品于县南,六品以下于其东、俱北向。皆重行西上。设典仪位于县之西北,赞者二人在东,差退,俱南向。奉礼设门外位各于次前,俱每等异位,重行相向,西上。

其日,陈小驾,皇帝服青纱袍,佩苍玉,乘金路出宫,至于大次。文、武五品以上从驾之官皆就门外位,太乐令、工人、协律郎、典仪帅赞者皆先入,群官非升坐者次入,就位。刑部郎中以月令置于桉,覆以帊,立于武官五品东南,郎中立于桉后,北面。侍中版奏"外办"。皇帝御舆入自青龙门,升自寅阶,即座。符宝郎置宝于前。典仪升,立于左个东北,南向。公、王以下入就西面位。典仪曰:"再拜。"赞者承传,在位者皆再拜。侍中前,跪奏称:"侍中臣某言:请延公、王等升。"又侍中称:"制曰可。"侍中诣左个东北,南向称:"诏延公、王等升。"典仪传,赞者承传,在位者皆再拜。西面位者各诣其阶,解剑,脱舄,升,立于座后。刑部郎中引桉进,立于卯阶下。侍中

跪奏"请读月令。"又侍中称："制曰可。"刑部郎中再拜，解剑，俛，脱
舄，取令，升自卯阶，诣席南，北向跪，置令于桉，立于席后。堂上典
仪唱："就座。"公、王以下及刑部郎中并就座。刑部郎中读令，每句
一绝，使言声可了。读讫，堂上典仪唱："可起。"王、公以下皆起。刑
部郎中以令置于桉，与群官佩剑，纳舄，复于位。典仪曰："再拜。"在
位者皆再拜。西面位者出。侍中跪奏称："侍中臣某言：礼毕。"皇帝
降座，御舆出之便次，南、北面位者以次出。

　　自仲春以后，每月各居其位，皆冠通天，服、玉之色如其时。若
四时之孟月及季夏土王，读五时令于明堂亦如之。

　　皇帝亲养三老、五更于太学。

　　所司先奏三师、三公致仕者，用其德行及年高者一人为三老，
次一人为为五更，五品以上致仕者为国老，六品以下致仕者为庶
老。尚食具牢馔。

　　前三日，尚舍设大次于学堂之后，随地之宜。设三老、五更次于
南门外之西，群老又于其后，皆东向。文官于门外之东，武官在群老
之西，重行，东西向，皆北上。

　　前一日，设御座于堂上东序，西向，莞筵藻席。三老座于西楹之
东，近北，南向；五更座于西阶上，东向；国老三人座于三老西阶，不
属焉。皆莞筵藻席。众国老座于堂下西阶之西，东面北上，皆蒲筵
缁布纯，加莞席。太乐令展宫县于庭，设登歌于堂上，如元会。典仪
设文、武官五品以上位于县东、西，六品以下在其南，皆重行，西向
北上；蕃客位于其南；诸州使人位于九品之后；学生分位于文、武官
之后。设门外位如设次。又设尊于东楹之西，北向，左玄酒，右坫以
置爵。

　　其日，銮驾将至，先置之官就门外位，学生俱青衿服，入就位。
銮驾至太学门，回辂南向，侍中跪奏"请降辂"。降，入大次。文、武
五品以上从驾之官皆就门外位，太乐令、工人、二舞入，群官、客使
以次入。初，銮驾出宫，量时刻，遣使迎三老、五更于其第，三老、五

更俱服进贤冠,乘安车,前后导从。其国老、庶老则有司预戒之。銮驾既至太学,三老、五更及群老等俱赴集,群老各服其服。太常少卿赞三老、五更俱出次,引立于学堂南门外之西,东面北上;奉礼赞群老出次,立于三老、五更之后;太常博士引太常卿升,立于学堂北户之内,当户北面。侍中版奏"外办"。皇帝出户,殿中监进大珪,皇帝执大珪,降,迎三老于门内之东,西面立。侍臣从立于皇帝之后,太常卿与博士退立于左。三老、五更皆杖,各二人夹扶左右,太常少卿引导,敦史执笔以从。三老、五更于门西,东面北上,奉礼引群老随入,立于其后。太常卿前奏"请再拜"。皇帝再拜,三老、五更去杖,摄齐答拜。皇帝揖进,三老在前,五更从,仍杖,夹扶至阶,皇帝揖升,俱就座后立。皇帝西面再拜三老,三老南面答拜,皇帝又西向肃拜五更,五更答肃拜,俱坐。三公授几,九卿正履。殿中监、尚食奉御进珍羞及黍、稷等,皇帝省之,遂设于三老前。皇帝诣三老座前,执爵而馈,乃诣酒尊所取爵,侍中赞酌酒,皇帝进,执爵而酳。尚食奉御以次进珍羞酒食于五更前,国老、庶老等皆坐,又设酒食于前,皆食。皇帝即座。三老乃论五孝六顺、典训大纲,格言宣于上,惠音被于下。皇帝乃虚躬请受,敦史执笔录善言善行。礼毕,三老以下降筵,太常卿引皇帝从以降阶,逡巡立于阶前。三老、五更出,皇帝升,立于阶上,三老、五更出门。侍中前奏"礼毕"。皇帝降还大次。三老、五更升安车,导从而还,群官及学生等以次出。明日,三老诣阙表谢。

州贡明经、秀才、进士身孝悌旌表门闾者,行乡饮酒之礼,皆刺史为主人。先召乡致仕有德者谋之,贤者为宾,其次为介,又其次为众宾,与之行礼,而宾举也。主人戒宾,立于大门外之西,东面;宾立于东阶下,西面。将命者立于宾之左,北面,受命出,立于门外之东,西面,曰:"敢请事。"主人曰:"某日行乡饮酒之礼,请吾子临之。"将命者入告,宾出,立于门东,西面拜辱,主人答拜。主人曰:"吾子学优行高,应兹观国,某日展礼,请吾子临之。"宾曰:"某固陋,恐辱

命,敢辞。"主人曰:"某谋于父师,莫若吾子贤,敢固以请。"宾曰:
"夫子申命之,某敢不敬须。"主人再拜,宾答拜,主人退,宾拜送。其
戒介亦如之,辞曰:"某日行乡饮酒之礼,请吾子贰之。"

其日质明,设宾席于楹间,近北,南向;主人席于阼阶上,西向;
介席于西阶上,东向;众宾席三于宾席之西,南向;皆不属。又设堂
下众宾席于西阶西南,东面北上。设两壶于宾席之东,少北,玄酒在
西,加勺幂。置篚于壶南,东肆,实以爵觯。设赞者位于东阶东,西
向北上。宾、介及众宾至,位于大门外之右,东面北上。主人迎宾于
门外之左,西面拜宾,宾答拜,又西南面拜介,介答拜,又西南面揖
众宾,众宾报揖。主人又揖宾,宾报揖。主人先入门而右,西面。宾
入门而左,东面。介及众宾序入,立于宾西南,东面北上。众宾非三
宾者皆北面东上。

主人将进揖,当阶揖,宾皆报揖。及阶,主人曰:"请吾子升。"宾
曰:"某敢辞。"主人曰:"固请吾子升。"宾曰:"某敢固辞。"主人曰:
"终请吾子升。"宾曰:"某敢终辞。"主人升自阼阶,宾升自西阶,当
楣,北面立。执尊者撤幂。主人适篚,跪取爵,兴,适尊实之,进宾席
前,西北面献宾。宾西阶上北面拜。主人少退,宾进于席前,受爵,
退,复西阶上,北面立。主人退于阼阶上,北面拜,送爵。宾少退,赞
者荐脯、醢于宾席前。宾自西方升席,南面立。赞者设折俎,宾跪,
左执爵,右取脯,擩于醢,祭于笾、豆之间,遂祭酒,啐酒,兴,降席
东,适西阶上,北面跪,卒爵,执爵兴,适尊实之,进主人席前,东面
酢主人。主人于阼阶上北面拜,宾少退。主人进受爵,退阼阶上,北
面立。宾退,复西阶上,北面拜,送爵。赞者荐脯、醢于主人席前,主
人由席东自北方升席,赞者设折俎,主人跪,左执爵,右祭脯,擩于
醢,祭于笾、豆之间,遂祭酒、啐酒,兴,自南方降席,复阼阶上,北面
跪,卒爵,执爵兴,跪奠爵于东序端,兴,适篚,跪取觯实之以酬,复
阼阶上,北面跪,奠觯,遂拜,执觯兴。宾西阶上答拜。主人跪酒祭,
遂饮,卒觯,执觯兴,适尊实之,进宾席前,北面。宾拜,主人少退。宾
既拜,主人跪奠觯于荐西,兴,复阼阶上位。宾遂进席前,北面跪,取

觯，兴，复西阶上位。主人北面拜送。宾进席前，北面跪，奠觯于荐东，兴，复西阶上位。主人北面揖，降立阼阶下，西面。宾降立于阶西，东面。

　　主人进延介，揖之，介报揖。至阶，一让升，主人升阼阶，介升西阶，当楣，北面立。主人诣东序端，跪取爵，兴，适尊实之，进于介席前，南面献介。介西阶上北面拜，主人少退，介进，北面受爵，退复位。主人于介右北面拜送爵，介少退，主人立于西阶之东。赞者荐脯、醢于介席前，介进自北方，升席，赞者设折俎，介跪，左执爵，右祭脯、醢，遂祭酒，执爵兴，自南方降席，北面跪，卒爵，执爵兴，介授主人爵，主人适尊实之，酢于西阶上，立于介右，北面跪，奠爵，遂拜，执爵兴。介答拜。主人跪祭，遂饮，卒爵，执爵，兴，进，跪奠爵于西楹南，还阼阶上，揖降。介降，立于宾南。

　　主人于阼阶前西南揖众宾，遂升，适西楹南，跪取爵，兴，适尊实之，进于西阶上，南面献众宾之长，升西阶上，北面拜，受爵。主人于众宾长之右，北面拜送。赞者荐脯、醢于其席前，众宾之长升席，跪，左执爵，右祭脯、醢，祭酒，执爵，兴，退于西阶上，立饮讫，授主人爵，降，复位。主人又适尊实之，进于西阶上，南面献众宾之次者，如献众宾之长。又次一人升饮，亦如之。主人适尊实酒，进于西阶上，南面献堂下众宾。每一人升，受爵，跪祭，立饮，赞者遍荐脯、醢于其位。主人受爵、尊于篚。主人与宾一揖一让升，宾、介、众宾序升，即席。

　　设工人席于堂廉西之东，北面东上。工四人，先二瑟，后二歌，工持瑟升自阶，就位坐。工鼓《鹿鸣》，卒歌，笙入，立于堂下，北面，奏《南陔》。乃间歌，歌《南有嘉鱼》，笙《崇丘》；乃合乐《周南·关雎》、《召南·鹊巢》。

　　司正升自西阶，司正谓主人赞礼者，礼乐之正。既成，将留宾，为有懈堕，立司正以监之。跪取觯于篚，兴，适尊实之，降自西阶，诣阶间，左还，北面跪，奠觯，拱手少跪，取觯，遂饮，卒觯，奠，再拜。宾降席，跪取觯于篚，适尊实之，诣阼阶上，北面酬主人。主人降席，进立于宾东，宾跪奠觯，遂拜，执觯兴，主人答拜，宾立饮，卒觯，适尊实之，阼阶上东南授主人，主人再拜，宾少退，主人受觯，宾于主人之西，北面拜送，宾揖，复席。主人进西阶上，北面酬介，介降席，自南方进，立于主人之西，北面。主人跪奠觯，遂拜，执觯兴，介答拜。主人立饮，卒觯，适尊实之，进西阶上，西面立，介拜，主人少退，介受觯，主人于介东，北面拜送，主人揖，复席。

　　司正升自西阶，近西，北面立，相旅曰："某子受酬。"受酬者降席，自西方进，北面立于介右。司正退，立于序端，东面，避受酬者。介跪奠觯，遂拜，执觯兴，某子答。介立饮，卒觯，适尊实之，进西阶上，西南面授某子，某子受觯，介立于某子之左，北面，揖，复席。司正曰："某子受酬。"受酬者降席，自西方立于某子之左，北面，某子跪奠觯，遂拜，执觯兴，受酬者答拜。某子立饮，卒觯，适尊实之，进西阶上，西南面授之，受酬者受觯，某子立于酬者之右，揖，复席。次一人及堂下众宾受酬亦如之。卒受酬者以觯跪奠于篚，兴，复阶下位。司正适阼阶上，东面请命于主人，主人曰："请坐于宾。"司正回，北面告于宾曰："请宾坐。"宾曰："唯命。"宾、主各就席坐。若宾、主公服者，则降脱履，主人先左，宾先右。司正降，复位。乃羞肉胾、醢，宾、主燕饮，行无算爵，无算乐，主人之赞者皆兴焉。已燕，宾、主俱兴，宾以下降自西阶，主人降自东阶，宾以下出立于门外之西，东面北上，主人送于门外之东，西面再拜，宾、介逡巡而退。

　　季冬之月正齿位，则县令为主人，乡之老人年六十以上有德望者一人为宾，次一人为介，又其次为三宾，又其次为众宾。年六十者三豆，七十者四豆，八十者五豆，九十者及主人皆六豆。宾、主燕饮，则司正北面请宾坐，宾、主各就席立。司正适篚，跪取觯，兴，实之，进立于楹间，北面，乃扬觯而戒之以忠孝之本。宾、主以下皆再拜。司正跪奠觯，再拜，跪取觯饮，卒觯，兴，宾、主以下皆坐。司正适篚，跪奠觯，兴，降复位。乃行无算爵。其大抵皆如乡饮酒礼。

唐书卷二○
志第一○

礼乐十

五曰凶礼。

《周礼》五礼，二曰凶礼。唐初，徙其次第五，而李义府、许敬宗以为凶事非臣子所宜言，遂去其《国恤》一篇，由是天子凶礼阙焉。至国有大故，则皆临时采掇附比以从事，事已，则讳而不传，故后世无考焉。至开元制礼，惟著天子赈恤水旱、遣使问疾、吊死、举哀、除服、临丧、册赠之类，若五服与诸臣之丧葬、衰麻、哭泣，则颇详焉。

凡四方之水、旱、蝗，天子遣使者持节至其州，位于庭，使者南面，持节在其东南，长官北面，寮佐、正长、老人在其后，再拜，以授制书。

其问疾亦如之，其主人迎使者于门外，使者东面，主人西面，再拜而入。其问妇人之疾，则受劳问者北面。

若举哀之日，为位于别殿，文武三品以上入哭于庭，四品以下哭于门外。有司版奏"中严"、"外办"。皇帝已变服而哭，然后百官内外在位者皆哭，十五举音，哭止而奉慰。其除服如之。皇帝服：一品锡衰，三品以上缌衰，四品以下疑衰。服期者，三朝晡止；大功，朝晡止；小功以下，一哀止。晡，百官不集。若为蕃国君长之丧，则设次于城外，向其国而哭，五举音止。

若临丧，则设大次于其门西，设素裀榻于堂上。皇帝小驾、卤簿,乘四望车,警跸,鼓吹备而不作。皇帝至大次,易素服,从官皆易服,侍臣则不。皇帝出次,丧主人免绖、释杖、哭门外,望见乘舆,止哭而再拜,先入门右,西向。皇帝至堂,升自阼阶,即哭位。巫、祝各一人先升,巫执桃立于东南,祝执苅立于西南,戈者四人先后随升。丧主人入廷再拜,敕引乃升,立户内之东,西向。皇帝出,丧主人门外拜送。皇帝变服于次,乃还庐。文、武常服。皇帝升车,鼓吹不作而入。

其以敕使册赠,则受册于朝堂,载以辂车,备卤簿,至第。妃主以内侍为使,赠者以蜡印画绶。册赠必因其启葬,既葬则受于灵寝,既除则受于庙。主人公服而不哭,或单衣而介帻。受必有祭;未庙,受之寝。

五服之制。

斩衰三年。正服:子为父,女子子在室与已嫁而反室为父。加服:嫡孙为后者为祖,父为长子。义服:为人后者为所后父,妻为夫,妾为君,国官为君。王公以下三月而葬,葬而虞,三虞而卒哭。十三月小祥,二十五月大祥,二十七月禫祭。

齐衰三年。正服:子,父在为母。加服:为祖后者,祖卒则为祖母,母为长子。义服:为继母、慈母,继母为长子,妾为君之长子。

齐衰杖周。降服:父卒,母嫁及出妻之子为母,报,服亦如之。正服:为祖后者,祖在为祖母。义服:父卒,继母嫁,从,为之服报;夫为妻。

齐衰不杖周。正服:为祖父母,为伯叔父,为兄弟,为众子,为兄弟之子及女子子在室与适人者,为嫡孙,为姑、姊妹与无夫子,报,女子子与适人为祖父母,妾为其子。加服:女子子适人者为兄弟之为父后者。降服:妾为其父母,为人后者为其父母,报,女子子适人者为其父母。义服:为伯叔母,为继父同居者,妾为嫡妻,妾为君之庶子,妇为舅、姑,为夫之兄弟之子,舅、姑为嫡妇。

齐衰五月。正服:为曾祖父母,女子子在室及嫁者亦如之。

　　齐衰三月。正服：为高祖父母，女子子在室及嫁者亦如之。义服：为继父不同居者。

　　其父卒母嫁，出妻之子为母，及为祖后，祖在为祖母，虽周除，仍心丧三年。

　　大功，长殇九月，中殇七月，正服：为子、女子子之长殇、中殇，为叔父之长殇、中殇，为姑、姊妹之长殇、中殇，为兄弟之长殇、中殇，为嫡孙之长殇、中殇，为兄弟之子、女子之长殇、中殇。义服：为夫之兄弟之子、女子子之长殇、中殇。成人九月正服：为从兄弟，为庶孙。降服：为女子子适人者，为姑、姊妹适人者报；出母为女子子适人者，为兄弟之女适人者报；为人后者为其兄弟与姑、姊妹在室者报。义服：为夫之祖父母与伯叔父母报，为夫之兄弟女适人者报；夫为人后者，其妻为本生舅、姑，为众子之妇。

　　小功五月殇。正服：为子、女子子之下殇，为叔父之下殇，为姑、姊妹之下殇，为兄弟之下殇，为嫡孙之下殇，为兄弟之子、女子子之下殇，为从兄弟姊妹之长殇，为庶孙之长殇。降服：为人后者为其兄弟之长殇，出嫁姑为侄之长殇，为人后者为其姑、姊妹之长殇。义服：为夫之兄弟之子、女子子之下殇，为夫之叔父之长殇。成人正服：为从祖祖父报，为从祖父报，为从祖姑、姊妹在室者报，为从祖兄弟报，为从祖祖姑在室者报，为外祖父母，为舅及从母报。降服：为从父姊妹适人者报，为孙女适人者，为人后者为其姑、姊妹适人者报。义服：为从祖祖母报，为从祖母报，为夫之姑、姊妹在室及适人者报，娣姒妇报，为同母异父兄弟姊妹报，为嫡母之父母兄弟从母，为庶母慈己者，为嫡孙之妇，母出为继母之父母兄弟从母，嫂叔报。

　　缌麻三月殇。正服：为从父兄弟姊妹之中殇、下殇，为庶孙之中殇、下殇，为从祖叔父之长殇，为从祖兄弟之长殇，为舅及从母之长殇，为从父兄弟之子之长殇，为兄弟之孙长殇，为从祖姑、姊妹之长殇。降服：为人后者为其兄弟之中殇、下殇，为侄之中殇、下殇，出嫁姑为之报，为人后者为其姑、姊妹之中殇、下殇。义服：为人后者为从兄弟之长殇,为夫之叔父之中殇、下殇,为夫之姑、姊妹之长殇。成人正服:为族兄弟,为族曾祖父报,为族祖父报,为族父报,为外孙,为曾孙、玄孙,为从母兄弟姊妹,为姑之子,为舅之子,为族曾祖姑在室者报,为族祖姑在室者报,为族姑在室者报。降服:为从祖姑、姊妹适人者报,女子子适人者为从祖父报,庶子为父后者为其母,为从祖姑适人者报,为人后者为外祖父母,为兄弟之孙女适人者报。义服:为族曾祖母报,为族祖母报,为族母报,为庶孙之妇,女子子适人者为从祖伯叔母,为庶母,为乳母,为婿,为妻之父母报,为夫之曾祖高祖父母,为夫之从祖祖父母报,为夫之从祖父母报,为夫之外祖父母报,为从祖兄弟之子,为夫之从父兄弟之妻,为夫之从父姊妹在室及适人者,为夫之舅及从母报。改葬:子为父母,妻妾为其夫,其冠服杖履皆依《仪礼》。皇家所绝傍亲无服者,皇弟、皇子为之皆降一等。

初,太宗尝以同爨缌而嫂叔乃无服,舅与从母亲等而异服,诏侍中魏徵、礼部侍郎令狐德棻等议:"舅为母族,姨乃外戚它姓,舅固为重,而服止一时,姨丧乃五月,古人未达者也。于是服曾祖父母齐衰三月者,增以齐衰五月;适子妇大功,增以期;众子妇小功,增以大功;嫂叔服以小功五月报;其弟妻及夫兄亦以小功;舅服缌,请与从母增以小功。"然《律疏》舅报甥,服犹缌。显庆中,长孙无忌以为甥为舅服同从母,则舅宜进同从母报。又古庶母缌,今无服,且庶母之子,昆弟也,为之杖齐,□□气而吉凶异,自是亦改服缌。上元元年,武后请"父在,服母三年"。开元五年,右补阙卢履冰言:"《礼》,父在为母期,而服三年,非也,请如旧章。"乃诏并议舅及嫂叔服,久而不能决。二十年,中书令萧嵩等改修五礼,于是父在为母齐衰三年。

诸臣之丧。

有疾,齐于正寝,卧东首北墉下。疾困,去衣,加新衣,撤乐,清扫内外。四人坐而持手足,遗言则书之属纩。气绝,寝于地。男子白布衣,被发徒跣;妇人女子青缣衣,去首饰;齐衰以下,丈夫素冠。主人坐于床东,啼踊无数。众主人在其后,兄弟之子以下又在其后,皆西面南上,哭。妻坐于床西,妾及女子在其后,哭踊无数。兄弟之女以下又在其后,皆东面南上,籍藁坐哭。内外之际,隔以行帷。祖父以下为帷东北壁下,南面西上;祖母以下为帷西北壁,南面东上。外姻丈夫于户外东,北面西上;妇人于主妇西北,南面东上。诸内丧,则尊行丈夫及外亲丈夫席位于前堂,若户外之左右,俱南面。宗亲户东,西上;外亲户西,东上。凡丧,皆以服精粗为序,国官位于门内之东,重行北面西上,俱邪巾帕头,舒荐坐;参佐位于门内之西,重行北面东上,素服,皆舒席坐,哭。斩衰,三日不食;齐衰,二日不食;大功,三不食;小功、缌麻,再不食。

复于正寝。复者三人,以死者之上服左荷之,升自前东雷,当屋履危,北面西上。左执领,右执腰,招以左。每招,长声呼"某复",三呼止,投衣于前,承以箧,升自阼阶,入以覆尸。

乃设床于室户内之西,去脚,簟、枕,施幄,去裙。迁尸于床,南首,覆用敛衾,去死衣,楔齿以角柶,缀足以燕几,校在南。其内外哭位如始死之仪。

乃奠以脯、醢,酒用吉器。升自阼阶,奠于尸东当腢。内丧,则赞者皆受于户外而设之。

沐浴。掘坎于阶间,近西,南顺,广尺,长二尺,深三尺,南其壤,为垼灶于西墙下,东向,以俟煮沐。新盆、瓶、六鬲皆濯之,陈于西阶下。沐巾一,浴巾二,用绤若纻,实于笄,栉实于箱若簟,浴衣实于箧,皆具于西序下,南上。水渐稷米,取汁煮之,又汲为汤以俟浴。以盆盛潘及沐盘,升自西阶,授沐者,沐者执潘及盘入。主人皆出于户东,北面西上;主妇以下户西,北面东上。俱立哭。其尊行者,丈夫于主人之东,北面西上;妇人于主妇之西,北面东上。俱坐哭。妇人以帐。乃沐栉,束发用组,抯用巾。浴则四人抗衾,二人浴,拭用巾,抯用浴衣。设床于尸东,衽下莞上簟。浴者举尸,易床,设枕,鬋鬓断爪如生,盛以小囊,大敛内于棺中。楔齿之柶、浴巾,皆埋于坎,置之。衣以明衣裳，以方巾覆面，仍以大敛之衾覆之。内外入就位，哭。

乃袭。袭衣三称，西领南上，明衣裳，舄一；帛巾一，方尺八寸；充耳，白纩；面衣，玄方尺，纁里，组系；握手，玄纁里，长尺二寸，广五寸，削约于内旁寸，著以绵组系。庶襚继陈，不用。将袭，具床席于西阶西，内外皆出哭，如浴。袭者以床升，入设于尸东，布枕席，陈袭于席。祝去巾，加面衣，设充耳、握手，纳舄若履。既袭，覆以大敛之衾，内外入哭。

乃唅。赞者奉盘水及笲，一品至于三品，饭用粱，唅用璧；四品至于五品，饭用稷，唅用碧；六品至于九品，饭用用粱，唅用贝。升堂，唅者盥手于户外，洗粱、璧实于笲，执以入，祝从入，北面，撤枕，去衾，受笲，奠于尸东。唅者坐于床东，西面，凿巾，纳饭、唅于尸。尸既唅，主人复位。

乃为明旌，以绛广充幅，一品至于三品，长九尺，韬杠，铭曰："某官封之柩"，置于西阶上；四品至于五品，长八尺；六品至于九品，长六尺。

凿木为重，一品至于三品，长八尺，横者半之，三分庭一在南；四品至于五品，长七尺；六品至于九品，长六尺。以沐之米为粥，实于鬲，盖以疏布，系以竹簋，县于重木。覆用苇席，北面，屈两端交后，西端在上，缀以竹簋。祝取铭置于重，殡堂前楹下，夹以苇席。

小敛衣一十九称，朝服一，笏一，陈于东序，西领北。

设奠于东堂下，瓺二，实以醴、酒，觯二，角柶一，少牢、腊三，笾、豆、俎各八。设盆盥于馔东，布巾。赞者辟脯醢之，奠于尸床西南。

乃敛。具床席于堂西，设盆盥西阶之西，如东方。敛者盥，与执服者以敛衣入，丧者东西皆少退，内外哭。已敛，覆以夷衾，设床于堂上两楹间，衽下莞上簟，有枕。卒敛，开帷，主人已下西面凭哭，主妇以下东面凭哭，退。

乃敛发而奠。赞者盥手奉馔至阶，升，设于尸东，醴、酒奠于馔南，西上，其俎，祝受巾巾之。奠者撤袭，奠，自西阶降出。下帷，内外俱坐哭。有国官、僚佐者，以官代哭；无者，以亲疏为之。夜则为燎于庭，厥明灭燎。

乃大敛。衣三十称，上服一称，冕具簪、导、缨，内丧则有花钗，衾一，西领南上。

设奠如小敛，瓶加勺，篚在东南，笾、豆、俎皆有幂，用功布。

棺入，内外皆止哭，升棺于殡所，乃哭。敖八篚，黍、稷、粱、稻各二，皆加鱼、腊。烛俟于馔东，设盆盥于东阶东南。祝盥讫，升自阼阶，撤巾，执巾者以待于阼阶下。祝盥、赞者撤小敛之馔，降自西阶，设于序西南当西霤，如设于堂上。乃适于东阶下新馔所，帷堂内外皆少退，立哭。御者敛，加冠若花钗，覆以衾。开帷，丧者东西凭哭如小敛，诸亲凭哭。敛者四人举床，男女从，奉尸敛于棺，乃加盖，覆以夷衾，内外皆复位如初。设敖谷，首足各一篚，傍各三篚，以木覆棺上，乃涂之，设帟于殡上，祝取铭置于殡。

乃奠。执巾、几席者升自阼阶，入设于室之西南隅，东面。又几、巾已加，赞者以馔升，入室，西面，设于席前。祝加巾于俎，奠者降自西阶以出。下帷，内外皆就位哭。

既殡，设灵座于下室西间，东向，施床、几、桉、屏、帐、服饰，以时上膳羞及汤沐如平生。殷奠之日，下馈于下室。

庐在殡堂东廊下，近南，设苫块。齐衰于其南，为垩室，俱北户，翦蒲为席，不缘；大功又于其南，张帷，席以蒲；小功、缌麻又于其南，设床，席以蒲。妇人次于西房。

三日成服，内外皆哭，尽哀。乃降就次，服其服，无服者仍素服。相者引主人以下俱杖升，立于殡，内外皆哭。诸子孙跪哭尊者之前，祖父抚之，女子子对立而哭，唯诸父不抚。尊者出，主人以下降立阼阶。

朔望殷奠，馔于东堂下，瓦瓨二，实醴及酒，角觯二，木柶一，少牢及腊三俎，二簋、二簠、二钘，六笾、六豆。其日，不馈于下室。

葬有期，前一日之夕，除苇障，设宾次于大门外之右，南向。启殡之日，主人及诸子皆去冠，以邪巾帕头，就位哭。祝衰服执功布，升自东阶,诣殡南,北向,内外止哭,三声噫嘻,乃曰:"谨以吉辰启殡。"既告,内外哭。祝取铭置于重。掌事者升,撤殡涂,设席于柩东,升柩于席。又设席柩东,祝以功布升,拂柩,覆用夷衾,周设帷,开户东向。主人以下升,哭于帷东,西向,俱南上。诸祖父以下哭于帷东北壁下,诸祖母以下哭于帷西北壁下;外姻丈夫帷东上,妇人帷西。祝与进馔者各以奠升,设于柩东席上,祝酳醴奠之。

陈器用。启之夕,发引前五刻,捶一鼓为一严,陈布吉、凶仪仗,方相、志石、大棺车及明器以下,陈于柩车之前。一品引四、披六、铎左右各八、黼翣二、黻翣二、画翣二,二品三品引二、披四、铎左右各六、黼翣二、画翣二,四品五品引二、披二、铎左右各四、黼翣二、画翣二,六品至于九品披二、铎二、画翣二。

二刻顷,捶二鼓为二严,掌馔者撤启奠以出,内外俱立哭。执绋者皆入,掌事者撤帷,持翣者升,以翣障柩。执绋者升,执铎者夹西阶立,执纛者入,当西阶南,北面立。掌事者取重出,倚于门外之东。执旌者立于纛南,北面。捶三鼓为三严,灵车进于内门外,南向,祝以腰舆诣灵座前,西向跪告。腰舆降自西阶,以诣灵车。腰舆退。

执铎者振铎,降就阶间,南向。持翣者障以翣。执纛者却行而引,辒止则北面立;执旌者亦渐而南,辒止,北面。主人以下以次从。

辒在庭。辒至庭,主人及诸子以下立哭于辒东北,西向南上;祖父以下立哭于辒东北,南向西上;异姓之丈夫立哭于主人东南,西面北上。妇人以次从降,妻、妾、女子子以下立哭于辒西,东面南上;祖母以下立哭于辒西北,南向东上;异姓之妇人立哭于主妇西南,东面北上。内外之际,障以行帷。国官立哭于执绋者东,北面西上;僚佐立哭于执绋者西南,北面东上。祝帅执馔者设祖奠于辒东,如大敛。祝酳奠,进馔,北面跪曰:"永迁之礼,灵辰不留,谨奉旋车,式遵祖道,尚飨。"

辒出,升车,执披者执前后披,绋者引辒出,旌先,纛次,主人以下从哭于辒后。辒出,到辒车,执绋者解属于辒车,设帷障于辒后,遂升柩。祝与执馔者设遣奠于柩东,如祖奠。

既奠，掌事者以蒲苇苞牲体下节五，以绳束之，盛以盘，载于舆前。方相、大棺车、辒车，明器舆、下帐舆、米舆、酒脯醢舆、苞牲舆、食舆为六舆，铭旌、蘸、铎、辒车以次行。

宾有赠者，既祖奠，宾立于大门外西厢，东面，从者以篚奉玄纁立于西南，以马陈于宾东南，北首西上。相者入，受命出，西面曰："敢请事。"宾曰："某敢赗。"相者入告，出曰："孤某须矣。"执篚者奠，取币以授宾。牵马者先入，陈于辒车南，北首西上。宾入，由马西当辒车南，北面立，内外止哭。宾曰："某谥封若某位，将归幽宅，敢致赗。"乃哭，内外皆哭。主人拜稽颡。宾进辒东，西面，奠币于车上，西出，主人拜稽颡送之。

丧至于墓所，下柩。进辒车于柩车之后，张帷，下柩于辒。丈夫在西，凭以哭。卑者拜辞，主人以下妇人皆障以行帷，哭于羡道西，东面北上。

入墓。施行席于圹户内之西，执绋者属绋于辒，遂下柩于圹户内席上，北首，覆以夷衾。

辒出，持翣入，倚翣于圹内两厢，遂以帐张于柩东，南向。米、酒、脯于东北，食盘设于前，醢、醢设于盘南，苞牲置于四隅，明器设于右。

在圹。掌事者以玄纁授主人，主人授祝，奉以入，奠于灵座，主人拜稽颡。施铭旌、志石于圹门之内，掩户，设关钥，遂复土三。主人以下稽颡哭，退，俱就灵所哭。掌仪者祭后土于墓左。

反哭。既下柩于圹，捶一鼓为一严，掩户；捶二鼓为再严，内外就灵所；捶三鼓为三严，撤酒、脯之奠，追灵车于帷外，陈布仪仗如来仪。腰舆入，少顷出，诣灵车后。灵车发引，内外从哭如来仪。出墓门，尊者乘，去墓百步，卑者乘以哭。灵车至第西阶下，南向。祝以腰舆诣灵车后。少顷，升，入诣灵座前；主人以下从升，立于灵座东，西面南上；内外俱升。诸祖父以下哭于帷东北壁下，南面；妻及女子子以下妇人哭于灵西，东面；诸祖母以下哭于帷西北壁下，南面；外姻哭于南厢，丈夫帷东，妇人帷西，皆北面；吊者哭于堂上，西面。主人以下出就次，沐浴以俟虞，斩衰者沐而不栉。

虞。主用桑，长尺，方四寸，孔径九分，乌漆匮，置于灵坐，在寝室内户西，东向，素几在右。设洗于西阶西南，瓦瓶二，设于北牖下，醴、酒在东。丧者既沐，升灵所。主人盥诸子倚杖于户外，入哭于位如初。馔入，如殷奠，升自东阶。主人盥手洗爵，酌醴，西面跪奠，哭止。祝跪读祝，主人哭拜，内外应拜者皆哭拜。乃出，杖降西阶，还次。间日再虞，后日三虞，礼如初。

小祥。毁庐为垩室，设蒲席。垩室者除之，席地。主人及诸子沐浴栉鬋，去首绖，练冠，妻妾女子去腰绖。主用栗，祭如虞礼。

大祥之祭如小祥。间月而禫，释祥服，而禫祭如大祥。既祥而还外寝。妻妾女子还于寝。食有醯、酱，既禫而饮醴酒，食干肉。

祔庙，筮日。将祔，掌事者为坎室于始祖庙室西壁，主人及亚献以下散齐三日，致齐一日。前一日，主人以酒、脯告递迁之主，乃迁置于幄坐，又奠酒、脯以安神。掌馔者撤膳以出，掌庙者以次椟神主纳于坎室。又设考之祔坐于曾祖室内东壁下，西向，右几。设主人位于东南，西面。设子孙位于南门内道东，北面西上。设亚献、终献位于主人东南。设掌事以下位于终献东南，俱西面北上。设赞唱者位于主人西南，西面。设酒尊于堂上室户之东南，北向西上。设洗于阶阼东南，北向，实爵三，巾二，加幂。其日，具少牢之馔二座，各俎三、笾二、簠二、铏二。酒尊二，其一实玄酒为上，其一实清酒次之。其笾豆，一品者各十二，二品、三品者各八。主人及行事者祭服。掌事者具腰舆，掌庙者、阍寺人立于庙庭，北面再拜，升自东阶，入，开坎屋，出曾祖、曾祖妣神主置于座，降，出。执尊、罍、篚者入就位，祝进座前，西面告曰："以今吉神，奉迁神主于庙。"执舆者以舆升，入，进舆于座前，祝纳神主于椟，升舆，祝仍扶于左，降自西阶，子孙内外陪从于后。至庙门，诸妇人停于门外，周以行帷，俟祭讫而还。神主入自南门，升自西阶，入于室。诸子孙从升，立于室户西，重行东面，以北为上。行事者从入，各就位。舆诣室前，回舆西向。祝启椟出神主，置于坐。舆降立于西阶下，东向。相者引主人以下降自东阶,各就位。祝立定,赞唱者曰:"再拜。"在位者皆再拜。掌馔者引馔入,升自东阶,入于室,各设于神座前。主人盥手,洗爵,升自东阶,酌醴酒入室,进,北面跪,奠爵于曾祖神座前。主人出,取爵酌酒,入室,进,东面跪,奠于祖座前。出户,北面立。祝持版进于室户外之右,东向跪读祝文,主人再拜。祝进,入奠版于曾祖座。主人出,降,还本位。初,主人出,亚献盥手,洗爵,升,酌酒入,进,北面跪,奠于曾祖,又酌酒入,进,东面跪,奠于祖神座,出户,北面再拜讫,又入室,立于西壁下,东面再拜,出,降,复位。亚献将毕,终献入如亚献。祝入,撤豆,赞者皆再拜。主人及在位子孙以下出。掌馔者入,撤馔以出。掌庙者纳曾祖神主于坎室,出,又以腰舆升诸考神座前,纳主于椟,置于舆,诣考庙,出神主置于座,进酒、脯之奠,少顷,撤之。祝纳神主于坎室。六品以下祔祭于正寝,礼略如之。

唐书卷二一
志第一一

礼乐十一

　　声无形而乐有器。古之作乐者,知夫器之必有弊,而声不可以言传,惧夫器失而声遂亡也,乃多为之法以著之。故始求声者以律,而造律者以黍。自一黍之广,积而为分、寸;一黍之多,积而为龠、合;一黍之重,积而为铢、两。此造律之本也。故为之长短之法,而著之于度;为之多少之法,而著之于量;为之轻重之法,而著之于权衡。是三物者,亦必有时而弊,则又总其法而著之于数。使其分寸、龠合、铢两皆起于黄钟,然后律、度、量、衡相用为表里,使得律者可以制度、量、衡,因度、量、衡亦可以制律。不幸而皆亡,则推其法数而制之,用其长短、多少、轻重以相参考。四者既同,而声必至,声至而后乐可作矣。夫物用于有形而必弊,声藏于无形而不竭,以有数之法求无形之声,其法具存。无作则已,苟有作者,虽去圣人于千万岁后,无不得焉。此古之君子知物之终始,而忧世之虑深,其多为之法而丁宁纤悉,可谓至矣。

　　三代既亡,礼乐失其本,至其声器、有司之守,亦以散亡。自汉以来,历代莫不有乐,作者各因其所学,虽清浊高下时有不同,然不能出于法数。至其所以用于郊庙、朝廷,以接人神之欢,其金石之响,歌舞之容,则各因其功业治乱之所起,而本其风俗之所由。

　　自汉、魏之乱,晋迁江南,中国遂没于夷狄。至隋灭陈,始得其乐器,稍欲因而有作,而时君褊迫,不足以堪其事也。是时郑译、牛弘、辛彦之、何妥、蔡子元、于普明之徒，皆名知乐，相与撰定。依京房六十律，因而六之，为三百六十律，以当一岁之日，又以一律为七音，音为一调，凡十二律为八十四调，其说甚详。而终隋之世，所用者黄钟一宫，五《夏》、二舞、登歌、房中等十四调而已。

《记》曰："功成作乐。"盖王者未作乐之时，必因其旧而用之。唐兴即用隋乐。武德九年，始诏太常少卿祖孝孙、协律郎窦琎等定乐。初，隋用黄钟一宫，惟击七钟，其五钟设而不击，谓之哑钟。唐协律郎张文收乃依古断竹为十二律，高祖命与孝孙吹调五钟，叩之而应，由是十二钟皆用。孝孙又以十二月旋相为六十声、八十四调。其法，因五音生二变，因变徵为正徵，因变宫为清宫。七音起黄钟，终南吕，迭为纲纪。黄钟之律，管长九寸，王于中宫土。半之，四寸五分，与清宫合，五音之首也。加以二变，循环无间。故一宫、二商、三角、四变徵、五徵、六羽、七变宫，其声由浊至清为一均。凡十二宫调，皆正宫调也。正宫声之下，无复浊音，故五音以宫为尊。十二商调，调有下声一，谓宫也。十二角调，调有下声二，宫、商也。十二徵调，调有下声三，宫、商、角也。十二羽调，调有下声四，宫、商、角、徵也。十二变徵调，居角音之后，正徵之前。十二变宫调，在羽音之后，清宫之前。雅乐成调，无出七声，本宫递相用。唯乐章则随律定均，合以笙、磬，节以钟、鼓。乐既成，奏之。

太宗谓侍臣曰："古者圣人沿情以作乐，国之兴衰，未必由此。"御史大夫杜淹曰："陈将亡也，有《玉树后庭花》，齐将亡也，有《伴侣曲》，闻者悲泣，所谓亡国之音哀以思。以是观之，亦乐之所起。"帝曰："夫声之所感，各因人之哀乐。将亡之政，其民苦，故闻以悲。今《玉树》、《伴侣》之曲尚存，为公奏之，知必不悲。"尚书右丞魏徵进曰："孔子称：'乐云乐云，钟鼓云乎哉。'乐在人和，不在音也。"十一年，张文收复请重正余乐，帝不许，曰："朕闻人和则乐和，隋末丧乱，虽改音律而乐不和。若百姓安乐，金石自谐矣。"

文收既定乐，复铸铜律三百六十、铜斛二、铜秤二、铜瓯十四、秤尺一。斛左右耳与臀皆方，积十而登，以至于斛，与古玉尺、玉斗同。皆藏于太乐署。武后时,太常卿武延秀以为奇玩,乃献之。及将考中宗庙乐,有司奏请出之,而秤尺已亡,其迹犹存,以常用度量校之,尺当六之五,量、衡皆三之一。至肃宗时,山东人魏延陵得律一,因中官李辅国献之,云:"太常诸乐调皆下,不合黄钟,请悉更制诸钟磬。"帝以为然,乃悉取太常诸乐器入于禁中,更加磨剉,凡二十五日而成。御三殿观之,以还太常。然以汉律考之,黄钟乃太簇也,当时议者以为非是。

其后黄巢之乱,乐工逃散,金奏皆亡。昭宗即位,将谒郊庙,有司不知乐县制度。太常博士殷盈孙按周法以算数除镈钟轻重高仰,黄钟九寸五分,倍应钟三寸三分半,凡四十八等。图上口项之量及径衡之围。乃命铸镈钟十二,编钟二百四十。宰相张浚为修奉乐县使,求知声者,得处士萧承训等,校石磬,合而击拊之,音遂谐。

唐为国而作乐之制尤简,高祖、太宗即用隋乐与孝孙、文收所定而已。其后世所更者,乐章舞曲。至于昭宗,始得盈孙焉,故其议论罕所发明。若其乐歌庙舞,用于当世者,可以考也。

乐悬之制。宫悬四面,天子用之。若祭祀,则前祀二日,太乐令设悬于坛南内壝之外,北向。东方、西方,磬虡起北,钟虡次之;南方、北方,磬虡起西,钟虡次之。镈钟十有二,在十二辰之位。树雷鼓于北县之内、道之左右,植建鼓于四隅。置柷、敔于县内,柷在右,敔在左。设歌钟、歌磬于坛上,南方北向。磬虡在西,钟虡在东。琴、瑟、筝、筑皆一,当磬虡之次,匏、竹在下。凡天神之类,皆以雷鼓;地祇之类,皆以灵鼓;人鬼之类,皆以路鼓。其设于庭,则在南,而登歌者在堂。若朝会,则加钟磬十二虡,设鼓吹十二案于建鼓之外。案设羽葆鼓一,大鼓一,金錞一,歌、箫、笳皆二。登歌,钟、磬各一虡,节鼓一,歌者四人,琴、瑟、筝、筑皆一,在堂上;笙、和、箫、篪、埙皆一,在堂下。若皇后享先蚕,则设十二大磬,以当辰位,而无路鼓。轩县三面,皇太子用之。若释奠于文宣王、武成王,亦用之。其制,去宫县之南面。判县二面,唐之旧礼,祭风伯、雨师、五岳、四渎用之。

其制,去轩县之北面。皆植建鼓于东北、西北二隅。特县,去判县之西面,或陈于阶间,有其制而无所用。

凡植者为簨,横者为虡。虡以县钟磬,皆十有六,周人谓之一堵,而唐人谓之一虡。自隋以前,宫县二十虡。及隋平陈,得梁故事用三十六虡,遂用之。唐初因隋旧,用三十六虡。高宗蓬莱宫成,增用七十二虡。至武后时省之。开元定礼,始依古著为二十虡。至昭宗时,宰相张浚已修乐县,乃言旧制,太清宫、南北郊、社稷及诸殿廷用二十虡,而太庙、含元殿用三十六虡,浚以为非古,而庙廷狭隘,不能容三十六,乃复用二十虡。而钟虡四,以当甲丙庚壬,磬虡四,以当乙丁辛癸,与开元礼异,而不知其改制之时。或说以钟磬应阴阳之位,此《礼经》所不著。

凡乐八音,自汉以来,惟金以钟定律吕,故其制度最详,其余七者,史官不记。至唐,独宫县与登歌、鼓吹十二案乐器有数,其余皆略而不著,而其物名具在。八音:一曰金,为镈钟,为编钟,为歌钟,为錞,为铙,为镯,为铎。二曰石,为大磬,为编磬,为歌磬。三曰土,为埙,为圅,圅,大埙也。四曰革,为雷鼓,为灵鼓,为路鼓,皆有鼗;为建鼓,为鼗鼓,为县鼓,为节鼓,为拊,为相。五曰丝,为琴,为瑟,为颂瑟,颂瑟,筝也;为阮咸,为筑。六曰木,为柷,为敔,为雅,为应。七曰匏,为笙,为竽,为巢,巢,大笙也;为和,和,小笙也。八曰竹,为箫,为管,为篪,为笛,为舂牍。此其乐器也。

初,祖孝孙已定乐,乃曰大乐与天地同和者也,制《十二和》,以法 天之成数,号《大唐雅乐》:一曰《豫和》,二曰《顺和》,三曰《永和》,四曰《肃和》,五曰《雍和》,六曰《寿和》,七曰《太和》,八曰《舒和》,九曰《昭和》,十曰《休和》,十一曰《正和》,十二曰《承和》。用于郊庙朝廷,以和人神。孝孙已卒,张文收以为《十二和》之制未备,乃诏有司厘定,而文收考正律吕,起居郎吕才叶其声昔,乐曲遂备。自高宗以后,稍更其曲名。开元定礼,始复遵用孝孙《十二和》。其著于礼者:

一曰《豫和》,以降天神。冬至祀圆丘,上辛祈谷,孟夏雩,季秋享明堂,朝日,夕月,巡狩告于圆丘,燔柴告至,封祀太山,类于上帝,皆以圜钟为宫,三奏;黄钟为角,太簇为徵,姑洗为羽,各一奏,文舞六成。五郊迎气,黄帝以黄钟为宫,赤帝以函钟为徵,白帝以太簇为商,黑帝以南吕为羽,青帝以姑洗为角,皆文舞六成。

二曰《顺和》,以降地祇。夏至祭方丘,孟冬祭神州地祇,春秋社,巡狩告社,宜于社,禅社首,皆以函钟为宫,太簇为角,姑洗为徵,南吕为羽,各三奏,文舞八成。望于山川,以蕤宾为宫,三奏。

三曰《永和》,以降人鬼。时享、禘祫,有事而告谒于朝,皆以黄钟为宫,三奏;大吕为角,太簇为徵,应钟为羽,各二奏。文舞九成。祀先农,皇太子释奠,皆以姑洗为宫,文舞三成;送神,各以其曲一成。蜡兼天地人,以黄钟奏《豫和》,蕤宾、姑洗、太簇奏《顺和》,无射、夷则奏《永和》,六均皆一成以降神,而送神以《豫和》。

四曰《肃和》,登歌以奠玉帛。于天神,以大吕为宫;于地祇,以应钟为宫;于宗庙,以圜钟为宫;祀先农、释奠,以南吕为宫;望于山川,以函钟为宫。

五曰《雍和》,凡祭祀以入俎。天神之俎,以黄钟为宫;地祇之俎,以太簇为宫;人鬼之俎,以无射为宫。又以撤豆。凡祭祀,俎入之后,接神之曲亦如之。

六曰《寿和》,以酌献、饮福。以黄钟为宫。

七曰《太和》,以为行节。亦以黄钟为宫。凡祭祀,天子入门而即位,与其升降,至于还次,行则作,止则止。其在朝廷,天子将自内出,撞黄钟之钟,右五钟应,乃奏之。其礼毕,兴而入,撞蕤宾之钟,左五钟应,乃奏之。皆以黄钟为宫。

八曰《舒和》,以出入二舞,及皇太子、王公、群后、国老若皇后之妾御、皇太子之宫臣,出入门则奏之。皆以太簇之商。

九曰《昭和》,皇帝、皇太子以举酒。

十曰《休和》,皇帝以饭,以肃拜三老,皇太子亦以饭。皆以其月之律均。

十一曰《正和》，皇后受册以行。

十二曰《承和》，皇太子在其宫，有会以行。若驾出，则撞黄钟，奏《太和》。出太极门而奏《采茨》，至于嘉德门而止。其还也亦然。

初，隋有文舞、武舞，至祖孝孙定乐，更文舞曰《治康》，武舞曰《凯安》，舞者各六十四人。文舞：左籥右翟，与执纛而引者二人，皆委貌冠，黑素，绛领，广袖，白绔，革带，乌皮履。武舞：左干右戚，执旌居前者二人，执鼗执铎皆二人，金錞二，舆者四人，奏者二人，执铙二人，执相在左，执雅在右，皆二人夹导，服平冕，余同文舞。朝会则武弁，平巾帻，广袖，金甲，豹文绔，乌皮靴。执干戚夹导，皆同郊庙。凡初献，作文舞之舞；亚献、终献，作武舞之舞。太庙降神以文舞，每室酌献，各用其庙之舞。禘祫迁庙之主合食，则舞亦如之。仪凤二年，太常卿韦万石定《凯安舞》六变：一变象龙兴参墟；二变象克定关中；三变象东夏宾服；四变象江淮平；五变象猃狁伏从；六变复位以崇，象兵还振旅。

初，太宗时，诏秘书监颜师古等撰定弘农府君至高祖太武皇帝六庙乐曲舞名，其后变更不一，而自献祖而下庙舞，略可见也。献祖曰《光大之舞》，懿祖曰《长发之舞》，太祖曰《大政之舞》，世祖曰《大成之舞》，高祖曰《大明之舞》，太宗曰《崇德之舞》，高宗曰《钧天之舞》，中宗曰《太和之舞》，睿宗曰《景云之舞》，玄宗曰《大运之舞》，肃宗曰《惟新之舞》，代宗曰《保大之舞》，德宗曰《文明之舞》，顺宗曰《大顺之舞》，宪宗曰《象德之舞》，穆宗曰《和宁之舞》，敬宗曰《大钧之舞》，文宗曰《文成之舞》，武宗曰《大定之舞》，昭宗曰《咸宁之舞》。其余阙而不著。

唐之自制乐凡三：一曰《七德舞》，二曰《九功舞》，三曰《上元舞》。

《七德舞》者，本名《秦王破阵乐》。太宗为秦王，破刘武周，军中相与作《秦王破阵乐》曲。及即位，宴会必奏之，谓侍臣曰："虽发扬蹈厉，异乎文容，然功业由之，被于乐章，示不忘本也。"右仆射封德彝曰："陛下以圣武戡难,陈乐象德,文容岂足道也!"帝矍然曰："朕虽以武功兴,终以文德绥海内,谓文容不如蹈厉,斯过矣。"乃制舞图,左圆右方,先偏后伍,交错屈伸,以象鱼丽、鹅鹳。命吕才以图教乐工百二十八人,被银甲执戟而舞,凡三变,每变为四阵,象击刺往来,歌者和曰:"秦王破阵乐"。后令魏徵与员外散骑常侍褚亮、员外散骑常侍虞世南、太子右庶子李百药更制歌辞,名曰《七德舞》。舞初成,观者皆扼腕踊跃,诸将上寿,群臣称万岁,蛮夷在庭者请相率以舞。太常卿萧瑀曰:"乐所以美盛德形容,而有所未尽,陛下破刘武周、薛举、窦建德、王世充,愿图其状以识。"帝曰:"方四海未定,攻伐以平祸乱,制乐陈其梗概而已。若备写禽获,今将相有尝为其臣者,观之有所不忍,我不为也。"自是元日、冬至朝会庆贺,与《九功舞》同奏。舞人更以进贤冠,虎文裤,螣蛇带,乌皮靴,二人执旌居前。其后更号《神功破阵乐》。

《九功舞》者,本名《功成庆善乐》。太宗生于庆善宫,贞观六年幸之,宴从臣,赏赐闾里,同汉沛、宛。帝欢甚,赋诗,起居郎吕才被之管弦,名曰《功成庆善乐》。以童儿六十四人,冠进德冠,紫裤褶,长袖,漆髻,屣履而舞,号《九功舞》。进蹈安徐,以象文德。麟德二年诏:"郊庙、享宴奏文舞,用《功成庆善乐》,曳履,执履,执绋,服裤褶,童子冠如故。武舞用《神功破阵乐》,衣甲,持戟,执纛者被金甲,八佾,加箫、笛、歌鼓,列坐县南,若舞即与宫县合奏。其宴乐二舞仍别设焉。"

《上元舞》者,高宗所作也。舞者百八十人,衣画云五色衣,以象元气。其乐有《上元》、《二仪》、《三才》、《四时》、《五行》、《六律》、《七政》、《八风》、《九宫》、《十洲》、《得一》、《庆云》之曲,大祠享皆用之。至上元三年,诏:"惟圆丘、方泽、太庙乃用,余皆罢。"又曰:"《神功破阵乐》不入雅乐,《功成庆善乐》不可降神,亦皆罢。"而郊庙用《治康》、《凯安》如故。

仪凤二年,太常卿韦万石奏:"请作《上元舞》,兼奏《破阵》、《庆善》二舞。而《破阵乐》五十二遍,著于雅乐者二遍;《庆善乐》五十遍,著于雅乐者一遍;《上元舞》二十九遍,皆著于雅乐。"又曰:"《云门》、《大咸》、《大磬》、《大夏》,古文舞也。《大濩》、《大武》,古武舞也。为国家者,揖让得天下,则先奏文舞,征伐得天下,则先奏武舞。《神功破阵乐》有武事之象,《功成庆善乐》有文事之象,用二舞,请先奏《神功破阵乐》。"初,朝会常奏《破阵舞》,高宗即位,不忍观之,乃不设。后幸九成宫,置酒,韦万石曰:"《破阵乐》舞,所以宣扬祖宗盛烈,以示后世,自陛下即位,寝而不作者久矣。礼,天子亲总干戚,以舞先祖之乐。今《破阵乐》久废,群下无所称述,非所以发孝思也。"帝复令奏之,舞毕,叹曰:"不见此乐垂三十年,追思王业勤劳若此,朕安可忘武功邪?"群臣皆称万岁。然遇飨燕奏二乐,天子必避位,坐者皆兴。太常博士裴守真以谓"奏二舞时,天子不宜起立"。诏从之。及高宗崩,改《治康舞》曰《化康》以避讳。武后毁唐太庙,《七德》、《九功》之舞皆亡,唯其名存。自后复用隋文舞、武舞而已。

燕乐。高祖即位,仍隋制设九部乐:《燕乐伎》,乐工舞人无变者。《清商伎》者,隋清乐也。有编钟、编磬、独弦琴、击琴、瑟、秦琵琶、卧箜篌、筑、筝、节鼓,皆一;笙、笛、箫、篪、方响、跋膝,皆二。歌二人,吹叶一人,舞者四人,并习《巴渝舞》。《西凉伎》,有编钟、编磬,皆一;弹筝、搊筝、卧箜篌、竖箜篌、琵琶、五弦、笙、箫、觱篥、小觱篥、笛、横笛、腰鼓、齐鼓、檐鼓,皆一;铜钹二,贝一。白舞一人,方舞四人。《天竺伎》,有铜鼓、羯鼓、都昙鼓、毛员鼓、觱篥、横笛、凤首箜篌、琵琶、五弦、贝,皆一;铜钹二,舞者二人。《高丽伎》,有弹筝、搊筝、凤首箜篌、卧箜篌、竖箜篌、琵琶,以蛇皮为槽,厚寸余,有鳞甲,楸木为面,象牙为捍拨,画国王形。又有五弦、义觜笛、笙、葫芦笙、箫、小觱篥、桃皮觱篥、腰鼓、齐鼓、檐鼓、龟头鼓、铁版、贝、大觱篥。胡旋舞,舞者立球上,旋转如风。《龟兹伎》,有弹筝、竖箜篌、琵琶、五弦、横笛、笙、箫、觱篥、答腊鼓、毛员鼓、都昙鼓、侯提鼓、鸡娄鼓、腰鼓、齐鼓、檐鼓、贝,皆一;铜钹二。舞者四人。设五方师子,高丈余,饰以方色。每师子有十二人,画衣,执红拂,首加红袜,谓之师

子郎。《安国伎》，有竖箜篌、琵琶、五弦、横笛、箫、觱篥、正鼓、和鼓、
铜钹，皆一；舞者二人。《疏勒伎》，有竖箜篌、琵琶、五弦、箫、横笛、
觱篥、答腊鼓、羯鼓、侯提鼓、腰鼓、鸡娄鼓，皆一。舞者二人。《康国
伎》，有正鼓、和鼓，皆一；笛、铜钹，皆二。舞者二人。工人之服皆从
其国。

　　隋乐每奏九部乐终，辄奏《文康乐》，一曰《礼毕》。太宗时，命削
去之，其后遂亡。及平高昌，收其乐。有竖箜篌、铜角，一；琵琶、五
弦、横笛、箫、觱篥、答腊鼓、腰鼓、鸡娄鼓、羯鼓，皆二人。工人布巾，
袷袍，锦衿，金铜带，画裤。舞者二人，黄袍袖，练襦，五色绦带，金铜
耳珰，赤靴。自是初有十部乐。

　　其后因内宴，诏长孙无忌制《倾杯曲》，魏徵制《乐社乐曲》，虞
世南制《英雄乐曲》。帝之破窦建德也，乘马名黄骢骠，及征高丽，死
于道，颇哀惜之，命乐工制《黄骢叠曲》。四曲，皆宫调也。

　　五弦，如琵琶而小，北国所出，旧以木拨弹，乐工裴神符初以手
弹，太宗悦甚，后人习为搊琵琶。

　　高宗即位，景云现，河水清，张文收采古谊为《景云河清歌》，亦
名燕乐。有玉磬、方响、搊筝、筑、卧箜篌、大小箜篌、大小琵琶、大小
五弦、吹叶、大小笙、大小觱篥、箫、铜钹、长笛、尺八、短笛，皆一；毛
员鼓、连靴鼓、桴鼓、贝，皆二。每器工一人，歌二人。工人绛袍，金
带，乌靴。舞者二十人。分四部：一《景云舞》，二《庆善舞》，三《破阵
舞》，四《承天舞》。《景云乐》，舞八人，五色云冠，锦袍，五色裤，金铜
带。《庆善乐》，舞四人，紫袍，白裤。《破阵乐》，舞四人，绫袍，绛裤。
《承天乐》，舞四人，进德冠，紫袍，白裤。《景云舞》，元会第一奏之。

　　高宗以琴曲寖绝，虽有传者，复失宫商，令有司修习。太常丞吕
才上言："舜弹五弦之琴，歌《南风》之诗，是知琴操曲弄皆合于歌。
今以御《雪诗》为《白雪歌》。古今奏正曲复有送声，君唱臣和之义，
以群臣所和诗十六韵为送声十六节。"帝善之，乃命太常著于乐府。
才复撰《琴歌》、《白雪》等曲，帝亦制歌词十六，皆著乐府。

　　帝将伐高丽，燕洛阳城门，观屯营教舞，按新征用武之势，名曰

《一戎大定乐》，舞者百四十人，被五采甲，持槊而舞，歌者和之曰："八纮同轨乐"。象高丽平而天下大定也。及辽东平，行军大总管李勣作《夷美宾》之曲以献。

调露二年，幸洛阳城南楼，宴群臣，太常奏《六合还淳》之舞，其容制不传。

高宗自以李氏老子之后也，于是命乐工制道调。

唐书卷二二
志第一二

礼乐十二

　　自周、陈以上，雅郑淆杂而无别，隋文帝始分雅、俗二部，至唐更曰"部当"。

　　凡所谓俗乐者，二十有八调：正宫、高宫、中吕宫、道调宫、南吕宫、仙吕宫、黄钟宫为七宫；越调、大食调、高大食调、双调、小食调、歇指调、林钟商为七商；大食角、高大食角、双角、小食角、歇指角、林钟角、越角为七角；中吕调、正平调、高平调、仙吕调、黄钟羽、般涉调、高般涉为七羽。皆从浊至清，迭更其声，下则益浊，上则益清，慢者过节，急者流荡。其后声器寖殊，或有宫调之名，或以倍四为度，有与律吕同名，而声不近雅者。其宫调乃应夹钟之律，燕设用之。

　　丝有琵琶、五弦、箜篌、筝，竹有觱篥、箫、笛，匏有笙，革有杖鼓、第二鼓、第三鼓、腰鼓、大鼓，土则附革而为鞈，木有拍板、方响，以体金应石而备八音。倍四本属清乐，形类雅音，而曲出于胡部。复有银字之名，中管之格，皆前代应律之器也。后人失其传，而更以异名，故俗部诸曲，悉源于雅乐。

　　周、隋管弦杂曲数百，皆西凉乐也。鼓舞曲，皆龟兹乐也。唯琴工犹传楚、汉旧声及《清调》，蔡邕五弄，楚调四弄，谓之九弄。隋亡，清乐散缺，存者才六十三曲。其后传者：《平调》、《清调》，周《房中乐》遗声也；《白雪》，楚曲也；《公莫舞》，汉舞也；《巴渝》，汉高帝命工人作也;《明君》,汉元帝时作也;《明之君》,汉《鞞舞》曲也;《铎舞》,汉曲也;《白鸠》,吴《拂舞》曲也;《白纻》,吴舞也;《子夜》,晋曲也;《前溪》,晋车骑将军沈玩作也;《团扇》,晋王珉歌也;《懊侬》,晋隆安初谣也;《长史变》,晋司徒左长史王廞作也;《丁督护》,晋、宋间曲也;《读曲》,宋人为彭城王义康作也;《乌夜啼》,宋临川王义庆作也;《石城》,宋臧质作也;《莫愁》,《石城乐》所出也;《襄阳》,宋随王诞作也;《乌夜飞》,宋沈攸之作也;《估客乐》,齐武帝作也;《杨叛》,北齐歌也;《骁壶》,投壶乐也;《常林欢》,宋、梁间曲也;《三洲》,商人歌也;《采桑》,《三洲曲》所出也;《玉树后庭花》、《堂堂》,陈后主作也;《泛龙舟》,隋炀帝作也。又有《吴声四时歌》、《雅歌》、《上林》、《凤雏》、《平折》、《命啸》等曲,其声与其辞皆讹失,十不传其一二。

盖唐自太宗、高宗作三大舞,杂用于燕乐,其他诸曲出于一时之作,虽非纯雅,尚不至于淫放。武后之祸,继以中宗昏乱,固无足言者。玄宗为平王,有散乐一部,定韦后之难,颇有预谋者。及即位,命宁王主藩邸乐,以亢太常,分两朋以角优劣。置内教坊于蓬莱宫侧,居新声、散乐、倡优之伎,有谐谑而赐金帛朱紫者,酸枣县尉袁楚客上疏极谏。

初,帝赐第隆庆坊,坊南之地变为池,中宗常泛舟以厌其祥。帝即位,作《龙池乐》,舞者十有二人,冠芙蓉冠,蹑履,备用雅乐,唯无磬。又作《圣寿乐》,以女子衣五色绣袆而舞之。又作《小破阵乐》,舞者被甲胄。又作《光圣乐》,舞者鸟冠、画衣,以歌王迹所兴。

又分乐为二部:堂下立奏,谓之立部伎;堂上坐奏,谓之坐部伎。太常阅坐部,不可教者隶立部,又不可教者,乃习雅乐。

立部八:一《安舞》,二《太平乐》,三《破阵乐》,四《庆善乐》,五《大定乐》,六《上元乐》,七《圣寿乐》,八《光圣乐》。《安舞》、《太平乐》,周、隋遗音也。《破阵乐》以下皆用大鼓,杂以龟兹乐,其声震厉。《大定乐》又加金钲。《庆善舞》颛用西凉乐,声颇闲雅。每享郊庙,则《破阵》、《上元》、《庆善》三舞皆用之。

坐部伎六：一《燕乐》，二《长寿乐》，三《天授乐》，四《鸟歌万岁乐》，五《龙池乐》，六《小破阵乐》。《天授》、《鸟歌》，皆武后作也。天授，年名。鸟歌者，有鸟能人言万岁，因以制乐。自《长寿乐》以下，用龟兹舞，唯《龙池乐》则否。

是时，民间以帝自潞州还京师，举兵夜半诛韦皇后，制《夜半乐》、《还京乐》二曲。帝又作《文成曲》，与《小破阵乐》更奏之。其后，河西节度使杨敬忠献《霓裳羽衣曲》十二遍，凡曲终必遽，唯《霓裳羽衣曲》将毕，引声益缓。帝方寖喜神仙之事，诏道士司马承祯制《玄真道曲》，茅山道士李会元制《大罗天曲》，工部侍郎贺知章制《紫清上圣道曲》。太清宫成，太常卿韦绍制《景云》、《九真》、《紫极》、《小长寿》、《承天》、《顺天乐》六曲，又制商调《君臣相遇乐》曲。

初，隋有法曲，其音清而近雅。其器有铙、钹、钟、磬、幢箫、琵琶。琵琶圆体修颈而小，号曰"秦汉子"，盖弦鼗之遗制，出于胡中，传为秦、汉所作。其声金、石、丝、竹以次作，隋炀帝厌其声澹，曲终复加解音。玄宗既知音律，又酷爱法曲，选坐部伎子弟三百教于梨园，声有误者，帝必觉而正之，号"皇帝梨园弟子"。宫女数百，亦为梨园弟子，居宜春北院。梨园法部，更置小部音声三十余人。帝幸骊山，杨贵妃生日，命小部张乐长生殿，因奏新曲，未有名，会南方进荔枝，因名曰《荔枝香》。

帝又好羯鼓，而宁王善吹横笛，达官大臣慕之，皆喜言音律。帝常称："羯鼓，八音之领袖，诸乐不可方也。"盖本戎羯之乐，其音太蔟一均，龟兹、高昌、疏勒、天竺部皆用之，其声焦杀，特异众乐。

开元二十四年，升胡部于堂上。而天宝乐曲，皆以边地名，若《凉州》、《伊州》、《甘州》之类。后又诏道调、法曲与胡部新声合作。明年，安禄山反，凉州、伊州、甘州皆陷吐蕃。

唐之盛时，凡乐人、音声人、太常杂户子弟隶太常及鼓吹署，皆番上，总号音声人，至数万人。

玄宗又尝以马百匹，盛饰分左右，施三重榻，舞《倾盆》数十曲，壮士举榻,马不动。乐工少年姿秀者十数人,衣黄衫、文玉带,立左右。每千秋节,舞于勤政楼下,后赐宴设酺,亦会勤政楼。其日未明,金吾引驾骑,北衙四军陈仗,列旗帜,被金甲、短后绣袍。太常卿引雅乐,每部数十人,间以胡夷之技。内闲厩使引戏马,五坊使引象、犀,入场拜舞。宫人数百衣锦绣衣,出帷中,击雷鼓,奏《小破阵乐》,岁以为常。

千秋节者,玄宗以八月五日生,因以其日名节,而君臣共为荒乐,当时流俗多传其事以为盛。其后巨盗起,陷两京,自此天下用兵不息,而离宫苑囿遂以荒堙,独其余声遗曲传人间,闻者为之悲凉感动。盖其事适足为戒,而不足考法,故不复著其详。自肃宗以后,皆以生日为节,而德宗不立节,然止于群臣称觞上寿而已。

代宗由广平王复二京,梨园供奉官刘日进制《宝应长宁乐》十八曲以献,皆宫调也。

大历元年,又有《广平太一乐》。《凉州曲》,本西凉所献也,其声本宫调,有大遍、小遍。贞元初,乐工康昆仑寓其声于琵琶,奏于玉宸殿,因号《玉宸宫调》,合诸乐,则用黄钟宫。

其后方镇多制乐舞以献。河东节度使马燧献《定难曲》。昭义军节度使王虔休以德宗诞辰未有大乐,乃作《继天诞圣乐》,以宫为调,帝因作《中和乐舞》。山南节度使于頔又献《顺圣乐》,曲将半,而行缀皆伏,一人舞于中,又令女伎为佾舞,雄健壮妙,号《孙武顺圣乐》。

文宗好雅乐,诏太常卿冯定采开元雅乐制《云韶法曲》及《霓裳羽衣舞曲》。《云韶乐》有玉磬四虡,琴、瑟、筑、箫、篪、籥、跋膝、笙、竽皆一,登歌四人,分立堂上下,童子五人,绣衣执金莲花以导,舞者三百人,阶下设锦筵,遇内宴乃奏。谓大臣曰:“笙磬同音,沈吟忘味,不图为乐至于斯也。”自是臣下功高者,辄赐之。乐成,改法曲为仙韶曲。会昌初,宰相李德裕命乐工制《万斯年曲》以献。

大中初,太常乐工五千余人,俗乐一千五百余人。宣宗每宴群臣,备百戏。帝制新曲,教女伶数十百人,衣珠翠缇绣,连袂而歌,其乐有《播皇猷》之曲。舞者高冠方履，褒衣博带，趋走俯仰，中于规矩。又有《葱岭西曲》，士女踏歌为队，其词言葱岭之民乐河、湟故地归唐也。

咸通间，诸王多习音声、倡优杂戏，天子幸其院，则迎驾奏乐。是时，藩镇稍复舞《破阵乐》，然舞者衣画甲，执旗旆，才十人而已。盖唐之盛时乐曲所传，至其末年，往往亡缺。

周、隋与北齐、陈接壤，故歌舞杂有四方之乐。至唐，东夷乐有高丽、百济，北狄有鲜卑、吐谷浑、部落稽，南蛮有扶南、天竺、南诏、骠国，西戎有高昌、龟兹、疏勒、康国、安国，凡十四国之乐，而八国之伎，列于十部乐。

中宗时，百济乐工人亡散，岐王为太常卿，复奏置之，然音伎多阙。舞者二人，紫大袖裙襦、章甫冠，衣履。乐有筝、笛、桃皮觱篥、箜篌、歌而已。

北狄乐皆马上之声，自汉后以为鼓吹，亦军中乐，马上奏之，故隶鼓吹署。后魏乐府初有《北歌》，亦曰《真人歌》，都代时，命宫人朝夕歌之。周、隋始与西凉乐杂奏。至唐存者五十三章，而名可解者六章而已。一曰《慕容可汗》，二曰《吐谷浑》，三曰《部落稽》，四曰《钜鹿公主》，五曰《白净王》，六曰《太子企喻》也。其余辞多可汗之称，盖燕、魏之际鲜卑歌也。隋鼓吹有其曲而不同。贞观中，将军侯贵昌，并州人，世传《北歌》，诏隶太乐，然译者不能通，岁久不可辨矣。金吾所掌有大角，即魏之"簸逻回"，工人谓之角手，以备鼓吹。

南蛮、北狄俗断发，故舞者以绳围首约发。有新声自河西至者，号胡音，龟兹散乐皆为之少息。

扶南乐，舞者二人，以朝霞为衣，赤皮鞋。天竺伎能自断手足，刺肠胃，高宗恶其惊俗，诏不令入中国。睿宗时，婆罗门国献人倒行以足舞，仰植铦刀，俯身就锋，历脸下，复植于背，觱篥者立腹上，终曲而不伤。又伏伸其手，二人蹑之，周旋百转。开元初，其乐犹与四夷乐同列。

贞元中，南诏异牟寻遣使诣剑南西川节度使韦皋，言欲献夷中歌曲，且令骠国进乐。皋乃作《南诏奉圣乐》，用黄钟之均，舞六成，工六十四人，赞引二人，序曲二十八叠，执羽而舞"南诏奉圣乐"字，曲将终，雷鼓作于四隅，舞者皆拜，金声作而起，执羽稽首，以象朝觐。每拜跪，节以钲鼓。又为五均：一曰黄钟，宫之宫；二曰太蔟，商之宫；三曰姑洗，角之宫；四曰林钟，徵之宫；五曰南吕，羽之宫。其文义繁杂，不足复纪。德宗阅于麟德殿，以授太常工人，自是殿庭宴则立奏，宫中则坐奏。

　　十七年，骠国王雍羌遣弟悉利移、城主舒难陀献其国乐，至成都，韦皋复谱次其声，又图其舞容、乐器以献。凡工器二十有二，其音八：金、贝、丝、竹、匏、革、牙、角，大抵皆夷狄之器，其声曲不隶于有司，故无足采云。

唐书卷二三上
志第一三上

仪卫上

　　唐制，天子居曰"衙"，行曰"驾"，皆有卫有严。羽葆、华盖、旌旗、罕、毕、车马之众盛矣，皆安徐而不哗。其人君举动必以扇，出入则撞钟，庭设乐宫，道路有卤薄、鼓吹。礼官百司必备物而后动，盖所以为慎重也。故慎重则尊严，尊严则肃恭。夫仪卫所以尊君而肃臣，其声容文采，虽非三代之制，至其盛也，有足取焉。

　　衙。
　　凡朝会之仗，三卫番上，分为五仗，号衙内五衙。一曰供奉仗，以左右卫为之。二曰亲仗，以亲卫为之。三曰勋仗，以勋卫为之。四曰翊仗，以翊卫为之。皆服鹖冠、绯衫夹。五曰散手仗，以亲、勋翊卫为之，服绯䌷裲裆，绣野马。皆带刀捉仗，列坐于东西廊下。
　　每月以四十六人立内廊阁外，号曰内仗。以左右金吾将军当上，中郎将一人押之，有押官，有知队仗官。朝堂置左右引驾三卫六十人，以左右卫、三卫卫长强直能纠劾者为之，分五番。有引驾佽飞六十六人，以佽飞、越骑、步射为之，分六番，每番皆有主帅一人。坐日引驾升殿，金吾大将军各一人押之，号曰押引驾官。中郎将、郎将各一人，检校引驾事。又有千牛仗，以千牛备身、血身左右为之。千牛备身冠进德冠、服裤褶；备身左右服如三卫。皆执御刀、弓箭，升殿列御座左右。

　　内外诸门以排道人带刀捉仗而立,号曰立门仗。宣政左右门仗、内仗,皆分三番而立,号曰交番仗。诸卫有挟门队、长枪队。承天门内则左右卫挟门队列东西廊下,门外则左右骁卫挟门队列东西廊下。长乐、永安门内则左右威卫挟门队列东西廊下,门外则左右领军卫挟门队列东西廊下。嘉德门内则左右武卫挟门队列东西廊下。车驾出皇城,则挟门队皆从。长枪队有漆枪、木枪、白杆枪、朴头枪。

　　每夜,第一冬冬,诸队仗佩弓箭、胡禄,出铺立廊下,按矟、张弓、捻箭、彀弩。第二冬冬后,击钟讫,持更者举矟,钟声绝则解仗。一点,持更人按矟,持弓者筝箭唱号,诸卫仗队皆分更行探。宿卫门阁仗队,鏊、甲、蕞,撮左襻,馀仗队唯持更人蕞一具,供奉、散手仗亦持更、蕞、甲。

　　每朝,第一冬冬讫,持更矟皆举,张弓者摄箭收弩,立门队及诸队仗皆立于廊下。第二冬冬声绝,按矟、弛弓、收铺,诸门挟门队立于阶下。复一刻,立门仗皆复旧,内外仗队立于阶下。

　　元日冬至大朝会、宴见蕃国王,则供奉仗、散手仗立于殿上;黄麾仗、乐县、五路、五副路、属车、舆辇、伞二、翰一,陈于庭;扇一百五十有六,三卫三百人执之,陈于两箱。

　　黄麾仗,左右厢各十二部,十二行。第一行,长戟,六色氅,领军卫赤氅,威卫青氅、黑氅,武卫鹜氅,骁卫白氅,左右卫黄氅,黄地云花袄、冒。第二行,仪锽,五色幡,赤地云花袄、冒。第三行,大矟,小孔雀氅,黑地云花袄、冒。第四行,小戟、刀、楯,白地云花袄、冒。第五行,短戟,大五色鹦鹉毛氅,青地云花袄、冒。第六行,细射弓箭,赤地四色云花袄、冒。第七行,小矟,小五色鹦鹉毛氅,黄地云花袄、冒。第八行,金花朱縢格楯刀,赤地云花袄、冒。第九行,戎鸡毛氅,黑地云花袄、冒。第十行,细射弓箭,白地云花袄、冒。第十一行,大铤,白眊,青地云花袄、冒。第十二行,金花绿縢格楯刀,赤地四色云花袄、冒。十二行皆有行縢、鞋、縢。

　　前黄麾仗,首左右厢各二部,部十二行,行十人,左右领军卫折冲都尉各一人，领主帅各十人，师子袍、冒。次左右厢皆一部，部十二行，行十人，左右威卫果毅都尉各一人，领主帅各十人，豹文袍、冒。次厢各一部，部十二行，行十人，左右武卫折冲都尉各一人，主帅各十人。次厢各一部，部十二行，行十人，左右卫折冲都尉各一人，主帅各十人。次当御厢各一部，部十二行，行十人，左右卫果毅都尉各一人，主帅各十人。次后厢各一部，部十二行，行十人，左右骁卫折冲都尉各一人，主帅各十人。次后厢各二部，部十二行，行十人，左右武卫果毅都尉各一人，主帅各十人。次后左右厢各一部，部十二行，行十人，左右威卫折冲都尉各一人，主帅各十人。次后左右厢各一部，部十二行，行十人，左右威卫果毅都尉各一人，主帅各十人。次后左右厢各一部，部十二行，行十人，左右领军卫果毅都尉各一人，主帅各十人。次尽后左右厢，军卫、主帅各十人护后，被师子文袍、冒。

左右领军卫黄麾仗。首尾厢皆绛引幡，二十引前，十掩后。十厢各独揭鼓十二重，重二人，赤地云花袄、冒，行縢、鞋、袜，居黄麾仗外。

每黄麾仗一部，鼓一，左右卫、左右骁卫、左右武卫、左右威卫将军各一人，大将军各一人，左右领军卫大将军各一人检校，被绣袍。

次左右卫黄旗仗，立于两阶之次，鍪、甲、弓、箭、刀、楯皆黄，队有主帅以下四十人，皆戎服，被大袍，二人引旗，一人执，二人夹，二十人执稍，余佩弩、经弓箭。第一麟旗队，第二角端旗队，第三赤熊旗队，折冲都尉各一人检校，戎服，被大袍，佩弓箭、横弓。又有夹毂队，厢各六队，队三十人，胡木鍪、毦、蜀铠、悬铃、覆膊、锦臂鞲、白行縢、紫带、鞋袜，持矟、楯、刀；厢各折冲都尉一人、果毅都尉二人检校，冠进德冠，被紫绀连甲、绯绣葵花文袍。第一队、第四队，朱质鍪、铠，绯绔。第二队、第五队，白质鍪、铠，紫绔。第三队、第六队，黑质鍪、铠，皂绔。

次左右骁卫赤旗仗，坐于东西廊下，鍪、甲、弓、箭、刀、楯皆赤，主帅以下如左右卫。第一凤旗队，第二飞黄旗队，折冲都尉各一人检校。第三吉利旗队，第四兕旗队，第五太平旗队，果毅都尉各一人检校。

又有新、勋、翊卫仗，厢各三队压角，队皆有旗，一人执，二人引，二人夹，校尉以下翊卫以上三十五人，皆平巾帻、绯裲裆、大口绔，带横刀；执矟二十人，带即四人，带弓箭十一人。第一队凤旗，大将军各一人主之。第二队飞黄旗，将军各一人主之。第三队吉利旗，郎将一人主之。

次左右武卫白旗仗，居骁卫之次，鍪、甲、弓、箭、刀、楯皆白，主帅以下如左右卫。第一五牛旗队，黄旗居内，赤青居左，白黑居右，各八人执。第二飞麟旗队，第三駃騠旗队，第四鸾旗队，果毅都尉各一人检校。第五犀牛旗队，第六骏𩧢旗队，第七骐骥旗队，第八𩢷𩣡旗队，折冲都尉各一人检校。持钑队，果毅都尉各一人、校尉二人检校。前队执银装长刀，紫黄绶纷。绛引幡一，金节十二，分左右。次罕、毕、朱雀幢、叉，青龙、白虎幢，道盖、叉，各一。自绛引幡以下，执者服如黄麾。执罕、毕及幢者，平陵冠、朱衣、革带。左罕右毕，左青龙右白虎。称长一人，出则告警，服如黄麾。钑、戟队各一百四十四人，分左右三行应跸，服如黄麾。果毅执青龙等旗，将军各一人检校；旅帅二人执银装长刀，紫黄绶纷，检校后队。

次左右威卫黑旗仗，立于阶下，鍪、甲、弓、箭、楯、矟皆黑，主帅以下如左右卫。第一黄龙负图旗队，第二黄鹿旗队，第三驺牙旗队，第四鸾旗队，果毅都尉各一人检校。

次左右领军卫青旗仗，居威卫之次，鍪、甲、弓、箭、楯、穳皆青，主帅以下如左右卫。第一应龙旗队，第二玉马旗队，第三三角兽旗队，果毅都尉各一人检校；第四白狼旗队，第五龙马旗队，第六金牛旗队，折冲都尉各一人检校。

又有殳仗、步甲队，将军各一人检校。殳仗左右厢千人，厢别二百五十人执殳，二百五十人执叉，皆赤地云花袄、冒、行縢、鞋袜。殳、叉以次相间。左右领军卫各一百六十人，左右武卫各一百人，左右威卫、左右骁卫、左右卫各八十人。左右厢有主帅三十八人，璋巾帻、绯裲裆、大口绔，执仪刀。厢有左右卫各三人，左右骁卫、左右武卫、左右威卫、左右领军卫各四人，以主殳仗，被豹文袍、冒；领军卫，师子文袍。步甲队从左右厢各四十八，前后皆二十四。每队折冲都尉一人主之，被绣袍。每队一人，戎服大袍，带横刀，执旗；二人引，二人夹，皆戎服大袍，带弓箭横刀。队别三十人，被甲、臂韝、行縢、鞋袜。每一队鍪、甲、覆膊，执弓箭，一队胡木鍪及眊、蜀铠、覆膊，执刀、楯、鹖相间。第一队，赤质鍪、甲，赤弓、箭，折冲都尉各一人主之，执鹖鸡旗。第二队，赤质鍪、铠，赤刀、楯、穳，果毅都尉各一人人主之，执豹旗。第三队，青质鍪、甲，青弓、箭，折冲都尉各一人主之。第四队，青质鍪、铠，青刀、楯、穳，果毅都尉各一人主之。第五队，黑质鍪、甲。黑弓、箭，左右威卫折冲都尉各一人主之。第六队，黑质鍪、铠，黑刀、楯、穳，果毅都尉各一人主之。第七队，白质鍪、甲，白弓、箭，左右武卫折冲都尉各一人主之。第八队，白质鍪、铠、白刀、楯、穳，果毅都尉各一人主之。第九队，黄质鍪、甲，黄弓、箭、左右骁卫折冲都尉各一人主之。第十队，黄质鍪、铠，黄刀、楯、穳，果毅都尉各一人主之，第十一队，黄质鍪、甲，黄弓、箭，左右卫折冲都尉各一人主之。第十二队，黄质鍪、铠，黄刀、楯、穳，果毅都尉各一人主之。次后第一队，黄质鍪、铠，黄刀、楯、穳，左右卫折冲都尉各一人主之。至第十二队与前同。

　　次左右金吾卫辟邪旗队，折冲都尉各一人检校。又有清游队、朱雀队、玄武队。清游队建白泽旗二，各一人执，带横刀。二人引，二人夹，皆带弓箭、横刀。左右金吾卫折冲都尉各一人，带弓箭、横刀，各领四十人，皆带横刀，二十人持稍，四人持弩，十六人带弓箭。朱雀队建朱雀旗，一人执，引、夹皆二人，金吾卫折冲都尉一人主之，领四十人，二十人持稍，四人持弩，十六人带弓箭，又二人持穰稍，皆佩横刀，穰稍以黄金涂末。龙旗十二，执者戎服大袍，副竿二，各一人执，戎服大袍，分左右，果毅都尉各一人主之。大将军各一人检校二队。玄武队建玄武旗，一人执，二人引，二人夹，平巾帻、黑裲裆、黑夹、大口绔,左右金吾卫折冲都尉各一人主之,各领五十人,持矟二十五人,持弩五人,带弓箭二十人,又二人持檠矟。诸卫挟门队、长枪队与诸队相间。

朝日,殿上设黼扆、蹋席、熏炉、香案。御史大夫领属官至殿西庑,从官朱衣传呼,促百官就班,文武列于两观。监察御史二人立于东西朝堂砖道以涖之。平明,传点毕,内门开。监察御史领百官入,夹阶,监门校尉二人执六籍,曰:“唱籍”。既视籍,曰:“在”。入毕而止。次门亦如之。序班于通乾、观象门南,武班居文班之次。入宣政门,文班自东门而入,武班自西门而入,至阁门亦如之。夹阶校尉十人同唱,入毕而止。宰相、两省官对班于香案前,百官班于殿庭左右,巡使二人分涖于钟鼓楼下,先一品班,次二品班,次三品班,次四品班,次五品班。每班,尚书省官为首。武班供奉者立于横街之北,次千牛中郎将,次千牛将军,次过状中郎将一人,次接状中郎将一人,次押柱中郎将一人,次押柱中郎一人,次排阶中郎将一人,次押散手仗中郎将一人,次左右金吾卫大将军。凡殿中省监、少监,尚衣、尚舍、尚辇奉御,分左右随伞、扇而立。东宫官居上台官之次,王府官又次之,唯三太、三少宾客、庶子、王傅随本品。侍中奏“外办”,皇帝步出西序门,索扇,扇合。皇帝升御座,扇开。左右留扇各三。左右金吾将军一人奏“左右厢内外平安”。通事舍人赞宰相两省官再拜,升殿。内谒者承旨唤仗,左右羽林军勘以木契,自东西阁而入。内侍省五品以上一人引之,左右卫大将军、将军各一人押之。二十人以下入,则不带仗。三十人入,则左右厢监门各二人,千牛备身各四人,三卫各八人,金吾一人。百人入,则左右厢监门各六人,千牛备身各四人,三卫三十三人,金吾七人。二百人,则增以左右武卫、威卫、领军曰“仗卫、金吾卫、翊卫等”。凡仗入,则左右厢加一人监捉永巷,御刀、弓箭。及三卫带刀入,则曰“仗入”;三卫不带刀而入,则曰“监引入”。朝罢,皇帝步入东序门,然后放仗。内外仗队,七刻乃下。常参、辍朝日,六刻即下。宴蕃客日,队下,复立半仗于两廊。朔望受朝及蕃客辞见,加蔂、矟队,仪仗减半。凡千牛仗位,则全仗立。太阳亏，昏尘大雾，则内外诸门皆立仗。泥雨，则延三刻传点。

驾。

大驾卤簿。天子将出，前二日，太乐令庙宫县之乐于庭。昼漏上五刻，驾发。前发七刻，击一鼓为一严。前五刻，击二鼓为再严，侍中版奏"请中严"。有司陈卤簿。前二刻，击三鼓为三严，诸卫各督其队与钑、戟以次入陈殿庭。通事舍人引群官立朝堂，侍中、中书令以下奉迎于西阶，侍中负宝，乘黄令进路于太极殿西阶南向，千牛将军一人执长刀立路前北向，黄门侍郎一人立侍臣之前，赞者二人。既外办，太仆卿摄衣而升，正立执辔。天子乘舆以出，降自西阶，曲直华盖，警跸，侍卫，千牛将军前执辔，天子升路，太仆卿授绥，侍中、中书令以下夹侍。

黄门侍郎前奏"请发"。銮驾动，警跸，鼓传音，黄门侍郎与赞者夹引而出，千牛将军夹路而趋。驾出承天门，侍郎乘马奏"驾少留，敕侍臣乘马"。侍中前承制，退称："制曰可。"黄门侍郎退称："侍臣乘马。"赞者承传，侍臣皆乘。侍卫之官各督其属左右翊驾，在黄麾内。符宝郎奉六宝与殿中后部从，在黄钺内。侍中、中书令以下夹侍路前，赞者在供奉官内。

侍臣乘毕，侍郎奏"请车右升"。侍中前承制，退称："制曰可。"侍郎复位，千牛将军升。侍郎奏"请发"。万年县令先导，次京兆牧、太常卿、司徒、御史大夫、兵部尚书，皆乘路，卤簿如本品。

次清游队。次左右金吾卫大将军各一人，带弓箭横刀，检校龙旗以前朱雀等队，各二人持楇矟，骑夹。次左右金吾卫果毅都尉各一人，带弓箭横刀，领夹道铁甲佽飞。次虞候佽飞四十八骑，平巾帻、绯裲裆、大口绔，带弓箭、横刀，夹道分左右，以属黄麾仗。次外铁甲佽飞二十四人，带弓箭、横刀，甲骑具装，分左右厢，皆六重，以属步甲队。

次朱雀队。次指南军、记里鼓车、白鹭车、鸾旗车、辟恶车、皮轩车,皆四马,有正道匠一人,驾士十四人,皆平巾帻、大品绔、绯衫。太卜令一人,居辟恶车,服如依飞,执弓箭。左金吾卫队正一人,居皮轩车,服平巾帻、绯裲裆,银装仪刀,紫黄绶纷,执弩。次引驾十二重,重二人,皆骑,带横刀。自皮轩车后,属于细仗前,稍、弓箭相间,左右金吾卫果毅都尉各一人主之。

次鼓吹。次黄麾仗一,执者武弁、朱衣、革带,二人夹。次殿中侍御史二人导。次太史监一人,书令史一人,骑引相风、行漏舆。次相风舆,正道匠一人,舆士八人,服如正道匠。次捆鼓、金钲,司辰、典事匠各一人,刻漏生四人,分左右。次行漏舆,正道匠一人,舆士十四人。

次持钑前队。次御马二十四,分左右,各二人驭。次尚乘奉御二人,书令史二人,骑从。

次左青龙右白虎旗,执者一人,服如正道匠,引、夹各二人,皆骑。次左右卫果毅都尉各一人,各领二十五骑,二十人执稍,四人持弩,一人带弓箭,行仪刀仗前。次通事舍人,四人在左,四人在右。侍御史,一人在左,一人在右。御史中丞,一人在左,一人在右。左拾遗一人在左,右拾遗一人在右。左补阙一人在左,右补阙一人在右。起居郎一人在左,起居舍人一人在右。谏议大夫,一人在左,一人在右。给事中二人在左,中书舍人二人在右。黄门侍郎二人在左,中书侍郎二人在右。左散骑常侍一人在左,右散骑常侍一人在右。侍中二人在左,中书令二人在右。通事舍人以下,皆一人从。次香蹬一,有衣,绣以黄龙,执者四人,服如折冲都尉。

次左右卫将军二人,分左右,领班剑、仪刀,和一人从。次班剑、仪刀,左右厢各十二行:第一左右卫亲卫各五十三人,第二左右卫亲卫各五十五人,第三左右卫勋卫各五十七人,第四左右卫勋卫各五十九人,各执金铜装班剑,缥朱绶纷;第五左右卫翊卫各六十一人,第六左右卫翊卫各六十三人,第七左右卫翊卫各六十五人,第八左右骁卫各六十七人,各执金铜装仪刀,绿绦绶纷;第九左右武卫翊卫各六十九人,第十左右威卫翊卫各七十一人,第十一左右领军卫翊卫各七十三人，第十二左右金吾卫翊卫各七十五人，各执银装仪刀，紫黄绶纷。自第一行有曲折三人陪后门，每行加一人，至第十二行曲折十四人。

次左右厢，诸卫中郎将主之，执班剑、仪刀，领亲、勋、翊卫。次左右卫郎将各一人，皆领散手翊卫三十人，佩横刀，骑，居副仗稍翊卫内。次左右骁卫郎将各一人，各领翊卫二十八人，甲骑具装，执副仗稍，居散手卫外。次左右卫供奉中郎将、郎将四人，各领亲、勋、翊卫四十八人，带横刀，骑，分左右，居三卫仗内。

次玉辂，驾六马，太仆卿驭之，驾士三十二人。凡五路，皆有副。驾士皆平巾帻、大口绔，衫从路色。玉路，服青衫。千牛卫将军一人陪乘，执金装长刀，左右卫大将军各一人骑夹，皆一人从，居供奉官后。次千牛卫将军一人，中郎将二人，皆一人从。次千牛备身、备身左右二人，骑，居玉路后，带横刀，执御刀、弓箭。次御马二，各一人驭。次左右监门校尉二人，骑，执银装仪刀，居后门内。

次衙门旗，二人执，四人夹，皆骑，赤綦袄、黄冒、黄袍。次左右监门校尉各十二人，骑，扩银装仪刀，督后门，十二行，仗头皆一人。次左右骁卫、翊卫各三队，居副仗稍外。次左右卫夹毂，厢各六队。

次大伞二，执者骑，横行，居衙门后。次雉尾障扇四，执者骑，夹伞。次腰舆，舆士八人。次小团雉尾扇四，方雉尾扇十二，花盖二，皆执者一人，夹腰舆。自大伞以下，执者服皆加折冲都尉。次掌辇四人，引辇。次大辇一，主辇二百人，平巾帻、黄丝布衫、大口绔、紫诞带、紫行滕、鞋袜。尚辇奉御二人，主腰舆，各书令史二人骑从。

次殿中少监一人，督诸局供奉事，一人从。次诸司供奉官。次御马二十四，各二人驭，分左右。次尚乘直长二人，平巾帻、绯绔褶，书令史二人骑从，居御马后。

次后持钑队。次大伞二，雉尾扇八，夹伞左右横行。次小雉尾扇、朱画团扇，皆十二，左右横行。次花盖二，又二。次俳倪十二，左右横行。次玄武幢一，又一，居绛麾内。次绛麾二，左右夹玄武幢。次细稍十二，孔雀为毦，左右横行，居绛麾后。自稍、戟以下，执者服如横麾仗,唯玄武幢执者服如罕、毕。

次后黄麾,执者一人,夹二人,皆骑。次殿中侍御史二人,分左右,各令史二人骑从,居黄麾后。次大角。次方辇一,主辇二百人。次小辇一,主辇六十人。次小舆一,奉舆十二人,服如主辇。次尚辇直长二人,分左右,检校辇舆,皆书令史二人骑从。次左右武卫五牛旗舆五,赤青居左,黄居中,白黑居右,皆八人执之,平巾帻、大口绔,衫从旗色,左右威卫队正各一人主之,骑,执银装长刀。

次乘黄令一,丞一人,分左右,检校玉路,皆府史二人骑从。次金路、象路、革路、木路,皆驾六马,驾士三十二人。次五副路,皆驾四马,驾士二十八人。次耕根车,驾六马,驾士三十二人。次安军、四望车,皆驾四马,驾士二十四人。次羊车,驾果下马一,小史十四人。次属车十二乘,驾牛,驾士各八人。次门下、中书、秘书、殿中四省局官各一人,骑,分左右夹属车,各五人从,唯符宝以十二人从。次黄钺车,上建黄钺,驾二马,左武卫队正一人在车,驾士十二人。次豹尾车,驾二马,右卫武队正一人在车,驾士十二人。

次左右威卫折冲都尉各一人,各领掩后二百人步从,五十人为行,大戟五十人,刀、楯、戮五十人,弓箭五十人,弩五十人,皆黑鍪、甲、覆膊、臂鞲,横行。次左右领军卫将军二人,领步甲队及殳仗,各二人执穇稍从。次前后左右厢步甲队。次左右厢黄麾仗。次左右厢殳仗。

次诸卫马队,左右厢各二十四。自十二旗后,属于玄武队,前后有主帅以下四十人,皆戎服大袍,二人引旗,一人执,二人夹,二十人执稍,余佩弩、弓箭。第一辟邪旗,左右金吾卫折冲都尉各一人主之,皆戎服大袍,佩弓箭、横刀,骑。第二应龙旗,第三玉马旗,第四三角兽旗,左右领军卫果毅都尉各一人主之。第五黄龙负图旗,第六黄鹿旗,左右威卫折冲都尉各一人主之。第七飞麟旗,第八驳骥旗,第九鸾旗,左右武卫果毅都尉各一人主之。第十凤旗,第十一飞黄旗,左右骁卫折冲都尉各一人主之。第十二麟旗,第十三角端旗,以当御,第十四赤熊旗,左右卫折冲都尉各一人主之。第十五兕旗,第十六太平旗,左右骁卫果毅都尉各一人主之。第十七犀牛旗,第十八骏犮旗,第十九骐騳旗,左右武冲折冲都尉各一人主之。第二十豻牙旗,第二十一乌旗,左右威卫果毅都尉各一人主之。第二十二白狼旗,第二十三龙马旗,第二十四金牛旗,左右领军卫折冲都尉一人主之。其服皆如第一。

次玄武队。次衙门一,居玄武队前、大戟队后,执者二人,夹四人,皆骑,分左右,赤基袄,黄袍,黄冒。次衙门左右厢,厢有五门,执、夹人同上。第一门,居左右威卫黑质步甲队之后,白质步甲队之前。第二门,居左右卫步甲队之后,左右领军卫黄麾仗之前。第三门,居左右武卫黄麾仗之后,左右骁卫黄麾仗之前。第四门,居左右领军卫黄麾仗之后,左右卫步甲队之前。第五门,居左右武卫白质步甲队之后,黑质步甲队之前。五门别当步甲队黄麾仗前、马队后,各六人分左右,戎服大袍,带弓箭、横刀。

凡衙门皆监门校尉六人,分左右,执银装长刀,骑。左右监门卫大将军、将军、中郎将,厢各巡行。校尉二人,往来检校诸门。中郎将各一人骑从。左右金吾卫将军循仗检校,各二人人执㺱稍骑从。左右金吾卫果毅都尉二人,纠察仗内不法,各一人骑从。

驾所至,路南向,将军降立于路右,侍中前奏“请降路”。天子降,乘舆而入,伞、扇、华盖,侍卫。

驾还,一刻,击一鼓为一严,仗卫还于涂。三刻,击二鼓为再严,将士布队仗,侍中奏“请中严”。五刻,击三鼓为三严,黄门侍郎奏“请驾发”。鼓传音,驾发,鼓吹振作。入门,太乐令命击蕤宾之钟,左五钟皆应。鼓柷,奏《采茨》之乐。至太极门,戛敔,乐止。既入,鼓柷,奏《太和》之乐。回路南向,侍中请降路,乘舆乃入,伞、扇、侍御,警跸如初。至门,戛敔,乐止。皇帝入,侍中版奏“请解严”。叩钲,将士皆休。

唐书卷二三下

志第一三下

仪卫下

　　太皇太后、皇太后、皇后出,尚仪版奏"请中严"。尚服率司仗布侍卫,司宾列内命妇于庭,西向北上,六尚以下诣室奉迎,尚服负宝,内仆进车于阁外,尚仪版奏"外办"。驭者执辔,太皇太后乘舆以出,华盖,侍卫,警跸,内命妇从。

　　出门,太皇太后升车,从官皆乘马,内命妇、宫人以次从。清游队,旗一,执者一人,佩横刀,引、夹皆二人,佩弓箭、横刀,骑。次金吾卫折冲都尉一人,佩横刀、弓箭;领骑四十,亦佩横刀,夹折冲;执矟二十人,持弩四人,佩弓箭十六人,持毅矟、刀二人。次虞候佽飞二十八人,骑,佩弓箭、横刀,夹道分左右,以属黄麾仗。

　　次内仆令一人在左,丞一人在右,各书令史二人骑从。次黄麾一,执者一人,夹道二人,皆骑。次左右厢黄麾仗,厢皆三行,行百人。第一短戟,五色氅,执者黄地白花綦袄、冒。第二戈,五色氅,执者赤地黄花綦氅、冒。第三镋,五色幡,执者青地赤花綦袄、冒。左右卫、左右威卫、左右武卫、左右骁卫、左右领军卫各三行,行二十人,每卫以主帅六人主之,皆豹文袍、冒,执输石装长刀,骑,唯左右领军卫减三人。每卫果毅都尉一人,被绣袍,各一人从;左右领军卫有绛引幡,引前者三,掩后者三。

　　次内谒者监四人,给事二人,内常侍二人,内侍少监二人,骑,分左右,皆有内给使一人从。次内给使百二十人,平巾帻、大口绔、绯裲裆,分左右,属于宫人车。

次偏扇、团扇、方扇皆二十四,宫人执之,衣彩大袖裙襦、彩衣、革带、履,分左右。次香蹬一,内给使四人舁之,居重翟车前。

次重翟车,驾四马,驾士二十四人。次行障六,次坐障三,皆左右夹车,宫人执之,服同执扇。次内寺伯二人,领寺人六人,执御刀,服如内给使,夹重翟车。次腰舆一,执者八人,团雉尾扇二,夹舆。次大伞四。次雉尾扇八,左右横行,为二重。次锦花盖二,单行。次小雉尾扇、朱画团扇皆十二,横行。次锦曲盖二十,横行,为二重。次锦六柱八,分左右。自腰舆以下,皆内给使执之。

次宫人车。次绛麾二,分左右。次后黄麾一,执者一人,夹二人,皆骑。次供奉宫人,在黄麾后。

次厌翟车、翟车、安车,皆驾四马,驾士各二十四人;四望车,驾士二十二人;金根车,驾牛,驾士十二人。

次左右厢衙门各二,每门二人执,四人夹,皆赤綦袄、黄袍、冒,骑。

次左右领军卫,厢皆一百五十人,执㲋,赤地黄花綦袄、冒,前属于黄麾仗,后尽卤簿,厢各主帅四人主之,皆黄袍、冒,执锴石装长刀,骑;折冲都尉二人,检校㲋仗,皆一人骑从。次衙门一,尽卤簿后㲋仗内正道,每门监门校尉二人主之,执银装长刀;厢各有校尉一人,骑,佩银横刀,往来检校。御马减大驾之半。

太皇太后将还,三严,内典引引外命妇出次,就位;司宾引内命妇出次,序立大次之前。既外办,驭者执辔。太皇太后乘舆出次,华盖、警跸、侍卫如初。内命妇以下乘车以从。车驾入,内典引引外命妇退,驾至正殿门外,车驾南向,尚仪前奏“请降车”。将士还。

皇太子出,则卤簿陈于重明门外。其日三刻,宫臣皆集于次,左庶子版奏“请中严”。典谒引宫臣就位,侍卫官服其器服,左庶子负玺诣阁奉迎,仆进车若辇于西阁外,南向,内率一人执刀立车前,北向,中允一人立侍臣之前,赞者二人立中允之前。前二刻,诸卫之官诣阁奉迎,宫臣应从者各出次,立于门外,文东武西,重行北向北上。

左庶子版奏"外办",仆升正位执辔,皇太子乘舆而出,内率前执辔,皇太子升车,仆立授绥,左庶子以下夹侍。中允奏"请发",车动,赞者夹引而出,内率夹车而趋,出重明门,中允奏"请停车,侍臣上马"。左庶子前承令,退称:"令曰诺。"中允退称:"侍臣上马。"赞者承传,侍臣皆骑。中允奏"请车右升"。左庶子前承令,退称:"令曰诺。"内率升讫,中允奏"请发"。车动,鼓吹振作,太傅乘车训导,少傅乘车训从。

出延喜门,家令先导,次率更令、詹事、太保、太傅、太师,皆轺车,备卤簿。

次清游队,旗一,执者一人,佩横刀,引、夹皆二人,亦佩弓箭、横刀,骑。次清道率府折冲都尉一人,佩弓箭、横刀,领骑三十,亦佩横刀,十八人执矟,九人挟弓箭,三人持弩,各二人骑从。次左右清道率府率各一人,骑,佩横刀、弓箭,领清道直荡及检校清游队各二人,执穳矟骑从。次外清道直荡二十四人,骑,佩弓箭、横刀,夹道。

次龙旗六,各一人骑执,佩横刀,戎服大袍,横行正道,每旗前后二人骑,为二重,前引后护,皆佩弓箭、横刀,戎服大袍。次副竿二,分左右,各一人骑执。次细引六重,皆骑,佩横刀,每重二人。自龙旗后属于细仗,矟、弓箭相间,厢各果毅都尉一人主之。

次率更丞一人,府、史二人骑从,领鼓吹。次诞马十,分左右,执者各二人。次厩牧令一人居左,丞一人居右,各府、史二人骑从。

次左右翊府郎将二人,主班剑。次左右翊卫二十四人,执班剑,分左右。次通事舍人四人、司直二人、文学四人、洗马二人、司议郎二人居左,太子舍人二人居右,中允二人居左,中舍人二人居右,左右谕德二人,左右庶子四人,骑,分左右,皆一人从。次左右卫率府副率二人步从。

次亲、勋、翊卫,厢各中郎将、郎将一人,皆领仪刀六行:第一亲卫二十三人,第二亲卫二十五人,皆执金铜装仪刀,缥朱绶纷;第三勋卫二十七人，第四勋卫二十九人，皆执银装仪刀，绿縤纷；第五翊卫三十一人，第六翊卫三十三人，皆执输石装仪刀，紫黄绶纷。自第一行有曲折三人陪后门，每行加一人，至第六行八人。次三卫十八人，骑，分左右夹路。

次金路，驾四马，驾士二十三人，仆寺仆驭，左右率府率二人执仪刀陪乘。次左右卫率府率二人，夹路，各一人从，居供奉官后。次左右内率府率二人，副率二人，领细刀、弓箭，皆一人从。次千牛，骑，执细刀、弓箭。次三卫仪刀仗，后开衙门。次左右监门率府直长各六人，执输石仪刀，骑，监后门。次左右卫率府，厢各翊卫二队，皆骑，在执仪刀行外；压角队各三十人，骑，佩横刀，一人执旗，二人引，二人夹，十五人执稍，七人佩弓箭，三人佩弩，队各郎将一人主之。

次伞，二人执，雉尾扇四，夹伞。次腰舆一，执者八人，团雉尾扇二，小方雉尾扇八，以夹腰舆，内直郎二人主之，各令史二人骑从。次诞马十，分左右，驭者各二人。次典乘二人，各府、史二人骑从。次左右司御率府校尉二人骑从，佩输石装仪刀，领团扇、曲盖。次朱漆团扇六，紫曲盖六，各横行。次诸司供奉。次左右清道率府校尉二人，骑，佩输石装仪刀，主大角。

次副路，驾四马，驾士二十二人；轺车，驾一马，驾士十四人；四望车，驾一马，驾士十人。

次左右厢步队十六，每队果毅都尉一人，领骑三十人，戎服大袍，佩横刀，一人执旗，二人引，二人夹，二十五人佩弓箭，前队持稍，与佩弓箭队以次相间。次左右司御率府副率各一人，骑，检校步队，二人执穁稍骑从。

次仪仗，左右厢各六色，每色九行，行六人，赤綦袄、冒、行縢、鞋袜。第一戟，赤麾，六人；第二弓箭，六人；第三仪鋋，秏，六人；第四刀楯，六人；第五仪锽，五色幡，六人；第六油戟，六人。次前仗首，左右厢各六色，每色三行，行六人，左右司御率府二人，果毅都尉各一人，主帅各六人主之；次左右厢各六色，每色三行，行六人，左右卫率府副率二人，果毅都尉各一人，主帅各六人主之。左右司御率府主帅各六人骑护后，率及副率各一人步从。厢有绛引幡十二，引前者六，引后者六。厢各有独揭鼓六重，重二人，居仪仗外、及仗内，皆赤綦袄、冒，行縢、鞋袜。左右司御率府四重，左右卫率府二重。

次左右厢皆百五十人，左右司御率府各八十六人，左右卫率府各六十四人，赤綦袄、冒，主弓，分前后，居步队外、马队内。各司御率府果毅都尉一人主之，各一人骑从。厢各主帅七人，左右司御率府各四人，左右卫率府各三人，骑，分前后。

次左右厢马队，厢各十队，队有主帅以下三十一人，戎服大袍，佩横刀，骑。队有旗一，执者一人，引、夹各二人，皆佩弓箭，十六人持矟，七人佩弓箭，三人佩弩。第一，左右清道率府果毅都尉二人主之。第二、第三、第四，左右司御率府果毅都尉二人主之。第五、第六、第七，左右卫率府果毅都尉主之。第八、第九、第十，左右司御率府果毅都尉二人主之。皆戎服大袍，佩弓箭、横刀。

次后拒队，旗一，执者佩横刀，引、夹路各二人，佩弓箭、横刀。次清道率府果毅都尉一人，领四十骑，佩横刀，凡执矟二十人，佩弓箭十六人，佩弩四人，骑从。次后拒队，前当正道及仗内，有衙门。次左右厢各有衙门三：第一，当左右司御率府步队后，左右卫率府步队前；第二，当左右卫率府步队后，左右司御率府仪仗前；第三，当左右司御率府仪仗后，左右卫率府步队前。每门二人执，四人夹，皆骑，赤綦袄、黄袍、冒。门有监门率府直长二人检校，左右监门率府副率各二人检校诸门，各一人骑从。

次左右清道率府、副率各二人，检校仗内不法，各一人骑从。次少师、少傅、少保，正道乘路，备卤簿，文武以次从。

皇太子所至，回车南向，左庶子跪奏"请降路"。

还宫，一严，转仗卫于还涂。再严，左庶子版奏"请中严"。三严，仆进车，左庶子版奏"外办"。皇太子乘舆出门外，降舆，乘车，左庶子请车右升，侍臣皆骑，车动，至重明门，宫官下马，皇太子乘车而入，太傅、少傅还。皇太子至殿前，车南向，左庶子奏"请降"，皇太子乘舆而入，侍臣从至阁，左庶子版奏"解严"。

　　若常行、常朝，无马队、鼓吹、金路、四望车、家令、率更令、詹事、太保、太师、少保、少师，又减队仗三之一，清道、仪刀、诞马皆减半，乘轺车而已。二傅乘犊车，导从十人，太傅加清道二人。

　　皇太子妃卤簿。清道率府校尉六人，骑，分左右为三重，佩横刀、弓箭。次青衣十人，分左右。次导客舍人四人，内给使六十人，皆分左右，后属内人车。次偏扇、团扇、方扇各十八，分左右，宫人执者间彩衣，革带。次行障四，坐障二，宫人执以夹车。次典内二人，骑，分左右。次厌翟车，驾三马，驾士十四人。次阁帅二人，领内给使十八人，夹车。次六柱二，内给使执之。次供奉内人，乘犊车。次伞一，雉尾扇二，团扇四，曲盖二，皆分左右，各内给使执之。次戟九十，执者绛綦袄、冒，分左右。

　　亲王卤簿。有清道六人为三重，武弁、朱衣、革带。次幰弩一，执者平巾帻、绯裤褶，骑。次青衣十二人，平巾青帻、青布裤褶，执青布仗袋，分左右。次车辐十二，分左右。车辐，棒也，夹车而行，故曰车辐，执者服如幰弩。次戟九十，执者绛綦袄、冒，分左右。次绛引幡六，分左右，横行，以引刀、楯、弓、箭、矟。次内第一行厢，执刀楯，绛綦袄、冒。第二行厢，执弓矢，戎服。第三行厢，执矟，戎服大袍。厢各四十人。次节一，夹矟二，各一人骑执，平巾帻、大口裤、绯衫。次告止幡四，传教幡四，信幡八。凡幡皆绛为之，署官号，篆以黄，饰以鸟翅，取其疾也，金涂钩，竿长一丈一尺，执者服如夹矟，分左右。次仪铤二，仪镗六，油戟十八，仪矟十，细矟十，执者皆绛綦袄、冒。次仪刀十八，执者服如夹矟，分左右。次诞马八，驭者服如夹矟，分左右。次府佐六人，平巾帻、大口裤、绯裲裆，骑，持刀夹引。次象路一，驾四马，佐二人立侍，一人武弁、朱衣、革带，居左；一人绯裲裆、大口绔，持刀居右。驾士十八人，服如夹矟。次伞一，雉尾扇二。次朱漆团四，曲盖二，执者皆绛綦袄、冒，分左右。次僚佐，本服陪从。

次麾、幢各一,左麾右幢。次大角、鼓吹。

一品卤簿。有清道四人为二重,幰弩一骑。青衣十人,车辐十
人,戟九十,绛引旛六,刀、楯、弓、箭、矟皆八十,节二,大矟二,告止
旛、传教旛皆二,信旛六,诞马六,仪刀十六,府佐四人夹行。革路
一,驾四马,驾士十六人,伞一,朱漆团扇四,曲盖二,僚佐本服陪
从,麾、幢、大角、铙吹皆备。

自二品至四品,青衣、车辐每品减二人。二品,刀、楯、弓、箭、
戟、矟各减二十。三品以下,每品减十而已。二品,信旛四,诞马四,
仪刀十四,革路驾士十四人。三品亦如之,仪刀十,革路驾士十二
人。四品、五品,信旛二,诞马二,仪刀八,木路驾士十人。

自二品至四品,皆有清道二人,朱漆团扇二,曲盖一,幰弩一
骑,旛竿长丈,伞一,节一,夹矟二。

万年县令亦有清道二人,幰弩一骑,青衣、车辐皆二人,戟三
十,告止旛、传教旛、信旛皆二,竿长九尺,诞马二,轺车,一马,驾士
六人,伞、朱漆团扇、曲盖皆一。非导驾及余四等县初上者,减幰弩、
车辐、曲盖,其戟亦减十。

内命妇、夫人卤簿。青衣六人,偏扇、团扇皆十六,执者间彩裙
襦、彩衣、革带,行障三,坐障二,厌翟车驾二马,驭人十,内给使十
六人夹车,从车六乘,伞、雉尾扇皆一,团扇二,内给使执之,戟六
十。

外命妇一品亦如之,厌翟车驭人减二,有从人十六人。非公主、
王妃则乘白铜饰犊车,驾牛,驭人四,无雉尾扇。

嫔,青衣四人,偏扇、团扇、方扇十四,行障二,坐障一,翟车,驭
人八,内给使十四人,夹车四乘,戟四十。

外命妇二品亦如之,乘白铜饰犊车,青通幰,朱里,从人十四
人。

婕妤、美人、才人,青衣二人,偏扇、团扇、方扇十,行障二,坐障
一,安车,驾二马,驭人八,内给使十人,从车二乘,戟二十。

太子良娣、良媛、承徽、外命妇三品亦如之，白铜饰犊车，从人十人。

外命妇四品，青衣二人，偏扇、团扇、方扇皆八，行障、坐障皆一，白铜饰犊车，驭人四，从人八。余同三品，唯无戟。

自夫人以下皆清道二人，伞一，又有团扇二。

大驾卤簿鼓吹，分前后二部。鼓吹令二人，府、史二人骑从，分左右。

前部：抁鼓十二，夹金钲十二，大鼓、长鸣皆百二十，铙鼓十二，歌、箫、笳次之；大横吹百二十，节鼓二，笛、箫、觱篥、笳、桃皮觱篥次之；抁鼓、夹金钲皆十二，小鼓、中鸣皆百二十，羽葆鼓十二，歌、箫、笳次之。至相风舆，有抁鼓一、金钲一，鼓左钲右。至黄麾，有左右金吾卫果毅都尉二人主大角百二十，横行十重；鼓吹丞二人，典事二人骑从。

次后部鼓吹：羽葆鼓十二，歌、箫、笳次之；铙鼓十二，歌、箫、笳次之；小横吹百二十，笛、箫、觱篥、笳、桃皮觱篥次之。凡歌、箫、笳工各二十四人，主帅四人，笛、箫、觱篥、笳、桃皮觱篥工各二十四人。

法驾，减太常卿、司徒、兵部尚书、白鹭车、辟恶车、大辇、五副路、安车、四望车，又减属车四，清游队、持钑队、玄武队皆减四之一，鼓吹减三之一。

小驾，又减御史大夫、指南车、记里鼓车、鸾旗车、皮轩车、象革木三路、耕根车、羊车、黄钺车、豹尾车、属车、小辇、小舆，诸队及鼓吹减大驾之半。

凡鼓吹五部：一鼓吹，二羽葆，三铙吹，四大横吹，五小横吹，总七十五曲。

鼓吹部有抁鼓、大鼓、金钲小鼓、长鸣、中鸣。抁鼓十曲：一《警雷震》，二《猛兽骇》，三《鸷鸟击》，四《龙媒蹀》，五《灵夔吼》，六《雕鹗争》，七《壮士怒》，八《熊罴吼》，九《石坠崖》，十《波荡壑》。大鼓十五曲，严用三曲：一《元骊合逻》，二《元骊他固夜》，三《元骊跋至虑》。警用十二曲：一《元咳大至游》，二《阿列乾》，三《破达析利纯》，四《贺羽真》，五《鸣都路跋》，六《他勃鸣路跋》，七《相雷析追》，八《元咳赤赖》，九《赤咳赤赖》，十《吐咳乞物真》，十一《贪大讦》，十二《贺粟胡真》。小鼓九曲：一《渔阳》，二《鸡子》，三《警鼓》，四《三鸣》，五《合节》，六《覆参》，七《步鼓》，八《南阳会星》，九《单摇》。皆以为严、警，其一上马用之。长鸣一曲三声：一《龙吟声》，二《彪吼声》，三《河声》。中鸣一曲三声：一《荡声》，二《牙声》，三《送声》。

羽葆部十八曲：一《太和》，二《休和》，三《七德》，四《驺虞》，五《基王化》，六《纂唐风》，七《厌炎精》，八《肇皇运》，九《跃龙飞》，十《珍马邑》，十一《兴晋阳》，十二《济渭险》，十三《应圣期》，十四《御宸极》，十五《宁兆庶》，十六《服遐荒》，十七《龙池》，十八《破阵乐》。

铙吹部七曲：一《破阵乐》，二《上车》，三《行车》，四《向城》，五《平安》，六《欢乐》，七《太平》。

大横吹部有节鼓二十四曲：一《悲风》，二《游弦》，三《闲弦明君》，四《吴明君》，五《古明君》，六《长乐声》，七《五调声》，八《乌夜啼》，九《望乡》，十《跨鞍》，十一《闲君》，十二《瑟调》，十三《止息》，十四《天女怨》，十五《楚客》，十六《楚妃叹》，十七《霜鸿引》，十八《楚歌》，十九《胡笳声》，二十《辞汉》，二十一《对月》，二十二《胡笳明君》，二十三《湘妃怨》，二十四《沈湘》。

小横吹部有角、笛、箫、筚、觱篥、桃皮觱篥六种，曲名失传。

伶工谓夜警为严，凡大驾严，夜警十二曲，中警三曲，五更严三遍。天子谒郊庙，夜五鼓过半，奏四严；车驾至桥，复奏一严。元和初，礼仪使高郢建议罢之。

历代献捷必有凯歌，太宗平东都，破宋金刚，执贺鲁，克高丽，皆备军容，凯歌入京都，然其礼仪不传。太和初，有司奏："命将征讨，有大功，献俘馘，则神策兵卫于门外，如献俘仪。凯乐用铙吹二部，笛、觱篥、箫、笳、铙鼓，皆工二人，歌工二十四人，乘马执乐，陈列如卤簿。鼓吹令、丞前导，分行俘馘之前。将入都门，鼓吹振作，奏《破陈乐》、《应圣期》、《贺朝欢》、《君臣同庆乐》等四曲。至太社、太庙门外，陈而不作。告献礼毕，乐作。至御楼前，陈兵仗于旌门外二十步，乐工步行，兵部尚书介胄执钺，于旌门中路前导，协律郎二人执麾，门外分导，太常卿跪请奏凯乐。乐阕，太常卿跪奏乐毕。兵部尚书、太常卿退，乐工立于旌门外，引俘馘入献，及称贺，俘囚出，乃退。"

唐书卷二四
志第一四

车　服

唐初受命，车、服皆因隋旧。武德四年，始著车舆、衣服之令，上得兼下，下不得拟上。

凡天子之车：

曰玉路者，祭祀、纳后所乘也，青质，玉饰末；金路者，飨、射、祀还、饮至所乘也，赤质，金饰末；象路者，行道所乘也，黄质，象饰末；革路者，临兵、巡守所乘也，白质，鞔以革；木路者，搜田所乘也，黑质，漆之。五路皆重舆，左青龙，右白虎，金凤翅，画苣文鸟兽，黄屋左纛。金凤一、铃二在轼前，鸾十二在衡，龙輈前设鄣尘。青盖三层，绣饰。上设博山方镜，下圆镜。树羽。轮金根、朱班、重牙。左建旗，十有二旒，画升龙，其长曳地，青绣绸杠。右载阘戟，长四尺，广三尺，黻文。旗首金衔锦结绶及绣带，垂铃。金镂方釳，插翟尾五焦，镂锡，鞶缨十二就。旌旗、盖、鞶缨，皆从路质，唯盖里皆用黄。五路皆有副。

耕根车者，耕藉所乘也，青质，三重盖，余如玉路。

安车者，临幸所乘也，金饰重舆，曲壁，紫油纁，朱里通幰，朱丝络网，朱鞶缨，朱覆发具络，驾赤骝。副路、耕根车、安车，皆八鸾。

四望车者，拜陵、临吊所乘也，制如安车，青油纁，朱里通幰，朱丝络网。

又有属车十乘:一曰指南车,二曰记里鼓车,三曰白鹭车,四曰鸾旗车,五曰辟恶车,六曰皮轩车,七曰羊车,与耕根车、四望车、安车为十乘。行幸陈于卤簿,则分前后;大朝会,则分左右。

皇后之车六:

重翟车者,受册、从祀、飨庙所乘也,青质,青油纁,朱里通幰,绣紫络带及帷,八鸾,镂锡,鞶缨十二就,金镇方釳,树翟羽,朱总。

厌翟车者,亲桑所乘也,赤质,紫油纁,朱里通幰,红锦络带及帷。

翟车者,归宁所乘也,黄油纁,黄里通幰,白红锦络带及帷。三车皆金饰末,轮画朱牙,箱饰翟羽,朱丝络网,鞶缨色皆从车质。

安车者,临幸所乘也,制如金路,紫油纁,朱里通幰。

四望车者,拜陵、吊丧所乘也,青油纁,朱里通幰。

金根车者,常行所乘也,紫油纁,朱里通幰。

夫人乘厌翟车,九嫔乘翟车,婕妤以下乘安车。外命妇、公主、王妃乘厌翟车。一品乘白铜饰犊车,青油纁,朱里通幰,朱丝络网。二品以下去油纁、络纲。四品有青偏幰。

皇太子之车三:

金路者,从祀、朝贺、纳妃所乘也,赤质,金饰末,重较,箱画苣文鸟兽,黄屋,伏鹿轼,龙辀,金凤一,在轼前设郫尘,朱黄盖里,轮画朱牙。左建旗九旒,右载闟戟,旗首金龙衔结绶及铃绥,八鸾二铃,金镇方釳,树翟尾五焦,镂锡,鞶缨九就。

轺车者,五日常服、朝飨宫臣、出入行道所乘也。

四望车者,临吊所乘也。二车皆金饰末,紫油纁,朱里通幰。

亲王及武职,一品有象路,青油纁,朱里通幰,朱丝络网。二品、三品有革路,朱里里通幰。四品有木路,五品有轺车,皆碧里青偏幰。象饰末,班轮,八鸾,左建旗,画升龙,右载闟戟。革路、木路,左建旝。轺车,曲壁,碧里青通幰。诸路,朱质、朱盖、朱旗、朱班轮。一品之旝九斿,二品八斿,三品七斿,四品六斿,肇缨就亦如之。三品以上珂九子,四品七子,五品五子,六品以下去通幰及珂。

王公车路,藏于太仆,受制、行册命、巡陵、婚葬则给之。余皆以骑代车。

凡天子之服十四:

大裘冕者,祀天地之服也。广八寸,长一尺二寸,以板为之,黑表、纁里,无斿,金饰玉簪导,组带为缨,色如其绶,黈纩充耳。大裘,缯表,黑羔表为缘,纁里,黑领、褾、襈缘,朱裳,白纱中单,皂领,青褾、襈、裾,朱袜,赤舄。鹿卢玉具剑,火珠镖首,白玉双佩。黑组大双绶,黑质,黑、黄、赤、白、缥、绿为纯,以备天地四方之色。广一尺,长二丈四尺,五百首。纷广二寸四分,长六尺四寸,色如绶。又有小双绶,长二尺六寸,色如大绶,而首半之,间施三玉环。革带,以白皮为之,以属佩、绶、印章。肇囊,亦曰肇带,博三寸半,加金镂玉钩䚢。大带,以素为之,以朱为里,在腰及垂皆有裨,上以朱锦,贵正色也,下以绿锦,贱间色也,博四寸。纽约,贵贱皆用青组,博三寸。韨以缯为之,随裳色,上广一尺,以象天数,下广二尺,以象地数,长三尺,朱质,画龙、火、山三章,以象三才,其颈五寸,两角有肩,广二寸,以属革带。朝服谓之韠,冕服谓之韨。

衮冕者,践阼、飨庙、征还、遣将、饮至、加元服、纳后、元日受朝贺、临轩册拜王公之服也。广一尺二寸,长二尺四寸,金饰玉簪导,垂白珠十二斿,朱丝组带为缨,色如绶。深青衣纁裳。十二章:日、月、星辰、山、龙、华虫、火、宗彝八章在衣;藻、粉米、黼、黻四章在裳。衣画,裳绣,以象天地之色也。自山、龙以下,每章一行为等,每行十二。衣、褾、领,画以升龙,白纱中单,黻领,青褾、襈、裾,韨绣龙、山、火三章,舄加金饰。

鷩冕者,有事远主之服也。八斿,七章:华虫、火、宗彝四章在衣;藻、粉米、黼、黻四章在裳。

毳冕者，祭海岳之服也。七旒，五章：宗彝、藻、粉米在衣；黼、黻在裳。

绣冕者，祭社稷飨先农之服也。六旒，三章：绣、粉米在衣；黼、黻在裳。

玄冕者，蜡祭百神、朝日、夕月之服也。五旒，裳刺黼一章。自衮冕以下，其制一也，簪导、剑、佩、绶皆同。

通天冠者，冬至受朝贺、祭还、燕群臣、养老之服也。二十四梁，附蝉十二首，施珠翠、金博山，黑介帻，组缨翠緌，玉、犀簪导，绛纱袍，朱里红罗裳，白纱中单，朱领、襈、裾，白裙、襦，绛纱蔽膝，白罗方心曲领，白袜，黑舄。白假带，其制垂二绦帛，以变祭服之大带。天子未加元服，以空顶黑介帻，双童髻，双玉导，加宝饰。三品以上亦加宝饰，五品以上双玉导，金饰，六品以下无饰。

缁布冠者，始冠之服也。天子五梁，三品以上三梁，五品以上二梁，九品以上一梁。

武弁者，讲武、出征、搜狩、大射、祃、类、宜社、赏祖、罚社、纂严之服也。有金附蝉，平巾帻。

弁服者，朔日受朝之服也。以鹿皮为之，有攀以持发，十有二璂，玉簪导，绛纱衣，素裳，白玉双佩，革带之后有鞶囊，以盛小双绶，白袜，乌皮履。

黑介帻者，拜陵之服也。无饰，白纱单衣，白裙、襦，革带，素袜，乌皮履。

白纱帽者，视朝、听讼、宴见宾客之服也。以乌纱为之，白裙、襦、白袜，乌皮履。

平巾帻者，乘马之服也。金饰，玉簪导，冠支以玉，紫褶，白裤，玉具装，珠宝钿带，有靴。

白帢者，临丧之服也。白纱单衣，乌皮履。

皇后之服三：

袆衣者，受册、助祭、朝会大事之服也。深青织成为之，画翚，赤质,五色,十二等。素纱中单,黼领,朱罗縠襈、襈,蔽膝随裳色,以缇领为缘,用翟为章,三等。青衣,革带、大带随衣色,褘、纽约、佩、绶如天子,青袜,舄加金饰。

鞠衣者,亲蚕之服也。黄罗为之,不画,蔽膝、大带、革带、舄随衣色,余同袆衣。

钿钗礼衣者,燕见宾客之服也。十二钿,服用杂色而不画,加双佩小绶,去舄加履,首饰大小华十二树,以象衮冕之旒,又有两博鬓。

皇太子之服六:

衮冕者,从祀、谒庙、加元服、纳妃之服也。白珠九旒,红丝组为缨,犀簪导,青纩充耳。黑衣纁裳,凡九章:龙、山、华虫、火、宗彝在衣,藻、粉米、黼、黻在裳。白纱中单,黼领,青襟、襈、裾。革带金钩䚢,大带,瑜玉双佩。朱组双大绶,朱质,赤、白、缥、绀为纯,长一丈八尺,广九寸,三百二十首。黻随裳色,有火、山二章。白袜,赤舄,朱履,加金涂银扣饰。鹿卢玉具剑如天子。

远游冠者,谒庙、还宫、元日朔日入朝、释奠之服也。以具服,远游冠三梁,加金博山,附蝉九首,施珠翠,黑介帻,发缨翠矮,犀簪导,绛纱袍,红裳,白纱中单,黑领、襟、襈、裾,白裙、襦,白假带,方心曲领,绛纱蔽膝,白袜,黑舄。朔日入朝,通服绔褶。

公服者,五日常朝、元日冬至受朝之服也。远游冠,绛纱单衣,白裙、襦,革带金钩䚢,假带,瑜玉只佩,方心,纷,金缕鞶囊,纯长六尺四寸,广二寸四分,色如大绶。

乌纱帽者,视事及燕见宾客之服也。白裙、襦,乌皮履。

弁服者,朔望视事之服也。鹿皮为之,犀簪导,组缨九璂,绛纱衣,素裳,革带,鞶囊,小绶,双佩。自具服以下,皆白袜,乌皮履。

平巾帻者,乘马之服也。金饰,犀簪导,紫裙,白裤,起梁珠宝钿带,靴。进德冠者,亦乘马之服也。九璂,加金饰,有裤褶,常服则有白裙、襦。

皇太子妃之服有三：

褕翟者，受册、助祭、朝会大事之服也。青织成，文为摇翟，青质，五色九等。素纱中单，黼领，朱罗縠襈、褾，蔽膝随裳色，用缬为领缘，以翟为章二等。青衣，革带、大带随衣色，不朱里，青袜，舄加金饰，佩、绶如皇太子。

鞠衣者，从蚕之服也。以黄罗为之，制如褕翟，无雉，蔽膝、大带随衣色。

钿钗禮衣者，燕见宾客之服也。九钿，其服用杂色，制如鞠衣，加双佩，小绶，去舄加履，首饰花九树，有两博鬓。

群臣之服二十有一：

衮冕者，一品之服也。九旒，青璪为珠，贯三彩玉，以组为缨，色如其绶。青纩充耳，宝饰角簪导。青衣纁裳，九章：龙、山、华虫、火、宗彝在衣，藻、粉米、黼、黻在裳，皆绛为绣遍衣。白纱中单，黼领，青褾、襈、裾。朱袜，赤舄。革带钩䚢，大带，黻随裳色。金宝玉饰剑镖首，山玄玉佩。绿綟绶，绿质，绿、紫、黄、赤为纯，长一丈八尺，广九寸，二百四十首。郊祀太尉摄事亦服之。

鷩冕者，二品之服也。八旒，青衣纁裳，七章：华虫、火、宗彝在衣；藻、粉米、黼、黻在裳。银装剑，佩水苍玉，紫绶、紫质，紫、黄、赤为纯，长一丈六尺，广八寸，一百八十首。革带之后有金镂鞶囊，金饰剑，水苍玉佩，朱袜，赤舄。

毳冕者，三品之服也。七旒，宝饰角簪导，五章：宗彝、藻、粉米在衣；黼、黻在裳。韨二章：山、火。紫绶如二品，金银镂鞶囊，金饰剑，水苍玉佩，朱袜，赤舄。

絺冕者，四品之服也。六旒，三章：粉米在衣；黼、黻在裳，中单，青领。韨，山一章。银镂鞶囊。自三品以下皆青绶、青质，青、白、红为纯，长一丈四尺，广七寸，一百四十首，金饰剑，水苍玉佩，朱袜，赤舄。

玄冕者，五品之服也。以罗为之，五旒，衣、蔽无章，裳刺黻一章。角簪导，青衣纁裳，其服用绸。大带及韨，外黑内黄，黑绶绀质，青绀为纯，长一丈二尺，广六寸，一百二十首。象笏，上圆下方，六品以竹木，上挫下方。金饰剑，水苍玉佩，朱袜，赤舄。三品以下私祭皆服之。

平冕者，郊庙武舞郎之服也。黑衣绛裳，革带，乌皮履。

爵弁者，六品以下九品以上从祀之服也。以绸为之，无旒，黑缨，角簪导，青衣纁裳，白纱中单，青领、襟、襈、裾，革带钩鲽，大带及韨内外皆缁，爵韠，白袜，赤履。五品以上私祭皆服之。

武弁者，武官朝参、殿庭武舞郎、堂下鼓人、鼓吹桉工之服也。有平巾帻，武舞绯丝布大袖，白练襠裆，螣蛇起梁带，豹文大口绔，乌皮靴。鼓人朱褠衣，革带，乌皮履。鼓吹桉工加白练绔裆。

弁服者，文官九品公事之服也。以鹿皮为之，通用乌纱，牙簪导。缨：一品九璪，二品八璪，三品七璪，四品六璪，五品五璪，犀簪导，皆朱衣素裳，革带，鞶囊，小绶，双佩，白袜，乌皮履。六品以下去璪及鞶囊、绶、佩。六品、七品绿衣，八品、九品青衣。

进贤冠者，文官朝参、三老五更之服也。黑介帻，青绥，纷长六尺四寸，广四寸，色如其绥。三品以上三梁，五品以上两梁，九品以上及国官一梁，六品以下私祭皆服之。侍中、中书令、左右散骑常侍有黄金珰，附蝉，貂尾。侍左者左珥，侍右者右珥。诸州大中正一梁，绛纱公服。殿庭文舞郎，黄纱袍，黑领、襟，白练襠裆，白布大口绔，革带，乌皮履。

远游冠者，亲王之服也。黑介帻，三梁，青绥，金钩鲽大带，金宝饰剑，玉镖首，纁朱绶，朱质，赤、黄、缥、绀为纯，长一丈八尺，广九寸，二百四十首。黄金珰，附蝉，诸王则否。

法冠者，御史大夫、中丞、御史之服也。一名解廌冠。

高山冠者，内侍省内谒者、亲王司阁、谒者之服也。

委貌冠者，郊庙文舞郎之服也。有黑丝布大袖，白练领、襟，绛布大口绔，革带，乌皮履。

却非冠者,亭长、门仆之服也。

平巾帻者,武官、卫官公事之服也。金饰,五品以上兼用玉,大口绔,乌皮绔,白练裙、襦,起梁带。陪大仗,有裲裆、螣蛇。朝集从事、州县佐史、岳渎祝史、外州品子、庶民任掌事者服之,有绯褶、大口绔,紫附褾。文武官骑马服之,则去裲裆、螣蛇。裤褶之制:五品以上,细绫及罗为之,六品以下,小绫为之,三品以上紫,五品以上绯,七品以上绿,九品以上碧。裲裆之制:一当胸,一当背,短袖覆髆。螣蛇之制:以锦为表,长八尺,中实以绵,象蛇形。起梁带之制:三品以上,玉梁宝钿,五品以上,金梁宝钿,六品以下,金饰隐起而已。

黑介帻者,国官视品府佐谒府、国子大学四门生俊士参见之服也。簪导,白纱单衣,青襟、褾、领,革带,乌皮履。未冠者,冠则空顶黑介帻,双童髻,去革带。书算律学生、州县学生朝参,则服乌纱帽、白裙、襦,青领。未冠者童子髻。

介帻者,流外官、行署三品以下、登歌工人之服也。绛公服,以缦绯为之,制如绛纱单衣,方心曲领,革带钩𫐉,假带,袜,乌皮履。九品以上则绛褠衣,制如绛公服而狭,袖形直如沟,不垂,绯褶大口绔,紫附褾,去方心曲领、假带。登歌工人,朱连裳,革带,乌皮履。殿庭加白练襘裆。

平巾绿帻者,尚食局主膳,典膳局典食,太官署、食官署供膳、奉觯之服也。青丝布绔褶。羊车小史,五辫髻,紫碧腰襻,青耳屐。漏刻生、漏童,总角髻,皆青丝布绔褶。

具服者,五品以上陪祭、朝飨、拜表、大事之服也,亦曰朝服。冠帻,簪导,绛纱单衣,白纱中单,黑领、袖,黑褾、襈、裾,白裙、襦,革带金钩𫐉,假带,曲领方心,绛纱蔽膝,白领,乌皮舄,剑,纷,鞶囊,双佩,双绶。六品以下去剑、佩、绶,七品以上以白笔代簪,八品、九品去白笔、白纱中单,以履代舄。

从省服者,五品以上公事、朔望朝谒、见东宫之服也,亦曰公服。冠帻缨,簪导,绛纱单衣,白裙、襦,革带钩𫐉,假带,方心,袜,履,纷,鞶囊,双佩,乌皮履。六品以下去纷、鞶囊、双佩。三品以上有公爵者,嫡子之婚,假缔冕。五品以上子孙,九品以上子,爵弁。庶人婚,假绛公服。

命妇之服六:

翟衣者,内命妇受册、从蚕、朝会,外命妇嫁及受册、从蚕、大朝会之服也。青质,绣翟,编次于衣及裳,重为九等。青纱中单,黼领,朱縠襦、襈、裾,蔽膝随裳色,以缄为领缘,加文绣,重雉为章二等。大带随衣色,以青衣,革带,青袜,舄,佩,绶,两博鬓饰以宝钿。一品翟九等,花钗九树;二品翟八等,花钗八树;三品翟七等,花钗七树;四品翟六等,花钗六树;五品翟五等,花钗五树。宝钿视花树之数。

钿钗礼衣者,内命妇常参、外命妇朝参、辞见、礼会之服也。制同翟衣,加双佩、小绶,去舄,加履。一品九钿,二品八钿,三品七钿,四品六钿,五品五钿。

礼衣者,六尚、宝林、御女、采女、女官七品以上大事之服也。通用杂色,制如钿钗礼衣,唯无首饰、佩、绶。

公服者,常供奉之服也。去中单、蔽膝、大带,九品以上大事、常供奉亦如之。半袖裙襦者,东宫女史常供奉之服也。公主、王妃佩、绶同诸王。

花钗礼衣者,亲王纳妃所给之服也。

大袖连裳者,六品以下妻,九品以上女嫁服也。青质,素纱中单,蔽膝、大带、革带,袜、履同裳色,花钗,覆笄,两博鬓,以金银杂宝饰之。庶人女嫁有花钗,以金银琉璃涂饰之。连裳,青质,青衣,革带,袜、履同裳色。

妇人燕服视夫。百官女嫁、庙见摄母服。五品以上媵降妻一等,妾降媵一等,六品以下妾降妻一等。

天子有传国玺及八玺,皆玉为之。神玺以镇中国,藏而不用。受命玺以封禅礼神,皇帝行玺以报王公书,皇帝之玺以劳王公,皇帝信玺以召王公,天子行玺以报四夷书,天子之玺以劳四夷;天子信玺以召兵四夷,皆泥封。大朝会则符玺郎进神玺、受命玺于御座,行幸则合八玺为五舆,函封从于黄钺之内。

太皇太后、皇太后、皇后、皇太子及妃,玺皆金为之,藏而不用。太皇太后、皇太后封令书以宫官印,皇后以内侍省印,皇太子以左春坊印,妃以内坊印。

初,太宗刻受命玄玺,以白玉为螭首,文曰:"皇天景命,有德者昌。"至武后改诸玺皆为宝。中宗即位,复为玺。开元六年,复为宝。天宝初,改玺书为宝书。十载,改传国宝为承天大宝。

初,高祖入长安,罢隋竹使符,班银菟符,其后改为铜鱼符,以起军旅、易守长,京都留守、折冲府、捉兵镇守之所及左右金吾、宫苑总监、牧监皆给之。畿内则左三右一,畿外则左五右一,左者进内,右者在外,用始第一,周而复始。宫殿门、城门,给交鱼符、巡鱼符。左厢、右厢给开门符、闭门符。亦左符进内,右符监门掌之。蕃国亦给之,雄雌各十二,铭以国名,雄者进内,雌者付其国。朝贡使各赍其月鱼而至,不合者劾奏。

传信符者,以给邮驿,通制命。皇太子监国给双龙符,左右皆十。两京、北都留守给麟符,左二十,右十九。东方诸州给青龙符,南方诸州朱雀符,西方诸州驺虞符,北方诸州玄武符,皆左四右三。左者进内,右者付外。行军所亦给之。

随身鱼符者,以明贵贱,应召命,左二右一,左者进内,右者随身。皇太子以玉契召,勘合乃赴。亲王以金,庶官以铜,皆题某位姓名。官有贰者加左右,皆盛以鱼袋,三品以上饰以金,五品以上饰以银。刻姓名者,去官纳之,不刻者传佩相付。

有传符、铜鱼符者,给封符印,发驿、封符及封鱼函用之。有铜鱼而无传符者,给封函,还符、封函用之。

天子巡幸,则京师、东都留守给留守印,诸司从行者,给行从印。

木契符者,以重镇守、慎出纳,畿内左右皆三,畿外左右皆五。皇帝巡幸,太子监国,有军旅之事则用之,王公征讨皆给焉,左右各十九。太极殿前刻漏所,亦以左契给之,右以授承天门监门,昼夜勘合,然后鸣鼓。玄武门苑内诸门有唤人木契,左以进内,右以授监门,有敕召者用之。鱼契所降,皆有敕书。尚书省符,与左同乃用。

大将出,赐旌以颛赏,节以颛杀。旌以绛帛五丈,粉画虎,有铜龙一,首缠绯幡,紫縑为袋,油囊为表。节,悬画木盘三,相去数寸,隔垂赤麻,余与旌同。

高宗给五品以上随身鱼银袋,以防召命之诈,出内必合之。三品以上金饰袋。垂拱中,都督、刺史始赐鱼。天授二年,改佩鱼皆为龟。其后三品以上龟袋饰以金,四品以银,五品以铜。中宗初,罢龟袋,复给以鱼。郡王、嗣王亦佩金鱼袋。景龙中,令特进佩鱼,散官佩鱼自此始也。然员外、试、检校官,犹不佩鱼。景云中,诏衣紫者鱼袋以金饰之,衣绯者以银饰之。开元初,驸马都尉从五品者假紫、金鱼袋,都督、刺史品卑者假绯、鱼袋,五品以上检校、试、判官皆佩鱼。中书令张嘉贞奏,致仕者佩鱼终身,自是百官赏绯、紫,必兼鱼袋,谓之章服。当时服朱紫、佩鱼者众矣。

初,隋文帝听朝之服,以赭黄文绫袍,乌纱冒,折上巾,六合靴,与贵臣通服。唯天子之带有十三镮,文官又有平头小样巾,百官常服同于庶人。

至唐高祖,以赭黄袍、巾带为常服。腰带者,搢垂头于下,名曰铊尾,取顺下之义。一品、二品铐以金,六品以上以犀,九品以上以银,庶人以铁。既而天子袍衫稍用赤、黄,遂禁臣民服。亲王及三品、二王后,服大科绫罗,色用紫,饰以玉。五品以上服小科绫罗,色用朱,饰以金。六品以上服丝布交梭双紃绫,色用黄。六品、七品服用绿,饰以银。八品、九品服用青,饰以锸石。勋官之服,随其品而加佩刀、砺、纷、帨。流外官、庶人、部曲、奴婢,则服𬘫绢絁布,色用黄白,饰以铁、铜。

太宗时，又命七品服龟甲双巨十花绫，色用绿；九品服丝布杂绫，色用青。是时士人以棠苎襕衫为上服，贵女功之始也。一命以黄，再命以黑，三命以纁，四命以绿，五命以紫。士服短褐，庶人以白。中书令马周上议："《礼》无服衫之文，三代之制有深衣。请加襕、袖、褾、襈，为士人上服。开骻者名曰缺骻衫，庶人服之。"又请："裹头者，左右各三襵，以象三才，重系前脚，以象二仪。"诏皆从之。太尉长孙无忌又议："服袍者下加襕，绯、紫、绿皆视其品，庶人以白。"

太宗尝以幞头起于后周，便武事者也。方天下偃兵，采古制为翼善冠，自服之。又制进德冠以赐贵臣，玉璪，制如弁服，以金饰梁，花跗，三品以上加金络，五品以上附山云。自是元日、冬至、朔、望视朝，服翼善冠，衣白练裙襦。常服则有绔褶与平巾帻，通用翼善冠。进德冠制如幞头，皇太子乘马则服进德冠，九璪，加金饰，犀簪导，亦有绔褶，燕服用紫。其后朔、望视朝，仍用弁服。

显庆元年，长孙无忌等曰："武德初，撰《衣服令》，天子祀天地服大裘冕。桉周郊被衮以象天，戴冕藻十有二旒，与大裘异。《月令》：孟冬，天子始裘以御寒。若启蛰、祈谷、冬至报天，服裘可也。季夏迎气，龙见而雩，如之何可服？故历代唯服衮章。汉明帝始采《周官》、《礼记》制祀天地之服，天子备十二章，后魏、周、隋皆如之。伏请郊祀天地服衮冕，罢大裘。又新礼，皇帝祭社稷服絺冕，四旒，三章；祭日月服玄冕，三旒，衣无章。按令文，四品、五品之服也。三公亚献皆服衮，孤卿服毳、黼，是天子同于大夫，君少臣多，非礼之中。且天子十二为节以法天，乌有四旒三章之服？若诸臣助祭，冕与王同，是贵贱无分也。若降王一等，则王服玄冕，群臣服爵弁，既屈天子，又贬公卿。《周礼》此文，久不用矣，犹祭祀之有尸侑，以君亲而拜臣子，莙藬、蝈氏之职，不通行者盖多，故汉魏承用衮冕。今新礼亲祭日月，服五品之服，请循历代故事，诸祭皆用衮冕。"制曰："可。"无忌等又曰："礼，皇帝为诸臣及五服亲举哀，素服，今服白袷，礼令乖舛。且白袷出近代，不可用。"乃改以素服。自是鷩冕以下，天子不复用，而白袷废矣。

其后以紫为三品之服，金玉带銙十三；绯为四品之服，金带銙十一；浅绯为五品之服，金带銙十；深绿为六品之服，浅绿为七品之服，皆银带銙九；深青为八品之服，浅青为九品之服，皆鍮石带銙八；黄为流外官及庶人之服，铜铁带銙七。

武后擅政，多赐群臣巾子、绣袍，勒以回文之铭，皆无法度，不足纪。至中宗又赐百官英王踣样巾，其制高而踣，帝在藩时冠也。其后文官以紫黑絁为巾，赐供奉官及诸司长官，则有罗巾、圆头巾子，后遂不改。

初，职事官三品以上赐金装刀、砺石，一品以下则有手巾、算袋、佩刀、砺石。至睿宗时，罢佩刀、砺石，而武官五品以上佩鞊鞢七事，佩刀、刀子、砺石、契苾真、哕厥、针筒、火石是也。

时皇太子将释奠，有司草仪注，从臣皆乘马著衣冠，左庶子刘子玄议曰："古大夫乘车，以马为骓服，魏、晋朝士驾牛车。如李广北征，解鞍憩息；马援南伐，据鞍顾眄。则鞍马行于军旅，戎服所便。江左尚书郎乘马，则御史治之。颜延年罢官，骑马出入，世称放诞。近古专车则衣朝服，单马则衣亵服。皇家巡谒陵庙，册命王公，则盛服冠履，乘路车。士庶有以衣冠亲迎者，亦时服箱。其余贵贱，皆以骑代车。比者，法驾所幸，侍臣朝服乘马。今既舍车，而冠履不易，何者？褒衣、博带、革履、高冠，车中之服也。袜而镫，跣而乘，非唯盭古，亦自取惊蹶。议者以秘阁梁《南郊图》，有衣冠乘马者，此图后人所为也。古今图画多矣，如画群公祖二疏，而有曳芒屩者；画昭君入匈奴，而妇人有施帷冒者。夫芒屩出于水乡，非京华所有；帷冒创于隋代，非汉宫所用。岂可因二画以为故实乎？谓乘马，衣冠宜省。"太子从之，编于令。

开元初，将有事南郊，中书令张说请遵古制用大裘，乃命有司制二冕。玄宗以大裘朴略，不可通寒暑，废而不服。自是元正朝会用衮冕、通天冠，百官朔、望朝参，外官衙日，则佩算袋，余日则否。玄宗谒五陵，初用素服，朔、望朝颛用常服。弁服、翼善冠皆废。

唐初，赏朱紫者服于军中，其后军将亦赏以假绯紫，有从戎缺骻之服,不在军者服长袍,或无官而冒衣绿。有诏殿中侍御史纠察。诸卫大将军、中郎将以下给袍者,皆易其绣文:千牛卫以瑞牛,左右卫以瑞马,骁卫以虎,武卫以鹰,威卫以豹,领军卫以白泽,金吾卫以辟邪。行六品者,冠去璏珠,五品去鞶囊、双佩,幞头用罗縠。

妇人服从夫、子,五等以上亲及五品以上母、妻,服紫衣,腰襻褾缘用锦绣。九品以上母、妻,服朱衣。流外及庶人不服绫、罗、縠、五色线靴、履。凡裥色衣不过十二破,浑色衣不过六破。

二十五年,御史大夫李适之建议:"冬至、元日大礼,朝参官及六品清官服朱衣,六品以下通服绔褶。"天宝中,御史中丞吉温建议:"京官朔、望朝参,衣朱绔褶,五品以上有珂伞。"德宗尝赐节度使时服,以雕衔绶带,谓其行列有序,牧人有威仪也。元和十二年,太子少师郑余庆言:"百官服朝服者多误。自今唯职事官五品兼六品以上散官者,则有佩、剑、绶,其余皆省。"

初,妇人施幂䍠以蔽身,永徽中,始用帷冒,施裙及颈,坐檐以代乘车。命妇朝谒则以驼驾车。数下诏禁而不止。武后时,帷冒益盛,中宗后乃无复幂䍠矣。宫人从驾,皆胡冒乘马,海内效之,至露髻驰骋,而帷冒亦废,有衣男子衣而靴,如奚、契丹之服。武德间,妇人曳履及线靴。开元中,初有线鞋,侍儿则著履,奴婢服襕衫,而士女衣胡服,其后安禄山反,当时以为服妖之应。

巴、蜀妇人出入有兜笼,乾元初,蕃将又以兜笼易负,遂以代车。

文宗即位,以四方车服僭奢,下诏准仪制令,品秩勋劳为等级。职事官服绿、青、碧,勋官诸司则佩刀、砺、纷、帨。诸亲朝贺宴会之服:一品、二品服玉及通犀,三品服花犀、班犀。车马无饰金银。衣曳地不过二寸,袖不过一尺三寸。妇人裙不过五幅,曳地不过三寸,襦袖不过一尺五寸。袍袄之制:三品以上服绫,以鹘衔瑞草,雁衔绶带及双孔雀;四品、五品服绫,以地黄交枝;六品以下服绫,小窠无文及隔织、独织。一品导从以七骑;二品、三品以五骑;四品以三骑;五品以二骑;六品以一骑。五品以上及节度使册拜、婚会,则车有

幰。外命妇一品、二品、三品乘金铜饰犊车,檐舁以八人,二品舁以
六人;四品、五品乘白铜饰犊车,檐舁以四人;胥吏、商贾之妻老者
乘苇軬车,兜笼舁以二人。度支、户部、盐铁门官等服细葛布,无纹
绫,绿暗银蓝铁带,鞍、辔、衔、镫以输石。未有官者,服粗葛布、官
绅,绿铜铁带,乘蜀马、铁镫。行官服紫粗布、绅,蓝铁带。中官不衣
纱縠绫罗,诸司小儿不服大巾,商贾、庶人、僧、道士不乘马。妇人衣
青碧缬、平头小花草履、彩帛缦成履,而禁高髻、险妆、去眉、开额及
吴越高头草履。王公之居,不施重栱、藻井。三品堂五间九架,门三
间五架;五品堂五间七架,门三间两架;六品、七品堂三间五架,庶
人四架,而门皆一间两架。常参官施悬鱼、对凤、瓦兽、通栿乳梁。诏
下,人多怨者。京兆尹杜悰条易行者为宽限,而事遂不行。唯淮南
观察使李德裕令管内妇人衣袖四尺者阔一尺五寸,裙曳地四五寸
者减三寸。

　　开成末,定制:宰相、三公、师保、尚书令、仆射、诸司长官及致
仕官,疾病许乘檐,如汉、魏载舆、步舆之制,三品以上官及刺史,有
疾暂乘,不得舍驿。

唐书卷二五
志第一五

历　一

　　历法，尚矣。自尧命羲、和，历象日月星辰，以闰月定四时成岁，其事略见于《书》。而夏、商、周以三统改正朔，为历固已不同，而其法不传。至汉造历，始以八十一分为统母，其数起于黄钟之龠，盖其法一本于律矣。其后刘歆又以《春秋》、《易象》推合其数，盖傅会之说也。至唐一行始专用大衍之策，则历术又本于《易》矣。盖历起于数，数者，自然之用也。其用无穷而无所不通，以之于律、于《易》，皆可以合也。然其要在于候天地之气，以知四时寒暑，而仰察天日月星之行运，以相参合而已。然四时寒暑无形而运于下，天日月星有象而见于上，二者常动而不息。一有一无，出入升降，或迟或疾，不相为谋。其久而不能无差忒者，势使之然也。故为历者，其始未尝不精密，而其后多疏而不合，亦理之然也。不合，则屡变其法以求之。自尧、舜、三代以来，历未尝同也。

　　唐终始二百九十余年，而历八改。初曰《戊寅元历》，曰《麟德甲子元历》，曰《开元大衍历》，曰《宝应五纪历》，曰《建中正元历》，曰《元和观象历》，曰《长庆宣明历》，曰《景福崇玄历》而止矣。

　　高祖受禅，将治新历，东都道士傅仁均善推步之学，太史令庾俭、丞傅弈荐之。诏仁均与俭等参议，合受命岁名为《戊寅元历》。乃列其大要，所可考验者有七，曰："唐以戊寅岁甲子日登极，历元戊寅，日起甲子，如汉《太初》，一也。冬至五十余年辄差一度，日短星昴,合于《尧典》,二也。周幽王六年十月辛卯朔,入蚀限,合于《诗》,三也。鲁僖公五年壬子冬至,合《春秋命历序》,四也。月有三大、三小,则日蚀常在朔,月蚀常在望,五也。命辰起子半,命度起虚六,符阴阳之始,六也。立迟疾定朔,则月行晦不东见,朔不西朓,七也。"高祖诏司历起二年用之,擢仁均员外散骑侍郎。

三年正月望及二月、八月朔,当蚀,比不效。六年,诏吏部郎中祖孝孙考其得失。孝孙使算历博士王孝通以《甲辰历》法诘之曰:

"日短星昴,以正仲冬。"七宿毕见,举中宿言耳。举中宿,则余星可知。仁均专守昴中,执文害意,不亦谬乎?又《月令》仲冬"昏东壁中",明昴中非为常准。若尧时星昴昏中,差至东壁,然则尧前七千余载,冬至昏翼中,日应在东井。井极北,去人最近,故暑;斗极南,去人最远,故寒。寒暑易位,必不然矣。又平朔、定朔,旧有二家。三大、三小,为定朔望;一大、一小,为平朔望。日月行有迟速,相及谓之合会。晦、朔无定,由时消息。若定大小皆在朔者,合会虽定,而蒜、元、纪首三端并失。若上合履端之始,下得归余于终,合会有时,则《甲辰元历》为通术矣。

仁均对曰:

宋祖冲之立岁差,隋张胄玄等因而修之。虽差数不同,各明其意。孝通未晓,乃执南斗为冬至常星。夫日躔宿度,如邮传之过,宿度既差,黄道随而变矣。《书》云:"季秋月朔,辰弗集于房。"孔氏云:"集,合也。不合则日蚀可知。"又云:"先时者杀无赦,不及时者杀无赦。"既有先后之差,是知定朔矣。《诗》云:"十月之交,朔月辛卯。"又《春秋传》曰:"不书朔,官失之也。"自后历差,莫能详正。故秦、汉以来,多非朔蚀。宋御史中丞何承天微欲见意,不能详究,乃为散骑侍郎皮延宗等所抑。孝通之语,乃延宗旧说。治历之本,必推上元。日月如合璧,五星如连珠。夜半甲子,朔旦冬至,自此七曜散行不复,余分普尽,总会如初。唯朔分、气分,有可尽之理,因其可尽,即有三端。此

　　乃纪其日数之元尔。或以为即夜半甲子朔冬至者,非也。冬至
自有常数,朔名由于月起,月行迟疾匪常,三端安得即合。故必
须日月相合与至同日者,乃为合朔冬至耳。

孝孙以为然,但略去尤疏阔者。

　　九年,复诏大理卿崔善为与孝通等较定,善为所改凡数十条。
初,仁均以武德元年为历始,而气、朔、迟疾、交会及五星皆有加减
差。至是复用上元积算。其周天度,即古赤道也。

　　贞观初,直太史李淳风又上疏论十有八事,复诏善为课二家得
失,其七条改从淳风。十四年,太宗将亲祀南郊,以十一月癸亥朔,
甲子冬至。而淳风新术,以甲子合朔冬至,乃上言:“古历分日,起于
子半。十一月当甲子合朔冬至,故太史令傅仁均以减余稍多,子初
为朔,遂差三刻。”司历南宫子明、太史令薛颐等言:“子初及半,日
月未离。淳风之法,较春秋已来暨度薄蚀,事皆符合。”国子祭酒孔
颖达等及尚书八座参议,请从淳风。又以平朔推之,则二历皆以朔
日冬至,于事弥合。且平朔行之自古,故《春秋》传或失之前,谓晦日
也。虽癸亥日月相及,明日甲子,为朔可也。从之。十八年,淳风又
上言:“仁均历有三大、三小,云日月之蚀,必在朔望。十九年九月
后,四朔频大。”诏集诸解历者详之,不能定。庚子,诏用仁均平朔,
讫麟德元年。

　　仁均历法祖述胄玄,稍以刘孝孙旧议参之,其大最疏于淳风。
然更相出入,其有所中,淳风亦不能逾之。今所记者,善为所较也。

　　《戊寅历》上元戊寅岁至武德九年丙戌,积十六万四千三百四
十八算外。

章岁六百七十六。亦名行分法。

章闰二百四十九。

章月八千三百六十一。

月法三十八万四千七十五。

日法万三千六。

时法六千五百三。

度法、气法九千四百六十四。

气时法千一百八十三。

岁分三百四十五万六千六百七十五。

岁余二千三百一十五。

周分三百四十五万六千八百四十五半。

斗分二千四百八十五半。

没分七万六千八百一十五。

没法千一百三。

历日二十七,历余万六千六十四。

历周七十九万八千二百。

历法二万八千九百六十八。

余数四万九千六百三十五。

章月乘年,如章岁得一,为积月。以月法乘积月,如日法得一,为朔积日;余为小余。日满六十,去之;余为大余。命甲子算外,得天正平朔。加大余二十九、小余六千九百一,得次朔。加平朔大余七、小余四千九百七十六、小分四之三,为上弦。又加,得望。又加,得下弦。余数乘年,如气法得一,为气积日。命日如前,得冬至。加大余十五、小余二千六十八、小分八之一,得次气日。加四季之节大余十二、小余千六百五十四、小分四,得土王。凡节气小余,三之,以气时法而一,命子半算外,各其加时。置冬至小余,八之,减没分,余满没法为日。加冬至去朔日算,依月大小去之,日不满月算,得没日。余分尽为灭。加日六十九、余七百八,得次没。

二十四气	损益率	盈缩数
冬至	益八百九十六	盈空
小寒	益三百九十八	盈八百九十六
大寒	益四百	盈千二百九十四

立春	益二百二十八	盈千六百九十四
启蛰	益三百四十一	盈千九百二十二
雨水	益四百五十	盈二千二百六十三
春分	损五百	盈二千七百一十三
清明	损四百五十五	盈二千二百一十三
谷雨	损三百五十五	盈千七百五十八
立夏	损五百五十五	盈千四百三
小满	损八百四十八	盈八百四十八
芒种	益七百三十九	缩初
夏至	益六百二十六	缩七百三十九
小暑	益四百五十六	缩千三百六十五
大暑	益二百八十八	缩千八百二十一
立秋	益四十	缩二千一百九
处暑	益三百四十二	缩二千一百四十九
白露	益四百五十五	缩二千四百九十一
秋分	损六百八十二	缩二千九百四十六
寒露	损六百二十五	缩二千二百六十四
霜降	损五百七十	缩千六百三十九
立冬	损五百一十三	缩千六十九
小雪	损四百五十六	缩五百五十六
大雪	损百	缩百

　　以平朔、弦、望入气日算乘损益率，如十五得一，以损益盈缩数，为定盈缩分。凡不尽，半法已上亦从一。以历法乘朔积日，满历周去之；余如历法得一，为日。命日算外，得天正平朔夜半入历日及余。次日加一，累而裁之。若以万四千四百八十四乘平朔小余，如六千五百三而一，不尽，为小分，以加夜半入历日。加之满历日及

余,去之,得平朔加时所入。加历日七、余万一千八十四、小分三千九百九十五,命如前,得上弦。又加,得望、下弦及后朔。

历日	行分	损益率	盈缩积分
一日	九千九百九	益三百九十二	盈初
二日	九千八百一十	益三百四十七	盈二千一百四十四万一千二百二十六
三日	九千六百九十五	益二百九十五	盈二千一百三十九万四千八百五十八
四日	九千五百六十三	益二百三十六	盈二千九百九十五万二千八百四
五日	九千四百一十四	益百六十九	盈三千六百七十九万三千九百五十
六日	九千二百六十六	益百三	盈四千一百六十九万七千二百七
七日	九千一百一十八	益三十六	盈四千四百六十七万三千五百七十五
八日	八千九百五十三	损三十八	盈四千五百七十二万九千五十五
九日	八千七百八十八	损百一十二	盈四千四百六十三万六千五百五十七
十日	八千六百四十	损百七十八	盈四千一百三十九万八千六百六十八
十一日	八千五百八	损二百三十八	盈三千六百三十二万四千六百九十二
十二日	八千三百九十二	损二百九十	盈二千九百三十五万四千五百二十八

十三日	八千二百七十七	损三百四十一	盈二千九十六万五千六百六十
十四日	八千一百七十八	损三百八十六	盈千一百八万一千一百六
十五日	八千二百一十一	益三百七十一	缩九万一千四十三
十六日	八千三百一十	益三百二十六	缩千八十三万四千四
十七日	八千四百二十五	益二百一十五	缩二千二十八万九千三百七十二
十八日	八千五百五十五	益二百一十六	缩二千八百二十三万九千五十
十九日	八千六百八十九	益百五十六	缩三千四百四十九万一千九百三十六
二十日	八千八百三十七	益九十	缩三千九百一十万八千三十
二十一日	八千九百八十六	益二十三	缩四千一百六十一万九千二百三十五
二十二日	九千一百五十一	损五十一	缩四千二百二十八万二千五百四十七
二十三日	九千二百九十九	损百一十八	缩四千七百九万九千八百五十七
二十四日	九千四百四十七	损百八十四	缩三千七百三十九万二千二百七十九
二十五日	九千五百七十八	损二百四十三	缩三千二百五十万九千八百一十四
二十六日	九千七百一十	损三百二	缩二千五百二十万三千五百六十二

| 二十七日 | 九千八百九 | 损三百四十七 | 缩千六百二十九万五百一十八 |
| 二十八日 | 九千八百九十一 | 损三百八十三 | 缩六百二十二万九千八百八十 |

历行分与次日相减，为行差，后多为进，后少为退。减去行分六百七十六，为差法。各置平朔、弦、望加时入历日余，乘所入日损益率，以损益其下积分，差法除，为定盈缩积分。置平朔、弦、望小余，各以入气积分盈加、缩减之，以入历积分盈减、缩加之，满若不足、进退日法，皆为定大小余，命日甲子算外。以岁分乘年为积分，满周分去之；余如度法得一，为度。命以虚六，经斗去分，得冬至日度及分。以冬至去朔日算及分减之，得天正平朔前夜半日度及分。以小分法十四约度分为行分。凡小分满法成行分，行分满法成度。若注历，又以二十六约行分。月星准此。斗分百七十七，小分七半。累加一度，得次日。以行分法乘朔、望定小余，以九百二十九除为度分，又以十四约为行分。以加夜半度，为朔、望时日度。定朔加时，日月同度。望则因加日度百八十二、行分四百二十六、小分十太。以夜半入历日余乘行差，满历法得一，以进加、退减历行分，为行定分。以朔定小余乘之，满日法得一，为行分。以减加时月度，为朔、望夜半月度，求次日，加月行定分，累之。

岁星

率三百七十七万五千二十三。

终日三百九十八，行分五百九十六，小分七。

平见，入冬至初日，减行分五千四百一十一。自后日损所减百二十分。立春初，日增所加六十分。春分，均加四日。清明毕谷雨，均加五日。立夏毕大暑，均加六日。立秋初日，加四千八十分。乃日损所加六十七分。入寒露，日增所减百一十七分。入小雪，毕大雪，均减八日。

初见，顺，日行百七十一分，日益迟一分，百一十四日行十九度二百九分。而留，二十六日。乃退，日九十七分，八十四日退十二度三十六分。又留，二十五日五百九十六分，小分七。凡五星留日有分者，以初定见日分加之。若满行分法，去之，又增一日。乃顺，初日行六十分，日益疾一分，百一十四日行十九度四百三十七分。而伏。

荧惑

率七百三十八万一千二百二十三。

终日七百七十九，行分六百二十六，小分三。

平见，入冬至初日，减万六千三百五十四分。乃日损所减五百四十五分。入大寒，日增所加四百二十六分。入雨水后，均加二十九日。立夏初日，加万九千三百九十二分。乃日损所加二百一十三分。入立秋，依平。入处暑，日增所减百八十四分。入小雪后，均减二十五日。

初见，入冬至，初率二百四十一日行百六十三度。自后二日损日度各一，自百二十八日，率百七十七日行九十九度，毕百六十一日。又三日损一，尽百八十二日，率百七十日行九十二度，毕百八十八日。乃三日益一，尽二百二十七日，率百八十三日行百五度。又二日益一，尽二百四十九日，率百九十四日行百一十六度。又每日益一，尽三百一十日，率二百五十五日行百七十七度，毕三百三十七日。乃二日损一，尽大雪，复初见。入小雪后，三日去日率一。入雨水，毕立夏，均去日率二十。自后三日减所去一日，毕小暑，依平，为定日率。若入处暑，毕秋分，皆去度率六。各依冬至后日数而损益之，又依所入之气以减之，为前疾日度率。若初行入大寒，毕大暑，皆差行，日益迟一分；其余皆平行。若入白露，毕秋分，初迟，日行半度，四十日行二十度。即去日率四十、度率二十，别为半度之。行讫，然后求平行分，续之。以行分法乘度定率，如日定率而一，为平行分。不尽，为小分。求差行者，减日率一，又半之，加平行分，为初日行分。各尽其日度而迟。初日行三百二十六分，日益迟一分半，六十日行二十五度五分。

其前疾去度六者,行三十一度五分。此迟初日加六十七分、小分六十分之三十□。

而留,十三日。前疾去日者,分日于二留,奇从后留。乃退,日百九十二分,六十日退十七度二十八分。又留,十二日六百二十六分,小分三。

又顺。后迟,初日行二百三十八分,日益疾一分半,六十日行二十五度三十五分。此迟在立秋至秋分者,加六度,行三十一度三十五分。此迟初日加行分六十七、小分六十分之三十六。而后疾。入冬至,初率二百一十四日行百三十六度。乃每日损一,尽三十七日,率百七十七日行九十九度。又二日损一,尽五十七日,率百六十七日行八十九度,毕七十九日。又三日益一,尽百三十日,率百八十四日行百六度。又二日益一,尽百四十四日,率百九十一日行百一十三度。又每日益一,尽百九十日,率二百三十七日行百五十九度。又每日益二,尽二百日,率二百五十七日行百七十九度。又每日益一,尽二百一十日,率二百六十七日行百八十九度,毕二百五十九日。乃二日损一,毕大雪,复初。后迟加六度者,此后疾去度率六,为定。各依冬至后日数而损益之,为后疾日度率。若入立夏,毕夏至,日行半度,尽六十日,行三十度。若入小暑,毕大暑,尽四十日,行二十度。皆去日度率,别为半度之。行讫,然后求平行分,续之。各尽其日度而伏。

镇星

率三百五十七万八千二百四十六。

终日三百七十八,行分六十一。

平见,入冬至初日,减四千八百一十四分。乃日增所减七十九分。入小寒,均减九日。乃每气损所减一日。入夏至初日,均减二日。自后十日损所减一日。小暑五日外,依平。入大暑,日增所加百八十一分。入处暑,均加九日。入白露初日,加六千二分。乃日损所加百三十三分。入霜降,日增所减七十九分。

初见,顺,日行六十分,八十三日行七度二百四十八分。而留,三十八日。乃退，日四十一分，百日退六度四十四分。又留，三十七日六十一分。乃顺，日行六十分，八十三日行七度二百四十八分。而伏。

太白

率五百五十二万六千二百。

终日五百八十三，行分六百二十，小分八。

晨见伏三百二十七日，行分六百二十，小分八。

夕见伏二百五十六日。

晨平见，入冬至，依平。入小寒，日增所加六十六分。入立春，毕立夏，均加三日。小满初日，加千九百六十四分。乃日损所加六十分。入夏至，依平。入小暑，日增所减六十分。入立秋，毕立冬，均减三日。小雪初日，减千九百六十四分。乃日损所减六十六分。

初见，乃退，日半度，十日退五度。而留，九日。乃顺，迟，差行，日益疾八分，四十日行三十度。入大雪毕小满者，依此。入芒种，十日减一度。入小暑，毕霜降，均减三度。入立冬，十日损所减一度，毕小雪。皆为定度。以行分法乘定度，四十除，为平行分。又以四乘三十九，以减平行，为初日行分。平行，日一度，十五日行十五度。入小寒，十日益日度各一。入雨水后，皆二十一日行二十一度。入春分后，十日减一。毕立夏，依平。入小满后，六日减一。毕立秋，日度皆尽，无平行。入霜降后，四日加一。毕大雪，依平。疾，百七十日行二百四度。前顺迟减度者，计所减之数，以益此度为定。而晨伏。

夕平见，入冬至，日增所减百分。入启蛰，毕春分，均减九日。清明初日，减五千九百八十六分。乃日损所减百分。入芒种，依平。入夏至，日增所加百分。入处暑，毕秋分，均加九日。寒露初日，加五千九百八十六分。乃日损所减百分。入大雪，依平。

初见，顺疾，百七十日行二百四度。入冬至毕立夏者，依此。入小满，六日加一度。入夏至，毕小暑，均加五度。入大暑，三日减一度。入立秋，毕大雪，依平。从白露毕春分，皆差行，日益疾一分半。

以一分半乘百六十九而半之，以加平行，为初日行分。入清明，毕于处暑，皆平行。乃平行，日一度，十五日行十五度。入冬至后，十日减日度各一。入启蛰，毕芒种，皆九日行九度。入夏至后，五日益一。入大暑，依平。入立秋后，六日加一。毕秋分，二十五日行二十五度。入寒露，六日减一。入大雪，依平。顺迟，日益迟八分，四十日行三十度。前加度者，此依数减之。又留，九日。乃退，日半度，十日退五度。而夕伏。

辰星

率百九万六千六百八十三。

终日百一十五，行分五百九十四，小分七。

晨见伏六十三日，行分五百九十四，小分七。

夕见伏五十二日。

晨平见，入冬至，均减四日。入小寒，依平。入立春后，均减三日。入雨水，毕立夏，应见不见。其在启蛰、立夏气内，去日十八度外、三十六度内，晨有木、火、土、金一星者，亦见。入小满，依平。入霜降，毕立冬，均加一日。入小雪，至大雪十二日，依平。若在大雪十三日后，日增所减一日。

初见，留，六日。顺迟，日行百六十九分。入大寒，毕启蛰，无此迟行。乃平行，日一度，十日行十度。入大寒后，二日去日度各一，毕于二十日，日度俱尽，无此平行。疾，日行一度六百九分，十日行十九度六分。前无迟行者，此疾日减二百三分，十日行十六度四分。而晨伏。

夕平见，入冬至后，依平。入谷雨，毕芒种，均减二日。入夏至，依平。入立秋，毕霜降，应见不见。其在立秋、霜降气内，夕有星去日如前者，亦见。入立冬，毕大雪，依平。

初见，顺疾，日行一度六百九分，十日行十九度六分。若入小暑，毕处暑，日减二百三分。乃平行，日一度，十日行十度。入大暑后，二日去日及度各一，毕于二十日，日度俱尽，无此平行。迟，日行

百六十九分。<small>若疾减二百三分者，即不须此迟行。</small>又留，六日七分。而夕
伏。

　　各以星率去岁积分，余反以减其率，余如度法得一为日，得冬
至后晨平见日及分。以冬至去朔日算及分加之，起天正，依月大小
计之，命日算外，得所在日月。金、水各以晨见伏日及分加之，得夕
平见。各以其星初日所加减之分，计后日损益之数以损益之。讫，
乃以加减平见为定见。其加减分皆满行分法为日。以定见去朔日
及分加其朔前夜半日度，又以星初见去日度，岁星十四，太白十一，
荧惑、镇星、辰星皆十七，晨减、夕加之，得初见宿度。求次日，各加
一日所行度及分。荧惑、太白有小分者，各以日率为母。<small>其行有益疾
迟者，副置一日行分，各以其差疾益、迟损，乃加之。留者因前，退则依减，</small>
伏不注度。顺行出斗，去其分；退行入斗，先加分。讫，皆以二十六
约行分，为度分。

交会法千二百七十四万一千二百五八分。
交分法六百三十七万六百二九分。
朔差百八万五千四百九十四二分。
望分六百九十一万三千三百五十。
交限五百八十二万七千八百五十五八分。
望差五十四万二千七百四十七一分。
外限六百七十六万七百八十二九分。
中限千二百三十五万一千二十五八分。
内限千二百一十九万一千四百五十八七分。

　　以朔差乘积月，满交会法去之；余得天正月朔入平交分。求望，
以望分加之。求次月，以朔差加之。其朔望，入大雪，毕冬至，依平。
入小寒，日加气差千六百五十分。入启蛰，毕清明，均加七万六千一
百分。自后日损所加千六百五十分。入芒种，毕夏至，依平。<small>加之
满法，去之。</small>若朔交入小寒毕雨水，及立夏毕小满，值盈二时已下，皆半气差
加之。二时已上则否。如望差已下、外限已上有星伏，木、土去见十日外，火去

见四十日外，金晨伏去见二十二日外，有一星者，不加气差。入小暑后，日增所减千二百分。入白露，毕霜降，均减九万五千八百二十五分。立冬初日，减六万三千三百分，自后日损所减二千一百一十分。减若不足，加法，乃减之，余为定交分。朔入交分，如交限内限已上、交分中限已下有星伏如前者，不减。不满交分法者，为在外道；满去之，余为在内道。如望差已下，为去先交分。交限已上，以减交分，余为去后交分。皆三日法约，为时数。望则月蚀，朔在内道则日蚀。虽在外道，去交近，亦蚀。在内道，去交远，亦不蚀。

　　置蚀望定小余。入历一日，减二百八十；若十五日，即加之；十四日，加五百五十；若二十八日，即减之；余日皆盈加、缩减二百八十：为月蚀定余。十二乘之，时法而一，命子半算外；不尽，得月蚀加时。约定小余如夜漏半已下者，退日算上。

　　置蚀朔定小余。入历一日，即减二百八十；若十五日，即加之；十四日，加五百五十；若二十八日，即减之：为定。后不入四时加减之限。其内道，春，去交四时已上入历，盈加、缩减二百八十；夏，盈加、缩减二百八十；秋，去交十一时已下，惟盈加二百八十，已上者，盈加五百五十，缩加二百八十；冬，去交五时已下，惟盈加二百八十：皆为定余。十二乘之，时法而一，命子半算外；不尽，为时余，副之。仲辰半前，以副减法为差率；半后，退半辰，以法加余，以副为差率。季辰半前，以法加副为差率；半后，退半辰，以法加余，倍法加副，为差率。孟辰半前，三因其法，以副减之，余为差率；半后，退半辰，以法加余，又以法加副，乃三因其法，以副减之，为差率。又置去交时数，三已下，加三；六已下，加二；九已下，加一；九已上，依数；十二已上，从十二。若季辰半后，孟辰半前，去交六时已上者，皆从其六。六时已下。依数不加。皆乘差率，十四除，为时差。子午半后，以加时余；卯酉半后，以减时余；加之满若不足，进退时法：孟谓寅、巳、申，仲谓午、卯、酉，季谓辰、未、戌。得日蚀加时。

　　望去交分，冬先后交，皆去二时；春先交，秋后交，去半时；春后交，秋先交，去二时；夏则依定。不足去者，既。乃以三万六千一百八十三为法而一，以减十五，余为月蚀分。

　　朔去交，在内道，五月朔，加时在南方，先交十三时外；六月朔，后交十三时外者；不蚀。启蛰毕清明，先交十三时外，值缩，加时在未西；处暑毕寒露，后交十三时外，值盈，加时在巳东：皆不蚀。交在外道，先后去交一时内者，皆蚀。若二时内，及先交值盈、后交值缩二时外者，亦蚀。夏去交二时内，加时在南方者，亦蚀。若去分、至十二时内，去交六时内者，亦蚀。若去春分三日内，后交二时；秋分三日内，先交二时内者；亦蚀。诸去交三时内有星伏，土、木去见十日外，火去见四十日外，金晨伏去见二十二日外，有一星者，不蚀。各置去交分。秋分后，毕立春，均减二十二万八百分。启蛰初日，毕芒种，日损所减千八百一十分。夏至后，毕白露，日增所减二千四百分。以减去交分，余为不蚀分。不足减，反相减为不蚀分。亦以减望差为定法。后交值缩者，直以望差为定法。其不蚀分，大寒毕立春，后交五时外，皆去一时。时差值减者，先交减之，后交加之。时差值加者，先交加之，后交减之。不足减者，皆既。十五乘之，定法而一，以减十五，余为日蚀分。

　　置日月蚀分，四已下，因增二；五已下，因增三；六已上，因增五：各为刻率，副之。以乘所入历损益率，四千五十七为法而一。值盈，反其损益；值缩，依其损益。皆损益其副，为定用刻。乃六乘之，十而一，以减蚀甚辰刻，为亏初。又四乘之，十而一，以加食甚辰刻，为复满。

唐书卷二六

志第一六

历　二

　　高宗时，《戊寅历》益疏，淳风作《甲子元历》以献。诏太史起麟德二年颁用，谓之《麟德历》。古历有章、蔀，有元、纪，有日分、度分，参差不齐，淳风为总法千三百四十以一之。损益中晷术以考日至，为木浑图以测黄道，余因刘焯《皇极历》法，增损所宜。当时以为密，与太史令瞿昙罗所上《经纬历》参行。

　　弘道元年十二月甲寅朔，壬午晦。八月，诏二年元日用甲申，故进以癸未晦焉。

　　永昌元年十一月，改元载初，用周正，以十二月为腊月，建寅月为一月。神功二年，司历以腊为闰，而前岁之晦，月见东方，太后诏以正月为闰十月。是岁，甲子南至，改元圣历。命瞿昙罗作《光宅历》，将用之。三年，罢作《光宅历》，复行夏时，终开元十六年。

　　《麟德历》麟德元年甲子，距上元积二十六万九千八百八十算。总法千三百四十。

期实四十八万九千四百二十八。

常朔实三万九千五百七十一。加三百六十二日盈朔实，减三百五十一日朒朔实。

　　辰率三百三十五。

　　以期实乘积算，为期总。如总法得一，为日。六十去之，命甲子算外，得冬至。累加日十五、小余二百九十二、小分六之五，得次气。

六乘小余，辰率而一，命子半算外，各其加时。

以常朔实去期总，不满为闰余。以闰余减期总，为总实，如总法得一，为日。以减冬至，得天正常朔。又以常朔小余并闰余，以减期总，为总实。因常朔加日二十九、小余七百一十一，得次朔。因朔加日七、小余五百一十二太，得上弦。又加，得望及下弦。

进纲十六。秋分后。
退纪十七。春分后。

中节	朓差率	消息总	先后率	盈朒积
冬至	益七百二十二	息初	先五十四	盈初
小寒	益六百一十八	息七百二十二	先四十六	盈五十四
大寒	益五百一十四	息千三百四十	先三十八	盈百
立春	益五百一十四	息千八百五十四	先三十八	盈百三十八
启蛰	益六百一十八	息二千三百六十八	先四十六	盈百七十六
雨水	益七百二十二	息二千九百八十六	先五十四	盈二百二十二
春分	损七百二十二	息三千七百八	后五十四	盈二百七十六
清明	损六百一十八	息二千九百八十六	后四十六	盈二百二十二
谷雨	损五百一十四	息二千三百六十八	后三十八	盈百七十六
立夏	损五百一十四	息千八百五十四	后三十八	盈百三十八
小满	损六百一十八	息千三百四十	后四十六	盈百
芒种	损七百二十二	息七百二十二	后五十四	盈五十四
夏至	益七百二十二	消初	先五十四	朒初

小暑	益六百一十八	消七百二十二	先四十六	朒五十四
大暑	益五百一十四	消千三百四十	先三十八	朒百
立秋	益五百一十四	消千八百五十四	先三十八	朒百三十八
处暑	益六百一十八	消二千三百六十八	先四十六	朒百七十六
白露	益七百二十二	消二千九百八十六	先五十四	朒二百二十二
秋分	损七百二十二	消三千七百八	后五十四	朒二百七十六
寒露	损六百一十八	消二千九百八十六	后四十六	朒二百二十二
霜降	损五百一十四	消二千三百六十八	后三十八	朒百七十六
立冬	损五百一十四	消千八百五十四	后三十八	朒百三十八
小雪	损六百一十八	消千三百四十	后四十六	朒百
大雪	损七百二十二	消七百二十二	后五十四	朒五十四

　　各以其气率并后气率而半之，十二乘之，纲纪除之，为末率。二率相减，余以十二乘之，纲纪除，为总差。又以十二乘总差，纲纪除之，为别差。以总差前少以减末率，前多以加末率，为初率。累以别差，前少以加初率，前多以减初率，为每日躔差及先后率。乃循积而损益之，各得其日定气消息与盈朒积。其后无同率，因前末为初率；前少者加总差，前多者以总差减之，为末率。余依术入之。

　　各以气下消息积，息减、消加常气，为定气。各以定气大小余减所近朔望大小余，十二通其日，以辰率约其余，相从为辰总。其气前多以乘末率，前少以乘初率，十二而一，为总率。前多者，以辰总减纲纪，以乘十二，纲纪而一，以加总率，辰总乘之，二十四除之；前少者，辰总再乘别差，二百八十八除之：皆加总率。乃以先加、后减其气盈朒积为定以定。积盈加、朒减常朔弦望，得盈朒大小余。

变周四十四万三千七十七。

变日二十七,余七百四十三,变奇一。

变奇法十二。

月程法六十七。

　　以奇法乘总实,满变周,去之;不满者,奇法而一,为变分。盈总法从日,得天正常朔夜半入变。加常朔小余,为经辰所入。因朔加七日、余五百一十二、奇九,得上弦。转加,得望、下弦及次朔。加之满变日及余,去之。又以所入盈朒定积,盈加、朒减之,得朔、弦、望盈朒经辰所入。

变　日	离　　程	增　减　率	迟　速　积
一　日	九百八十五	增百三十四	速初
二　日	九百七十四	增百一十七	速百三十四
三　日	九百六十二	增九十九	速二百五十一
四　日	九百四十八	增七十八	速三百五十
五　日	九百三十三	增五十六	速四百二十八
六　日	九百一十八	增三十三	速四百八十四
七　日	九百二	增九<small>初增九,末减隐。</small>	速五百一十七
八　日	八百八十六	减十四	速五百二十六
九　日	八百七十	减三十八	速五百一十二
十　日	八百五十四	减十四	速四百七十四
十一日	八百三十九	减八十五	速四百一十二
十二日	八百二十六	减百四	速三百二十七
十三日	八百一十五	减百二十一	速二百二十三

十四日	八百八	初减百二,末增二十九。	速百二
十五日	八百十	增百二十八	迟二十九
十六日	八百一十九	增百一十五	迟百五十七
十七日	八百三十二	增九十五	迟二百七十二
十八日	八百四十六	增七十四	迟三百六十七
十九日	八百六十一	增五十二	迟四百四十一
二十日	八百七十七	增二十八	迟四百九十三
二十一日	八百九十三	增四初增四,末减隐。	迟五百二十一
二十二日	九百九	减二十	迟五百二十五
二十三日	九百二十五	减四十四	迟五百五
二十四日	九百四十一	减六十八	迟四百六十一
二十五日	九百五十五	减八十九	迟三百九十三
二十六日	九百六十八	减百八	迟三百四
二十七日	九百七十九	减百二十五	迟百九十六
二十八日	九百八十五	减百四十四初减七十一末,增入后。	迟七十一

　　以离程与次相减,得进退差;后多为进,后少为退,等为平。各列朔、弦、望盈朒经辰所入日增减率,并后率而半之,为通率。又二率相减,为率差。增者以入变历日余减总法,余乘率差,总法而一,并率差而半之;减者半入余乘率差,亦总法而一:皆加通率。以乘入余,总法除,为经辰变率。半之,以速减、迟加入余,为转余。增者以减总法,减者因余:皆乘率差,总法而一;以加通率,变率乘之,总法

除之，以速减、迟加变率，为定率。乃以定率增减迟速积为定。其后无同率，亦因前率。应增者，以通率为初数，半率差而减之；应损者，即为通率。其历率损益入余进退日者，分为二日，随余初末，如法求之，所得并以加减变率为定。

七日：初，千一百九十一；末，百四十九。十四日：初，千四十二；末，二百九十八。二十一日：初，八百九十二；末，四百四十八。二十八日：初，七百四十三；末，五百九十七。各视入余初数，已下为初，已上以初数减之，余为末。

各以入变迟速定数，速减、迟加朔弦望盈朒小余；满若不足，进退其日。加其常日者为盈，减其常日者为朒。各为定大小余，命日如前。乃前朔、后朔迭相推校，盈朒之课，据实为准；损不侵朒，益不过盈。

定朔日名与次朔同者大，不同者小，无中气者为闰月。其元日有交、加时应见者，消息前后一两月，以定大小，令亏在晦、二，弦、望亦随消息。月朔盈朒之极，不过频三。其或过者，观定小余近夜半者量之。

黄道：南斗，二十四度三百二十八分。牛，七度。婺女，十一度。虚，十度。危，十六度。营室，十八度。东壁，十度。奎，十七度。娄，十三度。胃，十五度。昴，十一度。毕，十六度。觜觿，二度。参，九度。东井，三十度。舆鬼，四度。柳，十四度。七星，七度。张，十七度。翼，十九度。轸，十八度。角，十三度。亢，十度。氐，十六度。房，五度。心，五度。尾，十八度。箕，十度。

冬至之初日躔定在南斗十二度。每加十五度二百九十二分、小分五，依宿度去之，各得定气加时日度。

各以初日躔差乘定气小余，总法而一，进加、退减小余，为分；以减加时度，为气初夜半度。乃日加一度，以躔差进加、退减之，得次日。以定朔弦望小余副之；以乘躔差，总法而一，进加、退减其副，各加夜半日躔，为加时宿度。

合朔度，即月离也。上弦，加度九十一度、分四百一十七。望，加度百八十二度、分八百三十四。下弦,加度二百七十三度、分千二百五十一。讫,半其分,降一等,以同程法,得加时月离。因天正常朔夜半所入变日及余,定朔有进退日者,亦进退一日,为定朔夜半所入。累加一日,得次日。

各以夜半入变余乘进退差,总法而一,进加、退减离程,为定程。以定朔弦望小余乘之,总法而一,以减加时月离,为夜半月离。求次日,程法约定程,累加之。若以定程乘夜刻,二百除,为晨分。以减定程,为昏分。其夜半月离,朔后加昏为昏度,望后加晨为晨度。其注历,五乘弦望小余,程法而一,为刻。不满晨前刻者,退命算上。

辰刻八,分二十四。
刻分法七十二

定气	晨　前　刻	黄道去极度	屈伸率	发敛差
冬至	三十刻	百一十五度三分	伸一三分	益十六
小寒	二十九刻五十四分	百一十三度一分	伸三七分	益十六
大寒	二十九刻十八分	百一十度七分	伸六一分	益二十二
立春	二十八刻三十三分	百七度九分	伸九四分	益九
启蛰	二十七刻三十分	百二度九分	伸十七分半	益七
雨水	二十六刻十八分	九十七度三分	伸十一八分	益三
春分	二十五刻	九十一度三分	伸十二二分半	损三
清明	二十三刻五十四分	八十五度三分	伸十一八分	损七
谷雨	二十二刻四十二分	七十九度七分	伸十七分半	损九
立夏	二十一刻三十九分	七十四度七分	伸九四分	损二十二

小满	二十刻五十四分	七十度九分	伸六一分	损十六
芒种	二十刻十八分	六十八度五分	伸三七分	损十六
夏至	二十刻	六十七度三分	屈一三分	益十六
小暑	二十刻十八分	六十八度五分	屈三七分	益十六
大暑	二十刻五十四分	七十度九分	屈六一分	益二十二
立秋	二十一刻三十九分	七十四度七分	屈九四分	益九
处暑	二十二刻四十二分	七十九度七分	屈十七分半	益七
白露	二十三刻五十四分	八十五度三分	屈十一八分	益三
秋分	二十五刻	九十一度三分	屈十二二分半	损三
寒露	二十六刻十八分	九十七度三分	屈十一八分	损七
霜降	二十七刻三十分	百二度九分	屈十七分半	损九
立冬	二十八刻三十三分	百七度九分	屈九四分	损二十二
小雪	二十九刻十八分	百一十度七分	屈六一分	损十六
大雪	二十九刻五十四分	百一十三度一分	屈三七分	损十六

　　置其气屈伸率，各以发敛差损益之，为每日屈伸率。差满十，从分；分满十，为率。各累计其率为刻分。百八十乘之，十一乘纲纪除之，为刻差。各半之，以伸减、屈加晨前刻分，为每日晨前定刻。倍之，为夜刻。以减一百，为昼刻。以三十四约刻差，为分；分满十，为度。以伸减、屈加气初黄道去极，得每日。以昼刻乘期实，二百乘，总法除，为昏中度。以减三百六十五度三百二十八分，余为旦中度。各以加日躔，得昏旦中星，赤道计之。其赤道同《太初》星距。

游交终率千九十三万九千三百一十三。

奇率三百。

约终三万六千四百六十四,奇百一十三。

交中万八千二百三十二,奇五十六半。

交终日二十七,余二百八十四,奇百一十三。

交中日十三,余八百一十二,奇五十六半。

亏朔三千一百六,奇百八十七。

实望万九千七百八十五,奇百五十。

后准千五百五十三,奇九十三半。

前准万六千六百七十八,奇二百六十三。

　　置总实,以奇率乘之,满终率去之;不满,以奇率约,为入交分。加天正常朔小余,得朔泛交分。求次朔,以亏朔加之。因朔求望,以实望加之。各以朔望入气盈朒定积,盈加、朒减之;又六十乘迟速定数,七百七十七除,为限数;以速减、迟加,为定交分。其朔,月在日道里者,以所入限数减迟速定数,余以速减、迟加其定交分。而出日道表者,为变交分。不出表者,依定交分。其变交分三时半内者,依术消息,以定蚀不。交中已下者,为月在外道;已上者,去之,余为月在内道。其分如后准已下,为交后分;前准已上者,反减交中,余为交前分。望则月蚀,朔在内道则日蚀。百一十二约前后分,为去交时。置定朔小余,副之。辰率约之,以艮、巽、坤、乾为次,命算外。其余,半法已下为初;已上者,去之,为末。初则因余,末则减法,各为差率。月在内道者,益去交时十而三除之。以乘差率,十四而一,为差。其朔,在二分前后一气内,即以差为定;近冬至以去寒露、雨水,近夏至以去清明、白露气数倍之,又三除去交时增之;近冬至艮巽以加、坤乾以减,近夏至艮巽以减、坤乾以加其差,为定差。艮、巽加副,坤、乾减副。月在外道者,三除去交时数,以乘差率,十四而一,为差。艮、坤以减副,巽、乾以加副,为食定小余。望即因定望小余,即所在辰;近朝夕者,以日出没刻校前后十二刻半内候之。

　　月在外道,朔不应蚀。夏至初日,以二百四十八为初准。去交前后分如初准已下、加时在午正前后七刻内者,蚀。朔去夏至前后,每一日损初准二分，皆毕于九十四日，为每日变准。交分如变准已下、加时如前者，亦蚀。又以末准六十减初准及变准，余以十八约之，为刻准。以并午正前后七刻内数，为时准。加时准内交分，如末准已下，亦蚀。又置末准，每一刻加十八，为差准。加时刻去午前后如刻准已上、交分如差准已下者，亦蚀。自秋分至春分，去交如末准已下、加时巳、午、未者，亦蚀。

月在内道，朔应蚀。若在夏至初日，以千三百七十三为初准。去交如初准已上、加时在午正前后十八刻内者，或不蚀。夏至前后每日益初准一分半，皆毕于九十四日，为每日变准。以初准减变准，余十而一，为刻准。以减午正前后十八刻，余为时准。其去交在变准已上、加时在准内，或不蚀。

望去交前后定分，冬，减二百二十四；夏，减五十四；春，交后减百，交前减二百；秋，交后减二百，交前减百。不足减者，蚀既。有余者，以减后准，百四而一，得月蚀分。

朔交，月在内道，入冬至毕定雨水，及秋分毕大雪，皆以五百五十八为蚀差。入春分，日损六分，毕芒种。以蚀差减去交分；不足减者，反减蚀差，为不蚀分。其不蚀分，自小满毕小暑，加时在午正前后七刻外者，皆减一时；三刻内者，加一时。大寒毕立春交前五时外、大暑毕立冬交后五时外者，皆减一时；五时内者，加一时。诸加时蚀差应减者，交后减之，交前加之；应加者，交后加之，交前减之。不足减者，皆既；加减入不蚀限者，或不蚀。月在外道，冬至初日，无蚀差。自后日益六分，毕于雨水。入春分，毕白露，皆以五百二十二为差。入秋分，日损六分，毕大雪。以差加去交分，为蚀分。以减后准，余为不蚀分。十五约蚀差，以百四，为定法。其不蚀分，如定法得一，以减十五，余得日蚀分。

岁星

总率五十三万四千四百八十三，奇四十五。

伏分二万四千三十一，奇七十二半。

终日三百九十八,余千一百六十三,奇四十五。

平见,入冬至,毕小寒,均减六日。入大寒,日损六十七分。入春分,依平。乃日加八十九分。入立夏,毕小满,均加六日。入芒种,日损八十九分。入夏至,毕立秋,均加四日。入处暑,日损百七十八分。入白露,依平。自后日减五十二分。入小雪,毕大雪,均减六日。

初顺,百一十四日行十八度五百九分,日益迟一分。前留,二十六日。旋退,四十二日,退六度十二分,日益疾二分。又退,四十二日,退六度十二分,日益迟二分。后留,二十五日。后顺,百一十四日行十八度五百九分,日益疾一分。日尽而夕伏。

荧惑

总率百四万五千八十,奇六十。

伏分九万七千九十,奇三十。

终日七百七十九,余千二百二十,奇六十。

平见,入冬至,减二十七日。自后日损六百三分。入大寒,日加四百二分。入雨水,毕谷雨,均加二十七日。入立夏,日损百九十八分。入立秋,依平。入处暑,日减百九十八分。入小雪,毕大雪,均减二十七日。

初顺,入冬至,率二百四十三日行百六十五度。乃三日损日度各二。小寒初日,率二百三十三日行百五十五度。乃二日损一。入谷雨四日,平,毕小满九日,率百七十八日行百度。乃三日损一。夏至初日,平,毕六日,率百七十一日行九十三度。乃三日益一。入立秋初日,百八十四日行百六度。乃每日益一。入白露初日,率二百一十四日行百三十六度。乃五日益六。入秋分初日,率二百三十二日行百五十四度。又每日益一。入寒露初日,率二百四十七日行百六十九度。乃五日益三。入霜降五日,平,毕立冬十三日,率二百五十九日行百八十一度。乃二日损日一。入冬至,复初。

各依所入常气,平者依率,余皆计日损益,为前疾日度定率。其前迟及留退,入气有损益日、度者,计日损益,皆准此法。疾行日率,入大寒，六日损一；入春分，毕立夏，均减十日；入小满，三日损所减一；毕芒种，依平；入立秋，三日益一；入白露，毕秋分，均加十日；入寒露，一日半损所加一；毕气尽，依平：为变日率。疾行度率，入大寒毕启蛰，立夏毕夏至，大暑毕气尽，霜降毕小雪，皆加四度；清明毕谷雨，加二度：为变度率。

初行入处暑，减日率六十，度率三十；入白露，毕秋分，减日率四十四，度率二十二：皆为初迟半度之行。尽此日、度，乃求所减之余日、度率，续之，为疾。初行入大寒毕大暑，差行，日益迟一分。其前迟、后迟，日率既有增损，而益迟、益疾，差分皆检括前疾末日行分，为前迟初日行分。以前迟平行分减之，余为前迟总差。后疾初日行分，为后迟末日行分，以后迟初日行分减之，余为后迟总差。相减，为前后别日差分。其不满者皆调为小分。迟疾之际，行分衰杀不伦者，依此。

前迟，入冬至，率六十日行二十五度；先疾，日益迟二分。入小寒，三日损一。大寒初日，率五十五日行二十度。乃三日益一。立春初日，平，毕清明，率六十日行二十五度。入谷雨，每气别减一度。立夏初日，平，毕小满，率六十日行二十二度。入芒种，每气别益一度。夏至初日，平，毕处暑，率六十日行二十五度。入白露，三日损一。秋分初日，率六十日行二十五度。乃每日益日一，三日益度二。寒露初日，率七十五日行三十度。乃每日损日一，三日损度一。霜降初日，率六十日行二十五度。乃二日损一度。入立冬一日，平，毕气尽，率六十日行十七度。入小雪，五日益一度。大雪初日，率六十日行二十度。乃三日益一度。入冬至，复初。

前留，十三日。前疾减日率一者，以其数分益此留及后迟日率。前疾加日率者，以其数分减此留及后迟日率。旋退，西行。入冬至初日，率六十三日退二十一度。乃四日益度一。小寒一日，率六十三日退二十六度。乃三日半损度一。立春三日，平，毕启蛰，率六十三日退十七度。乃二日益日、度各一。雨水八日，平，毕气尽，率六十七日退二十一度。入春分，每气损日、度各一。大暑初日，平，毕气尽，率五十八日退十二度。立秋初日，平，毕气尽，率五十七日退十一度。乃二日益日一。寒露九日,平,毕气尽,率六十六日退二十度。乃二日损一。霜降六日,平,毕气尽,率六十三日退十七度。乃三日益一。立冬十一日,平,毕气尽,率六十七日退二十一度。乃二日损一。入冬至,复初。

后留,冬至初,留十三日。乃二日半益一。大寒初日,平,毕气尽,留二十五日。乃二日半损一。雨水初日,留十三日。乃三日益一。清明初日,留二十三日。乃日损一。清明十日,平,毕处暑,留十三日。乃二日损一。秋分十一日,无留。乃每日益一。霜降初日,留十九日。乃三日损一。立冬毕大雪,留十三日。

后迟,顺,六十日行二十五度,日益疾二分。前疾加度者,此迟依数减之,为定度。前疾无加度者,此迟入秋分至立冬减三度,入冬至减五度。后留定日朒十三日者,以所朒日数加此迟日率。

后疾,冬至初日,率二百一十日行百三十二度。乃每日损一。大寒八日,率百七十二日行九十四度。乃二日损一。启蛰,平,毕气尽,率百六十一日行八十三度。乃二日益一。芒种十四日,平,毕夏至,率二百三十三日行百五十五度。乃每日益一。大暑初日,平,毕处暑,率二百六十三日行百八十五度。乃二日损一。秋分一日,率二百五十五日行百七十七度。乃一日半损一。大雪初日,率二百五日行百二十七度。乃三日益一。入冬至,复初。

其入常气日度之率有损益者,计日损益,为后疾定日度率。疾行日率,其前迟定日朒六十及退行定日朒六十三者,皆以所朒日数加疾行定日率;前迟定日盈六十、退行定日盈六十三、后留定日盈十三者,皆以所盈日数减此疾定日率:各为变日率。疾行度率,其前迟定度朒二十五、退行定度盈十七、后迟入秋分到冬至减度者,皆以所盈朒度数如此疾定率;前迟定度盈二十五及退行定度朒十七者,皆以所盈朒度数减此疾定度率:各为变度率。

初行入春分毕谷雨,差行,日益疾一分。初行入立夏毕夏至,日行半度,六十六日行三十三度。小暑毕大暑,五十日行二十五度。立秋毕气尽,二十日行十度。减率续行,并同前。尽日度而夕伏。

镇星

总率五十万六千六百二十三，奇二十九。

伏分二万二千八百三十一，奇六十四半。

终日三百七十八，余一百三，奇二十九。

平见，入冬至，初减四日。乃日益八十九分。入大寒，毕春分，均减八日。入清明，日损五十九分。入小暑初，依平。自后日加八十九分。入白露初，加八日。自后日损百七十八分。入秋分，均加四日。入寒露，日损五十九分。入小雪初日，依平。乃日减八十九分。

初顺，八十三日行七度二百九十分，日益迟半分。前留，三十七日。旋退，五十一日退二度四百九十一分，日益疾少半。又退，五十一日退二度四百九十一分，日益迟少半。后留，三十七日。后顺，八十三日，行七度二百九十分，日益疾半分。日尽而夕伏。

太白

总率七十八万四千四百四十九，奇九。

伏分五万六千二百二十四，奇五十四半。

终日五百八十三，余千二百二十九，奇九。

夕见伏日二百五十六。

晨见伏日三百二十七，余千二百二十九，奇九。

夕平见，入冬至，初依平，乃日减百分。入启蛰，毕春分，均减九日。入清明，日损百分。入芒种，依平。入夏至，日加百分。入处暑，毕秋分，均加九日。入寒露，日损百分。入大雪，依平。

夕顺，入冬至毕立夏，入立秋毕大雪，率百七十二日行二百六度。入小满后，十日益一度，为定度。入白露，毕春分，差行，益迟二分。自余平行。夏至毕小暑，率百七十二日行二百九度。入大暑，五日损一度，毕气尽。平行，入冬至，大暑毕气尽，率十三日行十三度。入冬至，十日损一，毕立春。入立秋，十日益一，毕秋分。启蛰毕芒种,七日行七度。入夏至后,五日益一,毕于小暑。寒露初日,率二十三日行二十二度,乃六日损一,毕小雪。顺迟,四十二日,行三十度,日益迟八分。前疾加过二百六度者,准数损此度。夕留,七日。夕退,十日退五度。日尽而夕伏。

晨平见,入冬至,依平。入小寒,日加六十七分。入立春,毕立夏,均加三日。入小满,日损六十七分。入夏至,依平。入小暑,日减六十七分。入立秋,毕立冬,均减三日。入小雪,日损六十七分。

晨退,十日退五度。晨留,七日。顺迟,冬至毕立夏,大雪毕气尽,率四十二日行三十度,日益疾八分。入小满,率十日损一度,毕芒种。夏至毕寒露,率四十二日行二十七度。入霜降,每气益一度,毕小雪。平行,冬至毕气尽,立夏毕气尽,十三日行十三度。入小寒后,六日益日、度各一,毕启蛰。小满后,七日损日、度各一,毕立秋。雨水初日,率二十三日行二十三度。自后六日损日、度各一,毕谷雨。处暑毕寒露,无平行。入霜降后,五日益日、度各一,毕大雪。疾行,百七十二日,行二百六度。前迟行损度不满三十度者,此疾依数益之。处暑毕寒露,差行,日益疾一分。自余平行。日尽而晨伏。

辰星

总率十五万五千二百七十八,奇六十六。
伏分二万二千六百九十九,奇三十三。
终日百一十五,余千一百七十八,奇六十六。
夕见伏日五十二。
晨见伏日六十三,余千一百七十八,奇六十六。

夕平见,入冬至,毕清明,依平。入谷雨,毕芒种,均减二日。入夏至,毕大暑,依平。入立秋,毕霜降,应见不见。其在立秋、霜降气内,夕去日十八度外、三十六度内有木、火、土、金星者,亦见。入立冬,毕大雪,依平。

顺疾,十二日行二十一度六分,日行一度五百三分。大暑毕处暑,十二日行十七度二分,日行一度二百八十分。平行,七日行七度。入大暑后，二日损日、度各一。入立秋，无此平行。顺迟，六日行二度四分，日行二百二十四分，前疾行十七度者，无此迟行。夕留，五日。日尽而夕伏。

　　晨平见，入冬至，均减四日。入小寒，毕大寒，依平。入立春，毕启蛰，均减三日。其在启蛰气内，去日度如前，晨无木、火、土、金星者，不见。入雨水，毕立夏，应见不见。其在立夏气内，去日度如前，晨有水、火、土、金星者，亦见。入小满，毕寒露，依平。入霜降，毕立冬，均加一日。入小雪，毕大雪，依平。

　　晨见，留，五日。顺迟，六日行二度四分，日行二百二十四分。入大寒，毕启蛰，无此迟行。平行，七日行七度。入大寒后，二日损日、度各一。入立春，无此平行。顺疾，行十二日行二十一度六分，日行一度五百三分。前无迟行者，十二日行十七度一十分，日行一度二百八十分。日尽而晨伏。

　　各以伏分减总实，以总率去之；不尽，反以减总率，如总法，为日。天正定朔与常朔有进退者，亦进减、退加一日。乃随次月大小去之，命日算外，得平见所在。各半见余以同半总。太白、辰星以夕见伏日加之，得晨平。各依所入常气加减日及应计日损益者，以损益所加减；讫，余以加减平见，为常。又以常见日消息定数之半，息减、消加常见，为定见日及分。

　　置定见夜半日躔，半其分，以其日躔差乘定见余，总法而一，进加、退减之，乃以其星初见去日度，岁星十四，太白十一，荧惑、镇星、辰星十七，晨减、夕加，得初见定辰所在宿度。其初见消息定数，亦半之，以息加、消减其星初见行留日率。其岁星、镇星不须加减。其加减不满日者，与见通之，过半从日，乃依行星日度率，求初日行分。

　　置定见余，以减半总，各以初日行分乘之，半总而一，顺加、逆减星初见定辰所在度分，得星见后夜半宿度。以所行度分，顺加、逆减之。其差行益疾益迟者，副置初日行分，各以其差迟损、疾加之，留者因前，逆则依减，以程法约行分为度分，得每日所至。

　　求行分者，皆以半总乘定度率，有分者从之。日率除，为平行度分。置定日率,减一,以所差分乘之,二而一,为差率。以疾减、迟加平行,为初日所行度及分。

中宗反正,太史丞南宫说以《麟德历》上元,五星有入气加减,非合璧连珠之正,以神龙元年岁次乙巳,故治《乙巳元历》。推而上之,积四十一万四千三百六十算,得十一月甲子朔夜半冬至,七曜起牵牛之初。其术有黄道而无赤道,推五星先步定合,加伏日以求定见。他与淳风术同。所异者,惟平合加减差。既成,而睿宗即位,罢之。

唐书卷二七上
志第一七上

历三上

　　开元九年，《麟德历》署日蚀比不效，诏僧一行作新历，推大衍数立术以应之，较经史所书气朔、日名、宿度可考者皆合。十五年，草成而一行卒，诏特进张说与历官陈玄景等次为《历术》七篇、《略例》一篇、《历议》十篇，玄宗顾访者则称制旨。明年，说表上之，起十七年颁于有司。时善算瞿昙谋者，怨不得预改历事，二十一年，与玄景奏："《大衍》写《九执历》，其术未尽。"太子右司御率南宫说亦非之。诏侍御史李麟、太史令桓执圭较灵台候簿，《大衍》十得七、八，《麟德》才三、四，《九执》一、二焉。乃罪说等，而是否决。

　　自《太初》至《麟德》，历有二十三家，与天虽近而未密也。至一行，密矣，其倚数立法固无以易也。后世虽有改作者，皆依仿而已，故详录之。《略例》，所以明述作本旨也；《历议》，所以考古今得失也。其说皆足以为将来折衷。略其大要，著于篇者十有二。

　　其一《历本议》曰：
　　《易》："天数五，地数五，五位相得而各有合，所以成变化而行鬼神也。"天数始于一，地数始于二，合二始以位刚柔。天数终于九，地数终于十，合二终以纪闰余。天数中于五，地数中于六，合二中以通律历，天有五音，所以司日也。地有六律，所以司辰也。参伍相周，究于六十，圣人以此见天地之心也。自五以降，为五行生数；自六以往，为五材成数。错而乘之，以生数衍成位。一、六而退极，五、十而增极；一、六为爻位之统，五、十为大衍之母。成数乘生数，其算六百，为天中之积。生数乘成数，其算亦六百，为地中之积。合千有二百，以五十约之，则四象周六爻也；二十四约之，则太极包四十九用也。综成数，约中积，皆十五。综生数，约中积，皆四十。兼而为天地之数，以五位取之，复得二中之合矣。蓍数之变，九、六各一，乾坤之象也。七、八各三，六子之象也。故爻数通乎六十，策数行乎二百四十。是以大衍为天地之枢，如环之无端，盖律历之大纪也。

夫数象微于三、四，而章于七、八，卦有三微，策有四象，故二微之合，在始中之际焉。蓍以七备，卦以八周，故二章之合，而在中终之际焉。中极居五六间，由辟阖之交，而在章微之际者，人神之极也。天地中积，千有二百，揲之以四，为爻率三百；以十位乘之，而二章之积三千；以五材乘八象，为二微之积四十。兼章微之积，则气朔之分母也。以三极参之，倍六位除之，凡七百六十，是谓辰法，而齐于代轨。以十位乘之，倍大衍除之，凡三百四，是谓刻法，而齐于德运。半气朔之母，千五百二十，得天地出符之数，因而三之，凡四千五百六十，当七精返初之会也。《易》始于三微而生一象，四象成而后八卦章。三变皆刚，太阳之象。三变皆柔，太阴之象。一刚二柔，少阳之象。一柔二刚，少阴之象。少阳之刚，有始、有壮、有究。少阴之柔，有始、有壮、有究。兼三才而两之，神明动乎其中。故四十九象，而大业之用周矣。数之德圆，故纪之以三而变于七。象之德方，故纪之以四而变于八。

人在天地中，以阅盈虚之变，则闰余之初，而气朔所虚也。以终合通大衍之母，亏其地十，凡九百四十为通数。终合除之，得中率四十九，余十九分之九，终岁之弦，而斗分复初之朔也。地于终极之际，亏十而从天，所以远疑阳之战也。夫十九分之九，盈九而虚十也。乾盈九，隐乎龙战之中，故不见其首。坤虚十，以导潜龙之气，故不见其成。周日之朔分，周岁之闰分，与一章之弦，一蔀之月，皆合于九百四十，盖取诸中率也。

　　一策之分十九,而章法生;一揲之分七十六,而蔀法生。一蔀之日二万七千七百五十七,以通数约之,凡二十九日余四百九十九,而日月相及于朔,此六爻之纪也。以卦当岁,以爻当月,以策当日,凡三十二岁而小终,二百八十五小终而与卦运大终,二百八十五,则参伍二终之合也。数象既合,而遁行之变在乎其间矣。

　　所谓遁行者,以爻率乘朔余,为十四万九千七百,以四十九用、二十四象虚之,复以爻率约之,为四百九十八、微分七十五太半,则章微之中率也。二十四象,象有四十九蓍,凡千一百七十六。故虚遁之数七十三,半气朔之母,以三极乘参伍,以两仪乘二十四变,因而并之,得千六百一十三,为朔余。四揲气朔之母,以八气九精遁其十七,得七百四十三,为气余。岁八万九千七百七十三而气朔会,是谓章率。岁二亿七千二百九十万九百二十而无小余,合于夜半,是谓蔀率。岁百六十三亿七千四百五十九万五千二百而大余与岁建俱终,是谓元率。此不易之道也。

　　策以纪日,象以纪月。故乾坤之策三百六十,为日度之准。乾坤之用四十九象,为月弦之检。日之一度,不盈全策;月之一弦,不盈全用。故策余万五千九百四十三,则十有二中所盈也。用差万七千一百二十四,则十有二朔所虚也。综盈虚之数,五岁而再闰。中节相距,皆当三五;弦望相距,皆当二七。升降之应,发敛之候,皆纪之以策而从日者也。表里之行,朒朓之变,皆纪之以用而从月者也。

　　积算曰演纪,日法曰通法,月气曰中朔,朔实曰揲法,岁分曰策实,周天曰乾实,余分曰虚分。气策曰三元,一元之策,则天一遁行也。月策曰四象,一象之策,则朔、弦、望相距也。五行用事,曰发敛。候策曰天中,卦策曰地中,半卦曰贞悔。旬周曰爻数,小分母曰象统。日行曰躔,其差曰盈缩,积盈缩曰先后。古者平朔,月朝见曰朒,夕见曰朓。今以日之所盈缩、月之所迟疾损益之,或进退其日,以为定朔。舒亟之度,乃数使然,躔离相错,偕以损益,故同谓之朓朒。月行曰离,迟疾曰转度,母曰转法。迟疾有衰,其变者势也。月逶迤驯屈,行不中道,进退迟速,不率其常。过中则为速,不及中则为迟。积迟谓之屈,积速谓之伸。阳,执中以出令,故曰先后;阴,含章以听命,故曰屈伸。日不及中则损之,过则益之。月不及中则益之,过则损之。尊卑之用睽,而及中之志同。观晷景之进退,知轨道之升降。轨与晷名舛而义合,其差则水漏之所从也。总名曰轨漏。中晷长短谓之陟降。景长则夜短,景短则夜长。积其陟降,谓之消息。游交曰交会,交而周曰交终。交终不及朔,谓之朔差。交中不及望,谓之望差。日道表曰阳历,其里曰阴历。五星见伏周,谓之终率。以分从日谓之终日,其差为进退。

其二《中气议》曰:

历气始于冬至,稽其实,盖取诸晷景。《春秋传》僖公五年正月辛亥朔,日南至。以《周历》推之,入壬子蔀第四章,以辛亥一分合朔冬至,《殷历》则壬子蔀首也。昭公二十年二月己丑朔,日南至。鲁史失闰,至不在正。左氏记之,以惩司历之罪。《周历》得己丑二分,《殷历》得庚寅一分。《殷历》南至常在十月晦,则中气后天也。《周历》蚀朔差《经》或二日,则合朔先天也。《传》所据者《周历》也,《纬》所据者《殷历》也。气合于《传》,朔合于《纬》,斯得之矣。《戊寅历》月气专合于《纬》,《麟德历》专合于《传》,偏取之,故两失之。又《命历序》以为孔子修《春秋》用《殷历》,使其数可传于后。考其蚀朔不与《殷历》合,及开元十二年,朔差五日矣,气差八日矣。上不合于经,下不足以传于后代,盖哀、平间治甲寅元历者托之,非古也。又汉太史令张寿王说黄帝《调历》以非《太初》。有司劾:"官有黄帝《调历》不与寿王同,寿王所治乃《殷历》也。"汉自中兴以来,图谶漏泄,而《考灵曜》、《命历序》皆有甲寅元,其所起在《四分历》庚申元后百一十四岁。延光初中谒者亶诵,灵帝时五官郎中冯光等,皆请用之,卒不施行。《纬》所载壬子冬至,则其遗术也。《鲁历》南至,又先《周历》四分日之三,而朔后九百四十分日之五十一。故僖公五年辛亥为十二月晦,壬子为正月朔。又推日蚀密于《殷历》,其以闰余一为章首,亦取合于当时也。

　　开元十二年十一月,阳城测景,以癸未极长,较其前后所差,则夜半前尚有余分。新历大余十九,加时九十九刻,而《皇极》、《戊寅》、《麟德历》皆得甲申,以《玄始历》气分二千四百四十三为率,推而上之,则失《春秋》辛亥,是减分太多也。以《皇极历》气分二千四百四十五为率,推而上之,虽合《春秋》,而失元嘉十九年乙巳冬至及开皇五年甲戌冬至、七年癸未夏至;若用《麟德历》率二千四百四十七,又失《春秋》己丑。是减分太少也。故新历以二千四百四十四为率,而旧所失者皆中矣。

　　汉会稽东部尉刘洪以《四分》疏阔,由斗分多。更以五百八十九为纪法,百四十五为斗分,减余太甚,是以不及四十年而加时渐觉先天。韩翊、杨伟、刘智等皆稍损益,更造新术,而皆依谶纬“三百岁改宪”之文,考《经》之合朔多中,较《传》之南至则否。《玄始历》以为十九年七闰,皆有余分,是以中气渐差。据浑天,二分为东西之中,而晷景不等;二至为南北之极,而进退不齐。此古人所未达也。更因刘洪纪法,增十一年以为章岁,而减闰余十九分之一。春秋后五十四年,岁在甲寅,直应钟章首,与《景初历》闰余皆尽。虽减章闰,然中气加时尚差,故未合于《春秋》。其斗分几得中矣。

　　后代历家,皆因循《玄始》,而损益或过差。大抵古历未减斗分,其率自二千五百以上。《乾象》至于《元嘉历》,未减闰余,其率自二千四百六十以上。《玄始》、《大明》至《麟德历》皆减分破章,其率自二千四百二十九以上。较前代史官注记,惟元嘉十三年十一月甲戌景长,《皇极》、《麟德》、《开元历》皆得癸酉,盖日度变常尔。祖冲之既失甲戌冬至,以为加时太早,增小余以附会之。而十二年戊辰景长,得己巳;十七年甲午景长,得乙未;十八年己亥景长,得庚子。合一失三,其失愈多。刘孝孙、张胄玄因之,小余益强,又以十六年己丑景长为庚寅矣。治历者纠合众同,以稽其所异,苟独异焉,则失行可知。今曲就其一,而少者失三,多者失五,是舍常数而从失行也。周建德六年,以壬辰景长,而《麟德》、《开元历》皆得癸巳。开皇七年,以癸未景短,而《麟德》、《开元历》皆得壬午。先后相戾,不可叶也,皆日行盈缩使然。

凡历术在于常数,而不在于变行。既叶中行之率,则可以两齐先后之变矣。《麟德》已前,实录所记,乃依时历书之,非候景所得。又比年候景,长短不均,由加时有早晏,行度有盈缩也。

自春秋以来,至开元十二年,冬、夏至凡三十一事,《戊寅历》得十六,《麟德历》得二十三,《开元历》得二十四。

其三《合朔议》曰:

日月合度谓之朔。无所取之,取之蚀也。《春秋》日蚀有甲乙者三十四。《殷历》、《鲁历》先一日者十三,后一日者三;《周历》先一日者二十二,先二日者九。其伪可知矣。

庄公三十年九月庚午朔,襄公二十一年九月庚戌朔,定公五年三月辛亥朔,当以盈缩、迟速为定朔。《殷历》虽合,适然耳,非正也。僖公五年正月辛亥朔,十二月丙子朔,十四年三月己丑朔;文公元年五月辛酉朔,十一年三月甲申晦;襄公十九年五月壬辰晦;昭公元年十二月甲辰朔,二十年二月己丑朔,二十三年正月壬寅朔、七月戊辰晦:皆与《周历》合。其所记多周、齐、晋事,盖周王所颁,齐、晋用之。僖公十五年九月己卯晦,十六年正月戊申朔,成公十六年六月甲午晦;襄公十八年十月丙寅晦、十一月丁卯朔,二十六年三月甲寅朔,二十七年六月丁未朔:与《殷历》、《鲁历》合。此非合蚀,故仲尼因循时史,而所记多宋、鲁事,与齐、晋不同可知矣。

昭公十二年十月壬申朔,原舆人逐原伯绞,与《鲁历》、《周历》皆差一日,此丘明即其所闻书之也。僖公二十二年十一月己巳朔,宋、楚战于泓。《周》、《殷》、《鲁历》皆先一日,楚人所赴也。昭公二十年六月丁巳晦,卫侯与北宫喜盟;七月戊午朔,遂盟国人。三历皆先二日,卫人所赴也。此则列国之历不可以一术齐矣。而《长历》日子不在其月,则改易闰余,欲以求合。故闰月相距,近则十余月,远或七十余月,此杜预所甚缪也。夫合朔先天,则《经》书日蚀以纠之。中气后天,则《传》书南至以明之。其在晦、二日,则原乎定朔以得之。列国之历或殊，则稽于六家之术以知之。此四者，皆治历之大端，而预所未晓故也。

新历本《春秋》日蚀、古史交会加时及史官候簿所详，稽其进退之中，以立常率。然后以日躔、月离、先后、屈伸之变，偕损益之。故经朔虽得其中，而躔离或失其正；若躔离各得其度，而经朔或失其中，则参求累代，必有差矣。三者迭相为经，若权衡相持，使千有五百年间朔必在昼，望必在夜，其加时又合，则三术之交，自然各当其正，此最微者也。若乾度盈虚，与时消息，告谴于经数之表，变常于潜遁之中，则圣人且犹不质，非筹历之所能及矣。

昔人考天事，多不知定朔。假蚀在二日，而常朔之晨，月见东方；食在晦日，则常朔之夕，月见西方。理数然也。而或以为朓朒变行，或以为历术疏阔，遇常朔朝见则增朔余，夕见则减朔余，此纪历所以屡迁也。汉编䜣、李梵等又以晦犹月见，欲令蓂首先大。贾逵曰："《春秋》书朔晦者，朔必有朔，晦必有晦，晦朔必在其月前也。先大，则一月再朔，后月无朔，是朔不可必也。䜣、梵等欲谐偶十六日，月朓昏，晦当灭而已。又晦与合朔同时，不得异日。"考逵等所言，盖知之矣。晦朔之交，始终相际，则光尽明生之限，度数宜均。故合于子正，则晦日之朝，犹朔日之夕也，是以月皆不见。若合于午正，则晦日之晨，犹二日之昏也，是以月或皆见。若阴阳迟速，轨漏加时不同，举其中数率，去日十三度以上而月见，乃其常也。且晦日之光未尽也，如二日之明已生也。一以为是，一以为非。又常朔进退，则定朔之晦、二也。或以为变，或以为常。是未通于四三交质之论也。

综近代诸历，以百万为率齐之，其所差，少或一分，多至十数失一分。考《春秋》才差一刻，而百数年间不足成朓朒之异。施行未几，旋复疏阔，由未知躔离经朔相求耳。李业兴、甄鸾等欲求天验，辄加减月分，迁革不已，朓朒相戾，又未知昏明之限与定朔故也。杨伟采《乾象》为迟疾阴阳历，虽知加时后天，蚀不在朔，而未能有以更之也。

何承天欲以盈缩定朔望小余。钱乐之以为："推交会时刻虽审，而月频三大二小。日蚀不唯在朔，亦有在晦、二者。"皮延宗又以为："纪首合朔，大小余当尽，若每月定之，则纪首位盈，当退一日，便应以故岁之晦为新纪之首。立法之制，如为不便。"承天乃止。虞𠠎曰："所谓朔在会合，苟躔次既同，何患于频大也？日月相离，何患于频小也？"《春秋》日蚀不书朔者八，《公羊》曰："二日也。"《谷梁》曰："晦也。"《左氏》曰："官失之也。"刘孝孙推俱得朔日，以丘明为是，乃与刘焯皆议定朔，为有司所抑不得行。傅仁均始为定朔，而曰"晦不东见，朔不西朓"，以为昏晦当灭，亦近、梵之论。淳风因循《皇极》，《皇极》密于《麟德》，以朔余乘三千四十，乃一万除之，就全数得千六百一十三。又以九百四十乘之，以三千四十而一，得四百九十八秒七十五太强，是为《四分》余率。

刘洪以古历斗分太强，久当后天，乃先正斗分，而后求朔法，故朔余之母烦矣。韩翊以《乾象》朔分太弱，久当先天，乃先考朔分，而后复求度法，故度余之母烦矣。何承天反复相求，使气朔之母合简易之率，而星数不得同元矣。李业兴、宋景业、甄鸾、张宾欲使六甲之首众术同元，而气朔余分，其细甚矣。《麟德历》有总法，《开元历》有通法，故积岁如月分之数，而后闰余偕尽。

考汉元光已来史官注、记，日蚀有加时者凡三十七事，《麟德历》得五，《开元历》得二十二。

其四《没灭略例》曰：

古者以中气所盈之日为没，没分偕尽者为灭。《开元历》以中分所盈为没，朔分所虚为灭。综终岁没分，谓之策余。终岁灭分，谓之用差。皆归于揲易再扐而后挂也。

其五《卦候议》曰：

七十二候，原于周公《时训》。《月令》虽颇有增益，然先后之次则同。自后魏始载于历，乃依《易轨》所传，不合经义。今改从古。

其六《卦议》曰：

十二月卦出于《孟氏章句》，其说《易》本于气，而后以人事明之。京氏又以卦爻配期之日，坎、离、震、兑，其用事自分、至之首，皆得八十分日之七十三。颐、晋、井、大畜，皆五日十四分，余皆六日七分，止于占灾眚与吉凶善败之事。至于观阴阳之变，则错乱而不明。自《乾象历》以降，皆因京氏。惟《天保历》依《易通统轨图》。自入十有二节、五卦、初爻，相次用事，及上爻而与中气偕终，非京氏本旨及《七略》所传，按郎颛所传，卦皆六日七分，不以初爻相次用事，齐历谬矣。又京氏减七十三分，为四正之候，其说不经，欲附会《纬》文"七日来复"而已。

夫阳精道消，静而无迹，不过极其正数，至七而通矣。七者，阳之正也，安在益其小余，令七日而后雷动地中乎？当据孟氏，自冬至初，中孚用事，一月之策，九六、七八，是为三十。而卦以地六，候以天五，五六相乘，消息一变，十有二变而岁复初。坎、震、离、兑，二十四气，次主一爻，其初则二至、二分也。坎以阴包阳，故自北正，微阳动于下，升而未达，极于二月，凝涸之气消，坎运终焉。春分出于震，始据万物之元，为主于内，则群阴化而从之，极于南正，而丰大之变穷，震功究焉。离以阳包阴，故自南正，微阴生于地下，积而未章，至于八月，文明之质衰，离运终焉。仲秋阴形于兑，始循万物之末，为主于内，群阳降而承之，极于北正，而天泽之施穷，兑功究焉。故阳七之静始于坎，阳九之动始于震，阴八之静始于离，阴六之动始于兑。故四象之变，皆兼六爻而中节之应备矣。《易》爻当日，十有二中，直全卦之初；十有二节，直全卦之中。齐历又节在贞，气在悔，非是。

其七《日度议》曰：

古历，日有常度，天周为岁终，故系星度于节气。其说似是而非，故久而益差。虞喜觉之，使天为天，岁为岁，乃立差以追其变，使五十年退一度。何承天以为太过，乃倍其年，而反不及。《皇极》取二家中数为七十五年，盖近之矣。考古史及日官候簿，以通法之三十九分太为一岁之差。自帝尧演纪之端，在虚一度。及今开元甲子，却三十六度，而乾策复初矣。日在虚一，则鸟、火、昴、虚皆以仲月昏中，合于《尧典》。

刘炫依《大明历》四十五年差一度，则冬至在虚、危，而夏至火已过中矣。梁武帝据虞㔹历，百八十六年差一度，则唐、虞之际，日在斗、牛间，而冬至昴尚未中。以为皆承闰后节前，月却使然。而此经终始一岁之事，不容顿有四闰，故淳风因为之说曰："若冬至昴中，则夏至秋分星火、星虚，皆在未正之西。若以夏至火中，秋分虚中，则冬至昴在巳正之东。互有盈缩，不足以为岁差证。"是又不然。今以四象分天，北正玄枵中，虚九度；东正大火中，房二度；南正鹑火中，七星七度；西正大梁中，昴七度。总昼夜刻以约周天，命距中星，则春分南正中天，秋分北正中天。冬至之昏，西正在午东十八度；夏至之昏，东正在午西十八度：轨漏使然也。冬至，日在虚一度，则春分昏张一度中；秋分虚九度中；冬至胃二度中，昴距星直午正之东十二度；夏至尾十一度中，心后星直午正之西十二度。四序进退，不逾午正间。而淳风以为不叶，非也。又王孝通云："如岁差自昴至壁，则尧前七千余载，冬至，日应在东井。井极北，故暑；斗极南，故寒。寒暑易位，必不然矣。"所谓岁差者，日与黄道俱差也。假冬至日躔大火之中，则春分黄道交于虚九，而南至之轨更出房、心外，距赤道亦二十四度。设在东井，差亦如之。若日在东井，犹去极最近，表景最短，则是分、至常居其所。黄道不迁，日行不退，又安得谓之岁差乎？孝通及淳风以为冬至日在斗十三度，昏东壁中，昴在巽维之左，向明之位，非无星也。水星昏正可以为仲冬之候，何必援昴于始觌之际，以惑民之视听哉！

夏后氏四百三十二年，日却差五度。太康十二年戊子岁冬至，应在女十一度。

《书》曰："乃季秋月朔，辰弗集于房。"刘炫曰："房，所舍之次也。集，会也。会，合也。不合则日蚀可知。或以房为房星，知不然者，且日之所在正可推而知之。君子慎疑，宁当以日在之宿为文？近代善历者，推仲康时九月合朔，已在房星北矣。"按古文"集"与"辑"义同。日月嘉会，而阴阳辑睦，则阳不疚乎位，以常其明，阴亦含章示冲，以隐其形。若变而相伤，则不辑矣。房者，辰之所次，星者，所次之名，其揆一也。又《春秋传》"辰在斗柄"、"天策焞焞"、"降娄之初"、"辰尾之末"，君子言之，不以为缪，何独慎疑于房星哉？新历仲康五年癸巳岁九月庚戌朔，日蚀在房二度。炫以《五子之歌》，仲康当是其一，肇位四海，复修大禹之典，其五年，羲、和失职，则王命徂征。虞𠚢以为仲康元年，非也。

《国语》单子曰："辰角见而雨毕，天根见而水涸，本见而草木节解，驷见而陨霜，火见而清风戒寒。"韦昭以为夏后氏之令，周人所因。推夏后氏之初，秋分后五日，日在氐十三度，龙角尽见，时雨可以毕矣。又先寒露三日，天根朝觌，《时训》"爰始收潦"，而《月令》亦云"水涸"。后寒露十日，日在尾八度而本见，又五日而驷见。故陨霜则蛰虫坏户。郑康成据当时所见，谓天根朝见，在季秋之末，以《月令》为谬。韦昭以仲秋水始涸，天根见乃竭。皆非是。霜降六日，日在尾末，火星初见，营室昏中，于是始修城郭、宫室。故《时儆》曰："营室之中，土功其始。火之初见，期于司理。"《麟德历》霜降后五日，火伏。小雪后十日，晨见。至大雪而后定星中，日且南至，冰壮地坼。又非土功之始也。

《夏历》十二次，立春，日在东壁三度，于《太初》星距壁一度太也。

《颛顼历》上元甲寅岁正月甲寅晨初合朔立春，七曜皆直艮维之首。盖重黎受职于颛顼，九黎乱德，二官咸废，帝尧复其子孙，命掌天地四时，以及虞、夏。故本其所由生，命曰《颛顼》，其实《夏历》也。汤作《殷历》，更以十一月甲子合朔冬至为上元。周人因之，距羲、和千祀，昏明中星率差半次。夏时直月节者，皆当十有二中，故因循夏令。其后吕不韦得之，以为秦法，更考中星，断取近距，以乙卯岁正月己巳合朔立春为上元。《洪范传》曰："历记始于颛顼上元太始阏蒙摄提格之岁，毕陬之月，朔日己巳立春，七曜俱在营室五度。”是也。秦《颛顼历》元起乙卯，汉《太初历》元起丁丑，推而上之，皆不值甲寅，犹以日月五纬复得上元本星度，故命曰阏蒙摄提格之岁，而实非甲寅。

《夏历》章蔀纪首，皆在立春，故其课中星，揆斗建与闰余之所，盈缩皆以十有二节为损益之中。而《殷》、《周》、《汉历》，章蔀纪首皆直冬至，故其名察发敛，亦以中气为主。此其异也。

《夏小正》虽颇疏简失传，乃羲、和遗迹。何承天循大戴之说，复用夏时，更以正月甲子夜半合朔雨水为上元，进乖《夏历》，退非周正，故近代推《月令》、《小正》者，皆不与古合。《开元历》推夏时立春，日在营室之末，昏东井二度中。古历以参右肩为距，方当南正。故《小正》曰：“正月初昏，斗杓悬在下。”魁枕参首，所以著参中也。季春，在昴十一度半，去参距星十八度，故曰：“三月，参则伏。”立夏，日在井四度，昏角中。南门右星入角距西五度，其左星入角距东六度，故曰：“四月初昏，南门正。昴则见。”五月节，日在舆鬼一度半。参去日道最远，以浑仪度之，参体始见，其肩股犹在浊中。房星正中。故曰：“五月，参则见。初昏，大火中。”“八月，参中则曙”，失传也。辰伏则参见，非中也。“十月初昏，南门见”，亦失传也。定星方中，则南门伏，非昏见也。

商六百二十八年，日却差八度。太甲二年壬午岁冬至，应在女六度。

《国语》曰：“武王伐商，岁在鹑火，月在天驷，日在析木之津，辰在斗柄，星在天鼋。”旧说岁在己卯，推其朏魄，乃文王崩，武王成君之岁也。其明年，武王即位，新历孟春定朔丙辰，于商为二月，故《周书》曰：“维王元祀二月丙辰朔，武王访于周公。”《竹书》“十一年庚寅，周始伐商”。而《管子》及《家语》以为十二年，盖通成君之岁也。先儒以文王受命九年而崩；至十年，武王观兵盟津；十三年，复伐商。推元祀二月丙辰朔，距伐商日月，不为相距四年。所说非是。武王十年，夏正十月戊子，周师始起。于岁差日在箕十度，则析木津也。晨初，月在房四度。于《易》，雷乘乾曰大壮，房、心象焉。心为乾精；而房，升阳之驷也。房与岁星实相经纬，以属灵威仰之神，后稷感之以生。故《国语》曰："月之所在，辰马农祥，我祖后稷之所经纬也。"又三日得周正月庚寅朔，日月会南斗一度。故曰"辰在斗柄"。壬辰，辰星夕见，在南斗二十度。其明日，武王自宗周次于师所。凡月朔而未见曰"死魄"，夕而成光则谓之"朏"。朏或以二日，或以三日，故《武成》曰："维一月壬辰，旁死魄。翌日癸巳，王朝步自周，于征伐商。"是时辰星与周师俱进，由建星之末，历牵牛、须女，涉颛顼之虚。戊午，师度盟津，而辰星伏于天鼋。辰星，汁光纪之精，所以告颛顼而终水行之运，且木帝之所繇生也。故《国语》曰："星与日辰之位皆在北维，颛顼之所建也，帝喾受之。我周氏出自天鼋；及析木，有建星、牵牛焉，则我皇妣太姜之侄、伯陵之后逢公之所凭神也。"是岁，岁星始及鹑火。其明年，周始革命。岁又退行，旅于鹑首，而后进及鸟帑，所以返复其道，经纬周室。鹑火直轩辕之虚，以爰稼穑，稷星系焉。而成周之大萃也。鹑首当山河之右，太王以兴，后稷封焉，而宗周之所宅也。岁星与房实相经纬，而相距七舍；木与水代终，而相及七月。故《国语》曰："岁之所在，则我有周之分也。自鹑及驷七列，南北之揆七月。"其二月戊子朔，哉生明，王自克商还，至于丰，于周为四月。新历推定望甲辰，而乙巳旁之。故《武成》曰："维四月，既旁生魄，粤六日庚戌，武王燎于周庙。"《麟德历》，周师始起，岁在降娄，月宿天根，日躔心而合辰在尾，水星伏于星纪，不及天鼋。又《周书》，革命六年而武王崩。《管子》、《家语》以为七年，盖通克商之岁也。

周公摄政七年二月甲戌朔，己丑望，后六日乙未。三月定朔甲辰，三日丙午。故《召诰》曰："惟二月既望，越六日乙未，王朝步自周，至于丰"，"三月，惟丙午朏，越三日戊申，太保朝至于洛。"其明年，成王正位。三十年四月己酉朔甲子，哉生魄。故《书》曰："惟四月，才生魄。"甲子，作《顾命》。康王十二年，岁在乙酉，六月戊辰朔，三日庚午。故《毕命》曰："惟十有二年，六月庚午朏。越三日壬申，王以成周之众命毕公。"自伐纣及此,五十六年,胐魄日名,上下无不合。而《三统历》以己卯为克商之岁,非也。夫有效于古者,宜合于今。《三统历》自太初至开元,朔后天三日。推而上之,以至周初,先天,失之盖益甚焉。是以知合于歆者,必非克商之岁。

自宗周讫春秋之季,日却差八度。康王十一年甲申岁冬至,应在牵牛六度。

《周历》十二次,星纪初,南斗十四度,于《太初》星距斗十七度少也。

古历分率简易,岁久辄差。达历数者随时迁革,以合其变。故三代之兴,皆揆测天行,考正星次,为一代之制。正朔既革,而服色从之。及继体守文,畴人代嗣,则谨循先王旧制焉。

《国语》曰:"农祥晨正,日月底于天庙,土乃脉发。先时九日,太史告稷曰,自今至于初吉,阳气俱蒸,土膏其动。弗震不渝,脉其满眚,谷乃不殖。"周初,先立春九日,日至营室。古历距中九十一度,是日晨初,大火正中,故曰"农祥晨正,日月底于天庙"也。于《易》象,升气究而临受之,自冬至后七日,乾精始复。及大寒,地统之中,阳洽于万物根柢,而与萌芽俱升,木在地中之象,升气已达,则当推而大之,故受之以临。于消息,龙德在田,得地道之和泽,而动于地中,升阳愤盈,土气震发,故曰:"自今至于初吉,阳气俱蒸,土膏其动。"又先立春三日,而小过用事,阳好节止于内,动作于外,矫而过正,然后返求中焉。是以及于艮维,则山泽通气,阳精辟户,甲坼之萌见,而荸谷之际离,故曰:"不震不渝,脉其满眚,谷乃不殖。"君子之道,必拟之而后言,岂亿度而已哉!韦昭以为日及天庙,在立春之初,非也。于《麟德历》则又后立春十五日矣。

《春秋》"桓公五年,秋,大雩。"《传》曰:"书不时也。凡祀,启蛰而郊,龙见而雩。"《周历》立夏日在觜觿二度。于轨漏,昏角一度中,苍龙毕见。然则当在建巳之初,周礼也。至春秋时,日已潜退五度,节前月却,犹在建辰。《月令》以为五月者,《吕氏》以《颛顼历》芒种亢中,则龙以立夏昏见,不知有岁差,故雩祭失时。然则唐礼当以建巳之初,农祥始见而雯。若据《麟德历》,以小满后十三日,则龙角过中,为不时矣。《传》曰:"凡土功,龙见而毕务,戒事。火见而致用,水昏正而栽,日至而毕。"十六年冬,城向。十有一月,卫侯朔出奔齐。"冬,城向,书时也。"以岁差推之,周初霜降,日在心五度,角、亢晨见。立冬,火见营室中。后七日,水星昏正,可以兴板干。故祖冲之以为定之方中,直营室八度。是岁九月六日霜降,二十一日立冬。十月之前,水星昏正,故《传》以为得时。杜氏据晋历,小雪后定星乃中,季秋城向,似为大早。因曰功役之事,皆总指天象,不与言历数同。引《诗》云"定方之中",乃未正中之辞,非是。《麟德历》,立冬后二十五日火见,至大雪后营室乃中。而《春秋》九月书时,不已早乎。大雪,周之孟春,阳气静复,以缮城隍,治宫室,是谓发天地之房,方于立春断狱,所失多矣。然则唐制宜以玄枵中天兴土功。

僖公五年,晋侯伐虢。卜偃曰:"克之。童谣云:'丙之辰,龙尾伏辰,袀服振振,取虢之旗,鹑之贲贲,天策焞焞,火中成军。'其九月十月之交乎!丙子旦,日在尾,月在策,鹑火中,必是时。"策,入尾十二度。新历是岁十月丙子定朔,日月合尾十四度于黄道。日在古历尾,而月在策,故曰"龙尾伏辰",于古距张中而曙,直鹑火之末,始将西降,故曰"贲贲"。

昭公七年四月甲辰朔,日蚀。士文伯曰:"去卫地,如鲁地。于是有灾,鲁实受之。"新历是岁二月甲辰朔入常,雨水后七日,在奎十度。周度为降娄之始,则鲁、卫之交也。自周初至是已退七度,故入雨水。七日方及降娄,虽日度潜移,而周礼未改,其配神主祭之宿,宜书于建国之初。淳风驳《戊寅历》曰:"《汉志》降娄初在奎五度,今历日蚀在降娄之中,依无岁差法,食于两次之交。"是又不然。议者晓十有二次之所由生,然后可以明其得失。且刘歆等所定辰次,非能有以睹阴阳之赜而得于鬼神,各据当时中节星度耳。歆以《太初历》冬至日在牵牛前五度,故降娄直东壁八度。李业兴《正光历》,冬至在牵牛前十二度,故降娄退至东壁三度。及祖冲之后,以为日度渐差,则当据列宿四正之中,以定辰次,不复系于中节。淳风以冬至常在斗十三度,则当以东壁二度为降娄之初,安得守汉历以驳仁均耶?又《三统历》昭公二十年己丑,日南至,与《麟德》及《开元历》同。然则入雨水后七日,亦入降娄七度,非鲁、卫之交也。三十一年十二月辛亥朔,日蚀。史墨曰:"日月在辰尾,庚午之日,日始有谪。"《开元历》是岁十月辛亥朔,入常立冬。五日,日在尾十三度,于古距辰尾之初。《麟德历》日在心三度于黄道,退直于房矣。

哀公十二年冬十有二月,螽。《开元历》推置闰当在十一年春,至十二年冬,失闰已久。是岁九月己亥朔,先寒露三日,于定气,日在亢五度,去心近一次。火星明大,尚未当伏。至霜降五日,始潜日下。乃《月令》"蛰虫咸俯",则火辰未伏,当在霜降前。虽节气极晚,不得十月昏见。故仲尼曰:"丘闻之,火伏而后蛰者毕。今火犹西流,司历过也。"方夏后氏之初,八月辰伏,九月内火,及霜降之后,火已朝觌东方,距春秋之季千五百余年,乃云"火伏而后蛰者毕"。向使冬至常居其所,则仲尼不得以西流未伏,明是九月之初也。自春秋至今又千五百岁,《麟德历》以霜降后五日,日在氐八度,房、心初伏,定增二日,以月蚀冲校之,犹差三度。闰余稍多,则建亥之始,火犹见西方。向使宿度不移,则仲尼不得以西流未伏,明非十月之候也。自羲、和已来,火辰见伏,三睹厥变。然则丘明之记,欲令后之作者参求微象,以探仲尼之旨。是岁失闰寖久,季秋中气后天三日,比及明年仲冬,又得一闰。痛仲尼之言,补正时历,而十二月犹可以螽。至哀公十四年五月庚申朔,日蚀。以《开元历》考之,则日蚀前又增一闰,《鲁历》正矣。《长历》自哀公十年六月,迄十四年二月,才置一闰,非是。

战国及秦,日却退三度。始皇十七年辛未岁冬至,应在斗二十二度。秦历上元正月己巳朔,晨初立春,日、月、五星俱起营室五度,蓰首日名皆直四孟。假朔退十五日,则闰在正月前。朔进十五日,则闰在正月后。是以十有二节,皆在盈缩之中,而晨昏宿度随之。以《颛顼历》依《月令》自十有二节推之,与不韦所记合。而颖子严之伦谓《月令》晨昏距宿,当在中气,致雩祭太晚,自乖左氏之文,而杜预又据《春秋》以《月令》为否。皆非是。梁《大同历》夏后氏之初，冬至日在牵牛初，以为《明堂》、《月令》乃夏时之记，据中气推之不合，更以中节之间为正，乃稍相符。不知进在节初，自然契合。自秦初及今，又且千岁，节初之宿，皆当中气。淳风因为说曰："今孟春中气，日在营室，昏明中星，与《月令》不殊。"按秦历立春，日在营室五度。《麟德历》以启蛰之日乃至营室，其昏明中宿十有二建，以为不差，妄矣。

古历，冬至昏明中星去日九十二度，春分、秋分百度，夏至百一十八度，率一气差三度，九日差一刻。

秦历十二次，立春在营室五度，于《太初》星距危十六度少也。昏，毕八度中，《月令》参中，谓肩股也。晨，心八度中，《月令》尾中，于《太初》星距尾也。仲春昏，东井十四度中，《月令》弧中，弧星入东井十八度。晨，南斗二度中，《月令》建星中，于《太初》星距西建也。《甄耀度》及《鲁历》，南方有狼、弧，无东井、鬼，北方有建星，无南斗、井、斗度长，弧、建度短，故以正昏明云。

古历星度及汉落下闳等所测，其星距远近不同，然二十八之宿体不异。古以牵牛上星为距，《太初》改用中星，入古历牵牛太半度，于气法当三十二分日之二十一。故《洪范传》冬至日在牵牛一度，减《太初》星距二十一分，直南斗二十六度十九分也。《颛顼历》立春起营室五度，冬至在牵牛一度少。《洪范传》冬至所起无余分，故立春在营室四度太。祖冲之自营室五度，以《太初》星距命之，因云秦历冬至，日在牵牛六度。虞𠚺等袭冲之之误，为之说云："夏时冬至，日在斗末，以岁差考之，牵牛六度乃《颛顼》之代。汉时虽觉其差，顿移五度，故冬至还在牛初。"按《洪范》古今星距，仅差四分之三，皆起牵牛一度。𠚺等所说亦非是。鲁宣公十五年，丁卯岁，《颛顼历》第十三蔀首与《麟德历》俱以丁巳平旦立春。至始皇三十三年丁亥，凡三百八十岁，得《颛顼历》壬申蔀首。是岁秦历以壬申寅初立春，而《开元历》与《麟德历》俱以庚午平旦，差二日，日当在南斗二十二度。古历后天二日，又增二度。然则秦历冬至，定在牛前二度。气后天二日，日不及天二度，微而难觉，故《吕氏》循用之。

及汉兴，张苍等亦以为《颛顼历》比五家疏阔中最近密。今考月蚀冲，则开元冬至，上及牛初正差一次。淳风以为古术疏舛，虽弦望、昏明，差天十五度而犹不知。又引《吕氏春秋》，黄帝以仲春乙卯日在奎，始奏十二钟，命之曰《咸池》。至今三千余年，而春分亦在奎，反谓秦历与今不异。按不韦所记，以其《月令》孟春在奎，谓黄帝之时亦在奎，犹淳风历冬至斗十三度，因谓黄帝时亦在建星耳。经籍所载，合于岁差者，淳风皆不取，而专取于《吕氏春秋》。若谓十二纪可以为正，则立春在营室五度，固当不易，安得顿移，使当启蛰之节？此又其所不思也。

汉四百二十六年，日却差五度。景帝中元三年甲午岁冬至，应在斗二十一度。

太初元年，《三统历》及《周历》皆以十一月夜半合朔冬至，日月俱起牵牛一度。古历与近代密率相较，二百年气差一日，三百年朔差一日。推而上之，久益先天；引而下之，久益后天。僖公五年，《周历》正月辛亥朔，余四分之一，南至。以岁差推之，日在牵牛初。至宣公十一年癸亥，《周历》与《麟德历》俱以庚戌日中冬至，而月朔尚先《麟德历》十五辰。至昭公二十年己卯，《周历》以正月己丑朔日中南至，《麟德历》以己丑平旦冬至。哀公十一年丁巳，《周历》入己酉蔀首，《麟德历》以戊申禺中冬至。惠王四十三年己丑，《周历》入丁卯蔀首，《麟德历》以乙丑日昳冬至。吕后八年辛酉，《周历》入乙酉蔀首，《麟德历》以壬午黄昏冬至；其十二月甲申，人定合朔。太初元年，《周历》以甲子夜半合朔冬至，《麟德历》以辛酉禺中冬至，十二月癸亥晡时合朔。气差三十二辰，朔差四辰。此疏密之大较也。

僖公五年，《周历》、汉历、唐历皆以辛亥南至。后五百五十余岁，至太初元年，《周历》、汉历皆得甲子夜半冬至，唐历皆以辛酉，则汉历后天三日矣。祖冲之、张胄玄促上章岁至太初元年，冲之以癸亥鸡鸣冬至，而胄玄以癸亥日出。欲令合于甲子，而适与《鲁历》相会。自此推僖公五年，《鲁历》以庚戌冬至，而二家皆以甲寅。且僖公登观台以望而书云物，出于表暑天验，非时史亿度。乖丘明正时之意，以就刘歆之失。今考麟德元年甲子，唐历皆以甲子冬至，而《周历》、汉历皆以庚午。然则自太初下至麟德差四日，自太初上及僖公差三日，不足疑也。

以岁差考太初元年辛酉冬至加时，日在斗二十三度。汉历，气后天三日，而日先天三度，所差尚少。故落下闳等虽候昏明中星，步日所在，犹未觉其差。然《洪范》、《太初》所揆，冬至昏奎八度中，夏至昏氐十三度中，依汉历，冬至，日在牵牛初太半度，以昏距中命之，奎十一度中；夏至，房一度中。此皆闳等所测，自差三度，则刘向等殆已知《太初》冬至不及天三度矣。

及永平中，治历者考行事，史官注日，常不及《太初历》五度。然诸儒守谶纬，以为当在牛初，故贾逵等议："石氏星距，黄道规牵牛初直斗二十度，于赤道二十一度也。《尚书》《考灵耀》斗二十二度，无余分。冬至，日在牵牛初，无牵牛所起文。编䜣等据今日所去牵牛中星五度，于斗二十一度四分一，与《考灵耀》相近。"遂更历从斗二十一度起。然古历以斗魁首为距，至牵牛为二十二度，未闻移牵牛六度以就《太初》星距也。逵等以末学僻于所传，而昧天象，故以权诬之，而后听从他术，以为日在牛初者，由此遂黜。

今岁差，引而退之，则辛酉冬至，日在斗二十度，合于密率，而有验于今。推而进之，则甲子冬至，日在斗二十四度，昏奎八度中，而有证于古。其虚退之度，又适及牵牛之初。而冲之虽促减气分，冀符汉历，犹差六度，未及于天。而《麟德历》冬至不移，则昏中向差半次。淳风以为太初元年得本星度，日月合璧，俱起建星。贾逵考历，亦云古历冬至皆起建星。两汉冬至，日皆后天，故其宿度多在斗末。今以仪测，建星在斗十三四度间，自古冬至无差，审矣。

按古之六术，并同《四分》。《四分》之法，久则后天。推古历之作，皆在汉初，却较《春秋》，朔并先天，则非三代之前明矣。

古历，南斗至牵牛上星二十一度，入《太初》星距四度，上直西建之初。故六家或以南斗命度，或以建星命度。方周、汉之交，日已潜退，其袭《春秋》旧历者，则以为在牵牛之首；其考当时之验者，则以为入建星度中。然气朔前后不逾一日，故汉历冬至，当在斗末。以为建星上得《太初》本星度，此其明据也。《四分》法虽疏，而先贤谨于天事，其迁革之意，俱有效于当时，故太史公等观二十八宿疏密，立晷仪，下漏刻，以稽晦朔、分至、躔离、弦望，其赤道遗法，后世无以非之。故杂候清台，《太初》最密。若当时日在建星，已直斗十三度，则寿王《调历》宜允得其中，岂容顿差一气而未知其谬，不能观乎时变，而欲厚诬古人也。

后百余岁，至永平十一年，以《麟德历》较之，气当后天二日半，朔当后天半日。是岁《四分历》得辛酉蔀首，已减《太初历》四分日之三，定后天二日太半。《开元历》以戊午禹中冬至，日在斗十八度半弱，潜退至牛前八度。进至辛酉夜半，日在斗二十一度半弱。《续汉志》云："元和二年冬至，日在斗二十一度四分之一。"是也。

祖冲之曰："《四分历》立冬景长一丈，立春九尺六寸，冬至南极日晷最长。二气去至日数既同，则中景应等。而相差四寸，此冬至后天之验也。二气中景，日差九分半弱，进退调均，略无盈缩。各退二日十二刻，则景皆九尺八寸。以此推冬至后天亦二日十二刻矣。"东汉晷漏定于永元十四年，则《四分》法施行后十五岁也。

二十四气加时，进退不等，其去午正极远者四十九刻有余。日中之晷，颇有盈缩，故治历者皆就其中率，以午正言之。而《开元历》所推气及日度，皆直子半之始。其未及日中，尚五十刻。因加二日十二刻，正得二日太半。与冲之所算及破章二百年间辄差一日之数，皆合。

自汉时辛酉冬至，以后天之数减之，则合于今历岁差斗十八度。自今历戊午冬至，以后天之数加之，则合于贾逵所测斗二十一度。反复金同。而淳风冬至常在斗十三度，岂当时知不及牵牛五度，而不知过建星八度耶？

晋武帝太始三年丁亥岁冬至，日当在斗十六度。晋用魏《景初历》，其冬至亦在斗二十一度少。

太元九年，姜岌更造《三纪术》，退在斗十七度。曰："古历斗分强，故不可施于今；《乾象》斗分细，故不可通于古。《景初》虽得其中，而日之所在，乃差四度，合朔亏盈，皆不及其次。假月在东井一度蚀，以日检之，乃在参六度。"岌以月蚀冲知日度，由是躔次遂正，为后代治历者宗。

宋文帝时，何承天上《元嘉历》，曰："《四分》、《景初历》，冬至同在斗二十一度，臣以月蚀检之，则今应在斗十七度。又土圭测二至，晷差三日有余，则天之南至，日在斗十三四度矣。"事下太史考验，如承天所上。以《开元历》考元嘉十年冬至，日在斗十四度，与承天所测合。

大明八年，祖冲之上《大明历》，冬至在斗十一度，《开元历》应在斗十三度。梁天监八年，冲之子员外散骑侍郎暅之上其家术。诏太史令将作大匠道秀等较之，上距大明又五十年，日度益差。其明年，闰月十六日，月蚀，在虚十度，日应在张四度。承天历在张六度，冲之历在张二度。

大同九年，虞𠛬等议："姜岌、何承天俱以月蚀冲步日所在。承天虽移岌三度，然其冬至亦上岌三日。承天在斗十三四度，而岌在斗十七度。其实非移。祖冲之谓为实差，以推今冬至，日在斗九度，用求中星不合。自岌至今，将二百年，而冬至在斗十二度。然日之所在难知，验以中星，则漏刻不定。汉世课昏明中星，为法已浅。今候夜半中星，以求日冲，近于得密。而水有清浊，壶有增减，或积尘所拥，故漏有迟疾。臣等频夜候中星，而前后相差或至三度。大略冬至远不过斗十四度，近不出十度。"又以九年三月十五日夜半，月在房四度蚀。九月十五日夜半，月在昴三度蚀。以其冲计，冬至皆在斗十二度。自姜岌、何承天所测，下及大同，日已却差二度。而淳风以为晋、宋以来三百余岁，以月蚀冲考之，固在斗十三四度间，非矣。

刘孝孙《甲子元历》，推太初冬至在牵牛初，下及晋太元、宋元嘉皆在斗十七度。开皇十四年，在斗十三度。而刘焯历仁寿四年冬至，日在黄道斗十度，于赤道斗十一度也。其后孝孙改从焯法，而仁寿四年冬至，日亦在斗十度。焯卒后，胄玄以其前历上元起虚五度，推汉太初，犹不及牵牛，乃更起虚七度，故太初在斗二十三度，永平在斗二十一度，并与今历合。而仁寿四年，冬至在斗十三度，以验近事，又不逮其前历矣。《戊寅历》，太初元年辛酉冬至，进及甲子，日在牵牛三度。永平十一年，得戊午冬至，进及辛酉，在斗二十六度。至元嘉，中气上景初三日，而冬至犹在斗十七度。欲以求合，反更失之。又曲循孝孙之论，而不知孝孙已变从《皇极》，故为淳风等所驳。岁差之术，由此不行。

以太史注记月蚀冲考日度，麟德元年九月庚申，月蚀在娄十度。至开元四年六月庚申，月蚀在牛六度。较《麟德历》率差三度，则今冬至定在赤道斗十度。

又《皇极历》岁差皆自黄道命之，其每岁周分，常当南至之轨，与赤道相较，所减尤多。计黄道差三十六度，赤道差四十余度，虽每岁遁之，不足为过。然立法之体，宜尽其原，是以《开元历》皆自赤道推之，乃以今有术从变黄道。

唐书卷二七下
志第一七下

历三下

其八《日躔盈缩略例》曰：

北齐张子信积候合蚀加时，觉日行有入气差，然损益未得其正。至刘焯，立盈缩躔衰术，与四象升降。《麟德历》因之，更名躔差。凡阴阳往来，皆驯积而变。日南至，其行最急，急而渐损，至春分及中而后迟。迨日北至，其行最舒，而渐益之，以至秋分又及中而后益急。急极而寒若，舒极而燠若，及中而雨旸之气交，自然之数也。焯术于春分前一日最急，后一日最舒；秋分前一日最舒，后一日最急。舒急同于二至，而中间一日平行。其说非是。当以二十四气晷景，考日躔盈缩而密于加时。

其九《九道议》曰：

《洪范传》云："日有中道，月有九行。"中道，谓黄道也。九行者，青道二，出黄道东；朱道二，出黄道南；白道二，出黄道西；黑道二，出黄道北。立春、春分，月东从青道；立夏、夏至，月南从朱道；立秋、秋分，月西从白道；立冬、冬至，月北从黑道。汉史官旧事，九道术废久，刘洪颇采以著迟疾阴阳历，然本以消息为奇，而术不传。

推阴阳历交在冬至、夏至，则月行青道、白道，所交则同，而出入之行异。故青道至春分之宿，及其所冲，皆在黄道正东；白道至秋分之宿，及其所冲，皆在黄道正西。若阴阳历交在立春、立秋，则月循朱道、黑道,所交则同,而出入之行异。故朱道至立夏之宿,及其所冲,皆在黄道西南;黑道至立冬之宿,及其所冲,皆在黄道东北。若阴阳历交在春分、秋分之宿,则月行朱道、黑道,所交则同,而出入之行异。故朱道至夏至之宿,及其所冲,皆在黄道正南;黑道至冬至之宿,及其所冲,皆在黄道正北。若阴阳历交在立夏、立冬,则月循青道、白道,所交则同,而出入之行异。故青道至立春之宿,及其所冲,皆在黄道东南;白道至立秋之宿,及其所冲,皆在黄道西北。其大纪皆兼二道,而实分主八节,合于四正四维。

按阴阳历中终之所交,则月行正当黄道,去交七日,其行九十一度,齐于一象之率,而得八行之中。八行与中道而九,是谓九道。凡八行正于春秋,其去黄道六度,则交在冬夏;正于冬夏,其去黄道六度,则交在春秋。《易》九六、七八,迭为终始之象也。乾坤定位,则八行各当其正。及其寒暑相推,晦朔相易,则在南者变而居北,在东者徙而为西,屈伸、消息之象也。

黄道之差,始自春分、秋分,赤道所交前后各五度为限。初,黄道增多赤道二十四分之十二,每限损一,极九限,数终于四,率赤道四十五度而黄道四十八度,至四立之际,一度少强,依平。复从四起,初限五度,赤道增多黄道二十四分之四,每限益一,极九限而止,终于十二,率赤道四十五度而黄道四十二度,复得冬、夏至之中矣。

月道之差,始自交初、交中,黄道所交亦距交前后五度为限。初限,月道增多黄道四十八分之十二,每限损一,极九限而止,数终于四,率黄道四十五度而月道四十六度半,乃一度强,依平。复从四起,初限五度,月道差少黄道四十八分之四,每限益一,极九限而止,终于十二,率黄道四十五度而月道四十三度半,至阴阳历二交之半矣。凡近交初限增十二分者,至半交末限减十二分,去交四十六度得损益之平率。

夫日行与岁差偕迁,月行随交限而变,遁伏相消,朒朓相补,则九道之数可知矣。其月道所交与二分同度,则赤道、黑道近交初限,黄道增二十四分之十二,月道增四十八分之十二。至半交之末,其减亦如之。故于九限之际,黄道差三度,月道差一度半,盖损益之数齐也。若所交与四立同度,则黄道在损益之中,月道差四十八分之十二。月道至损益之中,黄道差二十四分之十二。于九限之际,黄道差三度,月道差四分度之三,皆朒朓相补也。若所交与二至同度,则青道、白道近交初限,黄道减二十四分之十二,月道增四十八分之十二。至半交之末,黄道增二十四分之十二,月道减四十八分之十二。于九限之际,黄道与月道差同,盖遁伏相消也。

日出入赤道二十四度,月出入黄道六度,相距则四分之一,故于九道之变,以四立为中交。在二分,增四分之一,而与黄道度相半。在二至减四分之一,而与黄道度正均。故推极其数,引而伸之,每气移一候。月道所差,增损九分之一,七十二候而九道究矣。

凡月交一终,退前所交一度及余八万九千七百七十三分度之四万二千五百三少半,积二百二十一月及分七千七百五十三而交道周天矣。因而半之,将九年而九道终。

以四象考之,各据合朔所交,入七十二候,则其八道之行也,以朔交为交初,望交为交中。若交初在冬至初候而入阴历,则行青道,又十三日七十六分日之四十六,至交中得所冲之宿,变入阳历,亦行青道。若交初入阳历,则白道也。故考交初所入,而周天之度可知。若望交在冬至初候,则减十三日四十六分,视大雪初候阴阳历而正其行也。

其十《晷漏中星略例》曰:

日行有南北,晷漏有长短。然二十四气晷差徐疾不同者,勾股使然也。直规中则差迟,与勾股数齐则差急。随辰极高下,所遇不同,如黄道刻漏。此乃数之浅者,近代且犹未晓。今推黄道去极,与晷景、漏刻、昏距、中星四术返复相求,消息同率,旋相为中,以合九服之变。

其十一《日蚀议》曰：

《小雅》"十月之交，朔日辛卯"。虞门以历推之，在幽王六年。《开元历》定交分四万三千四百二十九，入蚀限，加时在昼。交会而蚀，数之常也。《诗》云："彼月而食，则维其常。此日而食，于何不臧。"日，君道也，无朒魄之变；月，臣道也，远日益明，近日益亏。望与日轨相会，则徙而浸远，远极又徙而近交，所以著臣人之象也。望而正于黄道，是谓臣干君明，则阳斯蚀之矣。朔而正于黄道，是谓臣壅君明，则阳为之蚀矣。且十月之交，于历当蚀，君子犹以为变，诗人悼之。然则古之太平，日不蚀，星不孛，盖有之矣。

若过至未分，月或变行而避之；或五星潜在日下，御侮而救之；或涉交数浅，或在阳历，阳盛阴微则不蚀；或德之休明，而有小眚焉，则天为之隐，虽交而不蚀。此四者，皆德教之所由生也。

四序之中，分同道，至相过，交而有蚀，则天道之常。如刘歆、贾逵，皆近古大儒，岂不知轨道所交，朔望同术哉？以日蚀非常，故阙而不论。

黄初已来，治历者始课日蚀疏密，及张子信而益详。刘焯、张胄玄之徒自负其术，谓日月皆可以密率求，是专于历纪者也。

以《戊寅》、《麟德历》推《春秋》日蚀，大最皆入蚀限。于历应蚀而《春秋》不书者尚多，则日蚀必在交限，其入限者不必尽蚀。开元十二年七月戊午朔，于历当蚀半强，自交趾至于朔方，候之不蚀。十三年十二月庚戌朔，于历当蚀太半，时东封泰山，还次梁、宋间，皇帝撤膳，不举乐，不盖，素服，日亦不蚀。时群臣与八荒君长之来助祭者，降物以需，不可胜数，皆奉寿称庆，肃然神服。虽算术乖舛，不宜如此，然后知德之动天，不俟终日矣。若因开元二蚀，曲变交限而从之，则差者益多。

自开元治历，史官每岁较节气中晷，因检加时小余，虽大数有常，然亦与时推移，每岁不等。晷变而长，则日行黄道南；晷变而短，则日行黄道北。行而南，则阴历之交也或失；行而北，则阳历之交也或失。日在黄道之中，且犹有变，况月行九道乎！杜预云："日月动物,虽行度有大量,不能不小有盈缩。故有虽交会而不蚀者,或有频交而蚀者。"是也。

故较历必稽古史,亏蚀深浅、加时朒朓阴阳,其数相叶者,反复相求,由历数之中,以合辰象之变;观辰象之变,反求历数之中。类其所同,而中可知矣;辨其所异,而变可知矣。其循度则合于历,失行则合于占。占道顺成,常执中以追变;历道朔数,常执中以俟变。知此之说者,天道如视诸掌。

《略例》曰:旧历考日蚀浅深,皆自张子信所传,云积候所得,而未晓其然也。以圆仪度日月之径,乃以月径之半减入交初限一度半,余为暗虚半径。以月去黄道每度差数,令二径相掩,以验蚀分,以所入日迟疾乘径,为泛所用刻数,大率去交不及三度,即月行没在暗虚,皆入既限。又半日月之径,减春分入交初限相去度数,余为斜射所差。乃考差数,以立既限。而优游进退于二度中间,亦令二径相掩,以知日蚀分数。月径逾既限之南,则虽在阴历,而所亏类同外道,斜望使然也。既限之外,应向外蚀,外道交分,准用此例。以较古今日蚀四十三事,月蚀九十九事,课皆第一。

使日蚀皆不可以常数求,则无以稽历数之疏密。若皆可以常数求,则无以知政教之休咎。今更设考日蚀或限术,得常则合于数。又日月交会大小相若,而月在日下,自京师斜射而望之,假中国食既,则南方戴日之下所亏才半,月外反观,则交而不蚀。步九服日晷以定蚀分,晨昏漏刻与地偕变,则宇宙虽广,可以一术齐之矣。

其十二《五星议》曰:

岁星自商、周迄春秋之季,率百二十余年而超一次。战国后其行寝急,至汉尚微差,及哀、平间,余势乃尽,更八十四年而超一次,因以为常。此其与余星异也。姬氏出自灵威仰之精,受木行正气。岁星主农祥,后稷凭焉,故周人常阅其机祥,而观善败。其始王也,次于鹑火,以达天黿。及其衰也,淫于玄枵,以害鸟帑。其后群雄力争,礼乐陨坏,而从衡攻守之术兴。故岁星常赢行于上,而侯王不宁于下，则木纬失行之势，宜极于火运之中，理数然也。

开元十二年正月庚午，岁星在进贤东北尺三寸，直轸十二度，于《麟德历》在轸十五度。推而上之，至汉河平二年，其十月下旬，岁星在轩辕南耑大星西北尺所。《麟德历》在张二度，直轩辕大星。上下相距七百五十年，考其行度，犹未甚盈缩，则哀、平后不复每岁渐差也。又上百二十年，至孝景中元三年五月，星在东井、钺。《麟德历》在参三度。又上六十年，得汉元年十月，五星聚于东井，从岁星也，于秦正岁在乙未，夏正当在甲午。《麟德历》白露八日，岁星留觜觿一度。明年立夏，伏于参。由差行未尽，而以常数求之使然也。又上二百七十一年，至哀公十七年，岁在鹑火，《麟德历》初见在舆鬼二度。立冬九日，留星三度。明年启蛰十日退至柳五度，犹不及鹑火。又上百七十八年，至僖公五年，岁星当在大火。《麟德历》初见在张八度，明年伏于翼十六度，定在鹑火，差三次矣。哀公以后，差行渐迟，相去犹近，哀公以前，率常行迟。而旧历犹用急率，不知合变，故所差弥多。武王革命，岁星亦在大火，而《麟德历》在东壁三度，则唐、虞已上，所差周天矣。

《太初》、《三统历》岁星十二周天超一次，推商、周间事，大抵皆合。验开元注记，差九十余度，盖不知岁星后率故也。《皇极》、《麟德历》七周天超一次，以推汉、魏间事尚未差。上验《春秋》所载，亦差九十余度，盖不知岁星前率故也。《天保》、《天和历》得二率之中，故上合于《春秋》，下犹密于记注。以推永平、黄初间事，远者或差三十余度，盖不知战国后岁星变行故也。自汉元始四年，距开元十二年，凡十二甲子，上距隐公六年，亦十二甲子。而二历相合于其中，或差三次于古，或差三次于今，其两合于古今者，中间亦乖。欲一术以求之，则不可得也。

《开元历》岁星前率，三百九十八日，余二千二百一十九，秒九十三。自哀公二十年丙寅后，每加度余一分，尽四百三十九合，次合乃加秒十三而止，凡三百九十八日，余二千六百五十九，秒六，而与日合，是为岁星后率。自此因以为常，入汉元始六年也。

《岁星差合术》曰："置哀公二十年冬至合余,加入差已来中积分,以前率约之,为入差合数。不尽者如历术入之,反求冬至后合日,乃副列入差合数,增下位一算,乘而半之,盈《大衍》通法为日,不尽为日余,以加合日,即差合所在也。求岁星差行径术,以后终率约上元以来中积分,亦得所求。若稽其实行,当从元始六年置差步之,则前后相距,间不容发,而上元之首,无忽微空积矣。

成汤伐桀,岁在壬戌,《开元历》星与日合于角,次于氐十度而后退行。其明年,汤始建国为元祀,顺行与日合于房,所以纪商人之命也。

后六百一算至纣六祀,周文王初禴于毕,十三祀岁在己卯,星在鹑火,武王嗣位。克商之年,进及舆鬼,而退守东井。明年,周始革命,顺行与日合于柳,进留于张。考其分野,则分陕之间,与三监封域之际也。

成王三年,岁在丙午,星在大火,唐叔始封,故《国语》曰:"晋之始封,岁在大火。"《春秋传》僖公五年,岁在大火,晋公子重耳自蒲奔狄。十六年,岁在寿星,适齐过卫,野人与之块,子犯曰:"天赐也,天事必象,岁及鹑火必有此乎!复于寿星,必获诸侯。"二十三年,岁星在胃、昴。秦伯纳晋文公。董因曰:"岁在大梁,将集天行。元年,实沈之星,晋人是居。君之行也,岁在大火,阏伯之星也,是谓大辰。辰以善成,后稷是相,唐叔以封。且以辰出而以参入,皆晋祥也。"二十七年,岁在鹑火,晋侯伐卫,取五鹿,败楚师于城濮,始获诸侯。岁适及寿星,皆与《开元历》合。

襄公十八年,岁星在陬訾之口,《开元历》大寒三日,星与日合,在危三度,遂顺行至营室八度。其明年,郑子蟜卒。将葬,公孙子羽与裨灶晨会事焉,过伯有氏,其门上生莠,子羽曰:"其莠犹在乎,于是岁在降娄中而曙。"裨灶指之曰:"犹可以终岁,岁不及此次也。"《开元历》,岁星在奎。奎,降娄也。《麟德历》,在危。危,玄枵也。二十八年春,无冰。梓慎曰:"岁在星纪,而淫于玄枵。"裨灶曰:"岁弃其次,而旅于明年之次,以害鸟帑。周、楚恶之。"《开元历》,岁星至南斗十七度,而退守西建间,复顺行,与日合于牛初。应在星纪,而盈行进及虚宿,故曰"淫"。留玄枵二年,至三十年。《开元历》,岁星顺行至营室十度,留。距子蟜之卒一终矣。其年八月,郑人杀良霄,故曰"及其亡也,岁在娵訾之口"。其明年,乃及降娄。

昭公八年十一月,楚灭陈。史赵曰:"未也。陈,颛顼之族也。岁在鹑火,是以卒灭。今在析木之津,犹将复由。"《开元历》,在箕八度,析木津也。十年春,进及婺女初,在玄枵之维首。《传》曰:"正月,有星出于婺女。"裨灶曰:"今兹岁在颛顼之墟。"是岁与日合于危。其明年进及营室,复得豕韦之次。景王问苌弘曰:"今兹诸侯何实吉?何实凶?"对曰:"蔡凶。此蔡侯般杀其君之岁,岁在豕韦,弗过此矣,楚将有之。岁及大梁,蔡复楚凶。"至十三年,岁星在昴、毕,而楚弑灵王,陈、蔡复封。初,昭公九年,陈灾。裨灶曰:"后五年,陈将复封。岁五及鹑火,而后陈卒亡。"自陈灾五年,而岁在大梁,陈复建国。哀公十七年,五及鹑火,而楚灭陈。是年,岁星与日合在张六度。昭公三十一年夏,吴伐越。始用师于越也,史墨曰:"越得岁而吴伐之,必受其凶。"是岁,星与日合于南斗三度。昔僖公六年,岁阴在卯,星在析木。昭公三十二年,亦岁阴在卯,而星在星纪。故《三统历》因以为超次之率。考其实,犹百二十余年。近代诸历,欲以八十四年齐之,此其所惑也。后三十八年而越灭吴,星三及斗、牛,已入差合二年矣。

夫五事感于中,而五行之祥应于下,五纬之变彰于上。若声发而响和,形动而影随,故王者失典刑之正,则星辰为之乱行;泪彝伦之叙,则天事为之无象。当其乱行、无象,又可以历纪齐乎?故襄公二十八年,岁在星纪,淫于玄枵。至三十年八月,始及娵訾之口,超次而前,二年守之。

汉元鼎中,太白入于天苑,失行,在黄道南三十余度。间岁,武帝北巡守,登单于台,勒兵十八万骑,及诛大宛,马大死军中。

晋咸宁四年九月,太白当见不见,占曰:"是谓失舍,不有破军,必有亡国。"时将伐吴,明年三月,兵出,太白始夕见西方,而吴亡。

　　永宁元年，正月至闰月，五星经天，纵横无常。永兴二年四月丙子，太白犯狼星，失行，在黄道南四十余度。永嘉三年正月庚子，荧惑犯紫微。皆天变所未有也，终以二帝蒙尘，天下大乱。

　　后魏神瑞二年十二月，荧惑在瓠瓜星中，一夕忽亡，不知所在。崔浩以日辰推之，曰："庚午之夕，辛未之朝，天有阴云，荧惑之亡，在此二日。庚午辛未皆主秦，辛为西夷。今姚兴据咸阳，是荧惑入秦矣。"其后荧惑果出东井，留守盘旋，秦中大旱赤地，昆明水竭。明年，姚兴死，二子交兵。三年，国灭。

　　齐永明九年八月十四日，火星应退在昴三度，先历在毕；二十一日始逆行，北转，垂及立冬，形色弥盛。魏永平四年八月癸未，荧惑在氐，夕伏西方，亦先期五十余日，虽时历疏阔，不宜若此。

　　隋大业九年五月丁丑，荧惑逆行入南斗，色赤如血，大如三斗器，光芒震耀，长七八尺，于斗中句已而行，亦天变所未有也。后杨玄感反，天下大乱。

　　故五星留逆伏见之效，表里盈缩之行，皆系之于时，而象之于政。政小失则小变，事微而象微，事章而象章。已示吉凶之象，则又变行，袭其常度。不然，则皇天何以阴骘下民，警悟人主哉！

　　近代算者昧于象，占者迷于数，睹五星失行，皆谓之历舛。虽七曜循轨，犹或谓之天灾。终以数象相蒙，两丧其实。故较历必稽古今注记，入气均而行度齐，上下相距，反复相求。苟独异于常，则失行可知矣。

　　凡二星相近，多为之失行。三星以上，失度弥甚。《天竺历》以《九执》之情，皆有所好恶。遇其所好之星，则趣之行疾，舍之行迟。

　　张子信历辰星应见不见术，晨夕去日前后四十六度内，十八度外，有木、火、土、金一星者见，无则不见。张胄玄历，朔望在交限，有星伏在日下，木、土去见十日外，火去见四十日外，金去见二十二日外者，并不加减差，皆精气相感使然。

　　夫日月所以著尊卑不易之象，五星所以示政教从时之义。故日月之失行也，微而少；五星之失行也，著而多。今略考常数，以课疏密。

《略例》曰：其入气加减，亦自张子信始，后人莫不遵用之。原始要终，多有不叶。今较《麟德历》，荧惑、太白见伏行度过与不及，荧惑凡四十八事，太白二十一事。余星所差，盖细不足考。且盈缩之行，宜与四象潜合，而二十四气加减不均。更推易数而正之，又各立岁差，以究五精运周二十八舍之变。较史官所记，岁星二十七事，荧惑二十八事，镇星二十一事，太白二十二事，辰星二十四事，《开元历》课皆第一云。

至肃宗时，山人韩颖上言《大衍历》或误。帝疑之，以颖为太子宫门郎，直司天台。又损益其术，每节增二日，更名《至德历》，起乾元元年用之，讫上元三年。

唐书卷二八上
志第一八上

历四上

　　《开元大衍历》演纪上元阏逢困敦之岁，距开元十二年甲子，积九千六百九十六万一千七百四十算。

一曰步中朔术

通法三千四十。
策实百一十一万三百四十三。
揲法八万九千七百七十三。
减法九万一千二百。
策余万五千九百四十三。
用差万七千一百二十四。
挂限八万七千一十八。
三元之策十五，余六百六十四，秒七。
四象之策二十九，余千六百一十三。
中盈分千三百二十八，秒十四。
朔虚分千四百二十七。
象统二十四。
　　以策实乘积算，曰中积分。盈通法得一，为积日。爻数去之，余起甲子算外，得天正中气。凡分为小余，日为大余。加三元之策，得

次气。凡率相因加者,下有余秒,皆以类相从。而满法迭进,用加上位。日盈
爻数去之。

　　以揲法去中积分,不尽曰归余之挂。以减中积分,为朔积分。如
通法为日,去命如前,得天正经朔。加一象之日七、余千一百六十三
少,得上弦。倍之,得望。参之,得下弦。四之,是谓一揲,得后月朔。
凡四分,一为少,三为太。综中盈、朔虚分,累益归余之挂,每其月闰
衰。凡归余之挂五万六千七百六十以上,其岁有闰。因考其闰衰,满挂限以
上,其月合置闰。或以进退,皆以定朔无中气裁焉。

　　凡常气小余不满通法、如中盈分之半已下者,以象统乘之,内
秒分,参而伍之,以减策实;不尽,如策余为日。命常气初日算外,得
没日。凡经朔小余不满朔虚分者,以小余减通法,余倍参伍乘之,用
减灭法;不尽,如朔虚分为日。命经朔初日算外,得灭日。

二曰发敛术

天中之策五,余二百二十一,秒三十一;秒法七十二。
地中之策六,余二百六十五,秒八十六;秒法百二十。
贞悔之策三,余百三十二,秒百三。
辰法七百六十。
刻法三百四。

　　各因中节命之,得初候。加天中之策,得次候。又加,得末候。
因中气命之,得公卦用事。以地中之策累加之,得次卦,若以贞悔之
策加候卦,得十有二节之初外卦用事。因四立命之,得春木、夏火、
秋金、冬水用事。以贞悔之策减季月中气,得土王用事。凡相加减而
秒母不齐,当令母互乘子,乃加减之;母相乘为法。

常气月中节,四正卦	初候	次候	末候	始卦	中卦	终卦
冬至十一月中,坎初六	丘蚓结	麋角解	水泉动	公中孚	辟复	侯屯内
小寒十二月节,坎九二	雁北乡	鹊始巢	野鸡始雊	侯屯外	大夫谦	卿睽
大寒十二月中,坎六三	鸡始乳	鸷鸟厉疾	水泽腹坚	公升	辟临	侯小过内
立春正月节,坎六四	东风解冻	蛰虫始振	鱼上冰	侯小过外	大夫蒙	卿益
雨水正月中,坎九五	獭祭鱼	鸿雁来	草木萌动	公渐	辟泰	侯需内
惊蛰二月节,坎上六	桃始华	仓庚鸣	鹰化为鸠	侯需外	大夫随	卿晋
春分二月中,震初九	玄鸟至	雷乃发声	始电	公解	辟大壮	侯豫内
清明三月节,震六二	桐始华	田鼠化为鴽	虹始见	侯豫外	大夫讼	卿蛊
谷雨三月中,震六三	萍始生	鸣鸠拂其羽	戴胜降于桑	公革	辟史	侯旅内
立夏四月节,震九四	蝼蝈鸣	丘蚓出	王瓜生	侯旅外	大夫师	卿比
小满四月中,震六五	苦菜秀	靡草死	小暑至	公小畜	辟乾	侯大有内
芒种五月节,震上六	螳螂生	鵙始鸣	反舌无声	侯大有外	大夫家人	卿井
夏至五月中,离初九	鹿角解	蜩始鸣	半夏生	公咸	辟姤	侯鼎内

小暑六月 节,离六二	温风至	蟋蟀居壁	鹰乃学习	侯鼎外	大夫丰	卿涣
大暑六月 中,离九三	腐草为萤	土润溽暑	大雨时行	公履	辟遁	侯恒内
立秋七月 节,离九四	凉风至	白露降	寒蝉鸣	侯恒外	大夫节	卿同人
处暑七月 中,离六五	鹰祭鸟	天地始肃	禾乃登	公损	辟否	侯巽内
白露八月 节,离上九	鸿雁来	玄鸟归	群鸟养羞	侯巽外	大夫萃	卿大畜
秋分八月 中,兑初九	雷乃收声	蛰虫培户	水始涸	公贲	辟观	侯归妹内
寒露九月 节,兑九二	鸿雁来宾	雀入大水 为蛤	菊有黄华	侯归妹 外	大夫无妄	卿明夷
霜降九月 中,兑六三	豺乃祭兽	草木黄落	蛰虫咸俯	公困	辟剥	侯艮内
立冬十月 节,兑九四	水始冰	地始冻	野鸡入水 为蜃	侯艮外	大夫既济	卿噬嗑
小雪十月 中,兑九五	虹藏不见	天气上腾 地气下降	闭塞而成 冬	公大过	辟坤	侯未济内
大雪十一 月节,兑上六	鹖鸟不鸣	虎始交	荔挺生	侯未济 外	大夫蹇	卿颐

　　各以通法约其月闰衰,为日,得中气去经朔日算。求卦、候者,各以天、地之策,累加减之。凡发敛加时,各置其小余,以六爻乘之,如辰法而一,为半辰之数。不尽者,三约为分。分满刻法为刻。若令满象积为刻者,即置不尽之数,十之,十九而一,为分。命辰起子半算外。

三曰步日躔术

乾实百一十一万三百七十九太。
周天度三百六十五，虚分七百七十九太。
岁差三十六太。

定气	盈缩分	先后数	损益率	朓朒积
冬至	盈二千三百五十三	先端	益百七十六	朒初
小寒	盈千八百四十五	先二千三百五十三	益百三十八	朒百七十六
大寒	盈千三百九十	先四千一百九十八	益百四	朒三百一十四
立春	盈九百七十六	先五千五百八十八	益七十三	朒四百一十八
雨水	盈五百八十八	先六千五百六十四	益四十四	朒四百九十一
惊蛰	盈二百一十四	先七千一百五十二	益十六	朒五百三十五
春分	缩二百一十四	先七千三百六十六	损十六	朒五百五十一
清明	缩五百八十八	先七千一百五十二	损四十四	朒五百三十五
谷雨	缩九百七十六	先六千五百六十四	损七十三	朒四百九十一
立夏	缩千三百九十	先五千五百八十八	损百四	朒四百一十八

小满	缩千八百四十五	先四千一百九十八	损百三十八	朒三百一十四
芒种	缩二千三百五十三	先二千三百五十三	损百七十六	朒百七十六
夏至	缩二千三百五十三	后端	益百七十六	朓初
小暑	缩千八百四十五	后二千三百五十三	益百三十八	朓百七十六
大暑	缩千三百九十	后四千一百九十八	益百四	朓三百一十四
立秋	缩九百七十六	后五千五百八十八	益七十三	朓四百一十八
处暑	缩五百八十八	后六千五百六十四	益四十四	朓四百九十一
白露	缩二百一十四	后七千一百五十二	益十六	朓五百三十五
秋分	盈二百一十四	后七千三百六十六	损十六	朓五百五十一
寒露	盈五百八十八	后七千一百五十二	损四十四	朓五百三十五
霜降	盈九百七十六	后六千五百六十四	损七十三	朓四百九十一
立冬	盈千三百九十	后五千五百八十八	损百四	朓四百一十八
小雪	盈千八百四十五	后四千一百九十八	损百三十八	朓三百一十四
大雪	盈二千三百五十三	后二千三百五十三	损百七十六	朓百七十六

以盈缩分盈减、缩加三元之策，为定气所有日及余。乃十二乘日，又三其小余，辰法约而一，从之，为定气辰数。不尽，十之，又约为分。以所入气并后气盈缩分，倍六爻乘之，综两气辰数除之，为末率。又列二气盈缩分，皆倍六爻乘之，各如辰数而一；以少减多，余为气差。至后以差加末率，分后以差减末率，为初率。倍气差，亦倍六爻乘之，复综两气辰数除，为日差。半之，以加减初末，各为定率。以日差至后以减、分后以加气初定率，为每日盈缩分。乃驯积之，随所入气日加减气下先后数，各其日定数。其求朓朒仿此。冬至后为阳复，在盈加之，在缩减之；夏至后为阴复，在缩加之，在盈减之。距四正前一气，在阴阳变革之际，不可相并，皆因前末为初率。以气差至前加之，分前减之，为末率。余依前术，各得所求。其分不满全数，母又每气不同，当退法除之。以百为母，半已上，收成一。冬至、夏至偕得天地之中，无有盈缩。余各以气下先后数先减、后加常气小余，满若不足，进退其日，得定大小余。凡推日月度及轨漏、交蚀，依定气；注历，依常气。以减经朔、弦、望，各其所入日算。若大余不足减，加爻数，乃减之。减所入定气日算一，各以日差乘而半之；前少以加、前多以减气初定率，以乘其所入定气日算及余秒。凡除者，先以母通全，内子，乃相乘；母相乘除之。所得以损益朓朒积，各其入朓朒定数。若非朔望有交者，以十二乘所入日算；三其小余，辰法除而从之；以乘损益率，如定气辰数而一。所得以损益朓朒积，各为定数。

南斗二十六，牛八，婺女十二，虚十，虚分七百七十九太。危十七，营室十六，东壁九，奎十六，娄十二，胃十四，昴十一，毕十七，觜觿一，参十，东井三十三，舆鬼三，柳十五，七星七，张十八，翼十八，轸十七，角十二，亢九，氐十五，房五，心五，尾十八，箕十一，为赤道度。其毕、觜觿、参、舆鬼四宿度数，与古不同。依天以仪测定，用为常数。纮带天中，仪极攸凭，以格黄道。

推冬至岁差所在，每距冬至前后各五度为限，初数十二，每限减一。尽九限，数终于四。当二立之际，一度少强，依平。乃距春分前、秋分后，初限起四，每限增一，尽九限，终于十二，而黄道交复。

计春分后、秋分前,亦五度为限。初数十二,尽九限,数终于四。当二立之际,一度少强,依平。乃距夏至前后,初限起四,尽九限,终于十二。皆累裁之,以数乘限度,百二十而一,得度。不满者,十二除,为分。若以十除,则大分,十二为母,命太、半、少及强、弱。命曰黄赤道差数。二至前后各九限,以差减赤道度,二分前后各九限,以差加赤道度,各为黄道度。

开元十二年,南斗二十三半,牛七半,婺女十一少,虚十,六虚之差十九太。危十七太,营室十七少,东壁九太,奎十七半,娄十二太,胃十四太,昴十一,毕十六少,觜觿一,参九少,东井三十,舆鬼二太,柳十四少,七星六太,张十八太,翼十九少,轸十八太,角十三,亢九半,氐十五太,房五,心四太,尾十七,箕十少,为黄道度,以步日行。月与五星出入,循此。求此宿度,皆有余分,前后辈之成少、半、太、准为全度。若上考往古,下验将来,当据岁差,每移一度,各依术算,使得当时度分,然后可以步三辰矣。

以乾实去中积分;不尽者,盈通法为度。命起赤道虚九,宿次去之,经虚去分,至不满宿算外,得冬至加时日度。以三元之策累加之,得次气加时日度。

以度余减通法;余以冬至日躔距度所入限数乘之,为距前分。置距度下黄赤道差,以通法乘之,减去距前分;余满百二十除,为定差。不满者,以象统乘之,复除,为秒分。乃以定差减赤道宿度,得冬至加时黄道日度。

又置岁差,以限数乘之,满百二十除,为秒分。不尽为小分。以加三元之策,因累裁之。命以黄道宿次,各得定气加时日度。

置其气定小余,副之。以乘其日盈缩分,满通法而一,盈加、缩减其副。用减其日加时度余,得其夜半日度。因累加一策,以其日盈缩分盈加、缩减度余,得每日夜半日度。

四曰步月离术。

转终六百七十万一千二百七十九。

转终日二十七,余千六百八十五,秒七十九。

转法七十六。

转秒法八十。

　　以秒法乘朔积分,盈转终去之;余复以秒法约,为入转分;满通法,为日。命日算外,得天正经朔加时所入。因加转差日一、余二千九百六十七、秒一,得次朔。以一象之策,循变相加,得弦、望。盈转终日及余秒者,去之。各以经朔、弦、望小减之,得其日夜半所入。

转　日	转　　分	列衰	转积度	损益率	朓朒积
一日	九百一十七	进十三	度初	益二百九十七	朒初
二日	九百三十	进十三	十二度五分	益二百五十九	朒二百九十七
三日	九百四十三	进十三	二十四度二十三分	益二百二十	朒五百五十六
四日	九百五十六	进十四	二十六度五十四分	益百八十	朒七百七十六
五日	九百七十	进十四	四十九度二十二分	益百三十九	朒九百五十六
六日	九百八十四	进十六	六十二度四分	益九十七	朒千九十五
七日	千	进十八	七十五度空	初益四十八末损六	朒千一百九十二
八日	千一十八	进十九	八十八度十二分	损六十四	朒千二百三十四
九日	千三十七	进十四	百一度四十二分	损百六	朒千一百七十

十日	千五十一	进十四	百一十五度 十五分	损百四十八	朒千六十四
十一日	千六十五	进十四	百二十九度 二分	损百八十九	朒九百一十六
十二日	千七十九	进十三	百四十三度 三分	损二百二十九	朒七百二十七
十三日	千九十二	进十三	百五十七度 十八分	损二百六十七	朒四百九十八
十四日	千一百五	进十退三	百七十一度 四十六分	初损二百三十一 末益六十六	朒二百三十一
十五日	千一百一十二	退十三	百八十六度 十一分	益二百八十九	朓六十六
十六日	千九十九	退十三	二百度 五十九分	益二百五十	朓三百五十五
十七日	千八十六	退十三	二百一十五度十八分	益二百一十一	朓六百五
十八日	千七十三	退十四	二百二十九度四十分	益百七十一	朓八百一十六
十九日	千五十九	退十四	二百四十三度四十九分	益百三十	朓九百八十七
二十日	千四十五	退十七	二百五十七度四十四分	益八十七	朓千一百一十七
二十一日	千二十八	退十八	二百七十一度二十五分	初益三十六 末损十八	朓千二百四
二十二日	千一十	退十八	二百八十四度六十五分	损七十三	朓千二百二十二
二十三日	九百九十二	退十四	二百九十八度十一分	损百一十六	朓千一百四十九

二十四日	九百七十八	退十四	三百一十一度十五分	损百五十七	朓千三十三
二十五日	九百六十四	退十四	三百二十四度五分	损百九十八	朓八百七十六
二十六日	九百五十	退十三	三百三十六度五十七分	损二百三十七	朓六百七十八
二十七日	九百三十七	退十三	三百四十九度十九分	损二百七十六	朓四百四十一
二十八日	九百二十四	退七进六	三百六十一度四十四分	初损百六十五末益入后	朓百六十五

　　各置朔、弦、望所入转日损益率,并后率而半之,为通率。又二率相减,为率差。前多者,以入余减通法,余乘率差,盈通法得一,并率差而半之;前少者,半入余,乘率差,亦以通法除之:为加时转率。乃半之,以损益加时所入,余为转余。其转余,应益者,减法;应损者,因余:皆以乘率差,盈通法得一,加于通率,转率乘之,通法约之,以朓减、朒加转率,为定率。乃以定率损益朓朒积,为定数。其后无同率者,亦因前率。应益者,以通率为初数,半率差而减之;应损者,即为通率。其损益入余进退日,分为二日,随余初末,如法求之。所得并以损益转率。此术本出《皇极历》,以究算术之微变。若非朔望有交者,直以入余乘损益率,如通法而一,以损益朓朒,为定数。

　　七日:初数二千七百一,末数三百三十九。十四日:初数二千三百六十三,末数六百七十七。二十一日:初数二千二十四,末数千一十六。二十八日:初数千六百八十六,末数千三百五十四。以四象约转终,均得六日二千七百一分。就全数约为九分日之八。各以减法,余为末数。乃四象驯变相加,各其所当之日初末数也。视入转余,如初数已下者,加减损益,因循前率。如初数以上,则反其衰,归于后率云。

　　各置朔、弦、望大小余,以入气、入转朓朒定数,朓减、朒加之,为定朔、弦、望大小余。定朔日名与后朔同者,月大;不同者,小;无中气者,为闰月。凡言夜半,皆起晨前子正之中。若注历,观弦、望定小余,不盈晨初余数者,退一日。其望有交、起亏在晨初已前者,亦如之。又月行九道迟疾,则有三大二小。以日行盈缩累损之,则容有四大三小,理数然也。若俯循常仪,当察加时早晚,随其所近而进退之,使不过三大三小。其正月朔有交、加时正见者,消息前后一两月,以定大小,令亏在晦、二。定朔、弦、望夜半日度各随所直日度及余分命之。乃列定朔、望小余,副之。以乘其日盈缩分,如通法而一,盈加、缩减其副。以加夜半日度,各得加时日度。

凡合朔所交,冬在阴历、夏在阳历,月行青道;冬至、夏至后,青道半交在春分之宿,当黄道东。立冬、立夏后,青道半交在立春之宿,当黄道东南。至所冲之宿,亦如之。冬在阳历,夏在阴历,月行白道;冬至、夏至后,白道半交在秋分之宿,当黄道西。立冬、立夏后,白道半交在立秋之宿,当黄道西北。至所冲之宿,亦如之。春在阳历,秋在阴历,月行朱道;春分、秋分后,朱道半交在夏至之宿,当黄道南。立春、立秋后,朱道半交在立夏之宿,当黄道西南。至所冲之宿,亦如之。春在阴历,秋在阳历,月行黑道。春分、秋分后,黑道半交在冬至之宿,当黄道北。立春、立秋后,黑道半交在立冬之宿,当黄道东北。至所冲之宿,亦如之。四序离为八节,至阴阳之所交,皆与黄道相会,故月有九行。各视月交所入七十二候距交初中黄道日度,每五度为限,亦初数十二,每限减一,数终于四,乃一度强,依平。更从四起,每限增一,终于十二,而至半交,其去黄道六度。又自十二,每限减一,数终于四,亦一度强,依平。更从四起,每限增一,终于十二,复与日轨相会。各累计其数,以乘限度,二百四十而一,得度。不满者,二十四除,为分,若以二十除之,则大分,以十二为母。为月行与黄道差数。距半交前后各九限,以差数为减;距正交前后各九限,以差数为加。此加减出入六度,单与黄道相较之数。若较之赤道,则随气迁变不常。计去冬至、夏至以来候数,乘黄道所差,十八而一,为月行与赤道差数。凡日以赤道内为阴,外为阳;月以黄道内为阴,外为阳。故月行宿度,入春分交后行阴历、秋分交后行阳历,皆为同名。若入春分交后行阳历、秋分交后行阴历,皆为异名。其在同名,以差数为加者,加之;减者,减之。若在异名,以差数为加者,减之;减者,加之。皆以增损黄道度,为九道定度。

各以中气去经朔日算,加其入交泛,乃以减交终,得平交入中气日算。满三元之策去之,余得入后节日算。因求次交者,以交终加之,满三元之策去之,得后平交入气日算。

各以气初先后数先加、后减之,得平交入定气日算。倍六爻乘之,三其小余,辰法除而从之;以乘其气损益率,如定气辰数而一;所得以损益其气朓朒积,为定数。

又置平交所入定气余,加其日夜半入转余,以乘其日损益率,满通法而一,以损益其日朓朒积,交率乘之,交数而一,为定数。乃以入气入转朓朒定数,朓减、朒加平交入气余,满若不足,进退日算,为正交入定气日算。其入定气余,副之,乘其日盈缩分,满通法而一,以盈加、缩减其副,以加其日夜半日度,得正交加时黄道日度。以正交加时度余减通法,余以正交之宿距度所入限数乘之,为距前分。置距度下月道与黄道差,以通法乘之,减去距前分,余满二百四十除,为定差。不满者一退为秒。以定差及秒加黄道度、余,仍计去冬至、夏至已来候数乘定差,十八而一;所得依名同异而加减之,满若不足,进退其度,得正交加时月离九道宿度。

各置定朔、弦、望加时日度,从九道循次相加。凡合朔加时,月行潜在日下,与太阳同度,是谓离象。先置朔、弦、望加时黄道日度,以正交加时所在黄道宿度减之;余以加其正交加道宿度,命起正交宿度算外,即朔、弦、望加时所当九道宿度也。其合朔加时,若非正交,则日在黄道,月在九道,各入宿度虽多少不同,考其去极,若应绳准。故云:月行潜在日下,与太阳同度。以一象之度九十一、余九百五十四、秒二十二半为上弦,兑象。倍之,而与日冲,得望,坎象。参之,得下弦,震象。各以加其所当九道宿度,秒盈象统从余,余满通法从度,得其日加时月度。综五位成数四十,以约度余,为分。不尽者,因为小分。

视经朔夜半入转,若定朔大余有进退者,亦加减转日。否则因经朔为定。累加一日,得次日。各以夜半入转余乘列衰,如通法而一；所得以进加、退减其日转分，为月转定分。满转法，为度。

视定朔、弦、望夜半入转，各半列衰以减转分。退者，定余乘衰，以通法除，并衰而半之；进者，半余乘衰，亦以通法除：皆加所减。乃以定余乘之，盈通法得一，以减加时月度，为夜半月度。各以每日转定分累加之，得次日。若以入转定分，乘其日夜漏，倍百刻除，为晨分。以减转定分，余为昏分。望前以昏、望后以晨加夜半度，各得晨昏月。

交　日	屈　伸　率	屈　伸　积
一　日	屈二十七	积初
二　日	屈十九	积二十七
三　日	屈十三	积四十六
四　日	屈八	积五十九
五　日	屈十三	积六十七
六　日	屈十九	积一度四
七　日	初屈二十　末伸十	积一度二十三
八　日	伸十九	积一度三十六
九　日	伸十三	积一度十七
十　日	伸八	积一度四
十一日	伸十三	积七十二
十二日	伸十九	积五十九
十三日	伸二十七	积四十
十四日	初伸十三　末屈入后	积十三

各视每日夜半入阴阳历交日数，以其下屈伸积，月道与黄道同名者，加之；异名者，减之。各以加减每日晨昏黄道月度，为入宿定度及分。

五曰步轨漏术

爻统千五百二十。
象积四百八十。
辰八刻百六十分。
昏、明二刻二百四十分。

定气	陟降率	消息衰	阳城日晷	漏刻	黄道去极度	距中星度
冬至	降七十八	息空六十四	丈二尺七寸一分五十	二十七刻二百三十分	百一十七度二十分	八十二度二十六分
小寒	降七十二	息十一九十一	丈二尺二寸二分七十七	二十七刻百三十五分	百一十一度三十五分	八十二度九十一分
大寒	降五十三	息二十二四十二	丈一尺二寸一分八十二	二十六刻三百八十分	百一十一度九十分	八十四度七十七分
立春	降三十四	息三十二三十五	九尺七寸三分五十一	二十五刻四百七十五分	百八度五分	八十七度七十分
雨水	降初限七十八	息三十五七十八	八尺二寸一分六	二十四刻四百七十分	百三度二十分	九十一度三十九分
惊蛰	降一五十	息三十九五十	六尺七寸三分八十四	二十三刻三百六十分	九十七度三十分	九十五度八十八分
春分	陟五	息三十九六十五	五尺四寸三分三十九	二十二刻二百三十分	九十一度三十分	百度四十四分五十
清明	陟初限一	息三十八八十九	四尺三寸二分十一	二十一刻百二十分	八十五度三十分	百五度一分

谷雨	陟三十二	息三十三五十六	三尺三寸十七四	二十刻十分	七十九度三十分	百九度五十分
立夏	陟五十二	息二十八三十八	二尺五寸三分三十一	十九刻五分	七十四度五十五分	百十三度十九分
小满	陟六十三	息二十十二	尺九寸五分七十六	十八刻百分	七十度七十分	百一十六度十二分
芒种	陟六十四	息十十二	尺六寸三	十七刻三百三十五	六十八度二十五分	百一十七度九十八分
夏至	降六十四	消空五十二	尺四寸七分七十九	十七刻二百五十分	六十七度四十分	百一十八度六十三分
小暑	降六十三	消十七十六	尺六寸三	十七刻三百三十五分	六十八度二十五分	百一十七度九十八分
大暑	降五十二	消二十七十五	尺九寸五分七十六	十八刻百分	七十度七十分	百一十六度十二分
立秋	降三十二	消二十八九十	二尺五寸三分三十一	十九刻五分	七十四度五十五分	百一十三度十九分
处暑	降初限九十九	消三十四五十五分	三尺三寸十七四	二十刻十分	七十九度三十分	百九度五十分
白露	降五	消三十八九十	四尺三寸二分十一	二十一刻百二十分	八十五度三十分	百五度一分
秋分	陟一	消三十九六十六	五尺四寸三分十九	二十二刻二百三十分	九十一度三十分	百度四十四分五十
寒露	陟初限一	消三十九五十	六尺七寸三分八十四	二十三刻三百六十分	九十七度三十分	九十五度八十八分
霜降	陟三十四	消二十四九十八	八尺二寸一分六	二十四刻四百七十分	百三度二十分	九十一度三十九分
立冬	陟五十三	消二十九七十二	九尺七寸三分五十一	二十五刻四百七十五分	百八度五分	八十七度七十分
小雪	陟七十二	消二十一七十	丈一尺二寸一分八十二	二十六刻三百八十分	百一十一度九十分	八十四度七十七分

大雪	陟七十八	消十一十三	丈二尺二寸二分七十七	二十七刻百三十五分	百一十四度三十五分	八十二度九十一分

　　各置其气消息衰,依定气所有日,每以陟降率陟减、降加其分,满百从衰,各得每日消息定衰。其距二分前后各一气之外,陟降不等,皆以三日为限。雨水初日,降七十八。初限,日损十二。次限,日损八。次限,日损三。次限,日损二。次限,日损一。清明初日,陟一。初限,日益一。次限,日益二。次限,日益三。次限,日益八。末限,日益十九。处暑初日,降九十九。初限,日损十九。次限,日损八。次限,日损三。次限,日损二。末限,日损一。寒露初日,陟一。初限,日益一。次限,日益二。次限,日益三。次限,日益八。末限,日益十二。各置初日陟降率,依限次损益之,为每日率。乃递以陟减、降加气初消息衰,各得每日定衰。

　　南方戴日之下,正中无晷。自戴日之北一度,乃初数千三百七十九。自此起差,每度增一,终于二十五度,计增二十六分。又每度增二,终于四十度。又每度增六,终于四十四度,增六十八。又每度增二,终于五十度。又每度增七,终于五十五度。又每度增十九,终于六十度,增百六十。又每度增三十三,终于六十五度。又每度增三十六,终于七十度。又每度增三十九,终于七十二度,增二百六十。又度增四百四十,又度增千六十。又度增千八百六十。又度增二千八百四十。又度增四千。又度增五千三百四十。各为每度差。因累其差,以递加初数,满百为分,分十为寸,各为每度晷差。又累其晷差,得戴日之北每度晷数。

　　各置其气去极度,以极去戴日度五十六及分八十二半减之,得戴日之北度数。各以其消息定衰所直之晷差,满百为分,分十为寸,得每日晷差。乃递以息减、消加其气初晷数,得每日中晷常数。

　　以其日所在气定小余,夊统减之,余为中后分。不足减,反相减,为中前分。以其晷差乘之,如通法而一,为变差。以加减中晷常数,冬至后,中前以差减,中后以差加。夏至后,中前以差加,中后以差减。冬至一日，有减无加。夏至一日，有加无减。得每日中晷定数。

又置消息定衰，满象积为刻，不满为分。各递以息减、消加其气初夜半漏，得每日夜半漏定数。其全刻，以九千一百二十乘之，十九乘刻分从之，如三百而一，为晨初余数。

各倍夜半漏，为夜刻。以减百刻，余为昼刻。减昼五刻以加夜，即昼为见刻，夜为没刻。半没刻加半辰，起子初算外，得日出辰刻。以见刻加而命之，得日入。置夜刻，五而一，得每更差刻。又五除之，得每筹差刻。以昏刻加日入辰刻，得甲夜初刻。又以更筹差加之，得五夜更筹所当辰。其夜半定漏，亦名晨初夜刻。

又置消息定衰，满百为度，不满为分。各递以息减、消加气初去极度，各得每日去极定数。

又置消息定衰，以万二千三百八十六乘之，如万六千二百七十七而一，为度差。差满百为度。各递以息加、消减其气初距中度，得每日距中度定数。倍之，以减周天，为距子度。

置其日赤道日度，加距中度，得昏中星。倍距子度，以加昏中星，得晓中星。命昏中星为甲夜中星，加每更差度，得五夜中星。

凡九服所在，每气初日中晷常数不齐。使每气去极度数相减，各为其气消息定数。因测其地二至日晷，测一至可矣，不必兼要冬夏。于其戴日之北每度晷数中，较取长短同者，以为其地戴日北度数及分。每气各以消息定数加减之，因冬至后者，每气以减。因夏至后者，每气以加。得每气戴日北度数。各因所直度分之晷数，为其地每定气初日中晷常数。其测晷有在表南者，亦据其晷尺寸长短与戴日北每度晷数同者，因取其所直之度，去戴日北度数。反之，为去戴日南度。然后以消息定数加减之。

二至各于其地下水漏以定当处昼夜刻数，乃相减，为冬夏至差刻。半之，以加减二至昼夜刻数，为定春秋分初日昼夜刻数。乃置每气消息定数。以当处差刻数乘之，如二至去极差度四十七分，八十而一，所得依分前后加减初日昼夜漏刻，各得余定气初日昼夜漏刻。

　　置每日消息定衰,亦以差刻乘之,差度而一,所得以息减、消加其气初漏刻,得次日。其求距中度及昏明中星日出入,皆依阳城法求之。仍以差刻乘之,差度而一,为今有之数。若置其地春秋定日中晷常数与阳城每日晷数,较其同者,因其日夜半漏亦为其地定春秋分初日夜半漏。求余定气初日,亦以消息定数依分前后加减刻分,春分后以减,秋分后以加。满象积为刻。求次日,亦以消息定衰,依阳城术求之。此术究理,大体合通。然高山平川,视日不等。较其日晷,长短乃同。考其水漏,多少殊别。以兹参课,前术为审。

唐书卷二八下
志第一八下

历四下

六曰步交会术

终数八亿二千七百二十五万一千三百二十二。

交终日二十七,余六百四十五,秒三千三百二十二。

中日十三,余千八百四十二,秒五千六百六十一。

朔差日二,余九百六十七,秒八千六百七十八。

望差日一,余四百八十三,秒九千三百三十九。

望数日十四,余二千三百二十六,秒五十。

交限日十二,余千三百五十八,秒六千三百二十二。

交率三百四十三。

交数四千三百六十九。

交秒法一万。

以交数去朔积分;不尽,以秒法乘之,盈交数又去之;余如秒法而一,为入交分。满通法为日,命日算外,得天正经朔加时入交泛日及余。因加朔差,得次朔。以望数加朔,得望。若以经朔望小余减之,各得夜半所入。累加一日,得次日。加之满交终,去之。各以其日入气朓朒定数,朓减、朒加交泛,为入交常日及余。又以交率乘其日入转朓朒定数,如交数而一,以朓减、朒加入交常,为入交定日及余。各如中日已下者,为月入阳历;已上者,去之,余为月入阴历。

阴阳历

爻目　　加减率	阴阳积	月去黄道度
少阳 少阴　初　加百八十七	阳 阴　初	空
少阳 少阴　二　加百七十一	阳 阴　百八十七	一度六十七分
少阳 少阴　三　加百四十七	阳 阴　三百五十八	二度百一十八分
少阳 少阴　四　加百一十五	阳 阴　五百五	四度二十五分
少阳 少阴　五　加七十五	阳 阴　六百二十	五度二十分
少阳 少阴　上　加二十七	阳 阴　六百九十五	五度九十五分
老阳 老阴　初　减二十七	阳 阴　七百二十二	六度二分
老阳 老阴　二　减七十五	阳 阴　六百九十五	五度九十五分
老阳 老阴　三　减百一十五	阳 阴　六百二十	五度二十分
老阳 老阴　四　减百四十七	阳 阴　五百五	四度二十五分
老阳 老阴　五　减百七十一	阳 阴　三百五十八	二度百一十八分
老阳 老阴　上　减百八十七	阳 阴　百八十七	一度六十七分

　　以其爻加减率与后爻加减率相减,为前差。又以后爻率与次后爻率相减,为后差。二差相减,为中差。置所在爻并后爻加减率,半中差以加而半之,十五而一,为爻末率,因为后爻初率。每以本爻初、末率相减,为爻差。十五而一,为度差。半之,以加减初率,少象减之,老象加之。为定初率。每以度差累加减之,少象以差减,老象以差加。各得每岁加减定分。乃循积其分,满百二十为度,各为月去黄道数及分。其四象初爻无初率,上爻无末率,皆倍本爻加减率,十五而一。所得,各以初、末率减之,皆互得其率。

　　各置夜半入转,以夜半入交定日及余减之,不足减,加转终。余为定交初日夜半入转。乃以定交初日与其日夜半入余,各乘其日转定分,如通法而一,为分。满转法,为度。各以加其日转积度分,乃相减,所余为其日夜半月行入阴阳度数。转求次日,以转定分加之。以一象之度九十除之,若以少象除之,则兼除差度一、度分百六、大分十三、小分十四。讫,然后以次象除之。所得以少阳、老阳、少阴、老阴为次,起少阳算外,得所入象度数及分。先以三十乘阴阳度分,十九而一,为度分。不尽,以十五乘、十九除,为大分。不尽者,又乘,又除,为小分。然后以象度及分除之。乃以一爻之度十五除之,得所入爻度数及分。其月行少象初爻之内及老象上爻之中,皆沾黄道。当朔望,则有亏蚀。

　　凡入交定如望差已下,交限已上,为入蚀限。望入蚀限,则月蚀。朔入蚀限,月在阴历,则日蚀。如望差已下,为交后。交限已上,以减交中,余为交前。置交前后定日及余,通之,为去交前后定分。十一乘之,二千六百四十三除,为去交度数。不尽,以通法乘之,复除为余。大抵去交十三度已上,虽入蚀限,为涉交数微,光景相接,或不见蚀。望去交分七百七十九已下者,皆既。已上者,以定交分减望差,余以百八十三约之,命以十五为限,得月蚀之大分。

　　月在阴历,初起东南,甚于正南,复于西南。月在阳历,初起东北,甚于正北,复于西北。其蚀十二分已上者,起于正东,复于正西。此据午正而论之。余各随方面所在,准此取正。

　　凡月蚀之大分五已下,因增三。十已下,因增四。十已上,因增五。其去交定分五百二十已下，又增半。二百六十已下，又增半。各为泛用刻率。

定　气	增　损　差	差　　积
冬　至	增十	积初
小　寒	增十五	积十
大　寒	增二十	积二十五
立　春	增二十五	积四十五
雨　水	增三十	积七十
惊　蛰	增三十五	积百
春　分	增四十	积百三十五
清　明	增四十五	积百七十五
谷　雨	增五十	积二百二十
立　夏	增五十五	积二百七十
小　满	增六十	积三百二十五
芒　种	增六十五	积三百八十五
夏　至	损六十五	积四百五十
小　暑	损六十	积三百八十五
大　暑	损五十五	积三百二十五
立　秋	损五十	积二百七十
处　暑	损四十五	积二百二十
白　露	损四十	积百七十五

秋　分	损三十五	积百三十五
寒　露	损三十	积百
霜　降	损二十五	积七十
立　冬	损二十	积四十五
小　雪	损十五	积二十五
大　雪	损十	积十

以所入气并后气增损差，倍六爻乘之，综两气辰数除之，为气末率。又列二气增损差，皆倍六爻乘之，各如辰数而一；少减多，余为气差。加减末率，冬至后以差减，夏至后以差加。为初率。倍气差，综两气辰数除，为日差。半之，加减初、末，为定率。以差累加减气初定率，冬至后以差加，夏至后以差减。为每日增损差。乃循积之，随所入气日增损气下差积，各其日定数。其二至之前一气，皆后无同差，不可相并，各因前末为初率。以气差冬至前减、夏至前加为末率。

阴历蚀差千二百七十五，蚀限三千五百二十四，或限三千六百五十九。阳历蚀限百三十五，或限九百七十四。以蚀朔所入气日下差积，阴历减之，阳历加之，各为朔定差及定限。朔在阴历，去交定分满蚀定差已上者，为阴历蚀。不满者，虽在阴历，皆类同阳历蚀。其去交定分满定限已下者，的蚀。或限已下者，或蚀。

阴历蚀者，置去交定分，以蚀定差减之，余百四已下者，皆蚀既。已上者，以百四减之。余以百四十三约之。其入或限者，以百五十二约之。半已下，为半弱。半已上，为半强。以减十五，余为日蚀之大分。其同阳历蚀者，其去交定分少于蚀定差六十已下者，皆蚀既。已上者，以阳历蚀定限加去交分，以九十约之。其阳历蚀者，置去交定分，亦以九十约之。入或限者，以百四十三约之。皆半已下，为半弱。半已上，为半强。命之，以十五为限，得日蚀之大分。

月在阴历，初起西北，甚于正北，复于东北。月在阳历，初起西南,甚于正南,复于东南。其蚀十二分已上,皆起于正西,复于正东。

凡日蚀之大分,皆因增二。其阴历去交定分多于蚀定差七十已下者,又增;三十五已下者,又增半。其同阳历去交定分少于蚀定差二十已下者,又增半;四已下者,又增少。各为泛用刻率。

置去交定分,以交率乘之,二十乘交数除之;其月道与黄道同名者,以加朔望定小余;异名者,以减朔、望定小余:为蚀定余。如求发敛加时术入之,得蚀甚辰刻。

各置泛用刻率,副之。以乘其日入转损益率,如通法而一。所得,应朒者,依其损益;应朓者,损加、益减其副:为定用刻数。半之,以减蚀甚辰刻,为亏初;以加蚀甚辰刻,为复末。其月蚀,置定用刻数,以其日每更差刻除,为更数。不尽,以每筹差刻除,为筹数。综之为定用更筹。乃累计日入后至蚀甚辰刻,置之,以昏刻加日入辰刻减之,余以更筹差刻除之。所得命以初更筹算外,得蚀甚更筹。半定用更筹减之,为亏初;加之为复末。按天竺俱摩罗所传断日蚀法,日躔郁车宫者,的蚀。其余据日所在宫,火星在前三及后五之宫,并伏在日下,则不蚀。若五星皆见,又水在阴历及三星已上同聚一宿则亦不蚀。凡星与日别宫或别宿则易断,若同宿则难。天竺所云十二宫,即中国之十二次。郁车宫者,降娄之次也。

九服之地,蚀差不同。先测其地二至及定春秋中晷长短,与阳城每日中晷常数较取同者,各因其日蚀差为其地二至及定春秋分蚀差。

以夏至差减春分差,以春分差减冬至,各为率。并二率,半之,六而一,为夏率。二率相减,六而一,为总差。置总差,六而一,为气差。半气差,以加夏率,又以总差减之,为冬率。冬率即冬至率。每以气差加之,各为每气定率。乃循积其率,以减冬至蚀差,各得每气初日蚀差。求每日,如阳城法求之。若戴日之南,当计所在地,皆反用之。

七曰步五星术

岁星

终率百二十一万二千五百七十九,秒六。

终日三百九十八,余二千六百五十九,秒六。

变差三十四,秒十四。

象算九十一,余二百三十八,秒五十七,微分十二。

爻算十五,余百六十六,秒四十二,微分八十二。

荧惑

终率二百三十七万一千三,秒八十六。

终日七百七十九,余二千八百四十三,秒八十六。

变差三十二,秒二。

象算九十一,余二百三十八,秒四十三,微分八十四。

爻算十五,余百六十六,秒四十,微分六十二。

镇星

终率百一十四万九千三百九十九,秒九十八。

终日三百七十八,余二百七十九,秒九十八。

变差二十二,秒九十二。

象算九十一,余二百三十七,秒八十七。

爻算十五,余百六十六,秒三十一,微分十六。

太白

终率百七十七万五千三十,秒十二。

终日五百八十三,余二千七百一十一,秒十二。

中合日二百九十一,余二千八百七十五,秒六。

变差三十,秒五十三。

象算九十一,余二百三十八,秒三十四,微分五十四。

爻算十五,余百六十六,秒三十九,微分九。

辰星

终率三十五万二千二百七十九,秒七十二。

终日百一十五,余二千六百七十九,秒七十二。

中合日五十七,余二千八百五十九,秒八十六。

变差百三十六,秒七十八。

象算九十一,余二百四十四,秒九十八,微分六十。

爻算十五,余百六十七,秒四十九,微分七十四。

辰法七百六十。

秒法一百。

微分法九十六。

　　置中积分,以冬至小余减之,各以其星终率去之,不尽者返以减终率;余满通法为日,得冬至夜半后平合日算。

　　各以其星变差乘积算,满乾实去之;余满通法,为日。以减平合日算,得入历算数。皆四约其余,同于辰法。乃以一象之算除之,以少阳、老阳、少阴、老阴为次,起少阳算外。余以一爻之算除之;所得命起其象初爻算外,得所入爻算数。

　　五星爻象历

岁星	少阳 少阴 初	益七百七十三	进退 积空
	少阳 少阴 二	益七百二十一	进退 七百七十三
	少阳 少阴 三	益六百三十	进退 千四百九十四
	少阳 少阴 四	益五百	进退 二千一百二十四
	少阳 少阴 五	益三百三十一	进退 二千六百二十四
	少阳 少阴 上	益百二十三	进退 二千九百五十五

	老阳 老阴 初	损百二十三	进 退 三千七十八
	老阳 老阴 二	损三百三十一	进 退 二千九百五十五
	老阳 老阴 三	损五百	进 退 二千六百二十四
	老阳 老阴 四	损六百三十	进 退 二千一百二十四
	老阳 老阴 五	损七百二十一	进 退 千四百九十四
	老阳 老阴 上	损七百七十三	进 退 七百七十三
荧惑	少阳 少阴 初	益千二百三十七	进 退 积空
	少阳 少阴 二	益千一百四十三	进 退 千二百三十七
	少阳 少阴 三	益九百九十一	进 退 二千三百八十
	少阳 少阴 四	益七百八十一	进 退 三千三百七十一
	少阳 少阴 五	益五百一十三	进 退 四千一百五十二
	少阳 少阴 上	益百八十七	进 退 四千六百六十五
	老阳 老阴 初	损百八十七	进 退 四千八百五十二
	老阳 老阴 二	损五百一十三	进 退 四千六百六十五

	老阳 老阴 三	损七百八十一	进 退 四千一百五十二
	老阳 老阴 四	损九百九十一	进 退 三千三百七十一
	老阳 老阴 五	损千一百四十三	进 退 二千三百八十
	老阳 老阴 上	损千二百三十七	进 退 千二百三十七
镇星	少阳 少阴 初	益千六百八十四	进 退 积空
	少阳 少阴 二	益千五百四十四	进 退 千六百八十四
	少阳 少阴 三	益千三百三十	进 退 三千二百二十八
	少阳 少阴 四	益千四十二	进 退 四千五百五十八
	少阳 少阴 五	益六百八十	进 退 五千六百
	少阳 少阴 上	益二百四十四	进 退 六千二百八十
	老阳 老阴 初	损二百四十四	进 退 六千五百二十四
	老阳 老阴 二	损六百八十	进 退 六千二百八十
	老阳 老阴 三	损千四十二	进 退 五千六百
	老阳 老阴 四	损千三百三十	进 退 四千五百五十八

	老阳 老阴 五	损千五百四十四	进 退 三千二百二十八
	老阳 老阴 上	损千六百八十四	进 退 千六百八十四
太白	少阳 少阴 初	益二百五十五	进 退 积空
	少阳 少阴 二	益二百三十一	进 退 二百五十五
	少阳 少阴 三	益百九十八	进 退 四百八十六
	少阳 少阴 四	益百五十六	进 退 六百八十四
	少阳 少阴 五	益百五	进 退 八百四十
	少阳 少阴 上	益四十五	进 退 九百四十五
	老阳 老阴 初	损四十五	进 退 九百九十
	老阳 老阴 二	损百五	进 退 九百四十五
	老阳 老阴 三	损百五十六	进 退 八百四十
	老阳 老阴 四	损百九十八	进 退 六百八十四
	老阳 老阴 五	损二百三十一	进 退 四百八十六
	老阳 老阴 上	损二百五十五	进 退 二百五十五

辰星	少阳少阴 初	益六百四十三	进退 积空
	少阳少阴 二	益五百八十五	进退 六百四十三
	少阳少阴 三	益五百一	进退 千二百二十八
	少阳少阴 四	益三百九十一	进退 千七百二十九
	少阳少阴 五	益二百五十五	进退 二千一百二十
	少阳少阴 上	益九十三	进退 二千三百七十五
	老阳老阴 初	损九十三	进退 二千四百六十八
	老阳老阴 二	损二百五十五	进退 二千三百七十五
	老阳老阴 三	损三百九十一	进退 二千一百二十
	老阳老阴 四	损五百一	进退 千七百二十九
	老阳老阴 五	损五百八十五	进退 千二百二十八
	老阳老阴 上	损六百四十三	进退 六百四十三

　　以所入爻与后爻损益率相减，为前差。又以后爻与次后爻损益率相减，为后差。二差相减，为中差。置所入爻并后爻损益率，半中差以加之，九之，二百七十四而一，为爻末率，因为后爻初率。皆因

前爻末率，以为后爻初率。初、末之率相减，为爻差。倍爻差，九之，二百七十四而一，为算差。半之，加减初、末，各为定率。以算差累加减爻初定率，少象以差减，老象以差加。为每算损益率。循累其率，随所入爻损益其下进退积，各得其算定数。其四象初爻无初率，上爻无末率，皆置本爻损益率四而九之，二百七十四得一，各以初、末率减之，皆互得其率。

　　各置其星平合所入爻之算差，半之，以减其入算损益率。损者，以所入余乘差，辰法除，并差而半之；益者，半入余，乘差，亦辰法除：皆加所减之率。乃以入余乘之，辰法而一；所得以损益其算下进退，各为平合所入定数。

　　置进退定数，金星则倍置之。各以合下乘数乘之，除数除之；所得满辰法为日，以进加、退减平合日算，先以四约平合余，然后加减。为常合日算。

　　置常合日先后定数，四而一，以先减、后加常合日算，得定合日算。又四约盈缩分，以定合余乘之，满辰法而一；所得以盈加、缩减其定余，加其日夜半日度，为定合加时星度。

　　又置定合日算，以冬至大小余加之，天正经朔大小余减之。其至朔小余，皆先以四约之。若大余不足减，又以爻数加之，乃减之。余满四象之策除，为月数。不尽者，为入朔日算。命月起天正、日起经朔算外，得定合月、日。视定朔与经朔有进退者，亦进减、退加一日为定。

　　置常合及定合应加减定数，同名相从，异名相消；乃以加减其平合入爻算，满若不足，进退爻算，得定合所入。乃以合后诸变历度累加之，去命如前，得次变初日所入。如平合求进退定数，乃以乘数乘之，除数除之，各为进退变率。

　　五星变行日中率、度中率、差行损益率、历度乘数、除数。

　　岁星

　　合后伏：十七日三百三十二分，行三度三百三十二分。先迟，二日益疾九分。历，一度三百五十七分。乘数三百五十，除数二百八十一。

　　前顺：百一十二日，行十八度六百五十六分。先疾，五日益迟六

分。历,九度三百三十七分。<small>乘数三百五十,除数二百八十一。</small>

前留:二十七日。历,二度二百二十分。<small>乘数二百六十七,除数二百二十一。</small>

前退:四十三日,退五度三百六十九分。先迟,六日益疾十一分。历,三度四百七十五分。<small>乘数四百七十,除数四百三。</small>

后退:四十三日,退五度三百六十九分。先迟,六日益迟十一分。历,三度四百七十五分。<small>乘数五百一十,除数四百六十七。</small>

后留:二十七日。历,三度二百一十分。<small>乘数二百七十,除数二百二十二。</small>

后顺:百一十二日,行十八度六十五分。先迟,五日益疾六分。历,九度三百三十七分。<small>乘数二百六十七,除数二百二十七。</small>

合前伏:十七日三百三十二分,行三度三百三十二分。先疾,二日益迟九分。历,一度三百五十八分。<small>乘数三百五十,除数二百八十一。</small>

荧惑

合后伏:七十一日七百三十五分,行五十四度七百三十五分。先疾,五日益迟七分。历,三十八度二百一分。<small>乘数百二十七,除数三十。</small>

前疾:二百一十四日,行百三十六度。先疾,九日益迟四分。历,百一十三度五百九十六分。<small>乘数百二十七,除数三十。</small>

前迟:六十日,行二十五度。先疾,日益迟四分。历,三十一度六百八十五分。<small>乘数二百三,除数五十四。</small>

前留:十三日。历,六度六百九十三分。<small>乘数二百三,除数五十四。</small>

前退:三十一日,退八度四百七十三分。先迟,六日益疾五分。历,十六度三百六十七分。<small>乘数二百三,除数四十八。</small>

后退:三十一日,退八度四百七十三分。先疾,六日益迟五分。历,十六度三百六十七分。<small>乘数二百三,除数四十八。</small>

后留:十三日。历,六度六百九十三度。<small>乘数二百三,除数四十八。</small>

后迟:六十日,行二十五度。先迟,日益疾四分。历,三十一度六百八十五分。乘数二百三,除数五十四。

后疾:二百一十四日,行百三十六度。先迟,九日益疾四分。历,百一十三度五百九十六分。乘数二百三,除数五十四。

合前伏:七十一日七百三十六分,行五十四度七百三十六分。先迟,五日益疾七分。历,三十八度二百一分。乘数百二十七,除数三十。

镇星

合后伏:十八日四百一十五分,行一度四百一十五分。先迟,二日益疾九分。历,四百八十分。乘数十二,除数十一。

前顺:八十三日,行七度二百四十一分。先疾,六日益迟五分。历,二度六百二十三分。乘数十二,除数十一。

前留:三十七日三百八十分。历,一度二百八分。乘数十,除数九。

前退:五十日,退二度三百三十四分。先迟,七日益疾一分。历,一度五百三十一分。乘数二十,除数十七。

后退:五十日,退二度三百三十四分。先疾,七日益迟一分。历,一度五百三十一分。乘数五,除数四。

后留:三十七日三百八十分。历,一度二百八分。乘数二十,除数一十七。

后顺:八十三日,行七度二百四十一分。先迟,六日益疾五分。历,二度六百二十三分。乘数十,除数九。

合前伏:十八日四百一十五分,行一度四百一十五分。先疾,二日益迟九分。历,四百八十分。乘数十二,除数十一。

太白

晨合后伏:四十一日七百一十九分,行五十二度七百一十九分。先迟,三日益疾十六分。历,四十一度七百一十九分。乘数七百九十七,除数二百九。

夕疾行：百七十一日，行二百六度。先疾，五日益迟九分。历，百七十一度。乘数七百九十一，除数二百九。

夕平行：十二日，行十二度。历，十二度。乘数五百一十五，除数百五十六。

夕迟行：四十二日，行三十一度。先疾，日益迟十分。历，四十二度。乘数五百一十五，除数百三十七。

夕留：八日。历，八度。乘数五百一十五，除数九十二。

夕退：十日，退五度。先迟，日益疾九分。历，十度。乘数五百一十五，除数八十六。

夕合前伏：六日，退五度。先疾，日益迟十五分。历，六度。乘数五百一十五，除数八十四。

夕合后伏：六日，退五度。先迟，日益疾十五分。历，六度。乘数五百一十五，除数八十三。

晨退：十日，退五度。先疾，日益迟九分。历，十度。乘数五百一十五，除数八十四。

晨留：八日，历八度。乘数五百一十五，除数八十六。

晨迟行：四十二日，行三十一度。先迟，日益疾十分。历，四十二度。乘数五百一十五，除数九十二。

晨平行：十二日，行十二度。历，十二度。乘数五百一十五，除数百三十七。

晨疾行：百七十一日，行二百六度。先迟，五日益疾九分。历，百七十一度。乘数五百一十五，除数百五十六。

晨合前伏：四十一日七百一十九分，行五十二度七百一十九分。先疾，三日益迟十六分。历，四十一度七百一十九分。乘数七百九十七，除数二百九。

辰星

晨合后伏：十六日七百一十五分，行三十三度七百一十五分。先迟，日益疾二十二分。历，十六度七百一十五分。乘数二百八十六，除数二百八十七。

　　夕疾行：十二日，行十七度。先疾，日益迟五十分。历，十二度。乘数二百八十六，除数二百八十七。

　　夕平行：九日，行九度。历，九度。乘数四百九十五，除数百九十四。

　　夕迟行：六日，行四度。先疾，日益迟七十六分。历，六度。乘数四百九十六，除数百九十五。

　　夕留：三日。历，三度。乘数四百九十七，除数百九十六。

　　夕合前伏：十一日，退六度。先迟，日益疾三十一分。历，十一度。乘数四百九十八，除数百九十七。

　　夕合后伏：十一日，退六度。先疾，日益迟三十一分。历，十一度。乘数五百，除数百九十八。

　　晨留：三日。历，三度。乘数四百九十八，除数百九十八。

　　晨迟行：六日，行四度。先迟，日益疾七十六分。历，六度。乘数四百九十七，除数百九十六。

　　晨平行：九日，行九度。历，九度。乘数四百九十六，除数百九十五。

　　晨疾行：十二日，行十七度。先迟，日益疾五十分。历，十二度。乘数四百九十三，除数百九十四。

　　晨合前伏：十六日七百一十五分，行三十三度七百一十五分。先疾，日益迟二十二分。历，十六度七百一十五分。乘数二百八十六，除数二百八十七。

　　各置其本进退变率与后变率。同名者，相消为差。在进前少，在退前多，各以差为加；在进前多，在退前少，各以差为减。异名者，相从为并。前退后进，各以并为加；前进后退，各以并为减。逆行度率，则反之。皆以差及并，加减日度中率，各为日度变率。其水星疾行，直以差、并加减度中率，为变率。其日直因中率为变率，勿加减也。以定合日与前疾初日、后疾初日与合前伏初日先后定数，各以同名者相消为差，异名者相从为并。皆四而一。所得满辰法，各为日度。乃以前日度盈加、缩减其合后伏度之变率及合前伏、前疾日之变率，亦以后日度盈减、缩加其后疾日之变率及合前伏、前疾度之变率。金、水夕合，反其加减。留退亦然。其二留日之变率，若差于中率者，即以所差之数为度，各加、减本迟度之变率。谓以所多于中率之数加之，少于中率之数减之。已下加减准此。退行度之变率，若差于中率者，即倍所差之数，各加、减本疾度之变率。其木、土二星，既无迟、疾，即加、减前后顺行度之变率。其水星疾行度之变率，若差于中率者，即以所差之数为日，各加、减留日变率。其留日变率若少不足减者，即侵减迟日变率。若多于中率者，亦以所多之数为日，以加留日变率。各加、减变率讫，皆为日度定率。其日定率有分者，前后辈之。辈，配也。以少分配多分，满全为日。有余转配其诸变率。不加减者，皆依变率为定率。

　　置其星定合余，以减辰法；余以其星初日行分乘之，辰法而一，以加定合加时度，得定合后夜半星度及余。自此各依其星计日行度，所至皆从夜半为始。各以一日所行度分顺加、退减之。其行有小分者，各满其法从行分。伏不注度，留者因前，退则依减。顺行出虚，去六虚之差。退行入虚，先加此差。六虚之差，亦四而一，乃用加减。讫，皆以转法约行分，为度分，得每日所至。日度定率，或加或减，益疾益迟，每日渐差，不可预定。今且略据日度中率，商量置之。其定率既有盈缩，即差数合随而增损，当先检括诸变定率与中率相较近者因用其差，求其初、末之日行分为主。自余诸变，因此消息，加、减其差，各求初、末行分。循环比较，使际会参合，衰杀相循。其金、水皆以平行为主，前后诸变，准此求之。其合前伏，虽有日度定率，因加至合而与后算不叶者，皆从后算为定。其初见伏之度，去日不等，各以日度与星辰相较。木去日十四度，金十一度，火、土、水各十七度皆见。各减一度，皆伏。其木、火、土三星，前顺之初，后顺之末，及金、水疾行、留、退初末，皆是见、伏之初日，注历消息定之。金、水及日、月度，皆不注分。

　　置日定率减一，以所差分乘之，为实。以所差日乘定日率，为法。实如法而一，为行分，得每日差。以辰法通度定率，从其分，如日定率而一，为平行度分。减日定率一，以所差分乘之，二而一，为差率。以加、减平行分，益疾者，以差率减平行为初日，加平行为末日。益迟者，以差率加平行为初日，减平行为末日。得初、末日所行度及分。其差不全而与日相合者，先置日定率减一，以所差分乘之，为实。倍所差日，为法。实如法而一，为行分。不尽者，因为小分。然后为差率。置初日行分，益迟者，以每日差累减之；益疾者，以每日差累加之：得次日所行度分。其每日差及初日行，皆有小分。母既不同，当令同之，乃用加、减。

其先定日数而求度者，减所求日一，以每日差乘之，二而一。所得以加、减初日行分，益迟减之，益疾加之。以所求日乘之，如辰法而一，为度。不尽者，为行分，得从初日至所求日积度及分。

若先定度数而返求日者，以辰法乘所求行度。有分者，从之。八之，如每日差而一，为积。位初日行分，以每日差加、减之，益迟者加之，益疾者减之。如每日差而一，为率。令自乘，以积加、减之。益迟者以积减之，益疾者以积加之。开方除之，所得以率加、减之。益迟者以率加之，益疾者以率减之。乃半之，得所求日数。开方除者，置所开之数为实。借一算于实之下，名曰下法。步之，超一位。置商于上方，副商于下法之上，名曰方法。命上商以除实。毕，倍方法一折，下法再折。乃置后商于下法之上，名曰隅法。副隅并方。命后商以除实。毕，隅从方法折下，就除如前开之。

五星前变，入阳爻，为黄道北；入阴爻，为黄道南。后变，入阳爻，为黄道南；入阴爻，为黄道北。其金、水二星，以夕为前变，晨为后变。各计其变行，起初日入爻之算，尽老象上爻未算之数。不满变行度常率者，因置其数以变行日定率乘之，如变行度常率而一，为日。其入变日数与此日数已下者，星在道南北依本所入阴阳爻为定。过此日数之外者，南北返之。

《九执历》者，出于西域。开元六年，诏太史监瞿昙悉达译之。断取近距，以开元二年二月朔为历首。度法六十。月有二十九日，余七百三分日之三百七十三。历首有朔虚分百二十六。周天三百六十度，无余分。日去没分九百分度之十三。二月为时，六时为岁。三十度为相，十二相而周天。望前曰白博义，望后曰黑博义。其算皆以字书，不用筹策。其术繁碎，或幸而中，不可以为法。名数诡异，初莫之辨也。陈玄景等持以惑当时，谓一行写其术未尽，妄矣。

唐书卷二九
志第一九

历　五

宝应元年六月望戊夜，月蚀三之一。官历加时在日出后，有交，不署蚀。代宗以《至德历》不与天合，诏司天台官属郭献之等，复用《麟德》元纪，更立岁差，增损迟疾、交会及五星差数，以写《大衍》旧术。上元七曜，起赤道虚四度。帝为制序，题曰《五纪历》。

其与《大衍》小异者九事，曰：

仲夏之朔，若月行极疾，合于亥正，朔不进，则朔之晨，月见东方矣。依《大衍》戌初进初朔，则朔之夕，月见西方矣。当视定朔小余不满《五纪》通法，如晨初余数减十刻已下者，进以明日为朔。一也。

以三万二千一百六十乘夜半定漏刻，六十七乘刻分从之，二千四百而一，为晨初余数。二也。

阳历去交分，交前加一辰，交后减一辰，余百八十三已下者，日亦蚀。三也。

月蚀有差，以望日所入定数，视月道同名者，交前为加，交后为减；异名者，交前为减，交后为加，各以加减去交分。又交前减一辰，交后加一辰，余如三百三十八已下者，既。已上，以减望差，八十约之，得蚀分。四也。

日蚀有差，以朔日所入定数，十五而一，以减百四，余为定法。以蚀差减去交分。又交前减两辰，余为阴历蚀。其不足减者，反减蚀差。在交后减两辰,交前加三辰,余为类同阳历蚀。又自小满毕小暑,加时距午正八刻外者,皆减一辰;三刻内者,皆加一辰。自大寒毕立春交前五辰外,自大暑毕立冬交后五辰外,又减一辰。不足减者,既。加减讫,各如定法而一,以减十五,余为蚀分。其阳历蚀者,置去交分,以蚀差加之,交前加一辰,交后减一辰。所得,以减望差,余如百四约之,得为蚀分。五也。

所蚀分,日以十八乘之,月以二十乘之,皆十五而一,为泛用刻,不复因加。六也。

日蚀定用刻在辰正前者,以十分之四为亏初刻,六为复末刻;未正后者,六为亏初刻,四为复末刻。不复相半。七也。

五星乘数、除数,诸变皆通用之,不复变行异数。入进退历,皆用度中率。八也。

以定合初日与前疾初日、后疾初日与合前伏初日先后定数,各同名者,相消为差;异名者,相从为并。皆四而一。所得满辰法,各为日。乃以前日盈减、缩加其合后伏日变率,亦以后日盈加、缩减合前伏日变率。太白、辰星夕变,则返加减留退。二退度变率,若差于中率者,倍所差之数,曰伏差,以加减前疾日度变率。荧惑均加减前疾两变日度变率。岁星、荧惑、镇星前留日变率,若差于中率者,以所差之数为度,加减前迟日变率。皆多于中率之数者,加之;少中率者,减之。后留日变率,若差于中率者,以所差之数为日,以加减后迟日变率及加减二退度变率。又以伏差加减后疾日度变率。多于中率之数者,减之;少于中率者,加之。其荧惑均加减疾迟两变日度变率。岁星、镇星无迟,即加减前后顺行日度变率。太白晨夕退行度变率,若差于中率者,亦倍所差之数为度,加减本疾变度率。夕合前后伏,虽亦退行,不取加减。二留日变率,若差于中率者,以所差之数为度,加减本迟度变率。皆多于中率之数加之,少于中率减之。其辰星二留日变率,若差于中率者,以所差之数为度,各加减本迟度变率。疾行度变率,若差于中率者,以所差之数为日,各加减留日变率。亦多于中率之数者,加之;少于中率者,减之。其留日变率,若少不足减者,侵减迟日变率。加减讫,皆为日度定率。九也。

《大衍》以四象考五星进退，或时弗叶。献之加减颇异，而偶与天合。于是颁用，讫建中四年。

《宝应五纪历》演纪上元甲子，距宝应元年壬寅，积二十六万九千九百七十八算。

《五纪》通法千三百四十。

策实四十八万九千四百二十八。

揲法三万九千五百七十一。

策余七千二十八。

用差七千五百四十八。

挂限三万八千三百五十七。

三元之策十五，余二百九十二，秒五；秒母六。以象统为母者，又四因之。

四象之策二十九，余七百一十一。

一象之策七，余五百一十二太。

天中之策五，余九十七，秒十一；秒母十八。

地中之策六，余百一十七，秒四；秒母三十。

贞悔之策三，余五十八，秒十七。

辰法三百三十五。

刻法百三十四。

乾实四十八万九千四百四十二，秒七十。

周天度三百六十五，虚分三百四十二，秒七十。

岁差十四，秒七十。

秒法百。

定气	盈缩分	先后数	损益率	朏朒积
冬至	盈千三十七	先端	益七十八	朒初

小寒	盈八百一十三	先千三十七	益六十一	朒七十八
大寒	盈六百一十三	先千八百五十	益四十六	朒百三十九
立春	盈四百三十	先二千四百六十三	益三十二	朒百八十五
雨水	盈二百五十九	先二千八百九十三	益十九	朒二百一十七
惊蛰	盈九十四	先三千一百五十二	益七	朒二百三十六
春分	缩九十四	先三千二百四十六	损七	朒二百四十三
清明	缩二百五十九	先三千一百五十二	损十九	朒二百三十六
谷雨	缩四百三十	先二千八百九十三	损三十二	朒二百一十七
立夏	缩六百一十三	先二千四百六十三	损四十六	朒百八十五
小满	缩八百一十三	先千八百五十	损六十一	朒百三十九
芒种	缩千三十七	先千三十七	损七十八	朒七十八
夏至	缩千三十七	后端	益七十八	朓初
小暑	缩八百一十三	后千三十七	益六十一	朓七十八
大暑	缩六百一十三	后千八百五十	益四十六	朓百三十九
立秋	缩四百三十	后二千四百六十三	益三十三	朓百八十五
处暑	缩二百五十九	后二千八百九十三	益十九	朓二百一十七
白露	缩九十四	后三千一百五十二	益七	朓二百三十六
秋分	盈九十四	后三千二百四十六	损七	朓二百四十三
寒露	盈二百五十九	后三千一百五十二	损十九	朓二百三十六
霜降	盈四百三十	后二千八百九十三	损三十二	朓二百一十七
立冬	盈六百一十三	后二千四百六十三	损四十六	朓百八十五

| 小雪 | 盈八百一十三 | 后千八百五十 | | 损六十一 | 朓百三十九 |
| 大雪 | 盈千三十七 | 后千三十七 | | 损七十八 | 朓七十八 |

定气所有日及余，以辰计之，曰辰数，与《大衍》同。
六虚之差七，秒七十。

转终分百三十六万六千一百五十六。
转终日二十七，余七百四十三，秒五。
秒法三十七。
转法六十七。约转分为度，曰逡程。积逡程，曰转积度。

终日	**转分**列衰	损益率	朓朒积
一日	九百八十六退十二	益百三十五	朓初
二日	九百七十四退十二	益百一十七	朓百三十五
三日	九百六十二退十四	益九十九	朓二百五十二
四日	九百四十八退十五	益七十八	朓三百五十一
五日	九百三十三退十五	益五十六	朓四百二十九
六日	九百一十八退十六	益三十三	朓四百八十五
七日	九百二退十六	初益八，末损一	朓五百一十八
八日	八百八十六退十六	损十四	朓五百二十五
九日	八百七十退十五	损三十八	朓五百一十一

十日	八百五十五退十四	损六十二	朓四百七十三
十一日	八百四十一退十三	损八十五	朓四百一十一
十二日	八百二十八退十一	损百三	朓三百二十六
十三日	八百一十七退七	损百一十八	朓二百二十三
十四日	八百一十退三进一	初伸百五,末益三十	朓百五
十五日	八百八进十一	益百二十八	朒三十
十六日	八百一十九进十三	益百一十五	朒百五十八
十七日	八百三十二进十四	益九十五	朒二百七十三
十八日	八百四十六进十五	益七十四	朒三百六十八
十九日	八百六十一进十六	益五十二	朒四百四十二
二十日	八百七十七进十六	益二十八	朒四百九十四
二十一日	八百九十三进十六	初益六,末损三	朒五百二十二
二十二日	九百九进十五	损二十	朒五百二十五
二十三日	九百二十四进十五	损四十二	朒五百五
二十四日	九百三十九进十五	损六十五	朒四百六十三
二十五日	九百五十四进十四	损八十九	朒三百九十八
二十六日	九百六十八进十一	损百九	朒三百九

二十七日	九百七十九进六	损百二十五	朒二百
二十八日	九百八十五进五退四	初损七十五,末益入后	朒七十五

七日初,千一百九十一。末,百四十九。十四日初,千四十二。末,二百九十八。

二十一日初,八百九十二。末,四百四十八。二十八日初,七百四十三。末,五百九十七。

入交阴、阳	屈伸率	屈伸积
一日	屈二十四	积初
二日	屈十七	积二十四
三日	屈十一	积四十一
四日	屈八	积五十二
五日	屈十一	积六十
六日	屈十七	积一度四
七日	初屈十八,末伸六	积一度二十一
八日	伸十七	积一度三十三
九日	伸十一	积一度十六
十日	伸八	积一度五
十一日	伸十一	积六十四
十二日	伸十七	积五十三
十三日	伸二十四	积三十六

十四日	初伸十二,末屈入后	积十二

半纪六百七十。

象积四百八十。

辰刻八刻,分百六十。

昏明刻各二刻,分二百四十。

交终三亿六千四百六十四万三千七百六十七。

交终日二十七,余二百八十四,秒三千七百六十七。

交中日十三,余八百一十二,秒千八百八十三半。

朔差日二,余四百二十六,秒六千二百三十三。

望差日一,余二百一十三,秒三千一百一十六半。

望数日十四,余千二十五,秒五千。

交限日十二,余五百九十八,秒八千七百六十七。

交率六十一。

交数七百七十七。凡春分后阴历交后,秋分后阳历交后,为月道同名。余皆为异名。

辰分百一十三。

秒法一万。

去交度乘数十一,除数千一百六十五。

　　太阴损益差:冬至、夏至,益十九,积七十六。小寒、小暑,益十七,积九十五。大寒、大暑,益十四,积百一十一。立春、立秋,益十二,积百二十五。雨水、处暑,益十,积百三十七。惊蛰、白露,益七,积百四十七。春分、秋分,损七,积百五十四。清明、寒露,损十,积百四十七。谷雨、霜降,损十二,积百三十七。立夏、立冬,损十四,积百二十五。小满、小雪,损十七,积百一十一。芒种、大雪,损十九,积九十五。依定气求朓朒术入之,各得其望日所入定数。

　　太阳每日蚀差:月在阴历,自秋分后,春分前,皆以四百五十七为蚀差;入春分后,日损五分;入夏至初日,损不尽者七;乃自后日益五分。月在阳历,自春分后,秋分前,亦以四百五十七为蚀差;入秋分后,日损五分;入冬至初日,损不尽者七;乃自后日益五分:各得朔日所入定数。

岁星

终率五十三万四千四百八十二,秒三十六。终日三百九十八,余千一百六十二,秒三十六。变差十四,秒八十八。象算九十一,余百五,秒十八。爻算十五,余七十三,秒四十六,微分三十二。乘数五。除数四。

荧惑

终率百四万三千八十八,秒八十三。终日七百七十九,余千二百二十八,秒八十三。变差三十二,秒五十七。象算九十一,余百六,秒二十八,微分五十四。爻算十五,余七十三,秒五十四,微分七十三。乘数百二十七。除数三十。

镇星

终率五十万六千六百二十三,秒二十九。终日三百七十八,余百三,秒二十九。变差九,秒八十七。象算九十一,余百四,秒八十六,微分六十六。爻算十五,余七十三,秒三十一,微分十一。乘数十二。除数十一。

太白

终率七十八万二千四百四十九,秒九。终日五百八十三,余千二百二十九,秒九。中合二百九十二,余千二百八十四,秒五十九,微分七十二。变差四十九,秒七十二。象算九十一,余百七,秒三十五,微分七十二。爻算十五,余七十三,秒七十二。微分六十。乘数十五。除数二。

辰星

终率十五万五千二百七十八,秒六十六。终日百一十五,余千一百七十八,秒六十六。中合五十七,余千二百五十九,秒三十三。变差五十,秒八十五。象算九十一,余百七,秒四十二,微分七十八。

交算十五,余七十三,秒七十三,微分七十七。秒法百。微分法九十六。

星名	爻目　损益率	进退积	爻目　损益率	进退积
岁星	少阳、少阴初,益三百四十一	进、退空	老阳、老阴初,损五十	进、退千三百五十七
	少阳、少阴二,益三百一十八	进、退三百四十一	老阳、老阴二,损百四十六	进、退千三百三
	少阳、少阴三,益二百七十七	进、退六百五十九	老阳、老阴三,损二百二十	进、退千一百五十七
	少阳、少阴四,益二百二十一	进、退九百三十六	老阳、老阴四,损二百七十七	进、退九百三十六
	少阳、少阴五,益百四十六	进、退千一百五十七	老阳、老阴五,损三百一十八	进、退六百五十九
	少阳、少阴上,益五十四	进、退千三百三	老阳、老阴上,损三百四十一	进、退三百四十一
荧惑	少阳、少阴初,益五百四十五	进、退空	老阳、老阴初,损八十二	进、退二千一百三十九
	少阳、少阴二,益五百四	进、退五百四十五	老阳、老阴二,损二百二十七	进、退二千五十七
	少阳、少阴三,益四百三十七	进、退千四十九	老阳、老阴三,损三百四十四	进、退千八百三十

	少阳、少阴四，益三百四十四	进、退千四百八十六	老阳、老阴四，损四百三十七	进、退千四百八十六
	少阳、少阴五，益二百二十七	进、退千八百三十	老阳、老阴五，损五百四	进、退千四十九
	少阳、少阴上，益八十二	进、退二千五十七	老阳、老阴上，损五百四十五	进、退五百四十五
镇星	少阳、少阴初，益七百四十二	进、退空	老阳、老阴初，损百八	进、退二千八百七十七
	少阳、少阴二，益六百八十一	进、退七百四十二	老阳、老阴二，损三百	进、退二千七百六十八
	少阳、少阴三，益五百八十六	进、退千四百二十三	老阳、老阴三，损四百五十九	进、退二千四百六十八
	少阳、少阴四，益四百五十九	进、退二千九	老阳、老阴四，损五百八十六	进、退二千九
	少阳、少阴五，益三百	进、退二千四百六十八	老阳、老阴五，损六百八十一	进、退千四百二十三
	少阳、少阴上，益百八	进、退二千七百六十八	老阳、老阴上，损七百四十二	进、退七百四十二
太白	少阳、少阴初，益百一十二	进、退空	老阳、老阴初，损十九	进、退四百三十六
	少阳、少阴二，益百二	进、退百一十二	老阳、老阴二，损四十七	进、退四百一十七

	少阳三，益八十八	进、退二百一十四	老阳、老阴三，损六十八	进、退三百七十
	少阳、少阴四，益六十八	进、退三百二	老阳、老阴四，损八十八	进、退三百二
	少阳、少阴五，益四十七	进、退三百七十	老阳、老阴五，损百二	进、退二百一十四
	少阳、少阴上，益十九	进、退四百一十七	老阳、老阴上，损百一十二	进、退百一十二
辰星	少阳、少阴初，益二百八十三	进、退空	老阳、老阴初，损四十一	进、退千八十八
	少阳、少阴二，益二百五十八	进、退五百八十三	老阳、老阴二，损百一十三	进、退千四十七
	少阳、少阴三，益二百二十一	进、退五百四十一	老阳、老阴三，损百七十二	进、退九百三十四
	少阳、少阴四，益百七十二	进、退七百六十二	老阳、老阴四，损二百二十一	进、退七百六十二
	少阳、少阴五，益百一十三	进、退九百三十四	老阳、老阴五，损二百五十八	进、退五百四十一
	少阳、少阴上，益四十一	进、退千四十七	老阳、老阴上，损二百八十三	进、退二百八十三

星目	变行目	变行日中率	变行度中率	差行损益率
岁星	合后伏	十七日百四十五分	行三度一百四十五分	先迟日益疾二分
	前顺	百一十四日	行十八度二百八十九分	先疾二日益迟一分
	前留	二十七日		
	前退	四十一日	退五度百六十二分	先迟四日益疾三分
	后退	四十一日	退五度百六十三分	先迟四日益疾三分
	后留	二十七日		
	后顺	百一十四日	行十八度二百八十九分	先迟二日益疾一分
	合前伏	十七日百四十六分	行三度一百四十六分	先疾日益迟二分
荧惑	合后伏	七十一日三百二十二分	行五十四度三百二十二分	先疾五日益迟七分
	前疾	百八日	行七十度	先疾三日益迟一分
	前次疾	百六日	行六十六度	先疾九日益迟四分
	前迟	六十日	行二十五度	先疾日益迟四分
	前留	十三日		

	前退	三十一日	退八度二百一十分	先迟六日益疾五分
	后退	三十一日	退八度二百一十分	先疾六日益迟五分
	后留	十三日		
	后迟	六十日	行二十五度	先迟日益疾四分
	后次疾	百六日	行六十六度	先迟九日益疾二分
	后疾	百八日	行七十度	先迟三日益疾一分
	合前伏	七十一日三百二十三分	行五十四度三百二十二分	先迟五日益疾七分
镇星	合后伏	十八日百八十四分	行一度百八十四分	先迟日益疾二分
	前顺	八十三日	行七度百二分	先疾三日益迟一分
	前留	三十七日百六十四分		
	前退	五十日	退二度百四十七分	先迟十四日益疾一分
	后退	五十日	退二度百四十七分	先疾十四日益迟一分
	后留	三十七日百六十四分		
	后顺	八十三日	行七度百二分	先迟三日益疾一分

	合前伏	十八日百八十四分	行一度百八十四分	先疾日益迟二分
太白	晨合后伏	四十一日二百八十分	行五十二度二百八十分	先疾五日益迟八分
	夕疾行	百七十一日	行二百六度	先疾五日益迟四分
	夕平行	十二日	行十二度	
	夕迟行	四十三日	行三十一度	先疾日益迟五分
	夕留	八日		
	夕退	十日	退五度	先迟日益疾四分
	夕合前伏	六日	退五度	先迟日益疾四十二分
	夕合后伏	六日	退五度	先疾日益迟四十二分
	晨退	十日	退五度	先疾日益迟四分
	晨留	八日		
	晨迟行	四十三日	行三十一度	先迟日益疾五分
	晨平行	十二日	行十二分	
	晨疾行	百七十一日	行二百六度	先迟五日益疾四分

辰星	晨合前伏	四十一日二百八十分	行五十二度二百八十分	先迟三日益疾八分
	晨合后伏	十六日三百一十五分	行三十三度三百一十五分	先迟日益疾十一分
	夕疾行	十二日	行十七度	先疾日益迟二十五分
	夕平行	九日	行九度	
	夕迟行	六日	行四度	先疾日益迟三十八分
	夕留	三日		
	夕合前伏	十一日	退六度	先迟三日益疾十五分
	夕合后伏	十一日	退六度	先疾日益迟十五分
	晨留	三日		
	夕合前伏	十一日	退六度	先迟日益疾十五分
	夕合后伏	十一日	退六度	先疾日益迟十五分
	晨留	三日		
	晨迟行	六日	行四度	先迟日益疾三十八分
	晨平行	九日	行九度	

	晨疾行	十二日	行十七度	先迟日益疾二十五分
	晨合前伏	十六日	行三十三度三百一十五分	先疾日益迟十一分

德宗时，《五纪历》气朔加时稍后天，推测星度与《大衍》差率颇异。诏司天徐承嗣与夏官正杨景风等，杂《麟德》、《大衍》之旨治新历。上元七曜，起赤道虚四度。建中四年历成，名曰《正元》。其气朔、发敛、日躔、月离、轨漏、交会，悉如《五纪》法。惟发敛加时无辰法，皆以象统乘小余，通法而一，为半辰数。余五因之，六刻法除之，得刻。不尽，六而一，为刻分。其轨漏，夜半刻分以刻法准象积取其数用之，以刻法通夜半定漏刻，内分，二十而一，为晨初余数。月蚀去交分，如二百七十九已下者，既。已上，以减望差，六十六约之，为蚀分。日蚀差亦十五约之，以减八十五，余为定法。又加减去交分讫，以减望差，八十五约之，得蚀分。日法不同也。其五星写《麟德历》旧术，因冬至后夜半平合日算，加合后伏日及余，即平见日算。金、水先得夕见；其满晨见伏日及余秒去之，余为晨平见。求入常气，以取定见而推之。《麟德历》之启蛰，《正元历》之雨水；《麟德历》之雨水，《正元历》之惊蛰也。《麟德历》荧惑前、后疾变度率，初行入气差行，日益迟、疾一分，《正元历》则二分，亦度母不同也。诏起五年正月行新历。会朱泚之乱，改元兴元。自是颁用，讫元和元年。

《建中正元历》演纪上元甲子，距建中五年甲子，岁积四十万二千九百算外。

《正元》通法千九十五。策实三十九万九千九百四十三。揲法三万三千三百三十六。章闰万一千九百一十一。策余五千七百四十三。用差六千一百六十八。挂限三万一千三百四十三。三元之策十五，余二百三十九，秒七。四象之策二十九，余五百八十一。一

象之策七,余四百一十九。中盈分四百七十八,秒一十四。朔虚分
五百一十四。象统二十四。象位六。天中之策五,余七十九,秒五
十五;秒母七十二。地中之策六,余九十五,秒四十三;秒母六十。贞
悔之策三,余四十七,秒五十一半。刻法二百一十九。六刻法千三百
一十四。乾实三十九万九千九百五十五,秒二。周天度三百六十五,
虚分二百八十,秒二。岁差十二,秒二。秒母百。

定气	盈缩分	先后数	损益率	朓朒积
冬至	盈八百四十八	先端	益六十三	朒初
小寒	盈六百六十四	先八百四十八	益五十	朒六十三
大寒	盈五百一	先千五百一十二	益三十七	朒百一十三
立春	盈三百五十一	先二千一十三	益二十六	朒百五十
雨水	盈二百一十二	先二千三百六十四	益十六	朒百七十六
惊蛰	盈七十七	先二千五百七十六	益六	朒百九十二
春分	缩七十七	先二千六百五十三	损六	朒百九十八
清明	缩二百一十二	先二千五百七十六	损十六	朒百九十二
谷雨	缩三百五十一	先二千三百六十四	损二十六	朒百七十六
立夏	缩五百一	先二千一十三	损三十七	朒百五十
小满	缩六百六十四	先千五百一十二	损五十	朒百一十三
芒种	缩八百四十八	先八百四十八	损六十三	朒六十三
夏至	缩八百四十八	后端	益六十三	朓初
小暑	缩六百六十四	后八百四十八	益五十	朓六十三
大暑	缩五百一	后千五百一十二	益三十七	朓百一十三

立秋	缩三百五十一	后二千一十三	益二十六	朒百五十
处暑	缩二百一十二	后二千三百六十四	益十六	朒百七十六
白露	缩七十七	后二千五百七十六	益六	朒百九十二
秋分	盈七十七	后二千六百五十三	损六	朒百九十八
寒露	盈二百一十二	后二千五百七十六	损十六	朒百九十二
霜降	盈三百五十一	后二千三百六十四	损二十六	朒百七十六
立冬	盈五百一	后二千一十三	损三十七	朒百五十
小雪	盈六百六十四	后千五百一十二	损五十	朒百一十三
大雪	盈八百四十八	后八百四十八	损六十三	朒六十三

定气辰数同《大衍》。

六虚之差六,秒二十。

转终分三亿一百七十二万一百三十二。转终日二十七余六百七,秒百三十二。入转秒法一万。转法二百一十九。约转分为度,日逡程。积逡程,曰转积度。

终日	转分列衰	损益率	朒朒积
一　日	三千二百二十二退三十八	益百一十	朒初
二　日	三千一百八十四退四十	益九十六	朒百一十
三　日	三千一百四十四退四十五	益八十一	朒二百六
四　日	三千九十九退四十九	益六十四	朒二百八十七
五　日	三千五十退四十九	益四十六	朒三百五十一

六　日	三千一退五十三	益二十七	朓三百九十七
七　日	二千九百四十八退五十二	初益七　末损一	朓四百二十四
八　日	二千八百九十六退五十二	损十二	朓四百三十
九　日	二千八百四十四退四十九	损三十一	朓四百一十八
十　日	二千七百九十五退四十九	损五十一	朓三百八十七
十一日	二千七百四十六退四十六	损六十八	朓三百三十六
十二日	二千七百退三十	损八十五	朓二百六十八
十三日	二千六百七十退二十二	损九十六	朓百八十三
十四日	二千六百四十八退十三	进初损八十七　末益二十五	朓八十七
十五日	二千六百四十一进三十六	益百七	朒二十五
十六日	二千六百七十七进四十三	益九十四	朒百三十二
十七日	二千七百二十进四十五	益七十八	朒二百二十六
十八日	二千七百六十五进四十九	益六十一	朒三百四
十九日	二千八百一十四进五十三	益四十二	朒三百六十五
二十日	二千八百六十七进五十二	益二十三	朒四百七
二十一日	二千九百一十九进五十二	初益五　末损二	朒四百三十
二十二日	二千九百七十一进四十九	损十六	朒四百三十三
二十三日	三千二十进四十九	损三十五	朒四百一十七
二十四日	三千六十九进四十九	损五十三	朒三百八十二
二十五日	三千一百一十八进四十六	损七十一	朒三百二十九
二十六日	三千一百六十四进三十六	损八十八	朒二百五十八

二十七日	三千二百进二十		损百二	朒百七十
二十八日	三千二百二十进十一九	退	初损六八四十二　末益	朒六十八

七日：初九百七十三，末百二十二。十四日：初八百五十一，末二百四十四。二十一日：初七百二十九，末三百六十六。二十八日：初六百七，末四百八十八。

入交阴阳	屈伸率	屈伸积
一　日	屈七十八	积初
二　日	屈五十六	积七十八
三　日	屈三十六	积百三十四
四　日	屈二十六	积百七十
五　日	屈三十六	积百九十六
六　日	屈五十六	积一度十三
七　日	初屈五十九　末伸二十	积一度六十九
八　日	伸五十六	积一度百八
九　日	伸三十六	积一度五十二
十　日	伸二十六	积一度十六
十一日	伸三十六	积二百九
十二日	伸五十六	积百七十三
十三日	伸七十八	积百一十七
十四日	初伸三十九　末屈入后	积三十九

辰刻八刻,分七十三。刻法二百一十九。昏明刻各二刻,分百九半。交终分二亿九千七百九十七万三千八百一十五。交终日二十七,余二百三十二,秒三千八百一十五。交中日十三,余六百六十三,秒六千九百七半。朔差日二,余三百四十八,秒六千一百八十五。望差日一,余百七十四,秒三千九十二半。望数日十四,余八百三十八。交限日十二,余四百八十九,秒三千八百一十五。交率六十一。交数七百七十七。交辰法九十一少。秒法一万。去交度乘数十一,除数九百四十五。

太阴损益差:冬至、夏至,益十六,积六十二。小寒、小暑,益十三,积七十八。大寒、大暑,益十一,积九十一。立春、立秋,益十,积百二。雨水、处暑,益八,积百一十二。惊蛰、白露,益六,积百二十。春分、秋分,损六,积百二十六。清明、寒露,损八,积百二十。谷雨、霜降,损十,积百一十二。立夏、立冬,损十一,积百二。小满、小雪,损十三,积九十一。芒种、大雪,损十六,积七十八。以损益依入定气求朓朒术入之,各得其望日所入定数。

太阳每日蚀差:月在阴历,自秋分后、春分前,皆以三百七十三为蚀差;入春分后,日损四分;入夏至初日,损不尽者六;乃自后日益四分。月在阳历,自春分后、秋分前,亦以三百七十三为蚀差;入秋分后,日损四分;入冬至初日,损不尽者六;乃自后日益四分:各得朔日所入定数。

岁星

终率四十三万六千七百六十,秒四。终日三百九十八,余九百五十,秒四。终日三百九十八,余九百五十,秒四。合后伏日十七,余千二十三。

荧惑

终率八十五万四千七,秒七十九。终日七百七十九,余千二,秒七十九。合后伏日七十一,余千四十九。

镇星

终率四十一万三千九百九十四,秒六十三。终日三百七十八,余八十四,秒六十三。合后伏日十八,余五百九十。

太白

终率六十三万九千三百八十九,秒二十八。晨合后伏日四十一,余九百一十五。夕见伏日二百五十六,余五百二,秒一十四。晨见伏日三百二十七,余五百二,秒一十四。

辰星

终率十二万六千八百八十八,秒四半。终日百一十五,余九百六十三,秒四半。晨合后伏日十六,余千四十。夕见伏日五十二,余四百八十一,秒五十二少。晨见伏日六十三,余四百八十一,秒五十二少。秒法一百。

五星平见加减差

岁星

初见,去日十四度,见。入冬至,毕小寒,均减六日。自入大寒后,日损百九分半。入春分初日,依平。自后日加百四十五分半。入立夏,毕小满,均加六日。自入芒种后,日损百四十五分。入夏至,毕立秋,均加四日。自入处暑后,日损二百九十一分半。入白露初日,依平。自后日减八十七分。入小雪,毕大雪,均减六日。

荧惑

初见,去日十七度,见。入冬至初日,减二十七日。自后日损九百八十五分半。入大寒初日,依平。自后日加六百五十七分。入惊蛰,毕谷雨,均加二十七日。自入立夏后,日损三百二十三分。入立秋,依平。自入处暑后,日减三百二十三分。入小雪,毕大雪,均减二十七日。

镇星

初见,去日十七度,见。入冬至初日,减四日。自后日益百四十五分半。入大寒,毕春分,均减八日。自入清明后,日损九十六分。

入小暑初日,依平。自后日加百四十五分半。入白露初日,加八日。自后日损二百九十一分。入秋分,均加四日。自入寒露后,日损九十六分。入小雪初日,依平。自后日减百四十五分半。

太白

初见,去日十一度。夕见:入冬至初日,依平。自后日减百六十三分。入雨水,毕春分,均减九日。自入清明后,日减百六十三分。入芒种,依平。自入夏至,日加百六十三分。入处暑,毕秋分,均加九日。自入寒露后,日损百六十三分。入大雪,依平。晨见:入冬至,依平。入小寒后,日加百九分半。入立春,毕立夏,均加三日。入小满后,日损百九分半。入夏至,依平。入小暑后,日减百九分半。入立秋,毕立冬,均减三日。入小雪后,日损百九分半。

辰星

初见,去日十七度。夕见:入冬至,毕清明,依平。入谷雨,毕芒种,均减二日。入夏至,毕大暑,依平。入立秋,毕霜降,应见不见。其在立秋及霜降二气之内者,去日十八度外,三十六度内,有水、火、土、金一星已上者,见。入立冬,毕大雪,依平。晨见:入冬至,均减四日。入小寒,毕雨水,均减三日。其在雨水气内,去日度如前,晨无水、火、土、金一星已上者,不见。入惊蛰,毕立夏,应见不见。其在立夏气内,去日度如前,晨有水、火、土、金一星已上者,亦见。入小满,毕寒露,依平。入霜降,毕立冬,均加一日。入小雪,毕大雪,依平。

五星变行加减差日度率

岁星

前顺:差行。百一十四日,行十八度九百七十一分。先疾,二日益迟三分。前留:二十六日。前退:差行。四十二日,退六度。先迟,日益疾二分。后退:差行。四十二日,退六度。先疾,日益迟二分。后留:二十五日。后顺:差行。百一十四日,行十八度九百七十一分。先迟,二日益疾三分。日尽而夕伏。

荧惑

前疾:入冬至初日,二百四十三日行百六十五度。自后三日损日度各二。小寒初日,二百三十三日行百五十五度。自后二日损日度各一。谷雨四日,依平。毕小满九日,百七十八日行百度。自九日后,三日损日度各一。夏至初日,依平。毕六日,百七十一日行九十三度。自六日后,每三日益日度各一。立秋初日,百八十四日行百六度。自后每日益日度各一。白露初日,二百一十四日行百三十六度。自后五日益日度各六。秋分初日,二百三十二日行百五十四度。自后每日益日度各一。寒露初日,二百四十七日行百六十九度。自后五日益日度各三。霜降五日,依平。毕立冬十三日,二百五十九日行百八十一度。自入十三日后,二日损日度各一。

前迟:差行。入冬至,六十日行二十五度;先疾,日益迟三分。自入小寒后,三日损日度各一。大寒初日,五十五日行二十度。自后三日益日度各一。立春初日,毕清明,平,六十日行二十五度。自入谷雨,每气损度一。立夏初日,毕小满,平,六十日行二十三度。自入芒种后,每气益一度。夏至初日,平。毕处暑,六十日行二十五度。自入白露后,三日损度一。秋分初日,六十日行二十度。自后每日益日一,三日益度二。寒露初日,七十五日行三十度。自后每日损日一,三日损度一。霜降初日,六十日行二十五度。自后二日损度一。立冬一日,平。毕气末,六十日行十七度。自小雪后,五日益度一。大雪初日,六十日行二十度。自后三日益度一。

前留:十三日。前疾减一日率者,以其差分益此留及迟日率。前疾加日率者,以其差分减此留及后迟日率。

退行:入冬至初日,六十三日行二十二度。自后四日益度一。小寒一日,六十三日行二十六度。自入小寒一日后,三日半损度一。立春三日,平。毕雨水,六十三日退十七度。自入惊蛰后,二日益日度各一。惊蛰八日,平。毕气末,六十七日退二十一度。自入春分后,一日损日度各一。春分四日,平。毕芒种,六十三日退十七度。自入夏至后，每六日损日度各一。大暑初日，平。毕气末，五十八日退十二度。立秋初日，平。毕气末，五十七日退十一度。自入白露后，二日益日度各一。白露十二日，平。毕秋分，六十三日退十七度。自入寒露后，三日益日度各一。寒露九日，平。毕气末，六十六日退二十度。自入霜降后，二日损日度各一。霜降六日，平。毕气末，六十三日退十七度。自入立冬后，三日益日度各一。立冬十二日，平。毕气末，六十七日退二十一度。自入小雪后，二日损日度各一。小雪八日，平。毕气末，六十三日退十七度。自入大雪后，三日益度一。

后留：冬至初日，十三日。大寒初日，平。毕气末，二十五日。自入立春后，二日半损一日。惊蛰初日，十三日。自后三日益日一。清明初日，三十三日。自后每日损日一。清明十日，平。毕处暑，十三日。自入白露后，二日损日一。秋分十一日，无留。自入秋分十一日后，日益日一。霜降初日，十九日。立冬毕大雪，十三日。

后迟：差行。六十日行二十五度。先迟，日益疾三分。前疾加度者，此迟依数减之为定。若不加度者，此迟入秋分至立冬减三度，入立冬到冬至减五度，后留定日十三日者，以所朒数加此迟日率。

后疾：冬至初日，二百一十一日行百三十二度。自后每日损日度各一。大寒八日，百七十二日行九十四度。自入大寒八日后，二日损日度各一。雨水，平。毕气末，百六十一日行八十三度。自入惊蛰后，三日益日度各一。谷雨三日，百七十七日行九十九度。自三日后每日益日度各一。芒种十四日，平。毕夏至十日，二百三十三日行百五十五度。自十日后，每日益日度各一。小暑五日，二百五十三日行百七十五度。自后每日益日度各一。大暑初日，平。毕处暑，二百六十三日行百八十五度。自入白露后，二日损日度各一。秋分一日，二百五十五日行百七十七度。自一日后，每三日损日度各一。大雪初日，二百五日行百二十七度。自后三日益日度各一。

镇星

前顺：差行。八十三日，行七度四百七十四分。先疾，三日益迟二分。前留：三十七日。前退：差行。五十一日，退三度。先迟，二日益疾一分。后退：差行。五十一日，退三度。先疾，二日益迟一分。后留：三十六日。后顺：差行。八十三日，行七度四百七十四分。先迟，三日益疾二分。

太白

夕见：入冬至，毕立夏，立秋毕大雪，百七十二日行二百六度。自入小满后，十日益度一，为定初。入白露，毕春分，差行；先疾，日益迟二分。自余，平行。夏至毕小暑，百七十二日行二百九度。自入大暑后，五日损一度，毕气末。

夕平行：冬至及大暑、大雪各毕气末，十三日行十三度。自入冬至后，十日损一，毕立春。入立秋，六日益一，毕秋分。雨水毕芒种，七日行七度。自入夏至后，五日益一，毕小暑。寒露初日，二十三日行二十三度。自后六日损一，毕小雪。

夕迟：差行。四十二日行三十度。先疾，日益迟十三分。前加度过二百六度者，准数损此度。

夕留：七日。

夕退：十日，退五度。日尽而夕伏。

晨退：十日，退五度。

晨留：七日。

晨迟：差行。冬至毕立夏，大雪毕气末，四十二日行三十度；先迟，日益疾十三分。自小满后，率十日损一度，毕芒种。夏至毕寒露，四十二日行二十七度；差依前。自入霜降后，每气益一度，毕小雪。

晨平行：冬至毕气末，立夏毕气末，十三日行十三度。自小寒后，六日益日度各一，毕雨水。入小满后，七日损日度各一，毕立秋。惊蛰初日，二十三日行二十三度。自后六日损日度各一，毕谷雨。处暑毕寒露，无此平行。自入霜降后，五日益日度各一，毕大雪。

晨疾：百七十二日，行二百六度。前迟行损度不满三十者，此疾依数益之。处暑毕寒露，差行；先迟，日益疾二分。自余，平行。日尽而晨伏。

辰星

夕见疾:十二日,行二十一度十分。大暑毕处暑,十二日,行十七度十六分。

夕平:七日,行七度。自入大暑后,二日损度各一。入立秋,无此平行。

夕迟:六日,行二度七分。前疾行十七度者,无此迟行。

夕伏留:五日。日尽而夕伏。

晨见留:五日。

晨迟:六日,行二度七分。自入大寒,毕雨水,无此迟行。

晨平行:七日,行七度。入大寒后,二日损日度各一。入立春,无此平行。

晨疾:十二日,行二十一度十分。前无迟行者,十二日,行十七度十六分。日尽而晨伏。

唐书卷三〇上
志第二〇上

历六上

宪宗即位，司天徐昂上新历，名曰《观象》。起元和二年用之，然无蔀章之数。至于察敛启闭之候，循用旧法，测验不合。至穆宗立，以为累世缵绪，必更历纪，乃诏日官改撰历术，名曰《宣明》。上元七曜，起赤道虚九度。其气朔、发敛、日躔、月离，皆因《大衍》旧术；晷漏、交会则稍增损之，更立新数，以步五星。其大略谓：

通法曰统法。策实曰章岁。揲法曰章月。挂限曰闰限。三元之策曰中节。四象之策曰合策。一象之策曰象准。策余曰通余。爻数曰纪法。通纪法为分，曰旬周。章岁乘年，曰通积分。地中之策曰候策，天中之策曰卦策。以贞悔之策减中节，曰辰数。以加季月之节，即土用事日。凡小余满辰法，为辰数；满刻法，为刻。乾实曰象数。秒法三百。以乘统法，曰分统。

凡步七曜入宿度，皆以刻法为度母。凡刻法乘盈缩分，如定气而一，曰气中率。与后气中率相减，为合差。以定气乘合差，并后定气以除，为中差。加、减气率，为初、末率。倍中差，百乘之，以定气除，为日差。半之，以加、减初、末，各为定率。以日差累加、减之，为每日盈缩分。凡百乘气下先后数，先减、后加常气，为定气限数。乘岁差千四百四十，为秒分。以加中节，因冬至黄道日度，累而裁之，得每定气初日度。

入转曰历。凡入历,如历中已下为进;已上,去之,为退。凡定朔小余,秋分后,四分之三已上,进一日。春分后,昏明小余差春分初日者,五而一,以减四分之三。定朔小余如此数已上者,进一日。或有交,应见亏初,则否。定弦望小余,不满昏明小余者,退一日。或有交,应见亏初者,亦如之。凡正交,以平交入历朓朒定数,朓减、朒加平交入定气余,满若不足,进退日算,为正交入定气,不复以交率乘、交数除,及不加减平交入气朓朒也。

凡推月度,以历分乘夜半定全漏,如刻法而一,为晨分;以减历分,为昏分。又以定朔、弦、望小余乘历分,统法除之,以减晨分,余为前;不足,反相减,余为后。乃前加、后减加时月度,为晨昏月度。以所入加时日度减后历加时日度,余加上弦之度及余,以所入日前减、后加,又以后历前加、后减,各为定程。乃累计距后历每日历度及分,以减定程,为盈;不足,反相减,为缩。以距后历日数均其差,盈减、缩加每日历分,为历定分。累以加朔、弦、望晨昏月度,为每日晨昏月度,不复加减屈伸也。

爻统曰中统。象积曰刻法。消息曰屈伸。以屈伸准盈缩分,求每日所入,曰定衰。五乘之,二十四除之,曰漏差。屈加、伸减气初夜半漏,得每日夜半定漏。刻法通为分,曰昏明小余。二十一乘屈伸定数,二十五而一,为黄道屈伸差,乃屈减、伸加气初去极度分,得每日去极度分。以万二千三百八十六乘黄道屈伸差,万六千二百七十七而一,为每日度差。屈减、伸加气初距中度分,得每日距中度数。凡屈伸准消息于中晷,曰定数;于漏刻,曰漏差;于去极,曰屈伸差;于距中度,曰度差。

交终曰终率。朔差曰交朔。望数曰交望。交限曰前准。望差曰后准。凡月行入四象阴阳度有分者,十乘之,七而一,为度分。不尽,十五乘之,七除,为大分。不尽又除,为小分。乃以一象之度九十除之,兼除度差分百一十三、大分七、小分一少,然后以次象除之。

凡日蚀，以定朔日出入辰刻距午正刻数，约百四十七，为时差。视定朔小余如半法已下，以减半法，为初率；已上，减去半法，余为末率。以乘时差，如刻法而一，初率以减，末率倍之，以加定朔小余，为蚀定余。月蚀，以定望小余为蚀定余。

凡日蚀，有气差，有刻差，有加差。二至之初，气差二千三百五十。距二至前后，每日损二十六，至二分而空。以日出没辰刻距午正刻数，约其朔日气差，以乘食甚距午正刻数。所得以减气差，为定数。春分后，阴历加之，阳历减之；秋分后，阴历减之，阳历加之。

二至初日，无刻差。自后每日益差分二、小分十。起立春至立夏，起立秋至立冬，皆以九十四分有半为刻差。自后日损差分二、小分十，至二至之初损尽。以朔日刻差乘食甚距午正刻数，为刻差定数。冬至后食甚在午正前，夏至后食甚在午正后，阴历以减，阳历以加；冬至后食甚在午正后，夏至后食甚在午正前，阴历以加，阳历以减。

又立冬初日后，每气增差十七。至冬至初日，得五十一。自后，每气损十七，终于大寒，损尽。若蚀甚在午正后，则每刻累益其差，阴历以减，阳历以加。应加减差，同名相从，异名相销，各为蚀差。以加减去交分，为定分。月在阴历，不足减，反减蚀差。交前减之，余为阳历交后定分；交后减之，余为阳历交前定分：皆不蚀。阳历不足减，亦反减蚀差。交前减之，余为阴历交后定分；交后减之，余为阴历交前定分：皆蚀。

凡去交定分，如阳历蚀限已下，为阳历蚀。以阳历定法约，为蚀分。已上者，以阳历蚀限减之，余为阴历蚀。以阴历定法约之，以减十五，余为蚀分。

凡月蚀去交分，二千一百四十七已下，皆既。已上者，以减后准，余如定法五百六约，为蚀分。凡月蚀既，泛用刻二十。如去交分千四百三十五已下，因增半刻。七百一十二已下，又增半刻。凡日月带蚀出没，各以定法通蚀分，半定用刻约之，以乘见刻。多于半定用刻,出为进,没为退。少于半定用刻,出为退,没为进。各如定法而一,为见蚀之大分。朔昼、望夜皆为见刻。其九服蚀差,则不复考详。

五星终率曰周率。因平合加中伏,得平见。金、水加夕,得晨;加晨,得夕。又以变差乘年,满象数去之;不尽为变交。三百约为分,统法而一,以减平见。三十六乘平见秒,十二乘变交秒,同以三千六百为母。余如交率已下,星在阳历;已上,去之,为入阴历。各以变策除,为变数,命初变算外;不尽为入其变度数及余。自此百约余分,母同刻法。以所入变下数,加减平见,为常见。金星晨见,先计自夕见,尽夕退,应加减先后差。同名相从,异名相销。与晨常见加减差,异名相销,同名相从。依加减晨平见为常见。

凡常见计入定气,求先后定数,各以差率乘之,差数而一,为定差。晨见先减、后加,夕见先加、后减常见,为定见。以常见与定见加减数,加减平见入变度数及余秒,为定见初变所入。以所行度顺加、退减之,即次变所入。各以所入变下差数于减日度变率。其水星常见与定见加减数,同名相从,异名相销,反其加减。夕见差加疾行日率者,倍其差,加度率。又分其差,以加迟留日率。晨见亦分其差,以加迟留日率,以所差之数,加疾行日率,亦倍其差,加疾行度率。夕见差减疾行日率者,倍其差,减度率。又以其差减留日,不足减,侵减迟日。晨见差减留日,不足减者,侵减迟日,亦以其差减疾行日率,倍其差,以减度率。前变初日与后变末日先后数,同名相销,异名相从,为先后定数。各以差率乘之,差数而一,为日差。金星用后变差率、差数。以先后定数减之,为度差。金星夕伏,以日差减先后定数,为度差。晨伏以先后定数加日差,为度差。水星夕伏,以先后定数为日差。倍之,为度差。乃以日度差,积盈者以减、积缩者以加末变日度率。金、水晨伏,反用其差。又倍退行差,差率乘之,差数而一,为日差。以退差减之,为度差。金星夕伏,以日差减退差,为度差。晨伏以退差加日差,为度差。以退行日度差应加者减末变日度率。晨伏反用其差。各加减变讫,为日度定率。

他亦皆准《大衍历》法。其分秒不同，则各据本历母法云。

起长庆二年，用《宣明历》。自敬宗至于僖宗，皆遵用之。虽朝廷多故，不暇讨论，然《大衍》历后，法制简易，合望密近，无能出其右者。讫景福元年。

《观象历》今有司无传者。

《长庆宣明历》演纪上元甲子，至长庆二年壬寅，积七百七万一百三十八算外。

《宣明》统法八千四百。章岁三百六万八千五十五。章月二十四万八千五十七。通余四万四千五十五。章闰九万一千三百七十一。闰限二十四万四百四十三，秒六。中节十五，余千八百三十五，秒五。合策二十九，余四千四百五十七。象准七，余三千二百一十四少。中盈分三千六百七十一，秒二。朔虚分三千九百四十三。旬周五十万四千。纪法六十。秒法八。候数五，余六百一十一，秒七。卦位六，余七百三十四，秒二。辰数十二，余千四百六十八，秒四。刻法八十四。象数九亿二千四十四万六千一百九十九。周天三百六十五度。虚分二千一百五十三，秒二百九十九。岁差二万九千六百九十九。分统二百五十二万。秒母三百。

气　节	盈缩分	先后数	损益率	朓朒数
冬　至	盈六十	先初	益四百四十九	朒初
小　寒	盈五十	先六十	益三百七十四	朒四百四十九
大　寒	盈四十	先百一十	益二百九十九	朒八百二十三
立　春	盈三十	先百五十	益二百二十四	朒千一百二十二
雨　水	盈十八	先百八十	益百三十五	朒千三百四十六

惊 蛰	盈六	先百九十八	益四十五	朒千四百八十一
春 分	缩六	先二百四	损四十五	朒千五百二十六
清 明	缩十八	先百九十八	损百三十五	朒千四百八十一
谷 雨	缩三十	先百八十	损二百二十四	朒千三百四十六
立 夏	缩四十	先百五十	损二百九十九	朒千一百二十二
小 满	缩五十	先百一十	损三百七十四	朒八百二十三
芒 种	缩六十	先六十	损四百四十九	朒四百四十九
夏 至	缩六十	后初	益四百四十九	朓初
小 暑	缩五十	后六十	益三百七十四	朓四百四十九
大 暑	缩四十	后百一十	益二百九十九	朓八百二十三
立 秋	缩三十	后百五十	益二百二十四	朓千一百二十二
处 暑	缩十八	后百八十	益百三十五	朓千三百四十六
白 露	缩六	后百九十八	益四十五	朓千四百八十一
秋 分	盈六	后二百四	损四十五	朓千五百二十六
寒 露	盈十八	后百九十八	损百三十五	朓千四百八十一
霜 降	盈三十	后百八十	损二百二十四	朓三百四十六
立 冬	盈四十	后百五十	损二百九十九	朓千一百二十二
小 雪	盈五十	后百一十	损三百七十四	朓八百二十三
大 雪	盈六十	后六十	损四百四十九	朓四百四十九

二十四定气皆百乘其气盈缩分,盈减、缩加中节,为定气所有日及余、秒。六虚之差五十三,秒二百九十九。

历周二十三万一千四百五十八,秒十九。历周日二十七,余四千六百五十八,秒十九。历中日十三,余六千五百二十九,秒九半。周差日一,余八千一百九十八,秒八十一。秒母一百。七日:初数,七千四百六十五;末数,九百三十五。十四日:初数,六千五百二十九;末数,千八百七十一。上弦:九十一度,余二千六百三十八,秒百四十九太。望:百八十二度,余五千二百七十六,秒二百九十九半。下弦:二百七十三度,余七千九百一十五,秒百四十九半。秒母三百。以刻法约历分为度,积之为积度。

历日	历分进退衰	积度	损益率	朓朒积
一日	千一十二进十四	初度	益八百三十	朒初
二日	千二十六进十六	十二度四分	益七百二十六	朒八百三十
三日	千四十二进十八	二十四度二十二分	益六百六	朒千五百五十六
四日	千六十进十八	三十六度五十六分	益四百七十一	朒二千一百六十二
五日	千七十八进十八	四十九度二十四分	益三百三十七	朒二千六百三十三
六日	千九十六进十九	六十二度一十分	益二百二	朒二千九百七十
七日	千一百一十五进十九	七十五度十四分	初益五十三末损七	朒三千一百七十二
八日	千一百三十四进十九	八十八度三十七分	损八十二	朒三千二百一十八
九日	千一百五十三进十九	百一度七十九分	损二百二十四	朒三千一百三十六

十日	千一百七十二进十九	百一十五度五十六分	损三百六十六	朒二千九百一十二
十一日	千一百九十一进十八	百二十九度五十二分	损五百九	朒二千五百四十六
十二日	千二百九进十四	百四十三度六十七分	损六百四十三	朒二千三十七
十三日	千二百二十三进十一	百五十八度十六分	损七百四十八	朒千三百九十四
十四日	千二百三十四进退空	百七十二度六十三分	初损六百四十六	朒六百四十六
一日	千二百三十四退十四	百八十七度三十七分	益八百三十	朓初
二日	千二百二十退十七	二百二度十一分	益七百二十六	朓八百三十
三日	千二百三退十八	二百一十六度五十五分	益五百九十八	朓千五百五十六
四日	千一百八十五退十八	二百三十度八十二分	益四百六十四	朓二千一百五十四
五日	千一百六十七退十八	二百四十五度七分	益三百二十九	朓二千六百一十八
六日	千一百四十九退十八	二百五十八度八十二分	益百九十五	朓二千九百四十七
七日	千一百三十一退十九	二百七十二度五十五分	初益五十三末损七	朓三千一百四十二
八日	千一百一十二退十九	二百八十六度十分	损八十二	朓三千一百八十八
九日	千九十三退十九	二百九十九度三十分	损二百二十五	朓三千一百六

十日	千七十四退十八	三百一十二度三十一分	损三百六十六	朓二千八百八十一
十一日	千五十六退十七	三百二十五度十三分	损五百一	朓二千五百一十五
十二日	千三十九退十五	三百三十七度六十一分	损六百二十八	朓二千一十四
十三日	千二十四退十二	三百五十度八分	损七百四十	朓千三百八十六
十四日	千一十二进退空	三百六十二度二十四分	初损六百四十六	朒六百四十六

中统四千二百。辰刻八刻，分二十八。昏、明刻各二刻，分四十二。刻法八十四。度每同刻法。距极度五十六，余八十二分半。北极出地三十四度，余四十七分半。

定气	屈伸数	黄道去极度	阳城日晷	夜半定漏	距中星度
冬至	屈六十五	百一十五度十七分	丈二尺七寸三十二分	二十七刻四十分	八十二度二十二分
小寒	屈二百二十五	百一十四度三十六分	丈二尺三寸九分十一	二十七刻二十九分	八十二度六十四分
大寒	屈三百六十五	百一十二度二十五分	丈一尺三寸八分三十	二十六刻七十四分	八十四度四十分
立春	屈四百八十五	百八度五十五分	九尺九寸四分七十八	二十六刻十分	八十七度二十一分
雨水	屈五百八十五	百三度六十七分	八尺三寸七分八十一	二十五刻九分	九十度七十分
惊蛰	屈六百六十五	九十七度八十分	六尺八寸八分七十四	二十三刻七十四分	九十五度三十三分

春分 屈六百六十五	九十一度二十五分	五尺四寸四分七十	二十二刻四十二分	百度三十八分
清明 屈五百八十五	八十四度五十五分	四尺一寸九分五十九	二十二刻十分	百五度四十三分
谷雨 屈四百八十五	七十八度六十七分	三尺三寸六分十九	十九刻七十五分	百九度八十一分
立夏 屈三百六十五	七十三度八十分	二尺四寸四分五十一	十八刻七十四分	百一十三度五十五分
小满 屈二百二十五	七十度二十五分	尺八寸九分八十七	十八刻十分	百一十六度三十六分
芒种 屈六十五	六十八度四十分	尺五寸七分十四	十七刻五十五分	百一十八度十二分
夏至 伸六十五	六十七度三十四分	尺四寸七分八十	十七刻四十四分	百一十八度五十四分
小暑 伸二百二十五	六十八度四十分	尺五寸七分十四	十七刻五十五分	百一十八度十二分
大暑 伸三百六十五	七十度二十五分	尺八寸九分八十九	十八刻十分	百一十六度三十一分
立秋 伸四百八十五	七十三度八十分	二尺四寸四分五十一	十八刻七十四分	百一十二度五十五分
处暑 伸五百八十五	七十八度六十七分	三尺二寸六分十九	十九刻七十五分	百九度八十一分
白露 伸六百六十五	八十四度五十五分	四尺一寸九分五十九	二十一刻十分	百五度四十三分
秋分 伸六百六十五	九十一度二十五分	五尺四寸五分七十	二十二刻四十二分	百度三十八分
寒露 伸五百八十五	九十七度八十分	六尺八寸八分七十四	二十三刻七十四分	九十五度三十三分

霜降伸四百八十五	百三度六十七分	八尺三寸七分八十一	二十五刻九分	九十度七十九分
立冬伸三百六十五	百八度五十五分	九尺九寸四分七十八	二十六刻十分	八十七度二十一分
小雪伸二百二十五	百一十二度二十五分	丈一尺三寸八分三十	二十六刻七十四分	八十四度四十分
大雪伸六十五	百一十四度四十六分	丈二尺三寸九分十一	二十七刻二十九分	八十二度六十四分

终率二十二万八千五百八十二，秒六千五百一十二。终日二十七，余千七百八十二，秒六千五百一十二。中日十三，余五千九十一，秒三千二百五十六。交朔日二，余二千六百七十四，秒三千四百八十八。交望日十四，余六千四百二十八，秒五千。前准日十二，余三千七百五十四，秒千五百一十二。后准日一，余千三百三十七，秒千七百四十四。阴历蚀限六千六十。阳历蚀限二千六百四十。阴历定法四百四。阳历定法百七十六。交率二百二。交数二千五百七十三。秒法一万。去交度乘数十一，除数七千三百三。

岁星
周率三百三十五万五百四十，秒八十三。周策三百九十八，余七千三百四十，秒八十三。中伏日十六，余七千八百七十，秒四十一半。变差九十八，秒三十二。交率百八十二，余五十二，秒二十七。变策十五，余十八，秒三十五。差率五。差数四。

荧惑
周率六百五十五万一千三百九十五，秒二十六。周策七百七十九，余七千七百九十五，秒二十六。中伏日七十，余八千九十七，秒六十三。变差三千五，秒一。交率百八十二，余五十二，秒三十二。变策十五，余十八，秒三十六。差率三十九。差数十。

镇星

周率三百一十七万五千八百七十九,秒七十九。周策三百七十八,余六百七十九,秒七十九。中伏日十八,余四千五百三十九,秒八十九半。变差二百七十七,秒九十二。交率百八十二,余五十二,秒二十七。变策十五,余十八,秒三十五。差率十。差数九。

太白

周率四百九十万四千八百四十五,秒八十五。周策五百八十三,余七千六百四十五,秒八十五。夕见伏日二百五十六。夕见伏行二百四十四度。晨见伏日三百二十七,余七千六百四十五,秒八十五。晨见伏行三百四十九,余七千六百四十五,秒八十五。中伏日四十一,余八千二十二,秒九十二半。变差千二百三十六,秒十二。交率百八十二,余五十二,秒二十九。变策十五,余十八,秒三十五。夕见差率三十一。差数十。晨见差率二。差数三。

辰星

周率九十七万三千三百九十,秒二十五。周策百一十五,余七千三百九十,秒二十五。夕见伏日五十二。夕见伏行十八度。晨见伏日六十三,余七千三百九十,秒二十五。晨见伏行九十七度,余七千三百九十,秒二十五。中伏日十八,余七千八百九十五,秒十二半。变差三千二百一,余十,秒六十七。交率百八十二,余五十二,秒三十二。变策十五,余十八,秒三十六。差率、差数空。秒法百。小分法三千六百。

五星平见加减历

变数	岁星	荧惑	镇星	太白夕 太白晨	辰星夕 辰星晨
阳初	减空	加空	五百八十	加空 七十六	加空 二百七十七
二	百二十六	九百七十	六百五	百二十六 百三十九	百五十一 三百七十八

三	二百三十九	千七百六十四	六百五	二百五十二 百八十九	二百七十七 四百五十四
四	三百四十	二千一百六十七	六百五	三百七十八 二百二十七	三百七十八 五百四
五	四百二十八	二千二百三十	五百八十	五百四 二百五十二	四百五十四 四百七十九
六	四百九十一	二千二百五十五	五百四	六百三十 二百六十五	五百四 四百五十四
七	五百一十七	二千二百六十八	三百七十八	七百五十六 二百五十二	四百七十九 四百三
八	四百九十一	二千一百九十二	二百二十七	六百三十 二百二十七	四百五十四 三百二十八
九	四百二十八	千九百六十六	七十六	五百四 百八十九	四百三 二百二十七
十	三百四十	千五百一十二	加七十六	三百七十八 百三十九	三百二十八 百二十六
十一	二百三十九	千二十一	百八十九	二百五十二 七十六	二百二十七 加空
十二	百二十六	五百一十七	三百一十五	百二十六 加空	百二十六 百五十一
阴初	加空	减空	四百五十四	减空 七十六	减空 二百七十七
二	百二十六	百二十六	六百五	百二十六 百三十九	百五十一 三百七十八
三	二百三十九	二百一十四	五百二十九	二百五十二 百八十九	二百七十七 四百五十四
四	三百四十	五百一十七	四百五十四	三百七十八 二百二十七	三百七十八 五百四

五	四百二十八	九百三十二	三百七十八	五百四 二百五十二	四百五十四 四百七十九
六	四百九十一	千四百二十四	三百二	六百三十 二百六十六	五百四 四百五十四
七	五百一十七	二千二百六十八	二百一十八	七百五十六 二百五十二	四百七十九 四百三
八	四百九十一	二千二百六十八	百一十三	六百三十 二百三十	四百五十四 三百二十八
九	四百二十八	二千二百五十五	减空	五百四 百八十九	四百三 二百二十七
十	三百四十	二千一百六十一	二百二十七	三百七十八 百三十九	三百二十八 百二十六
十一	二百三十九	二千七十九	四百三	二百五十二 七十六	二百二十七 减空
十二	百二十六	千九十六	五百四	百二十六 减空	百二十六 百五十一

岁星	前顺百一十五日行十九度三十三分	前留二十五日	退行八十五日行十度八十二分	后留二十五日	后顺百一十五日行十九度三十三分
初见去日十四度。	先疾,日益迟十三秒。		益疾、益迟二十一秒。		先迟,日益疾十三秒。
阳初	七十六		三十四		六十三
二	六十三		四十		七十六
三	五十		三十四		六十三
四	三十八		二十七		五十

五	二十五		二十		三十八
六	十三		十三		二十五
七	加空		七		十三
八	十三		减空		加空
九	二十五		七		十三
十	三十八		十三		二十五
十一	五十		二十		三十八
十二	六十三		二十七		五十
阴初	七十六		三十四		六十三
二	六十三		四十		七十六
三	五十		三十四		六十三
四	三十八		二十七		五十
五	二十五		二十		三十八
六	十三		十三		二十五
七	减空		七		十三
八	十三		加空		减空
九	二十五		七		十三
十	三十八		十三		二十五
十一	五十		二十		三十八
十二	六十三		二十七		五十

荧惑	前疾二百二十日行百四十度	前迟六十日行二十五度	前留	退行六十三日行十七度	后留	后迟六十日行二十五度	后疾二百七日行百三十四度
初见去日十七度。	先疾，日益迟五秒。	先疾，日益迟四十二秒。	十三日	益疾、益迟九秒。	十三日	先迟，日益疾四十二秒。	先迟，日益疾五秒。
阳初	七百五十六	百一		五十		百一	二千五百二十
二	减空	百二十六		六十三		百二十六	千六百七十六
三	二百三十九	百五十一		七十六		百五十一	八百三十二
四	五百四	百二十六		百五十一		百二十六	减空
五	千八	百一		二百七十七		百一	六百三十
六	千八百三十八	七十六		二百五十二		七十六	七百六
七	二千五百二十	五十		二百二十七		五十	千六百七十六
八	三千二十四	二十五		百四十三		二十五	二千九百三十六
九	三千二百七十六	减空		三十八		加空	三千九百六
十	三千四百四十	二十五		加空		二十五	四千五百三十六
十一	三千六百一十六	五十		七十六		五十	四千四百六十

十二	三千四百四十	七十六		八十八		七十六	四千一百八
阴初	三千二百七十六	百一		百一十三		百一	三千六百九十六
二	二千五百二十	百二十六		百三十九		百二十六	三千二百八十
三	千三百三十八	百五十一		二百五十二		百五十一	二千二百六十八
四	加空	百二十六		二百七十七		百二十六	千八
五	千三百三十八	百一		百七十六		百一	加三百四十
六	二千六百九十六	七十六		百一		七十六	二千五百一十二
七	三千二百七十六	五十		七十六		五十	三千三百五十六
八	三千六百一十六	二十五		五十		二十五	四千三十二
九	三千五百三十一	加空		二十五		减空	四千三十二
十	二千九百三十八	二十五		减空		二十五	三千三百五十二
十一	二千二百六十八	五十		十三		五十	三千一百五十四
十二	千五百一十三	七十六		二十五		七十六	二千五百六十二

镇星	前顺八十三日行七度三十六分	前留三十六日	退行百三日行六度	后留三十六日	后顺八十三日行七度三十六分
初见去日十七度。	先疾，日益迟八秒。		益疾、益迟二秒。		先迟，日益疾八秒。
阳初	二十六		二十		二十六
二	三十二		二十五		三十二
三	三十八		三十		三十八
四	三十二		二十五		三十二
五	二十六		二十		二十六
六	二十		十五		二十
七	十三		十		十三
八	七		五		七
九	加空		减空		加空
十	七		五		七
十一	十三		十		十三
十二	二十		十五		二十
阴初	二十六		二十		二十六
二	三十二		二十五		三十二
三	三十八		三十		三十八
四	三十二		二十五		三十二
五	二十六		二十		二十六

六	二十		十五		二十
七	十三		十		十三
八	七		五		七
九	减空		加空		减空
十	七		五		七
十一	十三		十		十三
十二	二十		十五		二十

太白	夕疾百七十二日行二百六度	夕平十三日行十三度	夕迟四十二日行三十度	**夕留**	夕退十日行五度
初见去日十一度。	先疾，日益迟八十四秒。		先疾，日益迟一分二十八秒。	七日	先迟，日益疾八十四秒。
阳初	二百二十七	六	减空		四
二	百一十二	十二	十三		空
三	减空	十八	二十五		减空
四	百一十三	二十四	三十八		空
五	二百二十七	三十一	五十		四
六	三百四十	三十八	六十三		八
七	四百五十四	三十一	七十六		十三
八	五百六十七	二十四	六十三		十三
九	六百八十	十八	五十		十三
十	五百六十七	十二	三十八		十三

十一	四百五十四	六	二十五	十三
十二	三百四十	加空	十三	八
阴初	二百二十七	六	加空	四
二	百一十三	十三	十二	空
三	加空	十八	二十五	加空
四	百一十三	二十四	三十八	空
五	二百二十七	三十一	五十	四
六	三百四十	三十八	六十三	八
七	四百五十四	三十一	七十六	十三
八	五百六十七	二十四	六十三	十三
九	六百八十	十八	五十	十三
十	五百六十七	十二	三十八	十三
十一	四百五十四	六	二十五	十三
十二	三百四十	减空	十三	八

太白	晨见退行十日行五度	晨留	晨迟四十二日三十度	晨平十三日行十三度	晨疾百七十二日行二百六度
	先疾,日益迟八十四秒。	七日	先迟,日益疾一分二十八秒。		先迟,日益疾十九秒。
阳初	十三		百六十四	七十六	四百五十四
二	八		百三十九	八十八	五百六十七

三	四		百一十三	七十六	六百八十
四	空		七十六	六十三	五百六十七
五	空		三十八	五十	四百五十四
六	减空		加空	三十八	三百四十
七	空		三十八	十九	二百二十七
八	空		七十六	加空	百一十三
九	四		百一十三	十八	加空
十	八		百三十九	三十八	百一十三
十一	十三		百六十四	五十	二百二十七
十二	十三		百七十六	六十三	三百四十
阴初	十三		百六十四	七十六	四百五十四
二	八		百三十九	八十八	五百六十七
三	四		百一十三	七十六	六百八十
四	空		七十六	六十三	五百六十七
五	空		三十八	五十	四百五十四
六	加空		减空	三十八	三百四十
七	空		三十八	十九	二百二十七
八	空		七十六	减空	百一十三
九	四		百一十三	十八	减空
十	八		百三十九	三十八	百一十三
十一	十三		百六十四	五十	二百二十七

十二	十三		百七十六	六十三	三百四十

辰星	夕疾十二日 行十七度	夕迟十一日 行九度	夕留 三日	晨留 三日	晨迟十一日 行九度	晨疾十二日 行十七度
初见去日 十七度。	先疾，日益迟 三分。	先疾，日益迟 六分。			先迟，日益疾 六分。	先迟，日益疾 三分。

唐书卷三〇下

志第二〇下

历六下

昭宗时,《宣明历》施行已久,数亦渐差,诏太子少詹事边冈与司天少监胡秀林、均州司马王墀改治新历。然术一出于冈。冈用算巧,能驰骋反复于乘除间。由是简捷、超径、等接之术兴,而经制、远大、衰序之法废矣。虽筹策便易,然皆冥于本原。其上元七曜,起赤道虚四度。景福元年,历成,赐名《崇玄》。气朔、发敛、盈缩、朓朒、定朔弦望、九道月度、交会、入蚀限去交前后,皆《大衍》之旧。余虽不同,亦殊途而至者。大略谓:

策实曰岁实,揲法曰朔实,三元之策曰气策,四象之策曰平会。一象之策曰弦策,挂限曰闰限,爻数曰纪法,策余曰岁余,天中之策曰候策,地中之策曰卦策,贞悔之策曰土王策。辰法,半辰法也。乾实曰周天分。盈缩、朓朒,皆用常气。盈缩分曰升降,先后曰盈缩。

凡升降、损益,皆进一等,倍象统乘之,除法而一,为平行率。与后率相减,为差。半之,以加减平行率,为初、末率。倍差,进一等,以象统乘之,除法而一,为日差。以加减初、末为定。以日差累加减,为每日分。凡小余,皆万乘之,通法除,为约余,则以万为法。又以百约之,为大分,则以百为法。

凡冬至赤道日度及约余,以减其宿全度,乃累加次宿,皆为距后积度。满限九十一度三十一分三十七小分,去之。余半已下,为初;已上,以减限,为末。皆百四十四乘之,退一等,以减千三百一十五。所得以乘初、末度分,为差。又通初、末度分,与四千五百六十六先相减、后相乘,千六百九十除之,以减差,为定差,再退为分。至后以减、分后以加距后积度,为黄道积度。宿次相减,即其度也。

以冬至赤道日度及约余,依前求定差以减之,为黄道日度。凡岁差,十一乘之,又以所求气数乘之,三千八百八十八而一,以加前气中积;又以盈缩分盈加、缩减之,命以冬至宿度,即其气初加时宿度。

其定朔小余,如日法四十分之二十九已上,以定朔小余减日法,余如晨初余数已下,进一日。

冈又作径术求黄道月度。以蒜率去积年,为蒜周。不尽,为蒜余,以岁余乘蒜余,副之。二因蒜周,三十七除之,以减副。百一十九约蒜余,以加副。满周天去之。余,四因之为分,度母而一为度,即冬至加时平行月。

又以冬至约余距午前后分,二百五十四乘之,万约为分,度母为度;午前以加、午后以减加时月,为午中月。自此计日平行十三度十九分度之七。自冬至距定朔,累以平行减之,为定朔午中月。求次朔及弦望,各计日以平行加之。其分以度母除,为约分。

又四十七除蒜余,为率差。不尽,以乘七日三分半,副之。九因率差,退一等,为分,以减副。又百约冬至加时距午分,午前加之,午后减之,满转周去之,即冬至午中入转。以冬至距朔日减之,即定朔午中入转。求次朔及弦望,计日加之。

各以所入日下损益率乘转余,百而一,以损益盈缩积,为定差。以盈加、缩减午中月,为定月。以月行定分乘其日晨昏距午分,万约为分,满百为度,以减午中定月,为晨月;加之,为昏月。

以朔昏月减上弦昏月,以上弦昏月减望昏月,以望晨月减下弦晨月,以下弦晨月减后朔晨月,各为定程。以相距日均,为平行度分。与次程相减,为差。以加、减平行,为初、末日定行。后少,加为初,减为末。后多,减为初,加为末。减相距日一,均差,为日差。累损、益初日,为每日定行。后多,累益之。后少,累减之。因朔弦望晨昏月,累加之,得每日晨昏月。

晷漏

各计其日中入二至加时已来日数及余。如初限已下,为后;已上,以减二至限,余为前,副之。各以乘数乘之,用减初、末差。所得再乘其副,满百万为尺,不满为寸、为分。夏至后,则退一等。皆命曰晷差。冬至前后,以减冬至中晷;夏至前后,以加夏至中晷:为每日阳城中晷。与次日相减,后多曰息,后少曰消。以冬、夏至午前、后约分乘之,万而一,午前息减、消加,午后息加、消减中晷,为定数也。凡冬至初日,有减无加。夏至初日,有加无减。

又计二至加时已来至其日昏后夜半日数及余。冬至后为息,夏至后为消。如一象已下,为初;已上,反减二至限,余为末。令自相乘,进二位,以消息法除为分,副之。与五百分先相减,后相乘,千八百而一,以加副,为消息数。以象积乘之,百约为分,再退为度。春分后,以加六十七度四十分,秋分后,以减百一十五度二十分,即各其日黄道去极。与一象相减,则赤道内外也。以消息数,春分后加千七百五十二,秋分后以减二千七百四十八,即各其日晷漏母也。以减五千,为晨昏距午分。

置晷漏母,千四百六十一乘,而再半之。百约,为距子度。以减半周天,余为距中度。百三十五乘晷漏母,百约为分,得晨初余数。凡晷漏,百为刻。不满,以象积乘之,百约为分,得夜半定漏。

九服中晷,各于其地立表候之。在阳城北,冬至前候晷景与阳城冬至同者,为差日之始;在阳城南,夏至前候晷景与阳城夏至同者,为差日之始。自差日之始,至二至日,为距差日数也。在至前者,计距前已来日数;至后者,计入至后已来日数。反减距差日,余为距后日准。求初、末限晷差,各冬至前后以加、夏至前后以减冬夏至阳城中晷,得其地其日中晷。若不足减,减去夏至阳城中晷,即其日南倒中晷也。自余之日,各计冬、夏至后所求日数。减去距冬、夏至差日,余准初、末限入之。又九服所在,各于其地置水漏,以定二至夜刻,为漏率。以漏率乘每日晷漏母,各以阳城二至晷漏母除之,得其地每日晷漏母。

交会

以四百一乘朔望加时入交常日及约余,三十除,为度;不满退除为分,得定朔望入交定积度分。以减周天,命起朔望加时黄道日躔,即交所在宿次。

凡入交定积度,如半交已上,为在阳历;已上,减去半交,余为入阴历。以定朔望约余乘转分,万约为分,满百为度;以减入阴、阳历积度,为定朔望夜半所入。

如一象已下,为在少象;已上者,反减半交,余为入老象。皆七十三乘之,退一等。用减千三百二十四,余以乘老、少象度及余,再退为分,副之。在少象三十度已下,老象六十一度已上,皆与九十一度先相减、后相乘,五十六除,为差。若少象三十度已上,反减九十一度,及老象六十度已下,皆自相乘,百五除,为差。皆以减副,百约为度,即朔望夜半月去黄道度分。

凡定朔约余距午前、后分,与五千先相减、后相乘,三万除之;午前以减,午后倍之,以加约余,为日蚀定余。定望约余,即为月蚀定余。晨初余数已下者,皆四百乘之,以晨初余数除之,所得以加定望约余,为或蚀小余。各以象统乘之,万约,为半辰之数。余满二千四百为刻。不尽退除,为刻分,即其辰刻日蚀有差。

置其朔距天正中气积度,以减三百六十五度半,余以千乘,满三百六十五度半除为分,曰限心。加二百五十分,为限首。减二百五十分,为限尾。满若不足,加减一千,退蚀定余一等。与限首、尾相近者,相减,余为限内外分。其蚀定余多于限首、少于限尾者,为外。少于限首、多于限尾者,为内。在限内者,令限内分自乘,百七十九而一,以减六百三十,余为阴历蚀差。限外者,置限外分与五百先相减、后相乘,四百四十六而一,为阴历蚀差。又限内分亦与五百先相减、后相乘,三百一十三半而一,为阳历蚀差。

在限内者,以阳历蚀差加阴历蚀差,为既前法。以减千四百八十,余为既后法。在限外者,以六百一十分为既前法,八百八十分为既后法。其去交度分,在限外阴历者,以阴历差减之。不足减者,不蚀。又限外无阳历。交在限内阴历者,以阳历蚀差加之。若在限内阳历者,以去交度分反减阳历蚀差。若不足反减者,不蚀。皆为去交定分。如既前法已下者,为既前分。已上者,以减千四百八十,余为既后分。皆进一位。各以既前、后法除,为蚀分。在既后者,其亏复阴历也。既前者,阳历也。

凡朔望月行定分,日以九百乘,月以千乘,如千三百三十七而一,日以减千八百,月以减二千,余为泛用刻分。凡月蚀泛用刻,在阳历以三十四乘,在阴历以四十一乘,百约,为月蚀既限。以减千四百八十,余为月蚀定法。其去交度分,如既限已下者,既。已上者,以减千四百八十,余进一位,以定法约,为蚀分。其蚀五分已下者,为或食;已上为的蚀。

凡日月食分,泛用刻乘之,千而一,为定用刻。不尽,退除为刻分。既者,以泛为定。各以减蚀甚约余,为亏初。加之,为复满。凡蚀甚与晨昏分相近,如定用刻已下者,因相减,余以乘蚀分,满定用刻而一,所得以减蚀分,得带蚀分。

五星变差曰岁差。阴阳进退差曰盈缩。爻算曰画度。画有十二,亦爻数也。推冬至后加时平合日算,曰平合中积。副之,曰平合中星。岁差减中星,曰入历。有余者,皆约之。因平合以诸变常积日加中积,常积度加中星、入历,各其变中积、中星、入历也。

凡入历盈限已下,为盈。已上,去之,为缩。各如画度分而一,命画数算外。不满,以画下损益乘之,画度分除之,以损益盈缩积,为定差。盈加、缩减中积,为定积。准求所入气及月日,加冬至大余及约余,为其变大小余。以命日辰,则变行所在也。亦以盈加、缩减中星,应用䠠差。视定积如半交已下,为在盈;已上,去之,为在缩。所得,令半交度先相减、后相乘,三千四百三十五除,为度。不尽退除为分者,亦盈加、缩减之。

其变异术者,从其术,各为定星。命起冬至黄道日躔,得其变行加时所在宿度也。凡辰星依历变置算,乃视晨见、晨顺在冬至后,夕见、夕顺在夏至后计中积去二至九十一日半已下,令自乘。已上,以减百八十一日半,亦自乘。五百而一,为日。以加晨夕见中积、中星,减晨夕顺中积、中星,各为应见不见中积、中星也。凡盈缩定差,荧惑晨见变六十一乘之、五十四除之,乃为定差。太白、辰星再合,则半其差。其在夕见、晨疾二变,则盈减、缩加。凡岁、镇、荧惑留退,皆用前迟入历定差。又各视前迟定星,以变下减度减之。余半交已下,为盈;已上,去之,为缩。又视之,七十三已下三因之,已上减半交,余二因之,为差。岁、镇二星,退一等。荧惑,全用之。在后退,又倍其差。后留,三之。皆满百为度。以盈加、缩减中积,又以前迟定差盈加、缩减,乃为留退定积。其前后退中星,则以差缩加、盈减,又以前迟定差盈加、缩减,乃为退行定星。

凡诸变定星迭相减,为日度率。荧惑迟日盈六十、度盈二十四者,所盈日度加疾变日度,为定率。太白退日率,百乘之,二百一十二除之,为留日。以减退日率,为定率。辰星退顺日率一等,为留日。以减顺日率,为定率。以日均度,为平行。又与后变平行相减,为差。半之,视后多少,以加减平行,为初、末日行分。以初日行分乘其变小余,万而一,顺减、退加其变加时宿度,为夜半宿度。又减日率一,均差,为日差。视后多少,累损益初日,为每日行分。因夜半宿度,累加减之,得每日所至。

五星差行,衰杀不伦,皆以诸变类会消息署之。

起二年颁用,至唐终。

《景福崇玄历》演纪上元甲子,距景福元年壬子,岁积五千三百九十四万七千三百八算外。

《崇玄》通法万三千五百。岁实四百九十三万八百一。气策十五,余二千九百五十,秒一。朔实三十九万八千六百六十三。平会

二十九,余七千一百六十三。望策十四,余万三百三十一半。弦策
七,余五千一百六十五太。朔虚分六千三百三十七。中盈分五千九
百,秒二。岁余七万八百一。闰限三十八万六千四百二十五,秒二
十三。象位六。象统二十四。候策五,余九百八十三,秒二十五;秒
母七十二。卦策六,余千一百八十,秒一;秒母六十。土王策三,余
五百九十,秒一;秒母百二十。辰数五百六十二半。刻法百三十五。
周天分四百九十三万九百六十一,秒二十四。岁差百六十,秒二十
四。周天三百六十五度,虚分三千四百六十一,秒二十四。约虚分
二千五百六十三,秒八十八。除法七千三百五。秒母一百。二十四
气中积,自冬至,每气以气策及约余累之。

气节	升降差	盈缩分	损益数	朒朓积
冬至	升七千七百四十	盈初	益七百八十二	朒初
小寒	升六千六十九	盈七千七百四十	益六百一十三	朒七百八十二
大寒	升四千五百七十二	盈万三千八百九	益四百六十二	朒千三百九十五
立春	升三千二百五十	盈万八千三百八十一	益三百二十八	朒千八百五十七
雨水	升千九百七十七	盈二万一千六百三十一	益二百	朒二千一百八十五
惊蛰	升六百六十	盈二万三千六百八	益六十七	朒二千三百八十五
春分	降六百六十	盈二万四千二百六十八	损六十七	朒二千四百五十二
清明	降千九百七十七	盈二万三千六百八	损二百	朒二千三百八十五

谷雨	降三千二百五十	盈二万一千六百三十一	损三百二十八	朒二千一百八十五
立夏	降四千五百七十二	盈万八千三百八十一	损四百六十二	朒千八百五十七
小满	降六千六十九	盈万三千八百九	损六百一十三	朒千三百九十五
芒种	降七千七百四十	盈七千七百四十	损七百八十二	朒七百八十二
夏至	降七千七百四十	缩初	益七百八十二	朓初
小暑	降六千六十九	缩七千七百四十	益六百一十三	朓七百八十二
大暑	降四千五百七十二	缩万三千八百九	益四百六十二	朓千三百九十五
立秋	降三千二百五十	缩万八千三百八十一	益三百二十八	朓千八百五十七
处暑	降千九百七十七	缩二万一千六百三十一	益二百	朓二千一百八十五
白露	降六百六十	缩二万三千六百八	益六十七	朓二千三百八十五
秋分	升六百六十	缩二万四千二百六十八	损六十七	朓二千四百五十二
寒露	升千九百七十七	缩二万三千六百八	损二百	朓二千三百八十五
霜降	升三千二百五十	缩二万一千六百三十一	损三百二十八	朓二千一百八十五
立冬	升四千五百七十二	缩万八千三百八十一	损四百六十二	朓千八百五十七

| 小雪 | 升六千六十九 | 缩万三千八百九 | 损六百十三 | 朓千三百九十五 |
| 大雪 | 升七千七百四十 | 缩七千七百四十 | 损七百八十二 | 朓七百八十二 |

转周分三十七万一千九百八十六，秒九十七。转终日二十七，余七千四百八十六，秒九十七。朔差日一，余万三千一百七十六，秒三。度母一百。每日累转分为转积度。秒母一百。

转终日	转分列差	损益率	朓朒积
一　日	千二百七进十六	益千三百一十九	朒初
二　日	千二百二十三进十七	益千一百五十	朒千三百一十九
三　日	千二百四十进十八	益九百七十八	朒二千四百六十九
四　日	千二百五十八进十八	益七百九十九	朒三千四百四十七
五　日	千二百七十六进十九	益六百一十七	朒四千二百四十六
六　日	千二百九十五进二十一	益四百三十一	朒四千八百六十三
七　日	千三百一十六进二十三	初益二百一十三 末损二十七	朒五千二百九十四
八　日	千三百三十九进二十六	损二百八十五	朒五千四百八十
九　日	千三百六十五进十八	损四百七十一	朒五千一百九十五

十　日	千三百八十三进十八	损六百五十	朒四千七百二十四
十一日	千四百一进十九	损八百四十	朒四千七十四
十二日	千四百二十进十七	损千一十七	朒三千二百三十四
十三日	千四百三十七进十六	损千一百八十五	朒二千二百一十七
十四日	千四百五十三进十一	初损千三十二 末益二百九十二	朒千三十二
十五日	千四百六十四退十七	益千二百八十四	朓二百九十三
十六日	千四百四十七退十八	益千一百一十	朓千五百七十七
十七日	千四百二十九退十八	益九百四十一	朓二千六百八十七
十八日	千四百一十一退十八	益七百五十七	朓三千六百二十八
十九日	千三百九十四退十八	益五百七十八	朓四千三百八十五
二十日	千三百七十五退二十二	益三百八十六	朓四千九百六十三
二十一日	千三百五十三退二十五	初益百六十 末损八十	朓五千三百四十九
二十二日	千三百二十八退二十五	损三百二十四	朓五千四百二十九
二十三日	千三百六退十九	损五百一十六	朓五千一百五

二十四日	千二百八十七退十九	损六百九十七	朓四千五百八十九
二十五日	千二百六十八退十八	损八百七十九	朓三千八百九十二
二十六日	千二百五十退十七	损千五十三	朓三千一十三
二十七日	千二百三十三退十七	损千二百二十三	朓千九百六十
二十八日	千二百一十六退九	初损七百三十七 末益入后	朓七百三十七

七日：初数万一千九百九十六太，末数千五百三。十四日：初数万四百九十三半，末数三千六半。二十一日：初数八千九百九十少，末数四千五百九太。二十八日：初数七千四百八十七。

蒜率九千三十六。岁余六百三十九。周天分千七百三十五。周天三百六十五度五分。度母十九。月行定分同转分。平行积度，日累十三度七分。

入　转　日	损　益　数	盈　缩　积　度
一日	益百三十一	缩初空
二日	益百一十四	缩一度三十一分
三日	益九十七	缩二度四十五分
四日	益七十九	缩三度四十二分
五日	益六十一	缩四度二十一分
六日	益四十三	缩四度八十二分

七日	初益二十一　　末损三	缩五度二十五分
八日	损二十八	缩五度四十三分
九日	损四十七	缩五度一十五分
十日	损六十五	缩四度六十八分
十一日	损八十三	缩四度三分
十二日	损百一	缩三度二十分
十三日	损百一十七	缩二度一十九分
十四日	初损百二　　末益二十九	缩一度二分
十五日	益百二十七	盈二十九分
十六日	益百一十	盈一度五十六分
十七日	益九十四	盈二度六十六分
十八日	益七十五	盈三度六十分
十九日	益五十七	盈四度三十五分
二十日	益三十八	盈四度九十二分
二十一日	初益十六　　末损八	盈五度三十分
二十二日	损三十二	盈五度三十八分
二十三日	损五十一	盈五度六分
二十四日	损六十九	盈四度五十五分
二十五日	损八十七	盈三度八十六分
二十六日	损百四	盈二度九十九分
二十七日	损百二十一	盈一度九十五分
二十八日	初损七十四　　末益入后	盈七十四分

转周二十七日，五十五分半。七日：初八日十八分，小分八十七

半;末十一分,小分十二半。十四日:初七十七分太;末二十二分少。二十一日:初六十六分,小分六十二半;末三十三分,小分三十七半。二十八日:初五十五分半。入转日母一百。

二至限百八十二日六十二分,小分二十二分半。消息法千六百六十七半。一象九十一度三千一百三十一分。辰法八刻百六十分。昏、明二刻二百四十分。象积四百八十。冬至前后限五十九日;差二千一百九十五分;乘数十五。夏至前后限百二十三日六十二分,小分二十二半;差四千八百八十分;乘数四。阳城冬至晷丈二尺七寸一分半;夏至晷尺四寸七分,小分八十。

交终分三十六万七千三百六十四,秒九千六百七十三。交终日二十七,余二千八百六十四,秒九千六百七十三;约余二千一百二十二。交中日十三,余八千一百八十二,秒四千八百三十六半;约余六千六百一十一。朔差日二,余四千二百九十八,秒三百二十七;约余三千一百八十四。望策日十四,余万三百三十一,秒五千;约余七千六百五十三。交限日十二,余六千三十三,秒四千六百七十三;约余四千四百六十九。望差日一,余二千一百四十九,秒百六十三半;约余千五百九十二。交率二百六十二。交数三千三百五十。交终三百六十三度七十三分,小分六十四。转终三百七十四度二十八分。半交百八十一度八十六分,小分八十二。一象九十度,九十三分,小分四十一。去交度乘数十一,除数八千六百三十二。秒母一万。

岁星

终率五百三十八万四千九百六十二,秒十一。平合日三百九十八,余万一千九百六十二,秒十一;约余八千八百六十一。盈限二百五度。盈画十七度八分,秒三十三。缩限百六十度二十五分,秒六十三太。缩画十三度三十五分,秒四十七。岁差百三十三,秒九十二半。

画数	损　益	盈差积	损　益	缩差积
初	益百九十	盈初	益九十	缩初
二	益百八十	盈一度九十	益百七十	缩九十
三	益百五十	盈三度七十	益二百一十	缩二度六十
四	益百四十	盈五度二十	益百六十	缩四度七十
五	益七十	盈六度六十	益八十	缩七度三十
六	益四十五	盈七度三十	益四十	缩七度十
七	损四十五	盈七度七十五	益十五	缩七度五十
八	损百四十五	盈七度三十	益十	缩七度六十五
九	损八十五	盈五度八十五	损十	缩七度七十五
十	损二百	盈五度	损二百六十五	缩七度六十五
十一	损百六十	盈三度	损二百六十	缩五度
十二	损百四十	盈一度四十	损二百四十	缩二度四十

荧惑

终率千五十二万八千九百一十六，秒九十一。平合日七百七十九，余万二千四百一十六，秒九十一；约余九千一百九十八。盈限百九十六度八十分。盈画十六度四十分。缩限百六十八度四十五分，秒六十三太。缩画十四度三分，秒八十。岁差百三十三，秒四十六。

画数	损　益	盈差积	损　益	缩差积
初	益千二百一十	盈初	益三百九十六	缩初

二	益八百一十二	盈十二度十三	益四百四十一	缩三度九十六
三	益四百七十三	盈二十度二十五	益四百五十七	缩八度三十七
四	益二百二	盈二十四度九十八	益四百四十八	缩十二度九十四
五	损十六	盈二十七度	益四百五	缩十七度四十二
六	损二百一十四	盈二十六度八十四	益三百二十三	缩二十一度四十七
七	损三百二十三	盈二十四度七十	益二百一十四	缩二十四度七十
八	损四百五	盈二十一度四十七	益十六	缩二十六度八十四
九	损四百四十八	盈十七度四十二	损二百二	缩二十七度
十	损四百五十七	盈十二度九十四	损四百七十三	缩二十四度九十八
十一	损四百四十一	盈八度三十七	损八百一十二	缩二十度二十五
十二	损三百九十六	盈三度九十六	损千二百一十三	缩十二度十三

镇星

终率五百一十万四千八十四，秒五十四。平合日三百七十八，余千八十四，秒五十四；约余八百三。盈限百八十二度六十二分，秒六十三太。盈画十五度二十二分。缩限百八十二度六十三分。缩画十五度二十二分。岁差百三十二，秒九十四。

画数	损　益	盈差损	损　益	缩差积
初	益百	盈初	益三百	缩初
二	益百三十	盈一度	益二百二十五	缩三度
三	益百七十	盈二度三十	益二百	缩五度二十五
四	益二百二十	盈四度	益五十	缩七度二十五
五	益百二十	盈六度二十	损三十五	缩七度七十五
六	益三十五	盈七度四十	损二十	缩七度四十
七	损三十五	盈七度七十五	损十五	缩七度二十
八	损百二十	盈七度四十	损五	缩七度五
九	损二百二十	盈六度二十	损百六十	缩七度
十	损百七十	盈四度	损百七十	缩五度四十
十一	损百三十	盈二度三十	损百八十	缩三度七十
十二	损百	盈一度	损百九十	缩一度九十

太白

终率七百八十八万二千六百四十八，秒七十六。平合日五百八十三，余万二千一百四十八，秒七十六；约余八千九百九十九。再合日二百九十一，余万二千八百二十四，秒三十八；约余九千五百。盈限百九十七度十六分。盈画十六度四十三分。缩限百六十八度九分，秒六十三太。缩画十四度，秒八十。岁差百三十四，秒三十六。

画数	损　益	盈差积	损　益	缩差积
初	益百八十三	盈初	益六十四	缩初

二	益百五十	盈一度八十三	益百一十九	缩六十四
三	益百一十七	盈三度三十三	益百二	缩一度八十三
四	益八十三	盈四度五十	益百	缩二度八十五
五	益五十	盈五度三十三	益九十	缩三度八十五
六	益七十	盈五度八十三	益七十三	缩四度七十五
七	损七十	盈六度	益四十五	缩五度四十八
八	损五十	盈五度八十三	益十五	缩五度九十三
九	损八十三	盈五度三十三	益五十一	缩六度八
十	损百一十七	盈四度五十	损百五	缩五度五十七
十一	损百五十	盈三度三十三	损百八十	缩四度五十二
十二	损百八十三	盈一度八十三	损二百七十二	缩二度七十二

辰星

　　终率百五十六万四千三百七十八,秒九十七。平合日百一十五,余万一千八百七十八,秒九十七;约余八千八百。再合日五十七,余万二千六百八十九,秒四十八半;约余九千四百。盈限百八十二度六十三分。盈画十五度二十二分。缩限百八十二度六十二分,秒六十三太。缩画十五度二十一分,秒八十九。岁差百三十三,秒六十四。

画数	损　益	盈差积	损　益	缩差损
初	益九十二	盈初	益九十二	缩初
二	益七十五	盈九十二	益七十五	缩九十二

三	益五十八	盈一度六十七	益五十八	缩一度六十七
四	益四十一	盈二度二十五	益四十一	缩二度二十五
五	益二十五	盈二度六十六	益二十五	缩二度六十六
六	益九	盈二度九十一	益九	缩二度九十一
七	损九	盈三度	损九	缩三度
八	损二十五	盈二度九十一	损二十五	缩二度九十一
九	损四十一	盈二度六十六	损四十一	缩二度六十六
十	损五十八	盈二度二十五	损五十八	缩二度二十五
十一	损七十五	盈一度六十七	损七十五	缩一度六十七
十二	损九十二	盈九十二	损九十二	缩九十二

五星入变历

星名	变目	常积日	常积度	加减
岁星	晨见	十七日五十分	三度五十分	用日躔差
	前疾	九十八日	十八度五十分	
	前迟	百三十一日五十分	二十二度五十分	
	前留	百五十八日		减六十五度
	前退	百九十九日七十五分	十六度七十五分	减七十一度

	后退	二百四十日	十一度	减八十二度五十分
	后留	二百六十七日五十分		减八十七度
	后迟	三百一日	十五度	
	后疾	三百八十一日三十八分	三十度十二分半	用日躔差
	夕合	三百九十八日八十七分	三十三度六十二分半	用日躔差
荧惑	晨见	七十二日	五十五度	用日躔差
	前疾	百九十三日	百三十五度	
	前次疾	二百八十七日	百九十二度五十分	
	前迟	三百四十七日	二百一十六度七十五分	
	前留	三百六十日		减百二十度
	前退	三百九十日	二百七度二十五分	减百二十五度五十分
	后退	四百二十日	百九十七度七十五分	减百三十度
	后留	四百三十三日		减百三十五度
	后迟	四百九十三日	二百二十二度	

	后次疾	五百八十七日	二百七十九度五十分	
	后疾	七百七日九十二分	二百五十九度六十二分	用日躔差
	夕合	七百七十九日九十二分	四百一十四度六十二分	用日躔差
镇星	晨见	十九日	二度	用日躔差
	前疾	七十九日	八度	
	前迟	百三日	九度六十分	
	前留	百四十日		减百七十二度
	前退	百八十九日	六度四十二分	减百七十度
	后退	二百三十八日	三度二十四分	减百七十六度
	后留	二百七十五日		减百八十二度
	后迟	二百九十九日	四度八十四分	
	后疾	三百五十九日八分	十度八十三分	用日躔差
	夕合	三百七十八日八分	十二度八十三分	用日躔差
太白	夕见	四十二日	五十三度	用日躔差

	夕疾	百四十二日	百八十度五十分	
	夕次疾	二百一十九日	二百六十五度	
	夕迟	二百六十八日	三百一度五十分	
	夕留退	二百八十五日	二百九十六度	用日躔差
	再合	二百九十二日	二百九十二度	用日躔差
	晨见	二百九十九日	二百八十八度	用日躔差
	晨退留	三百一十六日	二百八十二度五十分	
	晨迟	三百六十五日	三百一十九度五十分	
	晨次疾	四百四十二日	四百三度五十分	
	晨疾	五百四十一日九十分	五百三十度九十分	用日躔差
	晨伏合	五百八十三日九十分	三百八十三度九十分	用日躔差
辰星	夕见	十七日	三十四度	用日躔差
	夕顺留	四十七日	六十四度	用日躔差
	再合	五十八日	五十八度	用日躔差

	晨见	六十九日	五十二度	用日躔差
	晨留顺	九十八日八十八分	八十一度八十八分	用日躔差
	晨伏合	百一十五日八十八分	百一十五度八十八分	用日躔差

唐书卷三一
志第二一

天文一

　　昔者尧命羲、和，出纳日月，考星中以正四时。至舜，则曰"在璇玑、玉衡，以齐七政"而已。虽二典质略，存其大法，亦由古者天人之际，推候占测，为术犹简。至于后世，其法渐密者，必积众人之智，然后能极其精微哉。盖自三代以来详矣。诗人所记，婚礼、土功，必候天星。而《春秋》书日食、星变，《传》载诸国所占次舍、伏见、逆顺。至于《周礼》测景求中，分星辨国、妖祥察候，皆可推考，而独无所谓璇玑、玉衡者，岂其不用于三代耶？抑其法制遂亡，而不可复得耶？不然，二物者，莫知其为何器也。至汉以后，表测景晷，以正地中，分列境界，上当星次，皆略依古。而又作仪以候天地，而浑天、周髀、宣夜之说至于星经、历法，皆出于数术之学。唐兴，太史李淳风、浮图一行尤称精博，后世未能过也，故采其要说以著于篇。至于天象变见所以谴告人君者，皆有司所宜谨记也。

　　贞观初，淳风上言："舜在璇玑、玉衡，以齐七政，则浑天仪也。《周礼》，土圭正日景以求地中，有以见日行黄道之验也。暨于周末，此器乃亡。汉落下闳作浑仪，其后贾逵、张衡等亦各有之，而推验七曜，并循赤道。按冬至极南，夏至极北，而赤道常定于中，国无南北之异。盖浑仪无黄道久矣。"太宗异其说，因诏为之。至七年仪成。表里三重，下据准基，状如十字，末树鳌足，以张四表。一曰六合仪，有天经双规、金浑纬规、金常规，相结于四极之内。列二十八宿、十日、十二辰、经纬三百六十五度。二曰三辰仪,圆径八尺,有璇玑规、月游规,列宿距度,七曜所行,转于六合之内。三曰四游仪,玄枢为轴,以连结玉衡游筒而贯约矩规。又玄极北树北辰,南矩地轴,傍转于内。玉衡在玄枢之间而南北游。仰以观天之辰宿,下以识器之晷度。皆用铜。帝称善,置于凝晖阁,用之测候。阁在禁中,其后遂亡。

开元九年,一行受诏改治新历,欲知黄道进退,而太史无黄道仪。率府兵曹参军梁令瓒以木为游仪,一行是之,乃奏:"黄道游仪,古有其术而无其器,昔人潜思,皆未能得。今令瓒所为,日道月交,皆自然契合,于推步尤要,请更铸以铜铁。"十一年仪成。一行又曰:"灵台铁仪,后魏斛兰所作,规制朴略,度刻不均,赤道不动,乃如胶柱。以考月行,迟速多差,多或至十七度,少不减十度,不足以稽天象、授人时。李淳风黄道仪,以玉衡旋规,别带日道,傍列二百四十九交,以携月游,法颇难,术遂寝废。臣更造游仪,使黄道运行,以追列舍之变。因二分之中,以立黄道,交于奎、轸之间,二至陟降,各二十四度。黄道内施白道月环,用究阴阳朒朒,动合天运。简而易从,可以制器垂象,永传不朽。"于是玄宗嘉之,自为之铭。

又诏一行与令瓒等更铸浑天铜仪,圆天之象,具列宿赤道及周天度数。注水激轮,令其自转,一昼夜而天运周。外络二轮,缀以日月,令得运行。每天西旋一周,日东行一度,月行十三度十九分度之七,二十九转有余而日月会,三百六十五转而日周天。以木柜为地平,令仪半在地下,晦明朔望迟速有准。立木人二于地平上:其一前置鼓以候刻,至一刻则自击之;其一前置钟以候辰,至一辰亦自撞之。皆于柜中各施轮轴,钩键前镙,交错相持。置于武成殿前,以示百官。无几而铜铁渐涩,不能自转,遂藏于集贤院。

其黄道游仪,以古尺四分为度。旋枢双环,其表一丈四尺六寸一分,纵八分,厚三分,直径四尺五寸九分,古所谓旋仪也。南北科两极,上下循规各三十四度。表里画周天度,其一面加之银钉。使东西运转,如浑天游旋。中旋枢轴,至两极首内,孔径大两度半,长与旋环径齐。玉衡望筒,长四尺五寸八分,广一寸二分,厚一寸,孔径六分。衡旋于轴中,旋运持正,用窥七曜及列星之阔狭。外方内圆,孔径一度半,周日轮也。阳经双环,表一丈七尺三寸,里一丈四尺六寸四分,广四寸,厚四分,直径五尺四寸四分,置于子午。左右用八柱,八柱相固。亦表里画周天度,其一面加之银钉。半出地上,半入地下。双间使枢轴及玉衡望筒,旋环于中也。阴纬单环,外内广厚周径,皆准阳经,与阳经相衔各半,内外俱齐。面平,上为天,下为地。横周阳环,谓之阴浑也。平上为两界,内外为周天百刻。天顶单环,表一丈七尺三寸,纵广八分,厚三分,直径五尺四寸四分。直中国人顶之上,东西当卯酉之中,稍南使见日出入。令与阳经、阴纬相固,如鸟壳之里黄。南去赤道三十六度,去黄道十二度,去北极五十五度,去南北平各九十一度强。赤道单环,表一丈四尺五寸九分,横八分,厚三分,直径四尺五寸八分。赤道者,当天之中,二十八宿之位也。双规运动,度穿一穴。古者,秋分日在角五度,今在轸十三度;冬至日在牵牛初,今在斗十度。随穴退交,不复差缪。傍在卯酉之南,上去天顶三十六度,而横置之。黄道单环,表一丈五尺四寸一分,横八分,厚四分,直径四尺八寸四分。日之所行,故名黄道。太阳陟降,积岁有差。月及五星,亦随日度出入。古无其器,规制不知准的,斟酌为率,疏阔尤甚。今设此环,置于赤道环内,仍开合使运转,出入四十八度,而极画两方,东西列周天度数,南北列百刻,可使见日知时。上列三百六十策,与用卦相准。度穿一穴,与赤道相交。白道月环,表一丈五尺一寸五分,横八分,厚三分,直径四尺七寸六分。月行有迂曲迟速,与日行缓急相反。古亦无其器,今设于黄道环内,使就黄道为交合,出入六度,以测每夜月离。上画周天度数,度穿一穴,拟移交会。皆用钢铁。游仪,四柱为龙,其崇四尺七寸,水槽及山崇一尺七寸半,槽长六尺九寸,高广皆四寸,池深一寸,广一寸半。龙能兴云雨,故以饰柱。柱在四维。龙下有山云,俱在水平槽上。皆用铜。

其所测宿度与古异者:旧经,角距星去极九十一度,亢八十九度,氐九十四度,房百八度,心百八度,尾百二十度,箕百一十八度,南斗百一十六度,牵牛百六度,虚百四度,危九十七度,营室八十五度,东壁八十六度,奎七十六度,娄八十度,胃、昴七十四度,毕七十八度,觜觿八十四度,参九十四度,东井七十度,舆鬼六十八度,柳七十度,七星九十一度,张九十七度,翼九十七度,轸九十八度。今测,角九十三度半,亢九十一度半,氐九十八度,房百一十度半,心百一十度,尾百二十四度,箕百二十度,南斗百一十九度,牵牛百四度,须女百一度,虚百一度,危九十七度,营室八十三度,东壁八十四度,奎七十三度,娄七十七度,胃、昴七十二度,毕七十六度,觜觿八十二度,参九十三度,东井六十八度,舆鬼六十八度,柳八十度半,七星九十三度半,张百度,翼百三度,轸百度。

又,旧经,角距星正当赤道,黄道在其南;今测,角在赤道南二度半,则黄道复经角中,与天象合。虚北星旧图入虚,今测在须女九度。危北星旧图入危,今测在虚六度半。又奎误距以西大星,故壁损二度,奎增二度;今复距西南大星,即奎、壁各得本度。毕,赤道十六度,黄道亦十六度。觜觿,赤道二度,黄道三度。二宿俱当黄道斜虚,毕尚与赤道度同,觜觿总二度,黄道损加一度,盖其误也。今测毕十七度半,觜觿半度。又柳误距以第四星,今复用第三星。张中央四星为朱鸟嗉,外二星为翼,比距以翼而不距以嗉,故张增二度半,七星减二度半;今复以嗉为距,则七星、张各得本度。

其他星:旧经,文昌二星在舆鬼,四星在东井。北斗枢在七星一度,璇在张二度,机在翼二度,权在翼八度,衡在轸八度,开阳在角七度,杓在亢四度。天关在黄道南四度,天尊、天樽在黄道北,天江、天高、狗国、外屏、云雨、虚梁在黄道外,天囷、土公吏在赤道外,上台在东井,中台在七星,建星在黄道北半度,天苑在昴、毕,王良在壁外,屏在觜觿,雷电在赤道外五度,霹雳在赤道外四度,八魁在营室,长垣、罗堰当黄道。今测,文昌四星在柳,一星在舆鬼,一星在东井。北斗枢在张十三度,璇在张十二度半,机在翼十三度,权在翼十七度太,衡在轸十度半,开阳在角四度少,杓在角十二度少。天关、天尊、天樽、天江、天高、狗国、外屏,皆当黄道;云雨在黄道内七度,虚梁在黄道内四度,天囷当赤道,土公吏在赤道内六度,上台在柳,中台在张,建星在黄道北四度半,天苑在胃、昴,王良四星在奎,一星在壁,外屏在毕,雷电在赤道内二度,霹雳四星在赤道内,一星在外,八魁五星在壁,四星在营室,长垣在黄道北五度,罗堰在黄道北。

黄道,春分与赤道交于奎五度太;秋分交于轸十四度少;冬至在斗十度,去赤道南二十四度;夏至在井十三度少,去赤道北二十四度。其赤道带天之中,以分列宿之度。黄道斜运,以明日月之行。乃立八节、九限,校二道差数,著之历经。

盖天之说,李淳风以为天地中高而四陨,日月相隐蔽,以为昼夜。绕北极常见者谓之上规,南极常隐者谓之下规,赤道横络者谓之中规。及一行考月行出入黄道,为图三十六,究九道之增损,而盖天之状见矣。

削篾为度,径一分,其厚半之,长与图等,穴其正中,植针为枢,令可环运。自中枢之外,均刻百四十七度。全度之末,旋为外规。规外太半度,再旋为重规。以均赋周天度分。又距极枢九十一度少半,旋为赤道带天之纮。距极三十五度旋为内规。乃步冬至日躔所在,以正辰次之中,以立宿距。按浑仪所测,甘、石、巫咸众星明者,皆以篾,横考入宿距,纵考去极度,而后图之。其赤道外众星疏密之状,与仰视小殊者,由浑仪去南极渐近,其度益狭;而盖图渐远,其度益广使然。若考其去极入宿度数,移之于浑天则一也。又赤道内外,其广狭不均,若就二至出入赤道二十四度,以规度之则二分所交不得其正;自二分黄赤道交,以规度之,则二至距极度数不得其正;当求赤道分至之中,均刻为七十二限,据每黄道差数,以篾度量而识之,然后规为黄道,则周天咸得其正矣。又考黄道二分二至之中,均刻为七十二候,定阴阳历二交所在,依月去黄道度,率差一候,亦以篾度量而识之,然后规为月道,则周天咸得其正矣。

中晷之法。初，淳风造历，定二十四气中晷，与祖冲之短长颇异，然未知其孰是。及一行作《大衍历》，诏太史测天下之晷，求其土中，以为定数。其议曰：

《周礼・大司徒》："以土圭之法测土深。日至之景，尺有五寸，谓之地中。"郑氏以为"日景于地，千里而差一寸。尺有五寸者，南戴日下万五千里。地与星辰四游升降于三万里内，是以半之，得地中，今颍川阳城是也"。宋元嘉中，南征林邑，五月立表望之，日在表北，交州影在表南三寸，林邑九寸一分。交州去洛，水陆之路九千里，盖山川回折使之然，以表考其弦当五千乎╱开元十二年，测交州，夏至，在表南三寸三分，与元嘉所测略同。使者大相元太言："交州望极，才高二十余度。八月海中望老人星下列星粲然，明大者甚众，古所未识，乃浑天家以为常没地中者也。大率去南极二十度已上之星则见。"又铁勒、回纥在薛延陀之北，去京师六千九百里。其北又有骨利干，居瀚海之北，北距大海，昼长而夜短，既夜，天如曛不暝，夕膈羊髀才熟而曙，盖近日出没之所。太史监南宫说择河南平地，设水准绳墨植表而以引度之，自滑台始白马，夏至之晷，尺五寸七分。又南百九十八里百七十九步，得浚仪岳台，晷尺五寸三分。又南百六十七里二百八十一步，得扶沟，晷尺四寸四分。又南百六十里百一十步，至上蔡武津，晷尺三寸六分半。大率五百二十六里二百七十步，晷差二寸余。而旧说，王畿千里，影差一寸，妄矣。

今以句股校阳城中晷，夏至尺四寸七分八牦，冬至丈二尺七寸一分半，定春秋分五尺四寸八分，以复矩斜视，极出地三十四度十分度之四。自滑台表视之，极高三十五度三分，冬至丈三尺，定春秋分五尺五寸六分。自浚仪表视之，极高三十四度八分，冬至丈二尺八寸五分，定春秋分五尺五寸。自扶沟表视之，极高三十四度三分，冬至丈二尺五寸五分，定春秋分五尺三寸七分。上蔡武津表视之，极高三十三度八分，冬至丈二尺三寸八分，定春秋分五尺二寸八分。其北极去地，虽秒分微有盈缩，难以目校，大率三百五十一里八十步而极差一度。极之远近异，则黄道轨景固随而变矣。

自此为率推之，比岁武陵晷，夏至七寸七分，冬至丈五寸三分，春秋分四尺三寸七分半，以图测之，定气四尺四寸七分，按图斜视，极高二十九度半，差阳城五度三分。蔚州横野军夏至二尺二寸九分，冬至丈五尺八寸九分，春秋分六尺四寸四分半，以图测之，定气六尺六寸二分半。按图斜视，极高四十度，差阳城五度三分。凡南北之差十度半，其径三千六百八十八里九十步。自阳城至武陵，千八百二十六里七十六步，自阳城至横野，千八百六十一里二百十四步。夏至晷差尺五寸三分，自阳城至武陵，差七寸三分，自阳城至横野，差八寸。冬至晷差五尺三寸六分，自阳城至武陵差二尺一寸八分，自阳城至横野，差三尺一寸八分。率夏至与南方差少，冬至与北方差多。

又以图校安南，日在天顶北二度四分，极高二十度四分。冬至晷七尺九寸四分，定春秋分二尺九寸三分，夏至在表南三寸三分，差阳城十四度三分，其径五千二十三里。至林邑，日在天顶北六度六分强，极高十七度四分，周圆三十五度，常见不隐。冬至晷六尺九寸，定春秋分二尺八寸五分，夏至在表南五寸七分，其径六千一百一十二里。若令距阳城而北，至铁勒之地，亦差十七度四分，与林邑正等，则五月日在天顶南二十七度四分，极高五十二度，周圆百四度，常见不隐。北至晷四尺一寸三分，南至晷二丈九尺二寸六分，定春秋分晷五尺八寸七分。其没地才十五余度，夕没亥西，晨出丑东，校其里数，已在回纥之北，又南距洛阳九千八百一十五里，则极长之昼，其夕常明。然则骨利干犹在其南矣。

吴中常侍王蕃，考先儒所传，以戴日下万五千里为句股，斜射阳城，考周径之率以揆天度，当千四百六里二十四步有余。今测日晷，距阳城五千里已在戴日之南，则一度之广皆三分减二，南北极相去八万里，其径五万里。宇宙之广，岂若是乎？然则蕃之术，以蠡测海者也。

古人所以恃句股术，谓其有证于近事。顾未知目视不能及远，远则微差。其差不已，遂与术错。譬游于大湖，广袤不盈百里，见日月朝夕出入湖中；及其浮于巨海，不知几千万里，犹见日月朝夕出入其中矣。若于朝夕之际，俱设重差而望之，必将大小同术，无以分矣。横既有之，纵亦宜然。

又若树两表，南北相距十里，其崇皆数十里，置大炬于南表之端，而植八尺之木于其下，则当无影。试从南表之下，仰望北表之端，必将积微分之差，渐与南表参合。表首参合，则置炬于其上，亦当无影矣。又置大炬于北表之端，而植八尺之木于其下，则当无影。试从北表之下，仰望南表之端，又将积微分之差，渐与北表参合。表首参合，则置炬于其上，亦当无影矣。复于二表间更植八尺之木，仰而望之，则表首环屈相合。若置火炬于两表之端，皆当无影矣。夫数十里之高与十里之广，然犹斜射之影与仰望不殊。今欲凭晷差以推远近高下，尚不可知，而况稽周天里步于不测之中，又可必乎？十三年，南至，岱宗礼毕，自上传呼万岁，声闻于下，时山下夜漏未尽，自日观东望，日已渐高。据历法，晨初迨日出差二刻半，然则山上所差凡三刻余。其冬至夜刻同立春之后，春分夜刻同立夏之后。自岳趾升泰坛仅二十里，而昼夜之差一节。设使因二十里之崇以立句股术，固不知其所以然，况八尺之表乎！

原古人所以步圭影之意，将以节宣和气，辅相物宜，不在于辰次之周径。其所以重历数之意，将欲恭授人时，钦若乾象，不在于浑、盖之是非。若乃述无稽之法于视听之所不及，则君子当阙疑而不议也。而或者各封所传之器以术天体，谓浑元可任数而测，大象可运算而窥。终以六家之说，迭为矛楯，诚以为盖天邪，则南方之度渐狭；果以为浑天邪，则北方之极寖高。此二者，又浑、盖之家尽智毕议，未能有以通其说也。则王仲任、葛稚川之徒，区区于异同之辨，何益人伦之化哉。凡晷差，冬夏不同，南北亦异，先儒一以里数齐之，遂失其实。今更为《复矩图》，南自丹穴，北暨幽都，每极移一度，辄累其差，可以稽日食之多少，定昼夜之长短，而天下晷，皆协其数矣。

昭宗时，太子少詹事边冈修历术，服其精粹，以为不刊之数也。

初，贞观中，淳风撰《法象志》，因《汉书》十二次度数，始以唐之州县配焉。而一行以为，天下山河之象存乎两戒。北戒，自三危、积石，负终南地络之阴，东及太华，逾河，并雷首、底柱、王屋、太行，北抵常山之右，乃东循塞垣，至涉貊、朝鲜，是谓北纪，所以限戎狄也。南戒，自岷山、嶓冢，负地络之阳，东及太华，连商山、熊耳、外方、桐柏，自上洛南逾江、汉，携武当、荆山，至于衡阳，乃东循岭徼，达东瓯、闽中，是谓南纪，所以限蛮夷也。故《星传》谓北戒为"胡门"，南戒为"越门"。河源自北纪之首，循雍州北徼，达华阴而与地络相会，并行而东，至太行之曲，分而东流，与泾、渭、济渎相为表里，谓之"北河"。江源自南纪之首，循梁州南徼，达华阳，而与地络相会，并行而东，及荆山之阳，分而东流，与汉水、淮渎相为表里，谓之"南河"。

故于天象，则弘农分陕为两河之会，五服诸侯在焉。自陕而西为秦、凉，北纪山河之曲为晋、代，南纪山河之曲为巴、蜀，皆负险用武之国也。自陕而东，三川、中岳为成周；西距外方、大伾，北至于济，南至于淮，东达巨野，为宋、郑、陈、蔡；河内及济水之阳为邶、卫；汉东滨淮水之阴为申、随，皆四战用文之国也。北纪之东，至北河之北，为邢、赵。南纪之东，至南河之南，为荆、楚。自北河下流，南距岱山为三齐，夹右碣石为北燕；自南河下流，北距岱山为邹、鲁，南涉江、淮为吴、越。皆负海之国，货殖之所阜也。自河源循塞垣北，东及海，为戎狄。自江源循岭徼南，东及海，为蛮越。观两河之象，与云汉之所始终，而分野可知矣。

于《易》，五月一阴生，而云汉潜萌于天稷之下。进及井、钺间，得坤维之气,阴始达于地上,而云汉上升,始交于列宿,七纬之气通矣。东井据百川上流,故鹑首为秦、蜀墟,得两戒山河之首。云汉达坤维右而渐升,始居列宿上,觜觿、参、伐皆直天关表而在河阴,故实沈下流得大梁,距河稍远,涉阴亦深。故其分野,自漳滨却负恒山,居北纪众山之东南,外接髦头地,皆河外阴国也。十月阴气进逾乾维,始上达于天,云汉至营室、东壁间,升气悉究,与内规相接。故自南正达于西正,得云汉升气,为山河上流;自北正达于东正,得云汉降气,为山河下流。陬訾在云汉升降中,居水行正位,故其分野当中州河、济间。且王良、阁道由紫垣绝汉抵营室,上帝离宫也,内接成周、河内,皆豕韦分。十一月一阳生,而云汉渐降,退及艮维,始下接于地,至斗、建间,复与列舍气通,于《易》,天地始交,泰象也。逾析木津,阴气益降,进及大辰,升阳之气究,而云汉沉潜于东正之中,故《易》,雷出地曰豫,龙出泉为解,皆房、心象也。星纪得云汉下流,百川归焉,析木为云汉末派,山河极焉。故其分野,自南河下流,穷南纪之曲,东南负海,为星纪;自北河末派,穷北纪之曲,东北负海,为析木。负海者,以其云汉之阴也。唯陬訾内接紫宫,在王畿河、济间。降娄、玄枵与山河首尾相远,邻颛顼之墟,故为中州负海之国也。其地当南河之北、北河之南,界以岱宗,至于东海。自鹑首逾河,戒东曰鹑火,得重离正位,轩辕之祇在焉。其分野,自河、华之交,东接祝融之墟,北负河,南及汉,盖寒燠之所均也。自析木纪天汉而南,曰大火,得明堂升气,天市之都在焉。其分野,自巨野岱宗,西至陈留,北负河、济,南及淮,皆和气之所布也。阳气自明堂渐升,达于龙角,曰寿星。龙角谓之天关,于《易》,气以阳决阴,夬象也。升阳进逾天关,得纯乾之位,故鹑尾直建巳之月,内列太微,为天廷。其分野,自南河以负海,亦纯阳地也。寿星在天关内,故其分野,在商、亳西南,淮水之阴,北连太室之东,自阳城际之,亦巽维地也。

　　夫云汉自坤抵艮为地纪,北斗自乾携巽为天纲,其分野与帝车相直,皆五帝墟也。究咸池之政而在乾维内者,降娄也,故为少昊之墟。叶北宫之政而在乾维外者,陬訾也,故为颛顼之墟。成摄提之政而在巽维内者,寿星也,故为太昊之墟。布太微之政,而在巽维外者,鹑尾也,故为列山氏之墟。得四海中承太阶之政者,轩辕也,故为有熊氏之墟。木、金得天地之微气,其神治于季月;水、火得天地之章气,其神治于孟月。故章道存乎至,微道存乎终,皆阴阳变化之际也。若微者沉潜而不及,章者高明而过亢,皆非上帝之居也。

斗杓谓之外廷,阳精之所布也。斗魁谓之会府,阳精之所复也。杓以治外,故鹑尾为南方负海之国。魁以治内,故陬訾为中州四战之国。其余列舍,在云汉之阴者八,为负海之国。在云汉之阳者四,为四战之国。降娄、玄枵以负东海,其神主于岱宗,岁星位焉。星纪、鹑尾以负南海,其神主于衡山,荧惑位焉。鹑首、实沉以负西海,其神主于华山,太白位焉。大梁、析木以负北海,其神主于恒山,辰星位焉。鹑火、大火、寿星、豕韦为中州,其神主于嵩丘,镇星位焉。

近代诸儒言星土者,或以州,或以国。虞、夏、秦、汉,郡国废置不同。周之兴也,王畿千里。及其衰也,仅得河南七县。今又天下一统,而直以鹑火为周分,则疆埸舛矣。七国之初,天下地形雌韩而雄魏。魏地西距高陵,尽河东、河内,北固漳、邺,东分梁、宋,至于汝南;韩据全郑之地,南尽颖川、南阳,西达虢略,距函谷,固宜阳,北连上地,皆绵亘数州,相错如绣。考云汉山河之象,多者或至十余宿。其后,魏徙大梁,则西河合于东井;秦拔宜阳,而上党入于舆鬼。方战国未灭时,星家之言,屡有明效。今则同在畿甸之中矣。而或者犹据《汉书·地理志》推之,是守甘、石遗术,而不知变通之数也。

又古之辰次与节气相系,各据当时历数,与岁差迁徙不同。今更以七宿之中分四象中位,自上元之首,以度数纪之,而著其分野,其州县虽改隶不同,但据山河以分尔。

须女、虚、危,玄枵也。初,须女五度,余二千三百七十四,秒四少;中,虚九度;终,危十二度。其分野,自济北东逾济水,涉平阴,至于山茌,循岱岳众山之阴,东南及高密,又东尽莱夷之地,得汉北海、千乘、淄川、济南、齐郡及平原、渤海、九河故道之南,滨于碣石,古齐、纪、祝、淳于、莱、谭、寒及斟寻、有过、有鬲、蒲姑氏之国。其地得陬訾之下流，自济东达于河外，故其象著为天津，绝云汉之阳。凡司人之星与群臣之录，皆主虚、危，故岱宗为十二诸侯受命府。又下流得婺女，当九河末派，比于星纪，与吴、越同占。

营室、东壁，陬訾也。初，危十三度，余二千九百二十六，秒一太；中，营室十二度；终，奎一度。自王屋、太行而东，得汉河内，至北纪之东隅，北负漳、邺，东及馆陶、聊城。又自河、济之交，涉荣波，滨济水而东，得东郡之地，古邶、鄘、卫、凡、胙、邢、雍、共、微、观、南燕、昆吾、豕韦之国。自阁道、王良至东壁，在豕韦，为上流。当河内及漳、邺之南，得山河之会，为离宫。又循河、济而东接玄枵为营室之分。

奎、娄，降娄也。初，奎二度，余千二百一十七，秒十七少；中，娄一度；终，胃三度。自蛇丘、肥成，南屈巨野，东达梁父，循岱岳众山之阳，以负东海；又滨泗水，经方舆、沛、留、彭城，东至于吕梁，乃东南抵淮，并淮水而东，尽徐夷之地，得汉东平、鲁国、琅邪、东海、泗水、城阳，古鲁、薛、邾、莒、小邾、徐、郯、郚、郿、邳、邿、任、宿、须句、颛臾、牟、遂、铸夷、介、根牟及大庭氏之国。奎为大泽，在陬訾下流，当巨野之东阳，至于淮、泗。娄、胃之墟，东北负山，盖中国膏腴地，百谷之所阜也。胃得马牧之气，与冀之北土同占。

胃、昴、毕，大梁也。初，胃四度，余二千五百四十九，秒八太；中，昴六度；终，毕九度。自魏郡浊漳之北，得汉赵国、广平、巨鹿、常山，东及清河、信都，北据中山、真定，全赵之分。又北逾众山，尽代郡、雁门、云中、定襄之地与北方群狄之国。北纪之东阳，表里山河，以蕃屏中国，为毕分。循北河之表，西尽塞垣，皆髦头故地，为昴分。冀之北土，与牧之所蕃庶，故天苑之象存焉。

觜觿、参、伐，实沈也。初，毕十度，余八百四十一，秒四之一；中，参七度；终，东井十一度。自汉之河东及上党、太原，尽西河之地，古晋、魏、虞、唐、耿、杨、霍、冀、黎、郇与西河戎狄之国。西河之滨，所以设险限秦、晋，故其地上应天阙。其南曲之阴，在晋地，众山之阳；南曲之阳，在秦地，众山之阴。阴阳之气并，故与东井通。河

东永乐、芮城、河北县及河曲丰、胜、夏州，皆东井之分。参、伐，为戎
索，为武政，当河东，尽大夏之墟。上党次居下流，与赵、魏接，为觜
觿之分。

东井、舆鬼，鹑首也。初，东井十二度，余二千一百七十二，秒十
五太；中，东井二十七度；终，柳六度。自汉三辅及北地、上郡、安定，
西自陇坻至河右，西南尽巴、蜀、汉中之地，及西南夷犍为、越巂、益
州郡，极南河之表，东至牂柯，古秦、梁、豳、芮、丰、毕、骀杠、有扈、
密须、庸、蜀、羌、髳之国。东井居两河之阴，自山河上流，当地络之
西北。舆鬼居两河之阳，自汉中东尽华阳，与鹑火相接，当地络之东
南。鹑首之外，云汉潜流而未达，故狼星在江、河上源之西，弧矢、
犬、鸡皆徼外之备也。西羌、吐蕃、吐谷浑及西南徼外夷人，皆占狼
星。

柳、七星、张，鹑火也。初，柳七度，余四百六十四，秒七少；中，
七星七度；终，张十四度。北自荥泽、荥阳，并京、索，暨山南，得新
郑、密县，至外方东隅，斜至方城，抵桐柏，北自宛、叶，南暨汉东，尽
汉南阳之地；又自洛邑负北河之南，西及函谷，逾南纪，达武当、汉
水之阴，尽弘农郡，以淮源、桐柏、东阳为限，而申州属寿星，古成
周、虢、郑、管、郐、东虢、密、滑、焦、唐、随、申、邓及祝融氏之都。新
郑为轩辕、祝融之墟，其东鄙则入寿星。柳，在舆鬼东，又接汉源，当
商、洛之阳，接南河上流。七星系轩辕，得土行正位，中岳象也，河南
之分。张，直南阳、汉东，与鹑尾同占。

翼、轸，鹑尾也。初，张十五度，余千七百九十五，秒二十二太；
中，翼十二度；终，轸九度。自房陵、白帝而东尽汉之南郡、江夏，东
达庐江南部，滨彭蠡之西，得长沙、武陵；又逾南纪，尽郁林、合浦之
地；自沅、湘上流，西达黔安之左，皆全楚之分。自富、昭、象、龚、绣、
容、白、廉州已西，亦鹑尾之墟。古荆、楚、郧、鄀、罗、权、巴、夔与南
方蛮貊之国。翼与咮张同象，当南河之北；轸在天关之外，当南河之
南，其中一星主长沙，逾岭徼而南，为东瓯、青丘之分。安南诸州在
云汉上源之东阳，宜属鹑火。而柳、七星、张皆当中州，不得连负海

之地，故丽于鹑尾。

角、亢，寿星也。初，轸十度，余八十七，秒十四少；中，角八度；终，氐一度。自原武、管城、滨河、济之南，东至封丘、陈留，尽陈、蔡、汝南之地，逾淮源至于弋阳，西涉南阳郡至于桐柏，又东北抵嵩之东阳，中国地络在南北河之间，首自西倾，极于陪尾，故随、申、光皆豫州之分，宜属鹑火。古陈、蔡、许、息、江、黄、道、柏、沈、赖、蓼、须、顿、胡、防、弦、厉之国。氐涉寿星，当洛邑众山之东，与亳土相接，次南直颖水之间，曰太昊之墟，为亢分。又南涉淮，气连鹑尾，在成周之东阳，为角分。

氐、房、心，大火也。初，氐二度，余千四百一十九，秒五太；中，房二度；终，尾六度。自雍丘、襄邑、小黄而东，循济阴，界于齐、鲁、右泗水，达于吕梁，乃东南接太昊之墟，尽汉济阴、山阳、楚国、丰、沛之地，古宋、曹、郕、滕、茅、郜、萧、葛、向城、逼阳、申父之国。商、亳负北河，阳气之所升也，为心分。丰、沛负南河，阳气之所布也，为房分。其下流与尾同占，西接陈、郑为氐分。

尾、箕，析木津也。初，尾七度，余二千七百五十，秒二十一少；中，箕五度；终，南斗八度。自渤海、九河之北，得汉河间、涿郡、广阳及上谷、渔阳、右北平、辽西、辽东、乐浪、玄菟，古北燕、孤竹、无终、九夷之国。尾得云汉之末派，龟、鱼丽焉，当九河之下流，滨于渤碣，皆北纪之所穷也。箕与南斗相近，为辽水之阳，尽朝鲜三韩之地，在吴、越东。

南斗、牵牛，星纪也。初，南斗九度，余千四十二，秒十二太；中，南斗二十四度；终，女四度。自庐江、九江、负淮水，南尽临淮、广陵，至于东海，又逾南河，得汉丹杨、会稽、豫章，西滨彭蠡，南涉越门，迄苍梧、南海，逾岭表，自韶、广以西，珠崖以东，为星纪之分也。古吴、越、群舒、庐、桐、六、蓼及东南百越之国。南斗在云汉下流，当淮、海间，为吴分。牵牛去南河寝远，自豫章迄会稽，南逾岭徼，为越分。岛夷蛮貊之人，声教所不暨，皆系于狗国云。

天文二

日食　日变　月变　孛彗　星变

武德元年十月壬申朔，日有食之，在氐五度，占曰："诸侯专权，则其应在所宿国；诸侯附从，则为王者事。"四年八月丙戌朔，日有食之，在翼四度，楚分也。六年十二月壬寅朔，日有食之，在南斗十九度，吴分也。九年十月丙辰朔，日有食之，在氐七度。

贞观元年闰三月癸丑朔，日有食之，在胃九度。九月庚戌朔，日有食之，在亢五度。胃为天仓，亢为疏庙。二年三月戊申朔，日有食之，在娄十一度，占为大臣忧。三年八月己巳朔，日有食之，在翼五度，占曰："旱。"四年闰正月丁卯朔，日有食之，在营室四度。七月甲子朔，日有食之，在张十四度，占为礼失。六年正月乙卯朔，日有食之，在虚九度。虚，耗祥也。八年五月辛未朔，日有食之，在参七度。九年闰四月丙寅朔，日有食之，在毕十三度，占为边兵。十一年三月丙戌朔，日有食之，在娄二度，占为大臣忧。十二年闰二月庚辰朔，日有食之，在奎九度。奎，武库也。十三年八月辛未朔，日有食之，在翼十四度，翼为远夷。十七年六月己卯朔，日有食之，在东井十六度，京师分也。十八年十月辛丑朔，日有食之，在房三度。房，将相位。二十年闰三月癸巳朔，日有食之，在胃九度，占曰："主有疾。"二十二年八月己酉朔，日有食之，在翼五度，占曰："旱。"

显庆五年六月庚午朔,日有食之,在柳五度;龙朔元年五月甲子晦,日有食之,在东井二十七度,皆京师分也。麟德二年闰三月癸酉,日有食之,在胃九度,占曰:"主有疾。"乾封二年八月已丑朔,日有食之,在翼六度。总章二年六月戊申朔,日有食之,在东井二十九度。咸亨元年六月壬寅朔,日有食之,在东井十八度。二年十一月甲午朔,日有食之,在箕九度。三年十一月戊子朔,日有食之,在尾十度。东井,京师分。箕为后妃之府。尾为后宫。五年三月辛亥朔,日有食之,在娄十三度,占为大臣忧。永隆元年十一月壬申朔,日有食之,在尾十六度。开耀元年十月丙寅朔,日有食之,在尾四度。永淳元年四月甲子朔,日有食之,在毕五度。十月庚申朔,日有食之,在房三度。

垂拱二年二月辛未朔,日有食之,在营室十五度。四年六月丁亥朔,日有食之,在东井二十七度,京师分也。天授二年四月壬寅朔,日有食之,在昴七度;如意元年四月丙申朔,日有食之,在胃十一度,皆正阳之月。长寿二年九月丁亥朔,日有食之,在角十度,角内为天廷。延载元年九月壬午朔,日有食之,在轸十八度,轸为车骑。证圣元年二月己酉朔,日有食之,在营室五度。圣历三年五月己酉朔,日有食之,在毕十五度。长安二年九月乙丑朔,日有食之,几既,在角初度。三年三月壬戌朔,日有食之,在奎十度,占曰:"君不安。"九月庚寅朔,日有食之,在亢七度。

神龙三年六月丁卯朔,日有食之,在东井二十八度,京师分也。景龙元年十二月乙丑朔,日有食之,在南斗二十一度,斗为丞相位。

先天元年九月丁卯朔,日有食之,在角十度。开元三年七月庚辰朔,日有食之,在张四度。七年五月己丑朔,日有食之,在毕十五度。九年九月乙巳朔,日有食之,在轸十八度。十二年闰十二月丙辰朔,日有食之,在虚初度。十七年十月戊午朔,日有食之,不尽如钩,在氐九度。二十年二月甲戌朔,日有食之,在营室十度。八月辛未朔,日有食之,在翼七度。二十一年七月乙丑朔,日有食之,在张十五度。二十二年十二月戊子朔,日有食之,在南斗二十三度。二十三年闰十一月壬午朔，日有食之，在南斗十一度。二十六年九月丙申朔，日有食之，在亢九度。二十八年三月丁亥朔，日有食之，在娄三度。天宝元年七月癸卯朔，日有食之，在张五度。五载五月壬子朔，日有食之，在毕十六度。十三载六月乙丑朔，日有食之，几既，在东井十九度，京师分也。至德元载十月辛巳朔，日有食之，既，在氐十度，上元二年七月癸未朔，日有食之，既，大星皆见，在张四度。

大历三年三月乙巳朔，日有食之，在奎十一度。十年十月辛酉朔，日有食之，在氐十一度，宋分也。十四年七月戊辰朔，日有食之，在张四度；十二月丙寅晦，日有食之，在危十二度。

贞元三年八月辛巳朔，日有食之，在轸八度。五年正月甲辰朔，日有食之，在营室六度。八年十一月壬子朔，日有食之，在尾六度，宋分也。十二年八月己未朔，日有食之，在翼十八度，占曰："旱。"十七年五月壬戌朔，日有食之，在东井十度。

元和三年七月辛巳朔，日有食之，在七星三度。十年八月己亥朔，日有食之，在翼十八度。十三年六月癸丑朔，日有食之，在舆鬼一度，京师分也。

长庆二年四月辛酉朔，日有食之，在胃十三度。三年九月壬子朔，日有食之，在角十二度。

大和八年二月壬午朔，日有食之，在奎一度。开成元年正月辛丑朔，日有食之，在虚三度。

会昌三年二月庚申朔，日有食之，在东壁一度，并州分也。四年二月甲寅朔，日有食之，在营室七度。五年七月丙午朔，日有食之，在张七度。六年十二月戊辰朔，日有食之，在南斗十四度。

大中二年五月己未朔，日有食之，在参九度。八年正月丙戌朔，日有食之，在危二度。危为玄枵，亦耗祥也。

咸通四年七月辛卯朔，日有食之，在张十七度。

乾符三年九月乙亥朔，日有食之，在轸十四度。四年四月壬申朔，日有食之，在毕三度。六年四月庚申朔，日有食之，既，在胃八度。文德元年三月戊戌朔，日有食之，在胃一度。

天佑元年十月辛卯朔，日有食之，在心二度。三年四月癸未朔，日有食之，在胃十二度。

凡唐著纪二百八十九年，日食九十三：朔九十一，晦一二，日一。

贞观初，突厥有五日并照。二十三年三月，日赤无光，李淳风曰："日变色，有军急。"又曰："其君无德，其臣乱国。"濮阳复曰："日无光，主病。"

咸亨元年二月壬子，日赤无光。癸丑，四方濛濛，日有浊气，色赤如赭。上元二年三月丁未，日赤如赭。永淳元年三月，日赤如赭。

文明元年二月辛巳，日赤如赭。

长安四年正月壬子，日赤如赭。

景龙三年二月庚申，日色紫赤无光。

开元十四年十二月己未，日赤如赭。二十九年三月丙午，风霾，日无光，近昼昏也，占为上刑急，人不乐生。天宝三载正月庚戌，日晕五重，占曰："是谓弃光，天下有兵。"

肃宗上元二年二月乙酉，白虹贯日。

大历二年七月丙寅，日旁有青赤气，长四丈余。壬申，日上有赤气，长二丈。九月乙亥至于辛丑，日旁有青赤气。三年正月丁巳，日有黄冠、青赤珥。辛丑，亦如之。凡气长而立者为直，横者为格，立于日上者为冠。直为有自立者；格为战斗；又曰："赤气在日上，君有佞臣。黄为土功，青赤为忧。"

贞元二年闰五月壬戌，日有黑晕。六年正月甲子，日赤如血。十年三月乙亥，黄雾四塞，日无光。

元和二年十月壬午，日傍有黑气如人形跪，手捧盘向日，盘中气如人头。四年闰三月，日傍有物如日。五年四月辛未，白虹贯日。十年正月辛卯，日外有物如乌。十一年正月己卯，日紫赤无光。

长庆元年六月己丑，白虹贯日。三年二月庚戌，白虹贯日。

宝历元年六月甲戌，赤虹贯日。九月甲申，日赤无光。二年三月甲午,日中有黑气如杯。辛亥,日中有黑子。四月甲寅,白虹贯日。

大和二年二月癸亥,日无光,白雾昼昏。十二月癸亥,有黑祲,与日如斗。五年二月辛丑,白虹贯日。六年三月,有黑祲与日如斗。庚戌,日中有黑子。四月乙丑,黑气磨日。七年正月庚戌,白虹贯日。八年七月甲戌,白虹贯日,日有交晕。十月壬寅,白虹贯日,东西际天,上有背玦。九年二月辛卯,日月赤如血。壬辰,亦如之。开成元年正月辛丑朔,白虹贯日。二月己丑,亦如之。二年十一月辛巳,日中有黑子,大如鸡卵,日赤如赭,昼昏至于癸未。五年正月己丑,日晕,白虹在东,如玉环贯珥。二月丙辰,日有重晕,有赤气夹日。十二月癸卯朔,日旁有黑气来触。

会昌元年十一月庚戌,日中有黑子。四年正月戊申,日无光。二月己巳,白虹贯日如玉环。

大中十三年四月甲午,日暗无光。

咸通六年正月,白虹贯日,中有黑气如鸡卵。七年十二月癸酉,白气贯日,日有重晕。甲戌,亦如之。白气,兵象也。十四年二月癸卯,白虹贯日。

乾符元年,日中有黑子。二年,日中有若飞燕者。六年十一月丙辰朔,有两日并出而斗,三日乃不见。斗者,离而复合也。广明元年,日晕如虹,黄气蔽日无光。日不可以二;虹,百殃之本也。中和三年三月丙午,日有青黄晕。四月丙辰,亦如之。丁巳、戊午,又如之。光启三年十一月己亥,下晡,日上有黑气。四年二月己丑,日赤如血。庚寅,改元文德。是日,风,日赤无光。

景福元年五月,日色散如黄金。光化三年冬,日有虹霓背璚弥旬,日有赤气,自东北至于东南。天复元年十月,日色散如黄金;十一月,又如之。三年二月丁丑,日有赤气,自东北至于东南。

天祐元年二月丙寅,日中见北斗,其占重;十一月癸酉,日中日有黄晕,旁有青赤气二。二年正月甲申,日有黄白晕,晕上有青赤背;乙酉,亦如之,晕中生白虹,渐东,长百余丈。二月乙巳,日有黄白晕如半环,有苍黑云夹日,长各六尺余,既而云变,状如人如马,乃消。旧占："背者，叛背之象。日晕有虹者为大战，半晕者相有谋。苍黑，祲祥也。夹日者，贼臣制君之象。变而如人者为叛臣；如马者为兵。"三年正月辛未，日有黄白晕，上有青赤背；二月癸巳，日有黄白晕，如半环，有青赤背。庚戌，日有黄白晕，青赤背。

贞观初，突厥有三月并见。仪凤二年正月甲子朔，月见西方，是谓朓，朓则侯王其舒。武太后时，月过望不亏者二。天宝三载正月庚戌，月有红气如垂带。肃宗元年建子月癸巳乙夜，月掩昴而晕，色白，有白气自北贯之。昴，胡也。白气，兵丧。建辰月丙戌，月有黄白冠，连晕，围东井、五诸侯、两河及舆鬼。东井，京师分也。大历十年九月戊申，月晕荧惑、毕、昴、参、东及五车，晕中有黑气，乍合乍散。十二月丙子，月出东方，上有白气十余道，如匹练，贯五车及毕、觜觿、参、东井、舆鬼、柳、轩辕，中夜散去，占曰："女主凶。"白气为兵丧，五车主库兵，轩辕为后宫，其宿则晋分及京师也。元和十一年己未旦，日已出，有虹贯月于营室。开成四年闰正月甲申朔，乙酉，月在营室，正偃魄质成，早也，占为臣下专恣之象。五年正月戊寅朔，甲申，月昏而中，未弦而中，早也，占同上。景福二年十一月，有白气如环，贯月，穿北斗，连太微。天复二年十二月甲申，夜月有三晕，里白，中赤黄，外绿。天祐二年二月丙申，月晕荧惑。

武德九年二月壬午，有星孛于胃、昴间；丁亥，孛于卷舌。孛与彗皆非常恶气所生，而灾甚于彗。

贞观八年八月甲子，有星孛于虚、危，历玄枵。乙亥，不见。十三年三月乙丑，有星孛于毕、昴。十五年六月己酉，有星孛于太微，犯郎位，七月甲戌不见。

龙朔三年八月癸卯，有彗星于左摄提，长二尺余，乙巳不见。摄提，建时节，大臣象。乾封二年四月丙辰，有彗星于东北，在五车、毕、昴间，乙亥不见。上元二年十二月壬午，有彗星于角、亢南，长五尺。三年七月丁亥，有彗星于东井，指北河，长三尺余；东北行，光芒益盛,长三丈,扫中台,指文昌。九月乙酉,不见。东井,京师分;中台、文昌,将相位;两河,天阙也。开耀元年九月丙申,有彗星于天市中,长五丈,渐小,东行至河鼓,癸丑不见。市者,货食之所聚以衣食生民者,一曰帝将迁都。河鼓,将军象。永淳二年三月丙午,有彗星于五车北,四月辛未不见。

光宅元年九月丁丑,有星如半月,见于西方。月,众阴之长,星如月者阴盛之极。文明元年七月辛未夕,有彗星于西方,长丈余,八月甲辰不见,是谓天搀。

景龙元年十月壬午,有彗星于西方,十一月甲寅不见。二年二月丁酉,有星孛于胃、昴间,胡分也。八月壬辰,有星孛于紫宫。

延和元年六月,有彗星自轩辕入太微,至大角灭。

开元十八年六月甲子,有彗星于五车。癸酉,有星孛于毕、昴。二十六年三月丙子,有星孛于紫宫垣,历北斗魁,旬余,因云阴不见。

乾元三年四月丁巳,有彗星于东方,在娄、胃间,色白,长四尺,东方疾行,历昴、毕、觜觿、参、东井、舆鬼、柳、轩辕至右执法西,凡五旬余不见。闰月辛酉朔,有彗星于西方,长数丈,至五月乃灭。娄为鲁,胃、昴、毕为赵,觜觿、参为唐,东井、舆鬼为京师分,柳其半为周分。二彗仍见者,荐祸也。又娄、胃间,天仓。

大历元年十二月己亥,有彗星于匏瓜,长尺余,经二旬不见,犯宦者星。五年四月己未,有彗星于五车,光芒蓬勃,长三丈。五月己卯,彗星见于北方,色白,癸未东行近八谷中星;六月癸卯近三公,己未不见,占曰:“色白者,太白所生也。”七年十二月丙寅,有长星于参下,其长亘天。长星,彗属。参,唐星也。

元和十年三月,有长星于太微,尾至轩辕。十二年正月戊子,有彗星于毕。

长庆元年正月己未,有星孛于翼。二月丁卯,孛于太微西上将。六月,有彗星于昴,长一丈,凡十日不见。

大和二年七月甲辰,有彗星于右摄提南,长二尺。三年十月,客星见于水位。八年九月辛亥,有彗星于太微,长丈余,西北行,越郎位,庚申不见。开成二年二月丙午,有慧星于危,长七尺余,西指南斗;戊申,在危西南,芒耀愈盛;癸丑,在虚;辛酉,长丈余,西行稍南指;壬戌,在婺女,长二丈余,广三尺;癸亥,愈长且阔;三月甲子,在南斗;乙丑,长五丈,其末两岐,一指氐,一掩房;丙寅,长六丈,无岐,北指在亢七度;丁卯,西北行,东指;己巳,长八丈余,在张;癸未,长三尺,在轩辕右不见。凡彗星晨出则西指,夕出则东指,乃常也,未有遍指四方,凌犯如此之甚者。甲申,客星出于东井下。戊子,客星别出于端门内,近屏星。四月丙午,东井下客星没。五月癸酉,端门内客星没。壬午,客星如孛,在南斗天籥旁。八月丁酉,有彗星于虚、危。虚、危为玄枵。枵,耗名也。三年十月乙巳,有彗星于轸魁,长二丈余,渐长,西指。十一月乙卯,有彗星于东方,在尾、箕,东西亘天;十二月壬辰不见。四年正月癸酉,有彗星于羽林,卫分也。闰月丙午,有彗星于卷舌西北;二月己卯不见。五年二月庚申,有彗星于营室、东壁间,二十日灭。十一月戊寅,有彗星于东方,燕分也。

会昌元年七月,有彗星于羽林、营室、东壁间也。十一月壬寅,有彗星于北落师门,在营室,入紫宫。十二月辛卯不见。并州分也。

大中六年三月,有彗星于觜、参。参,唐星也。十一年九月乙未,有彗星于房,长三尺。

咸通五年五月己亥,夜漏未尽一刻,有彗星出于东北,色黄白,长三尺,在娄,徐州分也。九年正月,有彗星于娄、胃。十年八月,有彗星于大陵,东北指,占为外夷兵及水灾。

乾符四年五月,有彗星。光启元年,有彗星于积水、积薪之间。二年五月丙戌,有星孛于尾、箕,历北斗、摄提,占曰:"贵臣诛。"

大顺二年四月庚辰,有彗星于三台,东行入太微,扫大角、天市,长十丈余。五月甲戌不见。宦者陈匡知星,奏曰:"当有乱臣入宫。"三台,太一三阶也;太微大角,帝廷也;天市,都市也。

景福元年五月,蚩尤旗见,初出有白彗,形如发,长二尺许,经数日,乃从中天下,如匹布,至地如蛇。六月,孙儒攻杨行密于宣州,有黑云如山,渐下,坠于儒营上,状如破屋。占曰:"营头星也。"十一月,有星孛于斗、牛,占曰:"越有自立者。"十二月丙子,天挽出于西南;己卯,化为云而没。二年三月,天久阴,至四月乙酉夜,云稍开,有彗星于上台,长十余丈,东行入太微,扫大角,入天市,经三旬有七日,益长,至二十余丈,因云阴不见。

乾宁元年正月,有星孛于鹑首,秦分也。又星陨于西南,有声如雷。七月,妖星见,非彗非孛,不知其名,时人谓之妖星,或曰恶星。三年十月,有客星三,一大二小,在虚、危间乍合乍离,相随东行,状如斗,经三日而二小星没,其大星后没。虚、危,齐分也。

光化三年正月,客星出于中垣宦者旁,大如桃,光炎射宦者,宦者不见。

天复元年五月,有三赤星,各有锋芒,在南方,既而西方、北方、东方亦如之,顷之,又各增一星,凡十六星;少时,先从北灭,占曰:"濛星也,见则诸侯兵相攻。"二年正月,客星如桃,在紫宫华盖下,渐行至御女。丁卯,有流星起文昌,抵客星,客星不动;己巳,客星在杠,守之,至明年犹不去,占曰:"将相出兵。"五月夕,有星当箕下,如炬火,炎炎上冲,人初以为烧火也,高丈余乃陨。占曰:"机星也,下有乱。"

天佑元年四月,有星状如人,首赤身黑,在北斗下紫微中,占曰:"天冲也。天冲抱极泣帝前,血浊雾下天下冤。"后三日而黑风晦暝。二年四月庚子夕,西北隅有星类太白,上有光似彗,长三四丈,色如赭;辛丑夕,色如缟。或曰五车之水星也,一曰昭明星也。甲辰,有彗星于北河,贯文昌,长三丈余,陵中台、下台;五月乙丑夜,自轩辕左角及天市西垣,光芒猛怒,其长亘天;丙寅云阴,至辛未少霁,不见。两河为天阙,在东井间,而北河,中国所经也。文昌,天之六司;天市,都市也。

武德三年十月己未,有星陨于东都中,隐隐有声。

贞观二年,天狗陨于夏州城中。十四年八月,有星陨于高昌城中。十六年六月甲辰,西方有流星如月,西南行三丈乃灭,占曰:"星甚大者,为人主。"十八年五月,流星出东壁,有声如雷,占曰:"声如雷者,怒象。"十九年四月己酉,有流星向北斗杓而灭。

永徽三年十月,有流星贯北极。四年十月,睦州女子陈硕真反,婺州刺史崔义玄讨之,有星陨于贼营。乾封元年正月癸酉,有星出太微,东流,有声如雷。咸亨元年十一月,西方有流星声如雷。调露元年十一月戊寅,流星入北斗魁中;乙巳,流星烛地有光,使星也。

神龙三年三月丙辰,有流星声如颓墙,光烛天地。景龙二年二月癸未,有大星陨于西南,声如雷,野雉皆雊。

景云元年八月己未,有流星出五车,至上台灭。九月甲申,有流星出中台,至相灭。太极元年正月辛卯,有流星出太微,至相灭。延和元年六月,幽州都督孙佺讨奚、契丹,出师之夕,有大星陨于营中。

开元二年五月乙卯晦,有星西北流,或如瓮,或如斗,贯北极,小者不可胜数,天星尽摇,至曙乃止,占曰:"星,民象;流者,失其所也。"《汉书》曰:"星摇者民劳。"十二年十月壬辰,流星大如桃,色赤黄,有光烛地。占曰:"色赤为将军使。"天宝三载闰二月辛亥,有星如月,坠于东南,坠后有声。

至德二载,贼将武令珣围南阳,四月甲辰夜中,有大星赤黄色,长数十丈,光烛地,坠贼营中。十一月壬戌,有流星大如斗,东北流,长数丈,蛇行屈曲,有碎光迸出。占曰:"是谓枉矢。"

广德二年六月丁卯,有妖星陨于汾州。十二月丙寅,自乙夜至曙,星流如雨。大历二年九月乙丑,昼有星如一斗器,色黄,有尾长六丈余,出南方,没于东北。东北于中国,则幽州分也。三年九月乙亥,有星大如斗,北流,有光烛地,占为贵使。六年九月甲辰,有星西流,大如一升器,光烛地,有尾,迸光如珠,长五丈,出婺女,入天市南垣灭。八年六月戊辰,有流星大如一升器,有尾,长三丈余,入太微。十二月壬申,有流星大如一升器,有尾,长二丈余,出紫微入浊。十年三月戊戌,有流星出于西方,如二升器,有尾,长二丈,入浊。十二年二月辛亥,有流星如桃,尾长十丈,出匏瓜,入太微。

建中四年八月庚申,有星陨于京师。兴元元年六月戊午,星或什或伍而陨。贞元三年闰五月戊寅,枉矢坠于虚、危。十四年闰五月辛亥,有星坠于东北,光烛如昼,声如雷。

元和二年十二月己巳,西北有流星亘天,尾散如珠,占曰:"有贵使。"四年八月丁丑,西北有大星,东南流,声如雷鼓。六年三月戊戌日晡,天阴寒,有流星大如一斛器,坠于兖、郓间,声震数百里,野雉皆雊,所坠之上,有赤气如立蛇,长丈余,至夕乃灭。时占者以为日在戌,鲁分也。不及十年,其野主杀而地分。九年正月,有大星如半席,自下而升,有光烛地,群小星随之。四月辛巳,有大流星,尾迹长五丈余,光烛地,至右摄提西灭。十二年九月己亥甲夜,有流星起中天,首如瓮,尾如二百斛舡,长十余丈,声如群鸭飞,明若火炬,过月下西流,须臾,有声砰砰,坠地,有大声如坏屋者三,在陈、蔡间。十四年五月己亥,有大流星出北斗魁,长二丈余,南抵轩辕而灭,占曰:"有赦,赦视星之大小。"十五年七月癸亥,有大星出钩陈,南流至娄灭。

长庆元年正月丙辰,有大星出狼星北,色赤,有尾迹,长三丈余,光烛地,东北流至七星南灭。四月,有大星坠于吴,声如飞羽。七月乙巳,有大流星出参西北,色黄,有尾迹,长六七丈,光烛地,至羽林灭。八月辛巳,东北方有大星自云中出,色白,光烛地,前锐后大,长二丈余,西北流入云中灭。二年四月辛亥,有流星出天市,光烛地,隐隐有声,至郎位灭。市者,小人所聚;郎在天廷中,主宿卫。六月丁酉,有小星陨于房、心间,戊戌亦如之,己亥亦如之。闰十月丙申,有流星大如斗,抵中台上星。三年八月丁酉夜,有大流星如数斗器,起西北,经奎、娄,东南流,去月甚近,迸光散落,坠地有声。四年四月,紫微中,星陨者众。七月乙卯,有大流星出天船,犯斗魁枢星而灭,占曰:"有舟楫事。"丙子,有大流星出天将军东北,入浊。

宝历元年正月乙卯,有流星出北斗枢星,光烛地,入浊,占曰:"有赦。"二年五月癸巳,西北有流星,长三丈余,光烛地,入天市中灭,占为有诛。七月丙戌,日初入,东南有流星,向南灭,以晷度推之,在箕、斗间。八月丙申,有大流星出王良,长四丈余,至北斗杓灭。王良,奉车御官也。

大和四年六月辛未,自昏至戊夜,流星或大或小,观者不能数。占曰:"民失其所,王者失道,纲纪废则然。"又曰:"星在野象物,在朝象官。"七年六月戊子,自昏及曙,四方流星,大小纵横百余。八年六月辛巳,夜中有流星出河鼓,赤色,有尾迹,光烛地,迸如散珠,北行近天棓灭,有声如雷。河鼓为将军;天棓者,帝之武备。九年六月丁酉,自昏至丁夜,流星二十余,纵横出没,多近天汉。开成二年九月丁酉,有星大如斗,长五丈,自室、壁西北流,入大角下没,行类枉矢,中天有声,小星数百随之。十一月丁丑,有大星陨于兴元府署寝室之上,光烛庭宇。三年五月乙丑,有大星出于柳、张,尾长五丈余,再出再没。四年二月己亥,丁夜至戊夜,四方中天流星小大凡二百余,并西流,有尾迹,长二丈至五丈。八月辛未,流星出羽林,有尾迹,长八丈余,有声如雷。羽林,天军也。十二月壬申,蚩尤旗见。

会昌元年六月戊辰,自昏至戊夜,小星数十,纵横流散,占曰:"小星,民象。"七月庚午,北方有星,光烛地,东北流经王良,有声如雷。十一月壬寅,有大星东北流,光烛地,有声如雷。四年八月丙午,有大星如炬火,光烛天地,自奎、娄扫西方七宿而陨。六年二月辛丑,夜中有流星赤色如桃,光烛地,有尾迹,贯紫微入浊。

咸通六年七月乙酉,甲夜有大流星长数丈,光烁如电,群小星随之,自南徂北,其象南方有以众叛而之北也。九年十一月丁酉,有星出如匹练,亘空化为云而没,在楚分。是谓长庚,见则兵起。十三年春,有二星从天际而上,相从至中天,状如旌旗,乃陨。九月,蚩尤旗见。

乾符二年冬,有二星,一赤一白,大如斗,相随东南流,烛地如月,渐大,光芒猛怒。三年,昼有星如炬火,大如五升器,出东北,徐行,陨于西北。四年七月,有大流星如盂,自虚、危,历天市,入羽林灭,占为外兵。中和元年,有异星出于舆鬼,占者以为恶星。八月己丑夜,星陨如雨,或如杯碗者,交流如织,庚寅夜亦如之,至丁酉止。三年十一月夜,星陨于西北,如雨。光启二年九月,有大星陨于杨州府署延和阁前,声如雷,光炎烛地。十月壬戌,有星出于西方,色白,长一丈五尺,屈曲而陨,占曰:"长庚也,下则流血。"三年五月,秦宗权拥兵于汴州北郊,昼有大星陨于其营,声如雷,是谓营头,其下破军杀将。

乾宁元年夏,有星陨于越州,后有光,长丈余,状如蛇,或曰枉矢也。三年六月,天暴雨,雷电,有星大如碗,起西南,坠于东北,色如鹤练,声如群鸭飞,占为奸谋。光化元年九月丙子,有大星坠于北方。三年三月丙午,有星如二十斛船,色黄,前锐后大,西南行。十一月,中天有大星自东缓流如带屈曲,光凝著天,食顷乃灭,是谓枉矢。天复三年二月,帝至自凤翔,其明日,有大星如月,自东浊际西流,有声如雷,尾迹横贯中天,三夕乃灭。

天佑元年五月戊寅,乙夜雨、晦暝,有星长二十丈,出东方,西南向,首黑、尾赤、中白,枉矢也,一曰长星。二年三月乙丑,夜中有大星出中天,如五斗器,流至西北,去地十丈许而止,上有星芒,炎如火,赤而黄,长丈五许,而蛇行,小星皆动而东南,其陨如雨,少顷没,后有苍白气如竹丛,上冲天中,色瞢瞢,占曰:"亦枉矢也。"三年十二月昏,东方有星如太白,自地徐上,行极缓,至中天,如上弦月,乃曲行,顷之,分为二,占曰:"有大孽。"

唐书卷三三
志第二三

天文三

月五星凌犯及星变　五星聚合

　　隋大业十三年六月，镇星赢而旅于参。参，唐星也。李淳风曰：
"镇星主福，未当居而居，所宿国吉。"

　　义宁二年三月丙午，荧惑入东井，占曰："大人忧。"

　　武德元年五月庚午，太白昼见，占曰："兵起，臣强。"六月丙子，
荧惑犯右执法，占曰："执法，大臣象。"二年七月戊寅，月犯牵牛。凡
月与列宿相犯，其宿地忧。牵牛，吴、越分。九月庚寅，太白昼见。冬，
荧惑守五诸侯。六年七月癸卯，荧惑犯舆鬼西南星，占曰："大臣有
诛。"七年六月，荧惑犯右执法。七月戊寅，岁星犯毕，占曰："边有
兵。"八年九月癸丑，荧惑入太微。太微，天廷也。冬，太白入南斗。
斗主爵禄。九年五月，太白昼见；六月丁巳，经天；己未，又经天，在
秦分。丙寅，月犯氐。氐为天子宿宫。己卯，太白昼见；七月辛亥，
昼见；甲寅，昼见；八月丁巳，昼见。太白，上公；经天者，阴乘阳也。

　　贞观三年三月丁丑，岁星逆行入氐，占曰："人君治宫室过度。"
一曰："饥。"五年五月庚申，镇星犯键闭，占为腹心喉舌臣。九年四
月丙午，荧惑犯轩辕。十年四月癸酉，复犯之，占曰："荧惑主礼，礼
失而后罚出焉。"轩辕为后宫。十一年二月癸未，荧惑入舆鬼，占曰：
"贼在大人侧。"十二年六月辛卯，荧惑入东井，占曰："旱。"十三年

五月乙巳,犯右执法。六月,太白犯东井北辕。井,京师分也。十四年十一月壬午,月入太微,占曰:"君不安。"十五年二月,荧惑逆行,犯太微东上相。十六年五月,太白犯毕左股,毕为边将;六月戊戌,昼见。九月己未,荧惑犯太微西上将;十月丙戌,入太微,犯左执法。十七年二月,犯键闭;三月丁巳,守心前星;癸酉,逆行犯钩钤。荧惑常以十月入太微,受制而出,伺其所守犯,天子所诛也。键闭为腹心喉舌臣,钩钤以开阖天心,皆贵臣象。十八年十一月乙未,月掩钩钤。十九年七月壬午,太白入太微,是夜月掩南斗,太白遂犯左执法,光芒相及箕、斗间。汉津,高丽地也。太白为兵,亦罚星也。二十年七月丁未,岁星守东壁,占曰:"五谷以水伤。"二十一年四月戊寅,月犯荧惑,占曰:"贵臣死。"十二月丁丑,月食昴,占曰:"天子破匈奴。"二十二年五月丁亥,犯右执法。七月,太白昼见;乙巳,镇星守东井,占曰:"旱。"闰十二月辛巳,太白犯建星,占曰:"大臣相谮。"

永徽元年二月己丑,荧惑犯东井,占曰:"旱。"四月己巳,月犯五诸侯,荧惑犯舆鬼,占曰:"诸侯凶。"五月己未,太白昼见。二年六月己丑,太白入太微,犯右执法;九月甲午,犯心前星。十二月乙未,太白昼见。三年正月壬戌,犯牵牛。牵牛为将军,又吴、越分也。丁亥,岁星掩太微上将。二月己丑,荧惑犯五诸侯;五月戊子,掩右执法。四年六月己丑,太白昼见。六年七月乙亥,岁星守尾,占曰:"人主以嫔为后。"己丑,荧惑入舆鬼;八月丁卯,入轩辕。显庆元年四月丁酉,太白犯东井北辕,占曰:"秦有兵。"五年二月甲午,荧惑入南斗;六月戊申,复犯之。南斗,天庙;去复来者,其事大且久也。龙朔元年六月辛巳,太白昼见经天;九月癸卯,犯左执法。二年七月己丑,荧惑守羽林,羽林,禁兵也;三年正月己卯,犯天街,占曰:"政塞奸出。"六月乙酉,太白入东井,占曰:"君失政,大臣有诛。"麟德二年三月戊午,荧惑犯东井;四月壬寅,入舆鬼,犯质星。乾封元年八月乙巳,荧惑入东井。二年五月庚申,入轩辕。三年正月乙巳,月犯轩辕大星。咸亨元年四月癸卯,月犯东井,占曰:"人主忧。"七月壬申，荧惑入东井，占曰："旱。"丙申，月犯荧惑，占曰："贵人死。"十二月丙子，荧惑入太微；二年四月戊辰，复犯。太微垣，将相位也。五年六月壬寅，太白入东井。上元二年正月甲寅，荧惑犯房，占曰："君有忧。"一曰："有丧。"三年正月丁卯，太白犯牵牛，占曰："将军凶。"仪凤二年八月辛亥，太白犯轩辕左角。左角，贵相也。三年十月戊寅，荧惑犯钩钤；四年四月戊午，入羽林，占曰："军忧。"调露元年七月辛巳，入天囷。永隆元年五月癸未，犯舆鬼；丁酉，太白昼见经天。是谓阴乘阳，阳，君道也。永淳元年五月丁巳，辰星犯轩辕。九月庚戌，荧惑入舆鬼，犯质星；十一月乙未，复犯舆鬼。去而复来，是谓"句己"。

垂拱元年四月癸未，辰星犯东井北辕。辰星为廷尉，东井为法令，失道则相犯也。十二月戊子，月掩轩辕大星；二年三月丙辰，复犯之。万岁通天元年十一月乙丑，岁星犯司怪，占曰："水旱不时。"圣历元年五月庚午，太白犯天关，天关主边事。二年，荧惑入舆鬼。三年三月辛亥，岁星犯左执法。久视元年十二月甲戌晦，荧惑犯轩辕。自乾封二年后，月及荧惑、太白、辰星凌犯轩辕者六。长安二年，荧惑犯五诸侯。浑仪监尚献甫奏："臣命在金，五诸侯太史之位，火克金，臣将死矣。"武后曰："朕为卿禳之。以献甫为水衡都尉。水生金，又去太史之位，卿无忧矣。"是秋，献甫卒。四年，荧惑入月，镇星犯天关。

神龙元年三月癸巳，荧惑犯天田，占曰"旱"；七月辛巳，掩氐西南星，占曰"贼臣在内。"二年闰正月丁卯，月掩轩辕后星。九月壬子，荧惑犯左执法。己巳，月犯轩辕后星；十一月辛亥，犯昴，占曰"胡王死"。戊午，荧惑入氐；十二月丁酉，犯天江，占曰："旱。"三年五月戊戌，太白入舆鬼中，占曰："大臣有诛。"景龙三年六月癸巳，太白昼见在东井，京师分也。四年二月癸未，荧惑犯天街。五月甲子，月犯五诸侯。

景云二年三月壬申，太白入羽林。八月己未，岁星犯执法。三月壬申，荧惑入东井。

先天元年八月甲子,太白袭月,占曰:"太白,兵象;月,大臣体。"二年十一月丙子,荧惑犯司怪。开元二年七月己丑,太白犯舆鬼东南星。七年六月甲戌,太白犯东井钺星,占曰:"斧钺用。"八年三月庚午,犯东井北辕;五月甲子,犯轩辕。十一年十一月丁卯,岁星犯进贤。十四年十月甲寅,太白昼见。二十五年六月壬戌,荧惑犯房。二十七年七月辛丑,犯南斗,占曰:"贵相凶。"天宝十三载五月,荧惑守心五旬余,占曰:"主去其宫。"十四载十二月,月食岁星在东井,占曰:"其国亡。"东井,京师分也。

至德二载七月己酉,太白昼见经天,至于十一月戊午不见,历秦、周、楚、郑、宋、燕之分。十二月,岁星犯轩辕大星,占曰:"女主谋君。"乾元元年五月癸未,月掩心前星,占曰"太子忧";六月癸丑,入南斗魁中,占曰"大人忧"。二年正月癸未,岁星蚀月在翼,楚分也,一曰:"饥。"二月丙辰,月犯心中星,占曰:"主命恶之。"上元元年五月癸丑,月掩昴,占曰:"胡王死。"八月己酉,太白犯进贤。十二月癸未,岁星掩房,占曰:"将相忧。"三年建子月癸巳,月掩昴,出昴北;八月丁卯,又掩昴。宝应二年四月己丑,月掩岁星,占曰:"饥。"

永泰元年九月辛卯,太白昼见经天。大历二年七月癸亥,荧惑入氐,其色赤黄。乙丑,镇星犯水位,占曰:"有水灾。"乙亥,岁星犯司怪。八月壬午,月入氐;丙申,犯毕。九月戊申,岁星守东井。占皆为有兵。乙丑,荧惑犯南斗,在燕分。十二月丁丑,犯垒壁,占曰:"兵起。"三年正月壬子,月掩毕;八月己未,复掩毕;辛酉,入东井。九月壬申,岁星入舆鬼,占曰:"岁星为贵臣,舆鬼主死丧。"丁丑,荧惑入太微,二旬而出。己卯,太白犯左执法。四年二月壬寅,荧惑守房上相;丙午,有芒角;三月壬午,逆行入氐中。是月,镇星犯舆鬼。七月戊辰,荧惑犯次相;九月丁卯,犯建星,占曰:"大臣相潜。"五年二月乙巳,岁星入轩辕。六月丁酉,月犯进贤;庚子,犯氐。庚戌,太白入东井。六年七月乙巳,月掩毕,入毕中;壬子,月犯太微。八月甲戌,荧惑犯郑星。庚辰,月入太微。九月壬辰,荧惑犯哭星;庚子,犯泣星。是夜,月掩毕;丁未,入太微;十月丁卯,掩毕。己巳,荧惑犯垒壁。甲戌，月入轩辕，占曰"忧在后宫"；十一月壬寅，入太微；丙午掩氐；十二月己巳，入太微；七年正月乙未，犯轩辕；二月戊午，掩天关，占曰："乱臣更天子法令。"己巳，荧惑犯天街；四月丁巳，入东井。辛未，岁星犯左角，占曰："天下之道不通。"壬申，月入羽林；五月丙戌，入太微。八年四月癸丑，岁星掩房，占曰："将相忧。"又宋分也。甲寅，荧惑入垒壁；五月庚辰，入羽林。七月己卯，太白入东井，留七日，非常度也，占曰："秦有兵。"乙未，月入毕中。癸未，入羽林。己丑，太白入太微，占曰："兵入天廷。"八月昼见。十月丁巳，月掩毕；壬戌，入舆鬼，掩质星。庚午，月及太白入氐中。占曰："君有哭泣事。"十一月己卯，月入羽林。癸未，太白入房，占曰："白衣会。"不曰犯而曰入，盖钩钤间。癸丑，月掩天关；甲寅，入东井；癸酉，入羽林。九年三月丁未，荧惑入东井。四月丁丑，月入太微。五月己未，太白入轩辕，占曰"忧在后宫。"六月己卯，月掩南斗；庚辰，入太微；七月甲辰，掩房；辛亥，入羽林；壬戌，入舆鬼。九月辛丑，太白入南斗，占曰："有反臣。"又曰："有赦。"甲子，荧惑入氐。宋分也。十月戊子，岁星入南斗。占曰："大臣有诛。"十二月戊辰，月入羽林。十年三月庚戌，荧惑入垒壁；四月甲子，入羽林。八月戊辰，月入太微。十一年闰八月丁酉，太白昼见经天。十二年正月乙丑，月掩轩辕；癸酉，掩心前星，宋分也；丙子，入南斗魁中。二月乙未，镇星入氐中，占曰："其分兵丧。"李正己地也。三月壬戌，月入太微；四月乙未，掩心前星；五月丙辰，入太微；戊戌入羽林；七月庚戌入南斗。乙亥，荧惑入东井。十月壬辰，月掩昴；庚子，入太微；十一月乙卯，入羽林；十二月壬午，复入羽林。自六年至此，月入太微者十有二，入羽林者八；荧惑三入东井，再入羽林，三入垒壁；月、太白、岁星，皆入南斗魁中。十四年春，岁星入东井。

建中元年十一月，月食岁星，在秦分，占曰："其国亡。"是月，岁星食天尸。天尸，舆鬼中星，占曰："有妖言，小人在位，君王失枢，死者太半。"三年七月，月掩心中星。贞元四年五月丁卯，月犯岁星在营室。六月癸卯，荧惑逆行入羽林，占曰："军有忧。"六年五月戊辰，月犯太白,间容一指,占曰:"大将死。"十年四月,太白昼见。十一年七月,荧惑、太白相继犯太微上将。十三年二月戊辰,太白入昴。三月庚寅,月犯太白。十九年三月,荧惑入南斗,色如血。斗,吴、越分;色如血者,旱祥也。二十一年正月己酉,太白犯昴,赵分也。

永贞元年十二月丙午,月犯毕。己酉,岁星犯太微西垣,将相位也。

元和元年十月,太白入南斗;十二月,复犯之。斗,吴分也。二年正月癸丑,月犯太白于女、虚。二月壬申,月掩岁星,占曰:"大臣死。"四月丙子,太白犯东井北辕。己卯,月犯房上相。三年三月乙未,镇星蚀月在氐,占曰":"其地主死。"四年九月癸亥,太白犯南斗。七年正月辛未,月掩荧惑。五月癸亥,荧惑犯右执法。六月己亥,月犯南斗魁。八年七月癸酉,月犯五诸侯。十月己丑,荧惑犯太微西上将;十二月,掩左执法。九年二月丁酉,月犯心中星。七月辛亥,掩心中星,占曰:"其宿地凶。"心,豫州分。壬辰,月掩轩辕。是月,太白入南斗,至十月出,乃昼见。荧惑入南斗中,因留,犯之。南斗,天庙,又丞相位也。十年八月丙午,月入南斗魁中。十一年二月丙辰,月掩心。是月,荧惑入氐,因逆行。三月己丑,月犯镇星在女,齐分也。四月丙辰,太白犯舆鬼。占曰:"有僇臣。"六月甲辰,月掩心后星。是月,荧惑复入氐,是谓"句已"。十一月戊寅,月犯岁星;十二月甲午,犯镇星在危,亦齐分也。十二年三月丁丑,月犯心。十三年正月乙未,岁星逆行,犯太微西上将。三月,荧惑入南斗,因逆留,至于七月,在南斗中,大如五升器,色赤而怒,乃东行,非常也。八月甲戌,太白犯左执法。乙巳,荧惑犯哭星。十月甲子,月犯昴,赵分也。十四年正月癸卯,月犯南斗魁,占曰:"相凶。"五月丙戌,月犯心中星;七月乙酉,掩心中星;十五年正月丙申,复犯中星。四月,太白犯昴。七月庚申,荧惑逆行入羽林。八月己卯,月掩牵牛,吴、越分也。十一月壬子,月犯东井北辕。

长庆元年正月丙午,月掩东井钺,遂犯南辕第一星。二月乙亥,太白犯昴,大赵分也。丁亥,月犯岁星在尾,占曰:"大臣死。"燕分也。三月庚戌，太白犯五车，因昼见，至于七月。以历度推之，在唐及赵、魏之分。占曰："兵起。"七月壬寅，月掩房次相。九月乙巳，太白犯左执法。二年九月，太白昼见。荧惑守天囷，六旬余乃去，占曰："天囷，上帝之藏，耗祥也。"十月，荧惑犯镇星于昴。甲子，月掩牵牛中星，占曰："吴、越凶。"十一月丁丑，掩左角；十二月，复掩之，占曰："将死。"甲寅，月犯太白于南斗。四年三月庚午，太白犯东井北辕，遂入井中，昼见经天，七日而出，因犯舆鬼，京师分也。五月乙亥，月掩毕大星。六月丙戌，镇星依历在觜觿，赢行至参六度，当居不居，失行而前，遂犯井钺，占曰："所居宿久，国福厚；易，福薄。"又曰："赢，为王不宁；钺主斩刈而又犯之，其占重。"癸未，荧惑犯东井；丁亥，入井中。己丑，太白犯轩辕右角，因昼见，至于九月，占曰："相凶。"十月辛巳，月入毕口。十一月，荧惑逆行向参，镇星守天关。十二月戊子，月掩东井。

宝历元年四月壬寅，荧惑入舆鬼，掩积尸；七月癸卯，犯执法。甲辰，镇星犯东井。甲子，月掩毕大星。癸未，太白犯南斗。丙戌，月犯毕；十月辛亥，犯天囷。十一月庚辰，镇星复犯东井。癸未，月犯东井；二年正月甲申，犯左执法；戊子，入于氐。二月丙午，犯毕。五月甲午，荧惑犯昴。六月，太白犯昴。七月壬申，月犯毕。八月庚戌，荧惑犯舆鬼。

大和元年正月庚午，月掩毕；三月癸丑，入毕口，掩大星。月变于毕者，自宝历元年九月，及兹而五。五月，月掩荧惑在太微西垣。丙戌，荧惑犯右执法。大和二年正月庚午，月掩镇星。七月甲辰，荧惑掩舆鬼质星。十月丁卯，月掩东井北辕。三年二月乙卯，太白犯昴。壬申，荧惑掩右执法；七月，入于氐；十月，入于南斗。四年四月庚申，月掩南斗杓次星。十一月辛未，荧惑犯右执法。五年二月甲申，月掩荧惑。三月，荧惑犯南斗杓次星。六年四月辛未，月掩镇星于端门。己丑，太白昼见。七月戊戌，月掩心大星；辛丑，掩南斗杓次星。七年五月甲辰，荧惑守心中星。六月丙子，月掩心中星，遂犯荧惑。七月甲午，月掩心中星；丙申，掩南斗口第二星。九月丁巳，入于箕；戊辰，入于南斗。癸酉，太白入南斗。冬，镇星守角；八年二月始去。七月戊子，月犯昴。十月庚子，荧惑、镇星合于亢。十二月丙戌，月掩昴。是岁，月入南斗者五，占曰："大人忧。"九年夏，太白昼见，自轩辕至于翼、轸。六月庚寅，月掩岁星在危而晕；十月庚辰，月复掩岁星在危。开成元年正月甲辰，太白掩建星，占曰："大臣相谮。"六月丁未，月掩心前星；八月乙巳，入南斗。二年正月壬申，月掩昴。二月己亥，月掩太白于昴中。六月甲寅，月掩昴而晕，太白亦有晕。六月己酉，大星昼见。庚申，太白入于东井。七月壬申，月入南斗；丁亥，掩太白于柳。八月壬子，太白入太微，遂犯左、右执法。九月丙子，月掩昴；三年二月己酉，掩心前星。二月戊午，荧惑入东井；三月乙酉，入舆鬼。五月辛酉，太白犯舆鬼。庚午，月犯心中星。甲寅，太白犯右执法。七月乙丑，月掩心前星。十月辛卯，太白犯南斗。四年二月丁卯，月掩岁星于毕；三月乙酉，掩东井。七月乙未，月犯荧惑，占曰："贵臣死。"八月壬申，荧惑犯钺，遂入东井。十月戊午，辰星入南斗魁中，占曰："大赦。"五年春，木当王，而岁星小暗无光，占曰："有大丧。"二月壬申，荧惑入舆鬼。四月，太白、岁星入舆鬼。五月，辰星见于七星，色赤如火。七月乙酉，月掩镇星。

　　会昌元年闰八月丁酉，荧惑入舆鬼中，占曰："有兵丧。"十二月庚午，月犯太白于羽林；二年正月壬戌，掩太白于羽林。六月丙寅，太白犯东井。十月丙戌，月掩岁星于角。三年三月丙申，又掩岁星于角。七月癸巳，荧惑入东井，色苍赤，动摇井中；八月丁丑，犯舆鬼。十月壬午昼，月食太白于亢。四年二月，岁星守房，掩上相；荧惑逆行，守轩辕，四旬乃去。庚申，月掩毕大星。十月癸未，太白与荧惑合，遂入南斗。五年二月壬午，太白掩昴；五月辛酉，入毕口；八月壬午，犯轩辕大星。九月癸巳，荧惑犯太微上将。六年二月丁丑，犯毕大星；丁亥，月出无光，犯荧惑于太微，顷之，乃稍有光，遂犯左执法；丙申，掩牵牛南星，遂犯岁星。牵牛，扬州分。

　　大中十一年八月，荧惑犯东井。

　　咸通十年春，荧惑逆行，守心。

乾符二年四月庚辰，太白昼见在昴。三年七月，常星昼见。四年七月，月犯房。六年冬，岁星入南斗魁中，占曰："有反臣。"光启二年四月，荧惑犯月角。文德元年七月丙午，月入南斗。八月，荧惑守舆鬼，占曰："多战死。"

龙纪元年七月甲辰，月犯心。乾宁二年七月癸亥，荧惑犯心。光化二年，镇星入南斗。三年八月壬申，太白应见在氐，不见，至九月丁亥乃见，是谓当出不出。十一月丁未，太白犯月，因昼见。天复元年五月自丁酉至于己亥，太白昼见经天，在井度。十月，大角五色散摇，煌煌如火，占曰："王者恶之。"二年五月甲子，太白袭荧惑在轩辕后星上，太白遂犯端门，又犯长垣中星，占曰："贼臣谋乱，京畿大战。"十月甲戌，太白夕见在斗，去地一丈而坠，占曰："兵聚其下。"又曰："山摧石裂，大水竭。"庚子，辰星见氐中，小而不明，占曰："负海之国大水。"是岁，镇星守虚；三年二月始去虚。十一月丙戌，太白在南斗，去地五尺许，色小而黄，至明年正月乃高十丈，光芒甚大。是冬，荧惑徘徊于东井间，久而不去，京师分也。

天祐元年二月辛卯，太白夕见昴西，色赤，炎焰如火；壬辰，有三角如花而动摇，占曰："有反，城有火灾，胡兵起。"六月甲午，太白在张，芒角甚大；癸丑，句已，犯水位。自夏及秋，大角五色散摇，煌煌然。占同天复初。三年八月丙午，岁星在哭星上，生黄白气如字状。

武德元年七月丙午，镇星、太白、辰星聚于东井，关中分也。二年三月丙申，镇星、太白、辰星复聚于东井。九年六月己卯，岁星、辰星合于东井，占曰："为变谋。"

贞观十八年五月，太白、辰星合于东井，占曰："为兵谋。"十九年六月丙辰，太宗征高丽，次安市城，太白、辰星合于东井。《史记》曰，太白为主，辰星为客，为蛮夷，出相从而兵在野为战。

永徽元年七月辛酉，岁星、太白合于柳，在秦分，占曰："兵起。"

景龙元年十月丙寅，太白、荧惑合于虚、危，占曰："有丧。"

景云二年七月，镇星、太白合于张，占曰："内兵。"太极元年四月，荧惑、太白合于东井。

天宝九载八月，五星聚于尾、箕，荧惑先至而又先去，尾、箕，燕分也，占曰："有德则庆，无德则殃。"十四载二月，荧惑、太白斗于毕、昴、井、鬼间，至四月乃伏。十五载五月，荧惑、镇星同在虚、危，中天芒角大动摇，占者以为北方之宿，子午相冲，灾在南方。

至德二载四月壬寅，岁星、荧惑、太白、辰星聚于鹑首，从岁星也；罚星先去，而岁星留，占曰："岁星、荧惑为阳，太白、辰星为阴。阴主外邦，阳主中邦，阳与阴合，中外相连以兵。"八月，太白芒怒，掩岁星于鹑火，又昼见经天。鹑火，周分也。乾元元年四月，荧惑、镇星、太白聚于营室，太史南宫沛奏："其地战不胜。"卫分也。

大历三年七月壬申，五星并出东方，占曰："中国利。"八年闰十一月壬寅，太白、辰星合于危，齐分也。十年正月甲寅，岁星、荧惑合于南斗，占曰："饥、旱。"吴、越分也；一曰："不可用兵。"七月庚辰，太白、辰星合于柳，京师分也。

建中二年六月，荧惑、太白斗于东井，四年六月，荧惑、太白复斗于东井，京师分也。金、火罚星斗者，战象也。兴元元年春，荧惑守岁星在角、亢，占曰："有反臣。"角、亢，郑也。贞元四年五月乙亥，岁星、荧惑、镇星聚于营室，占曰："其国亡。"地在卫分。六年闰三月庚申，太白、辰星合于东井，占为兵忧。戊寅，荧惑犯镇星在奎，鲁分也。

元和九年十月辛未，荧惑犯镇星，又与太白合于女，在齐分。十年六月辛未，岁星、荧惑、太白、辰星合于东井，占曰："中外相连以兵。"十一年五月丁卯，岁星、辰星合于东井；六月己未，复合于东井，占曰："为变谋而更事。"十一月戊子，镇星、荧惑合于虚、危。十二月，镇星、太白、辰星聚于危，皆齐分也。十四年八月丁丑，岁星、太白、辰星聚于轸，占曰："兵丧。"在楚分与南方夷貊之国。十五年三月，镇星、太白合于奎，占曰："内兵。"徐州分也。十二月，荧惑、镇星合于奎，占曰："主忧。"

　　长庆二年二月甲戌，岁星、荧惑合于南斗，占曰："饥、旱。"八月丙寅，荧惑犯镇星在昴、毕，因留相守，占曰："主忧。"四年八月庚辰，荧惑犯镇星于东井，镇星既失行犯钺，而荧惑复往犯之，占曰："内乱。"

　　宝历二年八月丁未，荧惑、镇星复合于东井、舆鬼间。

　　大和二年九月，岁星、荧惑、镇星聚于七星。三年四月壬申，岁星犯镇星，占曰："饥。"四年五月丙午，岁星、太白合于东井。六年正月，太白、荧惑合于羽林。十月，太白、荧惑、镇星聚于轸。八年七月庚寅，太白、荧惑合相犯，推历度在翼，近太微，占曰："兵起。"开成三年六月丁亥，太白犯荧惑于张，占曰："有丧。"四年正月丁巳，荧惑、太白、辰星聚于南斗，推历度在燕分，占曰："内外兵丧，改立王公。"冬，岁星、荧惑俱逆行失色，合于东井，京师分也。

　　会昌二年六月乙丑，荧惑犯岁星于翼，占曰："旱。"四年十月癸未，太白、荧惑合于南斗。

　　咸通中，荧惑、镇星、太白、辰星聚于毕、昴，在赵、魏之分。诏镇州王景崇被衮冕，军府称臣以厌之。

　　文德元年八月，岁星、镇星、太白聚于张，周分也，占曰："内外有兵。"为河内、河东地。

　　光化三年十月，太白、镇星合于南斗，占曰："吴、越有兵。"

唐书卷三四
志第二四

五行一

木不曲直　　常雨　　服妖　　龟孽
鸡祸　　下体生上之疴　　青眚青祥
鼠妖　　金沴木　　火不炎上　　常燠
草妖　　羽虫之孽　　羊祸　　赤眚赤祥
水沴火

　　万物盈于天地之间,而其为物最大且多者有五:一曰水,二曰火,三曰木,四曰金,五曰土。其用于人也,非此五物不能以为生,而阙其一不可,是以圣王重焉。夫所谓五物者,其见象于天也为五星,分位于地也为五方,行于四时也为五德,禀于人也为五常,播于音律为五声,发于文章为五色,而总其精气之用谓之五行。

　　自三代之后,数术之士兴,而为灾异之学者务极其说,至举天地万物动植,无大小,皆推其类而附之于五物,曰五行之属,以谓人禀五行之全气以生,故于物为最灵。其余动植之类,各得其气之偏者,其发为英华美实、气臭滋味、羽毛鳞介、文采刚柔,亦皆得其一气之盛。至其为变怪非常,失其本性,则推以事类吉凶影响。其说尤为委曲繁密。

　　盖王者之有天下也,顺天地以治人,而取材于万物以足用。若政得其道，而取不过度，则天地顺成，万物茂盛，而民以安乐，谓之至治。若政失其道，用物伤夭，民被其害而愁苦，则天地之气沴，三光错行，阴阳寒暑失节，以为水旱、蝗螟、风雹、雷火、山崩、水溢、泉竭、雪霜不时、雨非其物，或发为气雾、虹霓、光怪之类，此天地灾异之大者，皆生于乱政。而考其所发，验以人事，往往近其所失，而以类至。然时有推之不能合者，岂非天地之大，固有不可知者邪？若其诸物种类，不可胜数，下至细微家人里巷之占，有考于人事而合者，有漠然而无所应者，皆不足道。

语曰："迅雷风烈必变。"盖君子之畏天也，见物有反常而为变者，失其本性，则思其有以致而为之戒惧，虽微不敢忽而已。至为灾异之学者不然，莫不指事以为应。及其难合，则旁引曲取而迁就其说。盖自汉儒董仲舒、刘向与其子歆之徒，皆以《春秋》、《洪范》为学，而失圣人之本意。至其不通也，父子之言自相戾，可胜叹哉！昔者箕子为周武王陈禹所有《洪范》之书，条其事为九类，别其说为九章，谓之"九畴"。考其说初不相附属。而向为《五行传》，乃取其五事、皇极，庶证附于五行，以为八事皆属五行欤，则至于八政、五纪、三德、稽疑、福、极之类，又不能附，至俾《洪范》之书失其伦理，有以见所谓旁引曲取而迁就其说也。然自汉以来，未有非之者。又其祥眚祸痾之说，自其数术之学，故略存之，庶几深识博闻之士有以考而择焉。

夫所谓灾者，被于物而可知者也，水旱、蝗螟之类是已。异者，不可知其所以然者也，日食、星孛、五石、六鹢之类是已。孔子于《春秋》，记灾异而不著其事应，盖慎之也。以谓天道远，非谆谆以谕人。而君子见其变，则知天之所以谴告，恐惧修省而已。若推其事应，则有合有不合，有同有不同。至于不合不同，则将使君子急焉，以为偶然而不惧。此其深意也。盖圣人慎而不言如此，而后世犹为曲说以妄意天，此其不可以传也。故考次武德以来，略依《洪范》、《五行传》，著其灾异，而削其事应云。

《五行传》曰:"田猎不宿,饮食不享,出入不节,夺民农时,及有奸谋,则木不曲直。"谓生不畅茂,多折槁,及为变怪而失其性也。又曰:"貌之不恭,是谓不肃。厥咎狂,厥罚常雨,厥极凶。时则有服妖,时则有龟孽,时则有鸡祸,时则有下体生上之疴,时则有青眚青祥、鼠妖,惟金沴木。"

武德四年,亳州老子祠枯树复生枝叶。老子,唐祖也,占曰:"枯木复生,权臣执政。"睦孟以为有受命者。九年三月,顺天门楼东柱已倾毁而自起,占曰:"木仆而自起,国之灾。"

永微二年十一月甲申,阴雾凝冻封树木,数日不解。刘向以为木少阳,贵臣象。此人将有害,则阴气胁木先寒,故得雨而冰也。亦谓之树介,介,兵象也。显庆四年八月,有毛桃树生李。李,国姓也,占曰:"木生异实,国主殃。"麟德元年十二月癸酉,氛雾终日不解。甲戌,雨木冰。仪凤三年十一月乙未,昏雾四塞,连夜不解。丙申,雨木冰。

垂拱四年三月,雨桂子于台州,旬余乃止,占曰:"天雨草木,人多死。"长寿二年十月,万象神宫侧柽杉皆变为柏。柏贯四时,不改柯易叶,有士君子之操;柽杉柔脆,小人性也。象小人居君子之位。延载元年十月癸酉,白雾,木冰。

景龙四年三月庚申,雨木冰。

景云二年,高祖故第有柿树,自天授中枯死,至是复生。

开元二十一年六月,蓬州枯杨生李枝,有实,与显庆中毛桃生李同。二十九年,亳州老子祠枯树复荣。是年十一月己巳,寒甚,雨木冰,数日不解。

永泰元年三月庚子,夜霜,木有冰。大历二年十一月,纷雾如雪,草木冰。九年,晋州神山县庆唐观枯桧复生。

兴元元年春,亳州真源县有李树,植已十四年,其长尺有八寸,至是枝忽上耸,高六尺,周回如盖九尺余。李,国姓也,占曰:"木生枝耸,国有寇盗。"是岁,中书省枯柳复荣。贞元元年十二月,雨木冰。四年正月,雨木于陈留,十里许,大如指,长寸余,中空,所下者立如植。木生于下,而自上陨者,上下易位之象;碎而中空者,小人象;如植者,自立之象。二十年冬,雨木冰。

元和十五年九月己酉,大雨,树无风而摧者十五六,近木自拔也,占曰:"木自拔,国将乱。"

长庆三年十一月丁丑,雨木冰;成都栗树结实,食之如李。

宝历元年十一月丙申,雨木冰。

大和三年,成都李树生木瓜,空中不实。七年十二月丙戌,夜雾,木冰。开成四年九月辛丑,雨雪,木冰。十月己巳,亦如之。

会昌元年十二月丁丑,雨木冰。四年正月己酉,雨木冰。庚戌,亦如之。

咸通十四年四月,成都李实变为木瓜。时人以为:李,国姓也;变者,国夺于人之象。

广明二年春,眉州有檀树已枯倒,一夕复生。

武德六年秋,关中久雨。少阳曰旸,少阴曰雨,阳德衰则阴气胜,故常雨。

贞观十五年春,霖雨。

永徽六年八月,京城大雨。显庆元年八月,霖雨,更九旬乃止。

开元二年五月壬子,久雨,崇京城门。十六年九月,关中久雨,害稼。天宝五载秋,大雨。十二载八月,久雨。十三载秋,大霖雨,害稼,六旬不止。九月,闭坊市北门,盖井,禁妇人入街市,祭玄冥太社,崇明德门,坏京城垣屋殆尽,人亦乏食。

至德二载三月癸亥,大雨,至甲戌乃止。上元元年四月,雨,讫闰月乃止。二年秋,霖雨连月,渠窦生鱼。

永泰元年九月丙午,大雨,至于丙寅。大历四年四月,雨,至于九月,闭坊市北门,置上台,台上置坛,立黄幡以祈晴。六年八月,连雨,害秋稼。

贞元二年正月乙未,大雨雪,至于庚子,平地数尺,雪上黄黑如尘。五月乙巳，雨，至于丙申。时大饥，至是麦将登，复大雨霖，众心恐惧。十年春，雨，至闰四月，间止不过一二日。十一年秋，大雨。十九年八月己未，大霖雨。

元和四年四月，册皇太子宁，以雨沾服罢。十月，再择日册，又以雨沾服罢，近常雨也。六年七月，霖雨害稼。十二年五月，连雨。八月壬申，雨，至于九月戊子。十五年二月癸未，大雨。八月，久雨，闭坊市北门。宋、沧、景等州大雨，自六月癸酉至于丁亥，庐舍漂没殆尽。

宝历元年六月，雨，至于八月。

大和四年夏，郓、曹、濮等州雨，坏城郭庐舍殆尽。五年正月庚子朔，京城阴雪，弥旬。开成五年七月，霖雨，葬文宗，龙辀陷不能进。

大中十年四月，雨，至于九月。

咸通九年六月，久雨，崇明德门。

乾符五年秋，大霖雨，汾、浍及河溢流害稼。广明元年秋八月，大霖雨。

天复元年八月，久雨。

唐初，宫人乘马者，依周旧仪，著幂䍦，全身障蔽。永徽后，乃用帷帽，施裙及颈，颇为浅露，至神龙末，幂䍦始绝，皆妇人预事之象。太尉长孙无忌以乌羊毛为浑脱毡帽，人多效之，谓之"赵公浑脱"，近服妖也。高宗尝内宴，太平公主紫衫、玉带、皂罗折上巾，具纷砺七事，歌舞于帝前。帝与武后笑曰："女子不可为武官，何为此装束？"近服妖也。武后时，嬖臣张易之为母臧作七宝帐，有鱼龙鸾凤之形，仍为象床、犀簟。安乐公主使尚方合百鸟毛织二裙，正视为一色，傍视为一色，日中为一色，影中为一色，而百鸟之状皆见，以其一献韦后；公主又以百兽毛为鞯面，韦后则集鸟毛为之，皆具其鸟兽状，工费巨万。公主初出降，益州献单丝碧罗笼裙，缕金为花鸟，细如丝发，大如黍米，眼鼻觜甲皆备，了视者方见之。皆服妖也。自作毛裙,贵臣富家多效之,江、岭奇禽异兽毛羽采之殆尽。韦后妹尝为豹头枕以辟邪,白泽枕以辟魅,伏熊枕以宜男,亦服妖也。景龙三年十一月,郊祀,韦后为亚献,以妇人为斋娘,以祭祀之服执事,近服妖也。中宗赐宰臣宗楚客等巾子样,其制高而踣,即帝在藩邸时冠也,故时人号"英王踣"。踣,颠仆也。

开元二十五年正月,道士尹愔为谏议大夫,衣道士服视事,亦服妖也。天宝初,贵族及士民好为胡服胡帽,妇人则簪步摇钗,衿袖窄小。杨贵妃常以假鬓为首饰,而好服黄裙,近服妖也。时人为之语曰:"义髻抛河里,黄裙逐水流。"元和末,妇人为圆鬟椎髻,不设鬓饰,不施朱粉,惟以乌膏注唇,状似悲啼者。圆鬟者,上不自树也;悲啼者,忧恤象也。文宗时,吴、越间织高头草履,纤如绫縠,前代所无。履,下物也,织草为之,又非正服,而被以文饰,盖阴斜阘茸泰侈之象。乾符五年,洛阳人为帽,皆冠军士所冠者。又内臣有刻木象头以里幞头,百官效之,工门如市,度木斫之曰:"此斫尚书头,此斫将军头,此斫军容头。"近服妖也。僖宗时,内人束发极急,及在成都,蜀妇人效之,时谓为"囚髻"。唐末,京都妇人梳发以两鬓抱面,状如椎髻,时谓之"抛家髻"。又世俗尚以琉璃为钗钏,近服妖也。抛家、流离,皆播迁之兆云。昭宗时,十六宅诸王以华侈相尚,巾帻各自为制度,都人效之,则曰:"为我作某王头。"识者以为不祥。

大足初,虔州获龟,六眼,一夕而失。肃宗上元二年,有鼍聚于扬州城门上,节度使邓景山以问族弟班,对曰:"鼍,介物,兵象也。"贞元三年,润州鱼鳖蔽江而下,皆无首。大和三年,魏博管内有虫,状如龟,其鸣昼夜不绝。近龟孽也。秦宗权在蔡州,州中地忽裂,有石出,高五六尺,广袤丈余,正如大龟。

垂拱三年七月,冀州雌鸡化为雄。永昌元年正月,明州雌鸡化为雄。八月,松州雌鸡化为雄。景龙二年春,滑州匡城县民家鸡有三足。京房《易·妖占》曰:"君用妇言,则鸡生妖。"玄宗好斗鸡,贵

臣、外戚皆尚之,贫者或弄木鸡,识者以为:鸡,酉属,帝生之岁也;
斗者,兵象,近鸡祸也。大中八年九月,考城县民家雄鸡化为雌,伏
子而雄鸣。化为雌,王室将卑之象,反雌伏也。汉宣帝时,雌鸡化为
雄,至元帝而王氏始萌,盖驯致其祸也。咸通六年七月,徐州彭城民
家鸡生角。角,兵象,鸡,小畜,犹贱类也。

咸通十四年七月,宋州襄邑有猎者得雉,五足,三足出背上。足
出于背者,下干上之象;五足者,众也。

贞观十七年四月,立晋王为太子,有青气绕东宫殿。始册命而
有祲,不祥。十八年六月壬戌,有青黑气广六尺,贯于辰戌,其长亘
天。大和九年,郑注箧中药化为蝇数万飞去。注始以药术进,化为
蝇者,败死之象,近青眚也。乾元三年六月,昏,西北有青气三。

武德元年秋,李密、王世充隔洛水相拒,密营中鼠,一夕渡水尽
去,占曰:“鼠无故皆夜去,邑有兵。”贞观十三年,建州鼠害稼。二十
一年,渝州鼠害稼。显庆三年,长孙无忌第有大鼠见于庭,月余出入
无常,后忽然死。龙朔元年十一月,洛州猫鼠同处。鼠隐伏象盗窃,
猫职捕啮,而反与鼠同,象司盗者废职容奸。弘道初,梁州仓有大
鼠,长二尺余,为猫所啮,数百鼠反啮猫。少选,聚万余鼠,州遣人捕
击杀之,余皆去。景云中,有蛇鼠斗于右威卫营东街槐树,蛇为鼠所
伤。斗者,兵象。景龙元年,基州鼠害稼。开元二年,韶州鼠害稼,
千万为群。天宝元年十月,魏郡猫鼠同乳。同乳者,甚于同处。大
历十三年六月,陇右节度使朱泚于兵家得猫鼠同乳以献。大和三
年,成都猫鼠相乳。开成四年,江西鼠害稼。咸通十二年正月,汾州
孝义县民家鼠多衔蒿刍巢树上。鼠穴居,去穴登木,贱人将贵之象。
乾符三年秋,河东诸州多鼠,穴屋、坏衣,三月止。鼠,盗也,天戒若
曰:“将有盗矣。”乾宁末,陕州有蛇鼠斗于南门之内,蛇死而鼠亡
去。

武德元年八月戊戌，突厥始毕可汗衙帐无故自坏。中宗即位，金鸡竿折。树鸡竿所以肆赦，始发大号而鸡竿折，不祥。神龙中，有群狐入御史大夫李承嘉第，其堂无故坏；又秉笔而管直裂，易之又裂。开元五年正月癸卯，太庙四室坏。天宝十四载十二月，哥舒翰帅师守潼关，前军启行，牙门旗至坊门，触落枪刃，众以为不祥。永泰二年三月辛酉，中书敕库坏。贞元四年正月庚戌朔，德宗御含元殿受朝贺，质明，殿阶及栏槛三十余间自坏，卫士死者十余人。含元路寝，大朝会之所御也；正月朔，一岁之元。王者之事，天所以儆者重矣。大和九年，郑注为凤翔节度使，将之镇，出开远门，旗竿折。光启初，杨州府署门屋自坏，故隋之行台门也，制度甚宏丽云。

《五行传》曰：“弃法律，逐功臣，杀太子，以妾为妻，则火不炎上。”谓火失其性而为灾也。京房《易传》曰：“上不俭，下不节，盛火数起，燔宫室。”盖火主礼云。又曰：“视之不明，是谓不哲。厥咎舒厥罚常燠，厥极疾。时则有草妖，时则有羽虫之孽，时则有羊祸，时则有目疴，时则有赤眚赤祥，惟水沴火。”

贞观四年正月癸巳，武德殿北院火。十三年三月壬寅，云阳石燃，方丈，昼则如灰，夜则有光，投草木则焚，历年乃止。火失其性而沴金也。二十三年三月，甲弩库火。永徽五年十二月乙巳，尚书司勋库火。显庆元年九月戊辰，恩州、吉州火，焚仓廪、甲仗、民居二百余家。十一月己巳，饶州火。证圣元年正月丙申夜，明堂火，武太后欲避正殿、彻乐。宰相姚璹以为火因人，非天灾也，不宜贬损。后乃御端门观酺，引建章故事，复作明堂以厌之。是岁，内库灾，燔二百余区。万岁登封元年三月壬寅，抚州火。久视元年八月壬子，平州火，燔千余家。景龙四年二月，东都凌空观灾。开元五年十一月乙卯，定陵寝殿火。是岁，洪州、潭州灾，延烧州署，州人见有物赤而暾暾飞来，旋即火发。十五年七月甲戌，兴教门楼柱灾。是年，衡州灾，延烧三百余家，州人见有物大如瓮，赤如烛笼，所至火即发。十八年二月丙寅，大雨雪，俄而雷震，左飞龙厩灾，占曰：“天火烧厩，兵大起。”十月乙丑，东都宫佛光寺火。天宝二年六月，东都应天门观灾，延烧左、右延福门，经日不灭。京房《易传》曰：“君不思道，天火燔其宫室。”九载三月，华岳庙灾。时帝将封西岳，以庙灾乃止。十载八月丙辰，武库灾，燔兵器四十余万。武库，甲兵之本也。

　　宝应元年十二月己酉，太府左藏库火。广德元年十二月辛卯夜，鄂州大风，火发江中，焚舟三千艘，延及岸上民居二千余家，死者数千人。大历十年二月，庄严寺浮图灾。初有疾风震电，俄而火从浮图中出。贞元元年，江陵度支院火，焚江东租赋百余万。十三年正月，东都尚书省火。十九年四月，家令寺火。二年七月，洪州火，燔民舍万七千家。元和七年六月，镇州甲仗库灾，主吏坐死者百余人。八年，江陵大火。十一年十一月甲戌，元陵火。李师道起宫室于郓州，将谋乱，既成而火。大和二年十一月甲辰，禁中昭德寺火，延至宣政东垣及门下省，宫人死者数百人。三年十月癸丑，仗内火。四年三月，陈州、许州火，烧万余家。十月，浙西火。十一月，扬州海陵火。八年三月，扬州火。皆燔民舍千区。五月己巳。飞龙神驹中厩火。十月扬州市火，燔民舍数千区。十二月，禁中昭成寺火。开成二年六月，徐州火，延烧民居三百余家。四年十二月乙卯，乾陵火；丁丑晦，扬州市火，燔民舍数千家。会昌元年五月，潞州市火。三年六月，西内神龙寺火；万年县东市火，焚庐舍甚众。六年八月，葬武宗，辛未，灵驾次三原县，夜大风，行宫幔城火。乾符四年十月，东都圣善寺火。大顺二年六月乙酉，幽州市楼灾，延及数百步。七月癸丑甲夜，汴州相国寺佛阁灾。是日暮，微雨震电，或见有赤块转门谯藤网中，周而火作。顷之，赤块北飞，转佛阁藤网中，亦周而火作。既而大雨暴至，平地水深数尺，火益甚，延及民居，三日不灭。

　　天宝元年冬，无冰。先儒以为阴失节也，又曰：“知罪不诛，其罚燠，夏则暑杀人，冬则物华实。”盖当寒反燠，象宜刑而赏之也。贞元十四年夏,大燠。元和九年六月,大燠。长庆二年冬,少雪,水不冰冻,草木萌荑如正月。广明元年十一月,暖如仲春。

武德四年,益州献芝草如人状,占曰:"王德将衰,下人将起,则有木生为人状。"草,亦木类也。景龙二年,岐州郿县民王上宾家,有苦荬菜高三尺余,上广尺余,厚二分,近草妖也。三年,内出蒜条,上重生蒜。蒜,恶草也;重生者,其类众也。四年,京畿蓝田山竹实如麦,占曰:"大饥。"开元二年,终南山竹有华,实如麦,岭南亦然,竹并枯死,是岁大饥,民采食之,占曰:"国中竹、柏枯,不出三年有丧。"十七年,睦州竹实。天宝初,临川郡人李嘉胤屋柱生芝草,状如天尊像。上元二年七月甲辰,延英殿御座上生白芝,一茎三花。白,丧象也。大和九年冬,郑注之金带有菌生,近草妖也。开成四年六月,襄州山竹有实成米,民采食之。光启元年七月,河中解、永乐生草,叶自相樛结,如旌旗之状,时人以为"旗子草"。二年七月,凤翔麟游草生如旗状,占曰:"其野有兵。"

武德初,隋将尧君素守蒲州,有鹊巢其炮机。贞观十七年春,齐王祐为齐州刺史,好畜鸭,有狸啮鸭,头断者四十余。是岁四月丙戌,立晋王为太子,雌雉集太极殿前,雄雉集东宫显德殿前。太极,三朝所会也。永徽四年,宋州人蔡道基舍傍有兽高丈余,头类羊,一角,鹿形,马蹄,牛尾,五色,有翅,占曰:"鸟如畜形者,有大兵。"五年七月辛巳,万年宫有小鸟如雀,生子大如鸠鸠。调露元年,鸣鹝群飞入塞,相继蔽野,至二年正月,还复北飞,至灵夏北,悉堕地而死,视之皆无首。文明后,天下屡奏雌雉化为雄,或半化者。景龙四年六月辛巳朔,乌集太极殿梁,驱之不去。开元十三年十一月戊子,雄雉驯飞泰山斋宫内。封禅,所以告成功,祀事无重于此者,而野鸟驯飞,不忌禁卫,不祥。二十五年四月,濮州两乌、两鹊、两鸒鸽同巢。陇州鹊哺慈乌。二十八年四月庚辰,慈乌巢宣政殿栱。辛巳,又巢宣政殿栱。天宝十三载,叶县有鹊巢于车辙中。不巢木而巢地,失其所也。

至德二载三月,安禄山将武令珣围南阳,有鹊巢于城中炮机者三,雏成乃去。大历八年九月,武功获大鸟,肉翅狐首,四足有爪,长四尺余,毛赤如蝙蝠,群鸟随而噪之,近羽虫孽也。十三年五月,左羽林军有鸜鹆乳鹊二。贞元四年三月,中书省梧桐树有鹊以泥为巢。鹊巢知岁次,于羽虫为有知,今以泥露巢,遇风雨坏矣。是岁夏,郑、汴境内乌皆群飞,集魏博田绪、淄青李纳境内,衔木为城,高二三尺,方十里。绪、纳恶而焚之,信宿又然,乌口皆流血。九年春,许州鹊哺乌雏。十年四月,有大鸟飞集宫中,食杂骨数日,获之,不食死。六月辛未晦,水鸟集左藏库。十三年十月,怀州鸜鹆巢内有黄雀往来哺食。十四年秋,有异鸟,色青,类鸠、鹊,见于宋州郊外,所止之处,群鸟翼卫,朝夕嗛稻粱以哺之,睢阳人适野聚观者旬日。十八年六月,乌集徐州之滕县,嗛柴为城,中有白乌一,碧乌一。

元和元年,常州鹊巢于平地。四年十二月,群乌夜集于太行山上。十三年春,淄青府署及城中乌、鹊互取其雏,各以哺子,更相搏击,不能禁。大历元年十一月丙申,群乌夜鸣。开成元年闰五月丙戌,乌集唐安寺,逾月散。雀集玄法寺,燕集萧望之家。二年三月,真兴门外鹊巢于古冢。鹊巢知避岁,而古占又以高下卜水旱,今不巢于木而穴于冢,不祥。秋,突厥乌自塞北群飞入塞。五年六月,有秃鹙群飞集禁苑。鹙,水鸟也。会昌元年,潞州长子有白颈乌与鹊斗。大中十年三月,舒州吴塘堰有众禽成巢,阔七尺,高一尺。水禽山鸟,无不驯狎。中有如人面、绿毛、绀爪觜者,其声曰"甘",人谓之甘虫,占曰:"有鸟非常,来宿于邑中,国有兵,人相食。"咸通七年,泾州灵台百里戍有雀生燕,至大俱飞去。京房《易传》曰:"贼臣在国,厥妖燕生雀。"雀生燕同说。十一年夏,雉集河内县署。咸通中,吴、越有异鸟极大,四目三足,鸣山林,其声曰"罗平",占曰:"国有兵,人相食。"

乾符四年春,庐江县北鹊巢于地。六年夏,鸥、雉集于偃师南楼及县署。刘向说:"野鸟入处,宫室将空。"广明元年春,绛州翼城县有鸺鹠鸟群飞集县署，众鸟遂而噪之。光启元年、二年，复如之。鸺鹠，一名训狐。中和元年三月，陈留有乌变为鹊。二年，有鹊变为乌。古者以乌卜军之胜负。乌变为鹊，民从贼之象；鹊复变为乌，贼复为民之象。三年，新安县吏家捕得雉养之，与鸡驯，月余相与斗死。四年，临淮涟水民家鹰化为鹅，而弗能游。鹰以鸷而击，武臣象也；鹅虽毛羽清洁，而飞不能远，无搏击之用，充庖厨而已。光启元年十二月，陕州平陆集津山有雉二首向背而连颈者，栖集津仓庑后，数月，群雉数百来斗杀之。二年正月，阌乡、湖城野雉及鸢夜鸣。七月，中条山鹊焚其巢。三年七月，鹊复焚巢。京房《易传》曰："人君暴虐，鸟焚其舍。"三年十月，慈州仵城枭与鸱斗相杀。光化二年，幽州节度使刘仁恭屠贝州去，夜有鸺鹠鸟十数飞入帐中，逐去复来。昭宗时，有秃鹙鸟巢寝殿隅，帝亲射杀之。天复二年，帝在凤翔，十一月丁巳，日南至，夜骤风，有乌数千，迄明飞噪，数日不止。自车驾在岐，常有乌数万栖殿前诸树，岐人谓之神鸦。三年，宣州有鸟如雉而大，尾有火光如散星，集于戟门，明日大火，曹局皆尽，惟兵械存。

义宁二年三月丙辰，麟游县有羔生而无尾。是月乙丑，太原献羖羊，无头而不死。开元二年正月，原州献肉角羊。三年三月，富平县有肉角羊。会昌二年春，代州崞县羊生二首连有两尾，占曰："二首，上不一也。"咸通三年夏，平陶民家羊生羔如犊。乾符二年，洛阳建春门外因暴雨，有物堕地如羖羊，不食，顷之入地中，其迹月余不灭，或以为雨土也，占曰："当旱。"

武德七年，河间王孝恭征辅公祏，宴群帅于舟中，孝恭以金碗酌江水，将饮之，则化为血。孝恭曰："碗中之血，公祏授首之祥。"武德初，突厥国中雨血三日。光宅初，宗室岐州刺史崇真之子横、杭等夜宴，忽有气如血腥。武后时，来俊臣家井水变赤如血，井中夜有吁嗟叹惋声，俊臣以木栈之，木忽自投十步外。长安中，并州晋祠水赤如血。中宗时，成王千里家有血点地，及奁箱上有血淋沥，腥闻数步。又中郎将东夷人毛婆罗炊饭，一夕化为血。景龙二年七月癸巳，赤气际天，光烛地，三日乃止。赤气，血祥也。天宝六载，少陵原杨慎矜父墓封域内，草木皆流血，慎矜令浮屠史敬思禳之，退朝裸而桎梏于丛棘间，如是数旬而流血不止。十二载，李林甫第东北隅每夜火光起，或有如小儿持火出入者，近赤祥也。

宝应元年八月庚午夜，有赤光亘天，贯紫微，渐移东北，弥漫半天。大历十三年二月，太仆寺有泥像，左臂上有黑汗滴下，以纸承之，血也。贞元二年十一月壬午，日没，有赤气五，出于黑云中，亘天。十二年九月癸卯，夜有赤气如火，见北方，上至北斗。十七年，福州剑池水赤如血。二十一年正月甲戌，雨赤雪于京师。元和十四年二月，郓州从事院门前地有血，方尺余，色甚鲜赤，不知所从来，人以为自空而堕也。长庆元年七月戊午，河水赤，三日止。宝历元年十二月乙酉夜，西北有雾起，须臾遍天，雾止，有赤气，或浅或深，久而乃散。大和元年四月庚戌，北方有赤气，中有数白气间之。六月乙卯夜，西北有赤气。八月癸卯，京师见赤气满天。二年闰三月乙卯，北方有赤气如血。咸通七年，郑州永福湖水赤如凝血者三日。乾符六年，中书政事堂忽且有死人，血污满地，不知主名。又御井水色赤而腥，渫之，得一死女子腐烂，近赤祥也。中和二年七月丙午夜，西北方赤气如绛，际天。光启元年正月，润州江水赤，凡数日。

幽州坊谷地常有火，长庆三年夏，遂积水为池，近水沴火也。

唐书卷三五
志第二五

五行二

**稼穑不成　常风　夜妖　华孽
裸虫之孽　牛祸　黄眚黄祥
木火金水沴土　山摧　山鸣
土为变怪　金不从革　常旸　诗妖
讹言　毛虫之孽　犬祸　白眚白祥
木沴金**

《五行传》曰："治宫室，饰台榭，内淫乱，犯亲戚，侮父兄，则稼穑不成。"谓土失其性，则有水旱之灾，草木百谷不熟也。又曰："思心不睿，是谓不圣。厥咎雾，厥罚常风，厥极凶短折。时则有脂夜之妖，时则有华孽、裸虫之孽，时则有牛祸，时则有心腹之痾，时则有黄眚黄祥，时则有木、火、金、水沴土。"

贞观元年，关内饥。总章二年，诸州四十余饥，关中尤甚。仪凤四年春，东都饥。调露元年秋，关中饥。永隆元年冬，东都饥。永淳元年，关中及山南州二十六饥，京师人相食。垂拱三年，天下饥。大足元年春，河南诸州饥。景龙二年春，饥。三年三月，饥。先天二年冬,京师、岐、陇、幽州饥。开元十六年,河北饥。乾元三年春,饥,米斗钱千五百。广德二年秋,关辅饥,米斗千钱。永泰元年,饥,京师米斗千钱。贞元元年春,大饥,东都、河南、河北米斗千钱,死者相枕。二年五月,麦将登而雨霖,米斗千钱。十四年,京师及河南饥。十九年秋,关辅饥。

　　元和七年春,饥。八年,广州饥。九年春,关内饥。十一年,东都、陈、许州饥。长庆二年,江淮饥。大和四年,河北及太原饥。六年春,剑南饥。九年春,饥,河北尤甚。开成四年,温、台、明等州饥。大中五年冬,湖南饥。六年夏,淮南饥,海陵、高邮民于官河中漉得异米,号"圣米"。九年秋,淮南饥。咸通三年夏,淮南、河南饥。九年秋,江左及关内饥,东都尤甚。乾符三年春,京师饥。中和二年,关内大饥。四年,关内大饥,人相食。光启二年二月,荆、襄大饥,米斗三千钱,人相食。三年,杨州大饥,米斗万钱。大顺二年春,淮南大饥。天祐元年十月,京师大饥。

　　武德二年十二月壬子,大风拔木。《易》,巽为风,"重巽以申命"。其及物也,象人君诰命,其鼓动于天地间,有时飞沙扬尘,怒也;发屋拔木者,怒甚也。其占:"大臣专恣而气盛,众逆同志,君行蒙暗,施于事则皆伤害,故常风。"又"飘风入宫阙,一日再三,若风声如雷触地而起,为兵将兴。"贞观十四年六月乙酉,大风拔木。咸亨四年八月己酉,大风落太庙鸱尾。永隆二年七月,雍州大风害稼。弘道元年十二月壬午晦,宋州大风拔木。嗣圣元年四月丁巳,宁州大风拔木。垂拱四年十月辛亥,大风拔木。永昌二年五月丁亥,大风拔木。神龙元年三月乙酉,睦州大风拔木。崔玄暐封博陵郡王也,大风折其辂盖。二年六月乙亥,滑州大风拔木。景龙元年七月,郴州大风,发屋拔木。八月,宋州大风拔木,坏庐舍。二年十月辛亥,滑州暴风发屋。三年三月辛未,曹州大风拔木。

　　开元二年六月,京师大风发屋,大木拔者十七八。四年六月辛未,京师、陕、华大风拔木。九年七月丙辰,杨州、润州暴风雨,发屋拔木。十四年六月戊午，大风拔木发屋，端门鸱尾尽落。端门，号令所从出也。十九年六月乙酉，大风拔木。二十二年五月戊子，大风拔木。天宝十一载五月甲子，东京大风拔木。十三载三月辛酉，大风拔木。永泰元年三月辛亥，大风拔木。大历七年五月乙酉，大风拔木。十年五月甲寅，大风拔木。贞元元年七月庚子，大风拔木。六年四月甲申，大风雨。八年五月己未，暴风发太庙屋瓦，毁门阙、官署、庐舍不可胜纪。十年六月辛未，大风拔木。十四年八月癸未，广州大风，坏屋覆舟。

元和元年六月丙申，大风拔木。三年四月壬申，大风毁含元殿栏槛二十七间，占为兵起。四年十月壬午，天有气如烟，臭如燔皮，日昳大风而止。五年三月丙子，大风毁崇陵上宫衙殿鸱尾及神门戟竿六，坏行垣四十间。八年六月庚寅，京师大风雨，毁屋飘瓦，人多压死者。丙申，富平大风，拔枣木千余株。十二年春，青州一夕暴风自西北，天地晦冥，空中有若旌旗状，屋瓦上如蹂跞声，有日者占之曰："不及五年，兹地当大杀戮。"长庆二年正月己酉，大风霾。十月，夏州大风，飞沙为堆，高及城堞。三年正月丁巳朔，大风，昏霾终日。四年六月庚寅，大风毁延喜门及景风门。大和八年六月癸未，暴风坏长安县署及经行寺塔。九年四月辛丑，大风拔木万株，堕含元殿四鸱尾，拔殿廷树三，坏金吾仗舍，发城门楼观内外三十余所，光化门西城十数雉坏。开成三年正月戊辰，大风拔木。五年四月甲子，大风拔木；五月壬寅，亦如之；七月戊寅，亦如之。会昌元年三月，黔南大风飘瓦。咸通六年正月，绛州大风拔木，有十围者。十一月己卯晦，潼关夜中大风，山如吼雷，河喷石鸣，群鸟乱飞，重关倾侧。十二月，大风拔木。乾符五年五月丁酉，大风拔木。广明元年四月甲申，京师及东都、汝州雨雹，大风拔木。四年六月乙巳，太原大风雨，拔木千株，害稼百里。光化三年七月乙丑，洛州大风，拔木发屋。天复二年，升州大风，发屋飞大木。

大和九年十一月戊辰，昼晦。咸通七年九月辛卯朔，天暗。乾符二年二月,宣武境内黑风,雨土。天祐元年闰四月乙未朔,大风,雨土。

　　延载元年九月,内出梨华一枝示宰相。万木摇落而生华,阴阳黩也。《传》曰:"天反时为灾。"又近常燠也。神龙二年十月,陈州李有华,鲜茂如春。元和十一年十二月,桃杏华。大和二年九月,徐州、滑州李有华,实可食。会昌三年冬,沁源桃李华。广明元年冬,桃李华,山华皆发。中和二年九月,太原诸山桃杏华,有实。景福中,沧州城堑中冰有文,如画大树华叶芬敷者,时人以为其地当有兵难,近华孽也。

　　贞观二十一年八月,莱州螟。开元二十二年八月,榆关蚼蛑虫害稼,入平州界,有群雀来食之,一日而尽。二十六年,榆关蚼蛑虫害稼,群雀来食之。三载,青州紫虫食田,有鸟食之。广德元年秋,蚼蛑虫害稼,关中尤甚,米斗千钱。贞元十年四月,江西溪涧鱼头皆戴蚯蚓。长庆四年,绛州蚼蛑虫害稼。大和元年秋,河东、同虢等州蚼蛑虫害稼。开成元年,京城有蚁聚,长五六十步,阔五尺至一丈,厚五寸至一尺者。四年,河南黑虫食田。

　　调露元年春,牛大疫。京房《易传》曰:"牛少者谷不成。"又占曰:"金革动。"长安中,有献牛无前膊,三足而行者;又有牛膊上生数足,蹄甲皆具者;武太后从姊之子司农卿宗晋卿家牛生三角。神龙元年春,牛疫。二年冬,牛大疫。先天初,洛阳市有牛,左胁有人手,长一尺,或牵之以乞丐。开元十五年春,河北牛大疫。大历八年,武功、栎阳民家牛生犊,二首。贞元二年,牛疫。四年二月,郊牛生犊,六足。足多者,下不一。郊所以奉天。七年,关辅牛大疫,死者十五六。咸通七年,荆州民家牛生犊,五足。十五年夏,渝州江阳有水牛生驴驹,驹死。光启元年,河东有牛人言,其家杀而食之。二年,延州肤施有牛死复生。

贞观七年三月丁卯，雨土。二十年闰三月己酉，有黄云阔一丈，东西际天。黄为土功。永徽三年三月辛巳，雨土。景龙元年六月庚午，陕州雨土。十二月丁丑，雨土。天宝十三载二月丁丑，雨黄土。大历七年十二月丙寅，雨土。贞元二年四月甲戌，雨土。八年二月庚子，雨土。大和八年十月甲子，土雾昼昏，至于十一月癸丑。开成元年七月乙亥，雨土。咸通十四年三月癸巳，雨黄土。中和二年五月辛酉，大风，雨土。天复三年二月，雨土，天地昏霾。天祐元年闰四月甲辰，大风，雨土。

武德二年十月乙未，京师地震。阴盛而反常则地震，故其占为臣强，为后妃专恣，为夷犯华，为小人道长，为寇至，为叛臣。七年七月，巂州地震，山摧壅江，水噎流。贞观七年十月乙丑，京师地震。十二年正月壬寅，松、丛二州地震，坏庐舍。二十年九月辛亥，灵州地震，有声如雷。二十三年八月癸酉朔，河东地震，晋州尤甚，压杀五十余人。乙亥，又震。十一月乙丑，又震。永徽元年四月己巳朔，晋州地震；己卯，又震。六月庚辰又震，有声如雷。二年十月，又震。十一月戊寅，定襄地震。帝始封晋王，初即位而地屡震，天下将由帝而动摇象也。仪凤二年正月庚辰，京师地震。永淳元年十月甲子，京师地震。垂拱三年七月乙亥，京师地震。四年七月戊午，又震。八月戊戌，神都地震。延载元年四月壬戌，常州地震。大足元年七月乙亥，杨、楚、常、润、苏、五州地震。二年八月辛亥，剑南六州地震。景龙四年五月丁丑，剡县地震。

景云三年正月甲戌，并、汾、绛三州地震，坏庐舍，压死百余人。开元二十二年二月壬寅，秦州地震，西北隐隐有声，坼而复合，经时不止，坏庐舍殆尽，压死四千余人。二十六年三月癸巳，京师地震。至德元载十一月辛亥朔，河西地震裂有声，陷庐舍，张掖、酒泉尤甚，至二载三月癸亥乃止。大历二年十一月壬申，京师地震，自东北来，其声如雷者。三年五月丙戌，又震。十二年，恒、定二州地大震，三日乃止，束鹿、宁晋地裂数丈，沙石随水流出平地，坏庐舍，压死者数百人。建中元年四月己亥，京师地震。三年六月甲子，又震。四年四月甲子，又震。五月辛巳，又震。贞元二年五月己酉，又震。三年十一月丁丑夜，京师、东都、蒲、陕地震。四年正月庚戌朔夜，京师地震。辛亥、壬子、丁卯、戊辰、庚午、癸酉、甲戌、乙亥皆震，金、房二州尤甚，江溢山裂，屋宇多坏，人皆露处。二月壬午，京师又震。甲申、乙酉、丙申，三月甲寅、己未、庚午、辛未，五月丙寅、丁卯，皆震。八月甲午，又震，有声如雷。甲辰，又震。九年四月辛酉，又震，有声如雷，河中、关辅尤甚，坏城壁庐舍，地裂水涌。十年四月戊申，京师地震。癸丑，又震，侍中浑瑊第有树涌出，树枝皆戴蚯蚓。十三年七月乙未，又震。

　　元和七年八月，京师地震，草树皆摇。九年三月丙辰，鄎州地震，昼夜八十，压死百余人，地陷者三十里。十年十月，京师地震。十一年二月丁丑，又震。十五年正月，穆宗即位，戊辰，始朝群臣于宣政殿，是夜地震。大和二年正月壬申，地震。七年六月甲戌，又震。九年三月乙卯，京师地震，屋瓦皆坠，户牖间有声。开成元年二月乙亥，又震。二年十一月乙丑夜，又震。四年十一月甲戌，又震。会昌二年正月癸亥，宋、亳二州地震。十二月癸未，京师地震。大中三年十月辛巳，上都及振武、河西、天德、灵武、盐夏等州地震，坏庐舍，压死数十人。十二年八月丁巳，太原地震。咸通元年五月，上都地震。六年十二月，晋、绛二州地震，坏庐舍，地裂泉涌，泥出青色。八年正月丁未，河中、晋、绛三州地大震，坏庐舍，人有死者。十三年四月庚子朔，浙东、西地震。

　　乾符三年六月乙丑，雄州地震，至七月辛巳止，州城庐舍尽坏，地陷水涌，伤死甚众。是月，濮州地震。十二月，京师地震有声。四年六月庚寅，雄州地震。六年二月，京师地震，有声如雷，蓝田山裂水涌。中和三年秋，晋州地震，有声如雷。光启二年春，成都地震，月中十数，占曰："兵，饥。"十二月，魏州地震。

　　乾宁二年三月庚午，河东地震。

　　贞观八年七月，陇右山摧。山者高峻，自上而陨之象也。垂拱二年九月己巳，雍州新丰县露台乡大风雨，震电，有山涌出，高二十丈，有池周三百亩，池中有龙凤之形，禾麦之异。武后以为休应，名曰"庆山"。荆州人俞文俊上言："天气不和而寒暑隔，人气不和而赘疣生，地气不和而堆阜出。今陛下以女主居阳位，反易刚柔，故地气隔塞，山变为灾。陛下以为'庆山'，臣以为非庆也。宜侧身修德以答天谴，不然，恐灾祸至。"后怒，流于岭南。永昌中，华州赤水南岸大山，昼日忽风昏，有声隐隐如雷，顷之渐移东数百步，拥赤水，压张村民三十余家，山高二百余丈，水深三十丈，坡上草木宛然。《金縢》曰："山徙者，人君不用道，禄去公室，赏罚不由君，佞人执政，政在女主，不出五年，有走王。"开元十七年四月乙亥，大风震电，蓝田山摧裂百余步，畿内山也。国主山川，山摧川竭，亡之证也，占曰："人君德消政易则然。"大历九年十一月戊戌，同州夏阳有山徙于河上，声如雷。十三年，郴州黄芩山摧，压死者数百人。建中二年，霍山裂。元和八年五月丁丑，大隗山摧。十五年七月丁未，苑中土山摧，压死二十人。光启三年四月，维州山崩，累日不止，尘坌亘天，壅江水逆流，占曰："国破。"

　　武德二年三月，太行山圣人崖有声，占曰："有寇至。"开元二十八年六月，吐蕃围安戎城，断水路，城东山鸣石坼，涌泉二。

　　垂拱元年九月，淮南地生毛，或白或苍，长者尺余，遍居人床下，扬州尤甚，大如马鬣，焚之臭如燎毛，占曰："兵起，民不安。"长寿中，东都天宫寺泥像皆流汗霢霂。天宝十一载六月，虢州阌乡黄河中女娲墓因大雨晦冥，失其所在。至乾元二年六月乙未夜，瀍河人闻有风雷声，晓见其墓踊出，下有巨石，上有双柳，各长丈余，时号风陵堆，占曰："冢墓自移，天下破。"十三载，汝州叶县南有土块斗，中有血出，数日不止。大历六年四月戊寅，蓝田西原地陷。建中初，魏州魏县西四十里，地数亩忽长崇数尺。四年四月甲子，京师地生毛，或黄或白，有长尺余者。贞元四年四月，淮南及河南地生毛。元和十二年四月，吴元济郾城守将邓怀金以城降，城自坏五十余步。长庆中，新都大道观泥人生须数寸，拔之复生。大和六年二月，苏州地震，生白毛。咸通五年十月，贞陵隧道摧陷。神策军有浮屠像，懿宗尝跪礼之，像没地四尺。

《五行传》曰："好攻战，轻百姓，饰城郭，侵边境，则金不从革。"谓金失其性而为变怪也。又曰："言之不从，是谓不义。厥咎僭，厥罚常旸，厥极忧。时则有诗妖、讹言，时则有毛虫之孽，时则有犬祸，时则有口舌之痾，时则有白眚白祥，惟木沴金。"

尧君素为隋守蒲州，兵器夜皆有光如火。火铄金，金所畏也，败亡之象。刘武周据并州，兵势甚盛，城上稍刃夜每有火光。

贞观十七年八月，凉州昌松县鸿池谷有石五，青质白文成字曰："高皇海出多子李元王八十年太平天子李世民千年太子李治书燕山人士乐太国主尚汪谍奖文仁迈千古大王五王六王七王十凤毛才子七佛八菩萨及上果佛田天子文武贞观昌大圣延四方上不治示孝仙戈八为善。"太宗遣使祭之曰："天有成命，表瑞贞石，文字昭然，历数惟永。既旌高庙之业，又锡眇身之祚。迨于皇太子治，亦降贞符，具纪姓氏。甫惟寡薄，弥增寅惧。"昔魏以土德代汉，凉州石有文。石，金类，以五胜推之，故时人谓为魏氏之妖，而晋室之瑞。唐亦土德王，石有文，事颇相类。然其文初不可晓，而后人因推已事以验之。盖武氏革命，自以为金德王，其"佛菩萨"者，慈氏金轮之号也；"乐太国主"则镇国太平公主、安乐公主，皆以女乱国；其"五王六王七王"者，唐世十八之数。垂拱三年七月，魏州地出铁如船数十丈。广州雨金。金位正秋，为刑、为兵，占曰："人君多杀无辜，一年兵灾于朝。"

开元二十三年十二月乙巳，龙池《圣德颂》石自鸣，其音清远如钟磬。石与金同类。《春秋传》：“怨讟动于民，则有非言之物言。”石鸣，近石言也。天宝十载六月乙亥，大同殿前钟自鸣，占曰：“庶雄为乱。”至德二载，昭陵石马汗出。昔周武帝之克晋州也，齐有石像，汗流湿地，此其类也。乾元二年七月乙亥昼，浑天仪有液如汗下流。上元二年，楚州献宝玉十三：曰“玄黄天符”，形如笏，长八寸，有孔，云辟兵疫；曰“玉鸡毛”，白玉也；曰“谷璧”，亦白玉也，粟粒自然，无雕镌迹；曰“西王母白环”二；曰“如意宝珠”，大如鸡卵；曰“红靺鞨”，大如巨粟；曰“琅玕珠”二，形如玉环，四分缺一；曰“玉印”，大如半手，理如鹿，陷入印中；曰“皇后采桑钩”，如箸屈其末；曰“雷公石斧”，无孔；其一阙，凡十三。置之日中，白气连天。

元和中，文水《武士𩑛碑》失其龟头。翰林院有铃，夜中文书入，则引之以代传呼，长庆中，河北用兵，夜辄自鸣，与军中息耗相应，声急则军事急，声缓则军事缓。资州有石方丈，走行数亩。大和三年，南蛮围成都，毁玉晨殿为礮，有吼声三，乃止。四年五月己卯，通化南北二门镵不可开，钥入，如有持之者。破其管，门乃启。又浙西观察使王璠治润州城隍，中得方石，有刻文曰：“山有石，石有玉，玉有瑕，瑕即休。”广明元年，华岳庙玄宗御制碑隐隐然有声，闻数里间，浃旬乃止，近石言也。光化三年冬，武德殿前钟声忽嘶嘎；天复元年九月，声又变小。

武德三年夏，旱，至于八月乃雨。四年，自春不雨，至于七月。雨，少阴之气，其气毁则不雨。少阴者，金也，金为刑、为兵，刑不辜，兵不戢，则金气毁，故常为旱。火为盛阳，阳气强悍，故圣人制礼以节之。礼失则僭而骄炕，以导盛阳，火胜则金衰，故亦旱。于五行，土实制水，土功兴则水气壅阏，又常为旱。天官有东井，主水事，天汉、天江，亦水祥也。水与火仇，而受制于土。土火谪见，若日蚀过分而未至，与七曜循中道之南，皆旱祥也。七年秋，关内、河东旱。

贞观元年夏，山东大旱。二年春，旱。三年春、夏，旱。四年春，旱。自太上皇传位至此，而比年水旱。九年秋，剑南、关东州二十四旱。十二年，吴、楚、巴、蜀州二十六旱；冬，不雨，至于明年五月。十七年春、夏，旱。二十一年秋，陕、绛、蒲、夔等州旱。二十二年秋，开、万等州旱；冬，不雨，至于明年三月。

永徽元年，京畿雍、同、绛等州十旱。二年九月，不雨，至于明年二月。四年夏、秋，旱，光、婺、滁、颍等州尤甚。显庆五年春，河北州二十二旱。总章元年，京师及山东、江淮大旱。二年七月，剑南州十九旱；冬，无雪。咸亨元年春，旱；秋，复大旱。仪凤二年夏，河南、河北旱。三年四月，旱。永隆二年，关中旱，霜，大饥。永淳元年，关中大旱，饥。二年夏，河南、河北旱。永昌元年三月，旱。神功元年，黄、隋等州旱。久视元年夏，关内、河东旱。长安二年春，不雨，至于六月。三年冬，无雪，至于明年二月。神龙二年冬，不雨，至于明年五月，京师、山东、河北、河南旱，饥。太极元年春，旱；七月复旱。

开元二年春，大旱。十二年七月，河东、河北旱，帝亲祷雨宫中，设坛席，暴立三日。九月，蒲、同等州旱。十四年秋，诸道州十五旱。十五年，诸道州十七旱。十六年，东都、河南、宋、亳等州旱。二十四年夏，旱。永泰元年春、夏，旱。二年，关内大旱，自三月不雨，至于六月。大历六年春，旱，至于八月。建中三年，自五月不雨，至于七月。兴元元年冬，大旱。贞元元年春，旱，无麦苗，至于八月，旱甚，灞浐将竭，井皆无水。六年春，关辅大旱，无麦苗；夏，淮南、浙西、福建等道大旱，井泉竭，人渴且疫，死者甚众。七年，扬、楚、滁、寿、澧等州旱。十四年春，旱，无麦。十五年夏，旱。十八年夏，申、光、蔡州旱。十九年正月，不雨，至七月甲戌乃雨。永贞元年秋，江浙、淮南、荆南、湖南、鄂岳、陈许等州二十六旱。

元和三年，淮南、江南、江西、湖南、广南、山南东西皆旱。四年春、夏，大旱；秋，淮南、浙西、江西、江东旱。七年夏，扬、润等州旱。八年夏，同、华二州大旱。十五年夏，旱。宝历元年秋，荆南、淮南、浙西、江西、湖南及宣、襄、鄂等州旱。大和元年夏，京畿、河中、同州旱。六年，河东、河南、关辅旱。七年秋，大旱。八年夏，江淮及陕、华等州旱。九年秋，京兆、河南、河中、陕华同等州旱。开成二年春、夏,旱。四年夏,旱,浙东尤甚。会昌五年春,旱。六年春,不雨;冬,又不雨,至明年二月。大中四年,大旱。咸通二年秋,淮南、河南不雨,至于明年六月。九年,江淮旱。十年夏,旱。十一年夏,旱。广明元年春、夏,大旱。中和四年,江南大旱,饥,人相食。景福二年秋,大旱。光化三年冬,京师旱,至于四年春。

窦建德未败时,有谣曰:"豆入牛口,势不得久。"贞观十四年,交河道行军大总管侯君集伐高昌。先是其国中有童谣曰:"高昌兵马如霜雪,汉家兵马如日月,日月照霜雪,回首自消灭。"永徽后,民歌《武媚娘曲》。永徽末,里歌有《桑条韦也》、《女时韦也乐》。龙朔中,时人饮酒令曰:"子母相去离,连台拗倒。"俗谓杯盘为子母,又名盘为台。又里歌有《突厥盐》。调露初,京城民谣有"侧堂堂,桡堂堂"之言。太常丞李嗣真曰:"侧者,不正;桡者,不安。自隋以来,乐府有《堂堂曲》,再言堂堂者,唐再受命之象。"永淳元年七月,东都大雨,人多浮殍。先是童谣曰:"新禾不入箱,新麦不入场,迨及八九月,狗吠空垣墙。"高宗自调露中欲封嵩山,属突厥叛而止。后又欲封,以吐蕃入寇遂停。时童谣曰:"嵩山凡几层,不畏登不得,但恐不得登,三度征兵马,傍道杄腾腾。"永淳后,民歌曰:"杨柳杨柳漫头驼。"垂拱后,东都有《契苾儿歌》,皆淫艳之词。契苾,张易之小字也。如意初,里歌曰:"黄獐黄獐草里藏,弯弓射尔伤。"其后,王孝杰败于黄獐谷。神龙以后,民谣曰:"山南乌鹊窠,山北金骆驼,镰柯不凿孔,斧子不施柯。"山南,唐也,乌鹊窠者,人居寡也;山北,胡也,金骆驼者,虏获而重载也。安乐公主于洛州造安乐寺,童谣曰:"可怜安乐寺,了了树头悬。"景龙中,民谣曰:"黄牸犊子挽纼断,两足踏地鞋麟断,城南黄牸犊子韦。"又有《阿纬娘歌》。时又谣曰:"可怜圣善寺,身著绿毛衣,牵来河里饮,踏杀鲤鱼儿。"

玄宗在潞州,有童谣曰:"羊头山北作朝堂。"天宝中,有术士李退周于玄都观院庑间为诗曰:"燕市人皆去,函关马不归,人逢山下鬼,环上系罗衣。"而人皆不悟,近诗妖也。又禄山未反时,童谣曰:

"燕燕飞上天,天上女儿铺白毡,毡上有千钱。"时幽州又有谣曰:
"旧来夸戴竿,今日不堪看,但看五月里,清水河边见契丹。"德宗
时,或为诗曰:"此水连泾水,双眸血满川,青牛逐朱虎,方号太平
年。"近诗妖也。朱泚未败前两月,有童谣曰:"一只箸,两头朱,五六
月,化为胆。"元和初,童谣曰:"打麦打麦三三三。"乃转身曰:"舞了
也。"大中末,京师小儿叠布渍水,纽之向日,谓之曰"拔晕"。

　　咸通七年,童谣曰:"草青青,被严霜,鹊始后,看颠狂。"十四
年,成都童谣曰:"咸通癸巳,出无所之,蛇去马来,道路稍开,头无
片瓦,地有残灰。"是岁,岁阴在巳,明年在午。巳,蛇也;午,马也。僖
宗时,童谣曰:"金色蛤蟆争努眼,翻却曹州天下反。"乾符六年,童
谣曰:"八月无霜寒草青,将军骑马出空城,汉家天子西巡狩,犹向
江东更索兵。"中和初,童谣曰:"黄巢走,泰山东,死在翁家翁。"

　　贞观十七年七月,民讹言官遣枨枨杀人,以祭天狗。云其来也,
身衣狗皮,铁爪,每于暗中取人心肝而去。于是更相震怖,每夜惊
扰,皆引弓剑自防,无兵器者刻竹为之;郊外不敢独行。太宗恶之,
令通夜开诸坊门,宣旨慰谕,月余乃止。武后时,民饮酒讴歌,曲终
而不尽者,谓之"族盐"。开元二十七年十月,改作东都明堂。讹言
官取小儿埋明堂下,以为厌胜。村野儿童藏于山谷,都城骚然,或言
兵至。玄宗恶之,遣使慰谕,久之乃止。天宝三载二月辛亥,有星如
月,坠于东南,坠后有声,京师讹言官遣枨枨捕人,取肝以祭天狗,
人颇恐惧,畿内尤甚。遣使安谕之,与贞观十七年占同。

　　天宝后,诗人多为忧苦流寓之思,及寄兴于江湖僧寺。而乐曲
亦多以边地为名,有《伊州》、《甘州》、《凉州》等,至其曲遍繁声,皆
谓之"入破"。又有《胡旋舞》,本出康居,以旋转便捷为巧,时又尚
之。破者,盖破碎云。建中三年秋,江淮讹言有毛人食其心,人情大
恐。朱泚既僭号,名其旧第曰潜龙宫,移内府珍货以实之。占者以
为《易》称"潜龙勿用",此败祥也。大和九年,京师讹言郑注为上合
金丹,生取小儿心肝,密旨捕小儿无算。往往阴相告曰:"某处失几

儿矣。"方士言金丹可致神仙,盖诞妄不经之语,或信而服之,则发热多死,如有所戒云。小儿,无辜者,取其心肝,将有杀戮象。刘从谏未死时,潞州有狂人折腰于市曰:"石雄七千人至矣。"从谏捕斩之。咸通十四年秋,成都讹言有猰母鬼夜入人家,民皆恐,夜则聚坐。或曰某家见鬼,眼晃然如灯焰,民益惧。

黄巢未入京师时,都人以黄米及黑豆屑蒸食之,谓之"黄贼打黑贼"。僖宗时,里巷斗者激怒,言:"任见右厢天子。"

永徽中,河源军有狼三,昼入军门,射之毙。永淳中,岚、胜州兔害稼,千万为群,食苗尽,兔亦不复见。开元三年,有熊昼入扬州城。乾元二年十月,诏百官上勤政楼观安西兵赴陕州,有狐出于楼上,获之。大历四年八月己卯,虎入京师长寿坊宰臣元载家庙,射杀之。虎,西方之属,威猛吞噬,刑戮之象。六年八月丁丑,获白兔于太极殿之内廊,占曰"国有忧。白,丧祥也。"建中三年九月己亥夜,虎入宣阳里,伤人二,诘朝获之。贞元二年二月乙丑,有野鹿至于含元殿前,获之。壬申,又有鹿至于含元殿前,获之,占曰:"有大丧。"四年三月癸亥,有鹿至京师西市门,获之。开成四年四月,有獐出于太庙,获之。

武德三年,突厥处罗可汗将入寇,夜闻犬群嗥而不见犬。武后初,酷吏丘神勣家狗生子皆无首,当项有孔如口,昼夜鸣吠,俄失所在。神功元年,安国献两首犬。首多者,上不一也。天宝十一载,李林甫晨起盥饰将朝,取书囊视之,中有物如鼠,跃于地即变为狗,壮大雄目,张牙视林甫,林甫射之,中,杀然有声,随箭没。贞元七年,赵州柏乡民李崇贞家黄犬乳犊。会昌三年,定州深泽令家狗生角。大中初,狗生角。京房曰:"执正失将害之应。"又曰:"君子危陷,则狗生角。"咸通中,会稽有狗生而不能吠,击之无声。狗职吠以守御,其不能者,象镇守者不能御寇之兆。成汭为荆南节度使,城中犬皆夜吠,日者向隐以为城郭将丘墟。中和二年秋,丹徒狗与彘交,占曰："诸侯有谋害国者。"

调露元年十一月壬午，秦州神亭冶北雾开如日初耀，有白鹿、白狼见，近白祥也。神龙二年四月己亥，雨毛于越州之鄮县，占曰："邪人进，贤人遁。"大历二年七月甲戌日入时，有白气亘天。九月戊午夜，白雾起西北，亘天。五年五月甲申，西北有白气亘天。贞元二十年九月庚辰甲夜，有白气八，东西际天。大和三年八月，西方有白气如柱。七年十月己酉，西方又有白气如柱者三。光启二年四月，有白气头黑如发，自东南入于扬州灭。光化二年三月乙巳，日中有白气亘天，自西南贯于东北。天复元年八月己亥，西方有白云如履底，中出白气如匹练，长五丈，上冲天，分为三彗，头下垂，占曰："天下有兵。白者，战祥也。"

神龙中，东都白马寺铁像头无故自落于殿门外。天宝五载四月，宰臣李适之常列鼎具膳羞，中夜，鼎跃出相斗不解，鼎耳及足皆折。

唐书卷三六
志第二六

五行三

水不润下　常寒　鼓妖　鱼孽　蝗　豕祸　雷电　霜　雹　黑眚黑祥　火沴水　常阴　雾　虹霓　龙蛇孽　马祸　人痾　疫　天鸣　无云而雨　陨石

《五行传》曰："简宗庙,不祷祠,废祭祀,逆天时,则水不润下。"谓水失其性,百川逆溢,坏乡邑,溺人民,而为灾也。又曰:"听之不聪,是谓不谋。厥咎急,厥罚常寒,厥极贫。时则有鼓妖,时则有豕祸,时则有耳痾,时则有雷电、霜、雪、雨、雹、黑眚黑祥,惟火沴水。"

贞观三年秋,贝、谯、郓、泗、沂、徐、豪、苏、陇九州水。水,太阴之气也。若臣道顓,女谒行,夷狄强,小人道长,严刑以逼,下民不堪其忧,则阴类胜,其气应而水至;其谪见于天,月及辰星与列星之司水者为之变,若七曜循中道之北,皆水祥也。四年秋,许、戴、集三州水。七年八月,山东、河南州四十大水。八年七月,山东、江淮大水。十年,关东及淮海旁州二十八大水。十一年七月癸未,黄气际天,大雨,谷水溢,入洛阳宫,深四尺,坏左掖门,毁官寺十九,洛水漂六百余家。九月丁亥,河溢,坏陕州之河北县及太原仓,毁河阳中潬。十六年秋,徐、戴二州大水。十八年秋,谷、襄、豫、荆、徐、梓、忠、绵、宋、亳十州大水。十九年秋,沁、易二州水害稼。二十一年八月,河北大水,泉州海溢,欢州水。二十二年夏,泸、越、徐、交、渝等州水。

永徽元年六月,新丰、渭南大雨,零口山水暴出,漂庐舍。宣、歙、饶、常等州大雨,水溺死者数百人。秋,齐、定等州十六水。二年秋,汴、定、濮、亳等州水。四年,杭、夔、果、忠等州水。五年五月丁丑夜,大雨,麟游县山水冲万年宫玄武门,入寝殿,卫士有溺死者。六月,河北大水,滹沱溢,损五千余家。六年六月,商州大水。秋,冀、沂、密、兖、滑、汴、郑、婺等州水,害稼。洛州大水,毁天津桥。十月,齐州河溢。显庆元年七月,宣州泾县山水暴出,平地四丈,溺死者二千余人。九月,括州暴风雨,海水溢,坏安固、永嘉二县。四年七月,连州山水暴出,漂七百余家。麟德二年六月,鄘州大水,坏居人庐舍。总章二年六月,括州大风雨,海溢,坏永嘉、安固二县,溺死者九千七十人。冀州大雨,水平地深一丈,坏民居万家。咸亨元年五月丙戌,大雨,山水溢,溺死五千余人。二年八月,徐州山水漂百余家。四年七月,婺州大雨,山水暴涨,溺死五千余人。上元三年八月,青州大风,海溢,漂居人五千余家。齐、淄等七州大水。永隆元年九月,河南、河北大水,溺死者甚众。二年八月,河南、河北大水,坏民居十万余家。永淳元年五月丙午,东都连日澍雨;乙卯,洛水溢,坏天津桥及中桥,漂居民千余家。六月乙亥,京师大雨,水平地深数尺。秋,山东大雨,水,大饥。二年七月己巳,河溢,坏河阳桥。八月,恒州滹沱河及山水暴溢,害稼。

文明元年七月,温州大水,漂千余家;括州溪水暴涨,溺死四百余人。

如意元年四月,洛水溢,坏永昌桥,漂居民四百余家。七月,洛水溢,漂居民五千余家。八月,河溢,坏河阳县。长寿二年五月,棣州河溢,坏居民二千余家。是岁,河南州十一水。万岁通天元年八月,徐州大水,害稼。神功元年三月,括州水,坏民居七百余家。是岁,河南州十九水。圣历二年七月丙辰,神都大雨,洛水坏天津桥。秋,河溢怀州,漂千余家。三年三月辛亥,鸿州水,漂千余家,溺死四百余人。久视元年十月,洛州水。长安三年六月,宁州大雨,水漂二千余家,溺死千余人。四年八月,瀛州水,坏民居数千家。

神龙元年四月,雍州同官县大雨,水,漂居民五百余家。六月,河北州十七大水。七月甲辰,洛水溢,坏民居二千余家。二年四月辛丑,洛水坏天津桥,溺死数百人。八月,魏州水。景龙三年七月,澧水溢,害稼。九月,密州水,坏民居数百家。

开元三年,河南、河北水。四年七月丁酉,洛水溢,沉舟数百艘。五年六月甲申,瀍水溢,溺死者千余人。巩县大水,坏城邑,损居民数百家。河南水,害稼。八年夏,契丹寇营州,发关中卒援之,宿渑池之缺门,营谷水上,夜半山水暴至,万余人皆溺死。六月庚寅夜,谷、洛溢,入西上阳宫,宫人死者十七八,畿内诸县田稼庐舍荡尽,掌闲卫兵溺死千余人,京师兴道坊一夕陷为池,居民五百余家皆没不见。是年,邓州三鸦口大水塞谷,或见二小儿以水相沃,须臾,有蛇大十围,张口仰天,人或斫射之,俄而暴雷雨,漂溺数百家。十年五月辛酉,伊水溢,毁东都城东南隅,平地深六尺。河南、许、仙、豫、陈、汝、唐、邓等州大水,害稼,漂没民居,溺死者甚众。六月,博州、棣州河决。十二年六月,豫州大水。八月,兖州大水。十四年秋,天下州五十水,河南、河北尤甚。河及支川皆溢,怀、卫、郑、滑、汴、濮人或巢或舟以居,死者千计。润州大风自东北,海涛没瓜步。十五年五月,晋州大水。七月,邓州大水,溺死数千人。洛水溢,入郭城,平地丈余,死者无算,坏同州城市及冯翊县,漂居民二千余家。八月,涧、谷溢,毁渑池县。是秋,天下州六十三大水,害稼及居人庐舍,河北尤甚。十七年八月丙寅,越州大水,坏州县城。十八年六月壬午,东都瀍水溺扬、楚等州租船,洛水坏天津、永济二桥及民居千余家。十九年秋,河南水,害稼。二十年秋,宋、滑、兖、郓等州大水。二十二年秋,关辅、河南州十余水,害稼。二十七年三月,澧、袁、江等州水。二十八年十月,河南郡十三水。二十九年七月,伊、洛及支川皆溢,害稼,毁天津桥及东西漕、上阳宫仗舍,溺死千余人。是秋,河南、河北郡二十四水,害稼。天宝四载九月,河南、淮阳、睢阳、谯四郡水。十载,广陵大风驾海潮,沉江口船数千艘。十三载九月,东郡潭、洛溢,坏十九坊。

　　广德元年九月,大雨,水平地数尺,时吐蕃寇京畿,以水自溃去。二年五月,东都大雨,洛水溢,漂二十余坊。河南诸州水。大历元年七月,洛水溢。二年秋,湖南及河东、河南、淮南、浙东西、福建等道州五十五水灾。七年二月,江州江溢。十年七月,杭州海溢。十一年七月戊子,夜澍雨,京师平地水尺余,沟渠涨溢,坏民居千余家。十二年秋,京畿及宋、亳、滑三州大雨水,害稼,河南尤甚,平地深五尺,河溢。

　　建中元年,幽、镇、魏博大雨,易水、滹沱横流,自山而下,转石折树,水高丈余,苗稼荡尽。贞元二年六月丁酉,大风雨,京城通衢水深数尺,有溺死者。东都、河南、荆南、淮南江河溢。三年三月,东都、河南、江陵、汴扬等州大水。四年八月,灞水暴溢,杀百余人。八年秋,自江淮及荆、襄、陈、宋至于河朔州四十余大水,害稼,溺死二万余人,漂没城郭庐舍,幽州平地水深二丈,徐、郑、涿、蓟、檀、平等州,皆深丈余。八年六月,淮水溢,平地七尺,没泗州城。十一年十月,朗、蜀二州江溢。十二年四月,福、建二州大水,岚州暴雨,水深二丈。十三年七月,淮水溢于亳州。十八年春,申、光、蔡等州大水。

　　永贞元年夏,朗州之熊、武五溪溢。秋,武陵、龙阳二县江水溢,漂万余家。京畿长安等九县山水害稼。

　　元和元年夏,荆南及寿、幽、徐等州大水。二年六月,蔡州大雨,水平地深数尺。四年十月丁未,渭南暴水,漂民居二百余家。六年七月,鄜坊、黔中水。七年正月,振武河溢,毁东受降城。五月,饶、抚、虔、吉、信五州暴水,虔州尤甚,平地有深至四丈者。八年五月,陈州、许州大雨,大隗山摧,水流出,溺死者千余人。六月庚寅,大风,毁屋扬瓦,人多压死。京师大水,城南深丈余,入明德门,犹渐车辐。辛卯,渭水涨,绝济。时所在百川发溢,多不由故道。沧州水潦,浸盐山等四县。九年秋,淮南及岳、安、宣、江、抚、袁等州大水,害稼。十一年五月,京畿大雨水,昭应尤甚。衢州山水害稼,深三丈,毁州郭,溺死百余人。六月,密州大风雨,海溢,毁城郭。饶州浮梁、乐平二县暴雨,水,漂没四千余户。润、常、潮、陈、许五州及京畿水,害稼。八月甲午,渭水溢,毁中桥。十二年六月乙酉,京师大雨,水,含元殿一柱倾,市中水深三尺,毁民居二千余家。河南、河北大水,洛、邢尤甚,平地二丈。河中、江陵、幽泽潞晋隰苏台越州水,害稼。十三年六月辛未,淮水溢。十五年秋,洪、吉、信、沧等州水。

长庆二年七月,河南陈、许、蔡等州大水。好畤山水漂民居三百余家。处州大雨,水,平地深八尺,坏城邑、桑田太半。四年夏,苏、湖二州大雨,水,太湖决溢。睦州及寿州之霍山山水暴出。郓、曹、濮三州雨,水坏州城、民居、田稼略尽。襄、均、复、郢四州汉水溢决。秋,河南及陈、许二州水,害稼。

宝历元年秋,鄜、坊二州暴水。兖、海、华三州及京畿、奉天等六县水,害稼。

大和二年夏,京畿及陈、滑二州水,害稼。河阳水,平地五尺。河决,坏棣州城。越州大风,海溢。河南、郓、曹、濮、淄、青、齐、德、兖、海等州并大水。三年四月,同官县暴水,漂没三百余家。宋、亳、徐等州大水,害稼。四年夏,江水溢,没舒州太湖、宿松、望江三县民田数百户。鄜坊水,漂三百余家。浙西、浙东、宣歙、江西、鄜坊、山南东道、淮南、京畿、河南、江南、荆襄、鄂岳、湖南大水,皆害稼。五年六月,玄武江涨,高二丈,溢入梓州罗城;淮西、浙东、浙西、荆襄、岳鄂、东川大水,害稼。六年二月,苏、湖二州大水。六月,徐州大雨,坏民居九百余家。七年秋,浙西及扬、楚、舒、庐、寿、滁、和、宣等州大水,害稼。八年秋,江西及襄州水害稼。蕲州湖水溢。滁州大水,溺万余户。开成元年夏,凤翔麟游县暴雨,水,毁九成宫,坏民舍数百家,死者百余人。七月,镇州滹沱河溢,害稼。三年夏,河决,浸郑、滑外城。陈、许、鄜、坊、鄂、曹、濮、襄、魏、博等州大水。江、汉涨溢,坏房、均、荆、襄等州民居及田产殆尽。苏、湖、处等州水溢入城,处州平地八尺。四年秋，西川、沧景、淄青大雨，水害稼及民庐舍，德州尤甚，平地水深八尺。五年七月，镇州及江南水。

会昌元年七月，江南大水，汉水坏襄、均等州民居甚众。

大中十二年八月，魏、博、幽、镇、兖、郓、滑、汴、宋、舒、寿、和、润等州水，害稼。徐、泗等州水深五丈，漂没数万家。十三年夏，大水。

咸通元年，颍州大水。四年闰六月，东都暴水，自龙门毁定鼎、长夏等门，漂溺居人。七月，东都、许、汝、徐、泗等州大水，伤稼。九月，孝义山水深三丈，破武牢关金城门氾水桥。六年六月，东都大水，漂坏十二坊，溺死者甚众。七年夏，江淮大水。秋，河南大水，害稼。十四年八月，关东、河南大水。

乾符三年，关东大水。

光化三年九月，浙江溢，坏民居甚众。乾宁三年四月，河圮于滑州，朱全忠决其堤，因为二河，散漫千余里。

显庆四年二月壬子，大雨雪。方春，少阳用事，而寒气胁之，古占以为人君刑法暴滥之象，近常寒也。咸亨元年十月癸酉，大雪，平地三尺，人多冻死。仪凤三年五月丙寅，高宗在九成宫，霖雨，大寒，兵卫有冻死者。开耀元年冬，大寒。久视元年三月，大雪。神龙元年三月乙酉，睦州暴寒且冰。开元二十九年九月丁卯，大雨雪，大木偃折。大历四年六月伏日，寒。贞元元年正月戊戌，大风雪，寒。丙午，又大风雪，寒，民饥，多冻死者。十二年十二月，大雪甚寒，竹柏柿树多死，占曰："有德遭险，厥灾暴寒。"十九年三月，大雪。二十年二月庚戌，始雷，大雨雹，震电，大雨雪。既雷则不当雪，阴胁阳也，如鲁隐公之九年。元和六年十二月，大寒。八年十月，东都大寒，霜厚数寸，雀鼠多死。十二年九月己丑，雨雪，人有冻死者。十五年八月己卯，同州雨雪，害稼。长庆元年二月，海州海水冰，南北二百里，东望无际。大和六年正月，雨雪逾月，寒甚。九年十二月，京师苦寒。会昌三年，春寒，大雪，江左尤甚，民有冻死者。咸通五年冬，隰、石、汾等州大雨雪,平地深五尺。景福二年二月辛巳,曹州大雪,平地二尺。天复三年三月,浙西大雪,平地三尺余,其气如烟,其味苦。十二月,又大雪,江海冰。天祐元年九月壬戌朔,大风,寒如仲冬。是冬,浙东、浙西大雪。吴、越地气常燠而积雪,近常寒也。

武德三年二月丁丑,京师西南有声如崩山,近鼓妖也。说者以为人君不聪,为众所惑,则有声无形,不知所从生。天授元年九月,检校内史宗秦客拜日,无云而雷震,近鼓妖也。贞元十三年六月丙寅,天晦,街鼓不鸣。中和二年十月,西北方无云而雷。天复三年十月甲午,有大声出于宣武节度使厅事,近鼓妖也。

如意中,济源路敬淳家水碾柱将坏,易之为薪,中有鲇鱼长尺余,犹生,近鱼孽也。神龙中,渭水有蛤蟆大如鼎,里人聚观,数日而失。是岁大水。开元四年,安南都护府江中有大蛇,首尾横出两岸,经日而腐,寸寸自断。数日,江鱼尽死,蔽江而下,十十五五相附著,江水臭。元和十四年二月,昼有鱼长尺余,坠于郓州市,良久乃死。鱼失水而坠于市,败灭象也。开成二年三月壬申,有大鱼长六丈,自海入淮,至濠州招义,民杀之,近鱼孽也。乾符六年,氾水河鱼逆流而上,至垣曲、平陆界。鱼,民象,逆流而上,民不从君令也。光启二年,扬州雨鱼,占如元和十四年。

武德六年,夏州蝗。蝗之残民,若无功而禄者然,皆贪挠之所生。先儒以为人主失礼烦苛则旱,鱼螺变为虫蝗,故以属鱼孽。贞观二年六月,京畿旱蝗。太宗在苑中掇蝗祝之曰:"人以谷为命,百姓有过,在予一人,但当蚀我,无害百姓。"将吞之,侍臣惧帝致疾,遽以为谏。帝曰:"所冀移灾朕躬,何疾之避?"遂吞之。是岁,蝗不为灾。三年五月,徐州蝗。秋,德、戴、廓等州蝗。四年秋,观、兖、辽等州蝗。二十一年秋,渠、泉二州蝗。永徽元年,夔、绛、雍、同等州蝗。永淳元年三月,京畿蝗,无麦苗。六月,雍、岐、陇等州蝗。长寿

二年,台、建等州蝗。开元三年七月,河南、河北蝗。四年夏,山东蝗,
蚀稼,声如风雨。二十五年,贝州蝗,有白鸟数千万,群飞食之,一夕
而尽,禾稼不伤。广德二年秋,蝗,关辅尤甚,米斗千钱。兴元元年
秋,螟蝗自山而东际于海,晦天蔽野,草木叶皆尽。贞元元年夏,蝗,
东自海,西尽河、陇,群飞蔽天,旬日不息,所至草木叶及畜毛靡有
孑遗,饿殣枕道。民蒸蝗,曝,扬去翅足而食之。永贞元年秋,陈州
蝗。

元和元年夏,镇、冀等州蝗。长庆三年秋,洪州螟蝗害稼八万
顷。开成元年夏,镇州、河中蝗,害稼。二年六月,魏博、昭义、淄青、
沧州、兖海、河南蝗。三年秋,河南、河北镇、定等州蝗,草木叶皆尽。
五年夏,幽、魏、博、郓、曹、濮、沧、齐、德、淄、青、兖、海、河阳、淮南、
虢、陈、许、汝等州螟蝗害稼,占曰:“国多邪人,朝无忠臣,居位食
禄,如虫与民争食,故比年虫蝗。”会昌元年七月,关东、山南邓、唐
等州蝗。大中八年七月,剑南东川蝗。咸通三年六月,淮南、河南蝗。
六年八月,东都、同、华、陕、虢等州蝗。七年夏,东都、同、华、陕、虢
及京畿蝗。九年,江淮、关内及东都蝗。十年夏,陕、虢等州蝗。不
绌无德,虐取于民之罚。乾符二年,蝗自东而西蔽天。光启元年秋,
蝗,自东方来,群飞蔽天。二年,荆、襄蝗,米斗钱三千,人相食。淮
南蝗,自西来,行而不飞,浮水缘城入扬州府署,竹树幢节,一夕如
剪,幡帜画像,皆啮去其首,扑不能止。旬日,自相食尽。

贞观十七年六月,司农寺豕生子,一首八足,自颈分为二。贞元
四年二月,京师民家有豕生子,两首四足。首多者,上不一也。是岁,
宣州大雨震电,有物堕地如猪,手足各两指,执赤班蛇食之。顷之,
云合不复见,近豕祸也。元和八年四月,长安西市有豕生子,三耳八
足,自尾分为二。足多者,下不一也。咸通七年,徐州萧县民家豕出
漍舞,又牡豕多将邻里群豕而行,复自相噬啮。乾符六年,越州山阴
民家有豕入室内,坏器用,衔桉缶置于水次。广明元年,绛州稷山县
民家豕生如人状,无眉目耳发,占为邑有乱。

贞观十一年四月甲子，震乾元殿前槐树。震耀，天之威怒，以象杀戮；槐，古者三公所树也。证圣元年正月丁酉，雷。雷者阳声，出非其时，臣窃君柄之象。长安四年五月丁亥，震雷，大风拔木，人有震死者。延和元年六月，河南偃师县李材村有震电入民家，地震裂，阔丈余，长十五里，深不可测，所裂处井厕相通，或冲冢墓，柩出平地无损。李，国姓也；震电，威刑之象；地，阴类也。永泰元年二月甲子夜，震霆。自是无雷，至六月甲申乃雷。大历十年四月甲申，雷电，暴风拔木飘瓦，人有震死者，京畿害稼者七县。建中元年九月己卯，雷。四年四月丙子，东都畿汝节度使哥舒曜攻李希烈，进军至颍桥，大雨震电，人不能言者十三四，马驴多死。贞元十四年五月己酉夏至，始雷。

元和十一年冬，雷。长庆二年六月乙丑，大风震电，落太庙鸱尾，破御史台树。大和八年七月辛酉，定陵台大雨，震，庑下地裂二十有六步，占曰："士庶分离，大臣专恣，不救大败。"会昌三年五月甲午，始雷。咸通四年十二月，震雷。乾符二年十二月，震雷，雨雹。乾宁四年，李茂贞遣将符道昭攻成都，至广汉，震雷，有石陨于帐前。

贞观元年秋，霜杀稼。京房《易传》曰："人君刑罚妄行，则天应之以陨霜。"三年，北边霜杀稼。永徽二年，绥、延等州霜杀稼。调露元年八月，邠、泾、宁、庆、原五州霜。证圣元年六月，睦州陨霜，杀草。吴、越地燠而盛夏陨霜，昔所未有。四年四月，延州霜杀草。四月纯阳用事，象人群当布惠于天下，而反陨霜，是无阳也。开元十二年八月，潞、绥等州霜杀稼。十五年，天下州十七霜杀稼。元和二年七月，邠、宁等州霜杀稼。九年三月丁卯，陨霜，杀桑。十四年四月，淄、青陨霜，杀恶草及荆棘，而不害嘉谷。宝历元年八月，邠州霜杀稼。大和三年秋，京畿奉先等八县早霜，杀稼。大中三年春，陨霜，杀桑。中和元年春，霜。秋，河东早霜，杀稼。

贞观四年秋,丹、延、北永等州雹。显庆二年五月,沧州大雨雹,中人有死者。咸亨元年四月庚午,雍州大雨雹。二年四月戊子,大雨雹,震电,大风折木,落则天门鸱尾三。先儒以为"雹者,阴胁阳也",又曰:"人君恶闻其过,抑贤用邪,则雹与雨俱。信谗杀无罪,则雹下毁瓦、破车、杀牛马。"永淳元年五月壬寅,定州大雨雹,害麦禾及桑。天授二年六月庚戌,许州大雨雹,证圣元年二月癸卯,滑州大雨雹,杀燕雀。神功元年,妫、绥二州雹。圣历元年六月甲午,曹州大雨雹。久视元年六月丁亥,曹州大雨雹。长安三年八月,京师大雨雹,人畜有冻死者。神龙元年四月壬子,雍州同官县大雨雹,杀鸟兽。景龙元年四月己巳,曹州大雨雹。二年正月己卯,沧州雨雹如鸡卵。开元八年十二月丁未,滑州大雨雹。二十二年五月戊辰,京畿渭南等六县大风雹,伤麦。大历七年五月乙酉,雨雹。贞元二年六月丙子,大雨雹。十七年二月丁酉,雨雹。己亥,霜。戊申,夜,震霆,雨雹。庚戌,大雨雪而雹。五月戊寅,好畤县风雹,害麦。十八年七月癸酉,大雨雹。

元和元年,鄜、坊等州雹。十年秋,鄜、坊等州风雹,害稼。十二年夏,河南雨雹,中人有死者。十五年三月,京畿兴平、醴泉等县雹,伤麦。长庆四年六月庚寅,京师雨雹如弹丸。大和四年秋,鄜、坊等州雹。五年夏,京畿奉先、渭南等县雨雹。开成二年秋,河南雹,害稼。四年七月,郑、滑等州风雹。五年六月,濮州雨雹如拳,杀人三十六,牛马甚众。会昌元年秋,登州雨雹,文登尤甚,破瓦害稼。四年夏,雨雹如弹丸。乾符六年五月丁酉,宣授宰臣豆卢瑑、崔沆制,殿庭氛雾四塞;及百官班贺于政事堂,雨雹如凫卵,大风雷雨拔木。广明元年四月甲申朔,汝州大雨,风拔街衢树十二三。东都有云起西北,大风随之,长夏门内表道古槐树自拔者十五六,宫殿鸱尾皆落,雨雹大如杯,鸟兽殪于川泽。

大历二年十二月戊戌,黑气如尘,弥漫于北方。黑气,阴沴也。

贞元四年七月，自陕至河阴，河水黑，流入汴，至汴州城下，一宿而复，近黑祥也，占曰："法严刑酷，伤水性也。五行变节，阴阳相干，气色缪乱，皆败乱之象。"十四年，润州有黑气如堤，自海门山横亘江中，与北固山相峙，又有白气如虹自金山出，与黑气交，将旦而没。大和四年正月壬寅，黑气如带，东西际天。咸通十四年七月，僖宗即位，是日，黑气如盘，自天属含元殿庭。

武德九年二月，蒲州河清。襄楷以为："河，诸侯象；清，阳明之效也。"贞观十四年二月，陕州、泰州河清。十六年正月，怀州河清。十七年十二月，郑州、滑州河清。二十三年四月，灵州河清。永徽元年正月，济州河清。二年十二月，卫州河清。五年六月，济州河清十六里。调露二年夏，丰州河清。长安初，醴泉坊太平公主第井水溢流。又并州文水县猷水竭，武氏井溢。神龙二年三月壬子，洛阳城东七里，地色如水，树木车马，历历见影，渐移至都，月余乃灭。长安街中，往往见水影。昔苻坚之将死也，长安尝有是。景龙四年三月庚申，京师井水溢，占曰："君凶。"又曰："兵将起。"开元二十二年八月，清夷军黄帝祠古井涌浪。二十五年五月，淄州、棣州河清。二十九年，亳州老子祠九井涸复涌。乾元二年七月，岚州合河关河三十里清如井水，四日而变。宝应元年九月甲午，太州至陕州二百余里河清，澄澈见底。大历末，深州束鹿县中有水影长七八尺，遥望见人马往来，如在水中，及至前，则不见水。建中四年五月乙巳，滑州、濮州河清。十四年闰五月乙丑，滑州河清。贞元二十一年夏，越州镜湖竭。是岁，朗州熊、武五溪水斗，占曰："山崩川竭，国必亡。"又曰："方伯力政，厥异水斗。"开成二年夏，旱，扬州运河竭。大中八年正月，陕州河清。咸通八年七月，泗州下邳雨汤，杀鸟雀。水沸于火，则可以伤物，近火沴水也。雨者，自上而降；鸟雀，民象。中和三年秋，汴水入于淮水斗，坏船数艘。广明元年夏，汝州岘阳峰龙池涸，近川竭也。

《五行传》曰:"皇之不极,是谓不建。厥咎眊,厥罚常阴,厥极弱。时则有射妖,时则有龙蛇之孽,时则有马祸,时则有下人伐上之痾,时则有日月乱行,星辰逆行。"谓木金火水土渗天也。

长安四年,自九月霖雨阴晦,至于神龙元年正月。贞元二十一年秋,连月阴霾。元和十五年正月庚辰至于丙申,昼常阴晦,微雨雪,夜则晴霁,占曰:"昼雾夜晴,臣志得申。"咸通十四年七月,灵州阴晦。乾符六年秋,多云雾晦冥,自旦及禺中乃解。光启元年秋,河东大云雾。明年夏,昼阴积六十日。二年十一月,淮南阴晦雨雪,至明年二月不解。景福二年夏,连阴四十余日。

长寿元年九月戊戌,黄雾四塞。雾者,百邪之气,为阴冒阳,本于地而应于天。黄为土,土为中宫。神龙二年三月己巳,黄雾四塞。景龙二年八月甲戌,黄雾昏浊不雨。二年正月丁卯,黄雾四塞。十一月甲寅,日入后,昏雾四塞,经二日乃止,占曰:"雾连日不解,其国昏乱。"开元五年正月戊辰,昏雾四塞。天宝十四载冬三月,常雾起昏暗,十步外不见人,是谓昼昏,占曰:"有破国。"至德二载四月,贼将武令珣围南阳,白雾四塞。上元元年闰四月,大雾,占曰:"兵起。"贞元十年三月乙亥,黄雾四塞,日无光。咸通九年十一月,庞勋围徐州,甲辰,大雾昏塞,至于丙午。光化四年冬,昭宗在东内,武德门内烟雾四塞,门外日色皎然。

武德初,隋将尧君素守蒲州,有白虹下城中。唐隆元年六月戊子,虹霓亘天。霓者,斗之精,占曰:"后妃阴胁王者。"又曰:"五色迭至,照于宫殿,有兵。"延和元年六月,幽州都督孙佺帅兵袭奚,将入贼境,有白虹垂头于军门,占曰:"其下流血。"至德二载正月丙子,南阳夜有白虹四,上亘百余丈。元和十三年十二月丙辰,有白虹阔五尺,东西亘天。会昌四年正月己酉,西方有白虹。咸通元年七月己酉朔,白虹横亘西方。九年七月戊戌,白虹横亘西方。光启二年九月,白虹见西方。十月壬辰夜,又如之。天复三年三月庚申,有曲虹在日东北。

贞观八年七月,陇右大蛇屡见。蛇,女子之祥;大者,有所象也。又汾州青龙见,吐物在空中,光明如火,堕地地陷,掘之得玄金,广尺,长七寸。显庆二年五月庚寅,有五龙见于岐州之皇后泉。先天二年六月,京师朝堂砖下有大蛇出,长丈余,有大蛤蟆如盘,而目赤如火,相与斗,俄而蛇入于大树,蛤蟆入于草。蛇、蛤蟆,皆阴类;朝堂出,非其所也。开元四年六月,郴州马岭山下有白蛇与黑蛇斗,白蛇长六七尺,吞黑蛇,至腹,口眼血流,黑蛇长丈余,头穿白蛇腹出,俱死。天宝中,洛阳有巨蛇,高丈余,长百尺,出芒山下,胡僧无畏见之曰:"此欲决水潴洛城。"即以天竺法咒之,数日蛇死。十四载七月,有二龙斗于南阳城西。《易·坤》:"上六,龙战于野。"《文言》曰:"阴疑于阳必战。"至德元载八月朔,成都丈人庙有肉角蛇见。二载三月,有蛇斗于南阳门之外,一蛇死,一蛇上城。建中二年夏,赵州宁晋县沙河北,有棠树甚茂,民祠之为神。有蛇数百千自东西来,趋北岸者聚棠树下,为二积,留南岸者为一积,俄有径寸龟三,绕行,积蛇尽死,而后各登其积。野人以告。蛇腹皆有疮,若矢所中。刺史康日知图其事,奉三龟来献。四年九月戊寅,有龙见于汝州城壕。龙,大人象,其潜也渊,其飞也天;城壕,失其所也。贞元末,资州得龙丈余,西川节度使韦皋匣而献之,百姓纵观,三日,为烟所薰而死。大和二年六月丁丑,西北有龙斗。三年,成都门外有龙与牛斗。开成元年,宫中有众蛇相与斗。光化三年九月,杭州有龙斗于浙江,水溢,坏民庐舍,占同天宝十四载。光启二年冬,鄜州洛交有蛇见于县署,复见于州署。蛇,冬则蛰,《易》曰:"龙蛇之蛰,以存身也。"

义宁二年五月戊申,有马生角,长二寸,末有肉。角者,兵象。武德三年十月,王世充伪左仆射韦霁马生角,当项。永隆二年,监牧马大死,凡十八万疋。马者,国之武备,天去其备,国将危亡。文明初,新丰有马生驹,二首同项,各有口鼻,生而死;又咸阳牝马生石,大如升,上微有绿毛,皆马祸也。开元十二年五月,太原献异马驹,两肋各十六,肉尾无毛。二十五年,濮州有马生驹,肉角。二十九年三月,滑州刺史李邕献马,肉鬃鳞臆,嘶不类马,日行三百里。建中四年五月,滑州马生角。大和九年八月,易定马饮水,因吐珠一,以献。开成元年六月,扬州民明齐家马生角,长一寸三分。会昌元年四月,桂州有马生驹,三足,能随群于牧。咸通三年,郴州马生角。十一年,沁州绵上及和川牝马生子,皆死。京房《易传》曰:"方伯分威,厥妖牝马生子。"乾符二年,河北马生人。中和元年九月,长安马生人。京房《易传》曰:"诸侯相伐,厥妖马生人。"一曰:"人流亡。"二年二月,苏州嘉兴马生角。光启二年夏四月,僖宗在凤翔,马尾皆咤蓬如彗。咤,怒象。文德元年,李克用献马二,肘膝皆有鬣,长五寸许,蹄大如七寸瓯。

武德四年,太原尼志觉死,十日而苏。贞观十九年,卫州人刘道安头生肉角,隐见不常,因以惑众,伏诛。角,兵象;肉,不可以触者。永徽六年,淄州高苑民吴威妻、嘉州民辛道护妻皆一产四男。凡物反常则为妖,亦阴气盛则母道壮也。显庆三年,普州有人化为虎。虎,猛噬而不仁。仪凤三年四月,泾州献二小儿,连心异体。初,鹑觚县卫士胡万年妻吴生一男一女,其胸相连,余各异体,乃析之,则皆死;又产,复然,俱男也,遂育之,至是四岁,以献于朝。永隆元年,长安获女魃,长尺有二寸,其状怪异。《诗》曰:"旱魃为虐,如炎如焚。"是岁秋,不雨,至于明年正月。永隆二年九月,万年县女子刘凝静衣白衣,从者数人,升太史令厅,问比有何灾异。令执之以闻。是夜,彗星见。太史司天文、历候,王者所以奉若天道、恭授民时者,非女子所当问。载初中,涪州民范端化为虎。神功元年一月庚子,有人走入端门,又入则天门,至通天宫,阍及仗卫不之觉。时来俊臣婢产肉块如二升器,剖之有赤虫,须臾化为蜂,螫人而去。久视二年正月,成州有大人迹见。长安中,郴州佐史因病化为虎,欲食其嫂,擒之,乃人也,虽未全化,而虎毛生矣。太极元年,狂人段万谦潜入承天门,登太极殿,升御床,自称天子,且言:"我李安国也,人相我年三十二当为天子。"

开元二十三年四月,冀州献长人李家宠,八尺有五寸。大历十年二月,昭应妇人张产一男二女。贞元八年正月丁亥,许州人李狗儿持仗上含元殿击栏槛,伏诛。十年四月,恒州有巨人迹见。十五年正月戊申,狂人刘忠诣银台,称白起令上表,天下有火灾。十七年十一月,翰林待诏戴少平死十有六日而苏。是岁,宣州南陵县丞李巘死,已殡三十日而苏。元和二年,商州洪崖冶役夫将化为虎,众以水沃之,不果化。长庆四年三月,民徐忠信潜入浴堂门。宝历二年十二月,延州人贺文妻一产四男。大和二年十月,狂人刘德广入含元殿。咸通七年,渭州有人生角寸许。占曰:"天下有兵。"十三年四月,太原晋阳民家有婴儿,两头异颈,四手联足,此天下不一之妖。是岁,民皇甫及年十四,暴长七尺余,长啜大嚼,三倍如初,岁余死。乾符六年秋,蜀郡妇人尹生子首如豕,目在䏚下,占曰:"君失道。"光启元年,隰州温泉民家有死者,既葬且半月,行人闻声呼地下,其家发之,则复生,岁余乃死。二年春,凤翔郿县女子未龀化为丈夫,旬日而死。京房《易传》曰:"兹谓阴昌,贼人为王。"大顺元年六月,资州兵王全义妻如孕,觉物渐下入股,至足大拇,痛甚,坼而生珠如弹丸,渐长大如杯。天祐二年五月,颍州汝阴民彭文妻一产三男。

贞观十年,关内、河东大疫。十五年三月,泽州疫。十六年夏,谷、泾、徐、戴、虢五州疫。十七年夏,潭、濠、庐三州疫。十八年,庐、濠、巴、普、郴五州疫。二十二年,卿州大疫。永徽六年三月,楚州大疫。永淳元年冬,大疫。两京死者相枕于路,占曰:"国将有恤,则邪乱之气先被于民,故疫。"景龙元年夏,自京师至山东、河北疫,死者千数。宝应元年,江东大疫,死者过半。贞元六年夏,淮南、浙西、福建道疫。元和元年夏,浙东大疫,死者太半。大和六年春,自剑南至浙西大疫。开成五年夏,福、建、台、明四州疫。咸通十年,宣、歙、两浙疫。大顺二年春,淮南疫,死者十三四。

天宝十四载五月,天鸣,声若雷,占曰:"人君有忧。"贞元二十一年八月,天鸣,在西北。中和三年三月,浙西天鸣,声如转磨。

元和十二年正月乙酉,星见而雨,占曰:"无云而雨,是谓天泣。"

永徽四年八月己亥,陨石于同州冯翊十八,光耀,有声如雷,近星陨而化也。庶民惟星,自上而陨,民去其上之象。一曰:"人君为诈妄所蔽则然。"

唐书卷三七
志第二七

地理一

　　自秦变古，王制亡，始郡县天下。下更汉、晋，分裂为南、北。至隋灭陈，天下始合为一，乃改州为郡，依汉制置太守，以司隶、刺史相统治，为郡一百九十，县一千二百五十五，户八百九十万七千五百三十六，口四千六百一万九千九百五十六。其地：东西九千三百里，南北一万四千八百一十五里，东、南皆至海，西至且末，北至五原。

　　唐兴，高祖改郡为州，太守为刺史，又置都督府以治之。然天下初定，权置州郡颇多。太宗元年，始命并省，又因山川形便，分天下为十道：一曰关内，二曰河南，三曰河东，四曰河北，五曰山南，六曰陇右，七曰淮南，八曰江南，九曰剑南，十曰岭南。至十三年定簿，凡州府三百五十八，县一千五百五十一。明年，平高昌，又增州二，县六。其后，北殄突厥颉利，西平高昌，北逾阴山，西抵大漠。其地：东极海，西至焉耆，南尽林州南境，北接薛延陀界，东西九千五百一十一里，南北一万六千九百一十八里。景云二年，分天下郡县，置二十四都督府以统之。既而以其权重不便，罢之。开元二十一年，又因十道分山南、江南为东西道，增置黔中道及京畿、都畿，置十五采访使，检察如汉刺史之职。天宝盗起，中国用兵，而河西、陇右不守，陷于吐蕃。至大中、咸通，始复陇右。乾符以后，天下大乱，至于唐亡。

　　然举唐之盛时，开元、天宝之际，东至安东，西至安西，南至日南,北至单于府,盖南北如汉之盛,东不及而西过之。开元二十八年户部帐,凡郡府三百二十有八,县千五百七十三,户八百四十一万二千八百七十一,口四千八百一十四万三千六百九,应受田一千四百四十万三千八百六十二顷。

考隋、唐地理之广狭、户口盈耗与其州县废置,其盛衰治乱兴亡可以见矣。盖自古为天下者,务广德而不务广地,德不足矣,地虽广莫能守也。呜呼,盛极必衰,虽曰势使之然,而殆忽骄满,常因盛大,可不戒哉!

关内道,盖古雍州之域,汉三辅、北地、安定、上郡及弘农、陇西、五原、西河、云中之境。京兆、华、同、凤翔、邠、陇、泾、原、渭、武、宁、庆、鄜、坊、丹、延、灵、威、雄、会、盐、绥、宥为鹑首分,麟、丰、胜、银、夏、单于、安北为实沈分,商为鹑火分。为府二,都护府二,州二十七,县百三十五。其名山:太白、九崅、吴、岐、梁、华。其大川:泾、渭、灞、浐。厥赋:绢、绵、布、麻。京兆、同、华、岐调绵,余州布、麻。开元二十五年,以关辅寡蚕,诏纳米粟,其河南、河北非通漕州,皆调绢,以便关中。厥贡:毛、羽、革、角、布、席、弓、刀。

上都,初曰京城,天宝元年曰西京,至德二载曰中京,上元二年复曰西京,肃宗元年曰上都。皇城长千九百一十五步,广千二百步。宫城在北,长千四百四十步,广九百六十步,周四千八百六十步,其崇三丈有半。龙朔后,皇帝常居大明宫,乃谓之西内,神龙元年曰太极宫。大明宫在禁苑东南,西接宫城之东北隅,长千八百步,广千八十步,曰东内,本永安宫,贞观八年置,九年曰大明宫,以备太上皇清暑,百官献赀以助役。高宗以风痹,厌西内湫湿,龙朔二年始大兴葺,曰蓬莱宫,咸亨元年曰含元宫,长安元年复曰大明宫。兴庆宫在皇城东南,距京城之东,开元初置,至十四年又增广之,谓之南内,二十年,筑夹城入芙蓉园。京城前直子午谷,后枕龙首山,左临灞岸,右抵沣水,其长六千六百六十五步,广五千五百七十五步,周二万四千一百二十步,其崇丈有八尺。

京兆府京兆郡,本雍州,开元元年为府。厥贡:水土稻、麦、藕、紫秆粟、隔纱、粲席、靴毡、蜡、酸枣人、地骨皮、樱桃、藕粉。天宝元年领户三十六万二千九百二十一,口百九十六万一百八十八。领县二十:有府百三十一,曰真化、匡道、水衡、仲山、新城、窦泉、善信、凤神、安业、平香、太清,余皆逸。**万年**、赤。本大兴,武德元年更名。二年析置芷阳县,七年省。总章元年析置明堂县,长安二年省。天宝七载曰咸宁,至德三载复故名。有南望春宫,临浐水,西岸有北望春宫,宫东有广运潭。福陵在东二十五里,敬陵在东南四十里。**长安**、赤。总章元年析置乾封县,长安二年省。有大安宫,本弘义,后更名。南五十里太和谷有太和宫,武德八年置,贞观十年废,二十一年复置,曰翠微宫,笼山为苑,元和中以为翠微寺。有子午关。天宝二年,尹韩朝宗引渭水入金光门,置潭于西市,以贮材木。大历元年,尹黎干自南山开漕渠抵景风、延喜门,入苑以漕炭薪。**咸阳**、畿。武德元年析泾阳、始平置。有望贤宫。有便桥。有兴宁陵,又有顺陵,在咸阳原。**兴平**、畿。本始平,景龙四年,中宗送金城公主降吐蕃于此,改曰金城,至德二载更名。西十八里有隋仙林宫。**云阳**、赤。武德元年析置石门县。三年以石门、温秀置泉州。贞观元年州废,省温秀,更石门曰云阳,云阳曰池阳。八年省云阳,更池阳曰云阳。天授二年以云阳、泾阳、醴泉、三原置鼎州。大足元年州废。有尧山、甘泉山,凡禁樵采者著于志。有古郑、白渠。崇陵在北十五里嵯峨山,贞陵在西北四十里。**泾阳**、畿。**三原**、次赤。武德四年曰池阳,六年曰华池,析置三原,隶泉州。贞观元年省,复华池曰三原。永康陵在北十八里,献陵在东十八里,庄陵在西北五里,端陵在东十里。**渭南**、畿。武德元年隶华州,五年还隶雍州。天授二年析渭南、庆山置鸿门县,以渭南、庆山、鸿门、高陵、栎阳置鸿州,寻省鸿门。大足元年州废。西十里有游龙宫,开元二十五年更置。东十五里有隋崇业宫。**昭应**、次赤。本新丰,垂拱二年曰庆山,神龙元年复故名。有宫在骊山下,贞观十八年置,咸亨二年始名温泉宫。天宝元年更骊山曰会昌山。三载,以县去宫远,析新丰、万年置会昌县。六载,更温泉曰华清宫,宫治汤井为池,环山列宫室,又筑罗城,置百司及十宅。七载省新丰,更会昌县及山曰昭应。东三十五里有庆山,垂拱二年涌出。有清虚原,本凤凰,有幽栖谷,本鹦鹉,中宗以韦嗣立所居更名。有旌儒乡,有庙,故坑儒,玄宗更名。齐陵在东十六里。**高陵**、畿。武德元年析置鹿苑县,贞观元年省。西四十里有龙跃宫,武德六年,高祖以旧第置,德宗以为修真观。有古白渠,宝历元年,令刘仁师请更水道,渠成,名曰刘公,堰曰彭城。**同官**、畿。有女回山。**富平**、次赤。有荆山,有盐池泽。定陵在西北十五里龙泉山,元陵在西北二十五里檀山,丰陵在东三十三里瓮金山,章陵在西北二十里,简陵在西北四十里。**蓝田**、畿。武德二年析置白鹿县,三年更曰宁民,又析蓝田置玉山县。贞观三年皆省。有覆车山。有蓝田关,故峣关。有库谷,谷有关。武德六年,宁民令颜昶引南山水入京城。永淳元年作万全宫,弘道元年废。**鄠**、畿。有渼陂。东南三十里有隋太平宫,西南二十二里有隋甘泉宫。**奉天**、次赤。文明元年,析醴泉、始平、好畤、武功、豳州之永寿置,以奉乾陵,陵在北五里梁山。靖陵在东北十里。乾宁二年以县置乾州。及覃王出镇,又以畿内之好畤、武功、盩厔、醴泉隶之。**好畤**、畿。故上宜,武德二年析醴泉置好畤。贞观八年废上宜入岐阳。二十一年省好畤、岐阳,复置上宜,更上宜曰好畤。有大横关。**武功**、畿。武德三年,以武功、好畤、盩厔及郇州之郿、凤泉置稷州,又析始平置扶风县。四年以岐州之围川隶之,七年以郿隶岐州。贞观元年州废,省扶风,以围川、凤泉隶岐州,盩厔、武功隶雍州。天授二年,复以武功、始平、奉天、盩厔、好畤置稷州。大足元年州废。有太一山。南十八里有庆善宫,临渭水。武德元年,高祖以旧第置宫,后废为慈德寺。西原,炀帝所葬。**醴泉**、次赤。武德元年析置温秀县,后省醴泉。贞观十年营昭陵,析云阳、咸阳复置。有芳山,有九嵕山。昭陵在西北六十里九嵕山;建陵在东北十八里武将山,一名冯山。**华原**、畿。义宁二年以华原、宜君、同官置宜君郡,并置土门县以隶之。武德元年曰宜州。贞观十七年州废,省宜君、土门,以华原、同官隶雍州。垂拱二年更华原曰永安。天授二年复以永安、同官、富平、美原置宜州。大足元年州废。有永安宫,长安二年置。神龙元年复永安曰华原。有蒲萄园官。天祐三年,李茂贞墨制以县置耀州。**美原**、畿。咸亨二年,析富平、华原及同州之蒲城,以故土门县置。天祐三年,李茂贞墨制以县置鼎州。

华州华阴郡,上辅。义宁元年析京兆郡之郑、华阴置。垂拱二年避武氏讳曰太州,神龙元年复故名,上元二年又更名太州,宝应元年复故名。乾宁四年曰兴德府。县次畿、赤。光化三年复为州。土贡:鹊、乌鹊、伏苓、伏神、细辛。户三万三千一百八十七,口二十二万三千六百一十三。**县四:**有府二十,曰普乐、丰原、义全、清义、万福、修仁、神水、常兴、义津、定城、延寿、罗文、郑邑、宣义、相原、孝德、温汤、宣化、怀德、怀仁。有镇国军,肃宗上元元年置。**郑**、望。有少华山。东北三里有神台宫,本隋普德宫,咸亨二年更名。西南二十三里有利俗渠,引乔谷水;东南十五里有罗文渠,引小敷谷水,支分溉田。皆开元四年诏陕州刺史姜师度疏故渠,又立堤以捍水害。**华阴**、望。垂拱元年更名仙掌。天授二年析置潼津县,在关口，后隶虢州，圣历二年来属，长安中省。神龙元年复曰华阴，上元二年曰太阴，华山曰太山，宝应元年复故名。有岳祠。有潼关，有渭津关。有漕渠，自苑西引渭水，因石渠会灞、浐，经广运潭至县入渭，天宝三载韦坚开。又有永丰仓，有临渭仓。西十八里有琼岳宫，故隋华阴宫，显庆三年更名。东十三里有隋金城宫，武德三年废，显庆三年复置。西二十四里有敷水渠，开元二年姜师度凿，以泄水害。五年，刺史樊忱复凿之，使通渭漕。**下邽**、望。本隶同州，垂拱元年来属。东南二十里有金氏二陂，武德二年引白渠灌之，以置监屯。**栎阳**。本畿。故万年，隶雍州。武德元年更名，又析置平陵县，二年更平陵曰粟邑，贞观八年省。有煮盐泽。天祐三年来属。

同州冯翊郡，上辅。武德元年更诸郡为州，其没于贼者，事平乃更。天宝三载以州为郡，乾元元年复以郡为州。凡州、郡、县无所更置者皆承隋旧。土贡：靴靿二物、皱纹吉莫、麝、芑茨、龙莎、凝水石。户六万九百二十八，口四十万八千七百五。县八：有府二十六，曰济北、唐安、秦城、太州、大亭、河东、兴德、连邑、伏龙、温汤、安远、业善、南乡、临高、濩阳、襄城、崇道、浙谷、吉安、长春、华池、永大、洪泉、善福、司御、效诚。**冯翊**、望。武德九年析置临沮县，贞观九年省。有沙苑。南三十二里有兴德宫，在志武里，高祖将趋长安所次。**朝邑**、望。有长春宫。武德三年析置河滨县，贞观元年省。北四里有通灵陂，开元七年，刺史姜师度引洛堰河以溉田百余顷。乾元三年曰河西，隶河中府。大历五年复曰朝邑，还隶同州。有河渎祠、西海祠。小池有盐。**韩城**、上。武德八年徙置西韩州，贞观八年州废，以韩城、河西、郃阳来属。天祐二年更名韩原。有铁。有梁山。有龙门山，有关。武德七年，治中云得臣自龙门引河溉田六千余顷。**郃阳**、望。有阳班湫，贞元四年堰洿谷水成，**夏阳**、本河西，武德三年析郃阳置，又以河西、郃阳、韩城置西韩州。乾元三年更河西曰夏阳，隶河中，后隶来属。**白水**、望。**澄城**、望。武德三年析置长宁县，贞观八年省。**奉先**。本次赤。故蒲城，开元四年更名，隶京兆府。桥陵在西北三十里丰山，泰陵在东北二十里金粟山，景陵在西北二十里金炽山，光陵在北十五里尧山，惠陵在西北十里。有卤池二，大中二年，其一生盐。天祐三年来属。

商州上洛郡，望。土贡：麝香、弓材。有洛源监钱官。贞元七年，刺史李西华自蓝田至内乡开新道七百余里，回山取途，人不病涉，谓之偏路，行旅便之。户八千九百二十六，口五万三千八十。县六：

有府二，曰洵水、玉京。有兴平军，初在郿县东原，至德中徙。**上洛**、紧。有熊耳山。**丰阳**、上。**洛南**、上。有金，有铜，有铁。**商洛**、望。东有武关。**上津**、上。义宁二年以上津、丰利、黄土置上津郡，并置长利县。武德元年曰上州。贞观元年省长利。八年州废，以黄土隶金州，丰利隶均州，上津来属。**乾元**。中下。本安业，万岁通天元年析丰阳置，景龙三年隶雍州，景云元年来属。乾元元年更名，隶京兆，寻复还属。

凤翔府扶风郡，赤上辅。本岐州，至德元载更郡曰凤翔，二载复郡故名，号西京，为府。上元二年罢京，元年曰西都，未几复罢都。土贡：榛实、龙须席、蜡烛。户五万八千四百八十六，口三十八万四百六十三。县九：有府十三，曰岐山、雍北、道清、洛邑、留谷、岐阳、文城、郏邑、三交、凤泉、望苑、邵吉、山泉。**天兴**、次赤。本雍，至德二载曰凤翔，仍析置天兴县。宝应元年省凤翔入天兴。**岐山**、次畿。贞观七年，析扶风、岐山及京兆之上宜置岐阳县，八年省上宜入岐山。永徽五年复置，元和三年省。有岐山。**扶风**、次畿。本湋川，武德三年析岐山置，以湋水名之，贞观八年更名。**麟游**、次畿。义宁元年置，以麟游及京兆之上宜、扶风郡之普润置凤栖郡。二年以仁寿宫中获白麟，更郡曰麟游，又以安定郡之鹑觚并析置灵台县隶之。武德元年曰麟游。贞观元年州废，省灵台入麟游，以麟游、普润来属，上宜还隶雍州，鹑觚还隶泾州。西五里有九成宫，本隋仁寿宫，义宁元年废，贞观五年复置，更名，永徽二年曰万年宫，乾封二年复曰九成宫，周垣千八百步，并置禁苑及府库官寺等。又西三十里有永安宫，贞观八年置。**普润**、次畿。有陇右军，贞元十年置。十一年以县隶陇右经略使，元和元年更名保义军。**宝鸡**、次畿。本陈仓，至德二载更名。东有渠引渭水入升原渠，通长安故城，咸通三年开。西南有大散关。有宝鸡山。**虢**、次畿。贞观八年省入岐山，天授二年复置。东北十里有高泉渠，如意元年开，引水入县城。又西北有升原渠，引汧水至咸阳，垂拱初运岐、陇水入京城。**郿**、次畿。义宁二年置郿城郡，又析置凤泉县。武德元年曰郇州，以凤泉来属。三年州废，以郿隶稷州。七年来属。贞观八年省凤泉。大历五年权隶京兆。有太白山，有凤泉汤。**盩厔**。本畿，隶雍州。武德二年析置终南县，贞观八年省。天宝元年更名宜寿，至德二载复故名。乾宁中隶乾州，天复元年来属。有骆谷关，武德七年置。有司竹园。东南三十二里有隋宜寿宫。有楼观、老子祠。

邠州新平郡，紧。义宁二年析北地郡之新平、三水置。邠，故作
"豳"，开元十三年以字类"幽"改。土贡：剪刀、火箸、荜豆、澡豆、白
蜜、地胆。户二万二千九百七十七，口十二万五千二百五十。县四：
有府十，曰嘉阳、宜禄、公刘、良社、胡陵、蚌川、万敌、金池、舜城、宜山。新平、
望。有永定垒二，太宗讨薛举置。三水、紧。有石门山。北二十里有万寿湫，
大历八年因风雷而成。永寿、上。武德二年析新平置，神龙元年隶雍州，唐隆
元年来属。宜禄、中。贞观二年析新平及泾州之保定、灵台置。有浅水原，有
长武城。

右京畿采访使，治京城内。

陇州汧阳郡，上。本陇东郡，义宁二年，析扶风郡之汧源、汧阳、
南由，安定郡之华亭置。天宝元年更郡曰汧阳。土贡：榛实、龙须席。
户二万四千六百五十二，口十万一百四十八。县三：有府四，曰大堆、
龙盘、开川、临汧。汧源、上。垂拱二年更华亭曰亭川，神龙元年复故名，元和
三年省入汧源。西有安戎关，在陇山，本大震关，大中六年，防御使薛逵徙筑，
更名。有铁。有五节堰，引陇川水通漕，武德八年，水部郎中姜行本开，后废。华
亭有义宁军，大历八年置。贞元十三年筑永信城于平戎川。汧阳、上。有临汧
城，大和元年筑。吴山。中。本长蛇，义宁二年置，贞观元年更名。上元二年
曰华山，寻复曰吴山。武德元年以南由县置含州，四年州废，元和三年省入焉。
有西镇吴山祠，有紫堘山。西有安夷关。

泾州保定郡，上。本安定郡，至德元载更名。土贡：龙须席。户
三万一千三百六十五，口十八万六千八百四十九。县五：有府六，曰
泾阳、四门、兴教、纯德、肃清、仁贤。保定、上。本安定，至德元载更名。广德
元年没吐蕃，大历三年复置。有折墌故城。灵台、上。本鹑觚，天宝元年更名。
临泾、中。良原、上。兴元二年没吐蕃，贞元四年复置。潘原、中。本阴盘，
天宝元年更名。后省为彰信堡，贞元十一年复置。

原州平凉郡，中都督府，望。广德元年没吐蕃，节度使马璘表置
行原州于灵台之百里城。贞元十九年徙治平凉，元和三年又徙治临
泾。大中三年收复关、陇，归治平高。广明后复没吐蕃，又侨治临泾。

土贡:毡、覆鞍毡、龙须席。户七千三百四十九,口三万三千一百四十六。县二:有府二,曰彭阳、安善。平高、望。有崆峒山。西南有木峡关。州境又有石门、驿藏、制胜、石峡、木崝等关,并木峡、六盘为七关。又南有瓦亭故关。百泉。上。

渭州,元和四年以原州之平凉县置行渭州,广明元年为吐蕃所破,中和四年,泾原节度使张钧表置。凡乾元后所置州皆无郡名,及其季世,所置州县又不列上、中、下之第。县一:平凉。上。广德元年没吐蕃,贞元四年复置。及为行渭州,其民皆州自领之。西南陇山有六盘关。有银,有铜,有铁。西北五里有吐蕃会盟坛,贞元五年筑。

武州,中。大中五年以原州之萧关置。中和四年侨治潘原。县一:萧关。中。贞观六年以突厥降户置缘州,治平高之他楼城。高宗置他楼县,隶原州,神龙元年省,更置萧关县。白草军在蔚茹水之西,至德后没吐蕃。

宁州彭原郡,望。本北地郡,天宝元年更名。土贡:五色覆鞍毡、龙须席、芫青、亭长、庵𦳊、假苏。户三万七千一百二十一,口二十二万四千八百三十七。县五:有府十一,曰彭池,高望、静难、骄宝、天固、蒲川、东原、三会、大延、和泉、永宁。定安、望。义宁二年析置归义县,十七年省入定平。有定安故关。真宁、紧。本罗川。有要册湫。天宝元年获王真人像二十七,因更名。襄乐、紧。彭原、紧。武德元年以县置彭州,二年析置丰义县。贞观元年州废,以彭原、丰义来属。开元八年以丰义隶泾州,寻复还属。唐末省。定平。上。武德二年析定安置,后隶邠州。元和三年复来属,四年隶左神策军。有高撅城。唐末以县置衍州。

庆州顺化郡,中都督府。本弘化郡,天宝元年曰安化,至德元载更名。土贡:胡女布、牛酥、麝、蜡。户二万三千九百四十九,口十二万四千二百三十六。县十:有府八,曰龙息、交水、同川、永清、蟠交、永业、乐蟠、永安。顺化、中。本弘化,天宝元年曰安化,至德元载更名。合水、中。本合川,武德元年置,是年,又析置蟠交县。贞观元年省合川入弘化。天宝元年更蟠交曰合水。乐蟠、中。义宁元年析合水置。马岭、中。华池、下。武德四年置,以县置林州,贞观元年州废。同川、中下。本三泉,义宁二年析彭原郡之彭置,武德三年更名。洛源、中。贞观三年置,四年隶北永州,五年徙州来治,八年州废,来属。**延庆**、中。本白马,武德六年徙故丰州民析合水置,天宝元年更名。**方渠**、中下。神龙三年析马岭置。**怀安**。下。开元十一年括逃户连党项蕃落置

　　鄜州洛交郡,上。本上郡,天宝元年更名。土贡:龙须席。户二万三千四百八十四,口十五万三千七百一十四。县五:有府十一,曰洛昌、龙交、苇川、五交、大同、安光、洛安、银方、杏林、修武、安吉。有肃戎军,大历六年置,在鄜城。**洛交**、紧。**洛川**、上。**三川**、中。华池水、黑水、洛水所会。**直罗**、中。武德三年析三川、洛交因古直罗城置。罗水过城下,地平直,故名。**甘泉**。中。本伏陆,武德元年析洛交置,天宝元年更名。

　　坊州中部郡,上。武德二年析鄜州之中部、鄜城置。土贡:龙须席、枲、弦麻。户二万二千四百五十八,口十二万二百八。县四:有府五,曰杏城、仁里、思臣、永平、安台。**中部**、上。本内部,武德二年更名。周天和中,元皇帝为敷州刺史,置马坊,高祖因以名州。有铁。州郭无水,东北七里有上善泉,开成二年,刺史张怡架水入城,以纾远汲。四年,刺史崔骈复增修之,民获其利。后思之,为立祠。**宜君**、上。本隶宜州。有仁智宫,武德七年置。贞观十七年州废,县亦省。二十年置玉华宫,复置县,隶雍州。宫在北四里凤凰谷。永徽二年废宫为玉华寺,县又省。龙朔三年析中部、同官复置,来属。有铁。**升平**、上。天宝十二载析宜君置,宝应元年省,后复置。**鄜城**。上。唐末以县置翟州。

　　丹州咸宁郡,上。本丹阳郡,义宁元年析延安郡之义川、汾川、咸宁县置,天宝元年更名。土贡:龙须席、麝、蜡烛。户万五千一百五,口八万七千六百二十五。县四:有府五,曰宜城、通天、同化、丹阳、长松。**义川**、上。**云岩**、中。武德元年析义川置。**汾川**、上。有乌仁关。**咸宁**。中。

　　延州延安郡,中都督府。土贡:桦皮、麝、蜡。户万八千九百五十四,口十万四十。县十:有府七,敦化、延川、宁戎、因城、塞门、延安、金明。又仪凤中,吐谷浑部落自凉州内附,置二府于金明西境,曰羌部落,曰阁门。**肤施**、上。有牟山镇城。**延长**、中。本延安,武德二年置,以县置北连州,并置义乡、齐明二县以隶之。贞观二年州废,省义乡、齐明入延安,来属。广德二年更名。**临真**、中。武德元年隶东夏州,贞观二年州废来属。**金明**、中。武

德二年析肤施置，以县置北武州，并置开远、全义、崇德、永安、定义五县。贞观二年州废，省开远、全义、崇德、永安、定义入金明，来属。**丰林**、中。武德四年侨置云州及云中、榆林、龙泉三县，八年州废，省龙泉入临真，省云中、榆林入丰林。东北有合岭关。**延川**、中。武德二年招慰稽胡置基州；又安抚使段德操表置义门县，以义门置南平州。三年析绥州之城平置魏平县。四年废南平州，省义门、魏平。五年更基州曰北基州。贞观八年州废，来属。**敷政**、中下。本因城，武德二年徙治金城镇，更名金城；又东境置永州，并置洛盘、新昌、土塠三县。贞观四年徙州治洛源。及州废，省洛盘、新昌、土塠入金城。天宝元年曰敷政。**延昌**、武德二年置北仁州，贞观三年州废。十年以其地置罢交县，天宝元年更名。其北芦子关。**延水**、中下。本安民，武德二年析延川置，以县置西和州，并置修文、桑原二县。贞观二年州废，省修文、桑原入安民，隶北基州。州废，来属。二十三年曰弘风，神龙元年更名。**门山**。上。武德三年析汾川置，隶丹州。广德二年来属。

灵州灵武郡，大都督府。土贡：红蓝、甘草、花苁蓉、代赭、白胶、青虫、雕、鹘、白羽、麝、野马、鹿革、野猪黄、吉莫、靴韡、毡、库利、赤桎、马策、印盐、黄牛臆。户万一千四百五十六，口五万三千一百六十三。县四：有府五，曰武略、河间、静城、鸣沙、万春。有朔方军经略军。黄河外有丰安、定远、新昌等军，丰宁、保宁等城。**回乐**、望。武德四年析置丰安县。贞观四年于回乐境置回州，以丰安隶回州。十三年州废，省丰安。有温泉盐池。有特进渠，溉田六百顷，长庆四年诏开。**灵武**、上。**怀远**、紧。武德六年废丰州，省九原、永丰二县入焉。隋九原郡也。有盐池三：曰红桃、武平、河池。**保静**。上。本弘静，神龙元年曰安静，至德元载更名。

威州，郡阙。中。本安乐州。初，吐谷浑部落自凉州徙于鄯州，不安其居，又徙于灵州之境，咸亨三年以灵州之故鸣沙县地置州以居之。至德后没吐蕃。大中三年收复，更名。光启三年徙治凉州镇为行州。县二：**鸣沙**、上。武德二年置会州，贞观六年州废，更置环州，以大河环曲为名。九年州废，还隶灵州。神龙中为默啜所寇，移治故丰安城。咸亨三年复得故县。**温池**。上。本隶灵州，神龙元年置，大中四年来属。有盐池。

雄州，在灵州西南百八十里。中和元年徙治承天堡为行州。

警州，本定远城，在灵州东北二百里，先天二年，朔方大总管郭元振置。其后为上县，隶灵州。景福元年，灵威节度使韩遵表为州。羊马城幅员十四里，信安王祎所筑。

会州会宁郡，上。本西会州，武德二年以平凉郡之会宁镇置。贞观八年以足食故更名粟州，是年又更名。土贡：驼毛褐、野马革、覆鞍毡、鹿舌、鹿尾。户四千五百九十四，口二万六千六百六十。县二：有新泉军，开元五年废为守捉。会宁、上。本凉川，武德二年更名。开元四年别置凉川县，九年省。有黄河堰，开元七年，刺史安敬忠筑，以捍河流。有河池，因雨生盐。东南有会宁关。乌兰。上。武德九年置。西南有乌兰关。

盐州五原郡，下都督府。本盐川郡。唐初没梁师都。武德元年侨治灵州。贞观元年州省，以县隶灵州，二年，师都平，复置州。天宝元年更郡曰五原。贞元三年没吐蕃，九年复城之。土贡：盐山、木瓜、苻牛。户二千九百二十九，口万六千六百六十五。县二：有府一，曰盐川。有保塞军，贞元十九年置。五原、上。有乌池、白池、细项池、四瓦窑池盐。白池。上。本兴宁，贞观元年与州同省，二年复置。景龙三年更名。

夏州朔方郡，中都督府。土贡：毡、角弓、酥、拒霜荠。户九千二百一十三，口五万三千一十四。县三：有府二，曰宁朔、顺化。朔方、上。本岩录，贞观三年更名。贞元七年开延化渠，引乌水入库狄泽，溉田二百顷。有盐池二。有天柱军，天宝十四载置，宝应元年废。长庆四年，节度使李祐筑乌延、宥州、临塞、阴河、陶子等城于芦子关北，以护塞外。有木瓜岭。德静、中下。贞观七年隶北开州，八年曰化州，十三年州废。宁朔。中下。武德六年置南夏州。贞观二年州废，县省入朔方，五年复置，来属。长安二年省。开元四年又置，九年省，其后又置。

绥州上郡，下。本雕阴郡地。唐初没梁师都。武德三年以归民于延州丰林县侨置，六年徙治延川境，七年徙治魏平。贞观二年，师都平，归治上县。天宝元年更郡名。土贡：胡女布、蜡烛。户万八百六十七，口八万九千一百一十二。县五：有府四，曰伏洛、义合、万古、大斌。龙泉、中。本上县，天宝元年更名。延福、中下。武德六年析置北吉州，并置归义、洛阳二县；又析置罗州，并置石罗、关善、万福三县；又析置匡州，并置安定、源泉二县。贞观二年州、县皆废。绥德、中下。武德二年置。六年析置云州，并置信义、淳义二县；又析置龙州，并置风乡、义良二县。贞观二年州、

县皆废。**城平**、中下。武德三年置魏州,并置安故、安泉二县。贞观二年州废,
省安故、安泉。西南有魏平关。**大斌**。中下。武德七年徙治魏平城,取"稽胡
怀化,文武杂半"以名。

　　银州银川郡,下。贞观二年析绥州之儒林、真乡置。土贡:女稽
布。户七千六百二,口四万五千五百二十七。县四:**儒林**、中。东北有
无定河。**真乡**、中下。西北有茹卢水。**开光**、中。本隶绥州,贞观二年置,八
年隶柘州,十三年州废,来属。**抚宁**。中下。本隶绥州,贞观八年来属。

　　宥州宁朔郡,上。调露元年,于灵、夏南境以降突厥置鲁州、丽
州、含州、塞州、依州、契州,以唐人为刺史,谓之六胡州。长安四年
并为匡、长二州。神龙三年置兰池都督府,分六州为县。开元十年
复置鲁州、丽州、契州、塞州。十年平康待宾,迁其人于河南及江、
淮。十八年复置匡、长二州。二十六年还所迁胡户置宥州及延恩等
县,其后侨治经略军。至德二载更郡曰怀德。乾元元年复故名。宝
应后废。元和九年于经略军复置,距故州东北三百里。十五年徙治
长泽,为吐蕃所破。长庆四年,节度使李祐复奏置。土贡:毡。户七
千八十三,口三万二千六百五十二。县二:**延恩**、中。开元二十六年以
故匡州地置;又以故塞门县地置怀德县,以故兰州之长泉县地置归仁县。宝应
后皆省。元和九年复置延恩。有经略军,在榆多勒城,天宝中王忠嗣奏置。**长
泽**。中下。本隶夏州,贞观七年置长州,十三年州废,隶夏州,元和十五年来
属。有胡洛盐池。

　　麟州新秦郡,下都督府。开元十二年析胜州之连谷、银城置,十
四年废。天宝元年复置。土贡:青他鹿角。户二千四百二十八,口
万九百三。县三:**新秦**、中。开元二年置,七年又置铁麟县,十四年州废,皆
省。天宝元年复置新秦。**连谷**、中下。贞观八年以隋连谷戍置。**银城**。中下。
贞观二年置,四年隶银州,八年隶胜州。

　　胜州榆林郡,下都督府。武德中没梁师都。师都平,复置。土
贡:胡布、青他鹿角、芍药、徐长卿。户四千一百八十七,口二万九百
五十二。县二:有义勇军。**榆林**、中下。有隋故榆林宫。东有榆林关,贞观
十三年置。**河滨**。中下。贞观三年置,以县置云州,四年曰威州,八年州废,来

属。东北有河滨关,贞观七年置。

丰州九原郡,下都督府。贞观四年以降突厥户置,不领县。十一年州废,地入灵州。二十三年复置。土贡:白麦、印盐、野马、胯革、驼毛褐、毡。户二千八百一十三,口九千六百四十一。县二:九原,中下。永徽四年置。有陵阳渠,建中三年浚之以溉田置屯,寻弃之。有咸应、永清二渠,贞元中,刺史李景略开,溉田数百顷。永丰。中下。永徽元年置。麟德元年别置丰安县,天宝末省。东受降城、景龙三年,朔方军总管张仁愿筑三受降城。宝历元年,振武节度使张惟清以东城滨河,徙置绥远烽南。中受降城、有拂云堆祠。接灵州境有关,元和九年置。又有横塞军,本可敦城,天宝八载置,十二载废。西二百里大同川有天德军,大同川之西有天安军,皆天宝十二载置。天德军,乾元后徙屯永济栅,故大同城也。元和九年,宰相李吉甫奏修复旧城。北有安乐戍。西受降城。开元初为河所圮,十年,总管张说于城东别置新城。北三百里有鸊鹈泉。

单于大都护府,本云中都护府,龙朔三年置,麟德元年更名。土贡:胡女布、野马、胯革。户二千一百五十五,口六千八百七十七。县一:金河。中。天宝四年置。本后魏道武所都。有云伽关,后废,大和四年复置。

安北大都护府,本燕然都护府。龙朔三年曰瀚海都督府,总章二年更名。开元二年治中受降城,十年徙治丰、胜二州之境,十二年徙治天德军。土贡:野马、胯革。户二千六,口七千四百九十八。县二:阴山、上。天宝元年置。通济。上。

镇北大都护府。土贡:牦牛尾。县二:大同、上。长宁。上。

右关内采访使,以京官领。

唐书卷三八
志第二八

地理二

河南道,盖古豫、兖、青、徐之域,汉河南、弘农、颍川、汝南、陈留、沛、泰山、济阴、济南、东莱、齐、山阳、东海、琅邪、北海、千乘、东郡,及梁、楚、鲁、东平、城阳、淮阳、菑川、高密、泗水等国,暨平原、渤海、九江之境。洛、陕负河而北,为实沈分;负河而南,虢、汝、许及新郑之地,为鹑火分;郑、汴、陈、蔡、颍为寿星分;宋、亳、徐、宿、郓、曹、濮为大火分;兖、海、沂、泗为降娄分;青、淄、密、登、莱、齐、棣为玄枵分;滑为娵訾分;濠为星纪分。为府一,州二十九,县百九十六。其名山:三崤、少室、砥柱、蒙、峄、嵩高、泰岳。其大川:伊、洛、汝、颍、沂、泗、淮、济。厥赋:绢、绝、绵、布。厥贡:丝布、葛、席、埏埴盎缶。

东都,隋置,武德四年废。贞观六年号洛阳宫,显庆二年曰东都,光宅元年曰神都,神龙元年复曰东都,天宝元年曰东京,上元二年罢京,肃宗元年复为东都。皇城长千八百一十七步,广千三百七十八步,周四千九百三十步,其崇三丈七尺,曲折以象南宫垣,名曰太微城。宫城在皇城北,长千六百二十步,广八百有五步,周四千九百二十一步,其崇四丈八尺,以象北辰藩卫,曰紫微城,武后号太初宫。上阳宫在禁苑之东,东接皇城之西南隅,上元中置,高宗之季常居以听政。都城前直伊阙,后据邙山,左瀍右涧,洛水贯其中,以象河汉。东西五千六百一十步,南北五千四百七十步,西连苑,北自东城而东二千五百四十步,周二万五千五十步,其崇丈有八尺,武后号曰金城。

河南府河南郡,本洛州,开元元年为府。土贡:文绫、缯、縠、丝葛、埏埴盎缶、苟杞、黄精、美果华、酸枣。户十九万四千七百四十六,口百一十八万三千九十二。县二十:有府三十九,曰武定、复梁、康城、柏林、岩邑、阳樊、王阳、永嘉、邵南、慕善、政教、巩洛、伊阳、怀音、轵城、洛汭、郏鄏、伊川、洛泉、通谷、颍源、宜阳、金谷、王屋、成皋、夏邑、原邑、原城、鹤台、函谷、千秋、同轨、饯济、温城、具茨、宝图、钧台、承云、轩辕。**河南**、赤。垂拱四年析河南、洛阳置永昌县。永昌元年更河南曰合宫。长安二年省永昌。神龙元年复曰河南,二年又曰合宫,唐隆元年复故名。有洛漕新潭,大足元年开,以置租船。龙门山东抵天津,有伊水石堰,天宝十载,尹裴迥置。有瀍水,避武宗名曰吉水,宣宗立,复故名。**洛阳**、赤。天授三年析洛阳、永昌置来庭县,长安二年省。神龙二年更洛阳曰永昌,唐隆元年复故名。**偃师**、畿。天宝七载,尹韦济以北坡道迁,自县东山下开新道通孝义桥。西北有故富平津、河阳故关。**巩**、畿。有洛口仓。**缑氏**、次赤。贞观十八年省,上元二年复置。有恭陵,有和陵,在太平山,本懊来山,天祐元年更名,东南有辗辕故关。**阳城**、畿。武德四年,王世充伪令王雄来降,以阳城、嵩阳、阳翟置嵩州,又析三县地置康成县。贞观三年州废,省康城。万岁登封元年将封嵩山,改阳城曰告成。神龙元年复故名,二年复为告成。天祐二年更名阳邑。有测景台,开元十一年,诏太史监南宫说刻石表焉。**登封**、畿。本嵩阳,贞观十七年省入阳城。永淳元年营奉天宫,分阳城、缑氏复置,二年省。光宅元年复置。万岁登封元年更名,神龙元年曰嵩阳,二年复曰登封。嵩山有中岳祠,有少室山;有三阳宫,圣历三年置。**陆浑**、畿。有鸣皋山。有汉故关。**伊阙**、畿。北有伊阙故关。有陆浑山,一名方山。**新安**、畿。义宁二年以县置新安郡。武德元年曰谷州,以熊州之渑池隶之,并析置东垣县。四年省东垣。贞观元年来属。有长石山。**渑池**、畿。贞观元年徙谷州来治。西五里有紫桂宫,仪凤二年置。调露二年曰避暑宫,永淳元年曰芳桂宫,弘道元年废。**福昌**、畿。本宜阳。义宁二年以宜阳、渑池、永宁置宜阳郡,武德元年曰熊州。二年更宜阳曰福昌,因隋宫为名。四年以洛州之寿安隶之。贞观元年州废,以福昌、永宁二县隶谷州。六年徙谷州来治。八年以虢州之长水隶之。显庆二年州废,以福昌、永宁、长水来属。西十七里有兰昌宫;有故隋福昌宫,显庆三年复置。有女儿山。**长水**、畿。本长渊,隶弘农郡,义宁元年更名。武德元年隶虢州,贞观八年隶谷州,显庆二年来属。有锡。西有高门关、松阳故关、鹈鹕故关。**永宁**、畿。本熊耳,义宁二年更名,隶宜阳郡。武德三年以永宁、崎置函州。八年州废,以永宁隶熊州,崎隶陕州。西五里有崎岫宫,西三十三里有兰峰宫,皆显庆三年置。**寿安**、畿。初隶谷州,贞观七年来属。西二十九里有连昌宫,显庆三年置。西南四十里万安山有兴泰宫,长安四年置,并析置兴泰县,神龙元年省。有锦屏山,武后所名。**密**、畿。武德三年以县置密州,并置零水、洧源二县。四年州废,省零水、洧源,以密隶郑州。龙朔二年来属。有羽山。**河清**、畿。本大基,武德二年置,隶怀州,八年省。咸亨四年析河南、洛阳、新安、王屋、济源、河阳复置,并置柏崖县,寻省柏崖。先天元年更名。会昌三年隶孟州,寻还属,后废。咸通中复置。有柏崖仓。**颍阳**、畿。本武林。载初元年析河南、伊阙、嵩阳置。开元十五年更名。西北有大谷故关。倚箔山有钟乳,贞观七年采。**伊阳**、畿。先天元年析陆浑置。有太和山。有银、铜、锡。伊水有金。**王屋**。畿。武德元年更名邵伯,隶邵州。贞观元年州废,隶怀州。显庆二年复故名,来属。有王屋山。

　　汝州临汝郡,雄。本伊州襄城郡,贞观八年更州名,天宝元年更郡名。土贡:绝。户六万九千三百七十四,口二十七万三千七百五十六。县七:有府四,曰龙兴、鲁阳、梁川、郏城。**梁**、望。本承休。又有梁县在西南四十五里。贞观元年省梁,更承休曰梁。西南五十里有温汤,可以熟米。又有黄女汤。高宗尝温泉顿。有石楼山、永仁山。**郏城**、紧。**鲁山**、上。王世充置鲁州,武德四年废。俄以鲁山、滍阳复置鲁州。贞观九年州废,省滍阳,以鲁山来属。有尧山。有银。有汉故关。**叶**、紧。本隶许州,武德四年以县置叶州,五年州废,隶北澧州。贞观八年隶鲁州,州废,隶许州。开元三年,以叶、襄城及唐州之方城、豫州之西平、许州之舞阳置仙州,二十六年州废,县还故属,未几以叶来属。大历四年复以叶、襄城置仙州,又析置仙凫县,以许州之舞阳、蔡州之西平、唐州之方城隶之。五年州废,省仙凫,余县皆还故属。有黄城山、白石山。**襄城**、望。武德元年以县置汝州,并置汝坟、期城二县。贞观元年州废,省汝坟、期城,以襄城隶许州。开元二十六年来属,二十八年还隶许州,天宝七载复来属。**龙兴**、上。本湍阳,武德四年置,贞观元年省。证圣元年析郏城、鲁山复置,曰武兴。神龙元年更名中兴,寻又更名。**临汝**。上。先天元年置。有清暑宫,在鸣皋山南,贞观中置。

　　右都畿采访使,治东都城内。

陕州陕郡，大都督府，雄。本弘农郡，义宁元年置。武德元年曰陕州。三年兼置南韩州，四年废南韩州。天宝元年更郡名。天祐元年为兴唐府，县次畿、赤。哀帝初复故。土贡：荍麦、栝蒌、柏实。户二万九百五十八，口十七万二百三十八。县六：府十五，曰曹阳、崇乐、华望、安城、桃林、夏台、万岁、安戎、河北、忠孝、上阳、底柱、夏川、望陕、古亭。陕、望。有大阳故关，即茅津，一曰陕津，贞观十一年造浮梁。有南、北利人渠。南渠，贞观十一年太宗东幸，使武候将军丘行恭开。有陕城宫。有广济渠，武德元年，陕东道大行台金部郎中长孙操所开，引水入城，以代井汲。有太原仓。有岘山。峡石、上。本崤，义宁二年省，武德元年复置。贞观十四年移治峡石坞，因更名。有底柱山，山有三门，河所经，太宗勒铭。有绣岭宫，显庆三年置。东有神雀台，天宝二年以赤雀见置。灵宝、望。本桃林，义宁元年隶虢郡，武德元年来属。天宝元年获宝符于县南古函谷关，因更名。有洄津，义宁元年置关，贞观元年废关，置津。有桃源宫，武德元年置。夏、望。本隶虞州，贞观十七年隶绛州，大足元年来属。寻还隶绛州，乾元三年复来属。芮城、望。武德二年以芮城、河北、永乐置芮州。贞观元年州废，以永乐隶鼎州，芮城、河北来属。平陆、望。本河北，隶蒲州，贞观元年来属。天宝元年，太守李齐物开三门以利漕运，得古刃，有篆文曰"平陆"，因更名。三门西有盐仓，东有集津仓。有瑟瑟穴，有银穴三十四，铜穴四十八，在覆釜、三锥、五冈、分云等山。

虢州弘农郡，雄。本虢郡，治卢氏。义宁元年，析隋弘农郡三县置。贞观八年徙治弘农。天宝元年更郡名。土贡：绝、瓦砚、麝、地骨皮、梨。户二万八千二百四十九，口八万八千八百四十五。县六：有府四，曰鼎湖、全节、金明、开方。弘农、紧。本隋弘农郡，义宁元年曰凤林，领弘农、阌乡、湖城。武德元年曰鼎州，因鼎湖为名。贞观八年州废，县皆来属。神龙初避孝敬皇帝讳，曰恒农，开元十六年复故名。南七里有渠，贞观元年，令元伯武引水北流入城。阌乡、望。贞观元年来属。有潼关、大谷关，武德二年废。有凤陵关，贞观元年废。有轩游宫，故隋别院宫，咸亨五年更名。湖城、望。义宁元年置。乾元三年更名天平，大历四年复旧。有故隋上阳宫，贞观初置，咸亨元年废。县东故道滨河，不井汲，马多渴死。天宝八载，馆驿使、御史中丞宋浑开新路，自稠桑西由晋王斜。有熊耳山。覆釜山，一名荆山。朱阳、上。龙朔元年隶商州，万岁通天二年隶洛州，后来属。有铁。玉城、上。义宁元年置。卢氏。上。武德元年置。南有朱阳关,武德八年废。

滑州灵昌郡,望。本东郡,天宝元年更名。土贡:方纹绫、纱、绢、蘸席、酸枣人。户七万一千九百八十三,口四十二万二千七百九。县七:有宣义军,大历七年置。本永平。十四年徙屯蔡州,兴元元年复还。贞元元年曰义成军,光启二年更名。白马、望。卫南、紧。匡城、望。有长垣县,贞观八年省。韦城、望。王世充置燕州,伪刺史单宗来降,复为县。胙城、紧。武德二年置胙州,并置南燕县。四年州废,省南燕,以胙城来属。酸枣、望。本隶东梁州。武德三年析酸枣、胙城置守节县,四年省。贞观八年州废,来属。灵昌。紧。王世充置兴州,世充平,废。

郑州荥阳郡,雄。武德四年置,治虎牢城。贞观七年徙治管城。土贡:绢、龙莎。户七万六千六百九十四,口三十六万七千八百八十一。县七:管城、望。武德四年以管城、中牟、原武、阳武、新郑置管州,并置须水、清池二县。贞观元年州废,省须水、清池,以管城、原武、新郑来属。有仆射陂,后魏孝文帝赐仆射李冲,因以为名。天宝六载更名广仁池。禁渔采。荥阳、上。天授二年析置武泰县,隶洛州,寻省,更荥阳曰武泰。万岁通天元年复为荥阳,又别置武泰县,二年省,更荥阳曰武泰。神龙元年复故名,二年来属。荥泽、望。原武、紧。本原陵,唐初更名,复汉旧。阳武、望。本原武城,武德四年置。新郑、望。中牟、紧。本圃田,武德三年更名,以县置牟州。四年州废,隶管州。贞观元年隶汴州,龙朔二年来属。

颍州汝阴郡,上。本信州,武德四年置,六年更名。土贡:绝绵、糟白鱼。户三万七百七,口二十万二千八百九十。县四:汝阴、紧。武德初有永安、高唐、永乐、清丘、颍阳等县,六年省永安、高唐、永乐,贞观元年省清丘、颍阳,皆入汝阴。南三十五里有椒陂塘,引润水溉田二百顷,永徽中,刺史柳宝积修。颍上、上。下蔡、上。武德四年置涡州,八年州废。西北百二十里有大崇陂,八十里有鸡陂,六十里有黄陂,东北八十里有湄陂,皆隋末废,唐复之,溉田数百顷。沈丘。中。本郫州,领沈丘、宛丘。唐初州废,以宛丘隶陈州,沈丘来属。后省沈丘入汝阴,神龙二年复置。

许州颍川郡,望。土贡:绢、蘸席、柿。户七万三千三百四十七,口四十八万七千八百六十四。县九:长社、望。本颍川,隶汴州。武德四年更名,来属。州又领黄台、隐强二县,贞观元年省入焉。绕州郭有堤塘百八十里，节度使高瑀立以溉田。**长葛**、紧。有小陉山。**阳翟**、本畿。初隶嵩州，贞观元年来属。龙朔二年隶洛州，会昌三年复来属。有具茨山。**许昌**、上。**鄢陵**、上。**扶沟**、望。武德四年以县置北陈州，是年州废，隶洧州。**临颍**、上。贞观元年省繁昌县入焉。有讲武台，本尚书台，马融讲书之地，显庆二年，高宗大阅于此，更名。**舞阳**、上。本北舞，隶道州。贞观元年来属，寻废。开元四年复置，更名。有铁。**郾城**。望。武德四年以郾城、邵陵、北舞、西平置道州。贞观元年州废，省邵陵、西平入郾城，隶蔡州。建中二年以郾城、临颍，陈州之溵水置溵州。贞元二年州废，县还故县。元和十二年复以郾城、上蔡、西平、遂平置溵州。长庆元年州废，县还隶蔡州，是年，以郾城来属。

　　陈州淮阳郡，上。土贡：绢。户六万六千四百四十二，口四十万二千四百八十六。县六：有忠武军，贞元元年置于许州。天复元年徙屯。**宛丘**、紧。武德元年析置新平县，八年省。**太康**、紧。贞观元年省扶乐县入焉。**项城**、上。武德四年置，以项城、铜阳、南顿、铜水置沈州，并置颍东县。贞观元年州废，省颍东入项城，以铜水来属。**铜水**、上。建中二年隶铜阳，兴元二年州废，来属。**南顿**、上。武德六年省入项城。证圣元年复置，曰光武，以县有光武祠名。景云元年复故名。**西华**。上。武德元年更名箕城，贞观元年省入宛丘。长寿元年复置，曰武城。神龙元年又曰箕城，景云元年复故名。有邓门废陂，神龙中令张余庆复开，引颍水溉田。

　　蔡州汝南郡，紧。本豫州，宝应元年更名。土贡：珉玉棋子，四窠、云花、龟甲、双距、溪鹜等绫。户八万七百六十一，口四十六万二百五。县十：**汝阳**、紧。贞元七年析汝阳、朗山、上蔡、吴房置汝南县，元和十三年省。**朗山**、上。本隶北朗州，贞观元年隶蔡州。**遂平**、上。本吴房，贞观元年省，八年复置。元和十二年更名，权隶唐州，长庆元年复来属。**上蔡**、紧。**新蔡**、中。武德四年以新蔡、褒信、舒城置舒州。贞观元年州废，省舒城入沈丘。**褒信**、中。天祐中更曰包孚。**新息**、上。武德四年以县置息州，并置淮川、长陵二县。贞观元年州废，省淮川入真阳，长陵入褒信，以新息来属。有珉玉坑，岁出贡玉。西北五十里有隋故玉梁渠，开元中，令薛务增浚，溉田三千余顷。**真阳**、上。载初元年曰淮阳，神龙元年复故名。**平舆**、中。王世充置舆州，武德七年州废。贞观元年省入新蔡，天授二年复置。**西平**。上。武德初置，贞观元年省。天授二年分郾城复置，寻又废。开元四年复置。

汴州陈留郡,雄。武德四年以郑州之浚仪、开封,滑州之封丘置。土贡:绢。户十万九千八百七十六,口五十七万七千五百七。县六:有宣武军,建中二年置于宋州。兴元元年徙屯。浚仪、望。故县陷李密,县民王要汉率豪族置县,自为令。高祖因之,复置汴州,并置小黄、新里二县,贞观元年省二县。开封、望。贞观元年省入浚仪,延和元年析浚仪、尉氏复置。有湛渠,载初元年引汴注白沟,以通曹、兖赋租。有福源池,本蓬池,天宝六载更名,禁渔采。尉氏、望。本隶颍川郡,王世充置尉州。武德四年废,以尉氏、扶沟、隔陵置洧州,并置康阴、新汲、宛陵、归化四县。贞观元年州废,省康阴、宛陵、新汲、归化,以扶沟、隔隶许州,尉氏来属。封丘、紧。雍丘、望。本隶梁郡。武德四年,以雍丘、陈留、圉城、襄邑、外黄、济阳置杞州。贞观元年州废,省济阳、圉城、外黄,以襄邑隶宋州,雍丘、陈留来属。陈留。紧。武德四年置。有观省陂,贞观十年,令刘雅决水溉田百顷。

宋州睢阳郡,望。本梁郡,天宝元年更名。土贡:绢。户十二万四千二百六十八,口八十九万七千四十一。县十:宋城、望。襄邑、望。本隶杞州,贞观九年来属。宁陵、紧。下邑、上。谷熟、上。隋末县民刘继叔据之,武德二年置南谷州,授以刺史。四年州废。楚丘、紧。柘城、紧。贞观元年省入宁陵、谷熟,永淳元年复置。砀山、上。光化二年,朱全忠以砀山、虞城、单父,曹州之成武,表置辉州。三年置崇德军。单父、紧。光化三年徙辉州来治。虞城。上。武德四年置东虞州,五年州废。

亳州谯郡,望。本谯州,贞观八年更名。土贡:绢。户八万八千九百六十,口六十七万五千一百二十一。县七:谯、紧。酂、上。本隶沛郡,武德四年来属。城父、上。王世充置成州,世充平,废。武德三年于鲁丘堡置文州,并置药城县。四年州废为文城县,七年省入城父。天祐二年更名焦夷。鹿邑、上。大业十三年,县民田黑社盗据,号涡州。武德三年来降,复为县。真源、望。本谷阳,乾封元年更名。载初元年曰仙源,神龙元年复曰真源。有老子祠,天宝二年曰太清宫。又有洞霄宫,先天太后祠也。永城、上。蒙城。上。本山桑,天宝元年更名。

徐州彭城郡,紧。土贡:双丝绫、绢、绵、绸、布、刀错、紫石。户六万五千一百七十,口四十七万八千六百七十六。县七:彭城、望。

秋丘冶有铁。萧、上。丰、上。沛、上。武德五年置。滕、上。宿迁、上。本
宿预，隶泗州。宝应元年更名，来属。下邳。上。武德四年以下邳、郯、良城置
邳州。贞观元年州废，省郯、良城，以下邳隶泗州，又省泗州之淮阳入焉。元和
四年来属。

　　泗州临淮郡，上。本下邳郡，治宿预，开元二十三年徙治临淮。
天宝元年更郡名。土贡：锦、赀布。户三万七千五百二十六，口二十
万五千九百五十九。县四：临淮、紧。长安四年析徐城置。涟水、上。武
德四年以县置涟州，并置金城县。贞观元年州废，省金城，以涟水来属。总章元
年隶楚州，咸亨五年复故。有新漕渠，南通淮，垂拱四年开，以通海、沂、密等
州。盱眙、紧。武德四年以县置西楚州，八年州废，隶楚州。光宅初曰建中，后
复故名。建中二年来属。有直河，太极元年，敕使魏景清引淮水至黄土冈，以通
扬州。徐城。中。

　　濠州钟离郡，上。"濠"字初作"豪"，元和三年改从"濠"。土贡：
绝、绵、丝布、云母。户二万一千八百六十四，口十三万八千三百六
十一。县三：钟离、紧。武德七年省涂山县入焉。南有故千人塘，乾封中修
以溉田。有涂山。定远、紧。本临豪，武德三年更名。招义。上。本化明，武
德二年析置睢陵县，三年更化明曰招义，四年省睢陵。大业末，县民马簿盗据，
号化州。后杨益德杀簿，自号刺史，又置济阴县，是年来降。贞观元年废化州，
省济阴。

　　宿州，上。元和四年析徐州之苻离、蕲、泗州之虹置。大和三年
州废，七年复置。初治虹，后徙治苻离。土贡：绢。县四：苻离、武德
四年置。贞观元年省徐州之诸阳入焉。有西句山，一曰石城。东北九十里有隋
故牌湖堤，灌田五百余顷，显庆中复修。虹、中。本夏丘。武德四年以夏丘、谷
阳置仁州，又析夏丘置虹及龙亢二县。六年省夏丘。贞观八年州废，省龙亢，以
虹隶泗州，谷阳隶北谯州。有铜。有广济新渠，开元二十七年，采访使齐浣开，
自虹至淮阴北十八里入淮以便漕运，既成，湍急不可行，遂废。蕲、上。显庆元
年省谷阳入焉。临涣。紧。武德四年以临涣、永城、山桑、蕲置北谯州。贞观
八年增领谷阳。十七年州废，以临涣、永城、山桑隶亳州，谷阳、蕲隶徐州。元和
后来属。

　　郓州东平郡，紧。本治郓城，贞观八年徙治须昌。土贡：绢、防

风。户八万三千四十八，口五十万一千五百九。县九：须昌、望。贞观八年省宿城县入焉。景龙三年复置宿城县。贞元四年曰东平，大和四年曰天平，六年省入须昌。寿张、紧。武德四年以县置寿州，并置寿良县。五年州废，省寿良，以寿张来属。有刀梁山。郓城、紧。天祐二年曰万安。巨野、望。武德四年以县置麟州。五年州废，隶郓州。贞观元年省乘丘县入焉。后隶戴州，州废来属。卢、紧。本济州，武德四年析东平郡置。隋曰济北郡，天宝元年更名济阳郡。领卢、平阴、长清、东阿、阳谷、范六县，又置昌城、济北、谷城、孝感、冀丘、美政六县。六年省美政、孝感、谷城、冀丘、昌城，八年以范隶濮州，贞观元年省济北。天宝十三载郡废，以长清隶齐州，以卢、平阴、东阿、阳谷来属。北有碻磝津故关。平阴、紧。大和六年省入卢、东阿。开成二年复置。有龙山。东阿、紧。阳谷、上。中都。上。本平陆，隶兖州。天宝元年更名。贞元十四年来属。

齐州济南郡，上。本齐郡，天宝元年更名临淄，五载又更名。土贡：丝、葛、绢、绵、防风、滑石、云母。户六万二千四百八十五，口三十六万五千九百七十二。县六：历城、上。有华不注山。有铁。章丘、上。武德二年，县民李义满以县来降，于平陵置谭州，并置平陵县，以章丘、亭山、营城、临邑隶之。八年省营城入平陵，又领临济、邹平。贞观元年州废，以平城、亭山、章丘、临邑、临济来属，邹平隶淄州。十七年，齐王祐反，平陵人不从，因更名全节。元和十五年省全节入历城，省亭山入章丘。有大胡山、长白山。临邑、上。元和十三年析德州之安德置归化县，隶德州。大和二年来属，四年省入临邑。北有鹿角故关。临济、上。武德元年以临济、邹平、长山、高苑，沧州之蒲台置邹州。八年州废，以长山、高苑、蒲台隶淄州。长清、中。本隶济州，贞观十七年来属。武德元年析置山荏县，天宝元年曰丰齐，元和十年省。有牛山。西南有四口关，武德中废。禹城。上。本祝阿，贞观元年省源阳县入焉。天宝元年更名。

曹州济阴郡，上。土贡：绢、绵、大蛇粟、葶苈。户十万三百五十二，口七十一万六千八百四十八。县六：济阴、紧。武德四年析置蒙泽县，贞观元年，及定陶省入焉。考城、上。武德四年以县置东梁州，五年州废，来属。元和十四年权隶宋州，寻复故。宛句、上。武德四年析置济阳县，隶杞州。贞观元年省。乘氏、上。武德四年置阳晋县，寻省。南华、上。本离狐，天宝元年更名。**成武**。紧。武德四年以成武及宋州之单父、楚丘置戴州，并置高乡、凿城三县，寻省高乡、凿城入单父。贞观十七年州废，以成武来属。光化二年，朱全忠表县隶辉州。

濮州濮阳郡，上。武德四年置。土贡：绢、犬。户五万七千七百八十二，口四十万六百四十八。县五：**郓城**、紧。武德四年析置永定县，八年省。北有灵津关。**濮阳**、紧。武德四年析置昆吾县，五年省。**范**、上。武德二年以县置范州。五年州废，隶济州。贞观八年来属。**雷泽**、上。武德四年析置廪城县，八年省。**临濮**。紧。武德四年析雷泽置，并置长城、安丘二县。五年省长城、安丘。

青州北海郡，望。土贡：仙纹绫、丝、枣、红蓝、紫草。户七万三千一百四十八，口四十万二千七百四。县七：**益都**、望。**临淄**、紧。武德八年省时水县入焉。**千乘**、紧。武德二年以千乘、博昌、寿光置乘州，并置新河县。六年省新河。八年州废，县来属。**博昌**、上。武德八年省乐安、安平二县入焉。有灵山。**寿光**、紧。武德二年置。**临朐**、上。武德五年置，八年省殷阳县入焉。**北海**。紧。唐初，营丘民汲嗣率乡人拒贼，权置杞州。武德二年复为营丘县。是年，以北海、营丘、下密置潍州；又置连永、平寿、华池、城都、东阳、寒水、訾亭、潍水、汶阳、胶东、华宛、昌安、城平十三县，六年皆省。八年州废，省营丘、下密入北海，来属。长安中，令窦琰于故营丘城东北穿渠，引白浪水曲折三十里以溉田，号窦公渠。

淄州淄川郡，上。武德元年析齐州之淄川置。土贡：防风、理石。户四万二千七百三十七，口二十三万三千八百二十一。县四：**淄川**、上。武德元年析置长白县，六年省。有铁。**长山**、上。**高苑**、上。景龙元年析置济阳县，元和十五年省。南有八会津。**邹平**。上。武德元年置。

登州东牟郡，中都督府。如意元年以莱州之牟平、黄、文登置。神龙三年徙治蓬莱。土贡：赀布、水葱席、石器、文蛤、牛黄。户二万二千二百九十八，口十万八千九。县四：有平海军，亦曰东牟守捉。**蓬莱**、本黄，神龙三年更名。有银山、龙山。**牟平**、中。武德四年以牟平、黄置牟州。六年以登州之观阳隶莱州。麟德元年析文登复置牟平，来属。有之罘山。**文登**、武德四年置登州，以东莱郡之观阳隶之。六年析置清阳、廓定二县。及州废，省清阳、廓定，以文登来属。有成山。**黄**。中。先天元年析蓬莱别置。有莱山。

莱州东莱郡，中。土贡：赀布、水葱席、石器、文蛤、牛黄。户二万六千九百九十八，口十七万一千五百一十六。县四：有东莱守捉，亦曰"团结营"。又有蓬莱镇丘，亦曰"挽强兵"。掖、上。贞观元年省曲城、当利、曲台三县入焉。有东海祠。有盐井二。昌阳、上。贞观元年省卢乡县入焉。有银，有铁。东百四十里有黄银坑，贞观初得之。胶水、中。贞观元年省胶东县入焉。有盐。即墨。中。有马山、中祠山、女姑山。东南有堰，贞观十年，令仇源筑，以防淮涉水。有盐。

棣州乐安郡，上。武德四年析沧州之阳信、滴河、乐陵、厌次置。八年州废，县还隶沧州。贞观十七年，复以沧州之厌次，德州之滴河、阳信置。土贡：绢。户三万九千一百五十，口二十三万八千一百五十九。县五：厌次、上。贞观元年隶德州。滴河、中。贞观元年隶德州。阳信、望。贞观元年省，八年复置。蒲台、紧。本隶淄州，贞观六年省入高苑，七年复置。景龙元年来属。渤海。紧。垂拱四年析蒲台、厌次置。有盐。

兖州鲁郡，上都督府。土贡：镜花绫、双距绫、绢、云母、防风、紫石。户八万七千九百八十七，口五十八万六百八。县十：瑕丘、上。曲阜、紧。贞观元年省，八年复置。乾封、上。本博城。武德五年以博城、梁父、嬴置东泰州，并置肥城、岱二县。贞观元年州废，省梁父、嬴、肥城、岱入博城，来属。乾封元年更名乾封，总章元年又曰博城，神龙元年复曰乾封。有泰山，有东岳祠，有梁父山、亭亭山、奕奕山、云云山、社首山、肃然山、石间山、蒿里山。泗水、上。邹、上。有峄山。任城、紧。龚丘、中。金乡、望。武德四年以金乡、方舆置金州。五年州废，县隶戴州，徙戴州来治，仍析金乡置昌邑县。八年省昌邑。贞观元年，以单父、楚丘隶宋州，成武隶曹州，巨野隶郓州。鱼台、上。本方舆，宝应元年更名。元和十四年权隶徐州，寻复故。莱芜。中。本隶淄州，武德六年省入博城。长安四年以废嬴县复置，元和十五年省入乾封，大和元年复置。有铁冶十三，有铜冶十八、铜坑四。有锡。西北十五里有普济渠，开元六年令赵建盛开。

海州东海郡，上。土贡：绫、楚布、紫菜。户二万八千五百四十九，口十八万四千九。县四：朐山、上。武德四年，析州境置龙沮、曲阳、利城、厚丘、新乐五县。六年改新乐曰祝其。八年，省龙沮、曲阳入朐山，利城、祝其入怀仁,厚丘入沭阳。东二十里有永安堤,北接山,环城长十里,以捍海潮,开元十四年,刺史杜令昭筑。**东海**、上。武德四年以县置环州,并置青山、石城、赣榆三县。八年州废,省青山、石城、赣榆,以东海来属。**沭阳**、中。总章元年隶泗州,咸亨五年复故。**怀仁**。中。

沂州琅邪郡,上。土贡:紫石、钟乳。户三万三千五百一十,口十九万五千七百三十七。县五:**临沂**、上。武德四年析置兰山、临沂、昌乐三县,六年皆省。**费**、上。贞观元年省颛臾县入焉。**氶**、上。本兰陵,武德四年以县置鄫州,更名,别置兰陵、鄫城二县。贞观元年州废,省兰陵、鄫城,以氶来属。有铁。有陂十三,畜水溉田,皆贞观以来筑。**沂水**、上。武德五年以沂水、新泰、莒置莒州。贞观八年州废,以莒隶密州,沂水、新泰来属。有铜。有沂山、龙山。北有穆陵关。**新泰**。上。有蒙山。

密州高密郡,上。土贡:赀布、海蛤、牛黄。户二万八千二百九十二,口十四万六千五百二十四。县四:**诸城**、上。有盐。**辅唐**、上。本安丘,武德六年省郚城县入焉。乾元二年更名。**高密**、上。武德三年置,六年省胶西县入焉。**莒**。上。有盐。

右河南采访使,治汴州。

唐书卷三九
志第二九

地理三

河东道，盖古冀州之域，汉河东、太原、上党、西河、雁门、代郡及巨鹿、常山、赵国、广平国之地。河中、绛、晋、慈、隰、石、太原、汾、忻、潞、泽、沁、辽为实沈分，代、云、朔、蔚、武、新、岚、宪为大梁分。为府二，州十九，县百一十。其名山：雷首、介、霍、五台。其大川：汾、沁、丹、潞。厥赋：布、𫄨。厥贡：布、席、豹尾、熊韡、雕羽。

河中府河东郡，赤。本蒲州，上辅。义宁元年治桑泉，武德三年徙治河东。开元八年置中都，为府；是年罢都，复为州。乾元三年复为府。土贡：毡、鹣扇、龙骨、枣、凤栖梨。户七万八百，口四十六万九千二百一十三。县十三：有府三十三，曰兴乐、德义、胡壁、龙亭、清源、永和、陶城、霍山、潫水、首阳、寿贵、归仁、长渠、虞城、通闰、宝鼎、盐海、归淳、大阳、永安、奉信、永兴、右威、汾阴、甘泉、平川、安保、石门、绥化、坛道、安邑、崇义、六军。又有耀德军，乾元二年置，广德二年废。**河东**、次赤。有芳酝监，汲河以酿，武德三年置，贞观十年废。南有风陵关，圣历元年置。有历山。**河西**、次赤。开元八年析河东置，寻省。乾元三年更同州之朝邑曰河西，来属。大历五年复还同州，析朝邑、河东别置。有蒲津关，一名蒲坂。开元十二年铸八牛，牛有一人策之，牛下有山，皆铁也，夹岸以维浮梁。十五年自朝邑徙河渎祠于此。**临晋**、次畿。本桑泉，武德三年析置温泉县，九年省。天宝十三载更名。**解**、次畿。本虞乡，武德元年更名。贞观十七年省，以地入虞乡，二十二年复置。有盐池，又有女盐池。有紫泉监，乾元元年置，有铜穴十二。**猗氏**、次畿，有孤山。**虞乡**、次畿。武德元年别置。贞观二十二年省，以地入解。天授二年复置。北十五里有涑水渠,贞观十七年刺史薛万彻开,自闻喜引涑水下入临晋。**永乐**、次畿。武德元年置,本隶芮州,州废,隶鼎州,贞观八年来属,后又隶虢州,神龙元年复故。有雷首山。**安邑**、次畿。义宁元年以安邑、虞乡、夏置安邑郡。武德元年曰虞州,又析置桐乡县。三年析安邑置兴乐县。贞观元年省。十七年州废,省桐乡入闻喜,以安邑、解来属。至德二载更安邑曰虞邑,乾元元年隶陕州,大历四年复故名。元和三年来属。有龙池宫,开元八年置。有盐池,与解为两池,大历十二年生乳盐,赐名宝应庆灵池。有银监。**宝鼎**、次畿。本汾阴。义宁元年以汾阴、龙门置汾阴郡,武德元年曰泰州。州废来属。开元十年获宝鼎,更名。有后土祠。**襄陵**、紧。本隶晋州,元和十四年隶绛州,大和元年来属。**稷山**、上。本隶绛州,唐末来属。有稷山。**万泉**、上。本隶泰州,武德三年析稷山、安邑、猗氏、汾阴、龙门置。州废隶绛州,大顺二年来属。有介山。**龙门**、次畿。武德二年徙泰州来治,五年析置万春县。贞观十七年州废,省万春入龙门,隶绛州。元和初来属。有龙门关。有高祖庙,贞观中置。北三十里有瓜谷山堰,贞观十年筑。东南二十三里有十石垆渠,二十三年县令长孙恕凿,溉田良沃,亩收十石。西二十一里有马鞍坞渠,亦恕所凿。有龙门仓,开元二年置。

　　晋州平阳郡,望。本临汾郡,义宁二年更名。土贡:蜡烛,有平阳院矾官。户六万四千八百三十六,口四十二万九千二百二十一。**县八**:有府十五,曰神山、平阳、丰宁、冀城、安信、万安、益昌、英台、岳阳、仁寿、高阳、临汾、晋安、白洞、高华、仁德。**临汾**、望。东北十里有高梁堰,武德中引高梁水溉田,入百金泊。贞观十三年为水所坏。永徽二年,刺史李宽自东二十五里夏柴堰引潏水溉田,令陶善鼎复治百金泊,亦引潏水溉田。乾封二年堰坏,乃西引晋水。有姑射山。**洪洞**、望。本扬,义宁二年更名。武德元年析洪洞、临汾置西河县,贞观十七年省入临汾。**神山**、中。本浮山,武德二年析襄陵置。东南有羊角山。四年以老子祠更名。**岳阳**、中。东有府城关。有铁。**霍邑**、上。义宁元年以霍邑、赵城、汾西、灵石置霍山郡。武德元年曰吕州。贞观十七年州废,以灵石隶汾州,霍邑、赵城、汾西来属。有西北镇霍山祠。**赵城**、上。义宁元年析霍邑置。**汾西**、中。有铁。**冀氏**。中。

　　绛州绛郡,雄。土贡:白縠、梁米、梨、墨、蜡烛、防风。户八万二千二百四,口五十一万七千三百三十一。**县七**:有府三十三,曰新田、大平、正平、武城、长社、大乡、垣城、涑川、绛川、盖松、凤亭、延光、平原、高凉、神泉、桐乡、万泉、翼城、皮氏、董泽．零原、石池、延福、永康、景山、周阳、夏台、古亭、崇乐、绛邑、长平、武阳、蒲邑。**正平**、望。西有武平故关。**太平**、紧。有太平关，贞观七年置。**曲沃**、望。东北三十五里有新绛渠，永徽元年，令崔翳引古堆水溉田百余顷。南十三里山有铜。**翼城**、望。义宁元年以翼城、绛置翼城郡，并置小乡县。武德元年曰浍州，二年曰北浍州，四年州废，县皆来属，九年省小乡入翼城。天祐二年更曰浍川。有铜源、翔皋钱坊二。有浍高山，有铜，有铁。**绛**、望。有铁。**闻喜**、望。武德元年置。有铜冶。东南三十五里有沙渠，仪凤二年，诏引中条山水于南坡下，西流经十六里，溉涑阴田。**垣**。上。义宁元年以垣、王屋置邵原郡，又置清廉、亳城二县。武德元年曰邵州。二年置长泉县，是年，以长泉隶怀州，后省。五年省亳城入垣。贞观元年州废，省清廉入垣，来属。龙朔二年隶洛州，长安二年复旧。贞元三年隶陕州，元和三年复旧。

　　慈州文城郡，下。本汾州，武德五年曰南汾州，贞观八年更名。土贡：白蜜、蜡烛。户万一千六百一十六，口六万二千四百八十六。**县五**：有府三，曰仵城、吉昌、平昌。**吉昌**、中。有铁。**文城**、中。天祐中更曰屈邑。有孟门山、石鼓山。**昌宁**、中。有铁。**吕香**、中。本平昌，义宁元年析仵城置，贞观元年更名。**仵城**。中。有鸡山。

　　隰州大宁郡，下。本龙泉郡，天宝元年更名。土贡：胡女布、蜜、蜡烛。户万九千四百五十五，口十三万四千四百二十。**县六**：有府六，曰隰川、大义、孝敬、修善、玉城、屈产。**隰川**、中。**蒲**、中。武德二年以县置昌州，并置仵城、常安、昌原三县。贞观元年州废，省昌原、仵城、常安，以蒲来属。西南有常安原。**大宁**、中。本仵城，武德二年更名，是年置中州，并置大义、白龙二县。贞观元年州废，省大义、白龙，以大宁来属。有孔山。西有马斗关，**永和**、中。武德二年置东和州，六年析置楼山县。贞观二年州废，省楼山，以永和来属。西北有永和关。**石楼**、中。武德二年以县置西德州，并置长寿、临河二县。贞观元年州废，省长寿、临河，以石楼隶东和州，州废来属。北有上平津。**温泉**。中。武德三年置北温州，并置新城、高唐二县。贞观元年州废，省新城、高唐，以温泉来属。有铁。

　　北都，天授元年置，神龙元年罢，开元十一年复置。天宝元年曰北京，上元二年罢，肃宗元年复为北都。晋阳宫在都之西北，宫城周二千五百二十步，崇四丈八尺。都城左汾右晋，潜丘在中，长四千三百二十一步，广三千一百二十二步，周万五千一百五十三步，其崇四丈。汾东曰东城，贞观十一年长史李勣筑。两城之间有中城，武后时筑，以合东城。宫南有大明城，故宫城也。宫城东有起义堂。仓城中有受瑞坛。唐初高祖使子元吉留守，获瑞石，有文曰"李渊万吉"，筑坛，祠以少牢。

太原府太原郡，本并州，开元十一年为府。土贡：铜镜、铁镜、马鞍、梨、蒲萄酒及煎玉粉屑、龙骨、柏实人、黄石矿、甘草、人参、矾石、岩石。户十二万八千九百五，口七十七万八千二百七十八。县十三：有府十八，曰兴政、复化、宁静、洞涡、五泉、昌宁、志节、汾阳、静智、信童、晋原、闻阳、清定、丰川、竹马、攘胡、西胡、文谷。城中有天兵军，开元十一年废。**太原**、赤。井苦不可饮，贞观中，长史李勣架汾引晋水入东城，以甘民食，谓之晋渠。**晋阳**、赤。有号令堂，高祖誓义师于此。西北十五里有讲武台、飞阁，显庆五年筑，有龙山。**太谷**、畿。武德三年以太谷、祁置太州，六年州废，二县来属。东南八十里马岭上有长城，自平城至于鲁口三百里，贞观元年废。**祁**、畿。**文水**、畿。武德三年隶汾州，六年来属，七年又隶汾州，贞观元年复旧。天授元年更名武兴，神龙元年复故名。西北二十里有栅城渠，贞观三年，民相率引文谷水溉田数百顷。西十里有常渠，武德二年，汾州刺史萧颛引文水南流入汾州。东北五十里有甘泉渠，二十五里有荡沙渠，二十里有灵长渠，有千亩渠俱引文谷水，传溉田数千顷，皆开元二年令戴谦所凿。**榆次**、畿。**盂**、畿。武德三年以盂、受阳置受州，贞观元年省并州之乌河县入焉。有铜、有铁。东北有白马故关。**寿阳**、畿。本受阳。武德六年徙受州来治，又以辽州之石艾、乐平隶之。贞观八年州废，县皆来属，十一年更名。有方山。**乐平**、畿。**广阳**、畿。本石艾，天宝元年更名。东有井陉故关。东北有盘石故关、苇泽故关。**清源**、畿。武德元年置。**交城**、畿。先天二年析置灵川县，开元二年省。有铁。**阳曲**。畿。本阳直。武德三年析置汾阳县，七年省阳直，更汾阳曰阳曲，仍析置罗阴县。贞观元年省，六年以苏农部落置燕然县，隶顺州，八年侨治阳曲，十七年省。有赤塘关、天门关。

汾州西河郡，望。本浩州，武德三年更名。土贡：鞍面毡、龙须席、石膏、消石。户五万九千四百五十，口三十二万二百三十。县五：有府十二，曰嘉善、六壁、崇德、华夏、灵扶、五柳、京陵、介休、贾胡、宁固、开远、清胜。**西河**、望。本隰城,肃宗上元元年更名。**孝义**、望。本永安,贞观元年更名。有隐泉山。**介休**、望。义宁元年以介休、平遥置介休郡,武德元年曰介州,贞观元年州废,以二县来属。有雀鼠谷。有介山。**平遥**、望。**灵石**。上。有贾胡堡,宋金刚拒唐兵,高祖所次。西南有阴地关,又有长宁关。

　　沁州阳城郡,下。本义宁郡,义宁元年置,天宝元年更郡名。土贡:龙须席、弦麻。户六千三百八,口三万四千九百六十三。县三:有府二,曰延双、安乐。**沁源**、中。武德二年析置招远县,三年省。有柴店关。**和川**、中。义宁元年析沁源置。**绵上**。中。有铁。

　　辽州乐平郡,下。武德三年析并州之乐平、辽山、平城、石艾置,六年徙治辽山,八年曰箕州。先天元年避玄宗名曰仪州。中和三年复曰辽州。土贡:人参、蜡。户九千八百八十二,口五万四千五百八十。县四:有府三,曰辽城、清谷、龙城。**辽山**、中。**榆社**、中。本隶太原郡,义宁元年析上党之乡县。武德元年隶韩州。三年以县及并州之平城置榆州,又析置偃武县。六年州废,省偃武,以榆社、平城来属。**平城**、中。**和顺**。中。武德三年析置义兴县,六年省。

　　岚州楼烦郡,下。本东会州,武德六年更名。土贡:熊鞹、麝香。户万六千七百四十八,口八万四千六。县四:有府一,曰岚山。有守捉兵。**宜芳**、中。本岚城,武德四年更名,析置丰闰、合会二县,五年省丰闰,六年省合会。**静乐**、中。武德四年置管州,仍析置汾阳、六度二县。五年曰北管州。六年州废,省汾阳、六度,以静乐来属。有天池祠。有管涔山。北有楼烦关,有隋故汾阳宫。**合河**、中。本临泉。武德三年曰临津,四年隶东会州,九年省太和县入焉。贞观元年更名,三年复置大和,八年又省。北有合河关,东有蔚汾关。**岚谷**。中。长安三年析宜芳置,神龙二年省,开元十二年复置。有岢岚军,永淳二年以岢岚镇为栅,长安三年为军。景龙中,张仁亶徙其军于朔方,留者号岢岚守捉,隶大同。

　　宪州,下。本楼烦监牧,岚州刺史领之。贞元十五年别置监牧使。龙纪元年,李克用表置州。领县三:楼烦、下。玄池、下。有铁。天池。下。有雁门关。

　　石州昌化郡,下。本离石郡,天宝元年更名。土贡:胡女布、龙须席、蜜、蜡烛、蓝蒇。户万四千二百九十四,口六万六千九百三十五。县五：有府二，曰离石、昌化。离石、中。平夷、中。有孝文山。定胡、中。武德三年置西定州。贞观二年州废来属，又析置孟门县，七年省。西有孟门关。临泉、中。本太和。武德三年更名，置北和州，别析置太和县，四年以太和隶东会州。贞观三年州废，以临泉来属。方山。中。武德二年以县置方州，三年州废，来属。

忻州定襄郡，下。本新兴郡，义宁元年以楼烦郡之秀容置。土贡：麝香、豹尾。户万四千八百六，口八万二千三十二。县二：有府四，曰秀容、高城、漳源、定襄。有守捉兵。秀容、上。贞观五年以思结部落于县境置怀化县，隶顺州。十二年以怀化隶代州，后省。有系舟山，有铁。定襄、上。武德四年析秀容置。有石岭关。

代州雁门郡，中都督府。土贡：蜜、青礭彩、麝香、豹尾、白雕羽。户二万一千二百八十，口十万三百五十。县五：有府三，曰五台、东冶、雁门。有守捉兵。其北有大同军，本大武军，调露二年曰神武军，天授二年曰平狄军，大足元年复更名。其西有天安军，天宝十二载置。又有代北军，永泰元年置。雁门、上。有东陉关、西陉关。五台、中。柏谷有银，有铜，有铁。有五台山。繁畤、中。崞、中。有石门关。唐林。中。本武延，证圣元年析五台、崞置，唐隆元年更名。

云州云中郡，下都督府。贞观十四年自朔州北定襄城徙治定襄县。永淳元年为默啜所破，徙其民于朔州。开元十八年复置。土贡：牦牛尾、雕羽。户三千一百六十九，口七千九百三十。县一：有云中、楼烦二守捉。城东有牛皮关。云中。中。本马邑郡云内之恒安镇。武德元年置北恒州，七年废。贞观十四年复置，曰定襄县。永淳元年废。开元十八年复置，更名。有阴山道、青波道，皆出兵路。

朔州马邑郡，下。本治善阳，建中中，节度使马燧徙治马邑，后复故治。土贡：白雕羽、豹尾、甘草。户五千四百九十三，口二万四千五百三十三。县二：善阳、中。武德四年省常宁县入焉。马邑。中。开元五年析善阳于大同军城置。

蔚州兴唐郡，下。本安边郡。隋雁门郡之灵丘、上谷郡之飞狐县地。唐初没突厥。武德六年置州，并置灵丘、飞狐二县，侨治阳曲。七年侨治繁畤。八年侨治秀容故北恒州城。贞观五年破突厥，复故地，还治灵丘。开元初徙治安边。至德二载更郡名，复故治。土贡：熊鞹、豹尾、松实。户五千五十二，口二万九百五十八。县三：东北有横野军，乾元元年徙天成军合之，而废横野军。西有清塞军，本清塞守捉城，贞元十五年置。灵丘、中。有直谷关。其北有孔岭关，有大安镇，飞狐、中。初侨治易州之遂城，遥隶蔚州，贞观五年复故地。有三河铜冶，有钱官。兴唐。中。本安边，开元十二年置，治横野军，至德二载更名。

武州。阙。领县一：文德。

新州。阙。领县四：永兴、矾山、龙门、怀安。

潞州上党郡，大都督府。土贡：赀布、人参、石蜜、墨。户六万八千三百九十一，口三十八万八千六百六十一。县十：有府一，曰载黎。上党、望。有启圣宫，本飞龙，玄宗故第，开元十一年置，后又更名。有瑞阁。有五龙山、马驹山。壶关、上。武德四年析上党置。长子、紧。屯留、上。有三峻山。潞城、上。天祐二年更曰潞子。襄垣、上。武德元年以襄垣、黎城、涉、铜鞮、乡置韩州。贞观十七年州废，县皆来属。东有井谷故关。黎城、上。天祐二年更曰黎亭。有铜山。东有壶口故关。涉、中。有铁。铜鞮、上。武德三年析置甲水县，隶韩州，九年省。永徽六年隶沁州。显庆四年来属。武乡。中。本乡，武后更名武乡，神龙元年复故名，寻又曰武乡。北有昂车关。

泽州高平郡，上。本长平郡，治濩泽，武德八年徙治端氏，贞观元年徙治晋城，天宝元年更郡名。土贡：人参、石英、野鸡。户二万七千八百二十二，口十五万七千九十。县六：有府五，曰丹川、永固、安平、沁水、白涧。晋城、上。本丹川，武德元年置建州。三年析丹川置晋城以隶之。六年州废，隶盖州，徙盖州来治。九年省丹川、盖城入晋城。贞观元年州废，以晋城、高平、陵川来属。天祐二年更曰丹川。南有天井关，一名太行关。端氏、中。有隗山。陵川、中。阳城、中。本濩泽，天宝元年更名，天祐二年更曰濩泽。有铜，有锡，有铁。沁水、中。高平。上。本隋长平郡，武德元年曰盖州，领高平、丹川、陵川三县，并析置盖城县以隶之。有泫水，一曰丹水，贞元元年，令明济引入城，号甘泉。有省冤谷，本杀谷，玄宗幸潞州，过之，因更名。北有长平关。

右河东采访使，治蒲州。

　　河北道，盖古幽、冀二州之境，汉河内、魏、渤海、清河、平原、常山、上谷、涿、渔阳、右北平、辽西、真定、中山、信都、河间、广阳等郡国，又参有东郡、河东、上党、巨鹿之地。孟、怀、澶、卫及魏、博、相之南境为娵訾分，邢、洺、惠、贝、冀、深、赵、镇、定及魏、博、相之北境为大梁分，沧、景、德为玄枵分，瀛、莫、幽、易、涿、平、妫、檀、蓟、营、安东为析木津分。为州二十九，都护府一，县百七十四。其名山：林虑、白鹿、封龙、井陉、碣石、常岳。其大川：漳、淇、呼陀。厥赋：丝、绢、绵。厥贡：罗、绫、绸、纱、凤翮苇席。

　　孟州，望。建中二年，以河南府之河阳、河清、济源、温租赋入河阳三城使，又以汜水租赋益之。会昌三年遂以五县为州。土贡：黄鱼鲝。县五：有河阳军，建中四年置。河阳、望。武德四年，析怀州之河阳、集城、温于河阳宫置盟州。八年州废，省集城入河阳，温隶怀州。显庆二年隶洛州。有河阳关。有回洛故城。有池，永徽四年引济水涨之，开元中以畜黄鱼。汜水、望。本隶郑州，武德四年析置成皋县，贞观元年省。显庆二年隶洛州，垂拱四年曰广武，神龙元年复故名。有虎牢关。东南有成皋故关。西南有旋门故关。有牛口渚。西一里伏龟山有昭武庙，会昌五年置。河阴、望。开元二十二年析汜水、荥泽、武陟置，隶河南府，领河阴仓，会昌三年来属。有梁公堰，在河、汴间，开元二年，河南尹李杰因故渠浚之，以便漕运。温、望。武德四年，隋令周仲隐以县去王世充来降，置平州，名县城曰李城，是年州废，隶怀州。显庆二年隶洛州。济源、望。武德二年，王世充将丁伯德以县来降，置西济州，又析置溴阳、蒸川、邵原三县。四年州废，省溴阳、蒸川、邵原，以济源隶怀州。贞观元年省怀州之轵县入焉。显庆二年隶洛州。有枋口堰，大和五年，节度使温造浚古渠，溉济源、河内、温、武陟田五千顷。有济渎祠、北海祠。西有故轵关。

　　怀州河内郡，雄。武德二年没王世充，侨治济源之柏崖城。四年，世充平，还旧治。土贡：平纱、平绸、枳壳、茶、牛膝。户五万五千三百四十九，口三十一万八千一百二十六。县五：有府二，曰丹水、吴泽。河内、望。武德三年析置太行、忠义、紫陵三县，析河阳置谷旦县。四年皆省。有太行山。有丹水，开元十一年更名怀水。武德、望。本安昌，武德二年更名，是年，置北义州。四年州废，来属。北百里有大斛故关在太行山。获嘉、望。武德四年以获嘉、武陟、修武、新乡、共城置殷州,并置博望县。贞观元年州废,以获嘉、武陟、修武来属,新乡、共城、博望隶卫州。**武陟**、望。贞观元年省怀县入焉。**修武**。紧。武德二年,河内民李厚德以独鹿城来降,置陟州,并置修武县。四年徙县治故修武,更修武曰武陟,别置修武县。是年州废,隶殷州。西北二十里有新河,自六真山下合黄丹泉水南流入吴泽陂,大中年,令杜某开。

　　魏州魏郡,大都督府,雄。本武阳郡,龙朔二年更名冀州,咸亨三年复曰魏州,天宝元年更郡名。土贡:花绸、绵绸、平绸、绝、绢、紫草。户十五万一千五百九十六,口百一十万九千八百七十三。县十四:**贵乡**、望。有西渠,开元二十八年,刺史卢晖徙永济渠,自石灰窠引流至城西,注魏桥,以通江、淮之货。**元城**、望。贞观十七年省入贵乡,圣历二年复置。**魏**、望。武德四年置漳阴县,贞观元年省入焉。**馆陶**、望。武德五年,以馆陶、冠氏及博州之堂邑、贝州之临清、清水置毛州,并析临清置沙丘县。贞观元年州废,省清水入冠氏,省沙丘入临清,余县皆还故属。**冠氏**、望。**莘**、上。武德五年以莘、临黄、武阳、博州之武水置莘州。贞观元年州废,县还故属。**朝城**、紧。本武阳,贞观十七年省入临黄、莘。永昌元年复置,曰武圣。开元七年更名。元和中隶澶州,后复来属。天祐三年更曰武阳,又以武阳、莘河外地入郓州。**昌乐**、望。武德五年置,贞观十八年省繁水入焉。**临河**、上。武德二年隶黎州,贞观十七年省澶水县入焉。澶水,本澶渊,避高祖名更。州废,隶相州,天祐三年来属。**洹水**、上。本隶相州,天祐三年来属。**成安**、上。本隶相州,天祐二年更名斥丘,三年来属。**内黄**、紧。本隶相州,武德四年析置繁阳县,隶黎州,贞观元年省。天祐三年来属。**宗城**、望。本隶贝州。武德四年,以宗城、经城及冀州之南宫、斌强置宗州,析经城置府城县。九年州废,省府城入经城,省斌强入清河,余县皆还故属。天祐三年曰广宗,是岁来属。**永济**。上。本隶贝州,大历七年田承嗣析魏州之临清置。天祐三年来属。

　　博州博平郡,上。武德四年以魏州之聊城、武水、堂邑、高唐置。土贡:绫、平绸。户五万二千六百三十一,口四十万八千二百五十二。县六:**聊城**、紧。武德四年析置茌平县,又析魏州之莘置莘亭县。贞观元年皆省。天祐三年更曰聊邑,又以聊邑、博平、高唐、武水之河外地入郓州。东南有四口故关。**博平**、上。武德三年析置灵泉县,四年省。贞观十七年省博平入聊城，天授二年复置。**武水**、上。**清平**、上。武德四年置。**堂邑**、上。**高唐**。上。长寿二年曰崇武，神龙元年复故名。

相州邺郡，望。本魏郡，天宝元年更名。土贡：纱、绢、隔布、凤翮席、花口瓢、知母、胡粉。户十万一千一百四十二，口五十九万一百九十六。县六：有昭义军，大历元年置。**安阳**、紧。武德四年省零泉县，五年省相县入焉。西二十里有高平渠，刺史李景引安阳水东流溉田，入广润陂，咸亨三年开。**邺**、紧。南五里有金凤渠，引天平渠下流溉田，咸亨三年开。有铁。**汤阴**、上。本荡阴。武德四年析安阳置荡源县，隶卫州，六年来属。贞观元年省更荡阴曰汤阴。**林虑**、上。武德二年以县置岩州。五年州废，来属。有铁。有林虑山。**尧城**、上。天祐三年更曰永定。北四十五里有万金渠，引漳水入故齐都领渠以溉田，咸亨三年开。**临漳**。上。南有菊花渠，自邺引天平渠水溉田，屈曲经三十里。又北三十里有利物渠，自滏阳下入成安，并取天平渠水以溉田，皆咸亨四年令李仁绰开。

卫州汲郡，望。本治卫，贞观元年徙治汲。土贡：绫、绢、绵、胡粉。户四万八千五十六，口二十八万四千六百三十。县五：**汲**、紧。武德元年以汲、新乡置义州。四年州废，以汲来属，新乡隶殷州。**卫**、紧。贞观十七年省清淇县入焉。长安三年复置清淇县。神龙元年又省。御水有石堰一，贞观十七年筑。有苏门山。**共城**、上。武德元年以县置共州，并析置凡城县。四年州废，省凡城，以共城隶殷州。六年省博望县入焉。有白鹿山。**新乡**、望。东北有故临清关。东南有故延津关。**黎阳**。上。武德二年以县置黎州，寻没窦建德。四年，建德平，复以黎阳、临河、内黄、澶水、魏州、观城、顿丘，相州之荡阴置。是年，以顿丘、观城还隶魏州，荡阴还隶相州。贞观十七年州废，省澶水，以黎阳来属，内黄、临河隶相州。有白马津，一名黎阳关。有大伾山，一名黎阳山。有新河，元和八年，观察使田弘正及郑滑节度使薛平开，长十四里，阔六十步，深丈有七尺，决河注故道，滑州遂无水患。

贝州清河郡，望。本治清河，武德六年徙治历亭，八年复故治。土贡：绢、毡、覆鞍毡。户十万一十五，口八十三万四千七百五十七。县八：**清河**、紧。**清阳**、紧。武德四年析置夏津县，九年省。**武城**、上。**经城**、望。西南四十里有张甲河，神龙三年，姜师度因故渎开。**临清**、望。大历七年隶瀛州，贞元末来属。**漳南**、上。**历亭**、上。**夏津**。上。本鄃，天宝元年更名。

澶州，上。武德四年析黎州之澶水，魏州之顿丘、观城置。贞观元年州废，县还故属。大历七年，田承嗣表以魏州之顿丘、临黄复置。土贡：角弓、凤翮席、胡粉。县四：顿丘、望。清丰、上。大历七年析顿丘、昌乐置，以孝子张清丰名。观城、紧。贞观十七年省入昌乐、临黄，大历七年复置。临黄、紧。东南有卢津关，一名高陵津。

邢州巨鹿郡，上。本襄国郡，天宝元年更名。土贡：丝布、磁器、刀、文石。户七万一百八十九，口三十八万二千七百九十八。县八：龙冈、上。武德元年析龙冈、内丘置青山县，开成五年省入焉。沙河、上。武德元年置温州。四年州废，来属。有铁。南和、紧。武德元年置和州。四年州废，来属。巨鹿、上。武德元年置起州，并析置白起县。四年州废，省白起，以巨鹿隶赵州。贞观元年来属。有大陆泽。有咸泉，煮而成盐。平乡、上。武德元年置封州。四年州废，来属。贞元中，刺史元谊徙漳水，自州东二十里出，至巨鹿北十里入故河。任、中。武德四年置。尧山、上。本柏仁。武德元年置东龙州。四年州废，隶赵州。五年来属。天宝元年更名。内丘、上。武德四年隶赵州，五年来属。有铁。

洺州广平郡，望。本武安郡，天宝元年更名。土贡：绝、绵、绸、油衣。户九万一千六百六十六，口六十八万三千二百八十。县六：永年、望。平恩、上。临洺、紧。武德元年以临洺、武安、肥乡、邯郸置紫州。四年州废，县皆隶磁州。六年以临洺、肥乡来属。狗山有太宗故垒，讨刘黑闼于此。鸡泽、上。武德四年置。有普乐县，武德初置，后陷窦建德，遂废。有漳、洺南堤二，沙河南堤一，永徽五年筑。肥乡、上。州又领清漳、池水二县。会昌三年省清漳入肥乡，池水入曲周。曲周、上。武德四年置。

惠州，上。本磁州，武德元年以相州之滏阳、临水、成安置。贞观元年州废，滏阳、成安还隶相州。永泰元年，昭义节度使薛嵩表复以相州之滏阳，洺州之邯郸、武安置。天祐三年以"磁""慈"声一，更名。土贡：纱、磁石。县四：滏阳、望。邯郸、上。贞观元年隶洺州。武安、上。武德六年隶洺州。有锡。昭义、上。本临水，武德六年省，永泰元年复置，更名。有铁。

镇州常山郡，大都督府。本恒州恒山郡，治石邑，义宁元年析隋高阳郡置。武德四年徙治真定。天宝元年更郡名,十五载曰平山,寻复为恒山。元和十五年避穆宗名更。土贡:孔雀罗、瓜子罗、春罗、梨。户五万四千六百三十三,口三十四万二千一百三十四。县十一:有恒阳军,开元中置。**真定**、望。武德六年析置恒山县,贞观元年省。载初元年曰中山,神龙元年复故名。**槁城**、紧。义宁元年置巨鹿郡,并析置柏肆、新丰、宜安三县。武德元年曰廉州。四年,以赵州之鼓城、定州之毋极、冀州之鹿城隶之,省柏肆、新丰、宜安入槁城。贞观元年州废,以鹿城隶深州,鼓城、毋极隶定州,槁城来属。天祐二年更曰槁平。**石邑**、紧。**九门**、上。义宁元年置九门郡,并析置新市、信义二县。武德元年曰观州。五年州废,省信义、新市,以九门来属。**行唐**、中。武德四年置玉城县,五年省滋阳县入焉。长寿二年曰章武,神龙元年复故名。大历三年以县置泒州,又以灵寿及定州之恒阳隶之。九年州废,县还故属。**井陉**、中。义宁元年置井陉郡,又析置苇泽县。武德元年曰井州,后又领鹿泉及房山、蒲吾、灵寿。贞观元年省蒲吾入房山,鹿泉、苇泽入井陉。十七年州废,县皆来属。有铁。有离隔山。**平山**、中。本房山。义宁元年置房山郡,又置蒲吾县。武德元年曰岳州,四年州废,县皆隶并州。天宝十五载更名。有铁。有白马关。有房山。**获鹿**、中。本鹿泉,天宝十五载更名。有故井陉关,一名土门关。东北十里有大唐渠,自平山至石邑,引太白渠溉田。有礼教渠,总章二年,自石邑西北引太白渠东流入真定界以溉田。天宝二年,又自石邑引大唐渠东南流四十三里入太白渠。有抱犊山。**灵寿**、中。义宁元年以县置燕州。四年州废,隶并州。**鼓城**、中。本隶定州,大历三年来属。**栾城**。中。本隶赵州,大历二年来属,天祐二年更名栾氏。

　　冀州信都郡,上。本治信都,武德六年徙治下博,贞观元年复故治。龙朔二年更名魏州,咸亨三年复故名。土贡:绢、绵。户十一万三千八百八十五,口八十三万五百二十。县九:**信都**、望。天祐二年更曰尧都。东二里有葛荣陂,贞观十一年,刺史李兴公开,引赵照渠水以注之。**南宫**、望。西五十九里有浊漳堤,显庆元年筑。有通利渠,延载元年开。**堂阳**、上。西南三十里有渠自巨鹿入县境,下入南宫,景龙元年开。西十里有漳水堤,开元六年筑。**枣强**、上。**武邑**、上。武德四年析置昌亭县,贞观元年省。北三十里有衡漳右堤,显庆元年筑。**衡水**、上。南一里有羊令渠,载初中,令羊元圭引漳水北流,贯城注隍。**阜城**、望。天祐二年更曰汉阜。**蓚**、上。本隶德州,永泰元年来属。**武强**。望。贞观元年隶深州，州废来属。后复隶深州，开元二年来属。永泰元年复隶深州，唐末来属。

深州饶阳郡，上。武德四年以定州之安平、瀛州之饶阳置，寻徙治饶阳。贞观十七年州废，县还故属。先天二年，以瀛州之饶阳、冀州之鹿城、下博、武强，定州之安平复置。土贡：绢。户万八千八百二十五，口三十四万六千四百七十二。县七：**陆泽**、上。先天二年析饶阳、鹿城置。**饶阳**、望。武德四年析置芜蒌县，贞观元年省。**束鹿**、上。本鹿城，天宝十五载更名。**安平**、上。**博野**、望。本隶满州。武德五年以博野、清苑、定州之义丰置蠡州，八年州废，县还故属，九年复以博野、清苑置。贞观元年州废，以博野、清苑隶瀛州。永泰中以博野来属。元和十年复隶瀛州，后又来属。**乐寿**、紧。本隶瀛州，大历中来属。元和十年复隶瀛州，后又来属。**下博**。上。本隶冀州，贞观元年来属。州废，还隶冀州。后又来属。开元二年隶冀州。永泰元年复来属。有永宁军，贞元十年置。

赵州赵郡，望。武德初治柏乡，四年徙治平棘，五年更名栾州，贞观初复故名。土贡：绢。户六万三千四百五十四，口三十九万五千二百三十八。县八：**平棘**、上。东二里有广润陂，引太白渠以注之，东南二十里有毕泓，皆永徽五年令弓志元开，以畜泄水利。**宁晋**、紧。本瘿陶，天宝元年更名。地旱卤。西南有新渠，上元中，令程处默引洨水入城以溉田，经十余里，地用丰润，民食乃甘。**昭庆**、望。本大陆，武德四年曰象城，天宝元年更名。西南二十里有建初陵、启运陵，二陵共茔。城下有沣水渠，仪凤三年，令李玄开，以溉田通漕。**柏乡**、上。西有千金渠、万金堰，开元中，令王佐所浚筑，以疏积潦。**高邑**、中。**临城**、中。本房子，天宝元年更名，天祐二年更曰房子。**赞皇**、中。**元氏**。上。有灵山、封龙山。

沧州景城郡，上。本渤海郡，治清池，武德元年徙治饶安，六年徙治胡苏，贞观元年复治清池。土贡：丝布、柳箱、苇簟、糖蟹、鳢鮬。户十二万四千二十四，口八十二万五千七百五。县七：西南有横海军，开元十四年置，天宝后废，大历元年复置。**清池**、紧。西北五十五里有永济堤二，永徽二年筑。西四十五里有明沟河堤二，西五十里有李彪淀东堤及徒骇河西堤，皆三年筑。西四十里有衡漳堤二，显庆元年筑。西北六十里有衡漳东堤，开元十年筑。东南二十里有渠，注毛氏河，东南七十里有渠，注漳，并引浮水,皆刺史姜师度开。西南五十七里有无棣河,东南十五里有阳通河,皆开元十六年开。南十五里有浮河堤、阳通河堤,又南三十里有永济北堤,亦是年筑。有甘井二,十年,令毛某母老,苦水咸无以养,县舍穿地,泉涌而甘,民谓之毛公井。有盐。**盐山**、紧。武德四年置东盐州,五年,以景州之清池并析盐山置浮水县以隶之。贞观元年州废,省浮水,以清池、盐山来属。有盐。**长芦**,上。本隶瀛州。武德四年,以长芦、平舒、鲁城及沧州之清池置景州。贞观元年州废,以平舒还隶瀛州,长芦、鲁城来属。**乐陵**、上。本隶棣州,武德八年来属。大和二年又隶棣州,寻复来属。**饶安**、上。武德四年析置鬲津县,贞观元年省入乐陵。**无棣**、上。贞观元年省入阳信,八年复置,大和二年隶棣州,寻来属。有无棣沟通海,隋末废,永徽元年,刺史薛大鼎开。**乾符**。上。本鲁城,乾符元年生野稻水谷二千余顷,燕、魏饥民就食之,因更名。

景州,上。贞元三年析沧州之弓高、东光、临津置。长庆元年州废,县还沧州,二年复以弓高、东光、临津、南皮、景城置。大和四年州又废,县还沧州。景福元年复置。土贡:苇簟。县四:**弓高**、上。本隶德州,武德四年,以弓高及胡苏、东光、冀州之阜城、蓚、安陵、观津置观州,并析东光置安陵县,析蓚置观津县。六年以胡苏隶沧州。贞观元年省观津,复以胡苏隶观州。十七年州废,以弓高、东光、胡苏隶沧州,蓚、安陵隶德州,阜城还隶冀州。**东光**、上。南二十里有胔河,自安陵入浮河,开元中开。**临津**、上。本胡苏,天宝元年更名。**南皮**。上。古毛河自临津经县入清池,开元十年开。有唐昌军,贞元二十一年置。

德州平原郡,上。土贡:绢、绫。户八万三千二百一十一,口六十五万九千八百五十五。县六:**安德**、紧。**长河**、上。东南有张公故关。**平原**、上。大和二年隶齐州,三年来属。**平昌**、上。贞观十七年省般县入焉,大和二年隶齐州,三年来属。有马颊河,久视元年开,号"新河"。**将陵**、望。**安陵**。望。景福元年隶景州,寻复来属。

定州博陵郡,上。本高阳郡,天宝元年更名。土贡:罗、绸、细绫、瑞绫、两窠绫、独窠绫、二包绫、熟线绫。户七万八千九十,口四十九万六千六百七十六。县十:有义武军,建中四年置。西有北平军,开元中置。**安喜**、紧。本鲜虞,武德四年更名。**义丰**、紧。万岁通天二年以拒契丹更名立节,神龙元年复故名。**北平**、上。万岁通天二年以拒契丹更名徇忠,神龙元年复故名。西北有安阳故关。**望都**、上。武德四年置。**曲阳**、上。本恒阳，元和十五年更名，是年，又更恒岳曰镇岳，有岳祠。**陉邑**、中。本隋昌，武德四年曰唐昌，天宝元年更名。**唐**、上。有铜，有铁。西北有八度故关、倒马故关。北有委粟故关。**新乐**、中。东南二十里有木刀沟，有民木刀居沟傍，因名之。**无极**、上。"无"本作"毋"，万岁通天二年更。有无极山。景福二年，节度使王处存以县及深泽表置祁州。**深泽**。中。

易州上谷郡，上。土贡：绸、绵、墨。户四万四千二百三十，口二十五万八千七百七十九。县六：有府九，曰遂城、安义、修武、德行、新安、古亭、武遂、长乐、龙水。有高阳军。**易**、上。**容城**、上。本遒，武德五年，以容城及幽州之固安、归义置北义州。贞观元年州废，县还故属。圣历二年以拒契丹更名全忠，神龙二年复故名，天宝元年又更名。**遂城**、上。**涞水**、上。**满城**、中。本永乐，天宝元年更名。有郎山。有永清军，贞元十五年置。**五回**。中下。开元二十三年析易置，并置楼亭、板城二县。天宝后省。

幽州范阳郡，大都督府。本涿郡，天宝元年更名。**土贡**：绫、绵、绢、角弓、人参、栗。户六万七千二百四十三，口三十七万一千三百一十二。县九：有府十四，曰吕平、涿城、德闻、潞城、乐上、清化、洪源、良乡、开福、政和、停骖、柘河、良杜、咸宁。城内有经略军。又有纳降军，本纳降守捉城，故丁零川也。西南有安塞军，有赫连城。有宗王、乾涧、殄寇三镇城，石堆、车坊、蓟城、河旁四戍。**蓟**、望。天宝元年析置广宁县，三载省。有铁。有故隋临朔宫。**幽都**、望。本蓟县地。隋于营州之境汝罗故城置辽西郡，以处粟末靺鞨降人。武德元年曰燕州，领县三：辽西、泸河、怀远。土贡：豹尾。是年，省泸河。六年自营州迁于幽州城中，以首领世袭刺史。贞观元年省怀远。开元二十五年徙治幽州北桃谷山。天宝元年曰归德郡。户二千四十五，口万一千六百三。建中二年为朱滔所灭，因废为县。**广平**、上。天宝元年析蓟置，三载省，至德后复置。**潞**、上。武德二年自无终徙渔阳郡于此，置玄州，领潞、渔阳，并置临沟县。贞观元年州废，省临沟、无终，以潞、渔阳来属。**武清**、上。本雍奴，天宝元年更名。**永清**、紧。本武隆，如意元年析安次置。景云元年曰会昌，天宝元年更名。**安次**、上。**良乡**、望。圣历元年曰固节，神龙元年复故名。有大房山。**昌平**。望。北十五里有军都陉。西北三十五里有纳款关，即居庸故关，亦谓之军都关。其北有防御军，故夏阳川也。有狼山。

涿州，上。大历四年，节度使朱希彩表析幽州之范阳、归义、固安置。县五：范阳、望。本涿，武德七年更名。归义、上。武德五年置，贞观元年省，八年复置。景云二年隶鄚州，是年，还隶幽州。固安，上。新昌，上。大历四年析固安置。新城。上。大和六年以故督亢地置。

瀛州河间郡，上。土贡：绢。户九万八千一十八，口六十六万三千一百七十一。县五：河间、望。武德五年置武垣县，贞观元年省入焉。西北百里有长丰渠，二十一年，刺史朱潭开。又西南五里有长丰渠，开元二十五年，刺史卢晖自束城、平舒引滹沱东入淇通漕，溉田五百余顷。高阳、上。武德四年以高阳、鄚、博野、清苑置满州。五年以博野、清苑隶蠡州。贞观元年州废，以鄚、高阳来属。平舒、上。束城、上。景城。上。本隶沧州，武德四年来属。贞观元年隶沧州，大历七年复旧。后隶景州，寻又来属。

莫州文安郡，上。本鄚州，景云二年，以瀛州之鄚、任丘、文安、清苑、唐兴，幽州之归义置。开元十三年以"鄚""郑"文相类，更名。土贡：绢、绵。户五万三千四百九十三，口三十三万九千九百七十二。县六：有唐兴军，开元十四年置。北又有渤海军。莫、紧。本鄚，开元十三年更。有九十九淀。清苑、上。文安、上。贞观元年省丰利县入焉。任丘、上。武德五年分鄚置。有通利渠，开元四年，令鱼思贤开，以泄陂淀，自县南五里至城西北入寇，得地二百余顷。长丰、中。本利丰，开元十年析文安、任丘置，是年更名。唐兴。上。本武兴，如意元年析河间置。长安四年隶易州，是年，还隶瀛州。神龙元年更名。

平州北平郡，下。初治临渝，武德元年徙治卢龙。土贡：熊鞹、蔓荆实、人参。户三千一百一十三，口二万五千八十六。县三：有府一，曰卢龙。有卢龙军，天宝二载置。又有柳城军，永泰元年置，有温沟、白望、西狭石、东狭石、绿畴、米砖、长杨、黄花、紫蒙、白狼、昌黎、辽西等十二戍，爱川、周夔二镇城。东北有明垤关、鹁湖城、牛毛城。卢龙、中。本肥如，武德二年更名，又置抚宁县，七年省。石城、中。本临渝，武德七年省，贞观十五年复置，万岁通天二年更名。有临渝关，一名临闾关。有大海关。有碣石山。有温昌镇。马城。中。古海阳城也，开元二十八年置，以通水运。东北有千金冶。城东有茂乡镇城。

妫州妫川郡，上。本北燕州，武德七年平高开道，以幽州之怀戎置。贞观八年更名。土贡：桦皮、胡禄、甲榆、骹矢、麝香。户二千二百六十三，口万一千五百八十四。县一：有府二，曰密云、白檀。有清夷军，垂拱中置。有淮北、白阳度、云治、广边四镇兵。有横河、柴城二戍。有阳门城。有永定、窑子二关。又有怀柔军，在妫、蔚二州之境。**怀戎**。上。天宝中析置妫川县，寻省。妫水贯中。北九十里有长城，开元中张说筑。东南五十里有居庸塞，东连卢龙、碣石，西属太行、常山，实天下之险。有铁门关。西有宁武军。又北有广边军，故白云城也。

檀州密云郡，本安乐郡，天宝元年更名。土贡：人参、麝香。户六千六十四，口三万二百四十六。县二：有威武军，万岁通天元年置，本渔阳，开元十九年更名。又有镇远军，故黑城川也。有三叉城、横山城、米城。有大王、北来、保要、鹿固、赤城、邀虏、石子航七镇。有临河、黄崖二戍。**密云**、中。有隗山。**燕乐**。中。东北百八十五里有东军、北口二守捉。北口，长城口也。又北八百里有吐护真河，奚王衙帐也。

蓟州渔阳郡，下。开元十八年析幽州置。土贡：白胶。户五千三百一十七，口万八千五百二十一。县三：有府二，曰渔阳、临渠。南二百里有静塞军，本障塞军，开元十九年更名。又有雄武军，故广汉川也。东北九十里有洪水守捉，又东北三十里有盐城守捉，又东北渡滦河有古卢龙镇，又有斗陉镇。自古卢龙北经九荆岭、受米城、张洪隘度石岭至奚王帐六百里。又东北行傍吐护真河五百里至奚、契丹衙帐。又北百里至室韦帐。**渔阳**、中。神龙元年隶营州，开元四年还隶幽州。有平虏渠，傍海穿漕，以避海难，又其北涨水为沟，以拒契丹，皆神龙中沧州刺史姜师度开。**三河**、中。开元四年析潞置。北十二里有渠河塘。西北六十里有孤山陂，溉田三千顷。**玉田**。中。本无终，武德二年置，贞观元年省。乾封二年复置，万岁通天元年更名。神龙元年隶营州，开元四年还隶幽州，八年隶营州，十一年又隶幽州。有壕门、米亭、三谷、礓石、方公、白杨等七戍。

营州柳城郡，上都督府。本辽西郡，万岁通天元年为契丹所陷。圣历二年侨治渔阳，开元五年又还治柳城，天宝元年更名。土贡：人参、麝香、豹尾、皮骨骷。户九百九十七，口三千七百八十九。县一：有平卢军，开元初置。东有镇安军，本燕郡守捉城，贞元二年为军城。西四百八十里有渝关守捉城。又有汝罗、怀远、巫闾、襄平四守捉城。**柳城**。中。西北接奚,北接契丹,有东北镇医巫闾山祠。又东有碣石山。

　　安东,上都护府。总章元年,李勣平高丽国,得城百七十六,分其地为都督府九,州四十二,县一百,置安东都护府于平壤城以统之,用其酋渠为都督、刺史、县令。上元三年徙辽东郡故城,仪凤二年又徙新城。圣历元年更名安东都督府,神龙元年复故名。开元二年徙于平州,天宝二年又徙于辽西故郡城。至德后废。土贡:人参。有安东守捉。有怀远军,天宝二载置,又有保定军。

　　右河北采访使,治魏州。

唐书卷四〇
志第三〇

地理四

　　山南道,盖古荆、梁二州之域,汉南郡、武陵、巴郡、汉中、南阳及江夏、弘农、广汉、武都郡地。江陵、峡、归、夔、澧、朗、复、郢、襄、房为鹑尾分,邓、隋、泌、均为鹑火分,兴元、金、洋、凤、兴、成、文、扶、利、集、壁、巴、蓬、通、开、忠、万、涪、阆、果、渠为鹑首分。为府二,州三十三,县百六十一。其名山:嶓冢、熊耳、铜梁、巫、荆、岘。其大川:巴、汉、沮、淯。厥赋:绢、布、绵、绸。厥贡:金、丝、纻、漆。

　　江陵府江陵郡,本荆州南郡,天宝元年更郡名。肃宗上元元年号南都,为府。二年罢都,是年又号南都。寻罢都。土贡:方纹绫、赀布、柑、橙、橘、椑、白鱼、糖蟹、栀子、贝母、覆盆、乌梅、石龙芮。户三万三百九十二,口十四万八千一百四十九。县八:有府一,曰罗舍。有永安军,乾元二年置。江陵、次赤。贞观十七年省安兴县入焉。贞元八年,节度使嗣曹王皋塞古堤,广良田五千顷,亩收一钟。又规江南废洲为庐舍,架江为二桥。荆俗饮陂泽,乃教人凿井,人以为便。枝江、次畿。上元元年析江陵置长宁县。二年省枝江入长宁。大历六年复置枝江,省长宁。当阳、次畿。武德四年置平州,并析置临沮县。六年曰玉州。八年州废,省临沮,以当阳来属。有南紫盖山、北紫盖山。长林、次畿。武德四年于东境置基州,并置章山县。七年州废,以章山隶郢州。郢州废,来属。八年省章山入长林。石首、次畿。武德四年置。松滋、次畿。公安、次畿。荆门。次畿。贞元二十一年析长林置。

峡州夷陵郡，中。本治下牢戍，贞观九年徙治步阐垒。土贡：纻
葛、箭竹、柑、茶、蜡、芒硝、五加、杜若、鬼臼。户八千九十八，口四万
五千六百六。县四：夷陵、上。西北二十八里有下牢镇。有黄牛山。宜都、
中下。本宜昌，隶南郡。武德二年更名，以宜都及峡州之夷道置江州，六年曰东
松州。贞观八年州废，省入宜都，来属。长阳，中下。本隶南郡。武德四年以
县置睦州，并置巴山、盐水二县。八年州废，省盐水，以长阳、巴山隶东松州。州
废，来属。天宝八载省巴山入长阳。远安。中下。有神马山，本白马山，天宝
元年更名。

归州巴东郡，下。武德二年析夔州之秭归、巴东置。土贡：纻葛、
茶、蜜、蜡。户四千六百四十五，口二万三千四百一十七。县三：秭
归、中。有盐。东南八十五里有太清镇城。巴东、中下。有盐，有铁。兴山。
中下。武德三年析秭归置。

夔州云安郡，下都督府。本信州巴东郡，武德二年更州名，天宝
元年更郡名。土贡：纻锡布、熊、罴、山鸡、茶、柑、橘、蜜、蜡。户万五
千六百二十，口七万五千。县四：有府一，曰东阳。奉节、上。本人复，贞
观二十三年更名，有铁。有永安井盐官。云安、上。有盐官。巫山、中，有巫
山。大昌。下。有盐官。

澧州澧阳郡，土贡：纹绫、纻练缚巾、犀角、竹簟、光粉、柑、橘、
恒山、蜀漆。户万九千六百二十，口九万三千三百四十九。县四：澧
阳、望。有关山。安乡、中。贞观元年省孱陵县入焉。石门、中。有铁。慈
利。中下。武德中置崇义县，麟德元年省入焉。本故崇州。

朗州武陵郡，下。土贡：葛、纻练簟、柑、犀角。户九千三百六，
口四万三千七百六十。县二：武陵、上。北有永泰渠，光宅中，刺史胡处立
开，通漕且为火备。西北二十七里有北塔堰，开元二十七年，刺史李琎增修，接
古专陂，由黄土堰注白马湖，分入城隍及故永泰渠，溉田千余顷。东北八十九
里有考功堰，长庆元年，刺史李翱因故汉樊陂开，溉田千一百顷。又有右史堰，
二年，刺史温造增修，开后乡渠，经九十七里，溉田二千顷。又北百一十九里有
津石陂，本圣历初令崔嗣业开，翱、造亦从而增之，溉田九百顷。翱以尚书考功
员外郎，造以起居舍人出为刺史，故以官名。东北八十里有崔陂。东北三十五
里有槎陂，亦嗣业所修以溉田，后废。大历五年，刺史韦夏卿复治槎陂，溉田千

余顷。十三年以堰坏遂废。有柱山。龙阳。中上。

忠州南宾郡，下。本临州，义宁二年析巴东郡之临江置，贞观八年更名。土贡：生金、绵、绸、苏薰席、文刀。户六千七百二十二，口四万三千二十六。县五：临江、中下。有盐。丰都、中下。义宁二年析临江置。南宾、中下。武德二年析浦州之武宁置。有铁。垫江、中下。桂溪。中下。本清水，武德二年析临江置，天宝元年更名。

涪州涪陵郡，下。武德元年以渝州之涪陵镇置。土贡：麸金、文刀、獠布、蜡。户九千四百，口四万四千七百二十二。县四：涪陵、中下。武德二年置，并置武龙县，又析涪陵、巴县地置永安县。开元二十二年省永安入乐温。宾化、下。本隆化，贞观十一年置，先天元年更名。武龙、中下。乐温、中下。武德二年析巴县地置，隶南潾州，九年来属。温山。下。本隶南潾州，后来属。

万州南浦郡，下。本南浦州，武德二年析信州置。八年州废，以南浦、梁山隶夔州，武宁隶临州。九年复置，曰浦州。贞观八年更名。土贡：麸金、药子。户五千一百七十九，口二万五千七百四十六。县三：南浦、中。有涂输监、渔阳监，盐官二。武宁、中下。梁山。中下。

襄州襄阳郡，望。土贡：纶巾、漆器，库路真二品：十乘花文、五乘碎石文，柑、蔗、芋、姜。户四万七千七百八十，口二十五万二千一。县七：有府一，曰汉津。襄阳、望。贞观八年省常平县入焉。有岘山。邓城、紧。本安养，天宝元年曰临汉，贞元二十一年更名。谷城、上。武德四年以谷城、阴城置鄀州，五年州废，二县来属。贞观八年省阴城入焉。有薤山。义清、中。贞观八年省南漳入焉。南漳，本临沮。南漳、中下。本荆山，武德二年析南漳置，以县置重州，并置重阳、平阳、渠阳、土门、归义五县。七年省渠阳入荆山，省平阳入重阳，省土门、归义入房州之永清。贞观元年州废，以荆山来属，徙重阳于故重州，隶迁州。八年省重阳入荆山。开元十八年徙于故南漳，因更名。有荆山。乐乡、中下。本隶竟陵郡，武德四年以乐乡及襄州之率道、上洪置郢州。贞观元年又领长寿，省上洪。八年州废，以长寿隶温州，乐乡、率道来属。宜城。上。本率道，贞观八年省汉南县入焉，天宝七载更名。有石梁山、阴山。

泌州淮安郡，上。本昌州舂陵郡，治枣阳。武德五年以唐城山更名唐州，九年徙治比阳。天宝元年更郡名。天祐三年，朱全忠徙治泌阳，表更名。土贡：绢布。户四万二千六百四十三，口十八万二千三百六十四。县七：泌阳、中。本上马，贞观元年省入湖阳，开元十三年复置，天宝元年更名。比阳、上。本淮安郡治，武德四年曰显州，领比阳、慈丘、平氏、显冈、桐柏五县。二年省显冈。九年州废，县皆来属。慈丘、上。桐柏、中。武德初置纯州，贞观元年州废，来属。有桐柏山。有淮渎祠。平氏、中。有祈中山。湖阳、中。武德四年以县置湖州，贞观元年州废，来属。有蓼山。方城。上。本清阳郡治。武德二年曰北澧州，领方城、真昌二县。贞观元年省真昌。八年曰鲁州，九年州废，以方城来属。

隋州汉东郡，上。土贡：合罗、绫、葛、覆盆。户二万三千九百一十七，口十万五千七百二十二。县四：隋、上。武德四年省安贵县入焉，五年省平林、顺义县入焉。光化、上。枣阳、上。本隶唐州。武德五年省唐州之清潭县入焉。贞观元年又省唐州之舂陵县入焉。十年以枣阳来属。有光武山。唐城。上。开元二十六年以客户析枣阳地置。

邓州南阳郡，上。土贡：丝布、茅菊。户四万三千五十五，口十六万五千二百五十七。县六：穰、望。武德四年析置平晋县，以新野置新州，寻废新州，以新野来属。六年省平晋县。又领涞阳县，贞观元年省，乾元元年省新野，皆入焉。南阳、紧。武德三年以南阳及舂陵郡之上马置宛州，并置云阳、上宛、安固三县。八年州废，以上马隶唐州，省云阳、上宛，以安固入南阳，来属。圣历元年曰武台。神龙初复故名。有铜。向城、上。武德三年以县置淯州。八年州废，隶北澧州，州废，来属。圣历元年曰武清。神龙初复故名。北八十里有鲁阳关。临湍、上。本新城。武德二年以县置郦州，八年州废，来属。贞观元年省冠军县入焉。天宝元年更名。又有顺阳县，武德二年析冠军置，六年省。内乡、上。本淅阳郡治。武德二年曰淅州，并置默水县。贞观八年州废，省默水入内乡，来属。有岵山。菊潭、中。开元二十四年析新城置。

均州武当郡，下。义宁二年析淅阳郡之武当、均阳置。贞观元年州废，二县隶淅州。八年以武当、郧乡复置。土贡：山鸡尾、麝香。户九千六百九十八，口五万八百九。县三：有府一，曰至诚。武当、上。义宁二年析置平陵县，武德七年省，八年省均阳入焉。东南百里有盐池。有武当山。**郧乡**、上。本隶淅阳郡。武德元年以郧乡、安福置南丰州，并置堵阳、黄沙、白沙、固城四县。八年省黄沙、白沙、固城，是年州废，以郧乡、安福、堵阳隶淅州。贞观元年省安福、堵阳入焉。有精舍山，本独山，天宝中更名。**丰利**、上。有伏龙山。有锡义山，一名天心山。

　　房州房陵郡，上。武德元年析迁州之竹山、上庸置。贞观十年徙治房陵。土贡：蜡、苍矾、麝香、钟乳、雷丸、石膏、竹䉶。户万四千四百二十二，口七万一千七百八。县四：**房陵**、上。本光迁，房陵郡治。武德元年曰迁州，并析置受阳、淅川、房陵三县。五年省淅川。七年省房陵、受阳。贞观十年州废，来属，更光迁曰房陵。**永清**、中下。本隶迁州，州废，来属。有房山。**竹山**、中下。武德元年析置武陵县，贞观十年省。**上庸**。上。

　　复州竟陵郡，上。本沔阳郡，治竟陵。贞观七年徙治沔阳，天宝元年更名。宝应二年复故治。土贡：白纻、白蜜。户八千二百一十，口四万四千八百八十五。县三。**沔阳**、上。**竟陵**、上。有五花山。有石堰渠，咸通中，刺史董元素开。**监利**。中下。

　　郢州富水郡，上。本竟陵郡，治长寿。贞观元年州废，以长寿隶郢州，十七年复置，治京山，后还治长寿。土贡：纻布、葛、蕉、春酒曲、枣、节米。户万二千四十六，口五万七千三百七十五。县三：**长寿**、上。贞观元年省蓝水县入焉。**京山**、上。本隶安州。武德四年以京山、富水二县置温州。贞观十七年州废，县皆来属。**富水**。上。有白沙山。

　　金州汉阴郡，上。本西城郡，天宝元年曰安康郡，至德二载更名。土贡：麸金、茶牙、椒、乾漆、椒实、白胶香、麝香、杜仲、雷丸、枳壳、枳实、黄蘖。有橘官。户万四千九十一，口五万七千九百二十九。县六：有府一，曰洪义。**西城**、上。本金川，义宁二年更名。有牛山。汉水有金。**洵阳**中下。武德元年以县到置洵州，并置洵城、驴川二县，七年州废，县皆来属。贞观二年省驴川，八年省洵城。东有申口镇城。**淯阳**、上。本黄土，天宝元年更名。大历六年省入洵阳，长庆初复置。**石泉**、中下。圣历元年曰武安，神龙元年复故名。大历六年省入汉阴，永贞元年复置。**汉阴**、中下。本安康。武德元年以县置西安州，并置宁都、广德二县。二年曰直州。贞观元年州废，省宁都，以广德入安康，来属。至德二载更名。西有方山关，贞观十二年置。月川水有金。**平利**。中下。武德元年以故吉安置，大历六年省入西城，长庆初复置。有女娲山。

右东道采访使，治襄州。

兴元府汉中郡，赤。本梁州汉川郡，开元十三年以"梁"、"凉"声相近，更名襄州，二十年复曰梁州。天宝元年更郡名，兴元元年为府。土贡：縠、蜡、红蓝、燕脂、夏蒜、冬笋、糟瓜、柑、枇杷、茶。户三万七千四百七十，口十五万三千七百一十七。县五：有府一，曰丽水。**南郑**、次赤。有旱山、王女山、中梁山。**褒城**、次畿。义宁二年更名褒中。贞观三年复故名。有牛头山。北有甘宁关。**城固**、次畿。武德二年更名唐固，二年析置白云县，九年省。贞观二年复故名。**西**、次畿。武德三年以县置褒州，析利州之绵谷置金牛县。八年州废，二县来属。宝历元年省金牛县入焉。西南有百牢关。有锡，有铁。**三泉**。次畿。武德四年析利州之绵谷置，以县置南安州，并置嘉牟县，八年州废，省嘉牟，以三泉隶利州。天宝元年来属。

洋州洋川郡，雄。武德元年析梁州之西乡、黄金、兴势置，天宝十五载徙治兴道。土贡：白交梭、火麻布、野纻麻、蜡、白胶香、麝香。户二万三千八百四十九，口八万八千三百二十七。县四：**兴道**、紧。本兴势，贞观二十三年更名。有骆谷路，南口曰傥谷，北口曰骆谷。**西乡**、上。武德四年析置洋源县，宝历元年省。有云亭山。**黄金**、中。有子午谷路。**真符**。中。本华阳，开元十八年析兴道置。天宝三载省。八载开清水谷路，复置，因凿山得玉册，更名，隶京兆府。十一载来属。有太白山、金星洞。

利州益昌郡，下都督府。本义城郡，天宝元年更名。土贡：金、丝布、梁米、蜡烛、鲵鱼、天门冬、芎䓖、麝香。户万三千九百一十，口四万四千六百。县六：**绵谷**、上。有铁。**葭萌**、上。**益昌**、中下。**嘉川**、中下。**胤山**、中下。本义城，义宁二年曰义清。武德七年以义清、岐坪、隆州之奉国置西平州。贞观二年州废，以义清来属，岐坪、奉国隶阆州。天宝元年更名。**景谷**。中下。武德四年以景谷及龙州之方维置沙州。贞观元年州废，省方维为镇，以景谷来属。宝历元年省，寻复置。西有石门关。西北有白坝、鱼老二镇城。

凤州河池郡，下。土贡：布、蜡烛、麝香。户五千九百一十八，口二万七千八百七十七。县三：有府一，曰归昌。梁泉、中下。武德元年析置黄花县，宝历元年省。有银，有铁。两当、中下。有银。河池。中下。

兴州顺政郡，下。土贡：蜡、漆、丹沙、蜜、笋。户二千二百二十四，口万一千四十六。县二：顺政、中。有铁。南有兴城关。长举。中下。元和中，节度使严砺自县而西疏嘉陵江二百里，焚巨石，沃醯以碎之，通漕以馈成州戍兵。州又领鸣水县，长庆元年省入焉。有铁。

成州同谷郡，下。本汉阳郡，治上禄，天宝元年更名，宝应元年没吐蕃。贞元五年，于同谷之西境泥公山权置行州，咸通七年复置，徙治宝井堡，后徙治同谷。土贡：蜡烛、麝香、鹿茸、防葵、狼毒。户四千七百二十七，口二万一千五百八。县三：有府一，曰平阴。有静戎军，宝应元年，徙马邑州于盐井城置。同谷、中下。武德元年以县置西康州。贞观元年州废，来属。咸通十三年复置。上禄、中。没蕃后废。有仇池山。有盐。汉源。中下。没蕃后废。

文州阴平郡，下。义宁二年析武都郡之曲水、正西、长松置。土贡：麸金、绸、绵、麝香、白蜜、蜡烛、柑。户千九百八，口九千二百五。县一。曲水。中下。贞观元年省正西县，贞元六年省长松县，皆来属。

扶州同昌郡，下。乾元后没吐蕃。大中二年，节度使郑涯收复。土贡：麝香、当归、芎藭。户二千四百一十八，口万四千二百八十五。县四：有府二，曰安川、会川。同昌、中下。帖夷、中下。万岁通天二年曰武进，神龙元年复故名。万全、中下。本尚安，至德二年更名。钳川。中下。

集州符阳郡，下。武德元年析梁州之难江，巴州之符阳、长池、白石置。土贡：蜡烛、药子。户四千三百五十三，口二万五千七百二十六。县三：难江、上。武德元年析置平桑县，贞观元年省，二年复置，六年省，又省长池县入焉。大牟、下。武德二年徙静州治狄平，更狄平曰地平。十七年废静州，以大牟、清化隶巴州，地平来属。永泰元年以大牟隶集州，更地平曰通平，宝历元年省。嘉川。下。本隶利州，贞观二年隶静州，州废，还隶利州。永泰元年来属。

壁州始宁郡，下。武德八年析巴州之始宁县地置。土贡：绸、绵、马策。户万三千三百六十八，口五万四千七百五十七。县五：通江、上。本诺水，隶万州。武德中省，八年又析巴州之始宁复置，天宝元年更名。**广纳**、中。武德三年析始宁、归仁置，宝历元年省，大中初复置。**符阳**、中。本隶清化郡，武德元年隶集州，八年来属。贞观八年复隶集州，长安三年来属。景云二年又隶集州，永泰元年来属。**白石**、中。本隶清化郡，武德元年隶集州，八年来属。**东巴**。中。本太平，开元二十三年置，天宝元年更名。

巴州清化郡，中。土贡：麸金、绵、绸、赀布、花油、橙、石蜜。户三万二百一十，口九万一千五十七。县九：**化城**、上。**盘道**、中下。宝历元年省入恩阳，长庆中复置。**清化**、上。武德元年置静州，又析置大牟、狄平二县。**曾口**、中。**归仁**、中。**始宁**、中。**其章**、中。宝历元年省，大中元年复置。**恩阳**、中。贞观十七年省，万岁通天元年复置。**七盘**。上。久视元年置。

蓬州蓬山郡，下。本咸安郡，武德元年以巴州之安固、伏虞，隆州之仪陇、大寅，渠州之宕渠、咸安置，开元二十九年徙治大寅，至德二载更郡名。土贡：绵、绸。户万五千五百七十六，口五万三千三百五十三。县七：**蓬池**、中。本大寅，广德元年更名，后省，开成元年复置。**良山**、中。本安固，天宝元年更名。宝历元年省入蓬池，大中中复置。**仪陇**、中。武德三年以县置方州。八年州废，还隶蓬州。**伏虞**、中。**宕渠**、中下。宝历元年省入蓬山，大中中复置。**蓬山**。上。本咸安，至德二载更名。**朗池**、中。武德四年析果州之相如县置，隶果州。宝应元年来属。宝历元年省，开成二年复置。

通州通川郡，上。土贡：绸、绵、蜜、蜡、麝香、枫香、白药实。户四万七百四十三，口十一万八百四。县九：通川、上。武德二年置思来县，贞观元年省入焉。**永穆**、上。本隶巴州。武德二年以永穆及归仁置万州，又置诺水、广纳、太平、恒丰四县，七年省诺水。贞观元年州废，以归仁还隶巴州，广纳隶壁州，省太平、恒丰入永穆，来属。**三冈**、中。宝历元年省。大中五年复置。**石鼓**、中。宝历元年省，大中元年复置。**东乡**、中。武德三年置南石州，又置下蒲、昌乐二县。八年州废，省昌乐入石鼓，下蒲入东乡，来属。**宣汉**、中下。武德元年置南井州，并析置东关县。贞观元年州废，省东关，以宣汉来属。有盐，有金。**新宁**、中下。武德二年析通川置。大和三年隶开州，四年来属。**巴渠**、中。永泰元年析石鼓置，大和三年隶开州，四年来属。**阆英**。中。

天宝九载置。

开州盛山郡，下。本万世郡，义宁二年析巴东郡之盛山、新浦，通川郡之万世、西流置，天宝元年更名。土贡：白绅布、柑、茱苗实。户五千六百六十，口三万四百二十一。县三：开江，上。本盛山，贞观元年省西流县入焉，广德元年更名。新浦、中下。万岁。中下。本万世，贞观二十三年更名。宝历元年省。寻复置。有盐。东南五里有灵洞，贞元九年雷雨震开。

阆州阆中郡，上。本隆州巴西郡，先天二年避玄宗名更州名，天宝元年更郡名。土贡：莲绫、绵、绢、绸、縠。户二万九千五百八十八，口十三万二千一百九十二。县九：阆中、紧。本阆内，武德元年更名，是年析置思恭县，七年省。有灵山。有盐。晋安、中。本晋城，武德中避隐太子名更。南部、上。有盐。苍溪、中下。有云台山、紫阳山。西水、中下。奉国、上。武德七年隶西平州。贞观元年州废，还隶隆州。新井、中。武德元年析南部、晋安置。有盐。新政、中。本新城，武德四年析南部、相如置，避隐太子名更。有盐。岐坪。中。本隶利州，开元二十三年来属。宝历元年省入奉国、苍溪，天复中，王建表置。

果州南充郡，中。武德四年析隆州之南充、相如置，大历六年更名充州，十年复故名。土贡：绢、丝布。户三万三千六百四，口八万九千二百二十五。县五：南充、上。有盐。相如、中。有盐。流溪、中。开耀元年析南充置。西充、上。武德四年析南充置。有盐。岳池。中。万岁通天二年析南充、相如置。有龙扶速山。

渠州潾山郡，下。本宕渠郡，天宝元年更名。土贡：绸、绵、药实、买子本实。户九千九百五十七，口二万六千五百二十四。县三：流江，上。武德元年析置义兴县，别置贲城县，八年皆省。渠江、中。本贲城，武德元年曰始安，又析置丰乐县，八年省。天宝元年更名。潾山。中下。武德元年析潾水置，以县置潾州，并置盐泉县及渠州之潾水、垫江以隶之。三年以潾水来属。八年州废，以垫江隶忠州，潾山来属。久视元年分蓬州之宕渠置大竹县，隶蓬州。至德二载来属。宝历元年省潾水、大竹入潾山。有铁。

右西道采访使，治梁州。

陇右道,盖古雍、梁二州之境,汉天水、武都、陇西、金城、武威、张掖、酒泉、敦煌等郡,总为鹑首分。为州十九,都护府二,县六十。其名山:秦岭、陇坻、鸟鼠同穴、朱圉、西倾、积石、合黎、崆峒、三危。其大川:河、洮、弱、羌、休屠之泽。厥赋:布、麻。厥贡:金屑、砺石、鸟兽、革角。自禄山之乱,河右暨西平、武都、合川、怀道等郡皆没于吐蕃,宝应元年又陷秦、渭、洮、临,广德元年复陷河、兰、岷、廓,贞元三年陷安西、北廷,陇右州县尽矣。大中后,吐蕃微弱,秦、武二州渐复故地,置官守。五年,张义潮以瓜、沙、伊、肃、鄯、甘、河、西、兰、岷、廓十一州来归,而宣、懿德微,不暇疆理,惟名存有司而已。

秦州天水郡,中都督府。本治上邽,开元二十二年以地震徙治成纪之敬亲川,天宝元年还治上邽,大中三年复徙治成纪。土贡:龙须席、芎藭。户二万四千八百二十七,口十万九千七百四十。县六:有府六,曰成纪、修德、清德、清水、三度、长川。成纪、上。有银,有铜,有铁。上邽、上。有嶓冢山。伏羌、中。本冀城。武德二年更名,是年,以伏羌及渭州之陇西置伏州,八年州废,县还故属。九年析置盐泉县,贞观元年更名夷宾,三年省。有石白山、朱圉山。陇城、下。武德二年以县置文州,八年州废,来属。贞观三年置长川县,六年省入焉。有银。清水、下。武德四年以县置邽州。六年州废,来属。又有秦岭县,贞观十七年省。大中二年先收复,权隶凤翔府,三年来属。东五十里有大震关。有银。长道。中下。本隶成州,天宝末废,咸通十三年复置,来属。有盐。

河州安昌郡,下。本枹罕郡,天宝元年更名。土贡:麝香。户五千七百八十二,口三万六千八十六。县三:西百八十里有镇西军,开元二十六年置。西八十里索恭川有天成军,西百余里雕窠城有振威军,皆天宝十二载置。西南四十里有平夷守捉城。枹罕、中下。有可蓝关。大夏、中下。贞观元年省入枹罕,五年复置。凤林。中下。本乌州,贞观七年置。十一年州废,更置安昌县,来属,天宝元年更名。北有凤林关,有积石山。

渭州陇西郡,中都督府。土贡:龙须席、麝香、秦艽。户六千四百二十五,口二万四千五百二十。县四:有府四,曰渭源、平乐、临源、万年。襄武、上。陇西、上。鄣、下。天授二年曰武阳,神龙元年复故名。南二里有盐井。**渭源。**上。高宗上元二年更名首阳，于渭源故县别置渭源县。仪凤三年省首阳入渭源。有鸟鼠同穴山，一名青雀山。

鄯州西平郡，下都督府。土贡：牦犀角。户五千三百八十九，口二万七千一十九。县三：星宿川西有安人军。西北三百五十里有威戎军。西南二百五十里有绥和守捉城。南百八十里有合川守捉城。**湟水、**中。**龙支、**中。肃宗上元二年州没吐蕃，以龙支、鄯城隶河州。**鄯城。**中。仪凤三年置。有土楼山，有河源军，西六十里有临蕃城，又西六十里有白水军、绥戎城，又西南六十里有定戎城。又南隔涧七里有天威军。军故石堡城，开元十七年置，初曰振武军，二十九年没吐蕃，天宝八载克之，更名。又西二十里至赤岭，其西吐蕃，有开元中分界碑。自振武经尉迟川、苦拔海、王孝杰米栅，九十里至莫离驿。又经公主佛堂、大非川，二百八十里至那录驿，吐浑界也。又经暖泉、烈谟海，四百四十里渡黄河，又四百七十里至众龙驿。又渡西月河，二百一十里至多弥国西界。又经牦牛河度藤桥，百里至列驿。又经食堂、吐蕃村、截支桥，两石南北相当，又经截支川，四百四十里至婆驿。乃度大月河罗桥，经潭池、鱼池，五百三十里至悉诺罗驿。又经乞量宁水桥，又经大速水桥，三百二十里至鹘莽驿，唐使入蕃，公主每使人迎劳于此。又经鹘莽峡十余里，两山相鉴，上有小桥，三瀑水注如泻缶，其下如烟雾，百里至野马驿。经吐蕃垦田，又经乐桥汤，四百里至阁川驿。又经恕谌海，百三十里至蛤不烂驿，旁有三罗骨山，积雪不消。又六十里至突录济驿，唐使至，赞普每遣使慰劳于此。又经柳谷莽布支庄，有温汤，涌高二丈，气如烟云，可以熟米。又经汤罗叶遗山及赞普祭神所，二百五十里至农歌驿。逻些在东南，距农歌二百里，唐使至，吐蕃宰相每遣使迎候于此。又经盐池、暖泉、江布灵河，百一十里渡姜济河，经吐蕃垦田，二百六十里至卒歌驿。乃渡臧河，经佛堂，百八十里至勃令驿鸿胪馆，至赞普牙帐，其西南拔布海。

兰州金城郡，下。以皋兰山名州。土贡：麸金、麝香、毦豽鼠。户二千八百八十九，口万四千二百二十六。县二：有府二，曰金城、广武。又有榆林军。**五泉，**下。咸亨二年更名金城，天宝元年复故名。北有金城关。**金城。**下。本广武县，乾元二年更名。

临州狄道郡，下都督府。天宝三载析金城郡之狄道县置。县二：有临洮军，久视元年置，宝应元年没吐蕃。**狄道，**下。**长乐。**下。本安乐，天宝后置，乾元后更名。

　　阶州武都郡，下。本武州，因没吐蕃，废。大历二年复置为行州，咸通中始得故地，龙纪初遣使招葺之，景福元年更名，治皋兰镇。土贡：麝香、蜜、蜡烛、山鸡尾、羚羊角。户二千九百二十三，口万五千三百一十三。县三：将利、中下。州又领建威县，贞观元年省入焉。福津、中下。本覆津，景福元年更名。盘堤。中下。没蕃后不复置。

　　洮州临洮郡，下。本治美相，贞观八年徙治临潭。开元十七年州废，以县隶岷州，二十年复置，更名临州，二十七年复故名。土贡：甘草、麝香。户二千七百。口万五千六十。县一：有府一，曰安西。有莫门军，仪凤二年置。西八十里磨禅川有神策军，天宝十三载置。临潭。中。本美相。贞观四年徙治洪和城，以故地置旭州。五年又置临潭县。八年州废，以临潭来属，徙州来治，迁于洮阳城。十二年省博陵县，天宝中省美相县，皆入临潭。西百六十里有广恩镇。有西倾山。

　　岷州和政郡，下。义宁二年析临洮郡之临洮、和政置。土贡：龙须席、甘草。户四千三百二十五，口二万三千四百四十一。县三：有府三，曰祐川、临洮、和政。溢乐、中下。本临洮，义宁二年更名，贞观二年析置当夷县，神龙元年省。有岷山。西有崆峒山。祐川、中下。本基城，义宁二年置，先天元年更名。和政。中。有阔博山。

　　廓州宁塞郡，下。本浇河郡，天宝元年更名。土贡：麸金、酥、大黄、戎盐、麝香。户四千二百六十一，口二万四千四百。县三：西有宁边军，本宁塞军。西八十里宛秀城有威胜军。西南百四十里洪济桥有金天军，其东南八十里百谷城有武宁军。南二百里黑峡川有曜武军。皆天宝十三载置。广威、下。本化隆，先天元年曰化成，天宝元年又更名。达化、下。西有积石军，本静边镇，仪凤二年为军。东有黄沙戍。米川。下。贞观五年置，又以县置米州，十年州废，隶河州。永徽六年来属。

　　叠州合川郡，下。武德二年析洮州之合川、乐川、叠川置。土贡：麝香。户千二百七十五，口七千六百七十四。县二：有府一，曰长利。合川、下。武德五年以党项户置安化、和同二县，寻省。贞观二年省乐川、叠川入焉。有渭峇山。常芬。下。武德元年以县置芳州，并置丹岭县。四年以丹岭隶洮州。贞观二年置恒香县，侨治恒香戍，复以丹岭隶芳州。高宗上元二年陷吐蕃。神龙元年州废，省丹岭、恒香，以常芬来属。

宕州怀道郡，下。本宕昌郡，天宝元年更名。土贡：麸金、散金、麝香。户千一百九十，口七千一百九十九。县二：有府二，曰同归、常吉。怀道、下。贞观三年省和下县入焉。西百八十三里有苏董戍。有同均山。良恭。下。贞观元年以成州之潭水来属，后省入焉。

凉州武威郡，中都督府。土贡：白麦、龙须席、毯、野马革、芎䓖。户二万二千四百六十二，口十二万二百八十一。县五：有府六，曰明威、洪池、番禾、武安、丽水、姑臧。又有赤水军，本赤乌镇，有赤青泉，因名之，幅员五千一百八十里，军之最大也。西二百里有大斗军，本赤水守捉，开元十六年为军，因大斗拔谷为名。东南二百里有乌城守捉。南二百里有张掖守捉。西二百里有交城守捉。西北五百里有白亭军，本白亭守捉，天宝十四载为军。姑臧、中下。北百八十里有明威戍。西北百六十里有武安戍。有武兴盐池、黛眉盐池。神乌、下。武德三年置，贞观元年省，总章元年复置，曰武威，神龙元年复故名。昌松、中。东北百五十里有白山戍。天宝、中下。本番禾，咸亨元年以县置雄州，调露元年州废，来属。天宝三载以山出醴泉，更名。有通化镇。有焉支山。嘉麟。神龙二年于故汉鸾鸟县城置，景龙元年省，先天二年复置。

沙州敦煌郡，下都督府。本瓜州，武德五年曰西沙州，贞观七年曰沙州。土贡：棋子、黄矾、石膏。户四千二百六十五，口万六千二百五十。县二：有府三，曰龙勒、效谷、悬泉。有豆卢军，神龙元年置。敦煌、下。东四十七里有盐池。有三危山。寿昌。下。武德二年析敦煌置，永徽元年省。乾封二年复置，开元二十六年又省，后复置，治汉龙勒城。西有阳关，西北有玉门关。有云雨山。

瓜州晋昌郡，下都督府。武德五年析沙州之常乐置。土贡：野马革、紧鞋、草豉、黄矾、绛矾、胡桐律。户四百七十七，口四千九百八十七。县二：有府一，曰大黄。西北千里有墨离军。晋昌、中下。本常乐，武德四年更名。东北有合河镇，又百二十里有百帐守捉，又东百五十里有豹文山守捉，又七里至宁寇军，与甘州路合。常乐、中下。武德五年别置。有拔河帝山。

甘州张掖郡，下。土贡：麝香、野马革、冬苳，苟杞实、叶。户六千二百八十四，口二万二千九十二。县二：西北百九十里祁连山北有建康军，证圣元年，王孝杰以甘、肃二州相距回远，置军。西百二十里有蓼泉守捉城。张掖、上。有祁连山、合黎山。北九百里有盐池。西有巩笔驿。删丹。中下。北渡张掖河,西北行出合黎山峡口,傍河东壖屈曲东北行千里,有宁寇军,故同城守捉也,天宝二载为军。军东北有居延海,又北三百里有花门山堡,又东北千里至回鹘衙帐。

肃州酒泉郡,下。武德二年析甘州之福禄、瓜州之玉门置。土贡:麸金、野马革、苁蓉、柏脉根。户二千二百三十,口八千四百七十六。县三:有酒泉、威远二守捉城。酒泉、中下。本福禄,唐初更名。西十五里有兴圣皇帝陵,七十里有洞庭山,出金。有昆仑山。福禄,下。武德二年别置。东南百二十里有祁连戍。东北八十里有盐池。玉门。中下。贞观元年省,后复置。开元中没吐蕃,因其地置玉门军。天宝十四载废军为县。北有独登山,出盐,以充贡。有神雨山。

伊州伊吾郡,下。本西伊州,贞观六年更名。土贡:香枣、阴牙角、胡桐律。户二千四百六十七,口万一百五十七。县三:西北三百里甘露川有伊吾军,景龙四年置。伊吾、下。贞观四年置,并置柔远县,神功元年省入焉。在大碛外,南去玉门关八百里,东去阳关二千七百三十里。有折罗漫山,亦曰天山。南二里有咸池海。纳职、下。贞观四年以鄯善故城置,开元六年省,十五年复置。南六十里有陆盐池。自县西经独泉、东华、西华驼泉,渡茨其水,过神泉,三百九十里有罗护守捉。又西南经达匪草堆,百九十里至赤亭守捉,与伊西路合。别自罗护守捉西北上乏驴岭,百二十里至赤谷。又出谷口,经长泉、龙泉,百八十里有独山守捉。又经蒲类,百六十里至北庭都护府。柔远。下。

西州交河郡,中都督府。贞观十四年平高昌,以其地置。开元中曰金山都督府。天宝元年为郡。土贡:丝、氀布、毡、刺蜜、蒲萄五物酒浆煎皴干。户万九千一十六,口四万九千四百七十六。县五:有天山军,开元二年置。自州西南有南平、安昌两城,百二十里至天山西南入谷。经礌石碛,二百二十里至银山碛。又四十里至焉耆界吕光馆。又经盘石,百里有张三城守捉。又西南百四十五里经新城馆,渡淡河,至焉耆镇城。前庭、下。本高昌,宝应元年更名。柳中、下。交河、中下。自县北八十里有龙泉馆,又北入谷。百三十里经柳谷渡金沙岭,百六十里,经石会汉戍至北庭都护府城。蒲昌,中。本隶庭州,后来属。西有七屯城、弩支城,有石城镇、播仙镇。天山。下。有天山。

北庭大都护府，本庭州，贞观十四年平高昌，以西突厥泥伏沙钵罗叶护阿史那贺鲁部落置，并置蒲昌县，寻废。显庆三年复置，长安二年为北庭都护府。土贡：阴牙角、速霍角、阿魏截根。户二千二百二十六，口九千九百六十四。县四：有瀚海军，本烛龙军，长安二年置，三年更名，开元中盖嘉运增筑。西七百里有清海军，本清海镇，天宝中为军。南有神山镇。自庭州西延城西六十里有沙钵城守捉，又有冯洛守捉，又八十里有耶勒城守捉，又八十里有俱六城守捉，又百里至轮台县，又百五十里有张堡城守捉，又渡里移得建河，七十里有乌宰守捉，又渡白杨河，七十里有清镇军城，又渡叶叶河，七十里有叶河守捉，又渡黑水，七十里有黑水守捉，又七十里有东林守捉，又七十里有西林守捉。又经黄草泊、大漠、小碛，渡石漆河，逾车岭，至弓月城。过思浑川、蛰失蜜城，渡伊丽河，一名帝帝河，至碎叶界。又西行千里至碎叶城，水皆北流入碛及入夷播海。金满，下。轮台，下。有静塞军，大历六年置。后庭，下。本蒲类，隶西州，后来属，宝应元年更名。有蒲类、郝遮、咸泉三镇，特罗堡。西海。下。宝应元年置。

安西大都护府，初治西州。显庆二年平贺鲁，析其地置濛池、昆陵二都护府，分种落列置州县，西尽波斯国，皆隶安西，又徙治高昌故地。三年徙治龟兹都督府，而故府复为西州。咸亨元年，吐蕃陷都护府。长寿二年收复安西四镇。至德元载更名镇西。后复为安西。土贡：硇砂、绯毡、偏桃人。吐蕃既侵河、陇，惟李元忠守北庭，郭昕守安西，与沙陀、回纥相依，吐蕃攻之久不下。建中二年。元忠、昕遣使间道入奏，诏各以为大都护，并为节度。贞元三年，吐蕃攻沙陀、回纥，北庭、安西无援，遂陷。有保大军，屯碎叶城。于阗东界有兰城、坎城二守捉城，西有葱岭守捉城，有胡弩、固城、吉良三镇；东有且末镇；西南有皮山镇。焉耆西有于术、榆林、龙泉、东夷僻、西夷僻、赤岸六守捉城。

右陇右采访使，治鄯州。